践科学发展观活动剪影

州委邀请省委副秘书长、省委政策研究室主任郑维川到文山作科学发展观专题报告

文山州“科学发展观”进学校通俗宣讲活动

全州优秀乡村组织书记暨优秀共产党员表彰大会

州委学习实践活动办公室、团州委在文山联合举办“科学发展观知识竞赛”活动，图为选手激烈角逐现场

中共文山州委常委班子分析检查报告群众评议大会

州委学习实践活动办公室组织有关领导到平远镇参观学习

按照中央和省委的部署，文山州分别于2009年3月24日和9月18日，在全州各级党组织开展了第二批和第三批深入学习实践科学发展观活动，共涉及3183个单位9798个党组织11万多名党员。在州委的坚强领导和省委第2指导检查组、第1巡回检查组的有力指导下，全州各级党组织高度重视，精心组织，严格按照中央提出的“党员干部受教育、科学发展上水平、人民群众得实惠”和“提高思想认识、解决突出问题、创新体制机制、促进科学发展”的要求，紧紧围绕“促进科学发展、维护边疆安宁、增进民族团结、构建和谐文山”的目标，加强组织领导，突出实践特色，坚持分类指导，注重统筹兼顾，圆满完成了全州学习实践活动各项工作任务，使全州的学习实践活动真正成为了武装党员干部头脑的“理论武装工程”，让群众得到实惠的“人民满意工程”，推动文山科学发展上水平的“制度创新工程”，加强边疆党的建设的“强基固本工程”。

文山军分区

2009年，文山军分区坚持以成都军区、云南省军区指示精神为指导，围绕学习实践科学发展观、提升军事能力、干部骨干队伍建设和“三个稳定”工作四个重点，坚持强能力，持续抓规范，全面保稳定，创新谋发展，确保年度工作任务圆满完成。

坚持“四个从严”，全面加强党委班子和干部队伍建设，深入践行科学发展观，官兵科学发展理念牢固树立；大力培育核心价值观，部队思想政治建设灵活高效。认真学习新《纲要》，按纲抓建的能力明显提高。狠抓基层“三个条例”落实，组织党、团支部书记培训，推进了以党支部为核心的基层组织建设。召开分区第十五次党代表大会，总结部署五年工作，选举产生新一届党的委员会和纪律检查委员会。

着眼核心军事能力建设和应对多种安全威胁、完成多样化军事任务，组织分区首长机关应急机动指挥所建设及演习、文山州党政军警民联合指挥部应急行动和军警民联合处置边境突发事件行动演练，锤炼了部队的战斗作风，增强了军地联合处突、维稳控边能力。出色完成中越陆地边界勘界立碑保障和阵地工事封伪任务。围绕“不惹事、不误事、不出事”目标，强化安全训练，夯实安全工作基础，提升应急应战能力，开展国防动员潜力调查并充实完善数据库，适应应急应战需求，国防后备力量建设创新发展。

科学实施保障，后勤装备建设效益明显。开展后勤专业科目比武竞赛，组织干部、骨干集训，培养一批专业人才。深化“两成两力”，落实“三化”管理，不断提升装备保障效益。按照品种齐全、规模适度要求，筹措充实装备战备物资储备。出色完成军区按纲施训集训科目演示任务，装备系统单兵训练“六步法”得到成都军区肯定。

军分区司令员吕美璋参加抗洪演练

州委常委、军分区政委张旭东（前一）带领官兵在科技人员指导下为烟农移栽烤烟

中国共产党文山军分区第十五次代表大会

军警民联合指挥部应急行动演练

抗洪抢险演练

销毁“三品”现场

议军会暨州国防动员会议

后勤专业比武

军分区党委中心组、机关理论学习

中越陆地边境云南段勘界立碑工作圆满结束

侦察兵集训成果汇报表演

坪寨战场原址立碑仪式

快速发展的砚山县

中共文山州委常委、砚山县委书记　马志山

砚山县位于云南省东南部、文山州中西部，全县国土面积3827平方公里，下辖11个乡镇、两个华侨管理区，93个村民委员会、11个社区，1016个自然村。居住着汉、壮、苗、彝、回、瑶等10余种民族，2009年末，全县总人口46.36万人，其中少数民族人口29.87万人，占总人口的64.4%。

全县有3000亩以上的坝子35个，其中平远坝子是云南省八大坝子之一。文山普者黑机场位于砚山境内，距砚山县城5公里。砚文、平文二级公路有效地将文山、砚山、平远连成一个经济三角区。国道主干线昆广高速公路横贯砚山全境。砚山已成为云南通往两广及越南的重要通道。境内有变电站17座，其中500千伏变电站一座，总变电容量达148万KVA，砚山已成为“云电送越”和“西电东送”的重要通道。目前已探明的矿藏有29种，已开采的15种，其中斗南锰矿是全国八大锰矿之一。砚山属亚热带大陆性季风气候区，全年平均气温为16.5℃，无霜期300余天，年平均降雨量为900~1000毫米，森林覆盖率30%，适宜种植烤烟、辣椒、三七、花生等作物，有省内最大的辣椒交易市场稼依辣椒城，砚山县是全国11个烤烟标准化示范县之一、全省唯一的新烟区开发暨现代烟草农业示范县，全省47个县域经济发展试点县之一和全省40个“工业强县”重点县之一，1995年全国首批百家中国特产之乡命名活动中被命名为“中国三七之乡”。2006年被省委、省政府评为“平安县”。2009年以来，面对复杂多变的国际经济形势，县委、县人民政府认真贯彻落实党的十七届三中全会和省委八届六次全会、州委七届五次全会精神，用活用足中央和省、州推出一系列“保增长、扩内需、调结构”政策措施，紧紧抓住金融危机蕴含的机遇，带领全县各族干部群众大干快上，加强基础设施建设，促进产业转型升级，吸引国内外投资，加快经济社会发展，更好地保障和改善民生。全年，全县地区生产总值预计实现43.5亿元，同比增长13%；财政总收入达36441万元，地方财政一般预算收入预计实现23688万元，同比增长15.03%；全社会固定资产投资预计完成34.2亿元，同比增长31.2%。年末金融机构机构各项存、贷款余额分别达29.3亿元和20.3亿元，分别增长7.14%和16%。全县呈现出经济发展、社会稳定、民族团结、宗教有序、人民群众安居乐业的良好局面。

2010年2月24日，中共中央政治局委员、国务院副总理回良玉亲临砚山县指导抗旱救灾工作

州委书记李培（右三）在砚山县党政领导陪同下到红舍克村调研

2009年3月4日，应中国侨联邀请，州委常委、砚山县委书记马志山就侨场改革发展工作在北京接受经济日报《新农村》专刊栏目记者的采访

2009 年3月21日，省委常委、省委组织部部长辛桂梓（左二）到砚山县调研三七产业发展工作

2009年4月25日，砚山县党政领导参加平远回龙现代烟草示范区烤烟大田移栽

云南兴建水泥公司厂区全景

发展中的砚山县城

南国草原——黑巴

美丽的浴仙湖

砚山—民族团结亲如兄弟 社会和谐幸福安康

平远新烟区万亩烤烟连片种植基地

投资开发的热土——文山县

州委常委、文山县委书记黎家松（右二）在马塘黄龙片区调研抗旱救灾工作

文山县位于云南省东南部，是文山州委、州政府所在地，全州政治经济文化信息中心。全县国土面积2977平方公里，辖7乡8镇137个行政村（社区），总人口45.5万人。县情主要特点：一是历史悠久。公元前111年西汉时期开始置郡县，公元1730年清雍正时期正式设立文山县；文山是中国共产党在云南活动较早的地区之一，早在1927年，就成立了全州第一个党支部；二是民族众多。境内居住着汉、壮、苗、彝、回、傣等10余种民族，少数民族人口占总人口的54%，有4个彝族乡和1个回族乡；三是区位优越。县城距323国道仅34公里，距文山普者黑机场23公里，北上省会昆明市320公里，东至广西南宁市576公里，南下国家级一类口岸船头122公里，西至红河州州府蒙自县城128公里，是云南省的东南大门，云南省进入沿海地区和通往东南亚国家的重要通道；四是资源丰富。全县储藏有金属、非金属矿产24种，开发前景广阔；名贵中药材“文山三七”产量、质量、产值均为世界之最，是全国最大的三七种植和加工基地，被命名为“中国三七之乡”。

文山县委副书记、县长李洁调研城市规划建设

鸟瞰文山县城

2009年，面对世界金融危机影响，文山县坚持以科学发展观为统领，紧紧抓住中央扩大内需和2010年省运会在文山举办两大机遇，突出打牢基础、改革开放、改善民生三个重点，着力培育现代农业、新型工业、商贸物流、城镇开发四个体系，全县经济社会在应对挑战和抢抓机遇中实现了平稳较快发展。全年完成地区生产总值84.2亿元，同比增长14.8%；财政总收入 9.3 亿元，增长 23.8%，其中地方财政一般预算收

文山州第一个党支部

追栗街镇塘子边新农村建设新貌

民族村商业区

入5.36亿元，增长21.8%；财政总支出12.5亿元，增长28.5%；农业总产值15.2亿元，增长6%；工业总产值67.1亿元，增长14.2%；工业增加值30.4亿元，增长21.2%；社会消费品零售总额37.3亿元，增长23%；全社会固定资产投资60亿元，增长38.2%；农民人均纯收入2945元，增长18.9%；城镇居民人均可支配收入14015元，增长10%。

文山县第一中学（高中部）

建成后的文山体育中心

新县医院

在建中的文山80万吨氧化铝厂

马塘黄龙中低产田改造项目

改造后的双桥花园

辣椒丰收

文山三七种植园

七花广场音乐喷泉

快速崛起的云南大同集团

集团董事长、总裁华学生

云南大同集团以建筑施工与房地产开发为核心，下辖云南大同建筑集团有限公司文山公司、云南大同建筑集团有限公司昆明公司、文山州华宇房地产开发有限责任公司、文山大同建材商贸有限公司、文山博信物业管理有限公司、文山大同装饰工程有限公司、文山大同园林绿化工程有限责任公司、云南汇同贸易股份有限公司等八个公司。集团注册总资本1.16亿元，资产总额逾3亿元。集团大中专文化程度员工比例达到管理人员总数的91%，技术实力雄厚，是集房屋建筑施工总承包、市政工程施工总承包、土石方专业承包、起重设备安装工程专业承包、房地产开发、建材销售、物业管理、园林绿化、装饰装修为一体，多元化发展的企业集团。

云南大同建筑集团以创业的精神，始终坚持“诚信发展”的宗旨，获得了商界及社会广泛的好评和赞誉，连续14年被文山州、县人民政府及文山州、县工商行政管理局评为“重合同守信誉企业”；2004年1月被国家工商行政管理总局评为“全国守合同，重信用企业”，同年3月通过了IS09001：2000国际质量体系认证。近年来被云南省消费者协会授予“云南省诚信工商企业”荣誉称号，被云南省建设厅评为“云南省‘十五’房地产开发先进企业”，被中国房地产业协会评为2007-2008年全国房地产诚信企业。被中共文山州委、文山州人民政府评为“全州非公有制经济纳税大户”“先进私营企业”光荣称号；被中共文山县委、文山县人民政府授予“优秀纳税非公企业”光荣称号；被中共文山州精神文明指导委员会、文山州委宣传部评为“文山州公民道德建设特殊贡献企业”；被共青团文山州委评为“青年就业创业见习基地”；被文山县委、县人民政府评为“房地产纳税大户”；被云南省住房和城乡建设厅评为“2008年度云南省建筑行业安全生产先进企业”；被文山州委、州人民政府评为“文山州就业工作先进集体”；被中共文山州委、州人民政府评为“文山州非公经济先进企业”；被云南省人民政府评为“云南省建筑业发展突出贡献企业”，被文山州委、州人民政府评为“捐资助学先进企业”。

华宇大厦

华宇枫景

电话：0876-2188111　　传真：0876-2187111
网站：www.cndtjt.com
地址：文山县秀峰路99号云南大同集团办公楼

华宇时代电梯房

华宇时代小区内景

集团承接的政务中心效果图

集团承建的建设家园

集团承建的书香苑小区

文山县市民广场：人工湖

文山州2009年社会经济指标统计表1

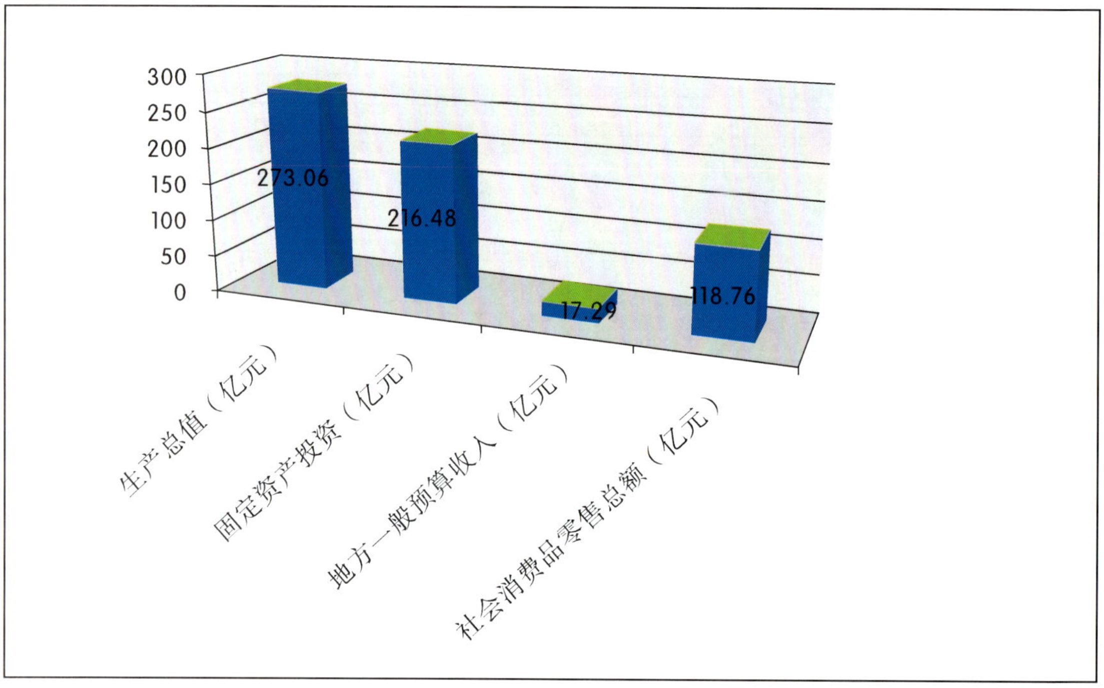

文山州2009年社会经济指标统计表2

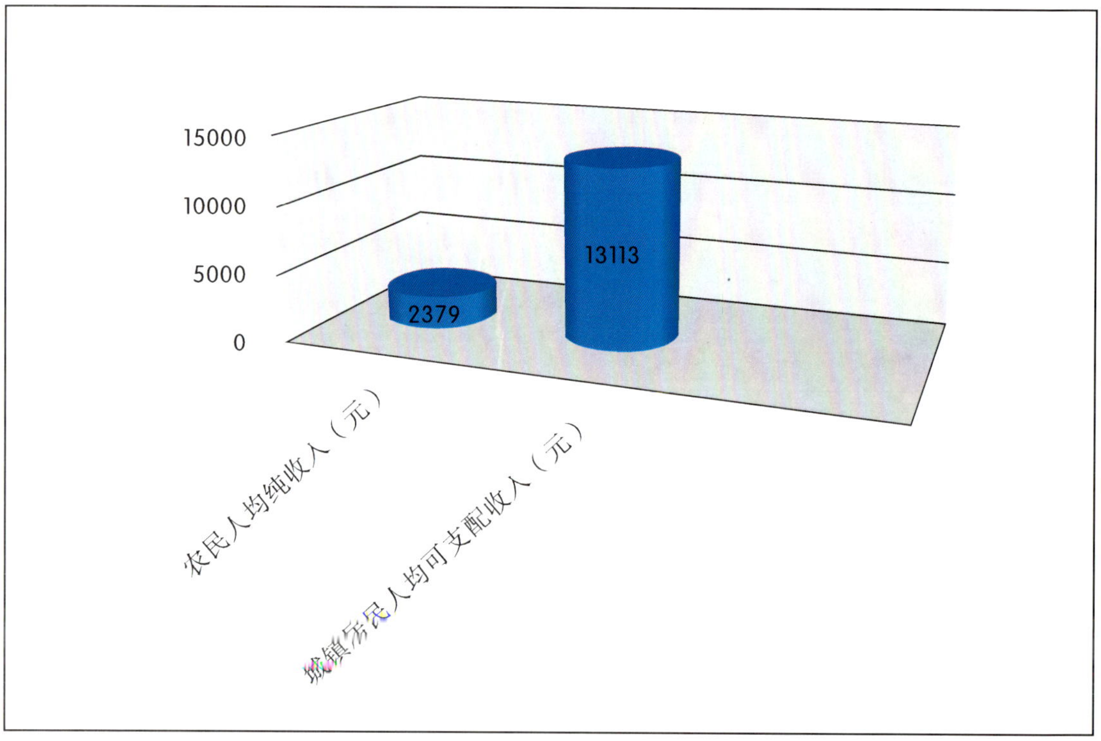

文山州年鉴

THE ALMANAC OF WENSHAN

（2010版）

文山壮族苗族自治州年鉴编辑委员会

德宏民族出版社

图书在版编目(CIP)数据

文山州年鉴.2010/文山州地方志办公室.—潞西：德宏民族出版社，2010.6
ISBN 978-7-80750-332-3

Ⅰ.①文… Ⅱ.①文… Ⅲ.①文山壮族苗族自治州—2010—年鉴 Ⅳ.①Z527.42

中国版本图书馆CIP数据核字(2010)第113626号

书　　名：文山州年鉴
作　　者：文山州地方志办公室

出版·发行	德宏民族出版社	**责任编辑**	方　萍
社　　址	潞西市勇罕街1号	**责任校对**	毕　兰
邮　　编	678400	**封面设计**	冉向阳　李万辉
电　　话	0692-2124877　2112886	**印　　刷**	昆明捷成杰彩印包装有限公司
网　　址	www.dmpress.cn		
开　　本	大16	**版　　次**	2010年7月第1版
印　　张	25.625	**印　　次**	2010年7月第1版
字　　数	540千字	**印　　数**	1-1200册
书　　号	ISBN 978-7-80750-332-3/Z·104	**定　　价**	160.00元

《文山州年鉴》编辑委员会

《文山州年鉴》编辑部

主　　编　冉向阳

副 主 编　李万辉　龚金科

编　　辑　（按部类顺序排列）

李万辉　江　梅　农玎玲　李春梅　农应忠　陈昌应

陈翠莲　蹇泓钰　李金杰

文字校对　蹇泓钰　李春梅

英文校对　李金杰

编　　务　周以钢　宋闯军　戴家仙　梁瑜丹

撰稿人员名单

（按部类顺序排列）

李万辉	李红娟	张世高	梁　韬	廖志福	王文波	陈兴宏
郑　谦	裴忠华	罗绍辉	娄孝发	王荣琥	李俊美	刘嘉俊
那春华	马天梅	胡廷汉	依延光	韦玉和	丁素芬	韩本林
罗　英	周维丽	唐　羽	柏天明	熊　明	黄志标	项雷滨
黄镇荣	赵仁海	蒋子武	李有庆	戴　华	孙邦兴	杜云善
胡广胜	冯育明	郑文明	赵仁宝	陶善明	刘先会	李雅文
沈建武	沈　良	蒋茂军	马　平	杨建波	杨丽萍	刘富尧
刘　媛	王凌云	施爱萍	杨晓华	布文葵	张剑林	农瑞斌
邓月中	李兴红	朱民仆	单汝德	黄上途	曾　铮	王海云
肖　亮	陈　坚	李天发	蹇泓钰	单洪维	杨洪平	张美淑
沈开宏	伍　宾	李　剑	朱荣松	黄治龙	陆雄廷	农忠臣
肖兢平	佟万奇	姚　磊	李俊杰	沈虹利	何建华	保信檑
孙　亮	黄　鑫	唐立荣	张胜利	杨　雪	傅怀宏	王汉章
岳卫民	黄成平	赵　围	阳　永	张继敏	李　培	杨寿华
依朝成	张永明	李洪文	武丽芳	张雪飞	李佑登	曾凡刚
陈志文	农玎玲	陈　敏	李代林	张婷婷	张仁翊	陆绍团
王正洪	黎福禄	王星满	冯德亮	王　文	高保元	唐明磊
刘　艳	资荣华	杨绍平	靳锡祥	黄志高		

编辑说明

一、《文山州年鉴》(2010)版，是由中共文山州委、州人民政府主办，文山州年鉴编辑委员会负责编辑出版的，系统记述文山州自然、政治、经济、文化、社会等方面情况的大型年度资料性文献。其宗旨是坚持以马列主义、毛泽东思想、邓小平理论、“三个代表”重要思想和科学发展观为指导，实事求是，力求客观、全面系统反映文山州2009年度各方面情况，为文山州各级领导、各部门决策和指导工作服务。

二、本年鉴共设特载、专文、大事记、州情概况、党的建设、人大、政务活动、政协、党派群团、法制、军事、基本国策、基础建设、信息化建设、农业、工业、经济园区建设、扶贫开发、经济综合管理、财税 金融 保险、旅游贸易、教育科技、文化 卫生 体育、社会生活、各县概览、人物、附录27个类目。

三、书中出现的“年内”、“全年”系指2009年，“上年”、“去年”指2008年。州级各部门带有共性的工作，如挂钩扶贫等归属扶贫开发类目。

四、领导名录中姓名后注明的数字，表示2009年任免职时间，如1月任职(1～)，10月免职(～10)。

五、本年鉴体例采用分类编辑法，分一、二、三级目，以条目为主。一级目为大部类，如法制、军事、基本国策、基础建设等；二级目设于一级目下，如纪检监察、人事管理、公安、审判、环境监督保护、交通运输等；三级目为条目，以黑体字加“【】”标注。

六、为便于读者查阅，本年鉴设有目录(中、英文)和索引，目录在卷首，索引在卷末。目录编排到条目(英文到分目)，索引采用主题分析法编制，按主题词首字汉语拼音音序排列。

七、本年鉴稿件由全州党政军机关和省驻文单位提供，统计数据均使用法定单位。

《文山州年鉴》编辑部

2010年7月

目　录

MAIN CONTENTS

特　载

Special Carrier

大　事　记

Major events(in2009)

州情概况

Brief in troduction of Wenshan prefeture

文山壮族苗族自治州

Wenshan zhuang and miao autonomous prefecture

党的建设

Party building

重要会议

An important meeting

重要活动

Important activity

重要工作

Important

办公室工作

Loval govenment office

纪检监察

Discipline inspection and supervision

党校教育
Education in party school

老干部工作
Work of older cadres

文山州人大常委会
Wenshan prefecture people's congress

重要会议
Important meeting

重要活动
Important activities

政务活动
Important activities and affaris

重要会议
Important meeting

重要活动

Important activities

办公室工作

Loval govenment office

人事管理

General office

外事侨务

Foreign affairs and overseas Chinese affairs

发展研究

Development and research

政协文山州委员会

People's political consultative conference of china, wenshan committee

重要会议

An important meeting

重要活动
Important activity

党派　群团
Political parties and mass organizations

民　盟
China League

工　会
Privacy organs

共青团建设
Youth leagues

妇女工作
Women's federation

社会科学
Social science

科技普及
Technology diffusion

文学艺术
Literary Arts

归侨侨务
Returned Overseas Chinese Affairs

残疾人事业
Cause for the disabled

工商业
Business

红十字事业
Red Cross

法　　制
Legal system

政府法制
Government Legal

政　法
Politics

公　安
Public security

检　察
Attorney

审　判
Trial

司　法
Judicial

军　　事

Military

文山军分区

Wenshan subdistricts

公安边防

Border Police

武装警察

Armed

消防安全

Fire Safety

人民防空

Civil Air Defense

基本国策

The basic national policy

人口与计划生育

Population and Family Planning

环境监督保护
Environment Protection Authority

国土资源管理
Land and Resource Management

基础建设
Infrastructure

交通运输
Transportation

城乡建设
Urban and rural construction

水利水电
Water

信息化建设
Information Construction

电子政务
E－Government

邮　政
Postal

电　信

移动通信
Mobile Communications

联　通
Unicom

无线电管理
Radio Management

农　业
Agriculture

种植业
Planting

农业科技
Agricultural Science and Technology

农业机械
Agricultural machinery

渔　业
Fisheries

烟　草
Tobacco

畜牧业
Livestock

林　业
Forestry

农　垦
Land Reclamation

工　业
Industry

工业管理
Industrial Management

电　力
Electricity

电　网
Grid

乡镇企业
Township enterprises

冶　金
Metallurgy

建　材
Building Materials

煤　炭
Coal

制　药
Pharmacy

机　械
Machinery

化　工
Chemical industry

轻　工
Light Work

农副产品加工
Agricultural processing

非公有制经济
Non – public economy

其　他
Other

经济综合管理
Integrated management of the economy

发展与改革
Development and Reform

统　计
Statistics

审计监督
Audit supervision

工商行政管理
Business Administration

质量技术监督
Quality and Technical Supervision

安全生产监管
Safety Supervision

工商银行

Industrial and Commercial Bank of China

农业银行

Agricultural Bank of China

建设银行

China Construction Bank

中国银行

Bank of China

农村信用社

Rural credit cooperatives

财产保险

Property insurance

人寿保险

Life insurance

旅游贸易

Travel Trade

商　务

Business

科　技
Technology

防震减灾
Earthquake Disaster Mitigation

气象服务
Meteorological Services

文化　卫生　体育
health sports culture

文化事业
Culture

广播电视
Radio and TV

报 业
Press

档案管理
File Management

地方志事业
The cause of local history

医疗卫生
Health

食品药品监管
Food and Drug Administration

体育事业
Sports

社会生活
Social life

民族工作
National Work

宗教事务

Religious Affairs

民　政

Home

消费者权益保护

Consumer Protection

劳动和社会保障

Social security system

信访工作

Letters and visits

各县概览

Overview counties

文山县

Wenshan County

广南县
Guangnan County

富宁县
Funing County

人　物
Character

先进个人
Advanced individual

名　录
Directory

附　录
Appendix

全面加强和改进新形势下党的建设
努力开创全州经济社会发展新局面

——在中共文山州委七届六次全委会上的报告

李　培

（2009 年 12 月 29 日）

同志们：

这次全委会的主要任务是：深入学习贯彻党的十七届四中全会和省委八届八次全会精神，总结今年工作，部署明年任务，审议《中共文山州委关于贯彻落实〈中共中央关于加强和改进新形势下党的建设若干重大问题的决定〉的实施意见》，动员全州各级党组织和广大干部群众进一步认清形势，明确任务，解放思想，抢抓机遇，振奋精神，开拓创新，为夺取全面建设小康社会新胜利而努力奋斗。

下面，我受州委常委会委托，向全委会作工作报告。

一、迎难而上，奋力拼搏，各项工作在战胜困难和挑战中取得新成绩

即将过去的2009年是新世纪以来我州经济社会发展困难最多、面临压力最大的一年。在省委、省政府的正确领导下，州委团结带领全州各族干部群众，坚持以邓小平理论和“三个代表”重要思想为指导，深入学习实践科学发展观，贯彻落实党的十七大、十七届三中、四中全会精神，积极应对国际金融危机带来的困难和挑战，千方百计保增长，竭尽全力保民生，全力以赴保稳定，化危为机促发展，全面推进经济、政治、文化、社会、生态文明建设和党的建设，经济社会发展和各方面工作都取得了新的成绩。

（一）紧扣发展主题，学习实践活动扎实有效。始终把开展深入学习实践科学发展观活动作为应对国际金融危机、推动科学发展的强大动力，紧紧围绕“促进科学发展、维护边疆安宁、增进民族团结、构建和谐文山”的具体目标，紧扣“强化发展观念、理清发展思路、夯实发展基础、破解发展难题、提升发展质量、优化发展环境、体现发展目的”七个问题，把加强组织领导、强化理论武装、突出实践特色、解决突出问题、坚持群众路线、完善体制机制贯穿始终，深入开展“四保四问四促进”和“三走进三破解”主题实践活动，全州第二批学习实践活动圆满完成。突出抓好“三基”建设，实施“十大工程”，第三批学习实践活动扎实推进。通过深入开展学习实践科学发展观活动，全州广大党员干部贯彻落实科学发展观的自觉性和坚定性进一步增强，领导科学发展的能力进一步提高，一批关乎重大项目建设、企业生产经营、农民增收致富、社会和谐稳定的突出问题和群众急需解决的热点难点问题得到有效解决，促进科学发展的体制机制不断健全完善，有力地促进了全州经济社会平稳较快发展。

（二）全力应对危机，经济保持平稳较快增长。始终把保持经济平稳较快增长作为首要任务，准确判断形势，牢牢把握机遇，结合实际创造性地贯彻落实中央和省委应对国际金融危机的各项决策部署，制定出台了一系列促增长、增投资的政策措施，扭转了经济下滑的不利局面，实现了经济形势总体回升向好。

坚持把促进农业增产、农民增收作为保增长的重大举措，狠抓各项强农惠农政策落实，加大投入力度，农业基础设施建设全面加强。暮底河水库通过验收，八宝水库竣工投入使用，布都河、以腻资等水源工程开工建设，农村公路“两通”工程力度进一步加大。完成中低产田地改造35万亩，创造了闻名全省的“平远速度”。农业产业结构调整步伐加快，木本油料基地建设扎实推进，新烟区开发和现代烟草农业建设成效明显，三七、辣椒、畜牧等特色产业健康发展。农业综合生产能力不断增强，粮食生产再创历史新高。创新扶贫开发模式，实行资源大整合、社会大参与、群众大发动、连片大开发，投入各类扶贫资金

12.6亿元，完成整村推进扶贫开发和新农村建设600个，追栗街镇“整乡推进”试点成为全省典型。预计实现农业总产值109亿元，增长7.7%。

坚持把全力支持工商企业恢复和发展生产作为保增长的重中之重，针对国际金融危机给企业造成的困难，及时研究出台了地方税收返还、生产电价补贴、到期贷款置换、专项资金扶持、社保基金缓缴等政策措施，有力促进了工业经济的企稳回升。加大工业投入力度，年产80万吨氧化铝等重点工业项目建设步伐加快，年产5万吨高钛渣等一批项目建成投产。工业园区建设稳步推进，带动作用明显增强。预计实现工业增加值71.2亿元，增长16.8%。

坚持把重大项目建设作为保增长的战略支撑，抢抓国家扩大内需的政策机遇，积极向上争取项目安排和资金支持，一批交通、水利、能源等重点项目建设取得重大突破。普炭一级公路进度加快，富宁港建设进展顺利，云桂铁路以及珠街至广西西林、文山至都龙、文山至天保(含兴街至西畴)三条二级公路开工建设，马鹿塘电站二期工程蓄水发电。落实各项刺激消费政策，城乡消费持续旺盛，社会消费品零售总额大幅增长。旅游、商贸、物流、住房等服务业加快发展。

预计全年完成地区生产总值273.5亿元，增长12.6%；完成财政总收入29.3亿元，增长7.9%，其中地方一般预算收入17.3亿元，增长12.0%；地方一般预算支出86亿元，增长28.9%；完成固定资产投资218亿元，增长31.5%；实现城镇居民人均可支配收入13 200元，增长10.5%；农民人均纯收入2 372元，增长17.0%；金融机构年末各项存款余额285.2亿元，增长21.5%；各项贷款余额233亿元，增长24.8%。

(三)深化改革开放，经济发展活力不断增强。始终坚持用发展和改革的办法解决前进中的问题，重点领域和关键环节改革进一步深化。集体林权制度主体改革基本完成，配套改革稳步推进；投融资体制改革力度加大，以州城乡开发投资公司为主的融资平台建设取得突破性进展，融资担保能力不断增强。财税、金融体制改革步伐加快，教育、科技、文化、医疗卫生等社会事业改革稳步推进。行政问责和阳光政府“四项制度”扎实推进，投资环境不断改善。成功举办了“中国·文山三七等云南特色药物国际论坛”，与云南冶金集团、云南白药集团分别签订了全面合作开发铝土矿资源和七花公司重组发展的战略协议。招商引资成效显著，组织实施国内经济合作项目179个，引进资金73.9亿元，增长18.9%；实际利用外资520万美元，完成省下达任务的260%。

(四)高度关注民生，社会事业建设成效显著。始终把改善民生作为一切工作的出发点和落脚点，在财政增收十分困难的情况下，继续加大投入力度，着力解决关系民生的重点、难点问题。新三年“兴边富民”、边疆解“五难”、农村民居地震安全和农村危房改造等惠民工程全面推进，“僰人”、“山瑶”村寨整村推进项目建设取得阶段性成果，边疆民族地区群众的生产生活条件不断改善。加大保障性住房建设力度，建成廉租住房32.2万平方米。落实“贷免扶补”等鼓励创业、促进就业的政策措施，开发就业岗位1.5万个，城镇新增就业1.4万人，城镇登记失业率控制在3.5%。启动实施了城镇居民基本医疗保险和被征地农民基本养老保障，社会保险覆盖范围进一步扩大，参保人数达50.4万人次；城乡低保受益人数大幅增加，保障救助对象达125.5万人。全面启动中小学校舍安全工程建设，排除中小学校D级危房38万平方米；“两基”成果得到巩固，22万多名中小学寄宿生获生活补助；文山师专顺利升本，民办云南三鑫职业技术学院建成正式招生，州属中等职业学校整体迁建有序推进。

精神文明创建和群众文化活动广泛开展，社会主义核心价值体系建设深入推进。以庆祝新中国成立60周年为契机，精心组织开展了一系列丰富多彩的纪念活动。民族文化精品工程建设成果丰硕，《中国富宁壮族坡芽歌书》入选2009年度“中国最美的书”，原生态“坡芽组合”获全省第三届青年歌手电视大赛金奖。基层医疗卫生服务体系建设步伐加快，新型农村合作医疗覆盖面和受益面不断扩大；及时有效处置各类公共卫生突发事件，甲型H1N1流感得到有效控制。生态文明建设取得新的成效，单位生产总值能耗降低4.9%。省运会场馆建设步伐加快，8县县城“两污”项目扎实推进。广播电视覆盖率进一步提高，体育、人口和计划生育、老干部、残疾人等各项事业健康发展。

(五)强化责任落实，社会大局保持和谐稳定。始终把发展社会主义民主政治作为人民当家作主的根本保障，安定和谐的政治局面进一步巩固。广泛开展法制宣传教育，依法治州进程不断加快。人大立法工作、监督工作、代表工作卓有成效，政协政治协商、民主监督、参政议政作用充分发挥。工、青、妇等人民团体和社会组织建设得到加强，爱国统一战线进一步发展壮大。党的民族宗教政策得到有效落实，平等、团结、互助、和谐的社会主义新型民族关系得到巩固和发展，州委被评为“全国民族团结进步模范集体”受到国务院表彰。落实维稳工作责任制，深入开展矛盾纠纷集中排查调处和领导干部大下访、大接访活动，及时妥善处置了一批影响较大的群体性事件，国庆安保工作扎实有效。深入推进“平安文山”创建活动，强化社会治安综合治理，严打整治斗争和禁毒防艾工作成效明显，人民群众的安全感明显增强。积极探索新形势下军民融合式发展新路子，国防动员和后备力量进一步加强。强化安全生产监督管理，严格落实安全生产责任制，全州安全生产形势总体平稳。

(六)狠抓基层基础，党的建设得到全面加强。始终把加强执政能力和先进性建设作为主线，全面加强党的思想、组织、作风、制度和反腐倡廉建设。扎实开展“个人形象一面旗、工作热情一团火、谋事布局一盘棋”主题实践活动，领导班子思想政治建设进一步加强，服务科学发展的能力不断提高。坚持德才兼备、以德为先的用人标准，加大对年轻干部、少数民族干部、女干部和党外干部的培养选拔力度，干部结构不断优化。全州处级后备干部集中调整顺利完成，干部人事工作规范化、科学化和制度化水平不断提高。匡正用人风气，严格管理、严格监督干部，选人用人的公信度明显提高。“云岭先锋”工程、“边疆党建长廊”建设进一步深化和拓展，全面推行“一联三帮”农村基层党建新机制，评选表彰了一批优秀乡村党组织书记，选派982名新农村建设指导员驻村开展工作，选聘699名大学生“村官”充实到村委会，全面启动新一轮村级活动场所和农村党员干部现代教育终端接收站点建设。积极探索党内民主多种实现形式，党内民主不断扩大。深入推进反腐倡廉建设，落实党风廉政建设责任制，惩治和预防腐败体系不断完善。坚决查办了一批违纪违法案件，取得了良好的政治和社会效果。扎实抓好党性党风党纪教育，加强廉政文化建设，利用身边的典型案例开展专题警示教育，集中对新提拔县处级领导干部进行反腐倡廉培训。开展县、乡、村基层党风廉政建设试点和工程建设领域专项治理工作，加强对中央扩大内需政策落实情况的监督检查。加大行政问责工作力度，集中解决损害群众利益的突出问题，党风廉政建设和反腐败斗争取得新成效。

在国际金融危机背景下，我州今年经济社会发展所取得的成绩来之不易、难能可贵。这些成绩的取得，得益于中央和省委正确领导、关心支持，得益于全州干部群众团结一致、负重拼搏，得益于社会各界齐心协力、共渡难关。回顾总结今年工作，我们深刻体会到：坚持以科学发展观为指导，全面贯彻落实中央和省委的决策部署，是应对国际金融危机，扎实做好保增长、保民生、保稳定各项工作的根本保证；坚持解放思想、实事求是的思想路线，一切从文山实际出发，切实增强工作的前瞻性、针对性和创造性，是应对复杂局面、牢牢把握发展主动权的重要前提；坚持发展第一要务不动摇，努力做到扩内需、调结构、促改革相结合，保增长、保民生、保稳定相统一，是战胜困难挑战、实现经济回升向好的关键所在；大力弘扬高效务实、顽强拼搏的工作作风，始终保持攻坚克难、奋发有为的精神状态，是变挑战为机遇、化危机为生机的强大动力。

在总结成绩的同时，我们也要清醒地看到，全州经济社会发展中还存在一些亟待解决的困难和问题：一是全州经济仍未完全摆脱金融危机的困扰，保持经济平稳较快增长的压力仍然很大；二是经济总量小、结构不合理、支柱产业单一的状况尚未根本改变，粗放型经济仍占主导地位，转变发展方式的任务十分艰巨；三是重大项目融资困难、储备不足，特别是具有战略支撑作用、带动能力强的大项目还比较少；四是改善民生特别是增加群众收入、扩大就业和社会保障的任务仍然很重，影响社会稳定的不和谐因素依然较多；五是党的基层组织建设还存在薄弱环节，干部执行力还需进一步提升，工作作风有待进一步改进。对此，我们应采取更加有力的措施，切实加以解决。

二、开拓进取，苦干实干，努力保持全州经济社会平稳较快发展的良好势头

明年是实施“十一五”规划的最后一年，也是谋划“十二五”发展的关键之年。做好明年工作，对于巩固经济回升基础，为“十二五”规划启动实施创造良好条件意义重大。总体上看，明年经济形势可能好于今年，但不确定因素仍然较多。从国际环境看，虽然主要经济体触底回升的迹象已经呈现，但全球经济形势依然复杂，需求不足的问题仍较突出，金融领域深层次风险尚未完全消除，明年的形势将会变得更加复杂和不确定。从国内形势看，虽然我国经济持续企稳回升的态势已经确立，但回升的基础还不牢固，内在动力仍然不足，结构性矛盾仍很突出，部分行业过剩产能增加，节能减排压力增大。复杂多变的宏观经济形势，既给我州明年经济发展带来了严峻挑战，也带来了难得的发展机遇。一是明年中央将保持宏观经济政策的连续性和稳定性，继续实施积极的财政政策和适度宽松的货币政策，为我们争取上级财政支持、挖掘金融信贷潜力、帮助企业缓解融资困难创造了条件。二是金融危机对加快转变发展方式、推进产业转型升级形成倒逼机制，为企业低成本扩张、开发新产品、拓展新市场提供了良机。三是中央继续加大对“三农”、基础设施、社会事业、生态环境等方面的投入力度，将有利于我州加快推进民生项目建设，不断提升民生保障水平。四是我们在克服困难挑战中取得的成绩和积累的经验，为加快发展打下了良好基础。优势总是在把握机遇中形成，差距都是在错失机遇中扩大。面对百舸争流的发展态势和日趋激烈的竞争压力，能不能把握机遇、战胜挑战，实现更好更快发展，是我们面临的重大考验。只要我们坚持科学发展不动摇，加快发展不松劲，审时度势，坚定信心，科学应对，迎难而上，就一定能变压力为动力，化挑战为机遇，实现全州经济社会的新发展、新跨越。

综合分析国内外形势和我州实际情况，明年工作的总体要求是：坚持以科学发展观为统领，深入贯彻落实党的十七届四中全会、中央经济工作会议和省委八届八次全会精神，围绕建设云南面向泛珠三角和东盟开放的新高地，增投入、扩总量，创特色、促转型，突出打牢基础、结构调整、产业发展、改善民生四个重点，继续实施“六大战略”，加快“四大基地”建设和通道经济发展步伐，全面完成“十一五”规划的各项目标任务，推进党的建设新的伟大工程，保持全州经济平稳较快发展和社会和谐稳定。

全州经济社会发展预期目标为：地区生产总值增长10.0%以上，地方财政一般预算收入增长10.0%以上，固定资产投资增长25.0%以上，农民人均纯收入增长13.0%以上，城镇居民人均可支配收入增长10.0%以上，社会消费品零售总额增长15.0%以上，单位生产总值能耗降低4.9%，城镇登记失业率控制在4.5%以内，人口自然增长率控制在6.5‰以内，居民消费价格水平涨幅控制在3.0%以内。

做好明年工作，必须把握五条原则：一是坚持解放思想与科学发展相统一。始终坚持解放思想、实事求是的思想路线，在解放思想中拓宽发展思路，在更新观念中转变发展方式，用创新的思维谋划未来发展，用创新的办法破解前进中的难题，进一步开创科学发展、和谐发展、跨越发展新局面。二是要坚持保持速度与提升质量相协调。坚持保速度、扩总量、上规模不动摇，优结构、提质量、增效益不偏颇，在增长中加快转型，在转型中推动增长，走出一条速度与结构、质量、效益相协调的发

展之路。三是要坚持立足当前与长远发展相结合。既要立足当前保增长，又要着眼长远谋发展，把保持当前增长与增强发展后劲结合起来，把扩大内需与调整结构结合起来，把做大规模与转变发展方式结合起来。四是要坚持经济发展与改善民生相促进。在保持经济平稳较快发展的同时，把改善民生作为扩大内需的优先工程，在加快发展中改善民生，在改善民生中凝聚力量。五是要坚持改革开放与维护稳定相适应。把改革开放作为推动发展的活力源泉，把维护稳定作为改革开放的重要保障，在社会稳定中推进改革开放，通过改革开放促进社会稳定。

实现明年目标任务，必须继续把保增长作为经济工作的首要任务，把保持经济平稳较快发展和加快经济发展方式转变有机统一起来，重点抓好六个方面的工作：

（一）发展特色优势产业，推进经济结构优化升级。把产业发展作为经济工作的重中之重，按照“调优一产、调强二产、调快三产”的思路，坚持一手抓扩大总量，一手抓结构调整，加快推进产业优化升级，不断提升产业发展的规模和层次。

大力发展特色生物产业。以调优提效为目标，大力发展三七、烤烟、林业、辣椒、畜牧五大主导特色产业，着力抓好生物资源开发基地建设，深入推进农业结构战略性调整。三七产业要以深入实施《文山三七发展条例》为契机，抓好产业规划，稳定种植面积，努力在资源整合、科技研发、品牌塑造、市场拓展、扩大精深加工和引进战略合作伙伴、药食同源申报等方面取得新突破。烤烟产业要坚持以现代烟草农业为引领，以资源配置方式改革及基地建设为载体，着力打造“省内一流、国内知名、国际优质”的烟叶品牌，努力在规模发展、优化布局、烟叶质量上迈出新步伐。林业产业要坚定不移地推进500万亩木本油料基地建设，抓好种苗繁育和示范样板建设，不折不扣地抓好规划落实，全面完成新植油茶30万亩、核桃90万亩的目标任务。辣椒产业要进一步强化辣椒标准的推广应用，加大“丘北辣椒”优质品种的提纯复壮研究和地域保护力度，使全州辣椒种植面积突破100万亩。畜牧产业要以品种改良和规模化养殖为重点，大力发展猪牛生产，因地制宜发展其它特色畜禽，积极发展畜产品加工。着力培育一批竞争力强、带动面广的龙头企业，加快农业产业化进程，促进农业规模化、集约化发展。

着力壮大优势工业产业。以调强提质为目标，通过轻工抓三七推动、重工抓铝业推动，促进我州工业发展调结构、创特色、上水平。按照“传统产业品牌化、优势产业集群化、新兴产业规模化”的发展方向，改造提升冶金、化工、煤炭、建材等传统产业，加速发展乙炔化工、磷化工、燃料乙醇等新兴产业，努力构建比较优势明显、产业附加值高、创新能力强、节能环保、可持续发展的现代工业体系。调整优化工业区域结构，研究主体功能区的布局规划。围绕建设新型冶金化工基地战略目标，以重大项目为牵引，资源整合为基础，转变发展方式为重点，加快推进新型工业化进程，全面推动工业提档升级。加大工业投入力度，深入推进“重点产业发展千亿工程”，以大投入、大项目带动大发展。加强与云南冶金集团的合作，加大铝土矿资源勘探、整合力度，在确保文山氧化铝厂一期80万吨项目建成投产的基础上，抓紧谋划扩建氧化铝和电解铝、新型铝型材项目，发展配套产业，开发下游产业，努力把我州打造成全省的铝工业中心、西南重要的铝工业基地。抓好重点工业项目建设，重点推进年采210万吨和日选8 000吨锌矿、年产10万吨锌60吨铟、年产60万吨电石、日产4 000吨水泥熟料生产线等项目建设。进一步加大技术创新投入，不断完善科技创新体系，提升产学研合作层次，加快高新技术和科研成果向重点行业领域转化。强化节能减排目标责任制，大力发展循环经济、低碳经济，提高资源综合利用水平和可再生能源比重。加快推进工业园区基础设施和配套服务体系建设，推进园区规模化、集约化、专业化、特色化发展。落实各项扶持政策，全面提升我州非公有制经济的速度、规模、质量和效益。

加速发展现代服务业。以调快提速为目标，把加速发展以现代服务业为主的第三产业作为促进经济结构转型升级的战略重点，努力把现代服务业培育成我州新的经济增长点。积极推进旅游与文化的深度融合，加快旅游管理经营体制改革，抓好旅游业改革发展综合试点工作，深化旅游“二次创业”，推动我州旅游业由观光型向观光与休闲度假相结合的多元型转变。继续推进以丘北普者黑、广南坝美为重点的景区景点建设，适时引进有实力的旅游龙头企业进行规模开发。大力发展乡村旅游，规划建设一批特色鲜明的旅游小镇和旅游特色村。加快构建基础设施、信息平台和服务网络三大现代物流体系，重点推进文山、砚山、富宁、丘北、平远、天保等物流中心建设。构建布局合理、设施完善的市场体系，加快发展信息咨询、中介服务、金融保险等现代服务业，积极发展批发、零售、餐饮、电子商务等现代流通业，鼓励发展家政服务、物业管理等社区服务业。继续推进“万村千乡市场”工程建设，进一步做好家电、汽车、摩托车下乡工作，努力扩大农村消费。加强房地产市场宏观调控，贯彻落实国家和省支持鼓励住房消费政策，规范房地产市场秩序，有效增加普通商品房、经济适用房和廉租房供应，促进房地产业稳定健康发展。合理引导汽车等大宗消费，积极培育通讯、文化娱乐、教育培训、康体健身、医疗保健等新的消费热点。

（二）强化投资拉动，进一步夯实发展基础。把重大基础设施项目建设作为拉动经济增长的强大引擎，坚持不懈地实施项目带动和投资拉动战略，从根本上缓解和消除经济发展的瓶颈制约。

加大基础设施建设力度。坚持把重大基础设施项目建设作为扩大内需的主要着力点，千方百计掀起基础设施建设新高潮，确保固定资产投资持续快速增长。把云桂铁路文山段、富宁港一期工程，普岩一级公路以及三条二级公路作为交通项目建设重点，抓紧做好蒙自经文山至砚山高速公路、丘北经文山至蒙自铁路等项目前期工作，争取早日开工建设。把水源工程、病险水库除险加固作为水利项目建设重点，扎实抓好以达号水库、布都河水库、以腻资水库等在建水源工程和丰收等病险水库除险加固工程建设，加快推进以德厚水库为重点的“1131”水源工程前期工作步伐，为争取国家立项投资创造条件。把骨干电网和城乡电网改造作为电力建设重点，加快重点电源点和输变电工程项目建设。把市政基础设施和公共服务设施等作为城镇建设重点，抓好省运会场馆、县城“两污”治理等项目建设。

着力优化投资结构。坚持一手抓增量优化，一手抓存量调整，新增投资更多投向薄弱环节和关键领域，推动资源要素向优势行业、优势企业、优势地区集中。坚持扩大投资规模和优化投资结构并举，重点加大对民生领域和社会事业的支持力度，增加对“三农”、科技、教育、卫生、文化、节能环保等方面的投入，加大对重点领域改革的支持力度，把有限的资金用在刀刃上，提高投资的质量和效益。创新项目推进机制，切实加强对在建续建项目的监管，及时协调解决遇到的困难和问题，确保项目顺利推进。

拓宽项目融资渠道。围绕国家今后一段时期重点支持的基础设施、产业建设、社会民生、生态环保等领域，拓宽融资渠道，千方百计争取中央和省的政策及资金支持。充分发挥国有投资的带动作用，进一步激活民间投资，增强投资增长的内生动力。打破地域、行业和所有制界限，在更大的范围和更高的层次进行资本运作，采用BT、BOT、TOT等融资方式，鼓励和引导社会资本广泛参与重大项目建设。加强银政、银企合作，用好用足国家货币政策，引导金融机构增加对重大项目的信贷投入。加快企业债券发行工作进度，鼓励企业上市融资，建立多渠道、多形式的投融资体系，拓展重点项目资本金来源渠道，提高重大项目资本金到位率。

加强项目谋划和储备。结合“十二五”规划编制工作，超前谋划重大项目，快速推进前期工作，认真筛选、储备一批能够带动全局、有较强支撑和辐射作用的重大项目，力争更多的项目挤入国家和省的计划盘子，为实现更长时间、更高水平、更好质量的发展打下坚实基础。

（三）加大“三农”工作力度，促进农村经济稳步发展。把解决“三农”问题作为全州工作的头等大事，以农民增收为核心，进一步加大对“三农”的统筹和投入力度，加快推进农村改革发展，确保农业稳定发展、农民持续增收。

强化农业基础保障。整合项目资金，实行田、水、路、林综合治理，着力抓好中低产田地改造，确保完成中低产田地改造35万亩以上。做好中低产林改造规划编制工作，多方筹措资金，加大投入力度，迅速掀起中低产林改造热潮。加强农村公路、农田水利和农村能源建设，不断夯实农业发展基础，提高农业综合生产能力。扎实抓好农村公路建设，全面完成“通达工程”、“通畅工程”建设任务。加大山区“五小水利”、农村饮水安全工程建设力度，新增有效灌溉面积4万亩，解决13万农村人口的饮水安全问题。加大农村民居地震安全工程和农村危房改造力度，不断改善农村人居环境。统筹城乡公共资源配置，大力发展农村社会事业，推进城乡基本公共服务均等化。加快以“文砚平”城市群为重点的城镇化建设步伐，提高城镇承载能力，培育壮大县域经济，促进城镇功能向农村辐射和延伸，实现城镇资源向农村倾斜、农村人口向城镇转移，形成“以城带乡、以工促农、城乡互动、共同繁荣”的城乡一体化发展新格局。

深入推进扶贫开发。继续坚持以整村推进、产业扶贫、劳动力培训转移为主要内容的“一体两翼”扶贫战略，强化扶贫资源整合，构建专项计划扶贫、惠农政策扶贫和社会各界扶贫等多方力量、多种措施有机结合、相互支撑的“大扶贫”格局。贯彻落实胡锦涛总书记重要批示精神，继续抓好“僰人”、“山瑶”等特困少数民族群体的扶持发展工作。加大集中连片开发力度，扎实抓好整乡推进试点新农村建设，完成600个以上整村推进项目建设任务，建设一批新农村示范村。实施农民增收“翻番计划”，以增产增收为目标，产业培育为主导，大力培育和发展带动农民增收致富的特色产业，努力拓宽农民增收渠道。加大劳动力培训转移力度，争取新增转移农村劳动力6万人，新解决8万贫困人口的温饱问题。

深化农村综合改革。在稳定和完善农村基本经营制度的前提下，按照依法、自愿、有偿原则，积极引导支持农民以转包、出租、转让、股份合作等形式，积极发展多种形式的适度规模经营。积极推进集体林权制度配套改革，扎实抓好森林采伐管理改革试点工作，加快建立林权流转和管理体系，巩固主体改革成果，推动林业产业健康发展。加快建立现代农村金融制度，解决好农村融资难问题。完善农业支持保护制度，提高财政保障农村公共事业水平，确保各项强农惠农政策落到实处。

（四）推进体制机制创新，打造对外开放新高地。把深化改革、扩大开放作为推动科学发展的强大动力，通过深化改革破解发展难题，在扩大开放中赢得发展机遇，加快构建有利于科学发展的体制机制，为经济社会发展提供不竭动力。

全力提高对外开放水平。紧紧抓住国家实施“提升沿边开放”发展战略的机遇，以“建设大通道、促进大流通”为目标，积极参与中国—东盟自由贸易区和中越“两廊一圈”建设，进一步扩大投资合作领域，吸引外资投向特色优势产业。扶持和鼓励企业实施“走出去”战略，开展对外直接投资及经济技术合作。加强口岸基础设施和信息化建设，提高通关便利化水平。积极推进天保口岸经济区建设，努力将其建设成为全省面向越南等东南亚国家的以商贸物流、进出口加工、旅游为一体的重要沿边经济区。大力发展对外贸易和边境贸易，努力保持外贸进出口稳定增长。把招商引资作为扩大对外开放的突破口，推动招商引资向招商选资、招大引强转变。创新招商引资方式，突出项目招商、产业招商、以商引商和服务招商，着力招引能够促进产业集聚、提升产业层次、推进产业转型升级的大项目、好项目，努力引进一批综合实力强的国内外大企业、大集团入驻文山投资兴业、共谋发展。抓好协议项目和合同项目的跟踪落实，提高资金到位率和开工投产率。

持续优化发展环境。强化“环境就是生产力”的意识，努力再造环境竞争新优势。建立完善招商引资“一站式”服务体系，采取切实有效措施，坚决整治乱收费、乱罚款、乱检查、乱摊派等现象，努力把发展政策放到最宽、审批事项减到最少、收费额度压到最低、工作效率提到最高、服务潜力挖到最大，形成更具吸引力和竞争力的成本“洼地”和服务“高地”，以优质服务吸引项目落户、扶持企业发展。

深化重点领域改革。继续深化行政管理体制改革，全面落实“阳光政府四项制度”，减少和规范行政审批，大力提高行政效能。积极稳妥实施新一轮政府机构改革，理顺部门职能关系，加快推进政府职能转变。加快投融资体制改革步伐，进一步完善专业投资公司的体制机制，最大限度地盘活用好州县两级政府管理的国有资产，做强做大投融资平台。按照国家和省深化医药卫生体制改革的精神，抓紧出台我州具体实施方案，加快推进医药卫生事业改革发展。深化金融体制改革，创新金融服务，延伸金融网络，优化金融生态环境，增强金融对经济的服务功能。积极推进资源价格和财税体制改革，进一步深化国有企业、国有资产监督管理、水务管理体制改革和教育、科技、文化等社会事业改革。

（五）着力保障和改善民生，加强社会事业和生态文明建设。把改善民生、发展社会事业作为扩大内需、调整经济结构的重点，始终坚持民生为重、富民为先，切实解决好人民群众最关心、最直接、最现实的利益问题，使科学发展成果更多地体现在提高全州各族人民的生活水平上。

努力稳定和扩大就业。牢固树立就业是民生之本的理念，把就业再就业工作放在改善民生的首位，实施更加积极的就业政策，千方百计扩大就业。统筹做好各类群体就业工作，重点做好高校毕业生、下岗失业人员、农民工就业工作，保持就业形势稳定。全面落实创业带动就业各项扶持政策，建立健全创业就业公共服务体系，全力推动创业带动就业工作。进一步完善就业援助制度，大力开发公益性就业岗位，及时帮助就业困难群众和零就业家庭人员实现就业。把促进经济发展与有效增加就业岗位结合起来，政府扩大就业与支持群众自主创业结合起来，充分发挥政府投资、重大项目建设以及服务业、劳动密集型产业、中小企业、非公有制经济在吸纳就业中的作用，尽力让群众就业有门、创业有路，生活有来源、致富有奔头。

健全完善社会保障体系。按照“广覆盖、保基本、多层次、可持续”的要求，加快发展社会保障事业。完善城乡社会保障体系，落实城乡最低生活保障制度，实现城镇职工基本医疗保险州级统筹。建立失地农民生活保障制度，抓好新型农村养老保险试点工作，扩大社会保险覆盖面，不断提高保障水平和统筹层次。加快建立以农村“五保”、特困救助和灾民救助为基础，临时救助、社会互助为补充的城乡社会救助体系，加大对低收入群众的帮扶救助力度，切实保障好城乡困难群体的生产生活。加大配套资金筹措力度，全力推进城乡保障性住房和廉租住房建设，不断改善住房困难群众的居住条件。

统筹社会事业协调发展。坚持优先发展教育，抓好以D级危房改造为重点的中小学校舍安全工程建设，稳步推进中小学校布局调整，优化教育资源配置，促进城乡教育均衡发展。支持文山学院扩大办学规模、提升教育质量，进一步加快州属中等职业学校整体迁建步伐，加大对三鑫职业技术学院的扶持力度，促进职业教育与普通高中协调发展。牢牢把握正确的舆论导向，为全州加快发展营造良好的舆论氛围。深入开展群众性精神文明创建活动，不断提高公民文明素质和城乡文明程度。建立健全覆盖城乡的公共文化服务体系，加快推进州民族博物馆、县级“两馆一站”及村级文化活动室建设。精心打造民族文化、三七文化、地域文化三大文化品牌，加快文化产业发展，促进文化事业繁荣。扎实抓好广播电视“村村通”、无线覆盖和“西新工程”建设，不断提高广播电视覆盖率。加强以县级医院、乡（镇）卫生院和村（社区）卫生室为重点的卫生基础设施建设，逐步健全覆盖城乡的公共卫生服务体系，巩固提升新型农村合作医疗水平。抓好疾病预防控制工作，提高突发公共卫生事件应急处置能力。落实人口和计划生育各项优惠奖励政策，促进人口与资源环境、经济社会发展相协调。广泛开展全民健身运动，扎实做好省十三届运动会和州第八届少数民族传统体育运动会各项承办工作。

加强生态文明建设。坚定不移地走生态建设产业化、产业发展生态化路子，深入开展“七彩云南文山保护行动”，加快推进盘龙河流域等重点水域的综合治理，继续实施天然林保护、退耕还林、石漠化治理、公益林管护等重点生态工程，抓好普者黑旅游循环经济示范区建设。加强环境污染整治，加快城乡垃圾处理设施建设，着力整治农村面源污染。积极探索资源开发生态补偿机制，努力提高生态环境的承载能力，加快建设资源节约型、环境友好型社会，促进人与自然和谐发展。

（六）全力维护社会和谐稳定，为科学发展营造良好社会环境。把维护民族团结和边疆稳定放在更加突出的重要位置，采取更加有力的措施，着力解决影响和谐稳定的突出问题，切实维护边疆安宁和国家安全。

扎实抓好民族团结进步事业。牢牢把握各民族共同团结奋斗、共同繁荣发展主题，贯彻落实平远地区民族团结进步示范创建推进会和全州民族工作会议暨第五次民族团结进步表彰大会精神，以实施“宣传教育、基层组织建设、平安创建、基础设施建设、民生改善、产业发展”六大工程，开展“手拉手、兄弟情，心连心、鱼水情，肩并肩、爱国情”三项活动为重点内容，大力开展民族团结进步创建活动，扎实抓好平远地区、天保镇民族团结示范区建设，努力把平远地区和天保镇打造成全州乃至全省民族团结进步的典型。深入实施新三年“兴边富民”工程、边疆解“五难”惠民工程和“兴地睦边”工程，从资金、项目、技术、人才等方面加大扶持力度，千方百计加快民族地区经济社会发展步伐。广泛、深入、持久开展民族团结宣传教育，有效防范和打击境内外敌对势力的渗透破坏活动，巩固和发展平等、团结、互助、和谐的社会主义民族关系。加强国防动员和“双拥”工作，推动经济建设与国防建设协调发展。

深入推进平安建设。牢固树立“稳定是硬任务，是第一责任”的思想，严格落实重大事项社会风险评估制度、维护社会稳定预警工作机制和责任追究制，确保全州社会大局和谐稳定。创新做好新形势下群众工作的方式方法，着力提高驾驭复杂局面的能力和水平。深入开展领导干部大接访、大下访活动，加强对重点工程建设、征地拆迁、移民搬迁、矿产资源开发等方面社会热点难点问题的排查，引导群众以理性合法方式表达诉求，及时解决好群众反映强烈的突出问题，最大限度地从源头上减少人民内部矛盾。高度重视社会热点问题和网络信息的舆论引导，进一步健全舆情信息网络，完善突发事件应急预案和快速反应机制，妥善处置各种突发事件和群体性事件。加强政法队伍建设，促进公正廉洁执法。以"平安文山"建设为载体，深入推进平安创建活动，构建覆盖全面、整体联动、防范严密、控制有效的治安防控体系，加大突出治安问题的整治力度，坚决打好新一轮禁毒防艾人民战争，依法打击各种违法犯罪活动，加强对新社会组织的服务和管理，进一步增强广大人民群众的安全感和满意度。

切实抓好安全生产。牢固树立安全发展理念，全面落实各项安全生产责任和措施，全力推动安全生产状况持续稳定好转。建立健全安全生产控制指标体系及预警机制，狠抓基础工作，强化源头管理，加大对食品药品、危险化学品、煤矿、非煤矿山和公共场所、道路交通的安全监管力度，加强对各类安全事故隐患的排查和整治，努力实现隐患排查治理工作的制度化、常态化。健全完善应急救援体系，坚决预防和遏制重特大事故发生，切实保障人民群众生命财产安全。

三、以改革创新精神加强和改进新形势下党的建设，为推动科学发展提供坚强的组织保证

实现全州经济社会又好又快发展，关键是要以改革创新精神全面推进党的建设新的伟大工程。全州各级党组织和广大党员干部要按照中央和省委的部署，深刻领会加强和改进新形势下党的建设的极端重要性，正确认识和处理好党的建设与经济建设、政治建设、文化建设、社会建设以及生态文明建设的关系，坚持以科学理论指导党的建设、以科学制度保障党的建设、以科学方法推进党的建设，不断提高党的建设科学化水平，增强各级党组织的创造力、凝聚力和战斗力，为推动科学发展提供坚强组织保证。

（一）建设学习型党组织，不断提高思想政治水平。按照科学理论武装、具有世界眼光、善于把握规律、富有创新精神的要求，坚持不懈地用中国特色社会主义理论体系武装全州党员干部，推动学习实践科学发展观活动向广度和深度发展。采取党委（党组）中心组学习、理论宣讲、专题辅导等多种形式，不断深化党员干部对党的理论创新成果的认识，努力把学习成果转化为推动科学发展的坚强意志、谋划科学发展的正确思路、领导科学发展的实际能力、促进科学发展的政策措施。坚持不懈地开展社会主义核心价值体系的学习教育，把理想信念教育作为学习践行社会主义核心价值体系的重中之重，引导党员干部增强宗旨意识、政权意识、大局意识和责任意识，增强政治敏锐性和政治鉴别力，坚定共同理想信念。坚持不懈地推进学习型党组织建设，进一步落实党委（党组）中心组学习制度，建立健全党员干部教育培训制度和激励机制，使党员干部集体学习经常化、制度化、规范化。广泛开展创建学习型党组织活动，拓宽学习渠道，创新学习载体，组织党员干部深入学习马克思主义理论、党的路线方针政策和国家法律法规、党的历史和现代化建设需要的各方面知识。各级领导班子和领导干部要把学习作为一种人生态度、一种价值追求、一种政治责任，积极向书本学习、向实践学习、向群众学习，不断开阔视野，完善知识结构，提高理论素养和解决实际问题的能力，推动全州形成崇尚学习、自觉学习和终身学习的浓厚风气。

（二）坚持和健全民主集中制，积极发展党内民主。坚持民主基础上的集中和集中指导下的民主相结合，以保障党员民主权利为根本，以加强党内基层民主建设为基础，积极推进党内民主建设。进一步健全地方党委领导班子工作运行机制，充分发挥党委总揽全局、协调各方的领导核心作用。进一步完善各级党委全委会、常委会议事规则和决策程序，建立健全领导、专家、群众相结合的决策机制，提高党内科学民主依法决策水平。以落实党员知情权、参与权、选举权、监督权为重点，进一步提高党员对党内事务的参与度，充分发挥党员在党内生活中的主体作用。全面推进党务公开，建立党委新闻发言人、党内事务听证咨询、党员定期评议基层党组织领导班子成员、村级组织"四议两公开"等制度，充分保障党员民主权利。进一步健全和落实各级党代表大会代表任期制，探索建立党代表参与重大决策、参加重要干部推荐和民主评议、列席党委有关会议等制度，积极发挥党代表作用。逐步推广基层党组织领导班子成员由党员和群众公开推荐与上级党组织推荐相结合的办法，在有条件的村、社区和其他基层单位党组织中实行有领导的"两推一选"制度，抓好乡镇党委领导班子成员"公推直选"试点工作。坚持党的领导、人民当家作主、依法治国有机统一，支持各级人大、政府、政协、司法机关和工会、共青团、妇联等人民团体依照法律和各自章程独立负责、协调一致地开展工作。坚决维护党的集中统一和中央权威，严守党的纪律，坚决纠正有令不行、有禁不止的现象。

（三）深化干部人事制度改革，建设高素质的干部队伍。始终坚持德才兼备、以德为先的干部评价标准，建立健全干部选拔任用提名、差额选拔干部、干部工作信息公开等制度，探索试行党委任用重要干部差额票决制，加大竞争性选拔干部的力度，形成充满活力、富有竞争的选人用人机制。坚持民主、公开、竞争、择优的原则，拓宽干部选拔视野，紧密结合"六大战略"的实施和全州重大项目建设、产业结构调整、重大改革等工作，大力选拔政治上靠得住、工作上有本事、作风上过得硬、人民群众信得过的干部担当重任。落实干部选拔任用工作"一报告两评议"、"一把手"选人用人监督检查等制度，加大对选人用人不正之风的整治力度，进一步提高选人用人公信度。落实党管人才原则，创新人才工作机制，着力在基础产业、重点行业、重点学科、重点领域中培养、引进和使用人才。加强领导班子和领导干部领导能力培养，提高他们谋划发展、统筹发展、优化发展、推动发展的本领和群众工作、公共服务、社会管理、维护稳定的本领，注重增强新形势下依法办事能力和应急管

理、舆论引导、新兴媒体运用、做好民族宗教工作等方面的能力。按照科学发展观的要求，建立健全领导班子和领导干部日常管理监督和考核评价机制，加大治懒治庸力度，对失去群众公信力的领导班子和领导干部及时进行整顿和处理。积极探索各级党政机关从基层一线遴选干部制度，加大从优秀村(社区)干部中考录乡镇公务员和从具有2年以上基层工作经历人员中考录党政机关公务员的力度，继续推进选聘高校毕业生到村任职工作，形成来自基层的党政干部培养链。高度重视少数民族干部的培养选拔，继续做好优秀年轻干部、女干部和党外干部的培养选拔工作，重点培养一批80年代出生的优秀年轻干部。做好离退休干部工作，落实好老干部政治、生活等各项待遇。

(四)全面加强党的基层组织建设，不断夯实党执政的组织基础。进一步加强组织领导，抓好整改落实，确保第三批学习实践科学发展观活动取得实效。以构建城乡统筹的基层党建新格局为重点，深化“三级联创”活动、拓展“云岭先锋”工程和“边疆党建长廊”建设为载体，进一步调整优化基层党组织设置，加大在村(居)民小组和非公有制经济组织、新社会组织等基层单位中成立党组织的力度，努力实现党组织和党的工作全覆盖。按照“农村党组织抓巩固、抓提升，社区党组织抓基础、抓典型，机关党组织抓作风、抓服务，企业党组织抓教育、抓管理，事业单位党组织抓改革、抓作用发挥，非公有制经济组织、新社会组织党组织抓覆盖、抓规范”的思路，扎实推进各个领域基层党组织工作创新，以党的基层组织建设带动其他各类基层组织建设。进一步建立健全教育、管理、服务党员长效机制，加大发展党员工作力度，力争两年内消除党员“空白村”。大力实施“三培双带”工程、党员素质提升工程、农村党员创业致富工程，不断增强党员带头致富、带领群众致富的能力。扎实抓好第四届村“两委”班子换届工作，选好配强村党组织班子，努力建设高素质党组织带头人队伍。落实党建工作责任制，健全完善基层党建工作保障机制，大力推行“一联三帮”基层党建工作新机制，以基层党组织联建推进城乡发展一体化。扎实推进基层党组织活动场所和农村党员干部现代远程教育站点建设，努力在明年6月底前实现村级活动场所和现代远程教育网络全覆盖。多渠道发展壮大村级集体经济，力争到2011年实现集体经济收入超过1万元的村委会达到80.0%以上。

(五)加强党的作风建设，保持党同人民群众的血肉联系。以保持党同人民群众的血肉联系为核心，深入开展“三个一”主题实践活动，切实加强党的作风建设，以优良党风促政风带民风。大力弘扬密切联系群众的作风，落实领导干部联系基层和群众制度，广泛开展“领导挂点、部门包村、干部帮户”活动。领导干部要主动深入基层特别是矛盾突出、问题较多的地方调查研究，倾听群众呼声，帮助解决困难。大力弘扬求真务实的作风，提倡开短会、讲短话、讲管用的话，严格控制发文数量和范围，严格控制会议数量、经费和规模，进一步清理检查评比达标表彰活动。各级领导干部下基层调研，要轻车简从，不搞层层陪同、不扰民、不影响基层正常工作。大力弘扬艰苦奋斗的作风，坚持勤俭节约制度，加强办公经费预算支出监管，严格审批制度，从严控制楼堂馆所建设，严禁超预算超标准装修办公用房，严禁为领导干部违反规定购买、建造住房和配置用车，严格控制出国(境)团组数量和规模，严禁党政机关以各种名义向企事业单位转嫁、摊派和报销费用。大力弘扬批评和自我批评的作风，坚持和完善民主生活会制度，坚持把党性党风党纪分析作为民主生活会的主要内容，建立健全通过民意调查等方式征求群众意见制度，积极整改存在的问题，提高民主生活会质量。

(六)健全完善惩治和预防腐败体系，深入推进反腐倡廉建设。贯彻标本兼治、综合治理、惩防并举、注重预防的方针，扎实推进惩治和预防腐败体系建设，以反腐倡廉建设的成效聚民心、促发展。各级党委要切实履行推进反腐倡廉建设的政治责任和领导责任，各级领导干部要按照“一岗双责”的要求，严格执行党风廉政建设责任制。加强对领导干部的教育管理，有针对性地开展党性党风党纪教育和岗位廉政教育，深入推进廉政文化建设，进一步筑牢拒腐防变的思想防线。严格执行领导干部廉洁自律各项规定，落实领导干部报告个人有关事项制度，规范离退休领导干部在企业和各类学会、协会、基金会任职行为。加大查办违法违纪案件工作力度，保持惩治腐败高压态势。加强对重大项目建设情况的监督检查，加强对领导干部特别是主要领导干部的监督，推进行政权力公开透明运行。严格执行领导干部问责制，促使各级党政领导干部全面、正确、依法行使权力。深入开展纠风和专项治理，加强行风建设，切实解决损害群众利益的突出问题。坚持用制度管人、管权、管事，以规范和制约权力运行为核心，以容易滋生腐败的重点领域和关键环节为突破口，积极推进制度创新，提高反腐倡廉制度化、法制化水平。

同志们，充满希望和挑战的2010年正阔步向我们走来，站在新的历史起点上，我们肩负的使命光荣而艰巨。让我们紧密团结在以胡锦涛同志为总书记的党中央周围，以邓小平理论和“三个代表”重要思想为指导，深入贯彻落实科学发展观，坚定信心，乘势而上，顽强拼搏，扎实工作，努力开创全州党的建设和经济社会发展新局面！

州委理论中心组学习发言提纲

（2009 年 1 月）

中共文山州委副书记、州长　黄文武

新年伊始，州委就举行理论中心组集中学习，分析形势、统一思想、研究工作，这个会议开得非常及时。昨天下午，州委常委、副州长徐爱民同志代表州人民政府党组，通报了全州 2008 年经济社会发展情况，提出了今年的工作建议，与会同志围绕如何做好今年的工作进行了深入讨论，今天的会上，李培书记还要作重要讲话。下面，我就今年全州经济社会发展工作作发言，讲三点意见：

一、正确认识当前形势，坚定做好今年工作的信心

进入新的一年，世界经济金融形势仍然复杂多变，不稳定、不确定因素还在不断增多。但国家积极应对，及时调整宏观经济政策，实行积极的财政政策和适度宽松的货币政策，出台了扩大内需促进经济增长和扩大消费保证外贸的一系列政策措施，为我们加快发展提供了难得的机遇。新的一年对于我们来说，是困难与机遇同在，压力与动力并存的一年。对此，要结合实际，冷静分析、正确判断、妥善应对。

首先，要正视世界金融危机对我州经济社会发展的不利影响。从目前来看，世界金融危机对我州的影响主要表现在六个方面：一是影响经济持续增长。国际金融危机的蔓延和对实体经济影响继续扩散，增加了新一年经济运行中的困难，经济下行压力加大。二是影响工业快速发展。由于外需不足，锌、锰等主要矿产品产销量大幅下降，价格大幅下跌，企业经营困难增多，州内工业企业特别是冶炼企业出现大面积减产、半停产和停产，工业增速放缓。预计未来工业止跌和复苏将经历一个较长的过程，新一年工业增长的压力较大。三是影响房地产业稳定发展。受金融危机及国内外房地产市场大幅度调整的影响，我州房地产业稳定发展也面临较大压力。四是影响农民收入增长。辣椒出口受阻，价格下滑过半，生猪等其它农产品价格也出现较大幅度回落，增加了农民增收的困难。五是加大就业压力。经济增长放缓，新增就业机会可能相对减少，未来一定时期面临的就业压力会更大。特别是外出务工人员比较集中的沿海等地及州内企业受金融危机影响减产、停产，用工需求减少，大批外出务工人员提前返乡，进一步加大了就业压力。初步统计，全州外出务工返乡人员已近 6 万人。由于返乡人员失去就业岗位和打工收入，也在一定程度上影响农民收入增长，增加社会不稳定因素。六是影响财政收入快速增长。国家为应对当前危机，全面实施增值税转型改革，实行大幅度减税让利政策，加上经济增长放缓和企业经营效益下滑等原因，政策性和经营性减收因素增加，对地方财政收入增长影响较大。现在金融危机何时见底很难预料，影响有可能进一步加深，我们要积极关注形势，对形势保持清醒的认识，切实增强危机感，做好应对准备。

其次，要深刻认识当前全州经济社会发展中的深层次矛盾和问题。除国际金融危机的影响，我们自身经济社会发展中仍然存在不少突出矛盾和问题，是制约我州经济社会发展的主要问题，也是我们抗风险能力弱的主要原因。一是由于经济建设起步较晚，基础差、底子薄，特别是财政困难，自我发展能力较弱。二是基础设施投入不足、建设滞后，交通、水利及农村生产生活设施薄弱，是长期制约我州发展的主要因素。三是产业结构单一，工业发展滞后，二、三产业拉动经济增长和吸纳就业的能力较弱。四是农业产业化发展滞后，农业生产水平和经营效益不高，农民收入渠道单一，收入水平低，增收困难，农村贫困面仍然较大、贫困程度仍然较深。五是发展方式粗放。主要是产业链条短、初级产品和低端产品居多，产品附加值和科技含量不高；技术创新能力不强，核心竞争力较弱；单位 GDP 能耗高，节能降耗减排压力大。六是文化教育、医疗卫生等各项社会事业发展滞后，群众就业、社会保障及就医看病、子女上学、听广播看电视、学科技等方面困难和问题较多。七是因城市建设拆迁、重点项目征占用土地、移民安置、资源开发、企业改制、山林地界权属纠纷、涉法涉诉以及部分利益诉求群体频频上访引发的社会矛盾和群体性事件时有发生，不和谐、不稳定因素增多。以上问题，是长期制约我州经济社会发展的根本性问题。

再次，要敏锐把握国家实施扩大内需政策给我州带来的历史性机遇。国际金融危机暴发以来，国家及时调整宏观政策，实行积极的财政政策和适度宽松的货币政策，密集出台了一系扩大内需促进增长和扩消费保外贸措施，这些措施的出台，对于有效应对当前金融危机，保持经济增长起到了积极的促进作用，对于我州来说，更是一次加快发展的历史性机遇。一是有利于我州加快基础设施建设步伐。基础设施薄弱是我州经济社会发展中的最大制约因素，多年来，历届州委、州人民政府一直把基础设施建设作为经济社会发展的基础性工作来推进，受项目报批、资金筹措等各方面因素的限制，虽然工作不断取得突破，但基础设施的“瓶颈”制约依然很大，基础设施建设的任务还相当艰巨。国家和省把“加快铁路、公路和机场等重大基础设施建设、加快农村基础设施建设”作为扩大内需的重点，加大对西部铁路干线、高速公路、城市电网及农村公路、农村电网、沼气、饮水安全工程和重大水利工程建设、病险水库除险加固、大型灌区节水改造、扶贫开发项目的支持力度，采取更为宽松的信贷政

策，并在项目报批上采取特事特办的办法，使我们的基础设施建设项目工作得到全面“提速”，项目申报更便捷，国家财政资金投入力度加大，融资困难也得到一定缓解，在建项目得以顺利推进，拟建项目前期工作步伐大为加快，一批拟建重大项目有望比计划提前动工，其中云桂铁路、平远至天保口岸高速公路、蒙自至砚山高速公路等重大项目将在年内集中开工建设，一些中长期规划实施的项目也有望提前到“十一五”内动工，将推动全州基础设施建设实现较大跨越。二是有利于加快经济结构调整步伐。一方面，受这次金融危机冲击，部分落后产能将自然淘汰出局。同时，危机的影响，也逼着我们主动去找出路、想办法，调整产业结构。另一方面，国家和省加大了对“三农”、对企业技术改造和创新、对消费市场特别是城乡流通体系建设和流通企业发展的支持力度，必将有力推动农村基础设施改善和现代农业发展，推动农业生产经营方式转变，进一步加快农业发展步伐，夯实农业基础；必将有力推动工业改造升级和工业项目建设，加快新型工业化进程，打牢工业发展基础，加快工业发展步伐和提高工业发展质量、效益；必将有力推动流通业、旅游业等现代服务业发展，促进第三产业改造升级，发展壮大。三是有利于加速社会事业发展，加快解决事关广大群众利益的民生问题。近年来，国家高度关注民生，重视改善民生，对涉及民生的各项社会事业持续加大投入，有力推动了社会事业发展，涉及民生的各种突出问题逐步得到缓解。国家和省扩大内需、扩大消费的各项政策，进一步把解决民生问题摆在了更加突出的位置，进一步加大支持力度，为我们加快文化教育、医疗卫生、广播电视、生态建设和环境保护等社会事业建设，加快解决群众在劳动就业、社会保障等方面的突出问题，加快扶贫开发和“兴边富民”工程建设等方面创造了更加有利的条件。

综上所述，这次金融危机对我州经济社会发展造成了一定影响，但国家和省出台的一系列扩大内需、扩大消费的政策措施，为我们保持经济社会持续发展提供了有力支持，更为我们加快解决经济社会发展中基础设施建设、经济结构调整、农民增收、社会发展等根本性问题提供了难得的机遇，可以说，新的一年，我们面临的机遇要大于挑战。我们一定要坚定加快发展的信心，紧紧抓住国家扩大内需、扩大消费的机遇，认真贯彻落实国家和省的一系列决策部署，积极应对危机，加大工作力度，抓好项目建设，扩大投资规模，保持经济增长，并抓住机遇，加快经济结构调整步伐，积极破解经济社会发展中的深层次矛盾和问题，为全州经济社会加快发展、实现新跨越打好基础。

二、统一思想，明确今年的目标任务

根据中央经济工作会议和省委八届六次全会的部署，结合我州的实际，保持经济社会平稳较快发展，是今年工作的主基调。经过深入调研和反复测算、论证，州委、州人民政府拟定今年经济社会发展的预期目标是：地区生产总值增长10%左右，地方一般预算收入增长9%，固定资产投资增长20%以上，农民人均纯收入增长15%，城镇居民人均可支配收入增长6%，社会消费品零售总额增长15%以上，外贸进出口总额增长15%，居民消费价格指数涨幅控制在5%以内，单位地区生产总值能源消耗降低5%，城镇登记失业率控制在4.5%以内，人口自然增长率控制在6.7‰以内。

我认为以上目标是比较符合实际、切实可行的，既保持了一定的增长速度，体现了平稳较快发展的要求，使大家看到发展的希望；又充分考虑了全州的实际情况，经过努力可以实现，有利于调动各方面的积极性。就几个主要指标来看，地区生产总值增长10%以上，是加快发展、维护广大人民群众切身利益、保持社会稳定的客观需要，也是保持平稳较快增长的具体体现，是积极而留有余地的。一方面，要真正实现好、维护好和发展好广大人民群众的切身利益，发展是根本，必须加快发展，提高经济增长速度；我州发展相对滞后，要尽快缩小与发达地区的发展差距，实现与全省同步全面建设小康社会的目标，需要保持高于全省平均水平的增长速度，省委八届六次全会提出今年全省经济增长速度是9%，近年来我州经济增幅均保持高于全省平均水平，确定10%以上的增长速度正是延续了近几年的发展态势；由于今年经济增长压力加大，经济增长目标比上年略低，符合客观实际，留下了余地。另一方面，尽管影响增长的因素较多，但随着国家扩大内需、扩大消费等一系列政策措施的落实，将会对扩大投资、促进消费、拉动增长起到积极的促进作用，只要我们进一步加大工作力度，认真抓好国家一系列促进经济增长政策措施的落实，是有条件实现这一目标的。地方一般预算收入增长9%，比上年大幅度回落，主要是受企业经营困难和国家调整税收政策的双重影响，政策性、经营性减收因素增多，增收形势较为严峻。但今年投资力度加大、燃油税开征等因素，将对税收持续增长提供积极支撑。固定资产投资增长20%以上，既是在当前企业经营困难、效益下滑、经济增长放缓的形势下，发挥投资拉动作用，保持经济增长的需要，也有一定的项目支撑。去年国家和省扩大内需政策实施以来，我州已有一批重点项目陆续动工，今年云桂铁路等一批新的重大项目有望开工建设，可形成一个较大的投资热潮，支撑固定资产投资大幅度增长。农民人均纯收入增长15%，主要是随着国家扩大内需、扩大消费政策的落实，国家和省对农民的粮食直补、良种补贴、农机具购置补贴、农资综合补贴和“家电下乡”补贴将有较大幅度的增加，进而促进农民补贴性收入增长；随着新烟区开发建设的深入推进和农业产业化发展步伐加快，将有效促进农民家庭经营性收入增长；一系列重大项目的实施，也将积极带动就业，进一步拓宽农民就业和增收渠道，有效促进农民工资性收入增长；农村改革发展步伐的加快，也有利于增加农民财产性收入，共同推动农民收入实现持续快速增长。

三、突出重点，狠抓落实，确保今年各项目标任务圆满实现

今年要突出抓好六个方面的工作：

(一)加大项目建设力度。要把扩大固定资产投资作为促进全年经济增长的主要任务来抓，抓住国家扩大内需扩大消费的

机遇，紧紧围绕基础设施建设、社会事业发展、生态环境建设和民生工程等重点领域抓项目，积极争取国家和省支持，加大项目建设力度，促进固定资产投资快速增长。基础设施方面，要加快普炭一级公路和富宁港一期工程建设，确保云桂铁路顺利开工，争取蒙自至砚山、平远至天保口岸、文山至都龙茅坪等一批干线公路和边境沿线主干公路动工建设，加大农村公路和农村客运站点建设力度；抓好在建水库、病险水库除险加固和大型灌区续建工程，争取新开工布都河水库等中小型水利工程和稼依坝等25座病险水库除险加固工程，力争年内建成2.5万件“五小水利”工程；加快马鹿塘电站二期工程等电源点建设项目，继续推进骨干电网建设，实施城市电网改造及中西部农网改造、国债中西部完善农网项目，抓好“村村通电”工程；加快省第十三届运会场馆建设，积极完善城镇道路、供排水管网等市政基础设施，推进特色旅游小镇、重点小集镇和中心村建设。社会发展方面，要集中精力抓农村中小学D级危房改造，下决心再用两年时间，全部排除全州中小学D级危房，今年完成25万平方米，加快推进中等职业学校迁建和师专升本的相关项目；继续加强乡镇综合文化站建设，争取新建州博物馆和民族剧院；继续推进基层卫生服务体系建设，抓好州中医院迁建及麻栗坡等5个县医院、丘北等3个县妇幼保健院和一批乡镇卫生院、社区卫生服务中心(站)、农村卫生室建设项目；抓好第十三届省运会场馆建设，推进城乡群众体育设施建设；加快基层计划生育服务体系建设。生态环境方面，主要争取实施各县县城污水处理及城市生活垃圾处理项目，实施12万亩重点防护林、40万亩天然林保护工程和云南华联锌铟公司能源机电系统改造及能量优化节能工程、普者黑旅游循环经济等一批重点节能减排工程及循环经济项目。民生工程方面，要新建廉租房1 500套7.5万平方米，扩大农村民居地震安全项目覆盖范围，加大农村危旧房改造力度，完成600个以上村民小组整村推进项目。工业及技术改造、科技创新方面，重点抓好氧化铝厂、壮山公司等三条水泥熟料生产线和锌铟公司采选项目等在建工程，争取年内启动电石、烧碱、PVC项目建设和马关锌铟公司锌铟冶炼二期工程、砚山10万吨电锌生产线一期工程、兴建公司日产4 000吨水泥熟料生产线和斗南锰业公司新建20万吨、阿舍冶炼厂年产18万吨技改等新项目，积极推进烟叶复烤厂、通用机械厂、造纸厂、化工厂的搬迁改造扩建项目。同时，争取实施一批城乡流通体系建设项目。

项目工作要重点从三个方面入手：一是扎实抓好项目前期工作。要认真研究国家和省的投资重点和投资方向，对项目进行分类排队，分清轻重缓急，突出重点，统筹推进，同时要及时把握国家政策调整动向，及时研究提出新的项目。要建立完善项目负责制，明确项目责任单位、责任领导和具体责任人，明确项目目标任务和完成时限，实行责任追究制度，加强督促检查，扎实有效推进项目前期工作。要加大项目前期工作投入，去年，州和各县都筹集了一些项目前期工作经费，有效保障了项目前期工作的开展，今年项目前期工作任务进一步加重，州还将进一步加大投入，各县、各部门也要想办法增加投入。省今年大幅度增加了项目前期工作经费投入，各县、各部门要积极主动加强请示汇报，努力争取上级项目前期工作经费扶持，看准的项目，要敢于举债做前期工作，要解放思想，开动脑筋，努力拓宽渠道，为项目前期工作提供资金保障。要善于借助外力做项目前期工作，针对自身项目前期工作技术力量薄弱的问题，各县、各有关部门要加强衔接，引进州外技术力量特别是省有关部门的咨询机构帮助做项目，提高项目质量。二是多渠道筹措项目资金。资金紧缺是我州项目建设中的最大制约因素，要通过积极争取国家和省支持、财政注入、政策性银行贷款等渠道，并鼓励支持企业增加投资，想方设法筹措项目资本金；要利用中央取消信贷规模限制、降低企业和社会利用银行贷款成本的机会，做好项目对接工作，引导各类金融机构增加贷款投放，缓解建设资金紧张；要积极调动社会资金参与建设，撬动社会投资，拓宽资金筹措渠道；要加快投融资平台建设，切实发挥好现有投资公司的作用，抓紧组建职业教育和旅游等投资公司，增强融资能力。三是扎实推进项目建设。各级、各部门要把项目建设作为扩大投资、促进增长的一项重要工作来抓，继续实行领导挂钩联系重大项目建设和重大项目建设责任制，切实为项目建设做好服务，帮助业主协调解决好项目报批、土地、环评、拆迁、移民、融资及用水、用电、占道等大小问题，促进项目顺利实施。

(二)加快结构调整步伐。抓住国家加大对“三农”的扶持力度、支持企业技术改造和科技创新、加强流通体系建设和扩大消费的机遇，加快经济结构调整步伐。

进一步夯实农业基础。一是努力争取国家和省扩大内需政策支持，大幅度增加“三农”投入，以现代烟草农业建设为突破口，大力整合以工代赈、烟水工程、农业综合开发、整村推进、土地整治等项目资金，抓好现代烟草农业核心示范区建设，大力推进山区“五小”水利工程建设，努力改善农业生产条件，增强农业综合生产能力。二是全面落实国家对种粮农民的各项补贴政策，千方百计调动农民种粮积极性，稳定粮食种植面积，优化品种结构，加大科技推广力度，提高粮食单产，增加总产，确保粮食总产量达到和超过12亿公斤，切实增强粮食安全保障能力。三是围绕农业增效、农民增收目标，进一步加快农业产业结构调整和农业产业化经营步伐。继续坚定不移地把三七产业做强做大，争取在辣椒、八角、蔬菜、茶叶、油料种植及肉猪、肉牛养殖等特色优势产业发展上取得新的突破，重点抓好新烟区开发建设和木本油料基地建设。新烟区开发要在坚持“双控”政策不动摇的基础上，以现代烟草农业理念促进烟叶生产发展方式转变，突出抓好平远小舍姑二期、回龙、双龙营水沟坝、珠琳白泥塘等现代烟草农业示范项目建设，发挥示范区的辐射带动作用，提高烟叶生产水平，促进烟叶生产提质、减工、增效，确保100万担烤烟种植收购计划圆满完成，力争实现烟农收入7.3亿元，实现烟叶税1.6亿元。木本油料产业主要是抓核桃和油茶，抓好种苗繁育和基地建设，确保年内新植80万亩核桃和20万亩油茶，改造油茶低产林10万亩。同时，要积极推进农业生产经营方式转变，大力发展农业产业化经营，促进农业增产、提质、增效。

进一步增强工业经济实力。坚持走新型工业化道路，在保持工业经济平稳运行、加大工业项目建设力度和调整工业结构等方面狠下功夫，打牢工业发展基础，促进工业经济平稳较快发展，增强工业对全州经济发展的支撑作用。一是努力帮助企业度难关。加强煤电油运的调度保障，加强产销衔接，认真落实国家对企业的减税让利政策和省出台的重要商品储备制度、重点行业电价下浮以及加快中小企业和非公经济发展的各项扶持政策，积极争取省财政扶持资金，从电价、贷款、产品收储、减税让利等方面加大对重点企业的支持力度，帮助企业度过难关、恢复生产，稳定和提高产销量，保持工业经济平稳运行。二是加大工业项目建设力度。紧紧抓住国家扩大内需和实行适度宽松的货币政策、增值税转型、减税让利等政策的机遇，加快推进工业项目建设，增强工业经济发展后劲。三是加快工业结构调整步伐。继续积极稳妥地推进重要矿产资源整合，促进优势资源向优势企业聚集，促进产业和企业做大做强；抓紧研究核桃、油茶等新兴产业的加工项目，大力发展农产品加工业，逐步改善工业内部结构；积极争取国家和省的支持，推进企业技术改造和科技创新，组织实施一批产业结构调整升级示范项目；抓紧淘汰一批落后产能。同时，要进一步加快工业园区建设步伐，引导分散的中小企业逐步向园区集中。

大力发展现代服务业。重点是落实国家扩大消费的政策，促进房地产业持续健康发展，加快旅游业发展，积极推进城乡流通体系和物流中心建设，大力培育流通龙头企业，改造提升第三产业，促进经济增长，增强吸纳就业的能力。

（三）积极促进消费。要按照国家和省的部署，抓住机遇，及时完善政策，采取有力措施，扩大消费，切实增强消费对经济增长的拉动作用。一是加强城乡流通体系建设。结合新农村建设及供销社改革和二次创业，新建和改造一批农家店、村商品配送中心和农产品批发市场、农贸市场，培育一批农产品批发龙头企业，完善农村流通网络，积极推进文山、砚山、丘北、富宁港、天保五个重点物流中心建设，完善各县县城和中心城镇商业区建设，改善城乡消费环境。二是落实好“家电下乡”和“农机具下乡”补贴政策，有效拉动农村消费增长。三是提升旅游消费水平。编制完善文山州旅游休闲度假基地总体规划，完善普者黑、坝美两个旅游区修建性详细规划，引进合作伙伴加快景区开发建设，做好旅游产品开发，加强旅游宣传和营销，推动旅游消费升级转型。四是积极促进住房消费。增加保障性住房供应，落实中央和省促进住房消费的政策措施，积极引导和促进住房消费。五是积极培育新的消费热点，拉动节假日消费，促进消费升级。同时，加强流通企业食品质量安全监管，切实提高食品安全保障能力，切实维护消费者的合法权益。

（四）大力改善民生。积极争取国家扩大内需政策的支持，加大对文化、教育、卫生等社会事业和劳动保障、扶贫、救济等民生工作的投入，切实保障和改善民生，不断提高人民群众的生活质量和水平。一是把就业摆在改善民生的首位，采取更加积极的措施促进就业和再就业。努力增加就业岗位，加大对零就业家庭的就业援助力度，支持大中专毕业生、复转军人和其他有创业能力和创业志向的个人自主创业，切实做好返乡农民工就业工作，确保全州就业形势基本稳定。二是加快完善城乡社会保障体系。启动全州城镇居民基本医疗保险和被征地农民基本养老保险工作；进一步扩大各项社会保险覆盖面，调整城镇职工基本医疗保险、生育保险、州级离休人员医疗费等社会保险的缴费费率和支付标准，减轻单位和个人缴费负担，积极提高保障水平；认真落实国家对困难企业缓缴社会保险费的相关规定，加强对困难企业的扶持，确保职工社保待遇不变；建立健全城乡低保、农村五保与灾民救助等专项救助制度，保障困难群众、受灾群众的基本生活；加大城镇廉租住房和农村民居地震安全工程建设力度，逐步解决好城镇中低收入家庭住房困难问题，提高农村防震保安能力。三是进一步加大扶贫开发力度。实施好整村推进项目，进一步抓好产业扶贫、小额信贷扶贫、易地搬迁扶贫、挂钩扶贫等各项扶贫措施的落实，加大对僰人和山瑶的扶持力度，扎实抓好新三年“兴边富民工程”的实施，努力加快边境地区经济社会发展步伐。四是进一步加快教育、卫生、文化、广播电视、体育等社会事业发展步伐。

（五）努力提高资金保障能力。要主动适应国家税收政策调整，抓住金融政策放宽的机遇，进一步加强财政金融工作，为经济社会发展提供资金保障。财政方面，要认真研究税收政策调整对财政收入的影响，积极挖掘增收潜力，强化税收征管，做到应收尽收，并加强非税收入管理，千方百计组织收入，壮大财力。要抓住国家实施积极的财政政策、扩大内需的机遇，积极争取中央和省加大对我州的财政转移支付力度，增加各种专项补助，缓解州县财政困难。要在保吃饭、保运转、保刚性支出、保稳定的基础上，积极争取上级补助，进一步优化支出结构，保证扩大内需、调整结构、改善民生等重点支出，扩大财政支出。要认真清理、积极组织国有资本经营收入，全面清理各类行政事业单位经营性资产，采取措施盘活、变现，增加财源。要严格控制一般性支出，重点控制公务用车购车和用车经费、会务经费、公务接待经费、出国（境）经费增长，深入清理“小金库”，严肃查处各种违反财经纪律的行为，最大限度节约开支。同时，要研究完善州县税收分享政策。建立公平合理、有利于充分调动州、县各级积极性的税收分享机制，进一步增强州本级财政的宏观调控能力。金融方面，要积极引导各级各类金融机构改进信贷管理和服务，增加信贷供应，在支持实体经济发展、促进居民消费等方面发挥更大作用。要积极引导和鼓励金融机构用足用活国家适度宽松的货币政策，加大对民生工程、“三农”、重大工程项目、中小企业发展、节能减排、科技创新、技术改造以及重大项目资本金的信贷支持力度，进一步做好金穗惠农卡的发放工作，确保信贷供应量稳定增长。要引导和促进农村信用合作社、民丰村镇银行健康发展，在严格控制风险的前提下，加大对“三农”的支持力度，启动小额贷款公司试点。要支持特安呐、斗南锰业等企业做好上市准备，促进公司尽快上市，利用资本市场直接融资。进一步完善融资担保体系，积极发挥各投融资公司和担保公司的作用，努力破解中小企业贷款难题。此外，要进一步抓好金融环境建设，为全州金融业持续健康发展营造良好环境。

（六）全力维护社会稳定。要更加重视处理好新形势下的各种矛盾和问题，确保社会稳定。认真研究影响全州社会稳定的各种因素，加强矛盾纠纷排查调处工作。进一步改进和加强信访工作，继续深入开展大接访和党政领导干部下访活动，畅通人民群众利益诉求渠道，依法及时妥善解决群众信访问题，密切关注重点地区、行业和群体的动向，认真落实稳控措施，维护社会稳定。认真落实各项社会治安防控措施，打好新一轮禁毒人民战争，不断推进国家安全人民防线建设，坚决维护边境安全和边疆社会政治稳定。认真落实安全生产责任制，切实加强安全生产监督管理，狠抓安全生产隐患排查治理，加强专项整治，提高安全事故应急能力，严密防范各类重特大安全事故发生。

文山壮族苗族自治州人民政府工作报告

——2010年1月13日在文山壮族苗族自治州第十二届人民代表大会第六次会议上

常务副州长　徐爱民

各位代表：

受黄文武州长的委托，我代表州人民政府向大会作政府工作报告，请予审议，并请州政协委员提出意见。

一、全力应对金融危机，2009年各项工作取得新成绩

受国际金融危机影响，2009年是我州进入新世纪以来经济发展最为艰难的一年。面对严峻形势，州人民政府在省委、省人民政府和州委的正确领导下，贯彻落实国家和省扩大内需政策，坚持把确保经济平稳较快增长作为全年工作的首要任务，努力化危机为机遇，锐意进取，攻艰克难，全力抓好保增长、保民生、保稳定各项工作。通过全州各级干部和各族群众的共同努力，取得了应对金融危机的初步胜利，较好地完成了州十二届人大五次会议确定的目标任务。全年完成地区生产总值273.5亿元，增长12.6%；完成财政总收入29.3亿元，增长7.9%，其中完成地方一般预算收入17.3亿元，增长12.0%；实现农民人均纯收入2 379元、增长17.4%，城镇居民家庭人均可支配收入13 200元、增长10.5%，巩固了经济平稳发展、社会和谐进步、民族团结和睦、边疆稳定安宁、人民安居乐业的良好局面。

一年来，我们主要做了以下工作：

（一）全力推进项目建设，基础设施建设步伐明显加快。坚持把抓项目建设、扩大投资规模作为保增长的着力点，紧紧抓住国家扩大内需、加大基础设施建设投入的历史机遇，集中力量做项目、争项目、抓项目落地建设，共争取和组织实施4批中央扩大内需项目358个，推动固定资产投资完成216.5亿元，增长30.6%，有力拉动了经济增长。一批重点项目推进工作取得重大突破，规划横贯我州的云桂铁路已开工建设，文山至天保（含兴街至西畴）、文山至都龙、珠街至广西西林界三条二级公路建设加快推进，富宁港一期工程、普炭一级公路建设步伐加快，农村公路“通畅工程”、“通达工程”分别完成640千米和1 728千米。德厚大型水库项目建议书已报国家水利部预审，暮底河水库竣工验收，在建水源工程及病险水库除险加固、大型灌区续建、国际界河治理工程顺利推进，新开工建设布都河、以赋资等4座水库，建成“五小水利”工程2.13万件，新解决13.9万农村人口饮水安全问题；250万亩中低产田地改造规划（2009—2020年）获省人民政府批准实施，去年完成35万亩改造任务。马鹿塘电站二期工程下闸蓄水发电，其它电源点建设稳步推进，全州新增电力装机37.6万千瓦，总装机达到152.4万千瓦；城乡电网建设完成投资6.15亿元，在建3座220千伏输变电工程建设进展顺利，新解决96个无电自然村用电问题。以省运会体育场馆、城市道路、治污设施为重点的市政基础设施建设力度加大，新开工建设污水、垃圾处理项目8个，各县县城新城区开发建设和旧城区改造稳步推进，市政基础设施进一步完善。通信行业完成投资6.96亿元，通信设施不断完善，服务功能进一步提升。

（二）紧紧抓住“三农”工作不放松，农村经济实现稳步发展。坚持把促进农业增效、农民增收作为保增长的重要举措，千方百计加大对“三农”的投入，财政支农资金达到13.8亿元，比上年增长21.0%，有力地推动了农村经济发展，全年完成农业总产值109亿元、增长7.7%，实现增加值70亿元、增长7.2%。粮食生产喜获丰收，总产量达到12.35亿公斤，比上年增加7 200万公斤，粮食储备充裕、市场稳定。特色生物产业发展步伐加快，引进云南城乡开发投资公司、云南白药集团公司、天津天士力集团公司等企业进入文山开发三七资源，三七产业实现销售收入28.5亿元、增长19.9%，成功举办了中国文山三七

等云南特色药物国际论坛，进一步扩大了文山三七的知名度；新烟区开发和现代烟草农业建设再创佳绩，收购烟叶108万担，实现烟农收入7.99亿元、烟叶税1.76亿元；木本油料基地建设扎实推进，完成油茶育苗2 182亩、核桃育苗1 014亩，可移栽面积分别为138万亩和102万亩，新植油茶4.6万亩、核桃30万亩；辣椒种植面积达到92.4万亩，产量1.01亿公斤，实现产值12.1亿元；畜牧业稳步发展，生猪、肉牛出栏和肉类总产量均有较大幅度增长，实现畜牧业产值43亿元，农民人均畜牧业收入520元，分别增长13.2%和10.8%；农业龙头企业不断发展壮大，新认定州级重点龙头企业16户，经国家和省、州认定的龙头企业总数达到45户。扶贫开发力度加大，完成整村推进建设项目村1 056个，文山县追栗街整乡推进扶贫开发试点得到省人民政府的充分肯定，马关县"以县为单位、整合资金、整村推进、连片开发"的国家扶贫试点圆满完成，对口帮扶、产业扶持、易地扶贫开发、革命老区开发等各项扶贫工作稳步推进；投入农村"一事一议"财政奖补资金1.56亿元，受益群众66.4万人；新三年"兴边富民工程"建设取得新成效，新建成边境地区农村基础设施项目87个；扶持瑶族"山瑶"支系、彝族"僰人"支系工作力度加大，累计投入扶持资金1.25亿元，两个特困民族支系群众生产生活条件有了较大改善。

（三）采取有力措施帮助企业度难关，工业经济实现平稳较快增长。坚持把支持工业企业恢复生产和稳定经营作为保增长的重中之重，在落实国家和省扶持企业政策的基础上，结合实际采取了税收返还、电价补贴、置换到期贷款、缓缴社保基金等措施帮助企业度难关，全年累计返还增值税1 446.6万元、电价补贴1 585万元、帮助11户企业置换到期贷款1.08亿元，有力支持了企业生产经营，全州工业经济逐步走出困境，实现平稳较快增长，全年完成工业总产值208亿元、增长9.4%，实现工业增加值71.2亿元、增长16.8%。加大工业项目建设力度，续建和新建工业项目84个，完成工业投资56亿元，增长48.0%。砚山宏灿低品位铁矿资源综合利用、富宁年产5万吨高钛渣等26个工业项目建成投产，年产80万吨氧化铝厂及其矿山配套项目建设步伐加快，新开工建设4条水泥生产线、华联锌铟公司采选矿、富宁蔗糖厂等46个工业项目，完成工业园区基础设施建设6 650万元。节能减排力度加大，淘汰5 000千伏安以下铁合金电炉6台和落后水泥产能20万吨，单位地区生产总值能耗下降4.9%；世行贷款环保项目启动实施，重点流域环境治理力度加大，污染物减排措施得到较好落实，主要污染物年度减排任务顺利完成。

（四）积极扩大消费需求，有效拉动经济增长。坚持把扩大消费需求作为保增长的重要措施，积极推进城乡市场体系建设，新建成县级商品配送中心5个，发展乡村农家店386个，城乡消费环境进一步改善。落实国家促进消费各项政策，切实抓好家电、汽车摩托车、农机具下乡工作，努力扩大农村消费需求，全年销售下乡产品8.7万件，销售金额4.76亿元，补贴金额5 001万元；着力提高城乡低收入群众的生活水平，提高消费能力；落实降低购车税、购房首付比例等措施，汽车、住房等大宗商品消费持续增长；旅游逐渐成为消费热点，旅游景区景点接待游客430.9万人次，实现旅游总收入26.7亿元，分别增长10.7%和15.0%。在投资扩大、经济趋稳、消费环境改善和落实刺激消费政策的共同推动下，社会消费品市场持续繁荣活跃，全年完成社会消费品零售总额118.7亿元，增长23.9%，有效拉动了经济增长。

（五）积极破解融资难题，有效保证了建设资金需要。加大财政税收征收和税源培植力度，逐步扭转了财政收入下滑势头，超额完成了财政收入计划任务，同时积极争取国家和省加大财政转移支付和专项资金支持力度，全年完成财政支出89.4亿元，比上年增长34.1%，保证了机构运转和重点项目、重点产业建设的投入。抓住国家实施适度宽松货币政策的机遇，加强银政、银企合作，组织引导金融机构增加信贷投放，年末金融机构各项存款余额302.5亿元、增长26.5%，各项贷款余额231.8亿元、增长23.8%，州内金融机构新增贷款44.6亿元，利用州外金融机构贷款24.3亿元，有效缓解了建设资金压力；加快推进金融服务体系建设，获准成立7户小额贷款公司，已有5户投入运营。政府投融资平台建设取得突破性进展，筹措2 000万元资金并整合州属行政事业单位、国有企业资产注入州城乡开发投资公司，极大地增强了融资担保能力，已为重点项目和中小企业融资4亿多元；积极推进企业债券发行准备工作，州公路投资公司、水利水电投资公司业务顺利开展，新组建了州旅游、水务两个投资公司，融资渠道进一步拓宽。

（六）深化改革、扩大开放，发展活力不断增强。坚持把深化改革、扩大开放作为保增长的动力，加大了重点领域和关键环节改革力度。集体林权制度、国有资产监管全覆盖改革试点、国有华侨农（林）场改革发展、供销社"二次创业"、财政管理体制、国有企业、农村小型水利工程管理、医药卫生体制、中小学教师绩效工资等各项改革顺利推进。进一步扩大对外开放，在深化与进入文山发展的企业集团合作的同时，又与云南公路投资公司、云南铁路投资公司、省农村信用联社、国电集团等省内外大企业建立了战略合作关系。全年签订国内合作项目179个，总投资306.4亿元，实际到位资金73.85亿元、增长19.1%，实际利用外资520万美元、增长4.0%，完成外贸进出口总额1.3亿美元、增长1.8%，完成边境贸易26.9亿元，增长2.0%。

（七）加大保民生工作力度，社会事业发展步伐加快。把就业工作摆在突出位置，采取更加有力的措施促进就业和再就业。加大创业扶持力度，创业带动就业工作取得新成效，全年发放"贷免扶补"创业贷款和小额担保贷款1.78亿元，扶持创业3 670人，带动就业12 952人，分别是上年的5.8倍、4.7倍和6.7倍；利用历年结余失业保险基金帮助企业稳定就业岗位6 765个；全年开发就业岗位1.5万个，新增城镇就业1.4万人，"零就业"家庭实现动态清零，转移农村劳动力就业18.4万人，城镇登记失业率控制为3.5%，全州就业形势基本稳定。加快推进社会保障体系建设，启动实施了城镇居民基本医疗保险和被征地农民养老保险工作，社会保险扩面取得新进展，全州参加各项社会保险人数达51.1万人次，比上年增长37.0%；全年争取民政救助保障资金7.1亿元，增长197.5%，城乡低保、医疗救助、临时救助对象大幅度增加，新增城镇居民最低生活保障5 000人、农村最低生活保障69 780人，救助保障总量达到125.5万人，比上年增长55.3%；保障性住房建设力度加大，开工建设廉租住房52万平方米、农村民居地震安全工程9 300户、农村危房改造8 930户，可解决3万多城镇人口住房困难问题，改善4万多农村人口居住条件。教育事业加快发展，全面落实教育保障政策，小学适龄儿童入学率和初中、高中毛入学率分别达到99.0%和101.4%、43.8%；完成了全州中小学校舍安全排查鉴定和规划编制工作，排除中小学D级危房38万平方米，新建校舍44万平方米，办学条件明显改善；职业教育取得新发展，中职招生首次超过普高，高中阶段在校生普职比达到1∶0.9，州职教园区建设取得新进展，州卫校、州技校搬迁建设步伐加快；文山师专成功升格为本科院校，民办三鑫职业技术学院一期工程建成招生。卫生工作进一步加强，实施各级医疗机构基础设施项目133个，新增业务用房11.8万平方米；新农合参合率达到91.5%，比上年提高2.44个百分点；甲型H1N1流感等各类突发公共卫生事件得到有效控制和处置，艾滋病防治工作稳步推进；孕产妇住院分娩率提高12个百分点，达到76.0%，孕产妇和婴幼儿死亡率持续下降；卫生执法和食品药品监管力度加大，人民群众食品和医疗用药安全得到有效保证。落实计划生育政策，低生育水平进一步巩固，人口自然增长率控制为6.5‰。科技工作取得新进展，企业自主创新能力进一步增强，年内有3户企业获国家高新技术企业称号；农技推广应用力度加大，杂交玉米育种基地建设初见成效。文化体育广电事业取得新发展，新建成14个乡镇综合文化站，民族民间文化挖掘整理取得新成果，以庆祝建国60周年为主题举办了丰富多彩的文化活动；省运会场馆建设进展顺利，承办省运会、举办州民运会筹备工作紧张有序推进；新建成20户以上已通电自然村“村村通”工程4201座，广播、电视覆盖率分别提高到90.5%和91.3%。决策咨询、史志、残联、红十字、人防、地震、档案、新闻出版、气象等各项工作健康发展。

（八）*认真落实保稳定各项措施，社会总体保持和谐稳定。*切实加强对民族宗教工作的领导，注重发挥各民主党派、人民团体、民族宗教上层人士在维护社会和谐稳定中的积极作用，启动了平远地区和天保镇民族团结进步示范创建活动，妥善处理民族地区矛盾纠纷，坚决抵制民族分裂势力渗透，维护了各民族团结和睦的良好局面。深入推进法制宣传教育，全民法制意识进一步增强；积极开展法律援助活动，全年办理法律援助案件2 360件。加强矛盾纠纷排查调处工作，各级人民调解组织调处各类矛盾纠纷11 209件，调处成功率达到97.0%；深入开展领导干部大下访、大接访和带案下访活动，现场解决上访案件2 188件，受理行政复议案件30件、办结26件，制定和完善突发公共事件应急处置预案96个，一批影响较大的群体性事件和上访积案得到妥善处理。继续加强社会治安防控体系建设，着力整治突出治安问题，组织开展了打击城区“两抢一盗”、农村偷牛盗马、拐卖妇女儿童等专项行动，深入推进禁毒人民战争，维护了全州社会稳定。积极探索军民融合式发展路子，完善了党政军警民联训、联演、联防、联战机制，成功举行军地联合处置突发事件和应急抢险演练，“双拥”工作深入推进，进一步巩固了军地军民鱼水关系。加强对越友好往来，加强边境协同管理，巩固了睦邻友好关系，维护了边境安宁。全面落实安全生产责任制，狠抓各项监管措施落实，有效遏制了重特大安全事故发生，安全事故起数、死亡人数、受伤人数分别下降6.9%、26.7%和26.0%，安全生产形势持续好转。

（九）*切实加强政府自身建设，依法行政水平进一步提高。*按照省委和州委的统一安排部署，州人民政府和政府各部门扎实开展了深入学习实践科学发展观活动，进一步加强了政府系统领导班子和干部队伍思想政治建设和作风建设，加深了对科学发展观的认识和理解，增强了贯彻落实科学发展观的自觉性和坚定性，深入查找并认真整改制约科学发展的突出问题，有力地促进了各项工作的开展。自觉接受州人大及其常委会的法律监督、工作监督和州政协的民主监督，认真办理人大代表建议和政协委员提案，共办复人大代表建议81件、政协委员提案157件，办复率达100%。认真组织实施《文山三七发展条例》、《文山州城乡规划建设管理条例》，制定和颁布了《〈文山三七发展条例〉实施细则》，州人民政府提请的《文山州水工程管理条例》、《文山老君山自然保护区管理条例》议案已经州人大常委会审查通过。完善和落实法治政府、责任政府各项制度，全面推行阳光政府四项制度，全州建成政府信息公开网站748个，实施重大决策听证事项46项、重要事项公示1 058项、重点工作通报2 101次、政务信息查询6 684人次，公开政务信息19.5万条，行政问责国家公职人员129名，推进了政府决策的科学化、民主化进程，增强了政府工作透明度，提高了政府行政效率。完成第三轮行政审批事项清理工作，取消和调整行政审批事项140项，精简、调整率达30.0%。深入推进党风廉政建设和反腐败斗争，以发生在州内的严重违纪违法案件为反面典型开展警示教育活动，严格执行领导干部廉洁自律各项规定，加大建设工程领域专项整治力度，深入推进治理商业贿赂、纠风治乱、清理“小金库”工作；充分发挥审计、监察等职能部门监督作用，监督工作进一步加强；认真执行厉行节约有关规定，全年公务出国(境)7人、比上年减少41人、下降85.0%，购买公务用车263辆、比上年少购383辆、下降59.3%，进一步维护了党纪政纪的严肃性，党风廉政建设取得新成效。

各位代表！过去一年的成绩来之不易。这是州委统揽全局、正确领导的结果，是州人大常委会监督指导和州政协积极支持的结果，是全州各族人民团结一心、攻艰克难的结果。在这里，我代表州人民政府，向全州各族人民、各民主党派、工商联、各人民团体和驻文解放军、武警部队，以及所有关心支持文山经济社会发展的各界人士，表示衷心的感谢！

在看到成绩的同时，我们也清醒地认识到，工作中还面临不少困难和问题，主要是：金融危机影响依然存在，保持经济平稳较快增长的基础还不牢固；产业结构不合理，支柱产业单一，推动产业结构优化升级的任务艰巨；农业基础仍然薄弱，农民增收渠道还比较窄；财政增收后劲不足，收支矛盾突出，建设资金筹措压力大；就业压力仍未缓解，亟待解决的民生问题较多；影响社会和谐稳定的新情况、新问题不断出现，矛盾更趋复杂；政府自身建设还存在不少薄弱环节。这些困难和问题，我们将在今后的工作中努力克服并逐步加以解决。

二、坚定加快发展信心，努力完成今年发展目标任务

2010年是实施“十一五”规划的最后一年。做好今年工作，对于巩固应对国际金融危机成效、保持经济企稳回升良好态势，对于圆满完成“十一五”规划目标任务，为“十二五”规划发展奠定良好基础，都具有十分重要的意义。

根据州委七届六次全会的安排部署，今年政府工作的总体要求是：坚持以科学发展观为统领，深入贯彻落实党的十七届四中全会、中央经济工作会议和省委八届八次全会、州委七届六次全会精神，围绕建设云南面向泛珠三角和东盟开放的新高地，增投入、扩总量，创特色、促转型，突出打牢基础、结构调整、产业发展、改善民生四个重点，继续实施“六大战略”，加快“四大基地”建设和通道经济发展步伐，保持全州经济平稳较快发展和社会和谐稳定，全面完成“十一五”规划的各项目标任务。

全州经济社会发展预期目标为：地区生产总值增长10.0%以上，地方财政一般预算收入增长10%以上，固定资产投资增长25.0%以上，农民人均纯收入增长13%以上，城镇居民人均可支配收入增长10.0%以上，社会消费品零售总额增长15.0%以上，单位生产总值能耗下降4.9%，城镇登记失业率控制在4.5%以内，人口自然增长率控制在6.5‰以内，居民消费价格水平涨幅控制在3.0%以内。

完成今年经济社会发展目标虽然面临不少困难和压力，但也有许多有利条件：中央继续实施积极的财政政策和适度宽松的货币政策，落实和丰富完善应对国际金融危机的一揽子计划，对我州争取支持、巩固经济回升势头非常有利。我州一批重点项目相继开工建设，全州经济总体企稳向好，为今年的发展奠定了良好基础。我们将进一步坚定加快发展信心，坚持把巩固经济回升势头作为首要任务，把基础设施建设和产业发展作为重点，把转变发展方式、推进产业结构优化升级作为主线，把深化改革、提高对外开放水平作为动力，把保障和改善民生作为落脚点，创造性地开展工作，努力完成今年各项目标任务。重点抓好以下工作：

（一）继续全力抓好项目建设，保持固定资产投资强劲增长势头。按照“增投入、扩总量”的要求，全力推进重大基础设施项目建设，扩大固定资产投资规模，拉动经济平稳较快增长。一是抓好在建项目建设。加快推进综合交通网络建设，全力做好云桂铁路文山境内段和政府还贷二级公路建设征地拆迁工作，妥善处理各种利益纠纷，营造良好施工环境，确保项目建设顺利推进，力争年内完成铁路投资25亿元，确保三条二级公路2011年6月底前完成建设任务；加快普炭一级公路建设，确保今年10月建成通车；全面完成富宁港一期工程建设任务，抓紧做好二期工程建设筹备工作。加强重点水利工程建设，争取八宝水库、清华洞水库二期和丰收、红舍克等20座病险水库除险加固工程竣工验收，加快达号、布都河等7座在建水源工程建设，力争新开工建设差黑海水库引蓄水工程和稼依水库除险加固工程。积极推进电力电网建设，做好马鹿塘电站一期改造和二期工程扫尾工作，积极推进其它电源点建设，扩大电力装机容量；抓好在建3个220千伏输变电工程建设，加快推进文山、砚山、麻栗坡3个220千伏及文山、丘北2个500千伏输变电工程前期工作，争取尽快开工建设，加大城农网改造力度，不断提高城乡电网等级。二是完善项目推进机制。继续实行州、县领导挂钩联系重大项目制度，健全完善重大项目建设联席会议、重点督办、动态管理等机制，加大督促落实和协调推进力度，及时研究解决项目建设过程中遇到的困难和问题，确保在建重大项目顺利推进；围绕土地、环评、资金落实等制约项目实施的关键环节，开辟项目审批“绿色通道”，提高项目审批效率，努力创造条件，及早开工建设一批重点项目。三是着力加强项目融资。在加强税源培植和税收征管、确保完成全年财政收入计划的基础上，抓住国家继续实施积极财政政策的机遇，积极争取国家和省增加财政转移支付补助和专项补助，加大项目投入。进一步加强对金融工作的领导，加强银政、银企合作，用好用足国家适度宽松的货币政策，组织引导各金融机构增加信贷投放，支持地方经济建设和社会事业发展，争取新增贷款45亿元以上；积极争取州外股份制银行到文山设立分支机构，鼓励州内金融机构扩大网点设置，加快推进小额贷款公司建设，努力提高金融服务能力。进一步盘活国有存量资产，做大做强政府投融资平台，提高融资担保能力；支持和鼓励企业上市直接融资，加快推进企业债券发行工作，采取BT、BOT、TOT等融资方式引导民间参与重大项目建设，拓宽项目建设融资渠道。四是不断优化投资结构。在继续抓好水、电、路基础设施建设投入的同时，更加重视社会事业、民生工程、环保设施、产业发展方面的投入，优化投资结构，提高投资效益。

（二）切实加强“三农”工作，促进农业增效、农民增收。坚持把解决“三农”问题作为全州工作的重中之重，多渠道筹措资金加大对“三农”的投入，促进农村经济稳步发展。一是着力改善农村生产生活条件。加大中低产田地改造力度，年内争取完成35万亩以上改造任务，完成2万件“五小水利”工程和100千米干支渠防渗工程，解决15万农村人口饮水安全问题。积极争取和认真组织实施好农村公路“两通”工程建设，确保今年全面完成建设任务；抓紧编制行政村到自然村公路改造和建设规划，积极争取国家支持建设，加快改善农村群众出行条件。二是切实抓好粮食生产。认真落实好种粮补贴、农机具购置补贴等惠农政策，严格执行粮食收购最低保护价，保护和调动农民种粮积极性。稳定粮食播种面积，加大良种良法推广力度，抓好粮食作

物高产基地建设，全年争取粮食总产达到12.65亿公斤以上，比上年增加3 000万公斤以上。三是加大扶贫开发力度。继续整合资金、整合力量，加大整村推进扶贫开发力度，年内完成600个以上整村推进项目建设任务；扎实抓好省定整乡推进扶贫试点和西畴县"以县为单位、整合资金、整村推进、连片开发"的国家扶贫试点工作，确保取得成效；继续抓好易地扶贫开发、小额信贷扶贫、产业扶贫、对口帮扶、革命老区开发、社会帮扶等各项扶贫工作，全面完成新三年"兴边富民工程"建设任务，积极推进边境地区以土地开发整理为重点的"兴地睦边"工程建设；认真贯彻落实胡锦涛总书记重要批示精神，进一步完善扶持瑶族"山瑶"支系、彝族"僰人"支系发展规划，加大扶持力度，加快改善两个民族支系群众的生产生活条件。

（三）加快培育发展优势产业，推动产业结构优化升级。按照"轻工抓三七推动，重工抓铝业推动，实现工业发展调结构、创特色、上水平"的要求，加快培育壮大优势产业，积极培育发展后续产业，促进产业结构优化升级。

一是加快做强冶金化工产业。把做强冶金化工产业作为增强全州经济综合实力的战略支撑，坚持走新型工业化发展路子，深化与大企业集团的合作，充分利用大企业资金、技术、人才、管理优势，对资源进行综合开发利用和精深加工，延长产业链，加快新型冶金化工基地建设步伐。要进一步完善扶持企业生产的有关政策，扶持企业稳定生产经营，巩固工业经济平稳增长态势，全年争取完成工业总产值230亿元以上、增长10.0%以上，实现全部工业增加值80亿元、增长15.0%左右。着力抓好铝产业的培育发展，在确保年产80万吨氧化铝项目年内建成投产的基础上，进一步加大铝土矿资源勘探和整合力度，加快推进氧化铝扩建以及下游精深加工项目前期工作，争取尽快启动建设，努力把文山打造成全省铝工业中心。扎实推进其它工业项目建设，全年计划续建和新开工建设工业项目71个，争取完成工业投资50亿元；继续抓好4条水泥熟料生产线、马关年采矿210万吨和日选矿8 000吨、砚山阿舍冶炼厂年产18万吨铁合金技改、普阳煤矿五期扩建等53个续建项目，争取早日竣工投产；争取新开工建设文山年产60万吨电石、30万吨烧碱、30万吨PVC、马关年产10万吨锌60吨铟二期工程等16个项目，加快推进州烟叶复烤厂、化工厂、通用机械厂搬迁技改以及富宁氯碱项目等一批工业项目前期工作，争取尽快开工建设。加快推进工业园区投融资平台建设，多渠道筹集资金加大园区基础设施建设力度，完善园区功能；积极争取省的支持，实施标准化厂房建设，完善优惠政策，引导企业入园投资兴业，促进产业聚集发展。

二是加快培育壮大特色生物产业。把做大特色生物产业作为调整产业结构、促进产业优化升级的着力点，加快生物产业创新基地建设步伐。加大三七产业的培育力度，深入贯彻落实《文山三七发展条例》，依法加强对三七资源的保护和开发利用，抓紧制定三七产业发展规划，做好标准化种植、技术研发、品牌打造、药食同源申报等基础性工作，抓好与云南城乡开发投资公司、云南白药集团公司、天津天士力集团公司等企业合作项目的落实，加快推进文山三七初加工中心、云南三七农业工程实验室及三七物流基地项目建设，积极争取省人民政府给予政策扶持，推动三七产业跃上新台阶。稳步推进新烟区开发和现代烟草农业建设，抓好文山县朝阳、砚山县石碑寨等8个项目区基础设施建设，确保按期建成投入使用；严格执行烤烟生产技术标准，提高烟叶质量，确保圆满完成今年烤烟收购计划任务。加快木本油料基地建设，狠抓良种选育、种苗培育和样板基地建设，力争年内完成新植油茶30万亩、核桃90万亩。稳步发展辣椒产业，年内完成种植100万亩以上，种植产值达到13亿元以上。加大畜牧业扶持力度，抓好畜禽品种改良和动物疫病防治，积极推进标准化规模养殖小区建设，带动千家万户养殖，争取畜牧业产值达到47亿元以上，农民人均畜牧业纯收入超过590元。继续引导发展好八角、草果、蔬菜、水果、红豆杉、茶叶、甘蔗、咖啡等产业，培育壮大一批特色产业群，带动群众增收致富。加大龙头企业扶持力度，引导和扶持发展农村专业合作社、专业协会，带动农业产业化发展。

三是加速发展现代服务业。把加速发展现代服务业作为促进经济结构转型升级的战略重点，努力把现代服务业培育成我州新的经济增长点。抓住普炭一级公路即将建成通车和云桂铁路、珠街至广西西林界二级公路动工建设的有利时机，围绕建设旅游休闲度假基地目标，加快旅游业改革发展步伐，引进战略合作伙伴深度开发普者黑、坝美两个重点景区，加快旅游小镇、旅游特色村规划建设，做好旅游产品开发工作，积极推进旅游与民族文化融合，促进旅游业转型升级。围绕建设现代商贸物流基地目标，加快推进文山、砚山、丘北、富宁、平远、天保等物流中心规划建设，加强物流项目前期工作，积极向上申报和衔接沟通，争取更多的物流产业项目进入省的计划盘子，引进业主参与投资建设。积极发展商贸流通业，加快城乡市场建设步伐，扩大村级店覆盖率和配送率，完善城乡流通网络，改善城乡消费环境；继续落实好家电、汽车摩托车、农机具下乡和家电、汽车以旧换新等政策，刺激城乡居民消费。加快发展信息咨询、中介服务、金融保险、电子商务、邮政通讯等现代服务业，鼓励发展家政、物业管理等社区服务业，积极推进餐饮业健康发展，提升服务业发展水平。大力扶持发展非公经济，引导私营企业大力发展农副产品加工业、劳动密集型产业、大企业配套产业和农村服务业；积极帮助私营企业解决在融资、市场准入、土地使用等方面遇到的困难和问题，促进非公经济健康发展。

（四）积极推进城镇建设，进一步提高城镇化水平。一是加强规划工作。抓紧推进州域城镇体系规划和"文砚平"城市群规划编制工作，完善县城、中心集镇和旅游小镇、风景名胜区的修建性详细规划和控制性详细规划，严格执行规划审批制度，强化规划监察和验收管理，切实维护规划的严肃性。二是加快城镇基础设施建设。以承办省运会为契机，加快新城区开发建设，积极稳妥地推进旧城改造，深入开展城镇环境综合整治活动，加强城镇绿化、美化、亮化工作，改善市容市貌，提高城镇品位。加快推进污水、垃圾处理工程建设，争取在今明两年内全面完成8县"两污"处理建设任务；积极做好重点乡镇、风景名胜区“两污”处理项目申报工作，争取把文山县城市生活垃圾处理二期工程和普者黑片区“两污”工程纳入省的建设盘子，适时启动建设。三是抓好重点乡镇和特色旅游小镇建设。指导重点集镇和旅游小镇制定项目建设计划，加大招商引资力度，多渠道筹集资金投入开发建设，完善集镇道路、水电等基础设施，增强中心集镇辐射带动农村发展能力。四是引导房地产业健康发展。落实好国家和省促进房地产市场健康稳定发展的政策措施，加强城镇土地利用规划管理，加大房地产市场的监管和执法力度，规范房地产市场秩序，保持商品房价格稳定，促进房地产业有序健康发展。

（五）切实加强环境保护，加快生态文明建设步伐。深入推进“七彩云南文山保护行动”，切实抓好天然林保护、退耕还林、防护林建设、中低产林改造、公益林管护、石漠化治理、沼气池建设等林业重点工程，加强森林防火和森林病虫害防治工作，促进生态持续好转。加强重点河流、湖泊保护，抓紧完善盘龙河流域综合治理规划，采取综合措施稳步推进盘龙河流域生态环境保护和污染治理。结合社会主义新农村建设，抓好农村面源污染治理和生活环境整治，改善农村人居环境。加强节能减排工作，支持工业企业技术改造，推进清洁生产和资源循环利用，提高资源能源利用率；支持推进天然气工程建设，逐步推广利用清洁能源，积极发展低碳经济，降低生产生活排污；加快推进产业结构调整，大力发展生物产业和第三产业，抓紧规划发展生物质能源、太阳能、风能、垃圾发电等新能源，减轻节能降耗压力；继续加强节能降耗统计、监测制度建设等基础性工作，狠抓节能降耗措施落实，坚决淘汰落后产能；严格执行建设项目环境影响评价和“三同时”制度，有效控制污染物排放，确保“十一五”规划节能减排目标任务的全面完成。

（六）推进体制机制创新，着力提高对外开放水平。加快推进重点领域和关键环节的改革，大胆突破制约科学发展的体制机制障碍。继续推进农村综合改革，稳定农村基本经营制度，引导支持农民开展多种形式的耕地、林地流转；进一步完善集体林权制度主体改革，采取有效措施提高均山到户率，妥善处理好山林地界纠纷，积极推进配套改革，争取在林权抵押贷款、风险保障等方面取得有效突破，积极推进森林采伐管理改革试点工作；加快推进农村小型水利工程管理体制改革，切实改变重建轻管现象；积极发展新型农村金融组织，支持农行、农村信用社扩大“惠农卡”发放范围和提高授信率，改善对农民创业的金融服务，提高金融服务“三农”能力。抓好文山交通运输集团公司、州食品公司、七花公司等国有企业的深化改革工作，促进企业加快发展。继续深化财政管理体制改革，完善部门预算管理、国库集中收付、政府采购、乡镇财政预算管理、村级会计委托代理服务等各项制度。抓紧完善和实施全州深化医药卫生体制改革方案，加快建立覆盖城乡的医药卫生服务体系，努力为广大群众提供安全、有效、方便、价廉的医疗卫生服务。加快电力体制改革步伐，今年6月前完成广南、马关、麻栗坡3县电力公司整合工作，实现“一张网，全覆盖”目标。积极推进教育、文化、资源性产品价格、户籍制度等各项改革，创新体制机制，增强发展活力。

着力提高对外开放水平。围绕“建设云南面向泛珠三角和东盟开放新高地”目标，加快推进连接泛珠三角和越南的交通、电力、通讯网络设施建设，形成通边达海、方便快捷的对外开放大通道；加快天保、都龙、田蓬口岸基础设施建设，积极推进天保口岸经济区建设步伐，争取国家批准天保口岸允许第三国人员进出、田蓬升格为国家一类口岸、都龙口岸正式开通，提高通关便利化水平。梳理和完善招商引资优惠政策，抓紧研究制定优质服务环境的政策措施，增强吸引力和竞争力。充分利用我州的区位优势、资源优势和逐步形成的大通道优势，积极寻求产业、资金、技术、人才、资源等方面的对外交流合作，主动承接东部地区产业转移，深化与进入文山发展的企业集团合作，积极引进新的战略合作伙伴参与三七、油茶、八角、畜牧、旅游、物流等优势产业以及新能源开发，努力提升与泛珠区域各地区的合作层次和水平；认真研究越南的投资政策和产业发展方向，积极推动对越经济技术合作，支持我州矿业、水电、建材、农产品加工等企业到越南办厂设点，承接工程，合作开发资源，带动我州劳务、机械设备和工业品、农产品的输出，拓展发展空间。

（七）大力发展社会各项事业，促进经济社会协调发展。一是坚持优先发展教育。进一步完善义务教育经费保障机制，强化“两基”巩固提高措施，确保“两基”工作通过国家验收。加大工作力度，争取全面完成整体排除农村中小学D级危房和中小学校舍安全工程年度建设任务，改善中小学办学条件。推进农村中小学现代远程教育“班班通”工程建设，促进城乡教育均衡发展。完善农村留守儿童教育和监护体系，保证留守儿童少年身心健康。加快推进职教园区建设，积极支持民办三鑫职业技术学院健康发展，深化中职教育办学模式改革，扩大高中阶段办学规模，力争高中阶段毛入学率达到50.0%。支持文山学院加快发展，提高办学水平和服务地方经济社会发展能力。重视发展学前教育、成人教育和特殊教育，实现各级各类教育协调发展。进一步加强教育管理和教师队伍建设，促进教育教学质量的全面提高。二是加强科技创新工作。深入贯彻落实建设创新型云南行动计划，加强与州外科研院所合作，围绕矿冶、三七、木本油料、烟叶、辣椒、八角等重点优势产业开展技术集成创新及产业开发，推动支柱产业技术升级；加快新产品研发、新技术新工艺引进消化吸收应用、资源综合利用、节能减排等方面实施科技创新，培育企业核心竞争力。三是加快发展卫生事业。加强卫生监督体系和县、乡、村基层医疗机构基础设施建设，启动州医院二期工程和州精神病院建设，加快州中医院迁建进度，不断完善公共卫生服务体系。巩固和完善新型农村合作医疗制度，进一步提高群众受益面和受益水平。加强对重大疾病的监测和防控，继续做好艾滋病、甲型H1N1流感等疾病防治工作。强化农村妇幼卫生保健，提高农村孕产妇住院分娩率，降低孕产妇和婴儿死亡率。积极发展中医药和民族医药事业，提高中医药服务水平。加强卫生执法监督工作，强化食品药品监管，保障人民群众食品和医疗用药安全。四是切实抓好人口与计划生育工作。落实好计划生育"奖优免补"和"少生快富"政策，加强流动人口计划生育管理，稳定低生育水平，统筹解决好新生儿性别比例失调问题。扎实做好第六次全国人口普查工作，为加快人力资源开发和加强人口管理提供依据。五是大力发展体育事业。切实抓好第十三届省运会比赛场馆和城市配套设施建设，扎实做好各项承办组织工作，将第十三届省运会办成安全、高效、节俭，具有文山特色的运动会。全力抓好备战训练，提高竞技水平，确保比赛取得好成绩。切实做好州第八届民运会的各项筹备组织工作，确保办出成效。抓好城乡体育设施建设，深入开展群众性体育活动，不断提高全民身体素质。六是积极发展文化广电事业。加快推进县级"两馆一站"和村级文化活动室建设，完成21个乡镇综合文化站和文山、西畴2县文化信息资源共享工程建设任务，加大农家书屋、农村电影放映网络建设力度，进一步完善农村公共文化服务体系。加强对非物质文化遗产的保护，深入挖掘整理民族民间优秀传统文化，大力实施文艺精品工程，努力打造民族文化、三七文化、地域文化品牌；加大文化市场监管和整治力度，净化文化市场。全面完成20户以上已通电自然村广播电视"村村通"工程和边境地区广播电视覆盖工程建设任务，完善"村村通"维护管理长效机制，确保广播电视"村村通"、优质通。抓好广播电视安全播出工作，不断提高播出质量。统筹抓好残疾、老年、红十字、地震、史志、人防、档案、气象等各项工作，促进各项事业健康发展。

（八）全力以赴为民办实事、办好事，切实保障和改善民生。一是切实抓好就业工作。继续推行信贷扶持政策，全力推动创业带动就业工作，争取发放创业小额贷款2亿元以上，扶持创业4 000人以上。继续采取措施帮助困难企业减负稳岗，鼓励企业吸纳就业。千方百计开发就业岗位，统筹解决好大中专毕业生、下岗职工、就业困难人员就业问题，全年力争新开发就业岗位1.7万个，新增就业1.5万人以上。切实加强农民工就业培训，完善服务措施，积极引导农民工外出就业，扶持农民群众就近就地创业、就业，拓宽增收渠道。二是加强社会保障体系建设。以农民工、非公有制企业从业人员、个体工商户、灵活就业人员为重点，全力做好社会保险扩面工作；全面落实被征地农民的养老保障政策，稳步推进新型农村养老保险试点。积极争取国家和省加大民政救助保障资金的支持，进一步扩大城乡低保、医疗救助、临时救助范围，提高保障水平；进一步做好抗灾救灾工作，确保受灾群众得到及时救助。三是加快推进保障性住房建设。在确保去年实施的52万平方米工程全部竣工的同时，新建24.9万平方米4 971套廉租住房，完成2万户农村危旧房改造和农村民居地震安全工程建设任务，进一步改善城乡居民住房条件。

（九）加强社会管理，维护公共安全和社会和谐稳定。切实抓好民族团结进步工作，认真贯彻落实中央和省、州民族工作会议精神，深入开展民族政策宣传和民族团结教育活动，扎实推进以平远地区和天保镇为重点的民族团结进步示范创建工程，加快民族聚居地区、边境地区经济社会发展步伐，进一步巩固和发展平等、团结、互助、和谐的社会主义民族关系。认真贯彻党的宗教政策，充分发挥民族宗教上层人士在促进经济社会发展和维护民族宗教地区社会稳定中的积极作用。深入推进法制宣传教育，认真总结好"五五"普法的经验，抓紧做好"六五"普法规划的调研起草工作；完善法律援助和司法救助机制，保障社会弱势群体依法获得法律援助，促进社会公平正义。继续抓好国防动员、民兵、预备役和人民防空工作，深入开展拥军优属和军民共建活动，巩固军地军民鱼水关系。进一步做好矛盾纠纷排查调处工作，加强基层人民调解组织建设，畅通信访渠道，健全行政争议解决机制，确保群众合理诉求及时得到解决。加强社会治安防控体系建设，扎实推进新一轮"先进平安县"创建活动，全面落实打、防、控措施，坚决整治治安突出问题，严厉打击涉枪涉暴、拐卖妇女儿童、黑恶势力、严重暴力犯罪和"两抢一盗"等多发性侵财犯罪，深入推进新一轮禁毒人民战争；加强国家安全人民防线建设，以"防插手、防激化、防渗透"为重点，严密防范境内外敌对势力渗透破坏活动，切实维护国家安全。认真落实中央外交政策，加强与越南有关省市的友好往来，抓好中越勘界的后续工作，促进睦邻友好和边境安宁。高度重视安全生产，落实好安全生产"一岗双责"制度，加强安全监管体系和保障能力建设，加大集中检查和专项整治力度，及时整改安全隐患，遏制各类重特大安全生产事故发生，确保全州安全生产形势稳定。

（十）扎实抓好"十二五"规划编制工作，为文山未来又好又快发展打好基础。今年是执行"十一五"规划的最后一年，除了要努力完成全年经济社会发展目标任务，确保圆满完成"十一五"规划外，编制好"十二五"规划是各级政府的一项重要工作。一是抓好课题调研。抓紧做好州委、州人民政府确定的46个关系全州长远发展重大课题的调研工作，尽快形成研究报告，为编制好"十二五"规划提供科学依据。二是着力抓好项目研究和对接工作。在深入调研的基础上，认真研究、谋划好一批能带动全局、有较强支撑和辐射作用的重大项目，加强向上级汇报和沟通对接，确保我州拟规划建设的铁路网、高等级公路网、重点水源工程、重点产业开发、重点环保项目、中低产田地改造等一批重点项目纳入国家和省的"十二五"规划盘子。三是扎实做好项目前期工作。积极筹集项目前期工作经费，抓紧推进一批重点项目前期工作，为争取国家支持作好准备，争取丘北经文山至蒙自铁路、蒙自经文山至砚山高速公路、德厚大型水库等项目提前开工建设。总之，我们将按照科学发展观的要求，准确把握国际国内发展变化趋势，深入研究事关文山长远发展的重大问题，广泛吸纳社会各界的意见，按时完成国民经济和社会发展第十二个五年规划和专项规划的编制上报工作，为文山未来又好又快发展打下良好基础。

三、加强政府自身建设，努力提高政府履职水平

（一）积极推进学习型政府建设，不断提高领导水平和工作能力。按照党的十七届四中全会《决议》关于建设学习型政党的

要求，完善学习制度，增强学习意识，大力推进学习型政府建设，抓好中国特色社会主义理论体系特别是科学发展观的学习，抓好国家宏观调控政策的学习，不断提高战略思维能力，增强工作的前瞻性和主动性；抓好市场经济、法律法规、现代科技特别是财税金融知识的学习，着力提高经济管理的能力；注重学以致用，加强调查研究，坚持把学习知识与解决问题结合起来，与推动工作落实结合起来，不断提高解决实际问题的能力。

（二）深化政府机构改革，进一步转变政府职能。积极稳妥地推进新一轮政府机构改革，进一步完善政府部门机构设置、职能划分，理顺部门职责和关系，解决好职能交叉、重叠问题，逐步形成权责一致、分工合理、执行顺畅、监督有力的行政管理体制，切实提高行政效能。以政府机构改革为契机，加快政府职能转变，推进政企分开、政资分开、政事分开、政府与市场中介组织分开，在更好地履行经济调节和市场监管职能的同时，切实加强社会管理和公共服务职能，优化财政支出结构，加大对基础教育、公共医疗、公共文化、社会保障、就业服务及公共安全等民生领域的投入，让人民群众共享改革发展成果。

（三）进一步规范行政行为，提高依法行政水平。深入贯彻落实国务院《全面推进依法行政实施纲要》和《关于加强市县依法行政的决定》，推进依法行政工作的深入开展，坚持依法行政、依法办事、按程序办事，规范行政行为。强化政府决策咨询，完善行政决策机制和决策程序，重大行政决策坚持调查研究和集体讨论决定制度、听证制度、合法性论证制度、实施情况反馈制度和决策责任追究制度，提高决策水平，减少决策失误。继续推进法治政府、责任政府、阳光政府建设，完善各项制度措施，深入推进政务公开，确保行政权力透明运行，切实保障人民群众的知情权、参与权和监督权。自觉接受州人大及其常委会的法律监督、工作监督和州政协的民主监督，定期向州人大及其常委会报告工作和向州政协通报政府工作情况，认真办理人大代表建议和政协委员提案。发挥审计、监察、法制等部门的监督职能，加强行政监督检查，防止权力失控、行为失范。积极支持人民政协和各民主党派、工商联、人民团体参政议政，支持法院和检察院依法独立行使审判权和检察权。继续配合州人大常委会抓好立法工作，完成《文山州林业管理条例》、《文山州森林和野生动物类型自然保护区管理条例》的修订任务，启动《文山州出租车管理条例》和《文山州消防条例》可行性研究工作。

（四）加强政风建设，努力建设清廉政府。牢记全心全意为人民服务宗旨，发扬密切联系群众的作风，主动为基层服务、为企业解难、为群众办事；发扬求真务实的作风，坚持从文山的实际出发作决策、定措施，不搞形式主义，不搞表面文章；发扬艰苦奋斗的作风，进一步加强购车、出国(境)、会务、接待管理，坚决反对讲排场、铺张浪费，努力降低行政成本；继续落实好行政问责和领导干部问责制度，确保令行禁止、政令畅通。深入开展党风廉政建设和反腐败斗争，进一步健全工程建设招投标、经营性土地使用权出让等制度，加强工程建设领域突出问题专项整治、治理商业贿赂、纠风治乱等各项工作，积极从源头上预防和治理腐败。州人民政府班子成员将带头落实党风廉政建设“一岗双责”要求，加强对分管联系部门党风廉政建设的督促指导，带头严格执行廉洁自律的各项规定，清廉从政，务实为民。

各位代表，刚刚过去的一年，我们在战胜困难和挑战中取得的成绩令人鼓舞；展望新的一年，我们对全面战胜金融危机充满必胜信心。让我们紧密团结在以胡锦涛同志为总书记的党中央周围，在省委、省人民政府和州委的坚强领导下，高举中国特色社会主义伟大旗帜，深入贯彻落实科学发展观，解放思想、开拓创新，抢抓机遇、乘势而上，团结一心、真抓实干，为推动全州经济社会平稳较快发展，为圆满完成今年各项工作任务和“十一五”经济社会发展目标而努力奋斗！

大 事 记

责任编辑　李万辉

云桂铁路奠基

2009年(1～12月)

1月

月初，丘北经文山至蒙自铁路前期工作正式启动。

12～17日，政协文山州第十届委员会第四次会议在文山会堂召开。大会应出席委员364人，实到委员324人，符合法定人数。会议听取政协文山州第十届常务委员会工作报告和提案工作情况的报告。听取和协商讨论《文山壮族苗族自治州政府工作报告》、《文山壮族苗族自治州2008年度国民经济和社会发展计划执行情况及2009年计划草案报告》和《文山壮族苗族自治州2008年度地方财政预算执行情况及2009年地方财政预算草案报告》。会议共收到提案564件。

13～17日，文山州第十二届人民代表大会第五次会议在文山召开。会议应到代表362名，实到代表338名，符合法定人数。会议听取和审议通过州人大常委会、州人民政府和州中级人民法院、州人民检察院的工作报告，审议通过《云南省文山壮族苗族自治州文山三七发展条例(草案)》、《云南省文山壮族苗族自治州城乡规划建设管理条例(修订草案)》，审议批准了《文山壮族苗族自治州2008年度国民经济和社会发展计划执行情况及2009年计划草案报告》和《文山壮族苗族自治州2008年度地方财政预算执行情况及2009年地方财政预算草案报告》。并依法选举出3名文山壮族苗族自治州人大常委会委员和州人民检察院检察长。会议共收到建议74件。

月内，普者黑景区被国家旅游局正式评定为国家4A级旅游景区。

2月

3日，州人民政府在麻栗坡县召开马鹿塘水电站二期工程移民工作现场办公会。州长黄文武出席会议并作重要讲话，副州长胡荣主持会议。州委常委、副州长姚堂文，州长助理陈国忠出席会议。州政府办、州发改委、州建设局、州移民局等州属有关单位和麻栗坡县委、县人大常委会、县政府、县政协主要领导及县直有关部门和有关乡镇，云南大唐国际文山水电开发有限公司、设计单位、监理单位等参加会议。

16日，州委、州人民政府召开全州农村工作暨扶贫开发表彰会议，总结2008年农业农村和扶贫开发工作，分析当前形势，研究促进农业稳定发展、农民持续增收的政策措施，部署2009年工作任务，表彰在2008年扶贫开发和新农村建设中涌现出来的先进集体和先进个人。

24日下午，文山州青年企业家州青联副秘书长、文山苗乡三七实业有限公司董事长余育启在由共青团云南省委举行的云南青年创业就业行动启动仪式上获全省首届云南青年创业省长奖。

月内，丘北县双龙营镇仙人洞村、麻栗坡县麻栗镇南朵村分别获“全国文明村”称号；文山县开化镇黑卡布岱村，马关县马白镇分别获“全国精神文明创建工作先进村镇”称号；文山州财政局、州水务局获“全国文明单位”称号；州气象局、文山电力股份有限公司、文山公路总段、州住房公积金管理中心、文山县国税务获“全国精神文明创建工作先进单位”称号。

3月

8日，由富宁县与国务院新闻办五洲文化传播中心联合拍摄的《爱情密码——人类学影像中的坡芽歌书》电视纪录片，在富宁县剥隘镇坡芽村举行开机仪式。

22日，州人民政府在文山城休闲广场举行文山州“家电下乡”启动仪式，标志着全州“家电下乡”工作正式启动。

24日，州委在文山会堂召开全州深入学习实践科学发展观动员大会，州委书记李培在会上作重要讲话。会议决定3～8月，将在州县党委、人大、政府、政协领导班子，州县各部门、人民团体、企事业单位、各中专学校等开展第二批深入学习实践科学发展观活动。

24日13时38分左右，文山县城110千伏东山变电站1号主变压器及10千伏高压室发生火灾，火势异常凶猛，造成文山城大面积停电。至14时40分扑灭。

27日，《云南省文山壮族苗族自治州文山三七产业发展条例》经云南省人大常委会审议通过。

29日，州委宣传部、富宁县委、县人民政府和省壮族研究会在昆明国际会展中心举行2009年“壮族三月三”·《中国富宁壮族坡芽歌书》首发式暨歌书演示会。《中国富宁壮族坡芽歌书》的出版发行，是壮族优秀文化遗产和壮族文艺百花园里的奇葩，也是中国文化事业的一大盛事。

4月

1日，国家教育部正式发函在文山高等师范专科学校基础上组建文山学院，同时撤销文山师范专科学校的建制。标志着全州高等教育实现历史性跨越。

21～22日，由省委、省人民政府组织的，以“推动云南生物产业发展”为主题的“百名留学博士云南行活动”考察团中的34名留学美国、加拿大、瑞典等国的博士，深入文山州砚山、丘北、文山3县，考察制药、食品、农业等相关行业，积极为文山州生物产业发展献计献策。

25日，在州委书记李培，州委常委、州委秘书长李国安等陪同下，以广西百色市委书记、市人大常委会主任刘正东为团长的百色市党政代表团到文山进行考察。

27日至5月4日，广南壮族花街节暨大型手巾舞展演开展。此次节庆设广南城区主会场和坝美、夕板两个分会场，活动内容包括接皇姑、大型手巾舞、斗牛、民族文化展演等。

5月

12日中午12时，文山城上空出现日晕奇观，日晕持续时间约半小时。

13～14 日，省委、省人民政府在马关召开云南边疆解“五难”惠民工程现场推进会，省委常委、省委宣传部部长、云南边疆解“五难”惠民工程领导小组组长张田欣出席会议并作重要讲话。副省长、云南边疆解“五难”惠民工程领导小组副组长高峰主持会议，州委书记李培致欢迎辞，州长黄文武作文山州实施边疆解“五难“惠民工程经验交流。全省 9 个州市、25 个边境县市、3 个藏区县的有关领导参加会议。会议对马关县、富宁县等 19 个县(市)进行表彰奖励。

23 日，文山州首家小额贷款公司——文山汇民小额贷款股份有限公司在文山开化商贸城开业。

26 日，国家质量监督检验检疫总局核准了文山州申报的 5 户企业使用地理标志产品专用标志。按照有关规定，这 5 户企业可以在其产品上标注文山三七地理标志产品专用标志，使三七地理标志产品有法可依，受到法律保护。全州获得第一批“文山三七”地理标志使用的 5 户企业分别是：云南特安呐制药股份有限公司、文山康源三七产业有限责任公司、云南金泰得三七产业股份有限公司、云南特安呐三七产业股份有限公司、云南金不换(集团)有限公司药业分公司。

下旬，广南八宝米地理标志产品获准农业部登记，并上网公示，依法实施保护。

6 月

4 日，由越共中央委员、宣光省省委书记黄平军，越南河江省人民委员会主席阮长苏分别率领的越南宣光、河江省代表团来文访问，受到州委书记李培等党政领导的会见。

14 日，以州委书记李培为团长的州党政机关考察团到百色市进行学习考察，百色市市委书记、市人大常委会主任刘正东，市委副书记、市委秘书长黄志伟陪同考察。期间，先后考察了中铝广西分公司、杭州锦江集团田东工业项目建设和百色中心城区城市规划与建设等工作。

18～20 日，由州人民政府和文山师专承办的云南省高等教育学会 2009 学术年会在文山召开。全省 100 余名高等教育专家参加研讨和交流。

29 日下午，文山州中级人民法院以受贿罪、贪污罪两项罪名数罪并罚，一审判处麻栗坡县委原书记、文山州民政局原局长赵仕永有期徒刑 20 年，决定执行 18 年，涉案赃款人民币 462.52 万元予以没收上缴国库，并处没收个人财产人民币 650 万元。

7 月

1 日，州委在文山会堂召开全州优秀乡村党组织书记、优秀共产党员表彰大会，隆重纪念中国共产党成立 88 周年。州委书记李培出席会议并作重要讲话，州委常委、常务副州长陈夏民主持会议。

同日，《〈云南文山壮族苗族自治州文山三七产业发展条例〉实施细则》正式颁布实施。

4 日，云南省公路局、文山州人民政府在文山龙城商务酒店举行文山至马关至都龙、文山至麻栗坡至天保二级公路合作建设协议签字仪式。州委书记李培出席签字仪式，省公路局党委书记谢伟，州委副书记、州长黄文武分别讲话。二级公路总里程 237.33 千米，估算总投资 12.7 亿元。2011 年 5 月建成。

8 日，滇黔桂周边五州市人大常委会主任第二次联系会议在文山召开。州人大主任付加兴主持会议，州委书记李培致欢迎词，州人大常委会及滇黔桂周边 5 州市各县县人大常委会主任等 100 余人参加会议。

10 日，全省卷烟零售终端建设现场会在文山召开。副州长胡荣出席会议并致欢迎辞，省烟草公司副总经理杨经建出席会议。全省各州(市)烟草公司卷烟销售部门主要负责人参加会议。会前，与会者参观了文山县和砚山县的零售店。会上，文山州和曲靖市进行交流发言。

22 日上午，文山城区上空出现日偏食景象。

同日，“中国联通杯”文山州第三届青年歌手电视大奖赛总决赛落幕。41 名选手参加决赛，周琨、张阿娇、马芳、百越组合夺得金奖。

23 日晚 8 点 30 分，民航西南地区管理局在龙成商务酒店召开文山机场安全审计暨航空保安审计情况通报会。由民航西南地区管理局组织专家对文山普者黑机场进行的安全审计和航空保安审计，经过为期 4 天的紧张工作，文山普者黑机场以 76.77% 的合格率通过验收。

24 日，由联合国驻津巴布韦高级顾问尤普瑞(Upenyu)，津巴布韦烟草协会高级理事葛罗伯(Grobler)，津巴布韦烟草研究院育种专家、高级研究员伊诺克(Enoch)，津巴布韦烟草研究院烘烤专家、高级研究员依克亚(Ezekia)4 名专家组成的烤烟品种评审团来文山考察，先后到砚山县平远镇回龙新烟区和丘北县曰者镇新沟农场的烤烟种植基地，就试种生产替代津巴布韦质量的优质烟叶进行综合评价。

31 日，州委、州人民政府和文山军分区组织开展以“党政军警联合应急行动演练”为主要内容的“八一”军事日活动。州委书记、文山军分区党委第一书记、应急行动演练指挥长李培作动员讲话。文山军分区司令员吕美璋下达演练命令。共有文山军分区行动队、公安边防行动分队、公安消防行动分队、文山县民兵行动分队、公安和武警行动分队、州直机关正处级领导干部组成的军训队共 6 支队伍 600 余人参加演练，演练内容涉及抗洪抢险、应急救援、处突维稳等课题。

8 月

8 日上午，文山州首届“全民健身日”系列活动仪式在文山休闲广场举行。来自 53 个单位共1 000多人组成的 3 个方队，参加千人攀登文笔塔比赛或健步走活动。

14 日晚，2009 年中国丘北普者黑“花脸节”开幕式暨普者黑国家 AAAA 级旅游景区授牌仪式在丘北普者黑举行。

15 日下午 16：00，英国吉尼斯总部派遣中国认证官员晓红在丘北县新城区椒莲广场正式宣布丘北普者黑“千人跳弦子，万人抹花脸”挑战世界之最成功，并当场颁发吉尼斯世界纪录证书。当天，13 413名群众在认证人宣布开始后，根据当地的民族习惯，用黑色的颜料涂抹每个人的面部。仅仅10分钟，所有人的面部都被黑色的颜料完全覆盖，公证人员检查并仔细清点人数后经认证官确认合格数量无误并达到挑战标准，宣布挑战成功。

17日上午，州委、州人民政府举行文山州首届“十佳健康卫士”表彰大会，对全州卫生系统涌现出来的谭嫵、马爱波、缪红卫、赵正和、杨芳、陆华美、苏静、冯军、陈新勇、周贵勇10名优秀医务人员进行表彰。

18日，文山州召开承办省第十三届运动会动员大会，州委副书记、州长黄文武出席会议并讲话。会上，启动了省第十三届运动会倒计时牌。

21～22日，中央电视台军事节目中心《和平年代·周末开讲》连续播出了州委常委、文山军分区政委刘志和应邀到该栏目演播室就解放军文化、文化形态国防两个专题录制的两期节目。

28日下午，州人民政府在州委小礼堂召开全州政府还贷二级公路建设征地拆迁动员大会。州委副书记、州长黄文武出席会议并作重要讲话，州委常委、副州长姚堂文主持会议。会上，州人民政府与文山县、西畴县、麻栗坡县、马关县、广南县政府及州林业局、州交通局、州国土资源局签订了征地拆迁工作目标责任书；文山县政府代表全州政府还贷二级公路建设涉及县政府作了表态发言。

月内，中央电视台“探索与发现”栏目摄制组到丘北县仙人洞村拍摄庆祝中华人民共和国成立60周年献礼片有关内容。

9月

20日晚，“文山州首届十大道德模范”颁奖典礼在文山会堂隆重举行。十大道德模范分别是：助人为乐模范，麻栗坡县杨万乡老干部学委会主任杨正和；助人为乐模范，广南县八达村小组村民农乜线；敬业奉献模范，文山军分区77322部队卫生队医师张甫学；敬业奉献模范，麻栗坡县建设局环卫站职工李洪琼；孝老爱亲模范，砚山县平远镇回龙村三组村民杨进刚；孝老爱亲模范，文山县福利院院长高会珍；见义勇为模范，文山交通(运输)集团公司驾驶员刘绍康；见义勇为模范，富宁县政协主任科员吕志辉；诚实守信模范，云南木利锑业有限公司戴灵；诚实守信模范，西畴县兴街镇马店村手工刺绣厂厂长常禹香。

21日晚至27日，文山州庆祝新中国成立60周年“爱国歌曲万人唱”歌咏活动在文山县城七花广场开展。期间，共有54支代表队1万多人参加活动。

28日上午，省州合作建设“珠街—广南—广西西林、文山—马关—都龙、文山—麻栗坡—天保(兴街—西畴)”三条四段二级公路进场动员大会在广南县召开。省政府副省长刘平发来贺电。州委副书记、州长黄文武，省交通运输厅副厅长唐文祥，省交通运输厅党组成员、省公路局党委书记黄玉峰在大会上讲话。州委常委、副州长姚堂文主持会议。州委副书记、州长黄文武宣布省州合作建设文山二级公路进场施工。

29日，云南华联锌铟公司年采矿210万吨及日选矿8 000吨扩建工程正式开工建设。项目总投资46 720万元，基建期2年，生产服务年限为30年，设计采矿规模为210万吨/年原矿量，产品主要为锌、锡原矿。

30日，文山州歌舞团和河北、广西两省(区)杂技团到位于香港昂船洲的驻港部队进行慰问演出，表演《手巾纸马舞》、《采花山》、《七乡欢歌舞》等民族歌舞，还专门表演赶排的《穿越》、《女兵》，歌曲《兵哥哥》、《士兵兄弟》等。当日下午，香港联艺机构在维多利亚公园为文山州民族歌舞团即将演出的《云岭飞花染香江》专场文艺晚会举行新闻发布会。

10月

1日下午，文山州举办主题为“民族团结花盛开，七乡儿女颂祖国”的首届民族服饰巡演展演活动。此次活动，以文山县为依托，以州、县各民族学(协)会为单位，共有1 000多名11个民族同胞分别组成的代表队参加巡游展演和舞台展演。

13日，文山金川生物有机肥有限公司在文山城南郊大石洞村举行有机肥生产线建成投产及公司挂牌仪式，标志着文山州第一条有机肥生产线建成投产。填补了文山州有机肥生产的空白。

14日下午，州委、州人民政府召开平远地区民族团结进步示范区创建推进会。州委常委、常务副州长徐爱民出席会议并讲话。州委常委、政法委书记吴俊明主持会议。州创建工作领导小组成员单位的领导，文山、砚山两县县长及分管副县长、县委政法委书记、县发改局、民宗局局长参加会议。

23日下午，云南省第三批小水电代燃料工程建设启动仪式在文山县二河沟一级电站工地现场举行。省水利厅副厅长陈坚，副州长胡荣出席启动仪式并致辞。

11月

1～8日，在昆明举行的云南省第九届暨云南省第三届特殊奥林匹克运动会上，文山州16名残疾人运动员共夺得金牌10枚、银牌4枚、铜牌12枚。

11日，全省扶贫开发整乡推进试点工作汇报会在文山召开，省委副书记李纪恒作重要讲话，副省长孔垂柱主持会议，中共文山州委书记李培致辞。省扶贫开发领导小组成员单位领导，全省各州(市)委副书记或分管副州(市)长、州(市)扶贫办主任，全省19个整乡推进试点县(区)委书记或县长、县(区)扶贫办主任，20个整乡推进试点乡(镇)党委书记，文山州人民政府州长黄文武、副州长胡荣及各县党委或政府主要领导参加会议。上午，全体参会人员到文山整乡推进试点乡文山县追栗街镇追栗街村委会松树坪村、塘子边村和肉牛养殖合作社建设项目进行了现场参观考察。下午，集中召开大会。会上，省扶贫办主任王智汇报全省扶贫开发整乡推进试点工作情况；播放了16个州(市)扶贫开发整乡推进试点工作情况汇报专题片。

13日，在北京召开的全国国防教育工作会议上，文山州麻栗坡县烈士陵园入选首批国家国防教育示范基地。

18～28日，以州委书记李培为团长的文山州党政代表团一行14人，对越南河江、宣光、河内、胡志明等省市进行访问、考察。期间，党政代表团一行在河江省先后参观了由河江省主办的2009年度中越国际贸易交易会现场、河江云水天河山庄、河江长春旅游生态园、渭川县雄越茶叶加工厂，与河江省委副书记、省人委会主席阮长苏进行工作会谈；在宣光省参观安和工业园区林浆纸在建项目，与宣光省委书记阮亮旺，省委副书记、省人委会主席杜文战进行工作会谈；在河内参观了由文山国际经济技术合作有限公司承包的越南中央第二制药厂在建项目、光明工业园区、河内市市政建设，拜会了中国驻越南大使馆孙国祥大使；在胡志明市参观了富美新开发区、新顺出口加工工业园区、胡志明市市政建设，拜会了中国驻胡志明市的总领事馆许明亮总领事等。

下旬，《中国富宁壮族坡芽歌书》继获"全国最佳装帧设计奖"后又荣获"中国最美的书"称号。

12月

7日，国家发改委下发《国家发展改革委关于新建云桂铁路可行性研究报告的批复》，标志着可研阶段的审批程序全面完成，云桂铁路争取工作已取得阶段性成果。云桂铁路按照国铁Ⅰ级电气化双线铁路标准建设，线路自昆明枢纽昆明南客站引出，经石林板桥、弥勒、普者黑、广南、富宁、百色、田阳、平果、隆安，至南宁东站，正线全长715千米，云南境内441千米(其中文山境内310千米)，全线共设25个车站，文山境内共设7个车站，分别是平安、富宁、白腊赛、广南、珠琳、普者黑、南斗(其中富宁、广南、普者黑为中间站)。项目总投资894.81亿元，文山境内估算投资为336亿元，建设工期为6年。

17～18日，中国文山三七等云南特色药物国际论坛在文山召开。论坛以文山三七等云南特色药物产业"创新、发展与国际化"为主题，秉持"合作、共赢、发展"的宗旨，共有国内外大专院校、科研院所以及国内外生物制药企业、云南省20个"云药之乡"的嘉宾、10多家国内主要新闻机构的记者430多人参加论坛。论坛共收到论文63篇，海内外23名主讲嘉宾围绕三七等云南特色药物产业"创新、发展与国际化"这一主题，在"三七产业国际合作开发"、"优质安全三七原料药生产"、"三七新产品研发"、"三七产品市场拓展"、"三七产业发展政策"等方面，作了精彩的演讲。全省117户企业和有关科研单位参加商品展销，参展人员400余人，展位133个，参展产品有500种以上。期间，文山州人民政府与天津天士力集团签订的《关于合作开发文山三七产业的框架协议》、与云南省城市建设投资有限公司签订《关于三七产业合作项目的框架协议》等15个招商引资项目，协议投资总额32.21亿元。

19日下午，文山州人民政府与云南冶金集团股份有限公司、云南白药集团股份有限公司在昆明翠湖宾馆签订战略合作协议。省政府副省长和段琪出席签字仪式，省工信委主任刘绍忠代表省政府致辞，中共文山州委书记李培讲话，州委常委、副州长姚堂文主持签字仪式。州委常委、常务副州长徐爱民，州委常委、纪委书记王维真，州委常委、文山县委书记黎家松，副州长李国沛出席签字仪式。签字仪式上，州委常委、常务副州长徐爱民代表文山州人民政府与云南冶金集团股份有限公司、云南白药集团股份有限公司分别签订《文山州人民政府与云南冶金集团股份有限公司铝土矿资源开发战略合作框架协议》和《文山州人民政府与云南白药集团股份有限公司合作开发文山三七产业战略协议》；丘北县人民政府与文山铝业有限公司签订《丘北县人民政府与文山铝业有限公司关于整合—勘查—开发丘北县铝土矿资源协议书》。

20日，文山州首届警营开放日在富宁隆重举行，警营的各种设备向市民掀开神秘的面纱，数千名市民在富州广场观看各警种的精彩演练。

26日，州委、州人民政府召开文山州平远地区民族团结进步示范区创建活动推进会。州委书记李培作重要讲话，省民委副主任马春出席会议并致辞，州委常委、常务副州长徐爱民主持会议。省委统战部副部长杨光海，州人大常委会主任付加兴，州政协主席王云凌，州委常委、州政法委书记吴俊明，州委常委、砚山县委书记马志山，州委常委、文山县委书记黎家松，州人大常委会副主任马正新，州政府副州长张秀兰、李俊彪，州政协副主席、州委统战部部长黄昌礼出席会议并在主席台就座。8县县委书记、县长，县委政法委书记、统战部部长，分管民族工作的副县长，县民宗局局长；文山县、砚山县创建工作领导小组成员单位负责人；文山县德厚镇、红甸回族乡、秉烈彝族乡，砚山县平远镇、稼依镇、阿舍彝族乡和麻栗坡县天保镇党委书记、乡镇长；平远地区6个乡镇所辖59个村委(社区)党总支书记和主任参加了会议。

29～30日，中共文山州委七届六次全体会议在文山会堂召开。州委书记李培向全委会作工作报告。州委常委、常务副州长徐爱民对全州经济社会发展的具体工作提出要求。州委常委、州委秘书长李国安主持大会开幕式。会议通过《中共文山州委关于贯彻落实〈中共中央关于加强和改进新形势下党的建设若干重大问题的决定〉的实施意见》；审议通过了《中共文山州委七届六次全体会议公报》。

年内，12集壮族文化电视系列片《丽哉勐僚》获国际环保纪录片金牌节目奖并入选德国、英国自然电视节；由文山州文化公司出品、反映文山州民族文化发展的电影《阿峨之恋》在第18届金鸡百花电影节中推介展映。文化纪录片《破译坡芽密码》，被列为国务院新闻办对外交流文化宣传品，先后在央视"探索·发现"栏目、美国和香港主流媒体，全球多家中英文网站播出。

(李万辉)

州情概况

责任编辑　李万辉

文山县城全景

文山壮族苗族自治州

【行政区划　人口】 文山壮族苗族自治州位于云南省东南部。最高海拔2 991.2米，最低海拔107米，土地总面积31 456平方千米，占全省总面积39.4万平方千米的8.0%。其中：山区和半山区占总面积的97.0%。国境线长438千米。辖文山、砚山、西畴、麻栗坡、马关、丘北、广南、富宁8个县，102个乡（镇），其中16个民族乡，947个行政村（居），15 967个村民小组（队）。居住着汉、壮、苗、彝、瑶、回、傣、布依、蒙古、白、仡佬11种民族。

年末全州常住总人口为345.40万人。全州户籍总人口3 455 800人。其中：男性1 801 378人，农业人口3 107 088人，少数民族人口1 957 632人，城镇人口932 600人。人口出生率为13.0‰，死亡率为6.30‰，人口自然增长率为6.70‰。

【经济综述】 2009年实现财政总收入293 467万元，增长7.9%。完成地方财政收入172 888万元，增长12.0%。财政支出894 231万元，增长34.1%。年末全州金融机构各项存款余额为3 024 566万元，比上年末增长26.5%。其中：城乡居民储蓄存款余额1 625 113万元，比上年末增长18.0%。各项贷款余额2 317 973万元，比上年末增长24.1%。

全年文山州生产总值273.06亿元，比上年增长12.6%。其中：第一产业增加值73.14亿元，增长6.8%；第二产业增加值94.01亿元，增长16.8%。其中：工业增加值68.71亿元，增长16.6%。建筑业增加值25.30亿元，增长17.4%；第三产业增加值105.91亿元，增长12.7%。全年非公有制经济创造增加值132.36亿元，占全州生产总值的比重为48.5%，比上年提高1.1个百分点。按常住人口计算，全州人均生产总值7 933元，比上年增加782元，增长12.4%。

固定资产投资快速增长。全年全社会固定资产投资完成2 164 815万元，比上年增长30.6%。其中：城镇投资1 526 944万元，增30.9%；农村非农户投资311 549万元，增2.1倍；房地产开发投资223 840万元，下降28.7%；农村私人投资102 482万元，增31.7%。

全州社会消费品零售额达1 187 598万元，比上年增长23.9%。完成外贸进出口总额11 484美元，下降10.1%，降幅较年初收窄46.5个百分点。其中进口3 111万美元，下降38.9%；出口8 373美元，增长9.0%。

国民经济和社会发展中存在的主要困难和问题：农业基础设施仍较薄弱，产业化水平较低，农民持续增收难度大；工业总体上处于工业化初期向中期发展的过渡阶段，离完成工业化还有相当长的路要走，经济增长的质量和效益还不高，节能减排压力大，加快经济结构调整和转变发展方式的任务还很繁重；财政收支矛盾仍然十分突出，建设资金十分紧缺，财政支出压力进一步加剧；受国际金融危机影响，保持经济平稳较快增长压力增大，全州经济回升的基础不够牢固；县域经济发展总水平不高，县域间差距呈进一步扩大之势；就业和社会保障压力仍在加大，经济与社会协调发展任重道远。

【农　业】 农业和农村经济稳步发展。全年实现现价农业总产值1 116 290万元，比上年增长7.7%。粮食产量稳步增加，大部分农产品产量保持不同程度增长。粮食总产量1 235 290吨。其中：夏收产量123 935吨，比上年增15.3%；秋收产量1 111 355吨，增5.3%；稻谷416 401吨，增1.3%；包谷544 448吨，增5.1%；主要经济作物产量：油料48 797吨，增38.1%；三七2 442吨，比上年减－35.7%；辣椒101 425吨，增19.6%；烤烟52 551吨，增15.7%；甘蔗884 170吨，增34.5%；蔬菜639 953吨，增14.2%。

冬玉米测产

全年畜牧业现价总产值456 453万元，比上年增长11.6%。肉类总产量359 481吨，增16.5%。其中：猪肉产量291 797吨，增17.0%。全年水产品总产量18 364吨，增21.0%。

全年完成造林面积103.34万亩，其中用材林5.93万亩、经济林73.14万亩、防护林3.48万亩。各项生态工程稳步推进，加强农村能源建设，狠抓森林资源管护等造林绿化工作，遏制生态恶化，有效保护生态环境，全州森林覆盖率达到39.70%。

全州有效灌溉面积达156.51万亩，增长3.0%。农机总动力136 224万瓦特，增长6.7%。德厚大型水库项目建议书已报国家水利部预审，暮底河水库竣工验收，在建的水源工程及病险水库除险加固、大型灌区续建、国际界河治理工程顺利推进，新开工建设布都河、以腻资等4座水库，建成“五小水利”工程2.28万件，新解决14.25万农村人口饮水安全问题。250万亩中低产田地改造规划（2009—2020年）获省人民政府批准实施，本年完成35万亩改造任务。

【工　业】 全州工业经济有效化解了外部市场需求减弱、生产资料价格急剧波动等多重困难，在经历了年初低位运行、艰难爬坡的过程后，企业生产经营活动逐步趋于正常，各项经济指标呈现稳步回升态势。完成工业总产值2 079 308万元，比上年增长9.4%。轻工业完成产值627 785万元，增长

26.2%；重工业完成产值1 451 523万元，增长3.4%。国有企业产值247 760万元，增长50.6%；集体企业产值2 072万元，下降26.8%；股份合作企业产值5 136万元，下降75.2%；股份制企业产值1 076 125万元，增长3.9%；外商、港澳台商及其它投资企业产值748 215万元，增长10.5%。规模以上工业企业完成产值1 460 226万元，增长7.9%；规模以下工业企业完成产值619 082万元，增长13.1%。全年规模以上工业增加值608 064万元，增长18.7%。节能减排力度不断加大，淘汰5 000千伏安以下铁合金电炉6台和落后水泥产能20万吨，单位地区生产总值能耗下降5.3%。

主要工业产品产量：原煤140万吨，比上年减4.8%；发电量48.9亿千瓦小时，减10.3%；食糖5.3万吨，增28.5%；白酒38 265千升，减2.0%；水泥253万吨，增11.4%；砖146 788万块，增4.8%；复烤烟叶28 661吨，增15.6%；机制纸3 052吨，减10.8%；农用化肥折纯23 901吨，增28.0%；铁矿石原矿量25.3万吨，增76.8%；铜选矿含铜量5 041吨，增1.5%；锌选矿含锌量9.9万吨，减12.5%；锡选矿含锡量3 979吨，减16.8%；锑9 171吨，减26.4%；黄金1 490千克，减7.6%。

全年规模以上工业企业实现主营业务收入1 355 485万元，比上年增长6.9%；利润总额212 143万元，增长2.7%。

全州建筑业增加值253 016万元，增长17.4%。

【财政　金融　保险】 加大财政税收征收和税源培植力度，逐步扭转财政收入下滑势头。全年实现财政总收入293 467万元，比上年增长7.9%。其中完成地方财政收入172 888万元，增长12.0%。财政支出894 231万元，增长34.1%。

年末全州金融机构各项存款余额为3 024 566万元，比上年末增长26.5%。其中：城乡居民储蓄存款余额1 625 113万元，比上年末增长18.0%。各项贷款余额2 317 973万元，比上年末增长24.1%。

全州保险费收入47 666万元，比上年增长26.5%。其中：人寿险保费收入24 786万元，增长31.5%；财产险保费收入22 880万元，增长21.5%。保险赔款达到18 590万元。

【基础设施建设】 年底全州公路通车里程达13 240千米，比上年增长2.9%。公路通车里程的增加，扩大了运输能力。全年货运周转量158 028万吨千米，增长3.1%。旅客周转量363 954万人千米，增长2.8%。

【信息化建设】 全年邮电通信业务总量41 300万元，增长10.8%。全州城乡固定电话用户33.7万户，移动、联通和电信通信用户139.3万户。城镇居民每百人拥有手机68.2部（城镇居民住户调查数）。

【城乡建设】 加强城镇规划建设管理，加快以治污设施项目为重点的城镇基础设施建设，完善城镇功能，改观城镇环境，促进建筑房地产业健康发展，加快城镇化进程。开展州域城镇体系规划和“文砚平”城市群规划编制；推进保障性住房建设，制订《文山州人民政府关于进一步加快保障性安居工程建设的实施意见》、《文山州城镇廉租住房出售管理办法》、《文山州农民工保障性住房管理办法（暂行）》和《文山州人民政府关于修改补充〈文山州城镇廉租住房管理实施细则〉有关条款的通知》等文件；以2010年全省运动会在文山召开为契机，抓好以文山县、砚山县和富宁县为重点的重大建设项目，加快文山体育城二期工程、城市道路畅通工程等城镇市政基础设施和公益项目建设。启动重点中心集镇建设，编制集镇近期建设规划，制定近期工作计划和落实建设项目；启动旅游小镇建设工作，完成《普者黑旅游小镇修建性详细规划》、《八宝旅游小镇总体规划》、《坝美旅游小镇总规修编》、《麻栗坡县天保旅游小镇总体规划（2010－2025）》等规划项目。完善房地产业管理，制订出台相关管理和实施办法；整治规范建筑市场秩序；全年共完成城镇建设投资总额实现66.06亿元，比上年增长23.0%；争取到各类补助资金6.85亿元，是上年同期的5.74倍。环境保护建设力度加大。全州工业废水排放达标率96.7%；工业固体废物综合利用率60.9%；城镇生活污水集中处理率29.0%，比上年下降2个百分点；全年环保污染治理投资总额达3756万元。

【扶贫开发】 共投入各类扶贫资金12.55亿元，其中：无偿资金4.97亿元，有偿资金（小额信贷）3.1亿元，群众自筹和以劳折资4.48亿元。解决8.06万人贫困人口温饱。出台《文山州2009年度整村推进扶贫开发新农村建设实施方案》。年内，共启动实施整村推进扶贫开发新农村建设1 067个村，投入资金62 992.6万元，其中：扶贫专项资金27 153.6万元、整合部门资金投入5 806万元、群众自筹和投劳折资30 033万元。完成安居房改造8 052户，建成沼气池1.18万口，建成小水窖1 446口，架设人畜饮水管道313.2千米，村间道路硬化5 785.2千米、209.62万平方米，建设基本农田1.03万亩，经济作物种植7.44万亩，经济林果种植9.80万亩，完成贫困劳动力转移培训及输出0.46万人，完成科技培训143期5.30万人。

州委书记李培（左三）与群众一道浇灌沼气池

年内，投入600万元，完成2008年跨年度农村贫困劳动力输出前培训30 676人，占计划的102%，转移输出30 200人。投入190万元，9个示范基地培训学校完成农村劳动力转移培训3 806人，占计划的100.2%，培训合格率达100%；职业技能鉴定持初、中级职业资格证书3 783人，合格率达99.6%；转移就业3 783人，转移就业率为99.6%，就业稳定率达90.0%以上。2009年度转移培训计划正在组织实施，将完成劳动力转移培训36 625人，其中：引导性培训2.6万人、雨露计划技能培训6 625人。

完成2008年跨年度易地开发扶贫项目，投入1 500万元转移安置3 000人，项目涉及6个县18个乡镇20个安置点。建成安居房640套46 420平方米，基本农田2 519亩，进村公路19.4千米，道路硬化3.6万平方米，种植经济林果1 978亩，沼气池640口，科技培训78期6 240人(次)。启动实施2009年项目，项目涉及8个县18个乡镇54个安置点。已完成项目总投资1 287.66万元。建成安居房545套，完成基本农田改造278亩，沟渠800米，输水主管道21.9千米，分管4.1千米，建成211件共5 330立方米水池(窖)，新修进村公路5.1千米，改扩进村路2.6千米，排水沟4 188米，村内道路硬化15 276平方米，完成10kV输电线路2.5千米，0.4kV输电线路2千米，安装变压器5台，建成沼气池196口，开展科技培训53期，培训4 758人(次)，完成科技活动室6所603平方米。

年内，上海援建文山州的对口帮扶协议项目共101个，计划投入帮扶资金4 170万元，其中：新农村建设项目85个，产业发展项目13个，社会事业项目3个。

【教育　科技】　全年共组织评价科技成果52项，其中：农业科技成果21项、工业科技成果8项、教育科技成果2项，医药卫生科技成果21项。在获奖的35项科技进步奖中：一等奖5项、二等奖10项、三等奖20项。全年专利申请155件，增长19.2%。

全州有普通高等学校2所，在校生5 064人，专任教师301人；普通中等专业学校5所，在校生12 059人，专任教师471人；普通中学159所，在校生203 753人，专任教师12 957人；小学1 672所，在校生367 997人，专任教师21 962人；职业高中16所，在校生20 331人，专任教师803人。学龄儿童入学率94.88%，初中入学率83.70%。

【文化　卫生　体育】　全州有各种艺术表演团体9个，文化馆(站)104个，公共图书馆9个，藏书量56.9万册；出版《文山日报》(包括晚刊、周末)1 223万份。出版杂志1.8万份。年末建成广播电视卫星收转站235 848座，广播电视综合覆盖率分别达90.52%和91.30%。

年末全州卫生机构377个(含诊所、卫生所及医务室)，其中：医院22个，卫生院112个。年末卫生机构共有病床7363张。卫生技术人员7497人，其中：执业医师2 263人，执业助理医师755人。

全州经常参加体育锻炼人口达115万人，占全州7～70岁人口总数的39.3%。文山州先后组队参加田径、举重等14个项目的年度比赛暨省运会预赛。参加武术和摔跤两个项目年度比赛中，分获5枚金牌。省运会预赛中，参加田径、体操等14个项目的比赛，共获40枚金牌、24枚银牌、24枚铜牌以及2个团体第一和1个团体第二的好成绩。

【人民生活】　全年全州城镇居民人均可支配收入13 113元，增长9.8%；农民人均纯收入2 379元，增长17.4%。在岗职工年平均工资24 811元，比上年增加2 194元，增长9.7%。

年内启动实施城镇居民基本医疗保险和被征地农民养老保险工作，全州参加各项社会保险人数达51.1万人(次)，比上年增长37.0%；全年争取民政救助保障资金7.1亿元，比上年增长1.9倍，城乡低保、医疗救助、临时救助对象大幅度增加，新增城镇居民最低生活保障5 000人、农村最低生活保障69 780人，救助保障总量达到125.5万人，比上年增长55.3%；保障性住房建设力度加大，开工建设廉租住房52万平方米、农村民居地震安全工程9 300户、农村危房改造8 930户，可解决3万多城镇人口住房困难问题，改善4万多农村人口居住条件。

市场物价低位运行。全年居民消费价格指数100.2%、商品零售价格指数100.2%、农业生产资料价格指数98.2%。劳动就业基本稳定。全年全州开发就业岗位1.5万个，城镇新增就业1.4万人，“零就业”家庭实现动态清零，转移农村劳动力就业18.4万人，城镇登记失业率为3.48%。年末全州单位从业人员13.96万人，增长1.8%，其中：在岗职工13.19万人，增长1.1%。

(李万辉)

文山州的国境线有多长

文山州与越南的国境线长 438 千米，其间竖立国界碑 43 块，是清代光绪二十三年(1897)清政府与法国共同勘定的国界线。此国界线西从文山州马关县与红河州河口市接壤处的大梁子河起(属第一段国界线第 22 号界碑)，经马关县的小坝子镇、金厂乡、都龙镇和麻栗坡县的猛硐乡、天保国家级口岸、麻栗镇、下金厂乡、八布乡、铁厂乡的董渡村、杨万乡、董干镇到东部富宁县的木央乡、田蓬镇的打腮村(属第三段国界线第 24 号界碑)止。州境的国界线沿马关、麻栗坡、富宁 3 县的 15 个乡镇 82 个行政村(办事处)和 1 个国家级口岸，与越南老街省的猛康县、北河县及河江省的箐门县、黄树皮县、渭川县、安明县、官坝县、同文县、苗王县 9 个县接壤。(其中，省界长 680 千米、州界长 530 千米)。

党的建设

责任编辑　江　梅

2009 年 3 月 24 日，州委召开全州深入学习实践科学发展观活动动员大会

重要会议

【七届州委第45次常委会议】 1月4日，李培主持召开。会议讨论州委七届五次全会工作报告和州人民政府工作报告；传达全国农村党风廉政建设工作电视电话会议和云南分会场会议精神；讨论《文山州各级党委（党组）抓基层党建工作考核评价实施办法（试行）》（送审稿）等3个基层党建文稿。黄文武、刘志和、徐爱民、吴俊明、李国安、熊荣元、姚堂文、王维真、马志山、黄宏伟、黎家松出席会议；付加兴、王云凌，州直有关部门和单位负责人列席会议。

【七届州委第46次常委会议】 2月2日，李培主持召开。会议传达中纪委三次全会、省纪委八届四次全会，全省政法工作电视电话会议、全国全省维稳信访工作电视电话会议，全省组织部长会议及省委农村工作会议精神；讨论《文山州承办云南省第十三届运动会工作方案》（送审稿）；通报有关工作。黄文武、李小平、刘志和、徐爱民、吴俊明、李国安、姚堂文、王维真、马志山、黄宏伟、黎家松出席会议；付加兴、王云凌，州直有关部门和单位负责人列席会议。

【七届州委第47次常委会议】 2月26日，李培主持召开。会议研究有关干部人事问题、州纪委有关案件及成立中共文山州水利水电投资有限责任公司支部委员会等3个基层党组织的意见；讨论2009年州本级财政收支预算安排、砚山县试行党代表任期制有关工作及州编委有关工作请示等；传达全省统战部长会议、全省宣传部长会议精神，讨论并同意文山州贯彻意见。黄文武、李小平、吴俊明、李国安、熊荣元、姚堂文、王维真、马志山、黄宏伟、黎家松出席会议；付加兴，州直有关部门及单位负责人列席会议。

【七届州委第48次常委会议】 3月19日，李培主持召开。会议研究文山州开展深入学习实践科学发展观活动有关事宜、州委理论学习中心组学习相关意见和“文山州十大道德模范”推荐评选工作。黄文武、吴俊明、李国安、熊荣元、王维真、马志山、黄宏伟、黎家松出席会议；付加兴、王云凌，州直有关部门和单位负责人列席会议。

【七届州委第49次常委会议】 4月22日，李培主持召开。会议讨论《关于健全完善决策落实机制 规范目标管理考核工作的决定》（送审稿）、《关于进一步改进及规范会议和领导同志活动新闻报道的意见》（送审稿）、《关于在全州组织开展建国60周年纪念活动的意见》（送审稿）、《关于进一步加强党校工作的意见》（送审稿）、《关于进一步加强工会共青团妇联工作的意见》（送审稿）及州编委有关工作请示；研究有关干部人事问题。黄文武、刘志和、徐爱民、李国安、熊荣元、姚堂文、王维真、马志山、黄宏伟、黎家松出席会议；王云凌，州直有关部门和单位负责人列席会议。

【七届州委第50次常委会议】 5月27日，李培主持召开。会议研究党风廉政建设责任制有关工作；传达全省培养选拔年轻干部暨后备干部集中调整工作会议精神；讨论《关于进一步加强人口计划生育工作 统筹解决人口问题意见》（送审稿）、《关于评选表彰践行“一面旗、一团火、一盘棋”要求的优秀乡镇、村（社区）党组织书记和基层优秀共产党员的意见》（送审稿）及州委统战部相关工作请示等。黄文武、徐爱民、吴俊明、李国安、熊荣元、姚堂文、王维真、马志山、黄宏伟、黎家松出席会议；王云凌、陈明山，州直有关部门及单位负责人列席会议。

【七届州委第51次常委会议】 6月1日，李培主持召开。会议研究有关干部人事问题及文山州乡科级干部选拔任用工作；讨论《关于深入整治用人上不正之风 进一步提高选人用人公信度的实施意见》（送审稿）及《文山州贯彻落实〈云南省领导干部定期接待群众来访工作制度〉等三项制度的实施意见》（送审稿）等。黄文武、徐爱民、吴俊明、李国安、熊荣元、姚堂文、王维真、马志山、黄宏伟、黎家松出席会议；付加兴、王云凌，州直有关部门及单位负责人列席会议。

【七届州委第52次常委会议】 6月7日，李培主持召开。会议讨论干部人事问题。黄文武、刘志和、徐爱民、吴俊明、李国安、熊荣元、姚堂文、王维真、马志山、黄宏伟、黎家松出席会议；付加兴、王云凌，州委组织部有关负责人列席会议。

【七届州委第53次常委会议】 6月28日，李培主持召开。会议讨论《州委常委班子贯彻落实科学发展观分析检查报告》（讨论稿）、《文山州旅游投资有限责任公司组建方案》（送审稿）、《文山州整体排除中小学校舍D级危房资金筹措方案》（送审稿）及推进二级公路建设有关工作；传达全省加快非公有制经济发展大会、工业园区工作会议精神，听取汇报；研究有关干部人事问题。刘志和、徐爱民、吴俊明、李国安、熊荣元、姚堂文、马志山、黄宏伟、黎家松出席会议；付加兴、王云凌，州直有关部门和单位负责人列席会议。

【七届州委第54次常委会议】 7月17日，李培主持召开。会议研究干部任职事项；讨论《文山州完成云南省选拔培养年轻干部行动计划目标任务的实施意见》（送审稿）、《文山州2009—2011年选拔培养年轻干部行动计划》（送审稿）和《文山州2009年集中调整处级后备干部工作方案》（送审稿）等。黄文武、吴俊明、李国安、熊荣元、姚堂文、王维真、马志山、黄宏伟、黎家松出席会议；付加兴、王云凌列席会议。

【七届州委第55次常委会议】 8月11日，李培主持召开。会议讨论州人大常委会党组《关于审定〈文山壮族苗族自治州人大常委会财政预算审查监督试行办法(草案)〉的请示》及州编委有关工作请示；听取全州进一步加强创业就业工作情况及木本油料产业发展情况汇报；传达全省石漠化综合治理工作会议精神，听取全国石漠化综合治理部省联席会第二次会议暨文山现场会筹备情况汇报；研究关于成立州城乡开发投资有限公司党组及云南三鑫职业技术学院党委、纪委的意见。黄文武、徐爱民、吴俊明、李国安、熊荣元、姚堂文、王维真、马志山、黄宏伟、黎家松出席会议；付加兴、王云凌，州直有关部门和单位及文山、砚山、西畴县政府有关负责人列席会议。

【七届州委第56次常委会议】 8月18日，李培主持召开。会议讨论《关于加强各县纪检监察机关建设的实施意见》(送审稿)；传达全国纪委书记座谈会和全省纪检监察工作电视电话会议主要精神，听取工作情况汇报；研究有关干部人事问题。黄文武、徐爱民、吴俊明、李国安、熊荣元、王维真、马志山、黄宏伟、黎家松出席会议；付加兴、王云凌，州直有关部门和单位负责人列席会议。

【七届州委第57次常委会议】 9月15日，李培主持召开。会议研究文山州深入学习实践科学发展观活动有关工作；听取全州安全生产工作情况汇报；讨论州人大常委会党组《关于审定〈云南省文山壮族苗族自治州水工程管理条例(修订草案)〉的请示》、《关于审定〈云南省文山壮族苗族自治州老君山保护区条例(草案)〉的请示》及州编委、州妇联有关工作请示。徐爱民、吴俊明、李国安、熊荣元、姚堂文、王维真、马志山、黄宏伟、黎家松出席会议；付加兴、马正新，州直有关部门和单位负责人列席会议。

【七届州委第58次常委会议】 9月24日，李培主持召开。会议讨论《关于上报〈云南省文山州人民政府机构改革方案〉的请示》、《关于加快非公有制经济发展的实施意见》(送审稿)、《关于加快工业园区建设的实施意见》(送审稿)、《关于贯彻落实建设创新型云南行动计划的实施意见》(送审稿)及州编委有关工作请示；研究加快三鑫职业技术学院发展有关工作。黄文武、刘志和、吴俊明、李国安、熊荣元、姚堂文、马志山、黎家松出席会议；孙天竹、李海柏，州直有关部门和单位负责人列席会议。

【七届州委第59次常委会议】 10月15日，李培主持召开。会议学习贯彻国务院第五次全国民族团结进步表彰大会、全国民族团结进步创建活动经验交流会、云南省民族工作会议暨第六次民族团结进步表彰大会精神；传达中央组织部举办的“学习贯彻党的十七届四中全会精神”组织部长培训班精神；讨论研究有关事项。黄文武、刘志和、徐爱民、吴俊明、李国安、熊荣元、王维真、马志山、黄宏伟、黎家松出席会议；王云凌，州直有关部门和单位负责人列席会议。

【七届州委第60次常委会议】 10月25日，李培主持召开。会议传达学习省委八届七次全会精神；讨论全州“学习贯彻党的十七届四中全会精神”干部培训方案；听取省纪委、省委组织部将到文山州开展“深入整治用人上不正之风”专项检查工作的有关情况报告；研究有关干部人事问题。黄文武、刘志和、吴俊明、李国安、熊荣元、马志山、黄宏伟、黎家松出席会议；州直有关部门和单位负责人列席会议。

【七届州委第61次常委会议】 11月12日，李培主持召开。会议专题听取省检查组到文山州开展深入整治用人上不正之风专项检查工作情况的意见反馈。黄文武、李国安、熊荣元、王维真、马志山、黄宏伟、黎家松，李邑飞(省检查组组长)，唐开荣、赵昆琼、朱德清(省检查组成员)出席会议；付加兴、王云凌列席会议。

【七届州委第62次常委会议】 11月17日，李培主持召开。会议研究党纪处分事项；听取文山州甲型H1N1流感防控工作情况汇报。黄文武、徐爱民、吴俊明、李国安、熊荣元、姚堂文、王维真、马志山、黄宏伟、黎家松、张旭东出席会议；付加兴、张秀兰、陈晓华，州直有关单位和部门负责人列席会议。

【七届州委第63次常委会议】 12月3日，李培主持召开。会议讨论州委七届六次全会筹备工作方案、州人大常委会党组《关于文山壮族苗族自治州第十二届人民代表大会第六次会议有关事项的请示》等3个请示、州政协党组《关于召开政协文山州第十届委员会第五次会议的请示》及州编委有关工作请示；传达学习和段琪副省长在文山调研时的讲话精神；传达省委林业工作会议、全省中低产田地改造和农田水利基本建设现场会精神并听取文山州贯彻意见汇报；讨论有关干部人事问题。黄文武、吴俊明、李国安、姚堂文、王维真、马志山、黄宏伟、黎家松、张旭东出席会议；付加兴、王云凌、张秀兰、胡荣、陈晓华，州直有关部门和单位负责人列席会议。

【七届州委第64次常委会议】 12月25日，李培主持召开。会议讨论州委七届六次全会工作报告、《关于贯彻＜中共中央关于加强和改进新形势下党的建设若干重大问题的决定＞的实施意见》(送审稿)、《关于贯彻〈中共云南省委、云南省人民政府关于进一步加强民族工作促进民族团结加快少数民族和民族地区科学发展的决定〉的实施意见》(送审稿)、《关于在全州开展民族团结进步创建活动的意见》(送审稿)、《文山州平远地区民族团结进步示范区创建活动实施方案》(送审稿)、《关于进一步加强少数民族干部队伍建设的实施意见》(送审稿)及州森林公安局成立党委、纪委有关事宜。徐爱民、吴俊明、李国安、王维真、马志山、黄宏伟、黎家松、张旭东出席会议；付加兴、陈晓华，州直有关部门和单位负责人列席会议。

【七届州委第65次常委会议】 12月27日，李培主持召开。会议讨论有关干部人事问题。徐爱民、吴俊明、王维真、马志山、黄宏伟、黎家松、张旭东出席会议；付加兴、王云凌列席会议。

【其他会议】

1月5日，州委、州人民政府召开全州木本油料基地建设工作座谈会。李培、黄文武作重要讲话，付加兴、王云凌、徐爱民、吴俊明、李国安、熊荣元、姚堂文、王维真、马志山、黄宏伟、黎家松、胡荣等出席会议。

1月7日，州委召开文山州2008年州级党政领导班子和班子成员年度考核民主测评会议。州委委员、候补委员，不是州委委员的厅级领导干部等出席会议。

1月7日 召开州委七届五次全体会议。全委会学习了党的十七大、十七届三中全会、中央经济工作会议和省委八届六次全会精神，听取和讨论李培代表州委常委会所作的工作报告，审议通过《中共文山州委关于贯彻落实〈中共中央关于推进农村改革发展若干重大问题的决定〉的实施意见》。七届州委委员51人、州委候补委员3人出席会议，州纪委委员和有关方面负责同志列席会议。

1月8日，州委、州人民政府召开老干部年会。徐爱民通报2008年度全州经济社会发展情况，李国安主持会议。

1月10日，州委、州人民政府召开文山城区地厅级离退休干部新春团拜会，李培、王云凌、吴俊明、李国安、王维真、胡代刚、李国沛等出席会议。

1月11日，州委、州人民政府召开各族各界人士迎新春茶话会。李培作重要讲话，黄文武主持会议，李国安、熊荣元、王维真、马志山、黄宏伟、卢京、陈莉等出席会议。

1月14日，州委、州人民政府召开全州政法工作会议。李培作重要讲话，吴俊明作政法工作报告，杨兴跃、李俊彪、李海柏、宋志强、李雪松、周和玉等出席会议。

1月15日，州委、州人民政府召开军民迎新春茶话会。李培作重要讲话，黄文武主持会议，李国安、王维真、黄宏伟及在文山的州人大常委会、州人民政府、州政协班子成员出席会议。

1月20日，州委、州人民政府召开驻昆副厅级老干部迎新春团拜会。李培、李小平、徐爱民、吴俊明、李国安、王维真、马志山、黄宏伟、黎家松等出席会议。

2月16日，州委、州人民政府召开全州农村工作暨扶贫开发表彰会议。李小平作重要讲话，李国安主持会议，胡代刚、胡荣、陈莉等出席会议。

2月19日，州委、州人民政府召开2008年度党风廉政建设责任制工作考核、民主测评动员会及汇报会。李培主持会议并向省委党风廉政建设责任制考核组汇报全州党风廉政建设工作情况，在文山的州委、州人大常委会、州人民政府、州政协、州纪委领导班子成员出席。

2月27日，州委、州人民政府和文山军分区召开州委议军会暨州国防动员委员会第六次会议。李培作重要讲话，黄文武主持会议，付加兴、吕美璋、刘志和、吴俊明、李国安、熊荣元、姚堂文、王维真、马志山、黄宏伟、陈晓华等出席会议。

3月2日上午，州委召开全州组织工作会议。李培作重要讲话，李国安主持会议，黄宏伟作安排部署，陈晓华等出席会议。**下午，**州委召开全州宣传思想工作会议。李培作重要讲话，李国安主持会议，熊荣元作安排部署，李品相、兰骏、李春林等出席会议。

3月24日，州委召开文山州深入学习实践科学发展观活动动员大会。李培作动员讲话，黄文武主持会议，省委指导检查组组长李应科、副组长陈翠霞到会作指导，省发改委党组成员、纪检组长孙耕耘应邀到会作发言，王云凌、徐爱民、吴俊明、李国安、熊荣元、王维真、马志山、黄宏伟、黎家松等出席会议。

3月25日，州委、州人民政府召开全州传达第十一届全国人大二次会议精神大会。黄文武传达会议精神，王维真等出席会议。

4月14日，州委、州人民政府召开2009年第一季度经济运行分析会议。李培主持会议并作重要讲话，徐爱民通报有关情况，付加兴、王云凌、吴俊明、李国安、姚堂文、马志山、黄宏伟、黎家松及州人大常委会、州人民政府、州政协有关领导出席会议。

4月15日，州委、州人民政府召开全州企业生产经营座谈会。李培主持会议并作重要讲话，姚堂文通报有关情况，徐爱民、李国安、黎家松、李品相、兰骏、李春林、陈晓华等出席会议。

4月23日上午，州委召开全州党校工作会议。李培作重要讲话，黄宏伟主持会议，李国安、王维真等出席会议。**下午，**州委召开全州工会共青团妇联工作会议。李培作重要讲话，李国安主持会议，王维真、黄宏伟、李品相、陈莉等出席会议。

5月11日，州委、州人民政府召开全州中低产田地改造工作会议。李培作重要讲话，黄文武主持会议，胡代刚、胡荣、陈莉等出席会议。

5月18日，州委、州人民政府召开全州禁毒工作电视电话会议。吴俊明主持会议，李俊彪作讲话，李海柏、张琼昌等出席会议。

5月26日，州委、州人民政府召开推进职教园区建设现场办公专题会议。李培、黄文武、王云凌、李国安、黎家松、张琼昌、陈晓华等出席会议，张秀兰主持会议。

6月5日，州委召开2008年度党风廉政建设责任制考核情况通报暨表彰电视电话会议。李国安主持会议，王维真作安排部署，黄宏伟、李品相、李海柏等出席会议。

6月18日，州委、州人民政府召开欢送第六批暨欢迎第七批上海援滇挂职干部座谈会。上海市委组织部副部长周祖翼，省委组织部部务委员、巡视员罗志明，李培、徐爱民、李国安、马志山、黄宏伟等出席会议。

6月29日，州委、州人民政府召开《文山三七发展条例》

颁布实施座谈会。熊荣元主持会议，姚堂文讲话，马正新就有关情况作简要介绍。

7月1日，州委召开庆祝中国共产党成立88周年暨优秀乡村党组织书记、优秀共产党员表彰大会。李培作重要讲话，徐爱民主持会议，黄宏伟宣读表彰决定，付加兴、王云凌、李国安、熊荣元、马志山、黎家松及在文山的州人大常委会、州人民政府、州政协副厅以上领导等出席会议，省委学习实践科学发展观活动第二指导检查组成员张代、左翼云应邀出席会议。

7月2日，州委召开州委班子深入学习实践科学发展观活动专题民主生活会。李培主持会议，黄文武、徐爱民、吴俊明、李国安、熊荣元、姚堂文、王维真、马志山、黄宏伟、黎家松等出席会议，付加兴、王云凌等列席会议，省委第二指导检查组成员张代、左冀云应邀到会作指导。

7月3日，州委召开常委班子深入学习实践科学发展观分析检查群众评议大会。李国安代表州委常委班子作分析检查报告，黄宏伟主持会议，省委第二指导检查组成员张代、左冀云到会作指导，全州各级各界群众代表120余人对州委常委班子分析检查报告进行了评议。

7月13日，州委、州人民政府召开全州深化集体林权制度主体改革省级检查验收汇报会。李培主持会议，黄文武向深化集体林权制度主体改革省级检查验收组作汇报，付加兴、王云凌、李国安、王维真、马志山、黄宏伟、黎家松、胡代刚、侯强等出席会议。

7月15日，州委召开赵仕永严重违纪违法案件情况通报电视电话会议。王维真讲话，李品相、兰骏、侯强、陈晓华等出席会议。

7月24日，州委、州人民政府召开全州信访工作暨表彰会议，吴俊明、张琼昌、李俊彪、李海柏等出席会议。

8月3日，州委、州人民政府召开传达学习胡锦涛总书记在云南考察工作结束时的讲话精神大会。黄文武主持会议，李国安作传达，吴俊明、马志山、黎家松等出席会议。

8月18日，州委、州人民政府召开文山州承办云南省第13届运动会动员大会。黄文武作动员讲话，张秀兰通报有关情况，官悠房主持会议，熊荣元、李品相、李春林等出席会议。

9月8日，州委、州人民政府召开全州新农村建设指导员工作座谈会暨社会主义新农村省级重点村建设推进会议。黄宏伟讲话，胡荣主持会议。

9月10日，州委、州人民政府召开庆祝教师节暨全州教育工作表彰大会。黄文武作重要讲话，熊荣元宣读表彰决定，张秀兰主持会议，吴俊明、卢京、李春林等出席会议。

9月14日，州委、州人民政府召开国庆60周年安全保卫工作电视电话会议。吴俊明作工作部署，李俊彪主持会议，张琼昌、李海柏等出席会议。

9月18日，州委召开第二批深入学习实践科学发展观活动总结暨第三批学习实践活动动员大会。李培作讲话，黄文武主持会议，省委第一巡回检查组副组长张卫东应邀到会指导并讲话，徐爱民、李国安、熊荣元、王维真、马志山、黄宏伟、黎家松及在文山的州人大常委会、州人民政府、州政协领导班子中的党员领导干部出席会议。

9月18日，州委召开党的建设和组织工作推进会议。熊荣元主持会议，黄宏伟讲话，王维真、陈晓华等出席会议。

9月23日，州委、州人民政府召开全州创业就业工作表彰暨推进大会。李培作讲话，黄文武主持会议，省就业局局长徐谦应邀到会作指导，李国安、李品相、兰骏、罗正卿等出席会议。

10月13日上午，州委、州人民政府召开加快非公有制经济发展暨工业园区建设工作会议。李培作讲话，黄文武主持会议，熊荣元、姚堂文、黎加松、陈明山、李春林、陈晓华等出席会议。**下午**，州委、州人民政府召开企业党的建设工作会议。姚堂文主持会议，黄宏伟讲话，王维真、陈晓华等出席会议。

10月14日，州委、州人民政府召开平远地区民族团结进步示范区创建推进会。徐爱民讲话，吴俊明主持会议。

11月9日，州委召开深入整治用人上不正之风领导干部民主评议大会。州委委员、候补委员，州人大常委会、州人民政府、州政协领导班子成员，各县党政主要领导，州直各有关部门主要领导和部分党代表、人大代表、政协委员，以及部分副厅级以上老领导参加会议。

11月19日，州委、州人民政府召开平远地区民族团结进步示范创建活动州、县、乡领导干部座谈会。徐爱民主持会议并讲话，马志山出席会议并讲话。

12月10日，州委召开李自芬严重违纪违法案件情况通报电视电话会。王维真作讲话，黄宏伟等领导出席会议。

12月26日，州委、州人民政府在砚山县平远镇召开平远地区民族团结进步示范区创建活动推进会。李培作讲话，省民委副主任马春出席会议并致辞，徐爱民主持会议，付加兴、王云凌、吴俊明、马志山、黎家松、马正新、张秀兰、李俊彪、黄昌礼及省委统战部副部长杨光海等出席会议。

12月27日，州委、州人民政府召开民族工作会议暨第五次民族团结进步表彰大会。李培作重要讲话，省民委主任王承才致辞并转发国务院第五次民族团结进步表彰大会授予的模范集体和模范个人奖牌和证书，徐爱民主持会议，付加兴、王云凌、吴俊明、王维真、马志山、黄宏伟、黎家松、张旭东、马正新、黄昌礼及省委统战部副部长杨光海等出席会议。

12月29～30日　召开州委七届六次全体会议。会议听取和讨论李培代表州委常委会作工作报告，审议通过《中共文山州委关于贯彻〈中共中央关于加强和改进新形势下党的建设若干重大问题的决定〉的实施意见》。七届州委委员47人、州委候补委员3人出席会议，州纪委委员和有关方面负责同志列席会议。

12月31日，州委、州人民政府召开财税金融工作座谈会。李培作讲话，徐爱民主持会议，在文山的州委、州人大常委会、州人民政府和州政协领导等出席会议。

重要活动

【学习实践科学发展观活动】 按照中央要求和省委的统一部署，文山州学习实践活动分两批进行(即参加全省第二、三批的学习实践活动)，每批时间半年左右。第二批：自2009年3月下旬开始，至8月底基本完成，范围包括：州、县领导班子；州、县直党政机关，州、县人大常委会、政协机关，州、县人民法院、人民检察院和人民团体机关；州、县直属企事业单位；省驻文单位(党组织关系在文山且未参加全省第一批学习实践活动的单位)；中等专业学校。第三批：自2009年9月开始，至2010年2月底基本完成，范围包括：乡镇机关和各站(所)，村、社区，中小学校，未参加第二批学习实践活动的企业、社会团体、社会中介组织等。学习实践活动分3个阶段进行，每个阶段包含若干环节，加上活动开始前的准备环节和活动结束时的总结环节共有16个环节。截至2009年底，全州第二批学习实践科学发展观活动已全部完成，第三批学习实践活动正在有序开展中。

【李辉到文山调研】 1月9～10日，外交部副部长李辉深入文山州麻栗坡县、文山县调研指导工作，并听取全州近年来经济社会发展情况及与越南交往等外事情况汇报。省外办主任周红，州党政军领导李培、黄文武、关华兵、宋志强及州直有关部门负责人陪同调研。

【中联部调研组到文山调研】 1月17～19日，中联部调研组到文山州调研民间组织及境外非政府组织管理工作，吴俊明等陪同。17日，州委、州人民政府召开工作情况汇报会，黄文武主持会议，吴俊明汇报工作情况。

【张海阳到文山调研】 2月16日，成都军区政委张海阳深入文山州砚山县调研，刘志和、吕美璋、马志山等陪同。

【省委党风廉政建设责任制考核组到文山考核】 2月19日～3月1日，以副省长曹建方为组长，云南广播电视大学纪委书记刘泉为副组长，云南省高级人民法院监察室副主任任昌旺、昆明市纪委派出第十四纪工委主任科员喻理为成员的省委党风廉政建设责任制考核组一行，深入文山州检查考核2008年度党风廉政建设责任制贯彻落实情况。2月19日下午，州委、州人民政府召开2008年度党风廉政建设责任制工作考核、民主测评动员会及汇报会，李培主持会议并作工作汇报，在文山的州委、州人大常委会、州人民政府、州政协、州纪委领导班子成员出席会议。3月1日下午，省考核组召开考核情况反馈会议，李培主持会议并作表态发言，在文山的州委常委、州人大常委会主任、州政协主席、副州长等出席会议。

【全州整乡推进扶贫开发社会主义新农村建设启动仪式】 2月23日，全州整乡推进扶贫开发社会主义新农村建设启动仪式在文山县追栗街镇塘子边村举行。李培作讲话，黎家松、胡代刚、胡荣、陈莉等参加仪式。

【白成亮到文山调研】 2月24日～3月1日，省政协副主席、省林业厅党组书记白成亮率省林业厅有关领导，深入文山州丘北、广南、富宁、西畴、马关、文山县，对木本油料基地建设、国有林场发展、林业产业发展等工作进行调研和检查，李培、黄文武、王云凌等陪同调研。3月1日，州委、州人民政府召开工作情况汇报会，李培主持会议，徐爱民作工作情况汇报，王云凌、胡代刚、候强等参加会议。

【李汉柏到文山调研】 3月10～11日，省委常委、省纪委书记李汉柏率省纪委副书记杨玉清一行，深入文山州砚山、文山、马关县以及壮山公司和云南特安呐有限公司就经济社会发展情况和纪检监察工作情况进行调研，并听取工作情况和纪检监察有关情况汇报。李培、李国安、王维真、马志山等陪同调研。

【省国资督导组到文山督导】 3月19日，以原省政协副主席赵延光为组长的省国资监管及国企改革工作督导组到文山州开展督导。李培、黄文武听取督导组对州国资监管及国企改革工作的意见反馈。

【辛桂梓到文山调研】 3月21～23日，省委常委、省委组织部部长辛桂梓一行深入文山州砚山、文山、麻栗坡、西畴等县，对全州贯彻落实科学发展观、促进经济社会全面发展工作情况进行调研，并与州领导进行座谈。李培、黄文武、李国安、王维真、马志山、黄宏伟、黎家松等陪同调研并参与座谈。

省委常委、省委组织部部长辛桂梓(中)在文山县开化镇清水塘村与村民亲切交谈

【李纪恒到文山调研】 3月25～28日，省委副书记李纪恒率省委副秘书长林金宏、省扶贫办主任王智、省农业厅副厅长汤克仁、省林业厅副厅长冷华一行，深入文山州丘北、广南、西畴、麻栗坡、文山、砚山等县重点就深入学习实践科学发展观活动、中低产田改造、木本油料基地建设、山区综合开发、农村基层组织建设等问题作专题调研，并听取工作情况

汇报。李培、黄文武、李国安、马志山、胡荣、宋志强等陪同调研。

【江帆到文山调研】 4月1～3日，国家人口和计划生育委员会副主任江帆率国家人口和计划生育委员会司长张瑞恒、省人口和计划生育委员会主任郝青山一行到文山州调研人口与计划生育工作情况，并听取情况汇报，兰骏等陪同调研。2日晚，州委、州人民政府设晚宴欢迎调研组一行，李培、徐爱民、李国安等出席。

【倪慧芳到文山出席会议】 4月10日，省政协副主席、民盟中央常委、民盟云南省主委、省人民检察院副检察长倪慧芳到文山州砚山县出席“全国先进基层检察院”荣誉称号表彰大会并代表最高人民检察院授牌。马志山出席会议并讲话。

【陈培忠到文山调研】 4月12～13日，原省委副书记、省纪委书记陈培忠一行深入麻栗坡、广南县调研。李培、徐爱民、李国安、王维真等陪同调研。

【“百名留学博士云南行活动”考察组到文山考察】 4月21～23日，省委、省政府“推动云南生物产业发展——百名留学博士云南行活动”考察组到文山州考察。黄文武向考察组介绍州情，熊荣元、马志山、黄宏伟等陪同考察。

【州委理论学习中心组集中学习活动】 4月29～30日，州委举行以“深入学习实践科学发展观，提高领导科学发展的能力”为主题的理论学习中心组2009年度第一次集中学习活动。29日上午，邀请省委副秘书长、省委政策研究室主任郑维川到文山州作深入学习实践科学发展观活动专题报告，李培主持报告会，省委学习实践活动第二指导检查组副组长陈翠霞、成员林政军应邀到会作指导，在文山的州委、州人大常委会、州人民政府、州政协领导，8县党政主要领导、州直部门副处以上领导及州委党校全体师生参加报告会。29日下午～30日，李培主持集中学习并作发言和总结，陈翠霞副组长对全州学习实践活动情况进行了评价，州委理论学习中心组成员和州人民政府副州长、各县县委书记结合分管工作分别作交流发言，在文山的州人大常委会、州政协领导，各县县长，州直及省驻文有关单位主要领导参加集中学习。

【王国良到文山调研】 5月7～9日，国务院扶贫办副主任王国良率由国务院扶贫办行政人事司副司长刘俊文等组成的调研组，深入文山州砚山县小竜白村、丘北县官寨乡大坡脚村和曰者乡红花山舍黑村(“僰人”村寨)调研新农村建设和人口较少民族发展工作，并在丘北县召开“僰人”、“山瑶”工作座谈会。省扶贫办党组副书记、副主任欧志明，李培、黄文武、马志山、胡荣及州直有关部门负责人陪同调研。

【云南边疆解“五难”惠民工程现场推进会】 5月13～14日，省委、省政府在马关召开云南边疆解“五难”惠民工程现场推进会。省委常委、省委宣传部部长、云南边疆解“五难”惠民工程领导小组组长张田欣出席会议并作重要讲话，副省长、云南边疆解“五难”惠民工程领导小组副组长高峰主持会议，李培致欢迎辞，黄文武作文山州实施边疆解“五难”惠民工程经验交流，省委副秘书长钱恒义，省政府副秘书长卫星，省委宣传部副部长、省文明办主任吴廷贵，文山州领导李国安、熊荣元、张秀兰、李海柏及省委办公厅、省政府办公厅、省委宣传部、省教育厅、省卫生厅、省广播电视厅、省文化厅等省直机关、全省9个州(市)、25个边境县市、3个藏区县的有关领导参加会议。

【会晤会谈】 6月4日，以越共中央委员、宣光省省委书记黄平军为团长，越共中央候补委员、宣光省人民委员会主席杜文战等10人为成员的宣光省代表团，以河江省人民委员会主席阮长苏为团长、河江省外事厅厅长阮进鸿等9人为成员的河江省代表团前往昆明参加昆交会途经文山，州委、州人民政府与两个代表团会谈并举行宴会。李培、李国安、关华兵、陈晓华、马斌及州直有关部门负责人参加有关活动。

【省人大常委会检查调研组到文山调研】 6月4～5日，以省人大常委会副主任程映萱为组长的省人大常委会检查调研组到文山州文山县、砚山县检查调研保障性住房建设工作情况。付加兴、徐爱民、马志山、黎家松、胡代刚等陪同调研。

【潘家华到文山调研】 6月10日，国家烟草专卖局纪检组长潘家华深入文山州砚山县平远镇回龙新烟区开发示范区调研指导工作。省烟草专卖局纪检组长温宁军及州党政领导马志山、胡荣等陪同。

【郎友良到文山调研】 6月29日，省委常委、省军区政委郎友良率省委深入学习实践科学发展观活动领导小组办公室有关人员，深入文山州麻栗坡县就深入学习实践科学发展观活动情况开展调研，调研组先后查看麻栗坡县杨万乡的香蕉基地、者阴村新农村建设和边贸市场建设情况，看望慰问驻麻栗坡某部官兵和部分边民。李培、刘志和、李国安和州学习实践活动领导小组办公室、麻栗坡县党政军有关负责同志陪同调研。

【文山州第一个党支部旧址暨云南党史教育基地揭牌仪式】 7月1日，文山州第一个党支部旧址暨云南党史教育基地揭牌仪式在文山县德厚镇德厚村委会下寨村举行。李培、徐爱民、李国安、黎家松、孙天竹及省委党史研究室巡视员钟世禄等出席仪式。

【刘平到文山调研】 7月6～8日，副省长刘平率省住房城乡建设厅党组书记叶建成、省旅游局党组书记朱飞云、省国土资源厅副厅长褚中志、省交通运输厅副厅长杨延、省公路局局长吕云锋及省政府办公厅、省发改委、省民委、省财政厅、省政府研究室有关负责人组成的省委、省政府调研组，深入砚山、富宁、广南、西畴、文山等县进行调研，李培、黄文武、李国安、姚堂文及相关县党政负责人陪同调研。7日晚，州委、州人民政府召开工作情况汇报会，李培主持会议，黄文武向调研组作工作汇报，在文山的州委、州人大常委会、州人民政府、州政协有关领导，州直有关部门负责人，以及各县县委书记或县长参加会议。

【省集体林权制度改革验收组到文山检查验收】 7月13日至9月9日，以省政协副主席、省林改领导小组常务副组长、省林业厅党组书记白成亮为组长的省集体林权制度主体改革检查验收组到文山检查验收集体林权制度主体改革工作。7月13日，州委、州人民政府召开集体林权制度主体改革省级检查验收汇报会，李培主持会议，黄文武作林改工作情况汇报，付加兴、王云凌、李国安、王维真、马志山、黄宏伟、黎家松、胡代刚、侯强等出席会议。9月9日，省集体林权制度主体改革检查验收组在文山召开反馈会，白成亮副主席代表省检查验收组作情况反馈，李培作表态发言，胡荣主持会议，付加兴、王云凌、黎家松、侯强等出席会议。

【党政军警民联合应急演练活动】 7月31日，州委、州人民政府和文山军分区组织开展以"党政军警民联合应急行动演练"为主要内容的"八一"军事日活动，以增强文山州应急管理能力，探索军民融合式发展新路子。李培担任指挥长并作动员讲话，黄文武下达开进命令，吕美璋下达演练命令。在文山的州委、州人大常委会、州人民政府、州政协、文山军分区领导及州直有关部门、驻文军警部队负责人参加演练和观摩。文山军分区行动分队、公安边防行动分队、公安消防行动分队、文山县民兵行动分队、公安和武警行动分队、州直机关正处级领导干部组成的军训队6支行动分队在文山县头塘坝参加抗洪抢险、应急救援、处突维稳等多个课题的综合演练。演练结束后，李培代表州委、州人民政府对驻文部队进行慰问。

【王东京等到文山考察】 8月5~8日，中央党校经济学部主任、教授、博士生导师、享受国务院津贴专家王东京、中央党校经济学部教授潘云良一行到文山、麻栗坡、丘北等县考察调研，李培、李国安、熊荣元等陪同考察。5日下午，州委召开当前经济形势报告会，邀请王东京教授作专题报告，李培主持会议，在文山的州委、州人大常委会、州人民政府、州政协领导出席会议。

【召开服务基层现场协调推进会】 8月12日，省发展和改革委员会服务基层文山现场协调推进会在文山召开。省发改委党组书记、主任米东生出席会议并讲话，李培作表态发言，黄文武作工作情况汇报，省发改委党组副书记、副主任王喜良主持会议。省发改委党组成员、副主任李新平，党组成员、副主任李文冰和相关处室负责人，以及省国土资源厅综合处、省环保厅环评处有关人员，文山州领导付加兴、王云凌、徐爱民、李国安、姚堂文、李国沛、兰骏、张秀兰等参加会议。

【王学仁到文山调研】 8月14~16日 省政协主席王学仁一行，深入文山州砚山县平远镇回龙现代烟草农业示范项目区、文山氧化铝厂、丘北县树皮乡龙溪村辣椒生物多样性示范基地、丘北县达平食品公司、云南太阳魂酒业有限公司等地就农业特色产业及工业发展有关情况进行视察和调研。李培、王云凌、李国安等陪同调研。

【省纪委"12·09"专案查办工作表彰大会】 8月18日，省纪委、省监察厅在文山召开"12·09"专案查办工作表彰大会，全面总结"12·09"专案的深刻教训，警示教育党员领导干部正确行使权力，切实做到立党为公、执政为民、清正廉洁，并对"12·09"专案查办工作中做出突出贡献的先进集体和先进个人进行表彰奖励。省纪委副书记杨玉清、州委书记李培作讲话，省纪委常委、省监察厅副厅长和正兴主持会议并宣读表彰决定，在文山的州委、州人大常委会、州人民政府、州政协领导，州中级人民法院院长、州检察院检察长等出席会议。

【党政机关厉行节约工作督查组到文山督查】 8月18~20日，以省纪委常委王云山为组长的省委、省政府党政机关厉行节约工作督查组一行深入州扶贫办、州法院、丘北县法院、丘北县腻脚乡抽查文山州贯彻落实厉行节约八项要求工作情况。19日上午，州委、州人民政府召开工作情况汇报会，李国安作工作情况汇报，王维真主持会议，州直有关单位负责人参加会议。

【云南省新烟区建设与发展工商合作研讨会】 8月25~26日，云南省新烟区建设与发展工商合作研讨会在文山举行。国家烟草专卖局副局长何泽华出席会议并讲话，省烟草专卖局局长余云东主持会议，李培致辞。国家烟草专卖局计划司副司长郭齐贵、中国烟叶公司副总经理包勤和文山州领导黄文武、王云凌、胡代刚、胡荣等出席会议，上海烟草、江苏中烟、浙江中烟等12家省内外烟草工业公司参加会议。

【孔垂柱到文山调研】 8月31日至9月2日，副省长孔垂柱一行，深入文山州文山、西畴、砚山等县就2010年全国石漠化治理现场会筹备工作情况进行调研。李培、黄文武、李国安、黎家松、胡荣及州级有关部门、相关县党政领导陪同调研。

【罗正富到文山调研】 9月3~4日，副省长罗正富一行，深入文山州广南县就县域经济发展、扩大内需项目建设、油茶产业发展、百色水利枢纽剥隘库区移民稳定等工作进行调研。李培、黄文武、徐爱民、李国安及州级有关部门、相关县党政领导陪同调研。

【省维稳信访工作督办组到文山督查】 9月21~22日，以省委政法委副书记马继延为组长的省维稳信访工作督办组到文山州砚山、丘北两县就维稳和信访工作进行督查指导。22日上午，州委、州人民政府召开工作情况汇报会，李培向督办组汇报情况，吴俊明主持会议，张琼昌、李俊彪、李海柏等参加会议。

【牛绍尧到文山调研】 10月13~14日，省人大常委会原常务副主任、省企业联合会会长、省老年科技工作者协会会长牛绍尧深入文山州砚山、文山两县就现代烟草农业、工业经济发展和新农村建设等工作进行调研。李培、李国安、熊荣元、黎家松、李国沛等陪同调研。

【省委督查组到文山检查】 10月15日，以省委督查室副厅级督查专员李国臣为组长的省委督查组到文山州就贯彻落实《党校工作条例》及省委《实施意见》情况进行检查，黄宏伟陪同调研并作情况汇报。

【黄毅到文山调研】 10月27~28日，省委常委、省委统战部部长黄毅到文山州广南、砚山两县调研民族宗教、民族团结工作。黄文武、李国安等陪同调研。

【外交部党校社调团到文山调研】 11月3~5日，由外交部党校教务长、大使胡业顺为团长的外交部党校社调团一行39人，在省外办领导的陪同下到文山州麻栗坡县老山、天保口岸、麻栗镇坪寨小学等地进行考察调研。11月5日上午，州委、州人民政府与外交部党校社调团进行座谈，黄文武介绍全州经济社会发展情况，黎宝光主持会议。

【孔垂柱到文山调研】 11月10日，副省长孔垂柱率省林业厅、省财政厅有关负责人到文山州调研油茶产业发展工作，实地查看、调研并听取文山油茶工作情况汇报后，孔垂柱副省长对油茶工作提出要求。黄文武、胡荣及州直有关部门负责人陪同调研。

【全省扶贫开发整乡推进试点工作汇报会】 11月11日，全省扶贫开发整乡推进试点工作汇报会在文山召开。省委副书记李纪恒出席会议并讲话，副省长孔垂柱主持会议，李培致欢迎辞，黄文武、李国安、王维真、马志山、黎家松及省扶贫开发领导小组成员单位领导，全省各州(市)委副书记或分管副州(市)长、州(市)扶贫办主任，全省19个整乡推进试点县(区)委书记或县长、县(区)扶贫办主任，20个整乡推进试点乡(镇)党委书记参加会议。

【文山州党政代表团赴越南考察访问】 11月18~28日，以李培为团长的文山州党政代表团赴越南河江省、宣光省及河内市、胡志明市进行考察访问。姚堂文、李国安、黎家松及州直有关部门、“边三县”主要领导随团出访。

【云南省山区水利发展与改革示范区—文山县中低产田地改造项目启动仪式】 12月2日，云南省山区水利发展与改革示范区—文山县中低产田地改造项目启动仪式在文山县马塘镇举行。李培宣布项目正式启动，黄文武作讲话，黎家松、胡代刚、胡荣等出席仪式。

【李江到文山调研】 12月7~9日，省委常委、副省长李江率一行，深入文山州砚山、文山、富宁等县就工业经济发展、新农村建设、鼓励创业“贷免扶补”工作、城市建设、林产业发展等工作进行调研，并出席8日在文山召开的云南省鼓励创业“贷免扶补”工作推进会。李培、李国安、马志山、黄宏伟、黎家松、兰骏等陪同调研。

【宋涛到文山调研】 12月15~16日，外交部纪委书记宋涛率有关司、局及外交部扶贫办负责人在省外办主任周红的陪同下，到文山州麻栗坡县调研扶贫工作。胡荣、黎宝光及州直有关部门负责人陪同调研。

【中国文山三七等云南特色药物国际论坛】 12月17~18日，由云南省科技厅、云南省食品药品监督管理局、云南省工业和信息化委员会、中药全球化联盟和文山州人民政府主办，文山州人民政府承办的“中国文山三七等云南特色药物国际论坛”在文山举行。论坛邀请国家有关部委及省级有关部门领导、国内外知名专家、省内外知名企业负责人等500余人齐聚文山，对以文山三七为主的云南特色药物产业发展问题进行全方位的研讨。期间还举行了项目推介会、项目签约仪式、云药产品及科技成果展示等多种活动。

重要工作

【实施300万亩油茶基地建设】 为充分发挥文山州自然优势，把油茶产业发展成为富民富州的重要产业，州委、州人民政府决定，从2008年起，用5年时间建设300万亩油茶基地，并于2009年1月7日出台《关于实施300万亩油茶基地建设的意见》，分析全州实施油茶基地建设的重要性和有利条件，明确油茶产业发展的发展思路、发展目标、遵循原则、具体工作任务及保障措施等。

【贯彻落实《中共中央关于推进农村改革发展若干重大问题的决定》】 1月7日，州委就贯彻落实《中共中央关于推进农村改革发展若干重大问题的决定》提出如下实施意见，统一认识，明确新时期全州农村改革发展的重大意义、指导思想、目标任务和基本原则；不断深化农村改革，推进体制机制创新；创新投入机制，加大“三农”投入力度；加快发展现代农业，提高农村经济的质量和水平；加快发展农村公共事业，改善农民生产生活条件；突出重大项目和重点工程建设，强势推进、重点突破；加强和改善党对农村工作的领导，为农村改革发展提供坚强的政治保证。

【加强工会共青团妇联工作】 4月28日，州委就加强新时期文山州工会、共青团、妇联工作提出如下意见：统一思想，准确把握加强新时期工会、共青团、妇联工作的重要意义和总体要求；落实科学发展观，充分发挥工青妇在组织、引导、服务和维护群众合法权益中的积极作用；坚持改革创新，建立健全工青妇工作的长效机制；加强党的领导，为工青妇工作提供坚强的组织保障。

【健全完善决策落实机制规范目标管理考核工作】 为切实转变作风、提高效率、狠抓落实，逐步改变当前存在的检查考核过多、考核效果不明显的现状，进一步降低行政成本，促进中央和省、州党委、政府的决策部署有效贯彻落实，根据《中华人民共和国公务员法》及有关规定，州委研究决定，从今年起进一步健全机制、理顺体制，加强和改进目标管理考核工作，对各县各部门实行统一的工作目标管理。4月28日，州委、州人民政府出台《关于健全完善决策落实机制规范目标管理考核工作的决定》，对文山州实行统一目标管理的指导思想、目的意义、基本原则、具体考核方法和步骤、考核结果运用及组织领导等内容作了详细规定。

【加强党校工作】 4月28日，州委就进一步加强党校工作提出以下意见：进一步提高新形势下做好党校工作的使命感和责任感，全面开创党校工作新局面；完善党校设置和领导体制，健全和稳定党校办学格局；改革创新党校教学工作，充分发挥党的理论武装工作的重要阵地作用；加强党校科研工作，努力推进理论创新；严格学员管理，充分发挥党校促进党员干部加强党性锻炼的熔炉作用；实施人才战略，切实建设一支高素质的党校教研和管理队伍；改善党校办学条件，积极推进管理科学化和服务规范化；加强组织领导，抓好党校工作的督促落实。

【加强各级领导班子思想政治建设】 5月13日，州委就加强全州各级领导班子思想政治建设提出如下实施意见：充分认识加强领导班子思想政治建设的重要意义；明确加强领导班子思想政治建设的目标任务；加强领导班子思想政治建设的主要措施：1. 以理论武装为抓手，增强科学发展的自觉性和坚定性；2. 以解放思想为先导，激活科学发展的内在动力；3. 以转变作风为关键，提高领导科学发展的能力和水平；4. 以制度建设为保障，凝聚科学发展的强大合力。

【深入整治用人上不正之风进一步提高选人用人公信度】 6月5日，州委就深入整治用人上不正之风、进一步提高选人用人公信度提出如下实施意见：明确整治工作的指导思想和目标任务；整治工作的主要措施：规范程序标准，严格执行干部选拔任用工作法规；强化监督检查，切实抓好选人用人政策法规的贯彻落实；强化责任追究，坚决查处选人用人上的违规违纪行为；积极探索实践，不断健全完善提高选人用人公信度的机制和措施。加强领导，精心组织，以改革创新精神抓好抓实整治工作。

【加强人口和计划生育工作统筹解决人口问题】 6月30日，州委、州人民政府就进一步加强人口和计划生育工作、统筹解决人口问题提出如下意见：认清形势，明确新时期人口计划生育工作目标任务；坚持基本国策，稳定低生育水平；强化措施，全面开创统筹解决人口问题新局面；不断完善人口计划生育工作保障机制；切实加强对人口计划生育工作的领导。

【贯彻落实建设创新型云南行动计划】 9月24日，州委、州人民政府就贯彻落实建设创新型云南行动计划提出如下实施意见：明确贯彻落实建设创新型云南行动计划的指导思想和目标任务。实施内容：加强重点产业技术创新，提升产业实现技术升级；加大创新型企业培育力度，提升企业核心竞争力；加快科技支撑体系建设，提升产业发展服务能力；强化科技创新人才培养，提升技术研究开发能力；开展科普宣传和培训工作，提升全民科学文化素质。保障措施：加强领导，落实责任；整合资源，加大投入；深化改革，扩大开放；加大宣传，营造环境；完善考核，严明奖惩。

【加快非公有制经济发展】 10月9日，州委、州人民政府就加快非公有制经济发展提出如下实施意见：明确加快非公有制经济发展的总体思路和发展目标；加大扶持力度；鼓励企业创新；加强金融支持；营造发展环境；强化政策落实。

【鼓励创业促进就业】 10月15日，州委、州人民政府就鼓励创业、促进就业提出如下实施意见：统一思想认识，明确目标任务；加大政策扶持力度，完善政策扶持体系；切实做好重点人群的创业就业工作；组织开展全民创业行动，激发创业活力；创新工作机制，逐步健全覆盖城乡的公共就业服务体系；整合培训资源，完善面向全体劳动者的职业培训体系；加强领导，强化各级党委、政府鼓励创业促进就业工作责任。

【加强生态文明建设】 11月5日，州委、州人民政府就加强生态文明建设提出如下实施意见：充分认识加强生态文明建设的重大意义；明确加强生态文明建设的思路和目标；发展特色生态经济，构建生态文明产业支撑体系；加强生态环境保护，构建生态文明环境安全体系；弘扬生态文化，构建生态文明道德文化体系；加强领导，构建生态文明保障体系。

【加强公安机关"三项建设"】 12月25日，州委、州人民政府就加强公安机关"三项建设"提出如下意见：深入推进公安信息化建设，着力提高公安机关实战能力；大力加强执法规范化建设，着力提高公安机关理性、平和、文明、规范执法能力；积极构建和谐警民关系，着力提高群众工作能力；深化基层基础建设，着力夯实维护社会和谐稳定的根基。

【基层党建工作考核评价】 为切实加强全州基层党建工作，州委决定，从2009年起对各级党委（党组）抓基层党建工作情况进行考核评价，并在全州各基层党组织中全面推行党务公开。1月14日，经州委同意，州委办公室印发《文山州各级党委（党组）抓基层党建工作考核评价实施办法（试行）》和《文山州基层党组织党务公开办法（试行）》，要求州内各级党委（党组）及各基层党组织贯彻执行。

【加快山区综合开发促进农民增收】 2月26日，经州委、州人民政府同意，州委办公室、州政府办公室印发《文山州加快山区综合开发促进农民增收实施方案》，要求各级各部门充分认识加快山区综合开发、促进农民增收的重要性和有利条件，明确加快山区综合开发、促进农民增收的指导思想、工作原则、具体目标、建设重点、主要任务以及保障措施等。

【推行乡（镇）党代表大会代表任期制】 为切实加强党内民主建设，州委决定，在全州推行乡（镇）党代表大会代表任期制。4月21日，经州委同意，州委办公室印发《文山州乡（镇）党代表大会代表任期制办法（试行）》，要求各县委、州直各有关部门结合实际制定实施细则，稳步推进乡（镇）党代表大会代表任期制工作。

【建立健全城乡基层党组织互帮互助机制】 5月13日，经州委同意，州委办公室印发《中共文山州委关于建立健全城乡基层党组织互帮互助机制的意见》，明确建立健全城乡基层党组织互帮互助机制的指导思想、基本原则、工作目标和工作措施，要求城乡各基层党组织结合实际抓好贯彻落实。

【加强基层党风廉政建设】 5月26日，经州委、州人民政府同意，州委办公室、州政府办公室就加强基层党风廉政建设提出实施意见，明确加强基层党风廉政建设的指导思想、基本原则和工作目标，要求：扎实开展基层反腐倡廉教育；进一步加强基层党风廉政制度建设；全面推进乡镇政务公开、村务公开和党务公开；抓好贯彻执行党的农村政策情况的监督检查；切实解决损害农民群众利益的突出问题；加强对基层党风廉政建设的组织领导。

【全州农村开展党员干部现代远程教育工作】 5月26日，经州委同意，州委办公室就在全州农村开展党员干部现代远程教育工作提出实施意见，明确全州农村开展党员干部现代远程教育工作的指导思想、指导原则、目标要求、任务以及保障措施等，要求各级各有关部门抓好贯彻落实。

【规范乡科级领导干部选拔任用工作】 6月19日，经州委同意，州委办公室印发《文山州乡科级领导干部选拔任用工作规定（试行）》，对乡科级领导干部的选拔任用条件、初始提名、民主推荐和考察对象确定、考察、酝酿、讨论决定、任职、依法推荐和提名、公开选拔和竞争上岗、交流与回避、任期、破格提拔或越级提拔、免职辞职降职、纪律与监督等方面作出规定，要求各县各单位结合实际，认真贯彻执行。

【加强重大项目建设违法占用林地预防工作】 8月26日，经州委、州人民政府同意，州委办公室、州政府办公室就加强重大项目建设违法占用林地预防工作提出如下意见：加强法律法规宣传，提高重大项目建设业主守法经营的意识；加强主动服务，帮助重大项目建设单位和业主办理完善征占用林地手续；加强管理监督，确保重大项目建设征占用林地依法依规进行；加强制度建设，规范重大项目建设违法占用林地预防工作；加强犯罪预防工作，防止因项目业主违法犯罪影响工程建设。

【加强各县纪检监察机关建设】 8月31日，经州委、州人民政府同意，州委办公室、州政府办公室转发州纪委、州委组织部、州监察局、州财政局、州编办制定的《关于加强各县纪检监察机关建设的实施意见》，意见提出：深刻认识加强县级纪检监察机关建设的必要性；大力加强县级纪检监察机关领导班子建设；切实加强县级纪检监察机关干部队伍建设；建立健全县级纪检监察机关经费和装备设施保障制度；切实加强对县级纪检监察机关建设的领导。

【贯彻落实《中共云南省委办公厅云南省人民政府办公厅关于贯彻落实党的十七届三中全会精神加强农村基层组织建设的若干意见（试行）》】 9月7日，经州委、州人民政府同意，州委办公室、州政府办公室就贯彻落实《中共云南省委办公厅云南省人民政府办公厅关于贯彻落实党的十七届三中全会精神加强农村基层组织建设的若干意见（试行）》提出如下实施意见：始终把农村基层组织建设放在突出位置来抓，为进一步推进农村改革发展提供坚强的组织保证；紧紧围绕农村改革发展中心任务，不断推进农村基层组织建设改革创新；建立健全基层党建工作新机制，为加强农村基层组织建设提供基本保障。

【加强农村实用人才队伍建设和农村人力资源开发】 9月8日，经州委、州人民政府同意，州委办公室、州政府办公室就加强农村实用人才队伍建设和农村人力资源开发提出如下实施意见：明确加强农村实用人才队伍建设和农村人力资源开发的指导思想和目标任务，统筹兼顾，不断加强农村实用人才队伍建设；加强教育培训，大力推进农村人力资源开发；加强组织领导，进一步落实各项工作任务。

【严格控制和规范检查考核评比达标表彰活动】 12月23日，

经州委、州人民政府同意，州委办公室、州政府办公室就严格控制和规范检查考核评比达标表彰活动提出实施意见，要求各级各部门充分认识严格控制和规范检查考核评比达标表彰活动的重大意义，明确严格控制和规范检查考核评比达标表彰活动的指导思想、基本原则、目标任务以及具体工作措施和要求。

【贯彻执行《关于实行党政领导干部问责的暂行规定》】 12月31日，经州委、州人民政府同意，州委办公室、州政府办公室就贯彻执行《关于实行党政领导干部问责的暂行规定》发出通知：提高认识，加强领导，扩大宣传；坚持原则，严格程序，规范操作；加强监督检查，严格问责处理，确保工作落实。

办公室工作

【队伍建设】 创建“学习型机关”。全年共组织开展政治理论及工作业务学习24次，观看各类教育专题片8部，开展微机操作技能及州情知识竞赛各1次，编写、发放学习资料6本，选派18名业务骨干到各级党校、上级机关、先进发达地区学习培训及下基层挂职锻炼，对3名干部进行轮岗交流，开展文稿会审和业务交流等活动，进一步提高干部职工的理论水平和服务科学发展的能力；加强作风建设和党风廉政建设。开展“加强作风建设，促进科学发展”主题教育活动及以赵仕永严重违纪违法案件为反面典型的警示教育活动，组织和引导党员干部学习中央、省委和州委关于加强作风建设和党风廉政建设的有关规定和要求，努力查找自身存在的突出问题并认真加以整改，切实加强党性党风党纪教育，筑牢拒腐防变的思想防线；抓好党的组织建设。执行民主集中制、党内重要情况通报和报告、情况反映等制度，做到重大事项集体讨论、集体决策；开展办公室党总支换届工作，配强配齐党总支领导班子；扎实抓好党员发展工作，培养入党积极分子1名、发展预备党员3名；严格党的组织生活，以支部为单位召开组织生活会和专题民主生活会，建立健全了党员领导干部联系科室(部门)工作机制。

【制度建设】 强化规范管理，健全完善工作制度。坚持用制度管人、用制度管事，结合开展深入学习实践科学发展观活动，以完善体制机制为目标，以制度建设为抓手，对办公室各项规章制度进行认真清理，进一步修订完善理论学习、办文办会、督促检查、信息报送、决策调研等方面的制度和规范5类49个，制定出台办公室《工作手册》、《关于规范领导批示件传阅及办理的规定》、《公文处理办法(试行)》，形成一整套针对性强、可操作性高的工作制度；优化职能分工，调整改善运作机制。本着建设效能机关的原则，针对地方党委领导班子配备改革以来领导体制的变化，对办公室领导班子成员分工以及综合科、秘书一到五科、信息科、行政科的部分职能作了调整，同时在各科室内部实行定岗定责，形成办公室班子成员之间、各科室之间、科室人员之间既明确分工、又协作配合的工作机制，有效解决部分工作机制不畅的问题。

【以文辅政】 强化精品意识，提升文稿起草水平。通过采取树立“文稿第一”观念、形成“都写文稿”氛围、完善“共同起草”机制、建立“研讨会审”平台等有效措施，促进办公室文稿起草水平的整体提升。较好地完成州委重要文稿和州委领导讲话的起草、修改、把关任务，所撰写的文稿集中体现邓小平理论、“三个代表”重要思想和科学发展观的要求，贯彻中央和省委指示精神，切合文山发展实际，提出的一些意见和建议被采纳吸收到州委的决策部署中，较好地发挥了参谋助手和以文辅政作用，得到州委和州委领导的充分肯定。全年共组织起草州委七届五次、六次全会工作报告，州委领导在全州学习实践科学发展观活动动员大会、全州经济运行分析会、全州民族工作会议暨第五次民族团结进步表彰大会等重要会议上的讲话及省委副书记李纪恒等领导到文山调研等重大活动汇报材料50余篇，起草、修改其它相关综合材料60余篇；服务领导决策，调研工作深入开展。围绕州委七届五次全会确定的经济社会发展思路，结合金融危机下全州的经济社会发展形势，注重捕捉热点、难点问题开展调研。针对工业经济下滑，对全州工业经济发展情况进行了调研；针对国家扩大内需政策的实施，对家电下乡等政策在文山州的贯彻落实情况进行了调研；结合全州中心工作，对木本油料基地建设、中低产田地改造、工业经济发展、山区农业综合开发、“僰人”“山瑶”发展等情况进行调研，形成一批有质量的调研报告。全年共出刊《决策参考》12期，刊载文章100余篇，为州委正确决策和基层开展工作提供了有价值的参考服务；紧扣报送重点，信息服务准确及时。围绕中央、省委和州委的中心工作和重大部署，突出重点、服务大局，及时反映全州面上和重点工作的进展情况，敏锐地捕捉基层和群众创造出的新鲜经验，向中央、省委和州委提供高质量、有价值的信息服务，一批有情况、有分析、有建议的深层次信息为省委和州委领导决策提供重要参考。全年共编发《文山今日要情》92期、《文山重要信息》107期、《文山重要信息(增刊)》46期、《每日快递》235期，向中央办公厅和省委办公厅上报信息2 919条，被省办采用274条，完成省办考核积分1 419分，在16个州市信息考核中名列第于，获一等奖；被中办采用56条，完成考核积分250分，在全省中办直报点考核中名列前茅；信息获州委领导批示16次。成立由州委秘书长担任组长的州委办公室信息化工作领导小组，制定《重大紧急涉外信息报送协商制度》、《重大紧急突发事件报送协商制度》，全州8县均已连通乡镇、县级部门到县的信息报送查询系统，州、县、乡三级信息报送网络已基本形成。

【综合服务】 狠抓办文质量，提高会务水平。贯彻《中国共产党机关公文处理条例》，结合办公室出台的《公文处理办法(试行)》，按照精细化、规范化、制度化的要求，做好各类文件的收发、传阅、印制、归档和保密工作，做到送阅及时、办理规范、转发迅速、管理到位。全年共收到各级各类文件2 600余个，起草、修改、校核和印发州委、州委办文件、会议纪要、传真电报700余个7.5万份。做好会前、会中、会后各个环节的衔接，将“周密严谨、细致认真”贯穿于整个会议服务的全过程，服务质量和标准不断提高。共完成州委七届五次全会、七届六次全会、工青妇工作会议等190余个大中型会议、300余个小型会议的筹备和服务工作；加强沟通协调，理顺各种关系。紧紧围绕州委总揽全局、协调各方核心领导作用的发挥，在尽职尽责、不越权越位的前提下，加强与州人大办、州政府办、州政协办及常委所在部门的协调联系，完善秘书长联席会议制度，加大对州内重要工作、重要会议和领导活动的统筹协调力度，定期不定期通报有关工作情况，确保各项工作的有效开展和高效运转。同时，加强同省委办公厅和其他州市办公室(厅)的联系，在协调沟通好有关工作的同时，积极学习借鉴先进工作经验。

【督促检查】 开展州委重大会议精神、重要决策部署落实情况的督查。针对州委七届五次全会、全州木本油料基地建设暨林权制度改革推进会等重要会议精神，以及州委、州人民政府年初确定的“三件实事”等重点工作，对各级各部门的贯彻落实情况进行跟踪督查和反馈，及时推广经验、鼓励先进、鞭策后进。同时，对各县各有关部门积极应对金融危机、推进“三农”工作等情况开展现场督查调研，为州委提出了合理化建议；抓住领导批示件的督查落实不放松。坚持“批必查、查必果、果必报”的原则，督促有关承办单位或责任部门抓好领导批示件的落实，做到及时办理、及时反馈、适时追踪，积极推进领导关注的热点、难点及群众反映问题的有效解决。全年共成功督办党和国家领导人批示2件，省委、省政府主要领导批示11件，州委领导批示9件；配合上级督查组及州有关部门开展督查工作。配合省委、省政府督查组开展了全州中低产田地改造、党政机关厉行节约及《党校工作条例》贯彻落实等情况的督查工作，会同有关部门对全州村级组织活动场所建设、山瑶扶持发展、科学发展观活动后继整改等工作进行了督查。全年共编发《督促检查情况》26期，向省委督查室上报《督查专报》19期，其中《文山州改善投资环境带动开放型经济快速发展》等材料被省委督查室单篇或综合采用。

【后勤保障】 抓好综治工作。严格执行州委机关综治工作有关制度，及时调整和充实综治领导小组和督查领导小组，完善《大院管理公约》，出台州委机关大院机动车停车管理办法(试行)》，制定《州委机关国庆60周年安全保卫工作方案暨应急措施》，有效确保州委机关大院的和谐稳定；严格执行财经纪律。严格执行有关财经纪律、法规和财务规章制度，贯彻落实政府采购有关规定，制定办公室《财务管理制度》，加强财务监督，规范财务收支行为，合理使用资金，提高资金使用效益；改善工作环境。成立厉行节约领导小组，在保证机关正常运转的同时，积极争取和挤出资金添置办公设备，改善办公条件，加强机关绿化美化；重视接待工作。制定办公室《公务接待工作暂行规定》，划分接待范围、严格接待标准、规范接待程序，先后组织或参与接待宾客328批(次)，并为州委全委会、州委理论中心组学习等重要会议和活动提供良好的后勤保障服务；加强车辆管理。把行车安全教育作为重要工作抓紧抓好，对车辆进行精心保养和维护，全年车辆安全行驶26.7万千米，节约油料3 720公升。

【其他工作】 开展工青妇和老干部工作。完成工会换届工作，配强配齐工会及妇代会领导班子，组织开展州委机关第二十一届职工运动会、机关大院广播操比赛、健身操和太极拳培训、摄影基础知识讲座、摄影展等活动，进一步丰富干部职工的业余文化生活。开展老干部、老党员和贫困党员走访慰问活动；信访工作。及时协调信访等部门处理好群众的来信来访，妥善解决群众反映的热点难点问题和合理诉求，共收到群众信访件38份，办理(转办)率达100%，及时疏导、移访和劝返群众来访280余次；加强保密工作。执行有关保密法律法规，与干部职工签订《保密承诺书》，组织保密知识学习2次，观看保密知识专题片2部，同时结合州保密委的保密检查，对涉密岗位人员和涉密计算机、存储介质加强了管理。

【领导名录】

书　　记	李　培
副 书 记	黄文武(壮)
	李小平
常　　委	刘志和(～11)
	徐爱民
	吴俊明
	李国安
	熊荣元(苗、～12)
	姚堂文
	王维真
	马志山(回)
	黄宏伟
	黎家松(壮)
	张旭东(11～)
秘 书 长	李国安
副秘书长	徐昌碧
	王盛和
	朱世康
	刘　扬(哈尼)
	秦文波
	段自勇
办公室主任	徐昌碧
副 主 任	陆敏昌(壮)
	田景华(8～)

(李红娟)

纪检监察

【文山州社会评议部门行风测评动员大会】 1月8日在文山召开，8县政府、州直及省驻文单位评议代表，州级部分党代表、人大代表、政协委员，民主党派、个体工商户、企业职工、文山县社区群众代表500余人对州发改委等51个部门和单位进行评议测评。

【中共文山州纪委七届四次全会】 2月3～4日在文山召开，州纪委常委会主持会议，州纪委委员32人出席，不是委员的县纪委书记、监察局局长和州属、省驻文单位分管党风廉政建设负责人列席会议。全会审议通过州纪委书记王维真代表州纪委常委会作《深化改革创新，推动科学发展，努力开创全州党风廉政建设和反腐败工作新局面》的工作报告。州委书记李培出席全会第二次大会并作《增强党性修养，加强作风建设，深入推进党风廉政建设和反腐败工作》的重要讲话。州委常委及州人大常委会、州人民政府、州政协党员领导同志出席会议。全州8县书记、县长，州属及省驻文单位在职处级党员领导干部参加会议。

【全州廉政文化建设推进工作现场会】 3月27日在富宁县召开。会议总结全州开展廉政文化建设取得的成绩和经验，对进一步推进廉政文化建设深入开展作出部署。省纪委《云南纪检监察》总编李峥嵘等到会指导。州县纪委有关领导和宣教室负责人、州属有关部门纪委书记、富宁县四班主要领导等130人参加会议。

【全州纠风工作电视电话会议】 4月13日召开，在文山设主会场，8县设分会场。会议传达全省纠风工作电视电话会议精神，安排部署全州2009年纠风工作任务。

【文山州纠风工作调研现场会】 6月4日在文山召开。会议组织参观州医院等3家医院的政风行风建设情况，州教育局等4家单位交流政风行风建设经验，对下半年纠风工作进行部署。

【全州2008年度党风廉政建设责任制考核情况通报暨表彰电视电话会议】 6月5日召开，在文山设主会场，8县设分会场。会议对2008年度党风廉政建设责任制考核情况进行通报，对36家考核结果为优秀的单位进行表彰奖励，州委、州人民政府主要领导与班子成员，班子成员与各联系和分管部门第一责任人签订2009年度党风廉政建设责任书。全州837人参加会议。

【赵仕永严重违纪违法案件情况通报电视电话会议】 7月15日召开，在文山设主会场，8县设分会场。会议通报麻栗坡县委原书记、州民政局原局长赵仕永严重违纪违法事实，对领导干部廉洁从政提出要求。王维真、李品相、兰骏、侯强、陈晓华和州属及省驻文单位主要负责人170人在主会场参加会议，县级各套班子成员和县直各部门、各乡镇主要负责人在分会场参加会议。

【州纪委监察局机关党委成立大会】 7月17日召开，会议选举产生首届中共文山州纪委监察局机关党委委员、副书记、书记和纪委委员、书记。

【全州监察局长会议】 8月28日在文山召开，会议传达全省监察局长会议精神，参观文山县政务服务中心，提出抓好四项重点工作。州纪委常委，各县监察局长、执法室主任50余人参加会议。

【全州纪检监察机关案件督办工作会议】 9月16日在文山召开，传达贯彻全省纪检监察机关案件查办、督办工作会议精神。各县纪委分管案件的领导、案件检查、案件审理、信访部门负责人，州纪委案件检查、案件审理、信访、党风、纠风、执法监察各部门工作人员参加会议。

【文山州工程建设领域突出问题专项治理工作领导小组会议】 11月4日在文山召开。会议通过《文山州工程建设领域突出问题专项治理工作实施方案》，对全州工程建设领域突出问题专项治理工作作出部署。州专项治理工作领导小组全体成员、州纪委、监察局派出纪工委书记、监察分局局长和领导小组办公室工作人员50余人参加会议。

【李自芬严重违纪违法案件情况通报电视电话会议】 12月10日召开，在文山设主会场，8县设分会场。会议通报州妇联原副主席李自芬2005～2008年担任文山县柳井乡党委书记、人大主席期间严重违纪违法事实，要求要切实加强对党员领导干部尤其是乡镇党政“一把手”的教育、监督和管理。州直单位主要领导，各县县级各班领导、县属各部门主要领导、乡镇书记、乡长、人大主席、纪委书记和文山县柳井乡群众代表1 100人参加会议。

【宣传教育】 加强对全州党员干部的党性党风党纪和法规教育，领导干部讲授廉政党课600余场(次)，各级党校举办党风廉政内容培训班22期2 556人(次)，组织开展“加强作风建设、促进科学发展”主题教育活动，对78名新提拔县处级领导干部进行反腐倡廉专题培训。以赵仕永严重违纪违法案件为反面教材，在全州开展警示教育。以推荐廉政文章、发送廉政短信、寄发公开信等形式，扎实开展领导干部自律教育。召开廉政文化推进工作现场会，深入推进廉政文化建设。充分发挥反腐倡廉宣教工作联席会议制度和新闻宣传激励机制作用，制定《文山州2009年反腐倡廉宣传教育工作主要任务分解》，进一步细化和量化任务指标，明确部门职责，巩固各负其责、齐抓共管的“大宣教”工作格局，聘请反腐倡廉特邀宣传员，加大新闻宣传工作力度，500余篇(件)反腐倡廉内容稿件在中央纪委《党风廉政建设》、《中国纪检监察报》、《云南日报》、云南人民广播电台、云南电视台、《云南纪检监察》等各级媒体上刊播，营造了良好的反腐倡廉舆论氛围。

【廉政建设】 坚持实行州委常委带队考核党风廉政建设责任制工作，层层签订责任书，细化责任分解、完善考核办法、改进考核方式，对考核为优秀单位进行表彰奖励，促使各级领导班子和领导干部切实履行党风廉政建设工作职责。

组织开展“县、乡、村”三级基层党风廉政建设试点工作，指导和督促试点单位健全完善“三重一大”监督、办案组织协调、领导干部述职述廉民主评议、村干部联系群众、涉农专项资金公示等19项制度，召开领导干部廉政承诺、政务质询、选举村务监督员等会议，探索群众有效监督政府行政行为、不断规范领导干部权力运行的体制机制，进一步加强对行政决策、项目实施、资金使用、政策落实等方面的监管，努力形成用制度管权、按制度办事、靠制度管人的良好机制，推动基层党风廉政建设深入开展。

普遍推行“村财乡代管”制度，建立健全各项决策、管理和监督制度，加大对强农惠农政策落实情况的监督和公示力度，切实维护人民群众的知情权、参与权和监督权。国有企业、城市社区和学校反腐倡廉建设稳步推进。落实民主生活会制度，加强对“三重一大”制度落实情况的监督检查，督促各级领导干部加强党性修养。

严格执行厉行节约八项要求，严格控制因公出国(境)团组数量，公车购置及运行费用支出比上年减少2 501.71万元，公务接待费用支出比上年减少1 146.11万元，会议费用支出比上年减少605.6万元。对党政干部公款出国(境)旅游、公务用车配备使用、小灵通捆绑使用办公电话等情况开展专项检查。

严格落实领导干部廉洁自律各项规定，州县纪委负责人同下级党政主要负责人谈话391人(次)，领导干部任前廉政谈话868人(次)，诫勉谈话65人(次)，函询36人(次)，述职述廉2498人(次)。

【纠风工作】 坚决纠正损害农民利益的突出问题，开展对涉农收费情况的监督检查，清理涉农收费项目59个。严格执行减轻农民负担“五项制度”，农民得实惠3.82亿元。严厉打击制售假冒伪劣农资、哄抬农资价格等坑农害农行为，为农民挽回经济损失253.21万元。深入推进规范教育收费、校务公开、学校内部审计、廉政文化进校园“四项示范”创建活动，继续清理教育乱收费行为，处理违纪违规人员14人。深入推进医德医风建设，医务人员主动退还“红包”、礼品等50人(次)，折合金额66.74万元。严格实行药品集中招标采购，查处药械违法案件245件，涉及资金178万元，处理违纪违规人员12人。全面落实国家成品油价格和税费改革政策，严格监督执行全面取消公路养路费等六项费用政策，巩固公路“三乱”治理成果。开展民主评议政风行风和“万人问卷调查”活动，召开纠风工作调研现场会。做好“政风行风热线”工作，办理群众投诉、咨询132件。配合有关部门办理价格投诉和收费举报案件32件，查处价格违法案件14件。通过加大纠治力度，群众反映强烈的突出问题得到切实解决。

【案件查处】 全州共受理信访举报891件(次)，立案83件92人，结案78件、处分87人，其中县处级干部2人、乡科级干部17人，为国家挽回经济损失1 197.12万元。严肃查处州民政局原局长、麻栗坡县委原书记赵仕永贪污受贿案；州妇联原副主席、文山县柳井乡党委原书记李自芬侵吞新农村建设资金物资案；麻栗坡县发改局原局长王志高贪污受贿案等重大典型案件，惩治了腐败分子，增强了人民群众对反腐败斗争的信心，取得了良好的政治效果、社会效果和法纪效果。省纪委在文山召开“12·09”专案工作表彰会，州纪委、监察局荣立集体三等功，纪检监察、检察、法院、公安等单位20名办案人员受到记功和嘉奖。在坚决惩处腐败分子的同时，注重维护党员干部的合法权益，为115名受到失实举报的党员干部澄清了事实。严格执行“二十四字”办案要求，加强案件监督管理，坚持依纪依法、安全文明办案。注重查办案件成果运用，做好案件剖析，研究发案原因和规律，督促指导发案单位建章立制、堵塞漏洞，进一步发挥查办案件的治本功能。

召开案情通报会

【执法监察】 围绕保增长、保民生、保稳定等一系列决策部署的贯彻落实，开展监督检查。州纪委、监察局4次组成监督检查组深入各县和有关部门，重点对220个扩大内需项目实施情况开展监督检查，涉及资金18.83亿元，对工程建设项目和资金管理制度不健全、招投标手续不完备等问题及时提出整改意见、明确整改期限，对未按要求及时整改的责任领导实施行政问责，促进中央“三个百分之百”要求的落实。严格执行招标投标法，参与监督市政、水利等工程建设项目招投标183个，涉及资金10亿元，确保工程建设项目依法依规进行。会同有关部门开展对节约集约用地、节能减排和环境保护等政策措施落实情况的监督检查，清理纠正违法用地75宗、环保违法违规问题15项。加强对社保基金、住房公积金、扶贫和救灾救济资金的监督管理，保证资金的安全管理和合理使用。参与安全责任事故调查处理，对13名事故责任人分别给予问责处理和行政处分。加强对党的政治纪律和民族政策执行情况的监督检查，维护了民族团结和社会稳定。加大行政问责工作力度，问责处理了129名工作不力、效率低下以及不作为、乱作为的干部。贯彻落实《政府信息公开条例》，深入推进政务公开、厂务公开、村务公开，进一步增强权力运行的透明度。会同有关部门加强对贯彻落实法制政府、责任政府、阳光政府各项制度情况的监督检查，促使各级领导依法行政。开展工程建设领域突出问题专项治理工作，对政府投资的538个工程建设项目进行排查，及时纠正处理违规违纪问题。深入开展清查“小金库”和规范非税收入管理工作，查处私设“小金库”违规资金82.8万元，问责处理9名相关责任人。继续做好行政审批事项清理简化工作，集中清理55个州级部门的467项行政审批项目，取消和调整140项。会同有关部门开展整顿和规范矿产资源开发秩序工作，纠正制止违法开采行为61起。深化干部人事制度改革，进一步完善干部选拔任用和监督管理机制，加大竞争性选拔干部力度。行政审批制度、司法体制和工作机制、投资体制、财税管理体制等改革进一步深化。执行经营性土地使用权招拍挂、产权交易进入市场等制度。严格执行政府采购法，通过政府集中招标采购节约资金1 579.43万元。

【政策理论信息调研】 围绕当前反腐倡廉建设的重点和难点，以“庆祝中华人民共和国建国60周年，深入探索共和国廉政之路”和“新形势下加强和改进领导干部作风建设”为主题，共安排13个调研课题。全州各级纪检监察机关紧密结合实际，加强领导，组成课题调研组，深入开展调查研究工作，形成一批高质量的调研文章，经评审选送省纪委45篇。结合文山实际，针对基层党风廉政建设、党内监督以及责任制工作进行调研，形成《文山州基层(县、乡)党风廉政建设的实践与思考》、《从纪检监察机关监督角色谈领导干部廉洁自律工作》、《文山州贯彻落实党风廉政建设责任制工作综述》等优秀调研文章，提出一些规律性、倾向性、苗头性的问题和解决问题的对策措施，被省纪委刊用。加强信息的收集、整理、分析、综合与利用，收集各类调研信息126篇，编报38期，编辑工作信息155期，426条，为领导决策提供参考作用。

【队伍建设】 切实加强思想政治建设，以“做党的忠诚卫士，当群众的贴心人”主题实践活动为载体，围绕“提高履职能力、促进科学发展，加强作风建设、构建和谐文山”主题，扎实开展深入学习实践科学发展观活动；围绕“打牢思想基础，严守党的纪律，端正干部作风”目标，在全州纪检监察系统组织开展思想纪律作风教育活动，促使各级纪检监察干部牢固树立责任意识、大局意识和团结协作意识，切实改进工作作风，提高履职能力。加大业务培训力度，选送57名干部参加中央纪委、省纪委业务培训班，组织全州400余名纪检监察干部进行集中培训。全面贯彻落实中央纪委和省纪委关于加强县级纪检监察机关建设的各项要求，编制配备、班子和队伍建设、经费保障标准等政策措施得到落实。推进干部人事制度和管理体制改革，加大竞争上岗和轮岗交流力度，注重在工作实践中锻炼、培养、选拔干部，10名处级干部39名科级干部被提拔、交流到领导岗位，进一步优化队伍结构、增强了队伍活力。探索派出机构履行职责、有效监督的机制体制，进一步加强对分管联系部门的监督管理。通过努力，全州纪检监察机关干事创业的氛围进一步浓厚，干部队伍思想政治建设、业务能力建设和纪律作风建设得到切实加强，凝聚力和战斗力得到有力提升。

【领导名录】

书　　记　王维真
副 书 记　王　林
　　　　　卢家炳(壮)
　　　　　彭子效(6～)
常　　委　沈银芬(女、壮、～8)
　　　　　张兴亮(～8)
　　　　　刀锦祥(傣)
　　　　　何锦文
　　　　　杨　萍(女、8～)
　　　　　刘光祥(8～)
州监察局局长　王　林
副 局 长　彭子效(～6)
　　　　　侯桂芬(女、苗)
办公室主任　刀锦祥(傣)
宣教室主任　沈银芬(女、壮、～6)
　　　　　杨　萍(女、8～)
纪检监察室主任　张兴亮(～6)
干部室主任　何锦文
党风廉政建设与政策调研室主任　刘光祥(6～)
执法监察综合室主任　彭正体(～3)
纠风室主任　吴太云(彝)
经济案件检查室主任　高寿维(白)
信访室主任　周树全
案件审理室主任　普翠琼(女、彝、2～)
监察综合室主任　伍　智(6～)
机关党委副书记、纪委书记　罗云兴(壮、7～)
派出第一纪工委、监察分局　书　记　苏毅(女、壮、6～)
副 书 记　赵云周(壮、9～)
分 局 长　赵云周(壮、9～)
派出第二纪工委、监察分局　书　记　张兴亮(6～)
副 书 记　杨富明(彝、9～)
　　　　　李明斌(9～)
分 局 长　杨富明(彝、9～)
派出第三纪工委、监察分局　书　记　杜正品(6～)
副 书 记　孟云河(9～)
分 局 长　孟云河(9～)
派出第四纪工委、监察分局　书　记　沈银芬(女、壮、6

～）
副　书　记　韦德勇（壮、9～）
　　　　　　彭正体（9～）
分　局　长　韦德勇（壮、9～）
派出第五纪工委、监察分局　书　记　朱　宇（6～）
副　书　记　陶金莲（女、苗、9～）
分　局　长　陶金莲（女、苗、9～）

（张世高）

组织工作

【党组织和党员】 全州党的基层组织（不含州委、县委）有10 738个，其中：基层党委219个，党总支1 260个，党支部9 259个。党员116 801名，比上年增加0.18%，其中，农村党员84 034名，占71.95%；女党员21 834名，占18.69%；少数民族党员57 163名，占48.94%；年龄在35岁以下的32 992名，占28.25%；36～45岁31 113名，占26.64%；46～54岁19 621名，占17%；55～59岁7 572名，占6.48%；60岁以上25 503名，占21.84%；大专以上文化29 480名，占25.24%；中专文化11 628名，占9.96%；高中、中技文化11 105名，占9.51%；初中及以下文化64 588名，占55.30%。

【党员发展】 全年发展党员7 588名。其中：生产、工作第一线的6 822名（农村党员6 255名），占89.91%；35岁以下5 201名，占68.54%；高中及以上文化3 040名，占40.06%；妇女党员1 849名，占24.37%；少数民族党员4 106名，占54.11%。

【干部队伍】 全州各级干部共有77 055名，其中：妇女干部31 350名，占干部总数的40.7%；少数民族干部34 654名，占45%；党员干部31 457名，占40.8%；大专以上文化57 962名，占75.2%；中专15 186名，占19.7%；高中及以下3 907名，占5%；35岁及以下的42 229名，占54.8%；36～40岁的11 791名，占15.3%；41～45岁的10 332名，占13.4%；46～50岁的6 901名，占9%；51～55岁的4 363名，占5.7%；56岁及以上的1 439名，占1.9%；地厅级干部40名，占0.05%；县处级干部874名（行政机关790名，占1%），占1.1%，乡科级干部8 273名（行政机关7 317名，占9.5%），占10.7%。

【领导班子和干部队伍建设】 围绕省委提出的"个人形象一面旗、工作热情一团火、谋事布局一盘棋"要求，切实加强领导班子和干部队伍建设。思想政治建设方面，研究制定《关于加强文山州各级领导班子思想政治建设的实施意见》，加强对各级党组织民主生活会的指导检查工作，各级领导班子的执行力、创新力、凝聚力和服务科学发展的能力明显增强。干部教育培训方面，研究制定《关于2009－2012年文山州大规模培训干部工作的实施方案》和《文山州关于进一步加强和改进干部调训管理工作的意见》，充分整合教学资源，以党的十七届三中、四中全会精神为主要内容，重点抓好乡（镇）党政"一把手"、优秀年轻干部、少数民族干部、女干部和村"两委"班子主要负责人的教育培训工作。年内共举办各类培训班234期，培训各级干部38 600余人（次），其中：举办党的十七届三中、四中全会精神专题培训班95期19 746人（次）。干部人事制度改革方面，围绕保增长、保民生、保稳定选干部、配班子。年内，共提交州委常委会讨论干部6次，调整任免县处级干部200人，配合完成全省公开选拔处级领导干部文山州4个职位的各项工作；制定《关于进一步加强少数民族干部队伍建设的实施意见》和《文山州2009－2011年培养选拔年轻干部行动计划》，开展集中调整全州处级后备干部工作和推进年轻干部培养选拔工作，并首次开展选派乡镇党政正职到州直部门挂职锻炼和银政互派干部挂职锻炼工作。首次提出在州直机关（含参照公务员法管理单位）补充公务员实行公开考试录用基层公务员制度。干部管理方面，制定《文山州乡科级领导干部选拔任用工作规定（试行）》和《文山州关于加强乡镇党政正职管理的意见》，在干部选拔任用中推行干部任前"工作实绩"公示制度、考察人选报告个人有关情况制度，扩大干部选拔任用工作的民主，规范和加强公务员队伍、干部人事档案目标管理工作，共有10个干部人事档案管档单位顺利通过中组部一级标准验收。干部监督方面，制定《中共文山州委关于深入整治用人上不正之风进一步提高选人用人公信度的实施意见》、《文山州乡科级干部选拔任用工作规定（试行）》，在马关、富宁两县开展"整治用人上不正之风示范县"创建活动，治理党政领导班子后备干部集中调整拉票行为。州、县组织部门开通"12380"干部问题举报专用受理平台和网上部长信箱、"12380"信箱，全面实施干部选拔任用工作"一报告两评议"、干部选拔任用工作全程记实等制度，对干部选拔任用工作的关键环节进行全过程监督。

【基层党组织和党员队伍建设】 全州各级党组织以深化"三级联创"活动、拓展"云岭先锋"工程和推进"边疆党建长廊"建设为载体，采取提高村干部基础补贴，推荐省委表彰优秀乡、村党组织书记8名，州委表彰优秀乡、村党组织书记25名，优秀村（社区）干部100名，选派982名新农村建设指导员驻村开展工作，选聘699名大学生"村官"充实村"两委"班子，定向从优秀村委会（社区）干部考录20名乡镇公务员，集中整顿软弱涣散、不起作用的农村基层党组织等措施，不断夯实党的执政基础。积极整合资金5 300多万元，全面启动194个村、22个社区和896个村小组活动场所建设；制定《关于在全州农村开展党员干部现代远程教育工作的实施意见》，建成农村党员干部现代远程教育州级教学平台和985个乡镇、村（社区）终端接收站点，乡村覆盖率达94.0%。制定《文山州各级党委（党组）抓基层党建工作考核评价实施办法（试行）》和《2009年党建工作考核目标》，进一步明确县委书记和乡（镇）、村（社区）党组织书记的工作职责，积极构建齐抓共管的基层党建工作格局。贯彻落实"三培养"措施，大力推行发展党员推荐、联系、公示、预审、票决"五项"制度；落实流动党员双向联系制度，开通党员"12371"服务咨询电话，进一步提高流动党员的管理水平。按照农村基层党组织抓巩固、抓提升，机关事业单位党组织抓作风、抓服务，非公有制经济组织和新社会组织党组织抓覆盖、抓规范，社区党组织抓基础、抓典型，国有企业党组织抓教育、抓管理的工作思路，统筹推进各领域的党组织建设；贯彻落实"领导联、单位帮、社会帮、村互帮"的"一联三帮"农村党建工作新机制，扎实开展城乡基层党组织互帮互助活动，州、县、乡(镇)机关企事业单位与村党组织结成共建对子985对，落实帮扶项目1 118个；探索党内民主多种实现形式，在文山县、砚山县所有乡镇和其他县二分之一以上的乡镇推行党代表任期制，在全州基层党组织中推行党务公开，在村级党组织中推行农村"党员首议制"和"四议两公开"工作法，畅通党内民主决策、民主管理、民主监督和民主参与渠道。

3月26日，省委副书记李纪恒(前排中)在丘北县调研木本油料产业发展

【人才工作】 研究制定《文山州2009～2020年人才队伍建设规划》和《文山州关于加强农村实用人才队伍建设和农村人力资源开发的实施意见》，及时调整充实州人才工作领导小组成员单位，健全完善人才工作运行机制。落实州级领导干部联系优秀人才制度，抓好中央、上海和省赴文挂职干部的有关协调服务工作，成功举办"推动云南生物产业发展——百名博士云南行"赴文山考察活动，并达成2个合作意向项目。帮助各类人才解决工作和生活中遇到的困难和问题，有效调动全州各类人才干事创业的积极性。主动协调联系省内外行政单位和省内国有企业和行政单位，选派一批州内优秀年轻干部到上海、省有关部门和省内重点企业挂职锻炼。

【组工干部队伍建设】 以开展深入学习实践科学发展观活动、"讲党性、重品行、作表率"活动和作风建设年活动为契机，着力加强制度建设和能力建设，开展组工干部业务培训和实践锻炼，全州组织系统共举办各类组工业务培训105期2 000多人(次)，全州组工干部的工作本领和服务水平明显增强；着力加强作风建设，扎实开展"组工干部下基层"调研活动，全州组织系统干部共深入基层调研1 200多人(次)，帮助基层协调资金850余万元，解决实际问题139个；着力加强组工文化建设，开展学习王彦生先进事迹活动和健康向上的文体活动，选送《二试"升官郎"》和《立军令状的村支书》两个节目代表全省组织系统参加"祖国在我心中"——云南省庆祝新中国成立60周年行(企)业文艺汇演，并获得优秀节目展演创作一等奖、创作二等奖和表演三等奖的优异成绩，全州组工干部的凝聚力、创新力进一步增强。

【领导名录】

部　　长　黄宏伟
常务副部长　杨廷友
副 部 长　赵　琼(女、壮、兼职)
　　　　　周家宝(正处级组织员、4～)
　　　　　陈　凌(2～)

(梁　韬)

宣传工作

【理论武装】 坚持把用党的理论创新成果武装党员干部、教育各族群众作为宣传思想文化工作的首要任务，紧紧抓住党委中心组学习、党员干部培训、基层理论宣讲三个重点环节，从完善制度、宣传普及、推动工作三个方面入手，精心组织，务求实效，在全州范围内形成崇尚学习、自觉学习和学以致用的理论学习氛围。制定《关于进一步加强和改进党委(党组)中心组学习的实施意见》和《中共文山州委理论学习制度》及理论学习安排意见，进一步推动干部理论学习的制度化、规范化和科学化进程，各级干部理论学习的自觉性和主动性明显增强。围绕中国特色社会主义理论体系、社会主义核心价值体系、六个"为什么"、党的十七届三中、四中全会精神等理论学习主题，推行理论学习专题"菜单制"选学活动，理论学习针对性和实效性明显增强。特别是4月开展深入学习实践科学发展观活动以来，全州宣传思想文化战线充分发挥工作优势，围绕"党员干部受教育，科学发展上水平，人民群众得实惠"的目标，按照省委"个人形象一面旗，工作热情一团火，谋事布局一盘棋"的要求，结合州委"四保四问四促进"的安排部署，把学习实践活动作为党员干部新的"理论武装工程"，组织开展学习实践科学发展观专题调研、专题讲座、理论研讨、科学发展观四进基层通俗宣讲、学习实践科学发展观主题宣传的系列实践活动。在学习实践活动中，各级领导干部紧紧围绕科学发展观的学习主题，深入基层调研，帮助基层干部群众释惑解疑、排忧解困；开展科学发展观专题研讨、专题培训、专题辅导100余场(次)，参加研讨和培训人员达3万多人(次)，理论进机关、进企业、进农村、进学校、进社区、进部队蔚然成风，积累理论宣传通俗化、大众化的经验；全州副处级以上领导干部撰写理论调研文章700余篇；推出一批学习实践科学发展观的先进典型，云南电视台新闻联播头条播出《文山：一联三帮保发展》和云南日报一版头条推出文山州平远中低产田改造的“平远速度”的报道，在全省产生积极广泛的影响。

【舆论引导】 按照“把握大势、精心谋划、改革创新、生动鲜活、人民满意”的要求，策划开展一系列重大宣传活动，积极有效引导社会舆论，为改革开路、为发展造势、为稳定服务。抓好活动宣传。以学习宣传党的十七大、十七届三中、四中全会精神为主线，围绕开展庆祝新中国成立60周年系列活动，通过多种形式和途径全面展示新中国成立以来，特别是战后恢复建设以来文山州经济社会发展的光辉历程、巨大成就和宝贵经验，增强全州各族干部群众的凝聚力、自信心和自豪感。抓好主题宣传。在《文山日报》、文山人民广播电台、文山电视台及文山州内各主流网站同步开辟专题和专栏，围绕落实科学发展观、构建和谐社会两大主题及“六大战略”、“四大基地”、通道经济发展等主题开展新闻宣传，集中力量打造宣传“亮点”。大力宣传“十大杰出青年”、“百姓最喜爱的十大人民警察”、“十大健康卫士”、“十大道德模范”的先进事迹，积极营造争先创优奉献社会的氛围；马关县开创大型户外电子显示屏宣传模式，得到省委领导的充分肯定并在全省推广；以举办文艺晚会、典型宣传等形式大力开展禁毒防艾、“五五”普法、食品安全、消防安全、反腐倡廉等宣传教育活动，为促进全州经济社会又好又快发展提供安定和谐的社会环境；抓好舆论引导。高度重视各类突发事件的民情疏导，密切关注全州广大干部群众对热点问题的思想反映，第一时间发布权威信息，有效引导社会舆论，把舆论引向有利于解决实际问题，有利于维护民族团结、社会稳定和科学发展上来，增强政府工作的公信力和影响力。围绕“大局、大事、大势”，加大社会舆情和网络舆情的收集、上报和监控力度，文山州被中宣部确定为云南省唯一的舆情信息直报点。全年，共收集上报社会舆情和网络舆情信息665篇，被中宣部采用51篇，省舆情信息中心采用200篇，综合评分位居全省前列。抓好媒体建设。按照中央和省的统一部署和要求，全州媒体集中开展“三项学习教育”活动和“做负责任媒体”宣誓活动，坚决抵制不良风气，提高媒体传播力、公信力和影响力；组建网络文化管理领导小组，成立外宣办网络中心，切实规范文山网络建设和管理；创办《网络舆情研判》，为领导决策提供准确快捷的信息参考。

【文化事业发展】 按照州委提出全力打造“三七文化、民族文化、地域文化”三张文化名片的工作要求，努力推进全州文化事业和文化产业繁荣发展。文化体制改革有新进展。根据中央及全省文化体制改革总体要求和部署，研究启动文山日报社印刷厂管理体制改革；研究制定文化市场综合执法机构和电影行政管理职能划转工作方案；探索和推动州级新闻媒体采编与经营业务“两分开”，文山电视台制播分离试点有效开展，效益逐步显现。文化精品打造有新成果。以《中国富宁壮族坡芽歌书》为主要载体，打造文山州文化精品。在昆明举办《歌书》首发式暨演示会，新华社、《大公报》等境内外20多家媒体作了报道；《歌书》荣膺2009年度“中国最美的书”称号，将参加在德国举办的“世界最美的书”展示与评选；文山州学者应邀参加第十六届世界人类学民族学大会并就歌书的发现及其价值意义作专题发言，引起国内外文字学、人类学、民族学等学界的广泛关注和强烈反响；组队参加云南省第三届青年歌手电视大奖赛，唱响《坡芽歌书》，取得原生态节目金奖和2个铜奖、4个优秀奖，综合排名各州市代表队第二名的好成绩，“文山壮歌坡芽队”入选云南省代表队参加2009年第十四届CCTV全国青年歌手电视大奖赛。此外，在州内拍摄的长篇电视连续剧《冷箭》在央视和国内多家卫视热播，成为与《我的团长我的团》、《金凤花开》齐名的云南省三大热播剧之一；12集壮族文化电视系列片《丽哉勐僚》获国际环保纪录片金牌节目奖并入选德国、英国自然电视节；由州文化公司出品、反映文山州民族文化发展的电影《阿峨之恋》在第18届金鸡百花电影节中推介展映。大型民族歌舞《踩山舞云》入选2010年上海世博会演出剧目，原生态歌舞乐《铜鼓编钟》在全省民族民间歌舞乐展演比赛中获最高奖项——评委奖。群众性文化活动有新亮点。广场文化活动和节日文化活动蓬勃开展，举办全省首届广场“大家乐”群众文化广场舞蹈大赛和群众广场舞蹈集中展示活动，丘北县举行彝族花脸节“千人跳弦子、万人抹花脸”狂欢活动，并成功申报吉尼斯世界纪录。以新中国成立60周年为契机，隆重举办“爱国歌曲万人唱”、“民族服饰展演”、“文山州第五届民族美食节”、少数民族传统戏剧展演、书画摄影展等一系列庆祝活动。整个系列活动规模大、氛围浓、参与广、效果好。

【对外宣传】 2009年，新华社、人民日报、中央电视台、云南日报、云南电视台等省级以上主流媒体刊播文山州经济社会发展新闻报道稿件数量不断增加，质量不断提高，影响不断扩大，全年共在中央及省级以上主流媒体刊播稿件2100篇（件、幅）。其中，新华社记者采写的《山瑶群众的“五难生活”——云南瑶族支系山瑶群众生活状况见闻》，被新华社《国内动态清样》第4840期采用，胡锦涛总书记对此作重要批示；《求是》杂志2009第15期刊登州委书记李培的理论文章《建设繁荣和谐的壮乡苗岭》，全面推介发展中的文山，展示民族团结、边疆稳定的和谐新景象，增强对外宣传的活力；《半月谈》2009年第23期还专门刊登《云南文山：从“边境战区”到“开放高地”的历史跨越》的报道等，通过一系列的对外宣传报道，为文山经济社会发展营造了良好的外部环境。文化外宣亮点。成功拍摄文化纪录片《破译坡芽密码》，被列为国务院新闻办对外交流文化宣传品，先后在央视“探索·发现”栏目、美国和香港主流媒体、全球多家中英文网站播出；州民族歌舞剧团应邀参加由香港特区政府主办的“同乐今宵 2009年中秋彩灯会”的演出，在香港同胞中引起热烈反响；云南电视台拍摄制作并播出《寻找三七姑娘》、《阿峨版画》等十一集民俗文化专题片，文山电视壮语新闻、苗语新闻节目的正常播出，深得边疆各民族群众的喜爱。旅游、经贸外宣工作。开展旅游、经贸对外宣传，在重庆市举办“云南省文山旅游重庆客源市场推介活动”，召开新闻发布会和景区推介会，采取点对点促销方式，直接向重庆市场全面推介文山旅游资源；派员到辽宁省大连市参加“2009 中国国内旅游交易会”；以昆交会为契机，组织好州内知名企业参展、交流，扩大宣传，提高文山的知名度。

【精神文明建设】 坚持把社会主义核心价值体系建设融入国民教育和精神文明建设全过程。通过课堂教学、专题讲座、主题班会、演讲讨论、社会实践、志愿服务等活动，把社会主义核心价值观融入校园和谐文化建设，融入经常性的思想政治工作，激发学生的学习热情和报国之志；把组织开展“首届十大道德模范”评选活动、“文山州‘赞英雄·颂边关’演讲大赛”、“第三届‘讲文明、改陋习、树新风’小品大赛”

中央电视台《新闻联播》栏目记者采访州长黄文武

作为推进社会主义核心价值体系建设的重要载体，注重渗透基层，重在群众参与。特别是十大道德模范评选活动声势大、效果好。文山州推荐上报的砚山县平远镇农民杨进刚，被中央文明委授予全国第二届道德模范提名奖、荣获云南省第二届道德模范荣誉称号。深入开展净化社会文化环境活动，在取缔黑网吧、严禁网吧接纳未成年人、净化荧屏声频、净化校园周边环境、防止不良出版物流入市场等方面采取有力措施，为未成年人的健康成长营造良好环境；首次命名州级爱国主义教育基地 18 个，较好地发挥对未成年人的教育作用。坚持突出重点、打造亮点、延伸辐射、示范带动和以城带乡、共同推进的路子，在全州上下广泛开展群众性精神文明创建活动。州财政局等 7 个单位被中央文明委命名为全国文明单位；丘北县仙人洞村等 4 个村镇被命名为全国文明村镇，普光明被评为全国精神文明建设先进工作者，378 个单位、218 个村镇、14 个社区、3 个行业分别被命名为省、州级文明单位、文明村镇、文明社区和文明行业，充分展现文山文明进步的精神风貌。

【边疆“解五难”惠民工程】 把实施边疆解“五难”惠民工程作为改善群众文化民生、保障群众文化权益的重要抓手，争取各类资金 3 亿元，加快学校基础设施建设和排除农村中小学 D 级危房步伐，严格执行义务教育“两免一补”政策，启动贫困学生社会救助机制；积极推进广播电视“村村通”、文化“两馆一站”、千里边疆文化长廊、农家书屋、文化信息共享等惠民项目建设；不断改善农村医疗条件，深入开展新型农村合作医疗；加强科技培训阵地建设，广泛开展文化、卫生、科技“三下乡”活动，进一步缓解边境地区各族群众读书难、看病难、看戏难、看电视听广播难、学科技难的问题，深受各族群众欢迎。文山州边疆解“五难”惠民工程建设得到省委、省政府的充分肯定，“军民共建边疆和谐文化村暨乡村文化惠民示范村”建设的做法被评为云南省首届宣传思想文化工作创新奖。

【干部队伍建设】 高度重视宣传文化系统领导班子和干部队伍建设，理顺干部管理体制，加强干部培养选拔。落实《文山州宣传文化人才培养规划》，加大宣传文化专业技术人才培养，优化人才结构，提高队伍整体素质。目前，全州宣传文化人才队伍中具有高级职称 50 人、中级职称 186 人、初级职称 443 人。加大干部培训力度，举办文山州宣传干部培训班，州、县、乡三级宣传干部 200 余人参加培训；选送党政人才、专业技术人才参加各级各类培训，其中参加省外培训 20 余人(次)，省级培训 64 人(次)，外派中直机关学习 4 人(次)；州、县各级宣传文化部门共举办各类培训 23 期，培训1 100多人(次)，下派基层挂职锻炼 30 余人(次)。通过培训和实践锻炼，使宣传文化干部和专业技术人员的理论水平和业务水平得到明显提高。

【领导名录】

部　长　熊荣元(苗、~11)
　　　　徐昌碧(12 ~)
副部长　普光明(彝)
　　　　段光丽(女)
　　　　廖云华

(廖志福)

统一战线

【春节慰问】 春节前夕，州委、州人民政府在文山会堂召开全州各族各界人士迎春茶话会，通报全州经济社会发展情况，向各族各界人士致以节日的问候。州委常委、州委政法委书记吴俊明，州委常委、常务副州长徐爱民，州政协副主席、州委统战部部长黄昌礼等领导分别率队深入宗教场所、民族地区、非公有制企业、华侨农场等看望慰问统一战线各界代表人士，送去党委、政府的关怀和新春佳节的良好祝愿。

【专题研究】 2 月 26 日，州委常委会议专题听取州委统战部关于全州贯彻落实全省统战部部长会议精神建议的汇报，并就有关问题提出明确意见，决定州委统战部的特需经费从 2009 年起，由原来的每年 3 万元增加到 10 万元，并列入财政预算；同意州委统战部增配一部公务用车，州财政安排一定的购车经费。

【领导调研】 10月27～28日，省委常委、省委统战部部长黄毅率队到文山州对民族和宗教工作进行调研。黄毅一行在州委常委、州委政法委书记吴俊明，州政协副主席、州委统战部部长黄昌礼的陪同下，先后深入到文山州广南县护国寺、莲城镇法棚村、坝美镇坝美村以及广南县油茶基地和砚山县平远镇田心村，与壮族群众和宗教界人士、当地干部座谈，听取各方面意见和建议，对进一步做好新形势下民族、宗教工作提出要求。

【联席会议】 9月25日，文山州委宗教工作领导小组在文山召开全州伊斯兰教工作联席会议。州委、州人民政府、州委统战部、州公安局、州安全局、州教育局、州宗教局领导，以及文山、砚山、广南、丘北县县委统战部长、县民宗局长、分管宗教工作的副局长、宗教股长共30余人参加会议。会议传达云南省伊斯兰教联席会议精神，各县分别汇报伊斯兰教工作存在的问题和今后工作打算。州政协副主席、州委统战部部长、州委宗教工作领导小组副组长黄昌礼就如何做好伊斯兰教工作提出要求。

【全州统战部长会议】 6月10日，全州统战部长会议在州委小礼堂召开，各县委统战部、文山学院党委统战部部长、副部长、办公室主任，担任县委统战部副部长的县民宗局长及州委统战部全体干部职工共40余人参加会议。会议传达全国、全省统战部长会议精神和全省非公有制经济人士思想政治工作暨工商联组织建设工作会议精神，通报2008年度县级统战工作目标量化考核情况，对统战工作先进单位进行表彰。州委常委、州委政法委书记吴俊明亲临会议指导，并作讲话。州政协副主席、州委统战部部长黄昌礼对2008年以来的全州统一战线工作进行回顾，对下步工作作出具体安排。

【法制宣传教育】 根据省委统战部积极深入到五大宗教领域开展寺观教堂法制宣传教育活动的要求，州委统战部切实履行牵头协调职责，成立州宗教活动场所爱国主义和法制宣传教育工作领导小组，制定活动方案，并于4月24日召开动员大会，对全州宗教活动场所爱国主义和法制宣传教育工作进行安排部署。教育活动从4月开始至12月结束，通过动员调查摸底、制定法制教育实施方案、开展宣传教育、学习法律法规、健全完善规章制度，以及验收总结等阶段的工作，达到了预期的目的。教育活动共发放各种宣传资料1万余份，接受群众咨询1万多人(次)，组织宣讲团和宣讲小组深入到宗教活动场所开展宣讲培训10期，400余名信教群众和250名县、乡、村干部接受了宣传教育。

【庆祝活动】 9月28日，州委统战部与州政协联合举办以“颂祖国、话发展、保和谐、庆佳节”为主题的纪念中华人民共和国、中国人民政治协商会议成立60周年暨中秋佳节座谈会，住文山城区的省政协委员、州政协常委、各族各界代表人士等共90余人参加会议。州委副书记、州人民政府州长黄文武，州政协主席王云凌分别作了热情洋溢的讲话。与会人员从不同角度、不同层面进行发言，以不同的形式颂扬新中国和人民政协成立60年以来，特别是改革开放以来国家政治、经济、文化、社会建设所取得的巨大成就和人民政协事业发展的光辉历程，共同祝愿祖国明天更加美好。

【民主党派工作】 农工党、九三学社、民建党省委先后在文山州发展成员，经按程序报批和充分准备，8月13日、9月9日和12月27日，农工党文山州支部、九三学社文山州支社、民建文山州支部成立大会分别在州政协会议室举行，会议选举产生了支(部)社的第一届班子成员。省政协副主席、农工党省委主委陈勋儒，省政协副主席、九三学社省委主委曾华分别出席会议并作讲话。年底，已有4个民主党派在州内建立基层组织，共有民主党派成员322名，其中民盟272人、农工党14人、民建21人、九三学社15人。

【对台工作】 向全州征集反映文山政治、经济、文化、教育、旅游、城市建设等各方面内容的图片资料，积极参加省台办《精彩云南》大型对台宣传画册的征集。配合马关县民政局、州医院做好赴台交流立项工作，4名人员顺利赴台参加“社会福利殡葬业内人士的交流考察”和“消化系统疾病的相关课题研究”等交流活动。在台湾部分地区遭受“莫拉克”台风袭击，造成人员生命及财产重大损失后，州台办向全州对台工作部门发出“向台湾灾区捐款”的倡议，得到统一战线成员的响应，仅广南县就捐款2.2万元。全部捐款统一汇到省海峡两岸关系协会转赠受灾同胞。

【朝觐工作】 充分发挥文山州朝觐工作领导小组的领导、组织、协调作用，切实做好制止零散朝觐工作，确保本年度朝觐工作的正常、有序进行。年内，全州有204名穆斯林参加国家统一组织的朝觐活动，并于10月28日在田心清真寺举办朝觐人员行前培训班，对有关外事纪律、朝觐工作方针、涉密事项等进行系统培训。12月19日，全州204名参加朝觐的穆斯林顺利安全返回文山，圆满完成朝觐主命功课。

【政协委员增补】 州政协换届后，由于工作调离、变动等原因，部分政协委员已不便代表原来的界别参加活动。为体现政协委员的代表性和广泛性，州委统战部及时与州政协党组研究，并征求州委组织部的意见，对州政协委员进行调整和增补。年内，增补政协委员18名，辞去政协委员职务9名，撤销委员资格1名。

【民主监督】 为加强党风廉政建设和反腐败工作，密切党群、干群关系，充分发挥特邀监察员在行政监察工作中的特殊作用，建立健全行政监察的监督制约机制，经州委统战部推荐，由州监察局审批，决定聘请熊朝康、杨道生等12名各界代表人士为州监察局第五届特邀监察员。

【队伍培训】 按照统一战线"三支队伍""十一五"培训规划，州委统战部与州委组织部、州委党校分别联合举办统战领导干部培训班、民主党派成员培训班和全州规模以上非公有制企业党组织负责人培训班，参训人数达200余人(次)。先后选送15名宗教界人士参加省委统战部组织的培训，配合组织部门选送3名少数民族干部和1名党外干部到省直机关、省属部分国有企业及发达地区挂职锻炼。选派7名县处级以上少数民族干部、党外干部、分管统战工作的领导，以及13名统战干部参加中央、省委统战部组织举办的培训。

【宗教场所建设】 州委统战部通过上级部门为文山县寿佛寺、砚山县伊斯兰教培训中心、广南县八宝观音庙、文山县三元洞寺争取35万元维修经费。在积极做好资金落实、确保资金及时到位的同时，州委统战部对在2008年争取到的40万元修缮经费使用情况进行专项监督，适时做好维修工作的监督和检查，确保专款专用，使有限的资金发挥出更大的效益。年内，对全州宗教场所房屋现状进行调查，制定宗教场所维护10年规划上报省委统战部，争取逐年解决。

【领导名录】

部　长　黄昌礼(壮)
副部长　王忠祥(彝)
　　　　陆庆怀(壮、兼)
　　　　古　蒙(苗)

(王文波)

政策研究

【调查研究】 围绕州委的中心工作和重大决策部署，牢固树立谋事干事一盘棋的思想，履行职责，积极主动将科学发展的理念和要求贯穿于调查研究和决策咨询等工作中，充分发挥参谋助手作用。深入基层调查研究。紧贴州委中心工作和州委领导关注的重点、难点、热点问题，不断创新调研方法和手段，深入基层、深入实际、深入群众开展调查研究，较好地完成了调研任务。全年组织和参与山区综合开发、生态文明建设、木本油料基地建设、通道农业示范区建设、绿色边关行动计划、创业促就业、畜牧业发展、加强新时期党的建设、平远地区民族团结社会稳定示范区、革命老区开发建设等方面调查研究，调研人数达210人(次)。通过深入调研，组织形成《加快油菜产业发展促进农民持续增收》、《关于把文山建设成为云南省承接转移东部产业重要基地的思考》、《文山州加强生态文明建设的对策建议》、《文山州核桃产业发展问题研究》、《文山州民族工作若干重要问题研究》、《浅谈领导科学重在调查研究》、《文山州油茶产业发展问题研究》、《文山州畜牧业发展对策建议》、《文山州加快山区农业综合开发难点与对策》、《农村民居地震安全工程建设工作重在做实》、《文山州涉农企业问题探索》、《加强党的基层组织建设调查与建议》、《加快文山州林业产业发展对策建议》、《加强新农村建设指导员工作大力推进全州新农村建设》、《文山州新农村建设研究》、《文山州农村民居地震安全工程建设浅议》、《加大改革步伐、促进二次创业》、《文山州供销改革工作报告》等17篇调研报告，供领导参阅。部分调查研究提出的对策建议已进入州委、州人民政府决策中，有6篇被《文山日报》、《文山政报》等报刊采用。注重收集整理国内外和周边信息资料，咨询服务工作有新提升。进一步加强信息资料的收集整理和编发工作，提高决策咨询服务的能力和水平。全年共编印《信息参考》14期，供领导参阅。

【文稿起草】 始终把抓好文稿服务作为政策研究工作的重点工作，坚持采取先调研，再起草文稿的办法，严格要求文稿质量，不断提高工作质量和效率。在文稿起草中，自觉运用科学发展观的理念深刻分析文山经济社会和党的建设方面的情况，领会州委、州人民政府领导的意图，注重把中央、省委精神与文山实际紧密结合起来，汇集力量，高标准完成了州委、州人民政府安排部署的文稿起草任务。全年起草《文山州加快山区综合开发促进农民增收的实施方案》、《中共文山州委、文山州人民政府关于加快生态文明建设的实施意见》、《文山州通道农业示范建设的实施意见》(送审稿)、《文山州绿色边关行动计划》(送审稿)、《中共文山州委、文山州人民政府关于进一步加快畜牧业发展的意见》(送审稿)、《全州农村民居地震安全工程暨农村危房改造工作现场会议上的讲话》、《文山州社会主义新农村指导员座谈会暨新农村省级重点建设村动员会议上的讲话》、《努力把文山建设成为云南省最重要的油茶产业发展基地》、《文山州人民政府关于加快推进中低产林改造的实施意见》、《文山州农业农村经济发展情况报告》、《文山州山区综合开发情况报告》。参与起草修改《中共文山州委七届五次全委会报告》、《中共文山州委七届六次全委会报告》、《文山州扶贫开发表彰会及暨州委农村工作会议上的讲话》、《文山州就业促创业工作会议上的讲话》、《文山州林业工作会议上的讲话》等材料，较好地完成了文稿起草工作任务。同时，积极完成省委政研室、省委农办交办的调研文稿材料起草上报工作任务。

【新农村建设】 围绕州委、州人民政府对"三农"工作作出的重大决策部署，结合全州农业农村工作实际，创新工作思路，加大工作力度，明确工作重心，切实履行职能，狠抓工作落实，各方面工作取得新成效。新农村省级重点建设村工作稳步推进。6月以来，州委农办积极争取到社会主义新农村省级重点建设村115个，覆盖4 715户21 217人。项目规划建设包括基础设施、经济发展、社会事业、生态建设、村容村貌整治、党的基层组织及精神文明建设等方面的内容。概算总投资5 696万元。其中省级补助投入1 725万元，部门整合1 424万元，群众自筹(包括以劳、以料折资)2 546万元，争取在2010年3月底完成建设任务。通过各县抓村寨规划、项目编制、宣传发动、整合资金、组织实施、高位推进。年底，州县共整合资金1 143万元；完成投资3 816万元，占计划67.0%；完成省级重点建设村18个，占计划任务16.0%。新农村建设指导员管理工作不断加强。2009年，全州共派出新农村建设工作队110个，抽调新农村建设指导员982名，其中省级42名、州级指导员105个、县乡(镇)指导员835个，确保每个村至少1名指导员，整村推进项目村有2~3名指导员。州委农办组织人员深入开展调查研究和检查指导工作，采取召开座谈会、走访部分指导员等形式，加强对各级新农村建设指导员的指导和管理，强化服务工作，尽力帮助指导员解决一些实际困难和问题，进一步发挥指导员在推进新农村建设中的积极作用，扎实推进新农村建设成效明显。农村民居地震安全工程建设取得新成绩。贯彻落实全省农村民居地震安全工程暨农村危房改造工作现场会精神，切实加大的农村民居地震安全工程建设的综合协调、组织实施力度，积极协调组织成员单位深入扎实开展工作，经常组织人员深入到各县有关乡镇、村进行调研、督促检查工作进展情况，并针对存在的困难和问题，给予指导帮助，顺利推进建设项目的实施。年底，全州农村民居地震安全工程建设，共完成资金投入11 300万元，其中省级补助投入4 100万元，州县整合资金投入1 600万元，群众自筹资金投入5 900万元。完成拆除重建2 800户、加固改造6 500户，已圆满完成省下达的建设任务。总体工程质量达到省、州验收技术要求，符合验收标准。

【联谊活动】 为争取省委政研室、省委农办的关心支持，经常请示汇报，主动做好衔接工作，使全州的政策研究、新农村建设、农村民居地震安全工程、新农村省级重点村建设等各项工作得到顺利推进；积极参加云南省民族自治州第十次政研工作联席会议，会上作《文山州生态文明建设的成效与思考》发言，并与其它州作了广泛交流、探讨工作，达到增进友谊、加强合作、互通信息的目的；加强与州级有关部门的联系，整合调研力量，共同完成一些有价值的课题研究；切实加强与各县委政研室、新农村建设办公室的合作，得到各县的大力支持，为完成各项工作任务奠定良好基础。

【领导名录】

主　任　朱世康

副主任　王顺祥(壮)

　　　　郑继德(傣)

州委农办专职副主任　高启刚(3~)

（陈兴宏）

保密工作

【"五五"保密法制宣传教育】 2009年，以"三月法制宣传月"、12月开展的宪法宣传周为契机，广泛开展保密法律、法规宣传教育活动。州局及8县共悬挂保密宣传挂图200余条，设立《保密法》及保密知识咨询点，滚动播放《保守国家秘密法》、《云南省实施＜保守国家秘密法＞细则》和《云南省保守国家秘密若干规定》，州县展示《通信、办公设备的泄密隐患及保密规定》、《身边的泄密隐患》，印发保密基础知识和国家其它法规中有关保密条款宣传材料2 000余份，受教育人数达8 000余人(次)。麻栗坡县还结合地处边境一线的实际，配合县依法治县办，集中做好该县沿277千米边境线上"走边关"大型法制宣传教育活动，深入边境线上的22个边境村委会145个村民小组，开展法制宣传教育活动，提高边境一线人民群众的法律意识和保密意识。组织各级领导和重点涉密人员传达学习近年来全国失泄密案例，观看《信息化条件下的主要技术窃密手段及其防范》、《警钟长鸣》等警示教育片，进一步增强工作的责任感，提高防范能力。狠抓《保密工作》期刊的征订工作，把2010年《保密工作》期刊征订工作作为一项事关保密法制宣传教育核心内容的工作任务来抓。扩大全州保密工作的宣传面和宣传质量，全州共征订582份。

【保密工作会议】 7月13日，全州保密工作会议在文山召开。州属党政机关、企事业单位共125家单位主要领导、8县县委保密委主任、县国家保密局局长参加会议。州委副秘书长、州委保密委副主任、州委办主任徐昌碧主持。会议组织观看保密警示教育片《警钟长鸣》；传达中央、省委有关文件精神，通报有关泄密案情；州国家安全局副局长余光泽作《隐蔽战线的窃密与反窃密斗争形势》的保密知识讲座；州委保密委专职副主任、州国家保密局局长李晋斌安排布置全州党政机关保密检查的具体工作要求。州委常委、州委秘书长、州委保密委主任李国安到会作重要讲话，提出相关要求。11月3日，中共文山州委保密委召开会议。州委常委、州委秘书长、州委保密委主任李国安主持会议，会议听取州国家保密局局长李晋斌汇报2009年全州保密工作开展情况；讨论研究有关问题。会议要求各级各部门要进一步增强做好保密工作的危机感，要从维护国家安全、人民利益和经济社会发展全局的高度，充分认识做好保密工作的极端重要性和紧迫性，增强责任感和使命感，确保国家秘密绝对安全。

【保密工作检查】 7月下旬，党政机关保密工作检查启动，检查组从州国家安全局、州电子政务中心抽调技术骨干组成检查组对全州40家重点检查单位开展检查工作。通过采取"听、看、查、问"等形式，对重点单位的涉密、非涉密计算机使用管理情况，移动存储介质使用管理情况，办公网络使用管理情况，涉密载体清理情况和相关制度建设等情况进行检查，并现场对检查情况进行全面如实的反馈。全州共检查316家单位，抽查计算机1 581台，其中涉密计算机402台，非涉密计算机1 179台。对未抽查到的单位，要求进行自查和整改，并在时限内上报自查报告、整改措施及相关报表。

【查处泄密事件】 4月，文山州共有涉密文件4份公开登载在云南省政府门户网站上，为确保相关责任单位能及时妥善处理此项工作，印发文件将督办工作任务分解到各县和州属相关单位，根据省保密局督办通知要求对泄密事件责任单位和责任人进行严肃查处的同时，加强对在网上发布内部信息的相关单位和责任人进行全面的保密法制宣传教育，确保筑牢保密工作防线。此次案件有2人受到警告处分、3人受到通报批评。

11月，经州委保密委会议研究决定，对2007～2008年度丢失涉密文件的有关单位和相关责任人进行了处理。共有2人受到警告处分，3人给予经济处罚。

【保密管理及审查】 抓好全州高考、中考、自考、会考及有关单位录用公务员和工作人员考试中的保密管理工作。全州保密部门派出专人全程监督，确保各类考试考务工作安全保密进行。根据教育部、中宣部、国家保密局联合下发的《关于印发国家教育考试考务安全保密工作规定》，积极主动与州县招生办、公安等部门密切配合，对州县招办试卷保密室和设置考点的学校考场，进行全面检查，对不符合要求的，立即督促整改。在各类考试中，全州未发生任何失泄密事件；把好各类出版物的保密关。为把好志书的保密关，处理好保与放的关系，州保密工作部门积极配合有关部门参加《文山州年鉴》、《文山州人防志》、《文山州档案志》、《文山政报》的审稿工作，根据有关划密规定严格把关，并提出保密修改意见和建议，确保州年鉴和有关志书的顺利发行。全年共审查年鉴1部、志书2部，《文山政报》11期；做好政府信息公开中的保密审查工作。对全州8县和州属各有关单位需对社会公开的信息进行保密业务指导和保密审查，坚持“谁公开，谁审稿，谁负责”的原则，贯彻落实保密审核责任制，要求各单位对是否公开有疑问的做到及时与保密部门沟通，以避免因处置不当而发生失泄密事件；做好文印市场的保密审核工作。12月11日，州局及各县保密局组织召开2009年文印市场保密工作年检座谈会，传达和学习保密知识及有关法律法规，对文山城区26家文印门点办理《备案证》和《许可证》的更换登记备案工作；完成保密承诺书签订工作。切实担负起依法管理国家秘密的重要职责，履行好国家赋予的审批、决定、检查、处罚和建设等行政职能。在全州范围内组织开展保密承诺书签订工作，全州8县共组织913家单位12 546人签订保密承诺书，做到不漏签，不走过场，不留隐患。

【领导名录】
局　长　李晋斌

（郑　谦）

机关党务

【简　述】 2009年，以深入开展学习实践科学发展观为重点，以加强党的执政能力和先进性建设为主线，坚持用中国特色社会主义理论体系和科学发展观武装党员。组织州直机关党员深入开展学习实践科学发展观活动；开展“讲党性、重品行、作表率”活动和省委关于开展的“个人形象一面旗、工作热情一团火、谋事布局一盘棋”主题实践活动，以建设一流机关、打造一流队伍、培育一流作风、创造一流业绩为目标，切实解决机关党员、干部在党性、党风以及廉洁自律等方面存在的突出问题。努力在党的思想、组织、作风、制度建设和反腐倡廉建设上取得成效，切实增强党组织的创造力、凝聚力和战斗力。州直机关工委现辖党组织有5个机关党委、20个党总支、180个支部、3 025名党员。

【党员教育】 按照省委和州委的安排，州直机关5个机关党委、20个党总支、180个支部、3 000余名党员参加第二批深入学习实践科学发展观活动，围绕“党员干部受教育，科学发展上水平，人民群众得实惠”的要求和“促进科学发展、维护边疆安宁、增进民族团结、构建和谐文山”的具体目标，切实把这次学习实践活动作为纯洁思想、坚定信念、提高修养、增强本领、推进工作的难得机遇，严格标准，精心组织，认真学习，边学边改，积极开展“三走进三破解”，取得了初步成效。增强机关党的建设服务经济和社会发展的观念。不断转变机关作风，服务质量服务水平不断提高。

【组织建设】 抓好党组织建设和党员管理。依据《中国共产党党和国家机关基层组织工作条例》，合理设置机关党组织，2009年批准成立机关党委1个，撤销机关党委1个；批准成立党总支2个、支部6个，机关党委换届2个，总支换届2个、支部换届33个；选好配好基层党组织班子成员193人。转入党员166名，转出党员46名；开除党籍4人，党员死亡15人。抓好党员发展。为做好入党积极分子入党前的教育，举办1期入党积极分子培训，共有210人参加学习培训，测试合格的有190人。全年审批发展新党员27名，批准预备党员转正44名。

树立典型，表彰先进。根据州委要求，工委上报的两名优秀共产党员受州委表彰。举行纪念建党88周年暨“云岭先锋”表彰会。根据实施“云岭先锋”工程“一年一评比，两年一表彰”的要求，7月1日下午在文山会堂隆重举行纪念建党88周年暨“云岭先锋”表彰会，对2007年以来在机关党的建设工作中，成绩突出的文山州人民检察院机关党委等36个基层党组织、何锦文等61名优秀党务工作者、马培文等179名优秀共产党员进行表彰。

抓好党务干部培训。工委于8月14日在文化大厦3楼会议厅举办1期党务干部培训班，对机关党务工作进行系统的培训，机关基层党组织书记、副书记、委员200余人参加培训。同时为促进机关基层党组织组织党员学习，工委购买《中国共产党第十七届中央委员会第四次全体会议文件汇编》210本，发到机关基层党组织。

开展好城乡基层党组织互帮互助活动。根据《中共文山州委关于建立健全城乡基层党组织互帮互助机制的意见》要求，州直机关各级党组织与共建党组织共落实项目153个，投入资金1959.99万元，活动次数245次，参与座谈人员4 621人（次）。

先进基层党组织优秀党务工作者
优秀共产党员表彰大会

【制度建设】 继续贯彻落实长效机制文件。在开展学习实践科学发展观活动期间，州直机关各级党组织建立了相关制度，并贯彻落实。为在发展党员工作中全面推行发展党员推荐、联系、公示、预审、票决等五项制度，工委下发《关于在发展党员工作中推行“五项制度”及入党积极分子实行备案制度的通知》，同时推行入党积极分子备案制度。推进党内民主建设，增强团结统一。以落实党员知情权、参与权、选举权、监督权为重点，进一步提高党员对党内事务的参与度，充分发挥党员在党内生活中的主体作用。贯彻落实《中国共产党党员权利保障条例》，尊重党员主体地位，保障党员民主权利，推进党务公开，营造党内民主讨论环境，推进党内民主建设，增强团结统一。加强制度执行督促检查。要求基层党组织完善各项制度，加强机关党建基础性工作，确保机关党建工作运行有序，做到经常化、制度化。

【廉洁从政教育】 开展好主题教育月活动。6月初根据州纪委、组织部、宣传部要求，开展一次主题学习、讲一次党课、组织一次廉政考试、进行一次正反典型教育、开展一次对照检查等五项工作；开展警示教育，根据州委《关于在全州党员干部中开展以赵仕永严重违纪违法案件为反面典型的警示教育活动的通知》要求，8月初至9月末，在机关党员干部中围绕赵仕永案件开展警示教育活动，播放警示教育片30场次，受教育人数1 616人（次）；组织开展廉政文化进机关活动，按照廉政文化进机关的要求，各级党组织采取“读廉书、观廉片、写廉文、唱廉歌、上廉课”等多种形式，不断丰富和创新活动载体，营造机关廉政氛围，推进机关廉政文化建设。

抓好廉洁自律监督检查工作。做好自检自查及监督工作，按时填报有关报表；做好州直机关科级干部提拔任用、评先选优、出国（境）监督审查工作。2009年对14人提拔任用的党员干部、18名副处级后备干部人选，受表彰的36个先进基层党组织、41名优秀党务工作者、143名优秀党员，1名出国（境）培训人员在遵守党纪、贯彻执行廉洁自律规定方面的情况进行监督审核；参与干部选拔任用、公务员考录的监督；围绕领导干部遵守廉洁自律10个方面内容的要求，组织开展专项监督检查工作。严肃查办党员违纪案件。严格按照干管权限，办理机关党员违纪案件。重视人民群众来信来访工作，全年受理来信案件2件，办结2件，办结率100%。

【落实党内关怀机制】 根据州委的要求，在元旦春节期间对困难党员群众进行走访慰问，把党和政府的温暖送到基层困难党员的心中，慰问机关困难党员34人，发慰问金6 800元；在春节前夕，工委领导到挂钩扶贫点马关县坡脚镇小马固村委会，走访慰问农村贫困党员，协调资金为扶贫点修沟渠、修公路，排忧解难，慰问农村党员76人，发慰问金8 100元；“七一”期间走访慰问特困党员3人，发慰问金600元；国庆期间走访慰问离休干部2人，发慰问金400元。

【干部队伍建设】 抓学习，不断提高综合素质。按照州委“每天读书一小时，每月新读一本书，每季度撰写一篇调研报告”的学习要求，组织好集体和个人学习。同时，创造条件走出去学习，到红河、昭通、曲靖市机关工委学习考察。为抓好学习，工委购买了《中共中央关于加强和改进新形势下党的建设若干重大问题的决定辅导读本》、《科学发展观学习读本》等书籍供干部职工学习，树立科学发展观和建设和谐社会思想，提高党务工作能力。强调研，转变工作作风，结合深入学习实践科学发展观活动，开展“三走进三破解”调研活动。走进扶贫点，破解机关工委对“三农”知之甚少、真心实意帮的问题；走进基层党组织，破解新时期如何进一步搞好机关党建的问题；走进老、病、贫党员，破解党组织对困难党员关注不够的问题。并结合工作实际撰写调研报告19篇，报送省直工委9篇调研文章。实行领导挂钩联系1个基层的党组织，下基层了解情况指导工作，争取领导支持，解决问题，促进工作。开展单位和谐建设，创造良好的工作环境，全体人员团结、和谐，是完成各项任务的前提，工委以专题民主生活会为契机，开展交心谈心活动45人（次），努力形成团结干事，奋发向上的良好和谐环境。

【领导名录】

书　记　陈甲兴（～6）
　　　　王光建（8～）
副书记　王光建（～7）
　　　　朱祥林（彝）

（裴忠华）

党史征研

【全州党史工作会议】 4月14日上午在文山召开全州党史工作会议。州委常委、组织部长黄宏伟、州人大、州政府、州政协各1位领导和8县分管党史工作的县委领导以及全州党史工作者参加会议。会上，州委常委、组织部长黄宏伟、州党史研究室主任潘文金分别讲话，对全州党史工作者开展深入学习实践科学发展观活动和2009年度党史业务工作分别提出要求。

【党史征研】 全年编撰出版发行《2008中共文山州委执政纪要》。在州委各部门和各县的支持配合下，经过全体编撰人员的共同努力，按计划出版发行《2008中共文山州委执政纪要》，该书共140万字，内容包括中央、省领导对文山工作的亲切关怀，州委的重大决策，州委的重要活动，州委的重大发展，州委各部委工作，州纪委工作，州人大常委会党组、州人民政府党组、州政协党组、文山州军分区党委、州中级人民法院党组、州人民检察院党组、州总工会党组、团州委党组、州妇联党组工作，各县委工作，执政论坛，州委执政大事记，先进党组织和优秀共产党员，图片资料，附录等。同时，按时完成《2008中共云南省委执政纪要》文山州委工作综述；出版《中共丘北县委执政纪要(2008)》、《中共西畴县委执政纪要(2008)》、《2008中共文山县委执政纪要》、《2008中共马关县委执政纪要》。州党史研究室编辑完稿《抗日战争中的文山》、《文山州社会主义时期若干专题》；文山县的《红色洒戛竜》、西畴县的《云南省西畴县党政军统群企事业单位组织史资料》(续集一)、富宁县《发展中的富宁革命老区》等也已先后出版发行。全州还有10余部党史书籍正在编撰中。

【党史宣传教育】 州党史宣传教育工作围绕全州纪念建国60周年等活动，总结全州60年来特别是1992年战后恢复建设以来取得的主要成就及其历史经验，用党的伟大成就激励人，用党的成功经验启迪人。系统地总结反映建国60年特别是战后恢复建设以来文山州经济建设和社会发展取得的主要成就及其历史经验，撰写综述文章《沧桑六十年、历史新跨越》，上报省室编纂出版《辉煌中国·云南60年》一书；做好革命遗迹遗址保护工作。文山县委党史研究室在州、县党委的领导和省、州党史业务部门的指导下，修缮文山州第一个党支部旧址及布展陈列相关历史资料，并配合县委县政府于7月1日举行文山州第一个党支部成立旧址暨“云南省第一座党史教育基地——洒戛竜”正式挂牌成立。室领导会同州文化局和州革命老区促进会领导前往百色、富宁等地调研，并为富宁谷拉革命老区历史陈列室的布展提出建设性的意见，同时州室领导班子还撰写《文山党史教育基地建设思考》、《文山地方党史在云南红色文化中的地位》等调研文章。编纂《红色洒戛竜》、《滇黔桂边风云录》等宣传文山党史革命史的书籍，对广大党员、干部、群众、青少年进行党史革命史教育，发挥了党史的“育人”作用。在《文山日报》等各种传媒上发表反映文山州60年来经济社会发展变和社会主义建设和改革开放取得的伟大成果的文章；做好《中国共产党文山壮族苗族自治州历史》(第一卷)等书籍的发行工作；配合省委党史研究室和省电视台、昆明电视台在文山、砚山、富宁、广南、丘北等县拍摄《红土地的足迹》等反映地下党边纵时期革命斗争历史题材的电视片。

文山州第一个党支部成立旧址暨党史教育基地——洒戛竜挂牌

【调研指导】 州党史研究室领导班子深入富宁县指导谷拉乡革命老区建设，到文山县指导文山州第一个党支部旧址洒戛竜修缮建设，对西畴、麻栗坡和富宁等县党史正本和党史书稿进行审读，提出修改意见。

【领导名录】
主　任　潘文金(壮)
副主任　赵志鹏(彝)

(罗绍辉)

党校教育

【理论武装】 充分发挥党校理论宣传主阵地作用，深入学习宣传研究党的创新理论。抓好马克思列宁主义、毛泽东思想、邓小平理论、“三个代表”重要思想和科学发展观的学习宣传研究。深入学习贯彻《党校工作条例》、省委《实施意见》、州委《工作意见》和全国、全省、全州党校工作会议精神，重点抓好党的十七大、十七届三中、四中全会精神的学习、宣传和研究。把党的十七大、十七届三中、四中全会精神确立的重大理论观点、重大战略思想、重大工作部署作为校院教学、科研和管理工作的重要内容，用以武装教职工、学员头脑、指导实践和推动工作。积极主动自觉地为机关、学校、乡镇、社区、群众宣讲党的路线方针政策和党的创新理论，努力完成时代赋予党校的崇高使命。由校领导和骨干教师组成的理论宣讲组全年共到州、县机关，边防部队、监狱系统、各企事业单位作科学发展观专题讲座，宣讲党的十七大、十七届三中、四中全会精神80多场(次)，参加听讲人员达6 000多人(次)，受到了社会各界的广泛好评。

抓学习，确保政治理论学习取得实实在在的成效。抓好党委理论学习中心组学习。根据州委《关于2009年全州县级以上党委(党组)中心组学习安排的建议》要求，结合学校工作实际，校党委理论学习中心组全年共举行3次集中学习活动。校党委与文山学院党委联合举行的理论学习中心组集中学习活动，对党校与高校如何实现优势互补、信息共享、科学发展进行深入的探讨，形成一系列加快校院发展的思路和对策。邀请8县县委党校负责人参加校党委理论学习中心组集中学习活动，进一步统一全州党校系统干部职工的思想认识，增强做好新时期干部教育培训工作的责任感、使命感和紧迫感，有效地推动全州干部教育事业的新发展。吸收校内各科室负责人、各党支部负责人参加校党委理论学习中心组集中学习活动，既调动大家的工作积极性，又集中解决学校建设和发展中面临的一系列突出问题。抓党支部和处室的学习，努力做到先学、先懂、先用，为进一步发挥党校学习、宣传、研究党的创新理论的主阵地和干部教育培训的主渠道作用奠定坚实基础。

党校机关党支部与文山县古木镇纸厂党总支党员开展互帮互助活动

【教育培训】 充分发挥"阵地"、"熔炉"和主渠道作用，围绕州委、州人民政府的中心工作开展干部教育培训。全年共开办新任处级领导干部反腐倡廉建设和履职能力培训班、中青年干部培训班、科级公务员任职培训班、少数民族干部培训班、妇女干部培训班、统战干部培训班、理论骨干培训班、民主党派成员培训班、农村"两委"干部培训班、综治维稳干部培训班、少先队辅导员培训班、工会干部培训班、科协系统干部培训班、宣传干部培训班、领导干部金融知识专题培训班、学习宣传贯彻党的十七届四中全会精神专题培训班等22个主体班(次)，培训轮训各级各类干部2 556人(次)，充分发挥党校干部教育培训的"主渠道"、"主阵地"作用。另外还与相关部门联合开办选聘高校毕业生到村任职培训班、新录用公务员培训班等3个班(次)，培训各类干部1 362人(次)。

抓好学历教育工作。在党校系统函授学历教育停办的情况下，在分析全州干部队伍学历结构状况的基础上，拓宽与高等院校联合办学的渠道，通过完善制度、加强管理、提高教学质量、优化专业设置、依托行业办班等具体办法吸引生源、挖掘潜力，部分类别、专业的招生人数有增加，现有在读生人数1 200余人。调整培训内容，创新培训方式，增强教学的针对性、时代性和实践性。创新培训理念，优化教学布局。在突出理论武装的基础上，学校严格按照省州党委的要求，努力做到党的事业需要什么就培训什么，科学发展需要什么就培训什么，干部缺少什么就培训什么。结合文山经济社会发展实际，将干部教育培训工作同州委实施的"六大战略"、"通道经济"、"四大基地建设"等重大部署紧密结合起来，着力解决好教育培训中的关键问题，努力使教育培训与州委、州人民政府的中心工作环环相扣；将干部教育培训与全州经济社会发展相统筹，与全州经济结构和人才结构调整相匹配，与产业发展和产业升级相适应，为全州培养了大批现代化建设急需的各类人才。

创新培训方式方法，增强针对性和实践性。按照"按需施教"的要求，针对不同班次学员的特点，建立教学方法的创新机制，抓好教学方法的创新，在各类班次广泛采用交流互动、情景模拟等多种培训方法，充分发挥教师的主导作用、学员的主体作用，增强答疑解难的效果。教学方式方法的改革，进一步增强教育培训的针对性和实践性。突出边疆民族特色，开展重点专题教学。按照研究抓创新、成果抓转化的教研工作思路，紧紧围绕中心、服务大局，深入研究文山带全局性、前瞻性、战略性的重大问题，总结文山深化改革、扩大开放、推进科学发展、维护边疆安宁、增进民族团结、促进社会和谐、加强党的建设等方面的经验，从推进文山经济、政治、文化、社会和党的建设，少数民族干部、妇女干部、党外干部培养，加强民族团结、边疆稳定、城乡繁荣等方面，设立260多个紧密结合州情实际，具有较强针对性、灵活性、科学性和规范性的特色专题在各主体班次讲授，满足学员研究问题以及提高素质和能力的多样化、个性化需求。

【教研科研】 教研、教辅部门履行职责，管理和服务质量明显提高。教研部门对归口管理学科的跟踪管理进一步加强，对任课教师备课、授课、作业评阅等主要教学环节的督促、检查力度进一步加大。全年共组织开展各类教研活动30次、深入基层开展调研活动22次、撰写教学调研报告和总结30份，组织教学观摩课累计80余节(次)，保证教学活动的正常开展和教学质量的提高。教务管理部门主动研究干部教育的特点和规律，探索出一些新的管理模式，总结推广一些新的教学方法。图书馆为教学、科研服务的功能进一步发挥，满足教学和科研工作的需要。坚持党校科研工作为推进党的理论创新服务，为提高教学质量服务，为党委和政府决策服务，为社会主义经济、政治、文化、社会及党的建设服务的科研工作方向，紧密结合国内外形势的发展变化和文山州情，紧扣州委、州人民政府的中心工作，采取上下结合、师生结合、内外结合等多种方式，加强对中国特色社会主义经济、政治、文化、社会建设和党的建设等重大现实问题的研究，进一步强化学校在全州马克思主义中国化最新成果研究和宣传中的主阵地作用。年内，结合建国60周年、深入学习实践科学发展观、召开全州党校工作会议、学习贯彻十七届四中全会精神等活动，承担州专项课题攻关2个，还组织"2010年度云南省委党校系统课题选题"的征集工作，共向省委党校提交6个课题，组织全校教师参加省、州各种理论征文共6次。全校教师共撰写科研论文101篇，公开发表论文18篇，其中国家级刊物6篇、省级刊物9篇、州级报刊3篇、校级刊物22篇。在各类征文活动中，全校教师共提交理论文章30多篇，有3篇获省级三等奖、4篇获州级优秀奖，取得一批有质量的科研成果。

【业务指导】 根据《中国共产党党校工作条例》的有关规定，加强对县级党校的业务指导，整合全州党校系统资源，形成合力，使党校的整体功能得到了更好的发挥。加强对县级党校贯彻落实中央、省委和州委关于党校工作的方针、政策情况的督促检查。加强对县级党校贯彻落实《干部教育培训工作条例(试行)》、《中国共产党党校工作条例》及全国、全省干部教育培训工作会议和党校工作会议情况的督查检查力度，指导县级党校按《中国共产党党校工作条例》确定的指导思想、工作原则和要求开展教研科研，促进县级党校在干部教育培训方面做出更大的贡献。指导县级党校落实好《2006—2010年文山州干部教育培训规划》，对有关工作情况进行调研，提出解决的办法和措施，有效地推动全州干部教育培训规划的顺利实施。加强对县级党校教学教法工作的指导。根据《中国共产党党校工作条例》的有关规定和全国、全省干部教育培训工作会议及党校工作会议的有关要求，加大对县级党校主体班次开设、学制、主要课程设置，学历班次教学、考试、论文撰写答辩等重要教学环节的指导，推动全州党校系统教学教法改革的进程，党校系统的教学质量和水平明显提高。加强对县级党校科研工作的指导。指导县级党校强化科研工作的基础地位，重点落实好“四个服务”的科研方向，加强对重大理论和现实问题的研究，落实科研成果进课堂、进头脑、进决策，促进教学科研一体化。采取多种方式，组织协调科研项目的选题、立项和联合攻关，吸收县级党校的人员参加课题组，做好科研成果鉴定、评审工作，提高县级党校的科研能力。召开全州党校系统“纪念改革开放60周年理论研讨会”，增强全州党校系统教职工进行科学研究的热情，拓宽教研人员对重大理论和现实问题研究的广度和深度。

【领导名录】

党委书记、常务副校(院)长　黄家仁(壮)

副校(院)长　柏金发(彝、~4)

郭旭初(~6)

丰云明

黎　权(壮)

(娄孝发)

老干部工作

【贯彻落实老干部文件精神】 为进一步加强新形势下离退休干部工作，切实从政治上尊重老干部、思想上关心老干部、生活上照顾老干部，按照省、州老干部工作会议的安排部署，采取“五个一”措施，转发一个文件。州委组织部、州委老干部局、州人事局、州劳动和社会保障局联合转发省委组织部等四部门《关于转发中组部、人力资源和社会保障部〈关于进一步加强新形势下老干部工作的意见〉的通知》从提高认识、深入学习、突出重点、开拓创新、组织领导等五个方面提出具体要求。召开一次部署会议，3月9日州委召开全州老干部工作会议，会议就如何结合实际贯彻落实文件作出具体安排部署。组织一次学习活动，根据省州老干部工作会议的部署及要求，全州老干部工作部门及时组织干部职工原文学习文件，让干部职工及时吃透文件精神，领会文件要领，把握文件在落实离退休干部工作的指导思想、基本原则上提出的新思想、新观点，进一步增强做好新形势下离退休干部工作的紧迫感和责任感。开展一次专题调研，4月15~20日，州委老干部局由局领导带队，分成两个小组深入到马关、西畴、广南、丘北4个县，就“如何做好新形势下离退休干部服务管理工作”和“如何做好‘双高期’离休干部服务管理工作”两个课题进行调研。通过听汇报、召开座谈会等形式，形成《让党放心，让老干部满意—浅谈文山州老干部管理工作》和《离休干部面临“双高期”—需要我们创新那些模式》两篇调研文章上报州委深入学习实践科学发展观领导小组办公室和省委老干部局，为如何做好新形势下的离退休干部工作进行有益探索。组织一次全州退休干部信息采集，针对全州退休干部底数不清、情况不明的实际，州委组织部、老干局、州人事局研究联合下发《关于建立退休干部信息库的意见》，明确建库的重要意义、内容、范围、要求、方法步骤等；为确保工作顺利实施，州委组织部、老干局、州人事局于9月17日在文山文化大厦三楼多功能厅进行为期1天的全州退休干部信息库建设业务培训会议，就具体业务工作作安排和部署。目前，退休干部信息库建设工作已基本结束，信息库的建成，将为上级组织及领导决策提供准确科学依据。

【落实老干部生活待遇】 州委、州人民政府及有关部门领导带队，定期和不定期的深入到医院和老干部家中看望慰问老干部，随时了解老干部的学习、生活和身体健康状况，做老干部的贴心人。截至12月29日，在春节、建国60周年等节日期间全州共走访看望离退休干部2 044人(次)、离退休干部遗属373人(次)。州委老干部局坚持离休干部80、90、100岁生日看望慰问制度，为29名离休干部送去生日祝寿金23 200元；贯彻执行州委办公室、州政府办公室《转发州委组织部、州委老干部局〈文山州州直离退休干部逝世后丧事办理工作相关事宜的意见〉的通知》规定及要求，指导16名已故离休干部所在单位及其家属办理后事。离休干部生活待遇得到进一步落实。全州各级党委、政府及相关部门按照省委：“再难不能难老干部，再苦不能苦老干部”的要求，进一步加大财政支持力度。截至12月29日，全州补办10名离休干部的住房补贴，审查办理52名离休干部的“高龄护理费”、审查办理26名离休干部的“瘫痪护理费”、审查办理9名已故离休干部配偶的生活补贴；组织开展离退休干部健康体检工作，全州对983名离退休干部进行健康体检；州委组织部、老干局，州财政局、人事局、劳动和社会保障局及时转发省委组织部、老干局、财政厅、人力资源和社会保障厅联发《关于提高我省部分离休干部护理费标准的通知》，进一步提高和规范部分老干部的护理费。生活有特殊困难的离休干部得到进一步关心照顾。全州老干部工作部门按照特事特办、雪中送炭的要求，建立帮扶解困资金42万元。一部分参加革命时间早、家庭收入底、身患重病、生活不能自理、子女下岗的离退休干部以及离退休干部遗属及时得到关心照顾。

【发挥老干部作用】 全州各级各部门高度重视老干部作用发挥，本着自觉自愿、量力而行的原则，鼓励离退休干部面向社会、面向群众、面向基层发挥积极作用。全州共在离退休干部中聘请关工委成员82人，聘请文化市场监督员24人，聘请市政建设协管员38人，聘请行风评议员19人。各老年社团组织开展送文化、送科技、送卫生、送法律下乡活动。截止12月29日，共演出文艺节目252场(次)，赠送春联4 695对，赠送图书325册，印发农业科技、法律宣传、医疗卫生等资料3 102份，为群众诊病956人(次)，为贫困群众、贫困学生捐款42 629元。离退休干部离职不离岗，退休不褪色的事迹得到基层干部和群众的好评，赢得社会的广泛赞誉。

【丰富老干部的精神文化生活】 全州各级老干部工作部门坚持把老干部活动中心、老年大学、干休所阵地建设，作为加强离退休干部思想政治建设、满足离退休干部精神文化生活需求的重要载体来抓，"三块阵地"建设的功能和作用得到进一步发挥。老干部活动中心的服务管理进一步规范。各老干部活动中心在建立健全各项规章制度基础上，探索改进服务管理的方式方法，在醒目的地方张贴"温馨提示"，设立"高龄老人专席"等，不断提升服务质量，深受老同志的好评。老年大学逐步走向健康发展轨道。州县老年大学根据老年人特点和需求，合理确定教学内容，逐步改善办学条件，稳步扩大办学规模，制定科学适用的规章制度，在课程设置、教学大纲、教学计划、教材选定、师资聘用、学籍管理和班级管理上进行探索，老年大学逐步走向健康发展的轨道。全州9所老年大学共开设29个专业30个教学班，有在校学员986名，有聘用教师72名。干休所服务管理水平不断提升，州干休所建立健全各项内部管理制度，不断改进和完善服务方式，积极为老干部学习和生活提供优质、高效服务，老干部生病住院、交纳水电费等方面的难题得到有效解决。丰富老同志精神文化生活，州县老干部活动中心、老年大学坚持学、乐、为结合，组织离退休老同志开展对外交流和文艺演出活动，对外展示教学成果。6月1日晚，州老年大学联合州关心下一代工作委员会和州实验小学，在休闲广场举办以"弘扬国学经典，传承中华文明"为主题的祖孙同乐庆"六一"联欢晚会，为观众演出19个精彩文艺节目。6月11～12日，麻栗坡县委老干部局组织老年大学学员到州老年大学和丘北县老年大学参观考察，互相交流办学经验。10月30日至11月5日，州老年大学组织"庆六十华诞·展夕阳风采"系列活动，进一步充实老同志业余文化生活。

【加强自身建设】 在学习实践活动中，州县老干部工作部门把开展深入学习实践科学发展观活动同开展"讲党性、重品行、作表率"活动结合起来、同学习宣传老干部工作方针政策结合起来、同开展"作风转变年"活动结合起来，查找老干部工作中一些不适应、不符合科学发展观的突出问题。同时，州委老干部局还在在职党员干部中开展"五树立五熟悉五转变五明显"主题实践活动。"五树立"，即树立围绕中心、服务大局的理念，树立以人为本、服务至上的理念，树立"全面协调可持续"发展的理念，树立"统筹兼顾"的理念，树立前瞻创新的理念；"五熟悉"，即熟悉老干部工作政策，熟悉老干部思想动态，熟悉老干部家庭情况，熟悉老干部身体状况，熟悉老干部爱好特长；"五转变"，即转变思想观念，转变思维方式，转变工作思路，转变工作作风，转变服务管理方式；"五明显"，即精神面貌明显变化，服务意识明显增强，工作作风明显改进，工作节奏明显加快，工作效率明显提高。组织参加各类业务工作培训，在全州老干部门选派12人参加全省老干部信息库业务培训；选派1名处级和1名科级干部参加任前干部培训。宣传老干部工作，全年共编发《信息汇报》42期，被省州报刊转载共9篇；建成开通"文山州老干网"，及时反映工作动态。做好信访工作，全年处理来信13件，办结13件，做到"件件有落实、事事有回音"。

【领导名录】

局　长　王光平(苗)

副局长　王树良(～6)

　　　　罗丽萍(女)

　　　　龙清修(6～)

(王荣琥)

文山州人大常委会

责任编辑　李春梅

文山州第十二届人民代表大会第六次会议

重要会议

【州十二届人民代表大会第五次会议】 1月12日~17日在文山举行，会议听取和审查州人民政府州长黄文武所作的《文山壮族苗族自治州人民政府工作报告》；审查和批准《文山壮族苗族自治州2008年国民经济和社会发展计划执行情况及2009年计划（草案）报告》、《文山壮族苗族自治州2008年地方财政预算执行情况和2009年地方财政预算（草案）报告》；听取《文山壮族苗族自治州人大常委会工作报告》、《文山壮族苗族自治州中级人民法院工作报告》、《文山壮族苗族自治州人民检察院工作报告》；审议通过《云南省文山壮族苗族自治州文山三七发展条例（草案）》和《云南省文山壮族苗族自治州城乡规划建设管理条例（修订草案）》；补选王贵斌、杨恩丽、唐修文为文山壮族苗族自治州人民代表大会常务委员会委员；补选周和玉为文山壮族苗族自治州人民检察院检察长。

【州十二届人大常委会第二十次会议】 1月12日在文山举行。审议通过文山壮族苗族自治州第十二届人民代表大会第五次会议有关事项、《云南省文山壮族苗族自治州文山三七发展条例（草案）》和《云南省文山壮族苗族自治州城乡规划建设管理条例（修订草案）》的议案。

【第二十一次人大常委会】 4月22~23日在文山举行。听取和审议《文山州人民政府关于富宁港一期工程向建行文山州分行贷款的议案》、《文山州人民政府关于将丘北至广南三级公路项目建设资金贷款本息列入财政预算的议案》、《关于全州木本油料基地建设工作情况的报告》、《全州贯彻实施〈中华人民共和国药品管理法〉情况的报告》、《关于州第十二届人民代表大会代表变动和罢免赵仕永代表职务的资格审查报告》；审议通过《文山壮族苗族自治州人民代表大会常务委员会任免地方国家机关工作人员办法（草案）》；任命唐建军为文山壮族苗族自治州民政局局长、王光海为文山壮族苗族自治州商务局局长、胡艳为文山壮族苗族自治州中级人民法院刑事审判第三庭庭长、黄亚民为文山壮族苗族自治州中级人民法院审判员、王祥孝为文山壮族苗族自治州中级人民法院审判员、蔡永林为文山壮族苗族自治州人民检察院检察员、杨绍祥为文山壮族苗族自治州人民检察院检察员；免去雷绍武文山壮族苗族自治州三七特产局局长职务、胡艳文山壮族苗族自治州中级人民法院民事审判第三庭副庭长职务、彭新华文山壮族苗族自治州中级人民法院行政审判庭副庭长职务。

【第二十二次人大常委会】 5月6日在文山举行，会议任命官悠房为州人民政府副州长。

【第二十三次人大常委会】 6月25~26日在文山举行，听取和审议《文山州人民政府关于以委托代建模式运作州中医院搬迁等四个项目建设的议案》、《关于2008年全州地方财政决算情况的报告》、《关于2008年州本级预算执行及其他财政收支情况的审计工作报告》、《关于全州宗教工作情况的报告》、《全州贯彻实施〈中华人民共和国食品卫生法〉情况的报告》、《关于贯彻实施〈国务院法律援助条例〉情况的报告》；表决通过《关于贯彻实施〈云南省文山壮族苗族自治州城乡规划建设管理条例〉的决定（草案）》、《关于贯彻实施〈云南省文山壮族苗族自治州文山三七发展条例〉的决定（草案）》；表决通过有关人事任免。

【第二十四次人大常委会】 8月26~28日在文山举行，听取和审议《文山州人民政府关于将整体排除全州中小学D级危房贷款资金本息列入财政预算的议案》、《文山州人民政府关于用财政预算资金偿还州委州政府新办公楼项目建设借款的议案》、《云南省文山壮族苗族自治州文山老君山保护区条例（草案）的议案》、《云南省文山壮族苗族自治州水工程管理条例（修订草案）的议案》、《关于文山州2009年1~6月国民经济和社会发展计划执行情况的报告》、《关于发展现代农业确保粮食增产农民增收工作情况的报告》、《关于文山州2007年以来人口和计划生育工作情况的报告》、《关于城镇居民基本医疗保险实施情况的报告》；审议通过《文山壮族苗族自治州人大常委会财政预算审查监督办法（试行）》；表决通过有关人事任免。

【第二十五次人大常委会】 10月29~30日在文山举行，听取审议《关于提请批准向文山州城乡开发投资有限公司提供财政补贴的议案》、《关于提请批准州人民政府为云南省城市建设投资有限公司提供反担保的议案》、《关于提请批准州财政局作为项目业主与文山州城乡开发投资有限公司签署〈关于本期债券募集资金投资建设工程项目投资建设与转让收购（BT）协议书〉的议案》、《关于将文山至马关至都龙政府还贷二级公路建设资本金贷款列入财政担保并实行预算抵扣的议案》、《关于将珠街至广南至西林界政府还贷二级公路建设资本金贷款列入财政担保并实行预算抵扣的议案》、《关于将文山至麻栗坡至天保（含兴街至西畴）政府还贷二级公路建设资本金贷款列入财政担保并实行预算抵扣的议案》、《关于提请批准向文山州城乡开发投资有限公司租赁州级行政事业单位办公用房和房屋租金支付的议案》、《关于提请批准向文山州城乡开发投资有限公司提供财政补贴的议案》、《关于2009年1~9月全州财政预算执行情况及调整预算的报告》、《关于对2009年1~19月全州财政预算执行情况及调整预算的审查报告》（作出《文山壮族苗族自治州人民代表大会常务委员会关于批准2009年全州财政预算调整方案的决议》）、《文山州2006年以来农村饮用水安全项目实施情况的报告》、《关于2007年以来刑事审判工作情况的报告》、《关于2007年以来开展刑事诉讼监督工作情况的报告》。

【第二十六次人大常委会】 12月17~18日在文山举行，听取和审议《文山州人民政府关于办理州第十二届人民代表大会第五次会议期间代表议案、建议、批评和意见及贯彻州人大常委会各次会议决议、决定和审议意见的情况报告》；听取审议通过《文山州人大常委会工作报告起草说明》、《关于文山壮族苗族自治州第十二届人民代表大会第六次会议有关事项的说明》、《关于州十二届人民代表大会代表变动情况及补选代表的资格审查报告》、《关于文山州整体排除中小学D级危房的视察报告的说明》、《关于全州烟水工程建设情况的视察报告的说明》、《文山州人大常委会2010年工作要点》(草案)、《关于召开文山壮族苗族自治州第十二届人民代表大会第六次会议的决定(草案)》；表决通过有关人事任免。

【州十二届人大常委会第三十三次主任会议】 2月17日讨论州人大常委会2009年各次常委会议议题、2009年机关专题知识讲座安排情况，确定2009年到有关部门挂职的人员，部署2009年立法工作、代表工作、财政预算审议工作，安排滇黔桂三省(区)五州市人大常委会主任第二次联系会议的筹备工作。

【第三十四次主任会议】 3月12日召开讨论决定州十二届人大常委会第二十一次会议召开时间、议程及相关事宜，讨论滇黔桂三省(区)五州市人大常委会主任第二次联系会筹备方案，讨论召开全州人大新闻宣传工作座谈会相关事宜，讨论机关机构调整及人事事项。

【第三十五次主任会议】 6月9日召开讨论州十二届人大常委会第二十三次会议日程，讨论召开民主生活会有关事宜，汇报滇黔桂三省(区)五州市人大常委会主任第二次联系会筹备进展情况及参加全省人大运动会准备情况。

【第三十六次主任会议】 7月20日召开讨论州十二届人大常委会第二十四次会议议程及相关事宜。

【第三十七次主任会议】 9月29日召开讨论州十二届人大常委会第二十五次会议召开时间、议程及相关事宜，安排文山州第五届人大系统理论研讨活动，讨论机关机构调整。

【第三十八次主任会议】 10月10日召开安排2009年代表视察工作，安排州十二届人民代表大会第六次会议有关工作，讨论文山州第五届人大系统理论研讨活动日程安排，讨论财政预算监督工作。

【第三十九次主任会议】 11月30日召开讨论第二十六次人大常委会议有关事项，讨论州十二届人民代表大会第六次会议州人大常委会工作报告，讨论2010年州人大常委会工作要点，讨论州十二届人民代表大会第六次会议召开时间等相关事宜，讨论补选缺额的州十二届人大代表。

【第四十次主任会议】 12月31日召开讨论机关人事和扶贫工作。

【州人大常委会和"一府两院"领导联席会议】 2月19日召开，专题研究州人大常委会2009年各次会议议题，对2009年常委会议题进行讨论并统一意见。州人大常委会、州人民政府、州中级人民法院办公室和州人民检察院办公室有关领导参加会议。

重要活动

【调查研究】 年内，共组织调查组17个，深入全州8县和50多个乡(镇)，开展调查研究常委会例会议题，提出调查报告17篇；对修订《文山州林业管理条例》、《文山州森林和野生动物类型自然保护区管理条例》和起草《文山州出租车管理条例》、《文山州消防条例》进行可行性调研；配合省人大开展《云南省南盘江保护条例》、《云南省民族民间传统文化保护条例》、《云南省中小企业促进条例》等立法调研和执法检查；6月1~4日，深入文山县开化镇、古木镇、马关县都龙镇法律援助工作站，对两县贯彻实施《条例》情况进行调查；10月22~23日，深入丘北县普者黑景区，对贯彻实施《云南省文山壮族苗族自治州普者黑景区保护条例》(以下简称《景区保护条例》)开展"立法回头看"调研。

【立法执法】 审议条例2件、审查条例2件，作出贯彻实施条例决定2件，开展"立法回头看"1件，对4个条例进行调研和可行性研究。

【任免评议】 共任免国家机关工作人员43人(次)，其中选举任命25人(次)，撤职、免职18人(次)。对1名政府组成部门领导进行工作评议；对46名"一府两院"组成人员2008年度的述职报告进行审查。

【信访工作】 年内，常委会共处理来信537件、接待来访253批761人(次)。在州十二届人民代表大会第五次会议期间，共收到代表议案、建议、批评和意见82件，经过召开交办会落实到各部门办理，办复率达100%。

【代表工作】 11月2~4日，州人大常委会组织以省人大常委会委员、州人大常委会主任付加兴为组长，省人大代表、省民委主任王承才为副组长，省人大代表、原省人大常委会副主任戴光禄，省人大代表、中科院昆明植物研究所生物地理与生物多样性研究室主任、九三学社云南省委副主委周浙昆和部分州人大代表为成员的联合视察组，在州长黄文武和州烟草专卖局领导陪同下，深入砚山、丘北两县对全州烟水工程建设情况进行视察。11月2~5日，州人大常委会组织部分省、州人大代表，深入马关、丘北两县，对文山州整体排除中小学D级危房情况进行视察，针对存在的问题和困难提出意见和建议。

州人大主任付加兴(前)等领导到广南县莲城镇视察新农村建设

【对外交流】 2月19~20日，昆明市人大常委会副主任王俊斌等为修订《昆明市殡葬管理条例》到文山州考察学习殡葬管理工作。3月8~10日，甘肃省临夏州人大常委会主副主任张兴珊等，到文山考察《自治条例》修订工作和民族立法工作经验，听取了文山州立法工作经验介绍，并参观文山市政建设。4月17日，贵州省黔东南苗族侗族自治州人大常委会主任罗亮权带领考察团到文考察发展乡村旅游产业的经验做法和推广科学发展的经验做法。7月8~10日，以"深入学习实践科学发展观，加强代表管理工作，提高代表参政议政能力和水平"为主题的滇黔桂周边五州市人大常委会主任第二次联系会议在文山召开。州委书记李培致欢迎辞，州人大常委会在文山的副主任、巡视员、常委会组成人员，滇黔桂周边五州市人大常委会及部分县(区)主要领导，文山州人大常委会各工委室主任、副主任，8县人大常委会主任共120余人参加会议。9月4~6日，内蒙古呼和浩特市人大常委会立法考察组一行8人到文山考察考察城市建设立法工作，考察组参观文山市政建设、州人大建设，并对城市建设立法工作进行座谈交流。

【省人大办公厅领导到文山调研】 3月10~13日，省人大常委会办公厅副巡视员贺正先等到文山州调研，召开座谈会听取文山州立法工作情况汇报，并到老君山实地调研。4月27~29日，省人大常委会选连工委副主任谭丛等到文山州就代表活动情况、代表工作激励机制、代表建议办理情况进行调研，先后深入到富宁、丘北两县人大，富宁县板伦乡人大主席团、丘北县双龙营镇普者黑村视察代表小组活动情况。6月2日，省人大民族委副主任李兴旺带领调研组到文山开展《民族乡工作条例》调研。7月13~16日，省人大常委会内务司法委员会副主任梁渝南带领涉法涉诉信访件办理工作情况专项调研组到文山州调研，8月17~22日，省人大常委会外事华侨工委主任沈安波一行3人到文山州调查华侨农场改革发展工作和侨法实施情况；9月22~25日，省人大环资委副主任赵祖莹等一行6人到文山开展立法和水环境工作调研。

【领导名录】

主　任	付加兴
副主任	孙天竹(女)
	卢　京(壮)
	张琼昌(女、傣)
	李品相
	马正新(苗)
	胡代刚
	陈明山
秘书长	左玉堂(女)
副秘书长	柏华林(傣)
	周建林
办公室主任	柏华林(傣)
办公室副主任	罗建良
选联工委主任	何友良(壮、~6)
	袁　艳(6~)
副主任	滕瑞忠(壮)
法工委主任	韦建忠(~6)
	韦保明(壮、6~)
副主任	李　智
财工委主任	王进平
副主任	赵小平
教工委主任	包忠才(彝、~8)
副主任	李　洁(女、壮)
民工委主任	陶开晖(苗)
农环工委主任	王贵斌

(李俊美)

文山州海拔1600米以上的山峰

（1）六诏山 位于砚山县者腊乡六诏村东南4千米，主峰海拔1 966.8米，面积600平方千米，纵横全州，针叶林覆盖50%。

（2）薄竹山 位于文山县老回龙乡摆依寨行政村驻地西南7.5千米，主峰海拔2991.2米，面积6平方千米，是全州最高点。

（3）文山老君山 位于文山县小街乡老君山行政村驻地北方5.7千米，主峰海拔2 625米，面积2.7平方千米，有阔叶林及银、钨等矿。

（4）西华山 位于文山县城西南1.5千米，西南向东南走向。横列36峰，主峰海拔1 570.1米，面积10平方千米。西华山东北侧山腰有一"三元洞"，是文山州名胜风景区，已置为西华公园。

（5）马关老君山 地跨马关、麻栗坡两县，在马关县都龙镇、南捞乡和麻栗坡县南温河乡、猛硐乡范围之内。东西跨度约28千米，南北宽约15千米，总面积353平方千米。其中马关县境面积约200平方千米，介于北纬22°50′~23°04′、东经104°30′~104°41之间。主峰海拔2 579.3米，为马关、麻栗坡两县最高点。老君山属云岭山脉六诏山系，群山连绵，峰峦起伏，地形复杂，穹隆险峻。由大丫口、瑶人山、大黑箐、蚂蟥丫口、水沟湾、大平头山、石尖山、仰天窝、太阳湾、郭家湾、太阳坪、轿顶山、马头山等数十个山峰组成。一般坡度在25°~35°，少数地区达到35°~45°以上。老君山溪水飞流，有100多条小河发源于此山。已定为云南省南亚热带森林自然保护区。

（6）保催大箐 位于西畴县鸡街乡大寨行政村驻地西南3千米，距县城14千米，主峰海拔1 962.9米，面积14平方千米，是西畴、砚山两县的界山，为西畴县最高点。

（7）羊雄山 位于丘北县舍得乡西北，东至赶马路，西至小水井，北至老鹰窝，南至龙眼睛。主峰海拔2 502米，是丘北县最高点。

（8）暮冶峰 位于丘北县中部八道哨乡笼桥行政村东南方，东至暮冶老寨与凉水井之间，西至暮冶新寨，北至马鞍山新寨，南至麻栗树。主峰海拔2 023米。是丘北县十景之一。

（9）布亚大山 位于丘北县东北53千米双龙营乡与温浏乡两乡之间，东起下坝郎，西至小花桂，北抵羊七沟，南至石葵河。主峰海拔1 953米。面积80平方千米，有简易公路直达主峰顶端，是双龙营乡至温浏乡必经之地。

（10）九龙山 位于广南县者兔乡者兔行政村驻地西北9千米，东北与底圩乡相接，南接者太乡，西接杨梅山，主峰海拔1 933.7米，面积约8平方千米。山上苍松翠柏，挺拔展秀，野生动物及珍贵药材较多。全县河流大部发源于此山。九龙山九峰突起，酷似九条蛟龙盘绕而得名。《广南府志》记载："九峰插汉，万绿排空，林树幽深，烟云出没，峰各一泉，蜿蜒飞泻。"故称为"万山之祖"，是广南县八景之一的"山耸者鹧"。

（11）四十八堡山 位于富宁县城东15千米的板仑乡四亭行政村平台村，主峰海拔1 600米。山顶部是个1 000亩左右的丘陵盆地，边缘起伏高围，中间有数十个姿态各异的小丘陵，还有小石林及天然水池，属富宁县天然奇景。

政务活动

责任编辑　农玎玲

常务副州长徐爱民（左二）陪同中铁二院专家组现场踏勘丘北县六郎洞

重要会议

【全州木本油料基地建设工作座谈会】 1月5日上午，州委、州人民政府召开。州长黄文武、常务副州长徐爱民出席会议并作重要讲话。副州长姚堂文、张秀兰、胡荣、关华兵，州长助理、州发改委主任马斌出席会议。

【第十二届州人民政府第四次全体会议】 1月8日上午召开，州长黄文武出席并作重要讲话，常务副州长徐爱民，副州长姚堂文、李国沛、兰骏、张秀兰、胡荣、关华兵，州长助理、州财政局局长陈晓华，州长助理、州发改委主任马斌，州长助理陈国忠出席会议。

【2009年度第一次编委会议】 1月11日上午，州长黄文武主持召开，讨论州编委工作规则，研究核销全州党政机关事业编制和消化超编人员的意见和有关机构编制事宜。

【全州中低产田(地)改造工作会议】 1月15日下午，州人民政府召开。副州长胡荣出席会议并讲话。

【文山州木本油料产业发展规划评审会】 1月20日下午，州人民政府在昆明召开。副州长胡荣主持会议，省政协副主席、省林业厅党组书记白成亮，省林业厅副厅长冷华、刘一丹，省委农办、省人民政府办公厅、省财政厅、省发改委及西南林学院、林科院等有关专家和领导参加会议。

【马鹿塘电站二期工程移民工作现场办公会议】 2月3日，州人民政府在麻栗坡县召开。州长黄文武，副州长姚堂文、胡荣，州长助理陈国忠出席会议。

【第十二届州人民政府第23次常务会议】 2月5日上午，州长黄文武主持召开。研究讨论关于深化行政审批制度改革工作、组建文山三七产业投资有限公司问题和组建文山州旅游投资有限责任公司问题、《文山州城镇规划管理技术规定(草案)》、恒丰公司在车轮厂改制中请求缓缴净资产及偿还债务问题、机关公务员首次登记和参照管理单位人员登记有关问题及固定资产投资工作，会议还听取了全省推广家电下乡工作会议、全省工业经济和信息化工作会议、全省安全生产工作会议、全省发展和改革工作会议精神汇报，并对下步工作提出了要求。常务副州长徐爱民，副州长姚堂文、李国沛、兰骏、张秀兰、李俊彪，州长助理、州发改委主任马斌，州长助理陈国忠，州政府秘书长杨选德出席会议，州人大常委会副主任张琼昌、州政协副主席朱丽舒到会指导。

【2009年文山州现代烟草农业示范项目建设情况汇报会】 2月11日上午，州人民政府在州烟草公司召开，听取文山、西畴、马关和麻栗坡县政府汇报现代烟草农业示范项目建设情况，副州长胡荣出席会议并对做好下步工作提出要求。

【第十二届州人民政府第24次常务会议】 2月17日下午，州长黄文武主持召开，专题研究2009年州本级财政预算收支安排工作。会议还研究了《文山州新型工业化发展专项资金管理办法》，通报了财政收入分配政策的初步打算。常务副州长徐爱民，副州长姚堂文、张秀兰、胡荣，州政协副主席、州长助理、州财政局局长陈晓华，州长助理李华忠、陈国忠，州政府秘书长杨选德出席会议。州人大常委会副主任陈明山、州政协副主席朱丽舒到会指导。

【第十二届州人民政府第25次常务会议】 2月26日上午，州长黄文武主持召开。专题研究文山县撤县设市问题。副州长兰骏、张秀兰，副州长、州公安局局长李俊彪，州政协副主席、州长助理、州财政局局长陈晓华，州长助理李华忠，文山军分区司令员吕美璋出席会议，邀请州人大常委会副主任马正新、州政协副主席朱丽舒到会指导。

【全州人大代表建议和政协委员提案交办会】 3月9日下午，州人民政府召开。常务副州长徐爱民出席会议并讲话。

【全州华侨农(林)场改革和发展领导小组会议】 3月10日下午，州人民政府召开。副州长关华兵出席会议并讲话。

【文山州春耕生产农村劳动力转移就业暨森林防火工作电视电话会议】 3月16日下午州人民政府召开。副州长胡荣出席会议并讲话。

【文山州中低产田地改造规划评审会】 3月17日上午，州人民政府召开。副州长胡荣出席会议并对下步规划修改完善工作提出要求。

【全州集中化解涉法涉诉重信重访工作电视电话会议】 3月18日上午，州委、州人民政府召开。副州长李俊彪出席并主持会议。

【全州廉政工作会议】 3月24日下午，全国、全省会议结束后，州人民政府接着召开。州长黄文武出席会议并作重要讲话，关华兵主持会议。

【全州人事编制工作会议】 3月24日下午，州人民政府召开。常务副州长徐爱民出席会议并讲话。

【全州机构改革工作吹风会】 3月25日上午，州人民政府召开。常务副州长徐爱民出席会议。

【全州铁矿资源整合专题会议】 3月25日下午，副州长姚堂文在宏灿冶金炉料有限公司主持召开。

【全州科学技术奖励会议】 3月27日，副州长李国沛出席会议，并为荣获2007年全州科学技术奖的先进集体和先进个人代表颁奖。

【全州环境保护工作会议】 3月27日，州人民政府召开。副州长兰骏出席会议并讲话。

【全州创建中国人寿保险先进村动员会议】 3月30日下午，州人民政府召开。副州长李国沛出席会议并讲话。

【2009年文山旅游启动重庆市场新闻发布会】 3月30日，州人民政府召开。副州长兰骏出席会议。

【第十二届州人民政府第26次常务会议】 4月9日下午，受州长黄文武委托，常务副州长徐爱民主持召开，研究关于推进商标战略工作实施意见、实施阳光政府“四项制度”工作，听取全省中低产田地改造工作现场会议、扶贫开发现场会议暨社会扶贫表彰会议、农村民居地震安全工程建设暨农村危旧房改造现场会议、鼓励创业促进就业工作会议、环境保护工作会议、人口和计划生育工作会议精神汇报，对贯彻落实以上会议精神的有关工作作安排部署。副州长李国沛、兰骏、胡荣、关华兵，州长助理、州财政局局长陈晓华，州政府秘书长杨选德出席会议。州人大常委会副主任马正新、州政协副主席朱丽舒到会指导。

【全州农村民居调查工作紧急会议】 4月11日上午，常务副州长徐爱民主持召开。

【全州供销合作社发展改革工作会议】 4月13日上午，州人民政府召开。州长助理陈国忠出席会议并讲话，省供销合作社副主任段继红应邀到会指导。

【全省环境监测工作会议】 4月23日上午，省环保厅在文山召开。州长黄文武出席会议并致欢迎辞。

【丘北“僰人”扶持工作情况汇报会】 4月23日下午，州人民政府召开。常务副州长徐爱民出席会议。

【2009年全州农村民居地震安全工程建设暨农村危旧房改造工作会议】 4月23日上午，州人民政府召开。副州长胡荣出席会议并讲话。

【全州移民工作会议和“两烟”打假打私工作会议】 4月23日下午，州人民政府召开。副州长胡荣出席会议并讲话。

【全省财政地方金融财务监管和外国政府贷款管理工作会议】 4月26日上午，省财政厅在文山召开。州长黄文武出席会议并致欢迎辞。

【防控猪流感疫情工作紧急会议】 4月29日晚，副州长张秀兰主持召开。卫生、农业、畜牧、检验检疫、旅游等部门负责人参加会议，专题研究布置全州猪流感防控工作。

【全州创业促进就业工作会议】 5月5日上午，常务副州长徐爱民出席会议并讲话，副州长兰骏参加会议。

【全州铁路工作会议】 5月5日下午，州人民政府召开。常务副州长徐爱民出席会议并讲话。

【全州“僰人”“山瑶”扶持领导小组第二次扩大会议】 5月6日上午，州人民政府召开。常务副州长徐爱民参加会议并讲话。

【普炭一级公路建设协调会】 5月7日上午，副州长姚堂文在丘北主持召开。专题解决项目实施涉及到的征地拆迁、林地手续等前期工作存在的问题。

【全州工商行政管理暨推进商标战略工作会议】 5月7日上午，州人民政府召开。副州长李国沛出席会议并讲话。

【全州县级综合档案馆建设规划编报工作会议】 5月7日，州人民政府召开。州长助理陈国忠出席会议并讲话。

【全州个体私营经济会议】 5月8日，州人民政府召开。副州长李国沛出席会议并讲话。

【固定资产贴息资金检查整改工作会议】 5月9日下午，常务副州长徐爱民主持召开。8县人民政府及州直有关部门负责人参加会议，安排布置固定资产贴息资金检查整改工作。

【全省边疆解“五难”惠民工程现场推进会筹备工作协调会议】 5月9日下午，副州长张秀兰主持召开。州教育、文化、卫生、科技、广电、公安局和州委、州人民政府接待处以及马关县委、县人民政府有关负责人参加会议。

【全州备战云南省第十三届运动会动员大会】 5月9日上午，州人民政府在州体育职业学校召开。副州长张秀兰出席会议并作动员讲话。

【全州中低产田地改造工作会议】 5月11日上午，州委、州人民政府召开，州委书记李培出席会议并作重要讲话，州长黄文武主持会议，副州长胡荣出席会议并讲话。

【云南省边疆解“五难”惠民工程现场推进会议】 5月12日下

午～14日，省人民政府在马关召开。州长黄文武、副州长张秀兰出席会议。

云南省边疆解"五难"现场推进会

【全州口岸工作联席会议】 5月14日，州人民政府召开。副州长姚堂文出席会议。

【上海对口云南帮扶协作联络组第四次工作会议】 5月15～18日在文山召开。州长助理李华忠出席会议，并陪同联络组考察砚山石丫口，麻栗坡县的老山、天保口岸，丘北县的上海帮扶产业基地以及普者黑景区和文山县西华公园等。

【云桂铁路丘北普者黑站点选址与普炭公路修建问题协调会议】 5月17日下午，州长黄文武主持召开。

【全州禁毒工作电视电话会议】 5月18日上午，州人民政府召开。副州长李俊彪出席会议并讲话。

【2009年全州金融工作会议】 5月19日下午，州人民政府召开。州长黄文武出席会议并作重要讲话，副州长李国沛主持会议。

【第十二届州人民政府第27次常务会议】 5月20日上午，州长黄文武主持召开。会议对州人民政府领导班子成员工作分工进行了调整；讨论《中共文山州委、文山州人民政府关于进一步加强人口与计划生育工作统筹解决人口问题的意见(讨论稿)》、《文山州人民政府关于整合职业培训资源加强职业培训工作的意见》、文山州旅游投资有限责任公司组建方案、《文山州金融机构信贷考核奖励办法(试行)》；对州人民政府持有云南文山铝业有限公司股份转让事宜、2008年度享受安置政策退役士兵安置工作的意见、文山国家安全局记集体二等功问题进行了研究；会议通报了文山州投资开发有限公司给予云南大同建筑集团有限公司1000万元到期贷款置换资金借款事宜、听取了全省工业园区工作会议精神汇报。副州长姚堂文、李国沛、兰骏、张秀兰、胡荣、李俊彪、官悠房，州长助理李华忠、陈国忠，州政府秘书长杨选德参加会议。州人大常委会副主任卢京、州政协副主席陈晓华到会指导。

【全州推广丘北经验工作电视电话会议】 5月21日上午，州人民政府召开。副州长、州公安局局长李俊彪出席会议并讲话。

【文山州处置非法集资联席会议】 5月26日下午，副州长李国沛主持召开。

【全州防范和处理邪教工作会议】 5月26日，州委、州人民政府召开。副州长李俊彪主持会议。

【马鹿塘电站一期工程停机改造专题会议】 5月27日下午，副州长姚堂文主持召开。

【第十三届省运会体育场馆建设情况现场办公会议】 5月31日上午召开，州长黄文武、常务副州长徐爱民，州委常委、文山县委书记黎家松，副州长张秀兰，州长助理、州发改委主任马斌及有关部门负责人参加会议。

【2009年度州编委第2次会议】 5月31日下午，州长黄文武主持召开。

【全省邮政服务"三农"推进会议在文山召开】 6月2日，全省邮政服务"三农"推进会议在文山召开，副州长兰骏参加会议。

【第十二届州人民政府第28次常务会议】 6月8日上午，州长黄文武主持召开。会议讨论通过了州教育局提交的排除全州中小学校舍D级危房资金筹措方案、《〈云南文山壮族苗族自治州文山三七发展条例〉实施细则》，讨论州人民政府与省水务产业投资有限公司合作事宜以及成立文山州水务产业投资公司有关事宜，听取全省加快非公有制经济发展大会精神和全省发展生物产业大会精神情况汇报。会议还就2009年1～5月全州经济社会运行情况进行了分析，并对近期要抓紧抓好的几项重点工作作了安排部署。常务副州长徐爱民，副州长姚堂文、兰骏、张秀兰、胡荣、关华兵、李俊彪，州长助理马斌，州政府秘书长杨选德出席会议。州人大常委会副主任马正新、州政协副主席李春林到会指导。

【全州乡镇财政预算管理方式改革工作会议】 6月8日下午，州人民政府召开。州长黄文武出席会议并作重要讲话。

【全州困难企业核销基本医疗保险欠费工作会议】 6月13日，副州长兰骏出席会议并讲话。

【全州进一步加强扩大内需中央投资项目管理工作会议】 6月19日下午，常务副州长徐爱民出席会议并讲话。

【全州华侨农(林)场改革和发展工作现场会议】 6月19日，副州长关华兵出席会议并讲话。

【第十二届州人民政府第29次常务会议】 6月22日，常务副州长徐爱民主持召开。研究全州企业债券发行工作和州委、州人民政府行政中心建设筹建办公室向州城乡开发投资公司借款问题、文山秀化工贸有限公司和砚山县人民政府贷款置换资金借款问题、恒丰公司兼并云南汽车车轮厂有关资金支付问题以及抢抓机遇全力推进二级公路建设的有关问题。副州长姚堂文、李国沛、张秀兰、关华兵、李俊彪、官悠房，州长助理、州发改委主任马斌出席会议。州人大常委会副主任陈明山、州政协副主席李春林到会指导。

【全州残疾人就业工作会议】 7月4~5日，州人民政府在广南召开。副州长李国沛出席并主持会议。

【第十二届州人民政府第30次常务会议】 7月9日下午，州长黄文武主持召开。主要内容是总结分析2009年上半年全州经济运行情况，研究下半年经济社会发展工作。常务副州长徐爱民，副州长姚堂文、兰骏、张秀兰、胡荣、关华兵，副州长、州公安局局长李俊彪，州长助理、州发改委主任马斌，州长助理陈国忠、任强，州政府秘书长杨选德出席会议。州政协副主席朱丽舒到会指导。

【全州烟叶收购暨现代烟草农业建设工作现场会议】 7月19~21日，州人民政府召开。副州长胡荣出席会议并讲话。

【文山州铁路建设领导小组第二次会议】 7月20日上午，常务副州长徐爱民主持召开，专题研究云桂铁路征地拆迁工作。

【全州保障性住房和治污设施建设工作会议】 7月24日上午，州人民政府召开。常务副州长徐爱民出席会议并讲话。

【全州义务教育学校实施绩效工资工作会议】 7月24日下午，州人民政府召开。常务副州长徐爱民出席会议并讲话。副州长张秀兰主持会议。

【全州政府还贷二级公路建设领导小组第一次会议】 7月27日下午召开。州长黄文武作重要讲话，副州长姚堂文，州长助理、州发改委主任马斌出席会议。

【州中小学校舍安全工程领导小组第一次会议】 7月27日上午，副州长张秀兰主持召开。专题研究全州中小学校舍安全工程工作。

【全州"兴边富民工程"领导小组第二次扩大会】 7月28日上午召开，常务副州长徐爱民，州长助理、州发改委主任马斌出席会议并讲话。

【全州中小学校舍安全工程工作会议】 7月28日上午，州人民政府召开。副州长张秀兰出席会议并讲话。

【鼓励创业"贷免扶补"工作联席会议】 7月30日，副州长兰骏主持召开。

【文山州深入推进打黑除恶专项斗争电视电话会议】 8月4日上午召开，副州长、州公安局局长李俊彪出席并主持会议。

【第十二届州人民政府第31次常务会议】 8月10日下午，州长黄文武主持召开。主要研究讨论文山老君山自然保护区管理和水工程管理立法工作、文山三七药业国际论坛筹备事宜、州残疾人综合服务中心出售重建问题、转让文山坤七药业有限公司国有股权问题。会议听取了州交通局关于全省二级公路建设工作会议精神及贯彻意见的汇报，并对当前政府还贷二级公路建设有关工作进行了安排部署。常务副州长徐爱民，副州长姚堂文、李国沛、兰骏、张秀兰、胡荣，州长助理、州发改委主任马斌，州长助理陈国忠，州政府秘书长杨选德出席会议。州人大常委会副主任马正新、州政协副主席陈晓华到会指导。

【省发改委服务基层文山现场协调推进会议】 8月12日，省发改委在文山召开。州长黄文武出席会议并汇报文山州工作情况，常务副州长徐爱民、副州长姚堂文、李国沛、兰骏、张秀兰，州长助理、州发改委主任马斌参加会议。

【州铁路建设筹备领导小组第二次全体会议】 8月13日上午召开。州长黄文武、副州长李国沛出席会议并讲话。

【文山州首届"十佳健康卫士"表彰大会】 8月17日上午，州人民政府召开。副州长张秀兰出席会议并讲话。

【全省新烟区建设与发展工商合作研讨会议】 8月25日下午~26日上午在文山召开。26日上午，州长黄文武，副州长胡荣出席会议并作交流发言。

【文山州国家安全工作领导小组(扩大)会议】 8月28日下午召开，副州长、州公安局局长李俊彪出席并主持会议。

【全州关闭破产企业退休人员参加医保电视电话会议】 8月26日上午，副州长兰骏主持召开。

【全州政府还贷二级公路征地拆迁动员大会】 8月28日下午，州人民政府召开。州长黄文武、副州长姚堂文出席会议并讲话，副州长李国沛出席会议。

【全州固定资产投资项目建设管理推进会议】 8月28日上午，州人民政府召开。常务副州长徐爱民，州长助理、州发委主任马斌出席会议。

【砚山玉米研究所科研成果展示会议】 9月15日召开，州长黄文武出席会议并讲话，副州长李国沛、胡荣参加会议。参会人员有来自印尼、马来西亚、泰国、越南、缅甸、老挝、新加坡、孟加拉国、日本、香港等国家和地区的专家，省科技厅、农业厅、商务厅、云南农业大学的领导，辽宁、上海、广州等地10多家企业领导。9月15日上午，参会人员到砚山县盘龙乡土锅寨村实地参观科研成果，并参加了"州校合作砚山玉米研究所"、"州校合作云南农业大学教学实习基地"、"农业部农药登记田间药效试验单位砚山基地"挂牌。下午在文山召开了会议。

杂交玉米研究成果展示会

【第十二届州人民政府第32次常务会议】 9月16日下午，州长黄文武主持召开。会议讨论并原则通过了《中共文山州委文山州人民政府关于开展建设创新型云南行动计划的实施意见(讨论稿)》、《中共文山州委文山州人民政府关于鼓励创业促进就业的实施意见(讨论稿)》、《中共文山州委文山州人民政府关于加快非公有制经济发展的实施意见(讨论稿)》和《文山州人民政府关于加快工业园区建设的实施意见(讨论稿)》、《文山州义务教育学校绩效工资实施办法(讨论稿)》，研究讨论了关于成立文山州金融协调领导小组、提高州级储备粮轮换补贴标准问题以及州中医院申请利用奥地利政府贷款购置医疗设备问题。会议通报了2009年1~8月全州安全生产工作情况，并对当前安全生产工作进行了安排部署。传达了全省扩大内需中央投资项目三个"百分之百"考核目标会议精神，并通报了全州落实情况，对下步工作提出了要求。常务副州长徐爱民，副州长姚堂文、李国沛、兰骏、张秀兰、李俊彪、官悠房、黎宝光，州政府秘书长杨选德参加会议，州人大常委会副主任胡代刚、州政协副主席陈晓华到会指导。

【全州防控甲型H1N1流感工作紧急会议】 9月17日下午，副州长张秀兰主持召开。

【全省农村土地承包经营纠纷仲裁暨农经统计工作会议】 9月18日上午在文山召开，副州长黎宝光出席会议并致词。

【文山州与省级金融机构银政座谈会议】 9月25日在昆明召开，州长黄文武，副州长李国沛，州长助理、州发改委主任马斌出席会议。

【省州合作建设文山二级公路进场动员大会】 9月28日上午在广南召开，州长黄文武、常务副州长徐爱民、副州长姚堂文，州长助理、州发改委主任马斌出席会议。

【州企业债券发行工作领导小组会议】 10月9日下午，州长黄文武主持召开，研究企业债券发行有关工作，副州长姚堂文参加会议。

【全州农村危房改造工作会议】 10月12日上午，州人民政府召开。常务副州长徐爱民出席会议。

【全州非公有制经济发展和工业园区建设大会】 10月13日上午，州委、州人民政府召开。州长黄文武出席并主持，副州长姚堂文参加会议。

【全省贫困村互助资金试点工作培训暨工作部署会议】 10月13~15日在文山召开，副州长官悠房出席会议并代表州人民政府在会上致辞。

【州规划委员会第十七次会议】 10月14日上午，州长黄文武主持召开，常务副州长徐爱民、副州长张秀兰参加会议。

【全省老科协新农村建设与现代农业讨论会议】 10月14日上午在文山召开，副州长李国沛参加会议。

【州校舍安全工程领导小组会议】 10月20日下午，副州长张秀兰主持召开，评审全州中小学校舍安全工程建设规划方案。

【全省小水电代燃料工作会议】 10月23日在文山召开，副州长胡荣参加会议。

【第十二届州人民政府第33次常务会议】 11月6日，州长黄文武主持召开。主要议题是分析当前经济运行情况，安排部署后两个月工作，并研究讨论文山县市政道路建设州技校拆迁补偿问题、州游泳池划转文山县问题、贯彻《云南省人民政府办公厅关于改进工程建设项目招投标管理有关事项的通知》的实施意见和《文山州地下水功能区划(讨论稿)》、关于少数民族传统节日放假问题、提高州属行政事业单位职工住房公积金缴存比例问题。常务副州长徐爱民，副州长姚堂文、李国沛、兰骏、张秀兰、官悠房、黎宝光，州长助理、州发改委主任马斌，州长助理陈国忠、任强，州政府秘书长杨选德出席会议。州人大常委会副主任陈明山、州政协副主席朱丽舒到会指导。

【全省扶贫开发整乡推进工作汇报会议】 11月11日在文山召开，州长黄文武、副州长胡荣参加会议。

【文山州小额贷款公司工作会议】 11月11日上午，副州长李国沛主持召开。

【全州保障性住房工作会议】 11月13日，州人民政府召开。州长黄文武、常务副州长徐爱民出席会议并讲话。

【全州国民经济和社会发展暨固定资产投资工作会议】 11月14日上午，州人民政府召开。常务副州长徐爱民出席会议并讲话，州长助理、州发改委主任马斌通报全州经济社会发展暨投资工作情况。

【平远民族团结示范区创建活动座谈会】 11月19日上午和下午，常务副州长徐爱民在砚山县平远镇分别主持召开平远民族团结示范区创建活动州、县、乡领导干部座谈会和少数民族、宗教界人士、村委(社区)干部群众座谈会。

【全州甲型H1N1流感防控工作电视电话会议】 11月19日下午，全省甲型H1N1流感防控工作电视电话会议结束后，州人民政府接着召开，副州长张秀兰出席会议并对全州甲型H1N1流感防控工作作安排部署。

【西畴麻栗坡两县部分行政区划调整工作座谈会】 11月20日，副州长李国沛主持召开。

【全州中低产田地改造和农田水利基本建设会议暨全州今冬明春森林防火工作电视电话会议】 12月1日下午，州人民政府召开。副州长胡荣出席会议并讲话。

【全州2010年烟水工程项目启动会】 12月2日下午，州人民政府召开。副州长胡荣出席并主持会议。

【全州政府还贷二级公路建设推进会议】 12月7~8日，州人民政府在广南县召开。副州长姚堂文出席会议。

【全州农村公路建设工作会议】 12月8日下午，州人民政府召开。副州长姚堂文出席会议。

【全州春耕备种工作会议】 12月9日下午，副州长胡荣主持召开。

【全州地方志工作推进会议】 12月17日上午，州人民政府在文山召开全州地方志工作推进会议。省地方志编委会副主任、省志办主任李一是，州长助理陈国忠分别讲话。

【第十二届州人民政府第34次常务会议】 12月28日上午，常务副州长徐爱民主持召开。讨论拟提交第十二届州人民代表大会第六次会议讨论审议的《政府工作报告(讨论稿)》和州政府领导在中共文山州委七届六次全体会议上的讲话(讨论稿)、在第十二届州人民政府第五次全体会议上的讲话(讨论稿)以及2010年州级部门预算问题。副州长兰竣、张秀兰、黎宝光，州长助理、州发改委主任马斌，州长助理陈国忠，州政府秘书长杨选德出席会议。州人大常委会副主任胡代刚、州政协副主席侯强到会指导。

【第十二届州政府第五次全体(扩大)会议】 12月31日上午，州人民政府召开。常务副州长徐爱民，副州长姚堂文、兰骏、张秀兰、胡荣、黎宝光，州长助理、州发改委主任马斌出席，徐爱民作重要讲话，姚堂文主持会议。

重要活动

【中储粮云南分公司副总经理杨迅到文山检查工作】 1月8日下午，中储粮云南分公司副总经理杨迅一行到文山国家粮食储备库检查工作，副州长胡荣陪同。

【春节慰问活动】 1月9日，常务副州长徐爱民慰问困难职工和宗教界人士；副州长胡荣到丘北县天星乡法白村委会慰问困难党员和贫困农户。10日，副州长李国沛到广南县曙光乡慰问困难老党员和贫困群众。11日上午，常务副州长徐爱民到富宁县木央镇慰问困难党员和贫困群众，并听取木央镇工作情况汇报。14日，副州长关华兵到麻栗坡县铁厂乡董渡村慰问贫困群众和困难老党员。16日上午，副州长李俊彪看望和慰问政法部门、武警部队和州级离退休老领导。19日上午，副州长李俊彪到广南县篆角乡慰问困难党员和老党员、乡党委政府干部职工；下午，慰问富宁县者桑高管大队、富宁县交警大队。21~24日，副州长胡荣慰问驻文山的部分厅级离退休干部。22日上午，副州长张秀兰走访看望文山城区教育、卫生、科技老专家及农业部门科技专家；下午，深入西畴县兴街镇拉孩村委会湾子、金竹冲、下牛场坪、对门村等10个村民小组进行“博爱进万家”慰问活动。23日上午，副州长张秀兰到丘北蔡家凹麻风村看望并慰问麻风病患者及康复病人。24日下午，州长黄文武到州信访局慰问值班的信访干部。25日，常务副州长徐爱民看望慰问文山城区值班干警，副州长姚堂文到州属有关部门慰问春节值班人员，副州长张秀兰看望慰问广电系统及州医院、州中医院坚守在岗位上的工作人员和住院病人；下午，张秀兰到文山师专看望慰问留校大学生。

【徐爱民参加亚洲开发银行云桂铁路贷款实地考察文山座谈会议】 1月9日下午，常务副州长徐爱民参加亚洲开发银行云桂铁路贷款实地考察文山座谈会议。

【省委省人民政府2009年元旦春节慰问团到麻栗坡富宁县慰问】 1月11～12日下午，省委、省人民政府2009年元旦春节慰问团到麻栗坡、富宁县慰问，副州长李国沛陪同。

【胡荣在昆明参加《文山县布都河水库工程可行性研究报告》评审会议】 1月12日，副州长胡荣在昆明参加《文山县布都河水库工程可行性研究报告》评审会议。

【李华忠向上海市侨办汇报华侨农场新农村建设情况并就2009年对口帮助项目建设事宜进行沟通】 1月14日，州长助理李华忠在上海向上海市侨办领导汇报华侨农场新农村建设情况并就2009年对口帮助项目建设事宜进行沟通。

【徐爱民到中铁二院沟通衔接铁路筹建工作】 1月17～19日，常务副州长徐爱民，州长助理、州发改委主任马斌带领州铁路筹建处有关负责人及文山、砚山、丘北、广南、富宁县县长、县发改局局长到中铁二院沟通衔接铁路筹建工作。

【黄文武在昆明出席省纪委八届四次全会和全省党风廉政建设工作大会】 1月18～19日，州长黄文武在昆明出席省纪委八届四次全会。其中19日上午参加全省党风廉政建设工作大会。

【李华忠出席上海对口支援工作专题会议】 1月20日，州长助理李华忠出席上海市人民政府召开的上海对口支援工作专题会议。

【胡荣出席中央储备粮文山直属库3万吨扩建库工程开工仪式】 2月6日上午，副州长胡荣出席中央储备粮文山直属库3万吨扩建库工程开工仪式并讲话，州长助理陈国忠参加会议。

【黄文武等领导参加省第十一届人民代表大会第二次会议】 2月6～12日，州长黄文武，副州长姚堂文、秀兰，州政协副主席、州长助理、州财政局局长陈晓华，州长助理、州发改委主任马斌在昆明参加省第十一届人民代表大会第二次会议。

【黄文武列席第十一届省人民政府第三次全体会议】 2月11日下午，州长黄文武在昆明列席第十一届省人民政府第三次全体会议。

【关华兵向国务院口岸办公室外交部汇报口岸工作】 2月9～10日，副州长关华兵带领相关人员到北京向国务院口岸办公室（海关总署）、外交部汇报口岸工作。

【李华忠出席上海市对口帮扶云南工作会议】 2月13日，州长助理李华忠出席上海市人民政府在青浦区召开的上海市对口帮扶云南工作会议。

【关华兵在北京参加外交部扶贫工作会议】 2月16日，副州长关华兵在北京参加外交部扶贫工作会议。

【杨光民到砚山富宁县调研华侨农（林）场改革工作】 2月18～20日，省侨办主任杨光民一行到砚山、富宁县调研华侨农（林）场改革工作，副州长关华兵陪同调研。

【曹建方到文山检查指导工作】 2月19～20日，副省长曹建方到文山检查指导工作。19日上午，曹建方一行视察砚山消防大队，州长黄文武陪同；19日下午，州委召开全州党风廉政建设责任制工作考核动员大会暨文山州党风廉政建设责任制工作汇报会议，州长黄文武向曹建方一行汇报工作，副州长李国沛、胡荣，副州长、州公安局局长李俊彪，州政协副主席、州长助理、州财政局局长陈晓华，州长助理、州发改委主任马斌参加会议。20日，州长黄文武陪同曹建方副省长一行视察州复烤厂、民政救灾仓库、武警文山消防支队及开化镇花桥村金穗惠农卡发放情况；下午，州委、州人民政府召开文山州工作情况汇报会，向曹建方一行汇报工作，副州长胡荣，副州长、州公安局局长李俊彪参加会议。

【程风朝　刘文彬到麻栗坡调研】 2月20日下午，李国沛陪同中国农业银行总行程风朝董事和省农行副行长刘文彬一行到麻栗坡县调研。

【公安部财政部反拐调研组在文山调研】 2月20日，以公安部、财政部有关领导组成的反拐调研组一行在文山调研，副州长、州公安局局长李俊彪陪同。

【云桂铁路可研审查现场踏勘组领导及专家到富宁广南县踏勘】 2月21～23日，云桂铁路可研审查现场踏勘组领导和专家在富宁县广南县境内踏勘，州长黄文武、常务副州长徐爱民分别陪同。

【关华兵在广西凭祥市参加中越庆祝中越陆地边界勘界立碑圆满结束仪式】 2月22～24日，副州长关华兵在广西凭祥市参加中越庆祝中越陆地边界勘界立碑圆满结束仪式。

【李崇仁到文山氧化铝厂调研】 2月24日上午，省政府研究室党组书记李崇仁到文山氧化铝厂调研，副州长李国沛陪同。

【省生物产业发展规划调研组到文山调研】 2月24~25日，云南省生物产业发展规划调研组到砚山油茶苗圃基地、三七GAP种植基地、文山华博贸易有限公司和文山特安呐制药股份有限公司调研。

【徐爱民在昆明参加云桂铁路可研评审会议】 2月25~28日，常务副州长徐爱民在昆明参加云桂铁路可研评审会议。

【胡荣参加云南省文山州德厚水库工程项目建议书预审会议】 2月26~28日，副州长胡荣参加水利部水利水电规划设计总院在北京举行的云南省文山州德厚水库工程项目建议书预审会议。

【黄文武 姚堂文出席州委议军会议暨州国防动员委员会第六次会议】 2月27日下午，州长黄文武、副州长姚堂文出席州委议军会议暨州国防动员委员会第六次会议。

【黄文武 张秀兰参加第十一届全国人民代表大会第二次会议】 3月1~14日，州长黄文武，副州长张秀兰到北京参加第十一届全国人民代表大会第二次会议。

【姚堂文与国家林业局云南专员办领导协调普炭公路林地征用工作】 3月4日，副州长姚堂文到昆明与国家林业局云南专员办领导协调普炭公路林地征用工作。

【最高人民检察院公安部安全部调研组到文山调研立案侦察工作】 3月4日，最高人民检察院公安部安全部有关领导组成的调研组在文山调研立案侦察工作。副州长李俊彪陪同。

【褚中志到文山调研】 3月6日下午，省国土资源厅副厅长褚中志为组长的调研组到文山调研2009年新开工建设项目用地预约工作，副州长李国沛主持汇报会，向调研组汇报工作。

【国家林业局云南专员办调研组调研普炭公路林地征用工作】 3月11日，国家林业局云南专员办调研组调研普炭公路林地征用工作。副州长姚堂文陪同。

【省政府"促投资保增长抓落实百日调研督查组"第26组到文山检查工作】 3月12日，省政府"促投资保增长抓落实百日调研督查组"第26组到文山县检查工作。常务副州长徐爱民陪同。同日下午，州长助理、州发改委主任马斌向省政府调研督查组汇报普厅(富宁)输变电工程项目实施情况。13日，马斌陪同"促投资保增长抓落实百日调研督查组"第26组到富宁调研。

【李国沛参加老山作战纪念馆扩展座谈会】 3月13日下午，副州长李国沛到麻栗坡县参加成都军区政治部召开的麻栗坡老山作战纪念馆扩展对越南作战师以上轮战部队和进一步搞好纪念馆工作军地有关人员座谈会。

【国家发改委石漠化治理项目稽查组到砚山县调研】 3月14日，国家发改委石漠化治理项目稽查组到砚山县调研。常务副州长徐爱民陪同。

【赵廷光到文山调研国有资产监督管理工作】 3月14日上午，原省政协副主席赵廷光率督导组到文山调研国有资产监督管理工作，副州长关华兵汇报工作情况。19日上午，州委书记李培、州长黄文武听取督导组对文山州国资监管及国企改革工作的意见。

【云南省驻上海办事处调研组到文山丘北调研】 3月15~17日，云南省驻上海办事处调研组到丘北的上那红、砚山的石丫口、文山的盘龙山肉牛加工厂等地调研，州长助理李华忠陪同。3月16日，胡荣向调研组介绍对口帮扶工作情况。

【孟继尧到文山调研】 3月16日下午，原省政协常务副主席、西促会会长孟继尧到文山调研，副州长关华兵汇报工作。

【李国沛到省政府和省信用联社汇报工作】 3月18日，副州长李国沛到省政府和省信用联社汇报与省信用联社签订战略合作协议有关工作。

【张秀兰在昆明参加云南省引资办教暨项目推介会】 3月19日，副州长张秀兰在昆明参加云南省引资办教暨项目推介会。

【姚堂文到昆明协调文山机场航班调整及省金融办有关借款担保机构设置事宜】 3月19~22日，副州长姚堂文到昆明协调文山机场航班调整及省金融办有关借款担保机构设置事宜。

【黄文武 李国沛出席文山州人民政府与省农村信用联社战略合作协议签字仪式】 3月20日，州长黄文武在昆明出席文山州人民政府与省农村信用联社战略合作协议签字仪式，副州长李国沛代表州人民政府在合作协议上签字。

【韩沪幸调研文山州2007年产业发展项目情况】 3月23~25日，上海市合作交流办副处长韩沪幸一行调研2007年产业发展项目情况。州长助理李华忠陪同。

【张秀兰到省教育厅国开行商谈教育基础建设贷款事宜】 3月26~28日，副州长张秀兰到昆明分别与省教育厅、国开行领导商谈教育基础建设贷款事宜。

【欧渤芊到麻栗坡考察扶贫工作】 4月7~9日上午，外交部办公厅副主任欧渤芊、江苏黄埔再生资源利用有限公司董事长陈光标一行到麻栗坡县考察扶贫工作，副州长关华兵陪同。

【杨文虎调研“村村通”建设情况】 4月13～15日，省广电局局长杨文虎一行深入富宁、麻栗坡、马关3个边境县调研直播卫星“村村通”建设情况。副州长张秀兰陪同。

【外交部领导及有关人士到麻栗坡考察扶贫工作】 4月14～16日上午，外交部国外局参赞乐爱妹、外交部办公厅副主任欧渤芊、丹麦马士基航运北亚洲区行政总裁施敏夫、香港何东舜铭国际文化基金创会副主席陈复生一行到麻栗坡县考察扶贫工作，副州长关华兵陪同。

【省信访督导组到砚山富宁督导检查工作】 4月15～17日，以副厅级信访督导专员、省信访局副局长李勇和为组长的省委、省政府信访督导组到砚山、富宁县督导检查工作，副州长李俊彪陪同，并向督导组汇报信访工作情况。

【省政府调研组调研“山瑶”生产生活情况】 4月15～17日，省政府调研组到富宁县调研“山瑶”生产生活情况。常务副州长徐爱民，州长助理、州发改委主任马斌陪同。

【胡明学调研侨场改革发展工作】 4月16日～18日，省外侨办副主任胡明学到富宁、砚山两县调研侨场改革发展工作，副州长关华兵陪同。

【王承才到丘北调研“僰人”生产生活情况】 4月18～19日，省民委主任王承才到丘北调研“僰人”生产生活情况。常务副州长徐爱民，州长助理、州发改委主任马斌陪同。

【张秀兰在北京列席第十一届全国人大常委会第八次会议】 4月19～26日，副州长张秀兰在北京列席第十一届全国人大常委会第八次会议。

【“推动云南生物产业发展百名留学博士云南行”活动考察组到文山考察】 4月21～22日，省委、省人民政府“推动云南生物产业发展百名留学博士云南行”活动文山考察组到砚山、丘北及文山考察生物产业发展情况。副州长胡荣，州长助理、州发改委主任马斌陪同。22日下午，州长黄文武向考察组介绍情况。

【“促投资保增长抓落实百日调研督查组”第26组到文山州督促检查工作】 4月22～23日，以省住房城乡建设厅副厅长郭五代为组长的省政府“促投资保增长抓落实百日调研督查组”第26组到文山督促检查工作，副州长关华兵陪同检查。

【戚蓓蕾到文山检查工作】 4月22～25日，省扶贫办副主任戚蓓蕾一行到文山检查2008年产业项目的实施情况和2009年上海对口帮扶项目的启动情况。州长助理李华忠陪同。

【龙江到文山砚山调研】 4月23日，省科技厅厅长龙江一行到文山、砚山县调研科技工作会商项目。副州长李国沛陪同。

【姚堂文到昆明参加全省工业园区工作会议并到有关部门衔接工作】 4月23～28日，副州长姚堂文在昆明参加全省工业园区工作会议，并到省发改委协调差别电价问题、到省交通厅协调项目建设工作、与云锡集团协调重点项目建设工作。

【胡荣在昆明参加“生物产业与生物经济发展论坛”】 4月25日，副州长胡荣在昆明参加由省委组织部举办的“生物产业与生物经济发展论坛”。

【兰骏参加昆明国际文化旅游节】 5月1日，副州长兰骏参加在昆明举办的昆明国际文化旅游节。

【陈文佳到砚山富宁检查工作】 5月6～9日，以上海市侨办副主任陈文佳为组长的检查组到富宁县金坝和砚山县平远、稼依华侨管理区对上海市侨办对口帮扶项目实施情况进行检查，副州长关华兵、州长助理李华忠陪同检查。

【省消防安全专项整治工作组到文山开展检查验收工作】 5月7～8日，以省安全生产监督管理局副局长白光福为组长的省政府消防安全专项整治工作组在文山检查验收公共聚集场所消防安全专项整治工作。副州长李俊彪陪同。

【黄文武出席水泥熟料生产线开工仪式】 5月10日上午，州长黄文武到砚山出席云南兴建水泥有限公司二期日产4000吨水泥熟料生产线开工仪式。

【杨光成到文山西畴马关调研】 5月11～13日，省交通厅厅长杨光成一行到马关、西畴、文山3县调研前3年交通建设计划执行工作情况。州长黄文武、副州长姚堂文陪同。13日下午，州人民政府在文山召开汇报会议，黄文武汇报交通工作情况。

【张田欣到州一中检查指导工作】 5月12日上午，省委常委、省委宣传部部长张田欣一行到州一中检查指导工作。副州长张秀兰陪同。

【中低产田地改造督查组到文山督查工作】 5月12～14日，省委、省人民政府中低产田地改造督查组组长、省农业厅副厅长汤克仁一行到文山督查工作，副州长胡荣陪同省督查组到文山县、砚山县和丘北县对中低产田地改造工作进行督查。14日上午，胡荣在文山听取省督查组督查情况反馈。

【李俊彪慰问“南线禁毒”战线上的公安民警】 5月14日下午至15日上午，副州长李俊彪在富宁县调研公安工作并慰问“南线禁毒”战线上的公安民警。

【黄文武参加"金色热线"直播栏目】 5月18日，州长黄文武到昆明参加省政府纠风办和云南人民广播电台共同举办的行风建设"金色热线"直播栏目，现场回答听众提出的有关问题。

【王仕宗检查黄龙坝中低产田地改造项目规划建设】 5月20日下午，省水利厅副厅长王仕宗检查文山县黄龙坝中低产田地改造项目规划建设情况。副州长胡荣陪同。

【上海闸北区教育代表团一行考察砚山麻栗坡教育帮扶情况】 5月20日下午，上海闸北区教育代表团一行考察麻栗坡和砚山县的教育帮扶情况。州长助理李华忠陪同。

【上海虹口区党政代表团一行到西畴丘北富宁考察对口帮扶项目】 5月21～24日，上海虹口区党政代表团一行到富宁、西畴、丘北3县考察对口帮扶项目。副州长胡荣、州长助理李华忠陪同。

【贵州省六盘水市政法委书记到文山考察维稳工作】 5月22日上午，贵州省六盘水市政法委书记一行在文山考察维稳工作。副州长李俊彪陪同。

【罗嘉福到文山调研中等职业学校建设工作】 6月2日上午，省教育厅副厅长罗嘉福到州属中等职业学校及其迁建新区、云南三鑫职业技术学院调研，副州长张秀兰陪同。

【财政部国防司领导到麻栗坡开展爱国主义教育活动】 6月2～4日，财政部国防司和省军区、省财政厅有关领导到麻栗坡县开展爱国主义教育活动，并看望慰问驻地官兵。副州长李俊彪陪同。

【胡荣参加云南省生物产业发展大会和上海南汇—云南文山对口地区合作交流座谈会】 6月3～6日，副州长胡荣到昆明参加云南省生物产业发展大会和上海南汇—云南文山对口地区合作交流座谈会。

【黄文武参加第17届中国昆明进出口商品交易会及第二届南亚商品展活动】 6月3～10日，州长黄文武，副州长姚堂文、官悠房先后在昆明参加第17届中国昆明进出口商品交易会及第二届南亚商品展活动。

【徐爱民等陪同省人大调研组调研保障性住房建设情况】 6月4～5日，常务副州长徐爱民，州长助理、州发改委主任马斌陪同省人大调研组调研文山保障性住房建设情况。

【李俊彪到玉溪等地考察禁毒工作】 6月5日，副州长、州公安局局长李俊彪到玉溪等地考察，学习禁毒工作经验。

【姚堂文到南宁参加泛珠三角经贸洽谈会议】 6月8～15日，副州长姚堂文到南宁参加泛珠三角经贸洽谈会议。

【黄文武徐爱民到中铁二院衔接云桂铁路富宁站点设置问题】 6月9～10日，州长黄文武、常务副州长徐爱民到中铁二院衔接云桂铁路富宁站点设置问题。

【林耘埜到文山砚山丘北调研】 6月9日，省国土资源厅副厅长林耘埜到文山、砚山、丘北县调研，副州长李国沛陪同。

【褚正武到丘北富宁调研】 6月14～15日，省民政厅副厅长褚正武到丘北、富宁县调研，副州长李国沛陪同。

【胡荣到山东省诸城市考察全国现代烟草农业示范项目】 6月16～22日，副州长胡荣带领8县分管烟叶生产的副县长及州、县烟草公司负责人到山东省诸城市考察全国现代烟草农业示范项目。

【马斌参加马鹿塘水电站一期工程竣工验收会议】 6月17日，州长助理、州发改委主任马斌在昆明分别参加马关大梁子电站工程专项验收会议和马鹿塘水电站一期工程竣工验收会议。

【陈国忠向省"铁皮石斛"项目调研组汇报工作】 6月18日，州长助理陈国忠参加省"铁皮石斛"项目调研组到文山调研座谈会并作工作汇报。

【兰骏参加中国西部旅游博览会】 6月18～20日，副州长兰骏到重庆参加中国西部旅游博览会。

【李树洁到砚山调研】 6月19日，省科技厅副厅长李树洁一行到砚山县调研，副州长李国沛陪同。

【兰骏在昆明参加世行贷款云南环境项目启动仪式】 6月23日，副州长兰骏在昆明参加世行贷款云南环境项目启动仪式。

【李国沛参加云南资本市场与产业发展高层论坛暨第二届春城金融论坛】 6月26～27日，副州长李国沛到昆明参加云南资本市场与产业发展高层论坛暨第二届春城金融论坛。

【徐爱民与省水务产业投资公司签订水务基础设施建设合作框架协议】 6月30日，常务副州长徐爱民代表州人民政府与省水务产业投资公司签订水务基础设施建设合作框架协议

【省公路局调研组到文山调研并举行两条二级公路建设协议签字仪式】 7月1日下午～3日，省公路局调研组到砚山、麻栗坡、西畴、马关调研公路建设工作，副州长姚堂文陪同。1日下午，州长黄文武向调研组汇报文山州交通工作情况，

副州长姚堂文出席汇报会。7月4日上午，州长黄文武、副州长姚堂文出席省公路局与文山州人民政府合作建设文山至马关都龙、文山至麻栗坡至天保二级公路协议签字仪式。

【省委省政府调研组到文山调研保增长保稳定保民生工作】 7月6~7日，副省长刘平带领省委、省政府调研组到砚山、富宁、广南、西畴、文山5县调研保增长、保稳定、保民生工作，州长黄文武、副州长姚堂文陪同调研。7日晚，州委、州人民政府召开工作汇报会，黄文武向调研组汇报文山州工作情况，常务副州长徐爱民，副州长姚堂文、李国沛、张秀兰参加会议。

【省第三轮行政审批项目清理工作专项督查组到文山州检查指导工作】 7月7~9日，省第三轮行政审批项目清理工作专项督查组到检查指导工作。8日上午，副州长关华兵代表州人民政府向督查组汇报工作。

【国家交通部领导到文山麻栗坡调研】 7月8日，国家交通部领导到麻栗坡、文山县调研。副州长姚堂文陪同。

【省政府粮食行政首长负责制考核组到文山州考核工作】 7月8日上午，省政府粮食行政首长负责制考核组到文山州考核工作，副州长胡荣代表州人民政府向考核组作工作汇报。

【李国沛率领有关部门到广西百色市考察农村金融改革工作】 7月9~12日，副州长李国沛率领州人行、文山银监分局、农发行、农行、信用联社和民丰村镇银行等州级金融部门负责人到广西百色市考察农村金融改革工作。

【省铁路建设督导组赴丘北现场踏勘】 7月10日上午，省铁路建设督导组赴丘北县现场踏勘云桂铁路。常务副州长徐爱民，州长助理、州发改委主任马斌陪同。

【外交学院考察培训团到文山州考察】 7月12~13日，以外交学院副院长马占岭为团长的外交学院考察培训团到文山州考察培训，副州长关华兵陪同考察。

【张秀兰到南方医科大学及广东医学院考察】 7月15~22日，副州长张秀兰带领州卫生局、州医院、州中医院负责人到南方医科大学、广东医学院、南方医院、广东省人民医院等地考察，学习参观部分学校和医院的规划建设、医院管理流程、医院信息系统、人力资源管理、医院绩效考核体系设计等方面的先进经验，并分别与2所大学和4家医院就非直属附属医院、卫技人员培养和进修等内容初步达成协作意向。

【李国沛向民政部调研组汇报文山县撤县设市工作情况】 7月16日下午，副州长李国沛代表州人民政府向民政部调研组汇报文山县撤县设市工作情况。

【李俊彪在富宁出席并主持滇桂两省区四州市矛盾纠纷联防联调协作会议】 7月16日上午，副州长、州公安局局长李俊彪在富宁出席并主持滇桂两省区四州市矛盾纠纷联防联调协作会议。

【省发改委领导到丘北现场察看云桂铁路有关冲突问题】 7月17日，省发改委领导到丘北现场察看并研究云桂铁路普者黑车站选址与普炭一级公路线路设置冲突问题。常务副州长徐爱民陪同。

【姚堂文与国电云南公司负责人座谈】 7月17日下午，副州长姚堂文与国电云南公司负责人座谈，研究相关招商引资开发电力工作。

【李德水到文山调研】 7月20日下午，国家统计局原局长李德水一行到文山调研。副州长姚堂文陪同。

【徐爱民参加云桂铁路与普炭路建设有关问题协调会议】 7月21日，常务副州长徐爱民到省发改委参加云桂铁路与普炭路建设有关问题协调会议。

【徐爱民商谈铁路建设合作开发工作】 7月22日，常务副州长徐爱民带领有关部门负责人到昆明铁路局衔接云桂铁路建设相关工作；到省铁路投资公司商谈铁路建设合作开发工作。

【姚堂文出席全国民族自治州统计联合会并致辞】 7月22日上午，全国民族自治州统计联合会第18次年会在文山召开，副州长姚堂文出席会议并致辞。

【王开良到富宁文山调研】 7月27~28日，省商务厅副厅长王开良到富宁县、文山县调研口岸及市场建设、外贸企业发展等情况。副州长官悠房陪同。

【胡荣到弥勒参加文山州新烟区情况汇报会】 7月30日，副州长胡荣到弥勒参加文山州新烟区情况汇报会。

【黄文武出席州人民政府与云桂铁路客运专线公司(云南)筹备组座谈会议】 8月6日下午，州长黄文武出席州人民政府与云桂铁路客运专线公司(云南)筹备组座谈会议。

【省中小学校舍安全工程督查砚山文山调研】 8月6日，省中小学校舍安全工程督查组到砚山县和文山县调研，副州长张秀兰陪同。

【省扩大内需促进经济增长政策落实检查工作组到文山广南检查工作】 8月6~7日，省扩大内需促进经济增长政策落实检查工作组在文山县、广南县检查工作，州长助理、州发委主任马斌陪同。7日上午，州人民政府召开汇报会，常务副州长徐爱民向省检查组汇报贯彻落实中央扩大内需促增长政策情况。

【姚堂文与省国资委领导洽谈七花公司改制相关事宜】 8月7日，副州长姚堂文与省国资委领导在文山三七药物产业园区洽谈七花公司改制相关事宜。

【孙小虹到文山麻栗坡丘北调研】 8月11～14日，省商务厅厅长孙小虹到丘北、文山、麻栗坡3县调研，副州长官悠房陪同。14日上午，州人民政府召开文山州商务工作情况汇报会，州长黄文武向孙小虹一行汇报工作，副州长官悠房参加并主持会议。

【姚堂文在昆明参加云南冶金集团召开的文山氧化铝厂资源勘探工作会议】 8月13～14日，副州长姚堂文在昆明参加云南冶金集团召开的文山氧化铝厂资源勘探工作会议。

【省"双拥"模范县争创工作检查考核组到砚山调研】 8月15～16日，以省民政厅副厅长褚正武为组长的省"双拥"模范县争创工作检查考核组一行到砚山县调研，副州长李国沛陪同。16日，副州长李国沛向检查考核组汇报工作情况。

【张秀兰出席云南财经大学与文山学院和平共文山州财校合作办学协议签字仪式】 8月17日下午，副州长张秀兰出席云南财经大学与文山学院、文山州财校合作办学协议签字仪式。

【姚堂文到云天化集团公司协调文山氯碱项目建设事宜】 8月20日，副州长姚堂文到昆明与云天化集团公司负责人协调文山氯碱项目建设事宜。

【省水利厅扩大内需检查组到文山县检查工作】 8月20日，省水利厅扩大内需检查组副厅长陈坚一行到文山县检查工作，副州长胡荣陪同。

【李国沛汇报衔接举办"云南文山三七药业国际论坛"相关筹备工作】 8月27日，副州长李国沛到省科技厅汇报并衔接举办"云南文山三七药业国际论坛"相关筹备工作。

【孔垂柱到文山调研石漠化综合治理工作】 8月30～31日，副省长孔垂柱率省发改委、水利厅、林业厅、扶贫办、畜牧局有关负责人到文山调研石漠化综合治理工作，州长黄文武、副州长胡荣陪同到文山县、西畴县调研。

【官悠房到红河州参加中国云南与越南河江老街莱州奠边省联合工作组第二次会议】 8月30～31日，副州长官悠房到红河州参加中国云南与越南河江老街莱州奠边省联合工作组第二次会议。

【罗正富到广南调研】 9月3～4日，副省长罗正富到广南调研扩大内需项目建设及县域经济发展情况，州长黄文武、常务副州长徐爱民，州长助理、州发改委主任马斌陪同。

【官悠房到昆明参加云桂铁路可行性研究评估会议】 9月4～5日，副州长官悠房到昆明参加云桂铁路可行性研究评估会议。

【官悠房参加云桂铁路文山境内土地一级开发战略合作框架协议签字仪式】 9月8日上午，副州长官悠房到丘北参加文山州与省铁路投资公司关于云桂铁路文山境内土地一级开发战略合作框架协议签字仪式，并代表文山州与省铁路投资公司签字。

【徐爱民在昆明与省规划设计院研究文山州州域体系规划和"文砚平"规划编制工作】 9月9日上午，常务副州长徐爱民在昆明与省规划设计院研究文山州州域体系规划和"文砚平"规划编制工作。

【胡荣参加州人民政府与国电云南公司能源开发签字仪式】 9月10日上午，副州长胡荣参加州人民政府与国电云南公司能源开发签字仪式。

【张秀兰出席欢送全州2009年度高校毕业生到村任职视频会议】 9月11日下午，副州长张秀兰出席欢送全州2009年度高校毕业生到村任职视频会议并讲话。

【省国防科工办领导到州炸药厂检查安全生产工作】 9月16日下午，省国防科工办领导到州炸药厂检查安全生产工作，副州长姚堂文陪同。

【徐爱民 李俊彪参加麻栗坡地区军警民联合处置边境突发事件演练观摩活动】 9月17日上午，常务副州长徐爱民，副州长、州公安局局长李俊彪参加麻栗坡地区军警民联合处置边境突发事件演练观摩活动。

【薛晓峰带团到文山州考察】 10月15～16日，以上海市人力资源和社会保障局副局长、公务员局局长薛晓峰为团长的考察团到文山州考察，副州长黎宝光陪同。

【省难民调研组到文山调研】 10月16日，省难民调研组到文山调研，州长助理、州发改委主任马斌陪同；16日下午，马斌参加文山州难民工作座谈会并汇报文山州难民工作情况，副州长、州公安局局长李俊彪参加会议。

【胡荣到上海参加洽谈会】 10月17～22日上午，副州长胡荣到上海参加云南(上海)生物产业合作项目推介洽谈会，并拜访虹口、闸北、南汇、松江四区政府。

【李国沛率领州残疾人体育代表团到昆明参加全省残疾人运动会】 11月2日，副州长李国沛率领州残疾人体育代表团到昆明参加全省残疾人运动会。

【黎宝光会见越南河江省外事厅代表团】 11月2日下午，副州长黎宝光会见越南河江省外事厅代表团。

【省政府第二督查组专项检查节能减排工作】 11月2~3日，副州长姚堂文陪同省政府第二督查组专项检查节能减排工作。

【胡荣到北京参加百色水利枢纽库区移民资金政策性调整及有关问题处理设计报告审查会议】 11月3~6日，副州长胡荣带领州移民局、富宁县政府有关负责人到北京参加百色水利枢纽库区移民资金政策性调整及有关问题处理设计报告审查会议。

【马晓佳到文山调研能源工作】 11月5日上午，省发改委副主任、省能源局局长马晓佳一行到文山调研能源工作，州长助理、州发改委主任马斌陪同调研组到马鹿塘水电站二期工程调研。下午，州人民政府召开文山州能源工作情况汇报会议，常务副州长徐爱民向调研组作工作汇报。

【省档案安全执法检查组到文山州检查工作】 11月9~13日，以省档案局局长黄凤平为组长的档案安全执法检查组到富宁、广南、西畴、麻栗坡、文山五县进行档案安全执法检查及档案工作调研，州长助理陈国忠陪同。

【省房地产开发领域违规变更规划调整容积率专项检查组到文山检查工作】 11月10日，省房地产开发领域违规变更规划调整容积率专项检查组到文山检查，常务副州长徐爱民陪同检查。

【曾健平到麻栗坡县考察教育扶贫工作】 11月11~12日，以加拿大文化更新国际基金会主席曾健平为团长的扶贫考察团一行到麻栗坡县考察教育扶贫工作，副州长黎宝光陪同考察。

【李文冰到文山调研国民经济和社会发展暨投资工作】 11月12日，省发改委副主任李文冰带队到文山开展全省国民经济和社会发展暨投资工作调研，常务副州长徐爱民陪同；12日下午，州长黄文武向李文冰一行汇报全州国民经济和社会发展计划及固定资产投资工作。

【姚堂文等参加云桂铁路与普炭公路交叉问题协调会议】 11月12日上午，副州长姚堂文，州长助理、州发改委主任马斌到丘北参加云桂铁路与普炭公路交叉问题协调会议。

【梁燕城 苏永干到文山州考察教育扶贫和投资事宜】 11月15~17日，加拿大文化更新(国际)基金会董事及总裁梁燕城和香港文化更新董事(香港泽联置业有限公司董事长)苏永干到文山州考察教育扶贫和投资事宜，副州长黎宝光陪同。

【省政府推进华侨农(林)场改革和发展工作检查组到文山州检查工作】 11月16~20日，以省侨办主任杨光民为组长的省政府推进华侨农(林)场改革和发展工作检查组到文山州检查工作，副州长黎宝光陪同。

【兰骏与省文化产业投资控股集团有限责任公司负责人商谈普者黑开发事宜】 11月17日上午，副州长兰骏在丘北与省文化产业投资控股集团有限责任公司负责人商谈普者黑开发事宜。

【和段琪到文山砚山调研】 11月18~20日上午，副省长和段琪到文山、砚山两县调研工业经济及三七产业发展等工作，州长黄文武、副州长李国沛等领导陪同。

【兰骏在昆明参加中国昆明国际旅游交易会和中国—东盟旅游合作论坛】 11月18~20日，副州长兰骏在昆明参加中国昆明国际旅游交易会和中国—东盟旅游合作论坛。

【黎宝光参加省政府代表团出席云南与越南老街河内海防广宁经济走廊合作第五次会议】 11月19~20日，中国云南与越南老街、河内、海防、广宁经济走廊合作第五次会议在越南河内市举行，副州长黎宝光参加以顾朝曦副省长为团长的云南省政府代表团出席会议。

【李国沛参加中国文山三七等云南特色药物国际论坛新闻通报会议】 12月1~3日，副州长李国沛到省科技厅汇报衔接中国文山三七等云南特色药物国际论坛相关筹备工作，并在昆明参加中国文山三七等云南特色药物国际论坛新闻通报会议。

【黄文武等出席云南省山区水利发展和改革示范区文山县黄龙片区中低产田地改造项目启动仪式】 12月2日上午，州长黄文武、副州长胡荣出席云南省山区水利发展和改革示范区文山县黄龙片区中低产田地改造项目启动仪式。

【省侨联调研组到文山调研】 12月5~9日，以省侨联主席钟乔光为组长的省侨联调研组一行四人到文山州调研，6日，副州长黎宝光陪同调研组到麻栗坡县调研。

【陶晴到文山学院调研】 12月7日，省高校工委副书记陶晴到文山学院、文山县调研，副州长张秀兰陪同。

【财政部外交部中越陆地边界勘界土地划出补偿调研组到文山调研】 12月7~8日，以财政部预算司副司长夏先德为组长的财政部、外交部中越陆地边界勘界土地划出补偿调研组到文山州进行调研，常务副州长徐爱民，副州长黎宝光，州政协副主席、州财政局局长陈晓华陪同调研。

【李国沛到北京天律衔接中国文山三七等云南特色药物国际论坛筹备相关工作】 12月7~10日，副州长李国沛带领州级有关部门负责人到北京、天津汇报并衔接中国文山三七等云南特色药物国际论坛筹备相关工作。

【黎宝光到广西壮族自治区百色市参加百色起义和龙州起义80周年纪念活动】 12月10~12日，副州长黎宝光到广西壮族自治区百色市参加百色起义、龙州起义80周年纪念活动。

【东盟杂交玉米良种选育及高产栽培技术专家组到砚山考察】 12月12日，云南农业大学组织的东盟杂交玉米良种选育及高产栽培技术专家组到砚山玉米研究所考察，副州长胡荣陪同。

【外交部扶贫慰问考察团到麻栗坡视察对口帮扶工作】 12月15~16日，以外交部纪委书记宋涛为团长的外交部扶贫慰问考察团到麻栗坡县视察对口帮扶工作，副州长胡荣、黎宝光陪同视察。15日晚，州人民政府在麻栗坡举行汇报会议，胡荣、黎宝光出席汇报会。

【姚堂文与云科药业公司就合作开发三七产业事宜进行工作洽谈】 12月16日下午，副州长姚堂文在三七药物产业园区与云科药业公司就合作开发三七产业事宜进行工作洽谈。

【国家科技部有关领导到州三七研究院和特安呐有限公司调研】 12月16日，国家科技部有关领导到州三七研究院、特安呐有限公司和人羞花公司调研，副州长张秀兰陪同。

【云南文山三七等云南特色药物国际论坛在文山举行】 12月16~18日，云南文山三七等云南特色药物国际论坛在文山举行。常务副州长徐爱民，副州长姚堂文、李国沛参加论坛相关活动。

【州级领导参加州人民政府与云南冶金集团及云南白药集团战略合作协议签字仪式】 12月18~20日，常务副州长徐爱民，副州长姚堂文、副州长李国沛到昆明参加州人民政府与云南冶金集团、云南白药集团战略合作协议签字仪式。

【曲靖市扶贫考察团到丘北考察扶贫工作】 12月19日，曲靖市扶贫考察团到丘北县双龙营镇太平村考察扶贫工作，副州长胡荣陪同。

【王新怀　李承宗一行到马关富宁调研】 12月25~28日，国家发改委地区司巡视员王新怀、省发改委副主任李承宗一行到马关、富宁县调研难民、山瑶生产生活情况，副州长胡荣，州长助理、州发改委主任马斌陪同。

办公室工作

【文秘工作】 全年共收各类文件和参阅资料4 989份，传阅3 906次，用非涉秘公文网接收电子公文276份，上传35个，应用内部办公网传阅文件150多个；收传各类信访件260件，制发各种文件、信息、材料2 376个110万多页。对外发送文件2 200多个65 000余份，征订传阅报刊杂志22种6万多份，发送文山政报3 360份，寄出公务信函12 595件。

【政务督查】 把州人民政府工作报告确定的重要工作进行分解立项，抓好州人民政府确定的20个重要项目和20项重点工作的督查落实，将责任分别落实到州级相关单位和县，建立层层落实责任的工作格局，推动州人民政府年度工作的全面督查。重点对政府还贷三条四段二级公路建设落实情况进行督查；实行月报制度，对全州廉租房建设、敬老院建设和农村最低生活保障落实、供销社“二次创业”等工作情况进行立项跟踪督查，共开展领导批示督办22项，反馈落实情况30余期；将州“两会”期间代表和委员提出的建议和提案列入督查内容，并与“四项制度”密切挂钩，对每一件建议和提案的办理进行跟踪督促检查，促进工作落实。同时，配合做好省的有关督促检查工作，特别是对省的“两个二十项”重点工作、供销社二次创业等工作开展情况进行了督办。

【信息调研】 围绕州委的决策部署和州人民政府的中心工作，以科学发展观为指导，在重大项目建设推进、扶持企业复产达产、木本油料产业发展、促进创业就业、保障性住房建设、中小学校舍危房改造和校舍安全工程建设、社会主义新农村建设、政府自身制度建设等方面，研究确定服务于全州经济社会发展的调研专题，办公室领导班子成员和各科室深入开展调查研究，形成了近40篇调研报告，为政府领导决策提供了较高价值的材料和依据。全年共编发政务信息457期1 842篇，其中：《文山政务信息》92期，736篇；《文山要情》118期，118篇；在全省州、市信息上报综合考核中获得二等奖。编发《文山政报》12期。

【应急和后勤保障】 强化机关行政后勤管理和服务，做好政府大院的安全保卫和综合治理工作，全年，大院内未发生违法违纪现象和重大事故，被评为2009年全州综治维稳先进单位。规范高效做好会议、接待服务，全年共承办各类会议590个。做好应急职守工作，初步形成以各县政府值班电话为主线，州直各有关单位值班电话为依托的应急信息网络系统，开通并正式启用VPN数据加密技术的省突发事件信息报告系统及无线电短波电台，配备了海事卫星电话。协调参与州直、县处级以上领导干部参加的反恐综合应急演练的筹备工作。全年向省应急办报告突发事件信息5期。

【领导名录】
州　　长　黄文武(壮)
副 州 长　徐爱民
　　　　　姚堂文
　　　　　李国沛
　　　　　兰　骏
　　　　　张秀兰(女、苗)
　　　　　胡　荣
　　　　　关华兵(～6)
　　　　　李俊彪
　　　　　官悠房(5～)
　　　　　黎宝光(8～)
州长助理　陈晓华(～4)
　　　　　马　斌(回)
　　　　　李华忠(～6)
　　　　　陈国忠
　　　　　任　强(6～)
秘 书 长　杨选德
副秘书长　宋子祥(～4)
　　　　　李付珠(瑶)
　　　　　李顺福(仡佬)
　　　　　周　兵
　　　　　吴晓洁
　　　　　玉　荣
　　　　　陈立斌
　　　　　邹春明
　　　　　赵丽荣(女)
　　　　　朱　强
　　　　　贾　根
　　　　　颜远祥(壮、3～)
　　　　　刘云洲(3～)
　　　　　郭旭初(6～)
　　　　　罗东波(9～)
　　　　　王光海(～3)
办公室主任　宋子祥(～4)
　　　　　　李付珠(瑶、6～)
办公室副主任　普志敏(彝)
电子政务管理中心主任　万琼芝(女)
州信息化工作办公室主任　万琼芝(女、3～)
法制办公室主任　张春林(苗、3～)

(刘嘉俊)

人事管理

【简　述】 2009年，全州人事人才和机构编制工作围绕全州经济社会发展大局和“保增长、保民生、保稳定”的目标，扎实开展深入学习实践科学发展观活动，大力加强公务员、专业技术人员“两支人才”队伍建设，落实工资收入分配政策，努力提高人才管理服务水平，做好州县政府机构改革前期工作，切实加强部门自身建设，较好地完成全年的人事人才和机构编制工作任务。

【机构编制管理】 全年审批50件机构编制请示，占请示件总数的54.0%。其中：增加机构3个；增加科级内设机构23个；新核定处级领导职数9名，科级领导职数56名；增加人员编制149名(其中：增加机关工勤人员编制1名，调整州级行政编制4名，增加参照公务员法管理单位事业编制13名，增加公益性事业单位人员编制131名)。此外，分配省下达的政法专项编制185名，其中公安系统124名、法院系统29名、检察院系统20名、司法系统12名。

根据中央、省编办文件精神，规范全州州县党政机关管理，严格控制事业编制使用范围，核销了州及以下各级机关除省下达的行政编制、编制控制数以及州级编制部门核定的机关工勤人员编制以外的其他混用事业编制，计1 593名，其中州级331名，县级1 262名。鉴于各级机关行政编制偏少、驾驶员无专用编制的实际，依据机构编制管理的有关规定，按行政编制数的比例核定工勤编制724名，其中州级机关164名、8县机关560名，解决驾驶员无人员编制的问题。

【政府机构改革前期工作】 全省机构编制工作会议结束后，及时向州人民政府领导专题汇报，召开全州政府机构改革准备工作座谈会，部署全州政府机构改革的各项准备工作。按照深化行政管理体制改革的要求和精简、统一、效能的原则，以转变政府职能为核心，理顺职责关系为重点，组织调研组分别深入全州8县及州直20余个单位，调查了解政府部门职能职责的运行情况，分析和研究政府部门存在的职能交叉重叠、职责不清、关系不顺、权责脱节的具体原因，有针对性地提出转变职能、理顺职责关系、规范机构设置的初步意见。根据《中共云南省委云南省人民政府关于州市县政府机构改革的指导意见》文件精神，研究提出州县两级政府工作部门设置意见，在与省反复沟通和充分征求各县意见的基础上，按时按程序向省上报《文山州人民政府机构改革方案》和《文山州县级人民政府机构改革方案》。

【机构编制统计】 做好2008年度机构编制的统计上报工作。2008年，全州共有党政群机构458个、政法机构36个、事业机构5 531个(其中教育事业机构3 427个)；行政编制(含政法专项编制)12 336名(其中州级1 775名、县级7 483名、乡镇3 078名)；事业编制64 863名(其中州级5 843名、县级55 817名、乡镇3 203名)。

【事业单位登记管理】 全州参加年检的事业单位共1 609户，占总登记户数的96.0%，其中：州级155户，县级1 454户。进一步规范了事业单位的登记档案，严格实施“一户一档”制度，形成事业单位包括设立、变更、年检和注销等一整套完整有序的档案。推行网上办公和网上登记工作。

【公务员考录任免】 年内，通过笔试、面试、体检、体测和考察考核等严密的程序，新录用公务员380人(公安类129人、非公安类200人、省驻文单位31人、定向招录少数民族54人、定向招录村(社区)干部20人)。此外，从适应华侨农场的体制改革的需要，根据省的有关政策，从平远和稼依两个华侨农场现有管理人员中择优考试录用18名公务员。抓好公务员考核奖惩机制的落实。向省推荐上报全国人民满意公务员人选1名、人民满意公务员集体1个。完成2008年政府公务员年度考核，全州8县和州直59个单位共13 177人参加考核，占应考核人数的93.28%；参加考核人员中，处级497人、科级4 799人、科级以下7 881人。评为优秀等(次)2 564人，占考核人数的19.5%；称职(合格)等(次)10 519人，占考核人数的79.8%；基本称职(基本合格)7人，占考核人数的0.053%；不称职(不合格)13人，占考核人数的0.099%；新录用公务员未转正定级不定等(次)365人、受行政处分和党纪处分30人。全年共审核办理19个州直部门科级领导干部任免职50人，其中任职39人、免职16人、确定行政职务92人。

【公务员队伍建设】 全年举办科级干部任职培训班2期198人、公务员初任培训班2期370人；加强科技副乡镇长的选派锻炼工作，收回第五批20名科技副乡镇长，对7名优秀人员给予表彰奖励，选派第6批19名科技副乡镇长；试行公开选调公务员的选拔机制。落实《云南省州市以上机关公开选调公务员试行办法》，组织指导州公安局、州森林公安局和州农业局农机监理所等3个单位，面向基层具有公务员身份的人员公开选调15名公务员；开展省委组织部、省人力资源和社会保障厅、省编办批准的第二批参照管理单位人员的公务员登记，共新登记公务员2 800余人。

【大中专毕业生就业】 年内有4 465名大中专毕业生回文山报到登记就业，其中有硕士研究生10人，本科毕业生1 015人。全年招录公务员380人，招聘事业单位工作人员1 371人，招聘特设岗位教师913人，选聘699名高校毕业生到村任职，招募“三支一扶”大学生40人。举办人才交流会2场(次)，州内和沿海地区86家企业进场招聘，提供就业岗位3 498个，达成就业意向近2 000人。受烟草公司、城乡开发投资公司、水务产业投资公司、文山电力公司等企业委托招聘职员48名；组织人员深入保险、烟草、房地产、教育、金融、食品加工、医药卫生等行业的46家企事业单位走访调查，有近100家州内外用人单位通过州人才市场发布人才招聘信息，提供岗位1 000余个，推荐就业成功率达80.0%以上。加强大中专毕业生就业政策宣传和指导。深入文山学院、卫校、财校等州内大中专学校，向毕业生宣讲当前的就业形势，介绍就业政策，引导毕业生树立正确的就业观和择业观，共有2 500名毕业生接受培训。从2009年起，实行大中专毕业生就业服务全免费。对大中专毕业生就业实行“全过程免费服务”，取消了求职登记、求职信息发布、招聘信息提供、个人委托人事档案保管等环节的所有收费项目，对到各类企业就业、跨地区就业和自主创业的毕业生由人才中心实行免费人事代理，全年为143名大中专毕业生办理了人事代理。

【人事考试工作】 全年组织各类人事考试32场(次)3.5万人(次)，其中公务员招录笔试、面试2场11 000人(次)，事业单位招聘笔试1场8 906人(次)，选聘高校毕业生到村任职笔试1场4 107人(次)，各种职称考试网络报名20(次)3 200人(次)，外语、经济、二级建造师和职称计算机应用能力考试4场6 600人(次)，“三支一扶”大学生招募考试1场607人(次)，各类企业委托招聘考试3场270人(次)。共办理发放各种职称考试合格证书2 000余份，发放各类资格证书2 497本，其中高级职称证书376本、中级资格证书2 121本。

【专家服务团赴文活动】 按照急需、实用、见效的原则，10月邀请10名留学回国专家到5个县的农业、林业示范基地和州医院进行现场指导，成功进行9台疑难病例的手术示教，为服务单位和有关行业部门提供各类咨询和合理化建议20余条，举办各种技术讲座12(次)，听课人数800多人(次)，现场解决了在农业、林业、医疗等方面遇到的许多技术难题，有效地提升了一批专业技术人才的创新意识。

【岗位设置管理和绩效工资制度改革】 稳妥推进全州事业单位岗位设置管理工作，在州人民医院、州图书馆、州农科所、文山三七研究院、州民族职业技术学校、州动物疫病预防控制中心、州电台、州林业调查规划设计队等8家单位开展岗位设置管理试点工作，探索解决因人设岗、“双肩挑”人员岗位设定、非领导职务管理人员设岗等方面的办法和措施，为全州事业单位全面实施岗位设置管理工作积累了有益的经验；推进事业单位工资制度改革。根据省的统一安排部署，开展义务教育学校实施绩效工资的总量核算、水平测定以及实施办法和方案的制定报批工作，完成了全州中小学津贴补贴统计上报、全州事业单位收入分配情况和人员统计、全州公共卫生与基层医疗卫生事业单位工作人员工资收入有关情况的调研统计上报工作。

【职称评审】 对州属75个事业单位的新一轮结构比例进行核定，整体提高各系列专业技术高中级结构比例。加大职称评聘力度，完成新闻、中专讲师、艺术、畜牧兽医、农艺师、工程系列、林业、建设环保、水利水电、中学一级教师、小学高级教师的评审工作，推荐中专高级讲师4人、中学高级讲师275人，审核中级职称材料14个系列2 121人，高级职称11个系列376人。全州专业技术人员中，高级职称2 548人，比上年提高了17个百分点。全年推荐破格中职人员4人，通过4人；推荐破格高职3人，通过3人。完成2008年州属98个事业单位3 508人的年度考核工作，其中优秀493人、合格3 012人、基本合格1人、受处分不定级别2人，对合格以上人员进行了续聘，对不合格的人员由单位调整了工作岗位。

【优秀人才选拔推荐】 向省人力资源和社会保障厅推荐了4名优秀人才作为享受省政府特殊津贴人选，其中文山日报社袁兴国、广南县种子管理站董加金被省评为享受省政府特殊津贴人员；高华强、李秀龙、何猛、付荣华、农光乐、张严、陈显德7人被省评为第三批云南省优秀拔尖乡土人才。

【专业技术人才培养】 充分依托上海市人力资源培训优势，确定全年培训31个班220人。组织教育、卫生、农业等16个行业110人到上海参加对口培训。

【人才服务】 扩大人才派遣业务。全年委托实行人才派遣的单位新增1家101人，共计7家509人；办理合同鉴证505人，为375人代交养老保险12万元，完善16名派遣人员的相关手续；推进信息化服务。对托管的4 200份人事档案进行了全面清理，人员名单全部录入微机，实现电脑查询。

【工资福利工作】 全年办理职务、职称、工人技术等级、学历、警衔晋升、转正定级、新参加工作人员、行政嘉奖、艰苦边远地区津贴、年终一(次)性奖金和事业单位正常晋升薪级工资、一个月基本工资额度等工资审批5 380人(次)，补发556.01万元，月增资额为16.39万元；办理职能划转、调入、调出工资转移关系72人(次)。办理退休手续30人，完成2008年度州直机关事业单位工人技师聘审和增资兑现工作。

【军转安置和管理服务】 完成转业干部安置25人，随调家属2人。其中：实行计划安置5人、自主择业20人。获得省委、省政府表彰全省军队转业干部安置工作先进单位4个、全省模范军队转业干部4名、全省先进军转工作者2名。全州纳入数据库管理的企业军转干部282人，涉及补助对象183人，其中：生活困难补助金107.2万元、特殊困难救助金14.8万元。

【人事信访】 成立"信访积案化解年"排查梳理活动工作领导小组及其办公室，对信访积案进行细致的排查，共排查出信访积案10件。在重要节日、重大事件中启动人事信访"零报告"工作机制和24小时值班制度，在信访案件预防调处中做到了反应快、力量强、处置到位。全年共受理来信137件，来访399人(次)，其中：初信48件，重信89件。

【人事信息】 加大文山人事网建设，编辑、制作新闻稿件和各类政务信息近500余篇，全年访问量达50余万人/(次)；新设立"公务员考试"、"事业单位考试"、"村官考试"三个论坛栏目，回复考生咨询问题800余条；云南省阳光政府四项制度重要事项公示16条，云南省阳光政府四项制度重点工作通报18条，答复云南省政务信息在线解答6条，回复"局长信箱"来信100件(次)。进一步加大人事信息工作力度，全年编发信息124期148条。

【领导名录】

局　　　长　赵　琼(女、壮)
副　局　长　黄正雄
编委办主任　赵　琼(女、壮)
编委办副主任　李永正(壮)
人才中心主任　赵玉明

(那春华)

外事侨务

【对外交流】 年内，成功接待由越南宣光省省委书记黄平军率领赴昆参加第17届昆交会的代表团一行11人和越南河江省人民委员会主席阮长苏率领赴昆参加第17届昆交会的代表团一行10人等2个省部级代表团共21人。11月，州委书记李培率团一行14人赴越南河江、宣光等地进行访问考察，密切了文山州与越南沿边及腹地部分省市的关系，加深友谊，推动合作。全年全州对外友好往来团组共30个，446人(次)。其中，请进12个，218人(次)；派出18个，228人(次)。

【因公出国(境)管理】 全年审核、报批州内各有关单位参加省级有关部门组团出国(境)人员7人(次)，办理出国护照3批14人(次)，审批赴越边境地区团组11个178人(次)。

【建立友好城市工作】 在中越双方外事部门的共同推动下，文山县与越南河江省河江市、麻栗坡县与越南河江省北光县已分别建立友好县市关系。3月，马关县与越南河江省箐门县签署了建立友好县市关系意向书，目前正在按程序申报。10月，富宁县与越南河江省苗旺县正式签署了建立友好关系协议书，正式确立友好城市关系。

【"侨爱工程"】 通过向省侨办申请爱心捐助项目，得到香港福慧慈善基金会的关心和支持，捐助修建6所学校和2所医院，共捐资151万元。同时，马来西亚星洲日报向麻栗坡县捐赠助学资金25 200元，资助贫困学生36名。

【华文教育】 年内，向省侨办推荐5位教师并获批准，外派安排到缅甸仰光、腊戌华校任教。分别是丘北县教师进修学校附属幼儿园赵莹丽、砚山县平远一中唐忠金、马关县一中陆洪江、文山州青少年宫陆纯、西畴县职业中学陶文菊。

【侨场改革和发展】 顺利完成侨场管理体制改革、土地确权、清产核资和审计等工作。同时，侨场危房改造工作也取得重大突破，平远华侨农场和稼依华侨农场危房改造共1006户全部完成，金坝华侨林场完成290户，在建44户。为加大对侨场改革扶持的力度，省发改委下达3个侨场非归难侨危房改造指标数是523户(平远华侨农场296户，稼依华侨农场177户，金坝华侨林场50户)，由省财政补助每户改造户1.5

万元，现省财政补助资金已全部划拨到砚山、富宁县财政。平远华侨农场完成非归难侨危房改造 90 户，在建 206 户；稼依华侨农场侨场完成 21 户，在建 25 户，未建 131 户；金坝华侨林场启动 25 户，未动工 25 户。对没有能力建房的人员和孤寡老人，由管理区新建廉租住房和老人公寓给予解决。

【领导名录】
主　任　杨绍祥（苗）
副主任　韦恩祥（壮）
　　　　杨红玲（女）
　　　　黄向荣（彝、9～）

（马天梅）

发展研究

【简　述】 2009 年按照“围绕中心、加强调研，超前思维、提前谋划，服务决策、当好参谋”的总体要求，围绕州委、州人民政府“保增长、保民生、保稳定”的中心工作和文山经济社会发展中的重点、难点和热点问题，组织开展决策咨询调研工作，完成一批质量较高的课题研究，对全州的部分重大决策提出咨询意见和建议。全年共完成重要文稿起草 10 余篇，重大课题研究 7 项，撰写调研报告 7 个，向州委、州人民政府提交各类决策咨询建议 20 余项。

【调查研究】 围绕省人民政府文山现场办公会发展通道经济的决策部署和州委、州人民政府实施“六大战略”、建设“四大基地”的发展战略，组织对“旅游产业发展”、“生物产业发展”、“木本油料基地建设”等课题进行调研，完成《文山州旅游用地情况调研报告》、《广南富宁两县油茶产业发展调研报告》、《白色水利枢纽富宁库区移民政策调研报告》等调研报告；组织开展“区域经济合作”“区域人才竞争”等课题研究，完成《文山州参与滇桂合作战略研究》、《文山州区域人才竞争战略研究》、《中越边境经济社会发展和党政建设对比问题研究》等重大课题研究，为加强与周边国家或地区开展长期交流合作提出了对策建议；配合州发改委完成《平远地区经济社会发展情况调研报告》、《文山州“十二五规划”投资趋向分析研究》和《文山州“十二五”承接产业西移政策研究》3 个课题研究；组织开展“税收管理”、“国有资产管理”等专题调研，完成《建立州县税收利益分享机制的实施意见》、《盘活州级行政事业单位非经营性资产转经营性资产及闲置国有资产的意见》等文稿的调研起草告你工作，为财政增收、国有资产管理保值增值提供了决策依据；聚焦群众关心的民生问题，抓住群众关心的热点、难点问题，深入农村、基层开展调查研究，使决策咨询服务更符合民意。完成《关于加快推进兴边富民与强边固防建设的实施意见》、《关于加快林业发展建设森林文山的决定》、《关于加快推进生物产业发展的实施意见》等有关民生问题重要文稿的起草，为解决“三农”问题、民生问题、就业问题、社会和谐问题提出了有一定见地的意见和建议；参与平远地区民族团结进步创建活动前期调研工作，修改完善《中共文山州委文山州人民政府贯彻中共云南省委云南省人民政府〈关于进一步加强民族工作促进民族团结加快少数民族和民族地区科学发展的决定〉的实施意见》、《关于在全州开展民族团结进步创建活动的意见》、《文山州平远地区民族团结进步示范区创建活动实施方案》等重要文稿的修改，对《中共西畴县委县人民政府关于规划建设兴街经济区的意见》提出咨询建议。

省政府研究室党组书记李崇仁深入文山铝厂调研

【全州决策咨询工作会议】 2 月 24 日召开全州决策咨询工作会议。省人民政府研究室书记李崇仁、州长黄文武作重要讲话，副州长李国沛传达全省决策咨询工作会议精神。各县政府常务副县长、县政府办主任，州直各部门、各大中专学校及新闻单位的负责人 120 多人参加了会议。这次会议是文山州改革开放 30 年来，首次召开的政府决策咨询工作会议，对于进一步推进文山决策科学化、民主化、规范化进程，不断提高决策咨询研究质量和科学决策水平，起到积极促进作用。

【领导名录】
主　任　谢贵诚（～5）
　　　　李顺福（仡佬、7～）
副主任　罗家祥

（胡廷汉）

政协文山州委员会

责任编辑　李春梅

文山州政协机关统战知识竞赛

重要会议

【全委会议】 1月12~16日，政协文山州第十届委员会第四次会议在文山举行。应到会委员364名，实到会委员324名。会议听取并审议通过《政协文山州第十届委员会常务委员会工作报告》和《政协文山州第十届委员会常务委员会关于三次会议以来提案工作情况的报告》；与会委员列席文山州第十二届人民代表大会第五次会议，听取并协商讨论《文山壮族苗族自治州人民政府工作报告》，协商讨论《文山壮族苗族自治州中级人民法院工作报告》、《文山壮族苗族自治州人民检察院工作报告》和《文山壮族苗族自治州2008年国民经济和社会发展计划执行情况及2009年计划(草案)报告》、《文山壮族苗族自治州2008年地方财政预算执行情况及2009年地方财政预算(草案)报告》；增选陈晓华为政协文山州第十届委员会副主席；召开4场界别联组会议，围绕全州经济社会发展建言献策；听取本次会议提案征集情况报告；审议通过《中国人民政治协商会议文山壮族苗族自治州第十届委员会第四次会议决议》(草案)。会议肯定政协文山州第十届委员会常务委员会2008年工作，对常务委员会工作报告提出的2009年工作任务表示同意，对“一府两院”工作报告和计划、财政报告表示赞同。

【第十四次常委会议】 3月25日在文山举行。州政协主席王云凌主持。应到会常委45人，实到会常委38人。会议听取《关于政协文山州第十届委员会第四次会议提案审查情况报告》；审议通过《政协文山州委员会常务委员会2009年工作要点》；通过有关人事任免。

【第十五次常委会议】 6月29日在文山举行。州政协主席王云凌主持。应到会常委45人，实到会常委37人。会议进行水资源利用和管理知识的专题讲座；通过有关人事任免；为增补的18名为政协文山州第十届委员会委员颁发证书。

【第十六次常委会议】 9月25日在文山举行。州政协主席王云凌主持。应到会常委44人，实到会常委30人。会议邀请文山州国家安全局局长刘乔光作《增强保密意识，维护国家安全》的专题讲座；听取文山州副州长黎宝光通报2009年1~8月全州经济运行和重大项目推进情况及州政协十届四次会议提案办理情况。

【第十七次常委会议】 12月25日在文山举行。州政协主席王云凌主持。应到会常委43人，实到会常委30人。会议审定政协文山州第十届委员会常务委员会工作报告(草案)、政协文山州第十届委员会常务委员会关于四次会议以来提案工作情况的报告(草案)、关于召开政协文山州第十届委员会第五次会议的决定(草案)、政协文山州第十届委员会第五次会议议程(草案)、政协文山州第十届委员会第五次会议日程(草案)、政协文山州第十届委员会第五次会议特邀人员、特邀单位和列席单位名单(草案)、政协文山州第十届委员会常务委员会工作报告报告人建议名单(草案)、政协文山州第十届委员会常务委员会关于四次会议以来提案工作情况的报告报告人建议名单(草案)、政协文山州第十届委员会第五次会议秘书长、副秘书长建议名单(草案)、关于授权主席会议审定政协文山州第十届委员会常务委员会第十七次会议未尽事宜的决定(草案)。

【第二十二次主席办公会议】 3月5日，州政协主席王云凌主持。会议审定政协文山州委员会常务委员会2009年工作要点、政协文山州第十届委员会第四次会议重点提案，并确定办理面商会时间；讨论通过州政协领导分工；通报州政协机关厅级优秀公务员测评情况；研究确定政协文山州第十届委员会第十四次常委会议有关事项。

【第二十三次主席办公会议】 3月20日，州政协主席王云凌主持。会议讨论《关于重视距中越边境5公里内土地整治的建议》、《关于确定革命老区特殊地区(核心区)做好重点帮扶的建议》、《文山州木材加工业发展情况的调查报告》、《政协文山州委员会常务委员会2009年工作要点》；审定《关于政协文山州第十届委员会第四次会议提案审查情况报告》、《2009年文山州政协重点提案办理表》；通报政协文山州第十届委员会第十四次常委会筹备情况。

【第二十四次主席办公会议】 5月27日，州政协主席王云凌主持。会议讨论《文山州人民法院执行工作情况调研报告》；通报2009年度全州政协机关联谊会筹备情况。

【第二十五次主席办公会议】 6月11日，州政协主席王云凌主持。会议专题研究政协文山州第十届委员会第十五次常委会议的会议议题等有关事项。

【第二十六次主席办公会议】 7月28日，州政协主席王云凌主持。会议传达省政协十届七次常委会议精神；讨论通过《文山州农业科技推广情况调查报告》、《文山州农产品质量安全监管情况调查报告》、《关于加强旅游小镇规划工作的建议》、《政协文山州委员会规章制度汇编》编辑说明、州政协机关结对帮扶贫困学生方式；讨论确定《全州政协系统2009年度联谊活动知识竞赛题》及有关人事问题；审议调整新编委员分组名单；审议《政协文山州第十届委员名录》。

【第二十七次主席办公会议】 9月11日，州政协主席王云凌主持。会议讨论通过《文山州农村最低生活保障工作情况调查报告》、《文山州社会主义新农村建设情况视察报告》；讨论确定《纪念新中国人民政协成立六十周年暨中秋佳节座谈会方案》、政协文山州第十届委员会第十六次常委会议相关事宜及有关人事问题。

【第二十八次主席办公会议】 9月30日，州政协主席王云凌主持。会议讨论《文山州政协十届四次会议提案办理情况视察报告》、《文山州返乡农民工创业就业工作情况调查》、文山州贯彻落实〈中共中央关于加强人民政协工作的意见〉等文件精神的情况报告》；传达省政协十届八次常委会议精神；组织学习胡锦涛总书记在庆祝人民政协成立60周年纪念大会上的讲话精神，白恩培书记在云南省庆祝人民政协成立60周年座谈会上的讲话精神；讨论同意关于陈莉巡视员担任"文山州明德国学文化促进会"负责人的请示。

【第二十九次主席办公会议】 10月28日，州政协主席王云凌主持。会议讨论《政协文山州第十届委员会第五次会议筹备工作方案》、《关于八宝水库向清华洞水库调水的建议案》、《关于召开征集州政协十届五次会议提案参考选题座谈会的通知》。

【第三十次主席办公会议】 11月5日，州政协主席王云凌主持。会议专题听取文山州安委会办公室主任、州安全生产监督管理局局长胡正坤关于全州安全生产工作情况汇报。会议对全州安全生产形势作分析，就今后全州安全生产工作思路、工作目标、工作重点、主要措施等进行协商，提出富有建设性的意见和建议。

【第三十一次主席办公会议】 11月24日，州政协主席王云凌主持。会议讨论通过《惠农金穗卡发放管理和使用情况的视察报告》、《文山州华侨农（林）场改革和发展情况视察报告》；讨论确定《政协文山州第十届委员会第五次会议提案参考选题》、州政协党组理论学习中心组集体学习时间、《政协文山州第十届委员会第五次会议界别联组会分组名单》、《政协文山州委员会规章制度汇编》版本；讨论《关于召开政协文山州第十届委员会第五次会议的请示》；通报云南政协报驻文山记者站人员调整充实情况。

【第三十二次主席办公会议】 12月21日，州政协主席王云凌主持。会议讨论确定政协文山州第十届委员会第十七次常委会议相关事宜；讨论通过《文山州大中专毕业生就业创业情况视察报告》、《文山州油茶基地建设情况的视察报告》、《文山州社会治安防控体系建设情况调研报告》。

重要活动

【公安工作情况通报会】 1月17日，州政协召开公安工作情况通报会。州政协主席、副主席、巡视员、秘书长、各委办主任参加会议。会议听取副州长、州公安局党委书记、局长李俊彪通报2008年度全州公安工作情况，与会人员进行了座谈发言，肯定全州公安工作所取得的成绩，对进一步做好公安工作提出意见和建议。

【庆祝新中国暨人民政协成立60周年联谊活动】 9月14～16日，由州政协主办、西畴县政协承办的全州政协系统庆祝中华人民共和国暨人民政协成立60周年联谊活动在西畴县城举行。州政协机关、8县政协机关全体干部职工共450余人参加活动。西畴县委、县人大常委会、县政府及其办公室领导，县法院、检察院、公安局、人武部等单位领导，县政协常委和乡镇政协联络组组长应邀参加活动。联谊活动设置知识竞赛及气排球、飞镖、定点投篮、"双抠"4个竞赛项目。州、县政协机关以团体的形式参加各个项目的比赛，活动期间还组织参观、了解西畴县部分新农村建设情况，亲身感受到西畴人民群众主动自建家园的热情，进一步加深对"西畴精神"内涵和实质的理解。

【纪念新中国及人民政协成立60周年暨中秋茶话会】 9月28日，州政协办公室、州委统战部联合举办纪念中华人民共和国、中国人民政治协商会议成立60周年暨中秋茶话会。州政协副主席、州委统战部部长黄昌礼主持会议。州委副书记、州长黄文武，州委常委、州委宣传部部长熊荣元，原省人大常委会委员王永奎，全国政协委员、州人大常委会副主任卢京，州政协主席、副主席、巡视员、秘书长出席会议。住文山城区的省政协委员，部分州政协常委，各族各界代表人士，州政协各委办领导、部分退休老领导，8县政协主席共90余人参加会议。会上，州委副书记、州长黄文武，州政协主席王云凌分别作重要讲话，参会人员围绕"颂祖国、话发展、促和谐、庆佳节"会议主题，从不同角度、不同层面，以不同的形式颂扬新中国和人民政协成立60年以来，特别是改革开放以来我国发生的巨大变化，政协事业发展的光辉历程。

新春茶话会

【提案工作】 州政协十届四次会议期间和闭会后，共收到提案158件，立案156件。做好表彰十届一至三次会议以来的50件优秀提案、20个办理提案先进单位、20名优秀提案工作者的准备工作。试行提案委对所收到提案进行"初审"、"分审"、"会审"的"三审"方法。组织部分委员和有关部门领导，对全州人民法院执行工作情况进行调研，并形成调研报告，得到州委政法委的高度重视，作全文转发。发动政协委员、政协各参加单位参与民生论坛论文征文活动，收到文稿18篇，推荐上报16篇。组织委员视察砚山县公安局强制戒毒所，了解戒毒所监舍、干警工作情况，戒毒人员状况等，形成《关于文山州禁吸戒毒工作有关问题和困难的反映》，以州政协《社情民意反映》报送州委、州人民政府和有关部门参阅。

【调查视察】 先后组织对全州农业科技推广情况、金穗惠农卡发放管理和使用情况进行调查、视察。通过专题调研，共向州委、州人民政府提出工作建议11条。提出《关于规范农贸市场经营秩序，加强环境卫生监管的建议》等3件提案。提出《我州农业技术推广体系基础设施严重滞后急需建设》、《我州金穗惠农卡授信率低应引起高度重视》的社情民意反映。组织开展食用农产品质量安全监管情况和大中专毕业生就业创业情况的调查、视察，并形成《文山州食用农产品质量安全监管工作情况调查报告》，撰写《八宝水库向清华洞水库调水的建议案》、《旅游小镇规划工作的建议》、《文山州油茶基地建设情况的建议》，同时配合省政协人口资源环境委员会对全省"两污"处理设施情况的视察，协助配合农工党云南省委对文山"新生婴儿出生缺陷干预"的调研，配合州人民政府完成全州林改工作的调研、视察和督促检查。牵头组织州劳动和社会保障局、州农业局和部分政协委员，对全州农民工返乡创业就业情况进行调查，组织对农村最低生活保障工作情况、华侨农(林)场改革和发展情况、文山城区佛教活动场所进行调查、视察，形成《我州华侨农(林)场改革和发展情况调查报告》。参与由省"西促会"会长孟继尧带队的省西促会课题组，到麻栗坡、马关、富宁3个县对边境地区基础设施建设情况进行调研。撰写《我州部分乡镇农村低保金发放存在安全隐患应引起重视》的社情民意反映。

【信访工作】 年内，共办理和接待群众来信来访166件(次)，其中来信57件、来访109人(次)。信访内容涉及教育、卫生、城建征地、行政执法、林权与地界纠纷、移民安置与补偿、修建高速公路占地补偿、黑车营运、退休人员工资待遇等等。对来信来访，州政协领导分别作批示或接待，并安排人员具体抓，同时要求有关部门将办理结果反馈州政协。

【领导名录】

主　　席　王云凌
副 主 席　李海柏(彝)
　　　　　侯　强(回)
　　　　　李春林
　　　　　黄昌礼(壮)
　　　　　罗正卿
　　　　　朱丽舒(女)
　　　　　陈晓华(女)
秘 书 长　何代文(壮)
副秘书长　苏继群
　　　　　文官红
　　　　　孙绍忠
　　　　　王忠祥(彝、兼)
办公室主任　苏继群
副 主 任　依延光(壮)
　　　　　张建波(3～)
提案法制委员会主任　文官红
副 主 任　熊朝康(苗、兼)
　　　　　刘云洲(兼)
科教文卫体委员会主任　孙开学
副 主 任　章建祥(兼)
　　　　　杨福丽(女、兼)
委员联络委员会主任　孙绍忠
副 主 任　周维丽(女、兼)
经济委员会主任　唐志泽(～11)
副 主 任　钟　强(6～)
　　　　　王本忠(兼)
　　　　　张跃新(兼)
民族宗教外事委员会主任　张金海(瑶、6～)
副 主 任　赛　玉(女、回)
　　　　　依美发(壮、兼)
　　　　　胡贵森(兼)
人口资源环境委员会主任　张晋敏(～4)
　　　　　李　康(6～)

(依延光)

文山州境内河流分支情况

州境河流分属珠江、红河两大流域水系。珠江流域面积17 069平方千米，占全州河流面积的54.3%；红河流域面积14 387平方千米，占全州河流面积的45.7%。两大水系汇集境内百余条江河，呈西北至东南流向。州境珠江流域的主干流经南盘江六郎洞暗河、清水江、西洋江、那马河、普厅河、驮娘江等向东流入珠江；红河流域的主干流经盘龙河、八布河、南利河、迷福河、小白河、畴阳河、那么果河、郎恒河等向东南注入越南红河。

南盘江发源于曲靖市沾益县镇马雄山，由弥勒县流经邱北县西部边缘至小江口，汇入六郎洞河流入师宗县，然后复转流入邱北县再流入广西境内，流经邱北县境100多千米。

西洋江起源于广南县的九龙山南麓，汇合夕板河，经西洋至板蚌与八宝河汇合，再流经富宁县北缘，复入广西至弄瓦村与驮娘江汇合后再南流入富宁剥隘，然后流入广西右江，流经州境内(不含暗流)200多千米，河宽平均60米左右。

盘龙河发源于蒙自县鸣鹫，经砚山县平远镇泥龙拱水库出流，从平远坝子流经文山、马关、西畴，至麻栗坡县天保国家级口岸流入越南清水河再汇入红河。州境内汇入德厚河、马过河、顺甸河、布都河、畴阳河、南温河、猛硐河等多条河流及白石岩、九股水等多条暗河，共长231千米。

普厅河发源于富宁县西部，由者郎河与洪门河汇流于普厅而得名，又称归朝河、九弄河及百贯河，下游从龙卡经谷拉到剥隘流入广西右江，州境内长164千米。

那马河发源于富宁县花甲乡南部，流经那达、芭莱、那哈、那来、百打和者宁到剥隘与驮娘江汇合，州境内长90多千米。

南利河发源于砚山县南部，向东流经西畴、麻栗坡、广南3县，进入富宁县木央乡董昂寨后，流向转为东南至越南达岩流入红河，州境内长162千米。

那么果河发源于文山县薄竹山，流经马关县浪桥乡至古林箐乡胡云村附近汇入南溪河，为文山州与红河州的界河，州境内长102千米。

迷福河发源于马关县八寨镇芦差塘村，由北向南流至红河州河口市的桥头街，再折向东流，在大梁子村汇入响水河，在响水河交汇口以上长60余千米。

响水河发源于马关县大栗树乡倮洒村，流经小坝子镇拉氮村注入中越界河——斋河。州境内长60余千米。

八布河发源于西畴县董马乡，流经戈刚坝脚至八布流入越南境内，州境内长50公里，平均宽约25米。

畴阳河发源于西畴县境内，由发源于香坪山的岔河，发源于西洒上寨的南丘河及发源于革机水头的清河汇集而成。流经兴街、老街、安乐、漂漂、盘龙、南锋到麻栗坡县城，流至下湖田汇入盘龙河流出越南，州境内长约60余千米。

清水江发源于砚山县回龙，流经邱北县8个乡，由羊街乡弄位村流入广南县龙窝、纳施、革夺、三卡、布公、南尾经广西境内的猫街汇入南盘江，州境内长195千米。

驮娘江发源于广南县九龙山北麓，从西南向东北流经洛里乡平那村，再流经富宁县进入广西境内右江，州境内长130.7千米。

郎恒河发源于富宁县里达镇中部，从达孟起向南经坡司台到庙坎脚转向东南，经叭达、郎恒、者斌到那达出境，注入广西百都河，再由广西流入越南红河。州境内长31千米。

小白河发源于马关县马安山村，注入中越界河——斋河。州境内长49.5千米。

党派　群团

责任编辑　李金杰

文山县检察院被全国妇联评为“巾帼文明岗”

民　盟

【社会主义核心价值观学习活动】 2月，民盟中央转发各民主党派《深化坚持走中国特色社会主义道路的学习教育活动》的通知，4月9日，民盟文山州委邀请民盟云南省委领导和专家在文山举行“坚持走中国特色社会主义道路学习教育活动”报告会，主委倪慧芳在会上作题为《中国特色的多党合作制度》的专题报告，会后组织广南、西畴、丘北等县级支部盟员集中学习，增强与中国共产党肝胆相照、荣辱与共、风雨同舟的决心。

【组织工作】 11月18日民盟丘北县支部成立。至此，文山州8县均成立县组支部。至年底，全州盟员发展到272人，盟州委本着“坚持标准，注重质量”和“人才兴盟”的原则，把组织发展工作与加强盟的建设以及参政议政的需要结合起来，严格按照发展程序，充分听取考察对象所在单位党组织和群众的意见，2009年全州在主要界别吸纳15名中青年同志入盟。

民盟丘北支部成立

【参政议政】 年内，民盟州委组织盟员中的州政协委员进行培训，召开提案工作座谈会，特别邀请州政协提案委主任为盟员进行提案撰写的专题辅导，共同讨论人民群众最关心的热点、难点问题，提升盟员参政议政能力。在2009年初召开的文山州政协十届四次会议上，民盟文山州委共向大会提出交集体提案18件，数量上有新的突破，质量也有新提高。民盟中的人大代表、政协委员、州政府行风评议员、参加相关部门的调查视察和各种民主评议活动，并在其中建言献策，参政议政。充分发挥民盟的人才优势，各县级支部组织在县的民盟中的人大代表政协委员在就近就便开展调查研究的基础上，在县的两会上建言献策，提出提案、建议案。参加提案面商会，把提案答复作为意见反馈沟通的重要渠道。利用提案面商、提案答复等机会向提案答复、承办单位再次进行沟通和交流，最终达成一致意见，力争使每个提案都能获得最佳的办复效果。

【基层调研】 民盟文山州委针对种子市场放开后出现的种种问题，进行专题调研，广泛听取各方面的意见，为粮食安全工作提出建议和意见；针对文山州部分少数民族看不到本民族语言新闻节目等问题，盟州委机关多次到文山州电视台进行调研，深入了解情况，提出解决问题的建议，并在两会期间提出提案。配合民盟云南省委在文山开展“发展农村职业教育与技能、促进农民就业，夯实农业基础培训”专题调研工作。

【烛光行动】 继续开展对教师教育教学水平培训，开展铜厂小学校园文化建设。六一儿童节顺利举办“铜厂小学第一届校园文化艺术节”，邀请文山县相关部门、开化镇中心校、民盟教育界相关支部参加。11月民盟文山州委与文山州国学促进会联系为文山县铜厂希望小学送去《弟子规》300册，作为学校德育辅导教材。文山州实验小学积极支持民盟的“农村教育烛光行动”，5月7日派出3位骨干教师、特级教师到铜厂希望小学开展教学示范活动，从铜厂希望小学选派1名校长和1名骨干教师参加民盟中央在广西举办的ESS海内外基础教育研讨培训。年初，民盟中央与美国科技教育协会(简称ESS)达成共识，由ESS对民盟”农村教育烛光行动”的学校进行选择性帮扶，通过民盟中央的推荐，文山县铜厂希望小学被美国科技教育协会选定为2009年图书认助学校，获赠价值人民币4 000元的图书。同时，通过民盟文山州委的努力，民盟云南省委向该校小学一至六年级的211名学生捐赠新的校服。民盟文山县支部先后协调各级各类资金68万余元，水泥100余吨用于新农村建设。引进美国贝克曼库尔特公司捐善款60万元，为德厚镇以若村委会兴建小学1所。

【领导名录】

主任委员　杨道生
副主任委员　张　新
　　　　　　陈昱君(女、兼)
　　　　　　段　勇(兼)

(韦玉和)

工　会

【七届二次全体(扩大)会议】 2月24日在文山召开。七届委员、经审委员、第三届女职工委员会委员、各县总工会副主席、州属基层工会主席200余人出席会议。州委常委、州政法委书记吴俊明出席会议并讲话；州总工会党组书记、常务副主席陈玉贵作《坚定信心团结动员广大职工为确保我州经济平稳较快增长作出新的贡献》工作报告；州总工会副主席、经审会主任马丁荣作《认真履行监督职责在服务工会工作大局中发挥积极作用》的经审报告；州总工会副主席、女职工委员会主任王秀山作《认清形势明确任务团结动员全州女职工为促进文山经济平稳较快发展作贡献》的女工工作报告；表彰2008年度工会重点工作目标责任考评先进单位39家；授予2008年度文山州先进职工之家76个；与8县总工会签订2009年工会重点工作目标责任书；替补七届委员1人。

【深入基层办实事】 为7 980人(次)报销医疗互助金438.49万元；组织1 496家单位108 447人参加第六期职工医疗互助活动；投入5万元资金，装修文山州困难职工帮扶中心；拨付8万元为挂钩扶贫点改善基础设施建设；为60名务工返乡农民工争取鼓励创业贷免扶补贴息贷款300万元；争取建设和帮扶资金125万元于60周年国庆前夕，看望慰问1 333户特困职工和困难职工。

【开展建功立业活动】 开展"同舟共济保增长，建功立业促发展"建功立业活动。全年，全州共有6万多名职工参加岗位练兵、技能比武、提合理化建议等多种形式的群众性建功立业活动。各企业工会结合自身特点，围绕重点工程和难点工作，广泛开展多种形式的竞赛活动，为企业有效应对金融危机发挥不可替代的作用。全州有1 063个企事业单位、1 968个车间(班组)，开展"工人先锋号"创建活动。抓好安全生产工作。健全完善工会劳动保护组织网络和监督检查队伍，全州有614个企事业单位的53 889万名职工参加"安康杯"竞赛活动；组织开展省和全国"五一劳动奖章"的评选推荐工作，全州获云南省"五一劳动奖章"3名，获全国"五一劳动奖章"1名。州总工会与州人民医院联合为12名全国劳模进行免费体检；不断深化女职工"岗位建功"行动。在全州女职工中开展"练巧手、比技能、展才艺、建新功"职业技能比赛和展示活动，参加云南省职工才艺博览会期间，文山州有18件作品获奖。

文山县巾帼志愿者队伍

【帮扶困难职工】 全州有166户企业对员工进行岗位培训，培训员工30 000余人(次)；加大对农民工的培训力度，切实提高农民工就业技能和水平，举办厨师、电器维修、电动缝纫、电焊工等专业农民工培训班18期，共培训农民工1 244人(次)。9月，州县总工会集中时间对患有重大、特大疾病的职工进行一次全覆盖的救助慰问活动，并对受金融危机影响出现暂时困难的下岗失业人员和返乡农民工进行救助。加大对农民工的维权力度，做到快速反应，为农民工提供便捷、高效的服务，尽力帮助农民工追讨欠薪，与劳动保障等部门联系，做到密切配合、统一行动、联合督查；开展"农民工平安返乡行动"，主动与交通、民航等部门加强配合协作，使广大农民工能够平安、及时、有序、顺利返乡返城；加大农民工就业和再就业工作的力度，与劳动部门密切配合，举办大型招聘会，安置农民工再就业。畅通维权诉求渠道，加大法律援助力度，与司法部门联合开展法律援助行动，为困难职工免费进行法律咨询和援助服务，全州各级工会共接待法律咨询343人(次)，答复率达100%。开展"大帮扶"活动。元旦春节期间，各级工会深入开展领导干部与困难职工结对帮扶和"送温暖"活动，分别走访慰问困难职工19 919户，发放慰问金达410万元。各级工会创新助学方式，开展金秋助学活动，发放助学金63.5万元。贯彻落实全总"千万农民工援助行动"电视电话会议精神，进一步加大就业帮扶力度，与州劳动和社会保障局等部门联合开展"民营企业招聘周"活动，109家民营企业共提供就业岗位7 494个，签订就业意向人数6 943人、其中进城和返乡农民工6 643人，下岗失业人员300人，签订职业技能培训意向3 867人，有效促进困难职工、返乡农民工实现就业再就业。

【开展劳动关系和谐企业创建活动】 全州各级工会代表职工与企业签订集体合同480份，签订率达86.0%；签订女职工专项集体合同379份，完成省总工会下达任务的110%，建会企业劳动合同签订率达98.72%以上，推动实现企业与职工互利共赢局面的形成。

【维权维稳工作】 全州289家企业开展"共同约定行动"，并在新闻媒体发表倡议，承诺在经济危机影响下，不裁员、不减薪，稳定工作岗位，进一步坚定职工战胜困难的信心，化挑战为机遇，变压力为动力，与企业一起共渡难关。做好维护职工队伍稳定工作。建立健全劳动争议调解组织，及时调整充实劳动安全保护工作队伍。至年底，全州共建立劳动争议调解委员会518个，劳动争议调解员1 429人，工会劳动法律监督员280人，劳动保护法律监督员250人，工会小组劳动保护检查员470人。扎实推进工会参与安全生产和劳动保护工作，主动维护职工的生命权和健康权，为全州安全生产实现"双降"目标作出贡献。参与企业职工伤亡事故责任调处，切实维护职工合法权益和职工队伍的稳定，促进社会和谐。

【工会组织建设】 按照"抓大带小，全面覆盖"的工作思路，全州规模以上的非公企业均按规定要求全部建会；对于规模以下的非公企业，各级工会因企制宜，点面结合，分类指导，采取建立社县(村)工会或县域性、行业性工会及员工入厂即入会等多种形式，把大量分散、流动的职工组织到工会中来，实现工会组建的全面覆盖；在保证提高建会质量的前提下，不断扩充会员数量，实行分散下任务、集中突重点、适时搞督导、阶段抓检查的办法，把会员发展任务下到县、乡镇和企业工会，确立农民工入会重点，针对工作中的难题，及时与税务部门一同解决，促进建会工作的深入开展。全州新建基层工会组织204家，完成省总工会下达任务的172%；新发展工会会员19 007人，为省总工会下达任务的214%，其中发展农民工会员16 634人。全年累计建会1 898家，发展会员165 744人；抓好规范建设。根据年初确定的规范化建设目标，结合目前全州建会水平，州总按照组织机构健全、工作制度完备、维护机制到位、活动开展经常、党政领导重视、会员群众拥护的要求和"组建一家规范一家、合格一家验收一家"的原则，修订完善下发基层工会规范化建设的具体标准，推动全州基层工会的规范化建设，达到规范化建设标准的有369家，规范面达79.7%；开展工会组织和会员档案电子录入工作。全州工会组织已全面完成会员档案录入工作，并实行动态管理。

【领导名录】

主　　席　李品相
常务副主席　陈玉贵
副 主 席　马丁荣(苗)
　　　　　王秀山(女、壮)

（丁素芬）

共青团建设

【科学发展观武装青年思想】 针对不同类别青年特点，以开辟网站专栏、知识竞赛、征文比赛、专题培训、读书日活动等形式抓好团干部、团员青年的理论学习，帮助深刻领会科学发展观的内涵、精神实质和根本要求，牢固树立科学发展理念，自觉推动科学发展。在学习实践科学发展观活动中，深入开展"四项活动(学习研讨、课题调研、主题实践、集中整改)"，实现"三树立三增强(树立科学发展理念，增强大局意识；树立市场经济理念，增强创新意识；树立以人为本理念，增强服务意识)"，努力实现"两个全体青年"的目标。活动期间，下基层调研33人(次)，撰写心得体会和调研报告20余篇，完成4个重点调研课题，创建14个共青团学习科学发展观示范村。

【加强未成年人思想道德建设】 以社会主义核心价值体系为统揽，采取征文比赛、座谈会等形式开展丰富多彩的思想道德实践活动，在青少年中普遍开展价值观、人生观和社会主义荣辱观教育。用辉煌成就激励青少年。以五四运动90周年、建国60周年等重大节庆为契机，深入开展国情、省情、州情教育，引导青年全面了解新中国特别是改革开放30年取得的辉煌成就，系统掌握党带领人民在推进这一伟大历史进程中取得的宝贵经验，增强青少年为国家、为家乡奉献的信心和决心。

【引领青年宏扬先进文化理念】 以"弘扬五四精神，推动科学发展"为主题，开展五四青年月活动。各级团组织开展形式多样的主题学习教育活动，隆重纪念"五四"运动90周年。召开文山州纪念五四运动90周年大会，州委、人大、政协领导出席大会，州委领导作讲话。各级团组织动员团干部、青年职工、大中专学生等举办报告会、座谈会、知识竞赛、演讲比赛、主题征文、网上论坛等62场(次)，覆盖青年5万余人。集中开展"入团宣誓"、"十八岁成人仪式"等主题活动207场(次)。各级团组织充分发挥文化育人功能，广泛开展青少年文化活动，传播先进文化，建设和谐文化。深化唱响团歌、文艺展演、影视展播、主体团日等活动，共举办文艺活动289场(次)、优秀题材影片展映146场(次)，覆盖10余万青少年，丰富广大青少年业余文化生活。以纪念建国60周年、建队60周年为契机，以发挥文化育人功能为核心，以"60年辉煌，60年成长"为主题，开展爱国歌曲大家唱、民族服饰展演、少先队鼓号队大检阅、青少年才艺大赛、征文比赛、演讲比赛、消防宣传形象大使选拔赛、中华文化与现代人才培养和企业发展论坛等丰富多彩的主题活动。

【鼓励青年投身农村改革发展】 大力开展农村青年志愿服务行动、城乡青年"手拉手"、"三下乡"等活动，引导青年在夯实农村发展基础上当好突击队。结成手拉手对子3 120对，组成新农村青年志愿突击队263支，开展"三下乡"1 063人(次)；加强团校、团企合作，组织农村青年参加技能培训，引导青年在农民增收致富中当好带头人。与州劳动和社会保障局联合实施文山州青春建功新农村就业创业培训项目，培训青年1 000人。在文山学院建立青帆夜校实施青年就业创业培训。与州林业局联合培训农村木本油料作物种植户带头人150名；以共创和谐为主题，大力开展乡村青年文化节，建设和谐文化，引导青年在倡树社会新风中当好排头兵；大力开展"青春装点新农村"活动，组织动员青年参与村容村貌整治，引导青年在改善农村生活环境中当好主力军；以推进基层团建为依托，加强农村青年法制教育，增强农村青年民主法制意识，引导青年在农村民主管理中当好主人翁。

【参与文山工业化建设】 各级团组织强化宣传引导，在广大团员青年中营造实施工业强州战略的良好氛围。引导企业青工提高素质和技能，立足岗位投身创新实践，大力实施和开展青年技术创新工程、青年岗位能手评比、项目攻关以及青工技能振兴计划、技能比拼等活动。动员广大青年以主人翁意识积极参加节能减排活动和科学实践，带头推动建设资源节约型社会。上半年，各级团组织举办青工技能竞赛63场(次)，评选青年岗位能手243人，实施青年技术创新工程6项。

【团组织促和谐活动】 以“保护多彩文山青春建功行动”为统揽，组织青少年开展植绿护绿、保护水源、节约资源等生态环保实践，养成绿色消费、节约消费的生活方式和习惯。招募培训环保监督员432名，设立少先队监督岗683个，参与城市卫生保洁、农村生态监护等工作。推进青少年绿色家园建设和保护母亲河行动。在世界水日、中国水周期间开展各种宣传咨询活动334场(次)，发放宣传资料2万余份。开展万名青年志愿服务行动。4月28日，文山万名青年志愿服务出征仪式顺利举行，万余名青年志愿者活跃在街道广场、社区乡村，开展保护母亲河、禁毒防艾、交通安全、法律援助、就业创业咨询帮扶等丰富多彩的志愿服务32 311人(次)。

【服务青年就业创业】 团州委在年初的全会上明确提出“三建一树(建基地、建队伍、建基金，树立青年创业典型)”青年就业创业工作思路，把促进青年就业创业行动作为深入学习实践科学发展观活动的有效载体，着力抓好青年就业创业见习基地、创业导师团、就业创业基金、就业创业培训四大工程，并驱动文山青年就业创业行动。到11月底，共建立13个青年就业创业见习基地，提供见习岗位426个，356名青年顺利上岗见习，251名青年与见习基地达成意向性见习协议，36名青年同企业签定就业合同。130人的导师团建立以来，共举办讲座121场(次)，接受咨询5 020人(次)，开展创业辅导309人(次)，帮助180名青年走上创业之路。各级团组织接受创业“贷免扶补”咨询8 268人(次)，开展培训58场(次)，发放宣传资料1.6万份，发放贷款325笔，共计1 541万元，帮助325人实现创业，带动1 125人实现就业。

【帮扶青少年弱势群体】 开展服务青少年月活动，为优秀贫困青年学生、青年农民工、社区和农村贫困青年发放价值3.5万元的爱心礼包。协调爱心企业和人士投资82万元，筹建(建成)希望小学3所。发放贫困家庭未成年人助学金20万元，资助316名学生。发放希望工程助学金近万元。组织麻栗坡丁晓兵希望小学贫困学生到无锡开展手拉手结队活动，拓宽贫困学生的眼界，鼓舞勤奋学习的信心。与州医院联合开展“六一”关爱活动，为近2 000名少年儿童开展免费体检和义诊。丰富完善“三访三助”活动，在全州深入推进“青春手牵手，爱心促和谐”文山共青团关爱留守儿童行动。各级团组织累计筹资、捐款(物)18余万元，组建爱心家庭796个，结成手拉手对子1 209个，开展“三访三助”5 113人(次)，2 896余名青年志愿者加入关爱队伍，慰问留守儿童3 087人。

【青少年权益维护】 广泛开展青少年自护教育活动，创建青少年维权岗、维权站23个。开展“大手拉小手—文山州预防未成年人违法犯罪大学生暑期法制宣讲活动”13场。完善律师进校园工作机制，建立学校、家庭、社会相结合的青少年法制教育和维权体系。推荐州公安局、州法院、州检察院创建青少年维权岗。

【团建工作】 按照实现“两个全体青年”的目标，推进团建创新。按照“区域覆盖、开放互联、整体活跃”的思路，促进基层组织规范化、多元化发展。巩固学校、国企等传统领域的团建，不断深化“两新”组织、社区和新农村示范点的团建。创新青少年组织动员方式，扩大社会化动员，探索信息化动员，通过青年信箱、QQ群等信息化手段，加大对团员青年的覆盖和服务。完善青联、学生会、少先队和团属青年社团的建设。加强全团带队和对青联的指导工作，推进团队一体化建设。增补5名州青年委员，改选州青年秘书长，筹建成立州青企协。完成州直机关团工委换届，采取分组联谊、加大考核督促力度等方式加强州直单位团工作，促进团工作面上的活跃。

【团干部培养】 上半年，共抽调和选拔26名基层团干部到团州委、团省委和外地进行挂职锻炼或学习培训，邀请团省委干部对210名州、县、乡三级团干部进行小额信贷、项目申报和电子团务知识培训，举办文山州第二期少先队辅导员培训班、第三期团干部(乡镇团委书记)培训班；探索建设专兼职相结合的多元化社会青年工作者队伍。按照“不为所有，但为所用”的思路，开展文山开化镇、西畴兴街镇乡镇团组织格局创新试点，多渠道拓宽团的工作者来源，形成共青团工作社会化的人才支撑；适应共青团信息化发展的要求，推进数字云青工程，提高基层团干部工作效率和水平。州、县、乡三级团干均受到不同形式的培训，能正常运用电子团务平台。

【制度创新】 年内，团州委领导分别联系4个县，机关各部室分别帮扶两个县，团州委常委、团县委领导分别帮扶两名基层团员青年。年内，确定文山共青团工作项目化发展研究、文山社区团建现状和对策、“减负”背景下的少先队工作、文山青年就业创业调查4个重点课题，并开展相关工作。建立文山共青团形象建设机制。进一步完善团州委学习调研等各项工作制度和规范，加强工作规范化和形象整体化建设，以共青团组织文化建设为抓手，增强文山共青团的形象力和影响力。充分整合资源，探索建立志愿服务基地、青少年体验教育基地、青年就业创业见习基地等新型青少年活动阵地建设。充分发挥各种阵地在思想道德建设、科学技术普及、技能提升等方面的作用。

【领导名录】
书　记　马骞林(彝)
副书记　蒋天云(彝)
　　　　陶　艳(女、苗、7～)

(韩本林)

妇女工作

【发展培训】 年初与州农业局和州科协积极协调，反复磋商，联合下发《关于进一步加强农村妇女培训工作的通知》、《关于在2009年农函大招生办学中提高妇女参学比例的通知》，明确在2009年开展的新型农民培训、农村劳动力转移就业培训“阳光工程”、农职业技能等级、农村实用技术培训和农函大招生办学中妇女人数比例不得低于总人数的35.0%，并确定各职能部门的工作职责。文件下发后，各级妇联配合有关部门，采取措施，落实培训任务，扩大培训范围，丰富培训内容，转变培训方式。全年共开展各类培训2 999期128 588人(次)，有3 381名妇女获得农函大毕业证书和绿色证书，197名农村妇代会主任获农民技术员和农民技师资格，培养农村致富女带头人1 170人。

【妇女干部培训】 年内共培训妇联干部25期382人，培训妇女干部30期3 075人，选送24位优秀妇女干部和农村女带头人参加省妇联在北京、上海、昆明等地举办的培训，提高广大妇女干部服务科学发展的能力。与文山民德国学促进会、移动公司等联合为州直各机关、企事业单位的2 000余名女干部职工举办“知识就是财富—携手健康之旅”、“如何做一个优秀女性”等讲座，帮助她们树立健康生活理念，创建幸福和睦家庭。

【妇女帮扶活动】 争取上海企业家支持，在妇联设立“巾帼助学资金”，启动“巾帼助学”行动计划，资助贫困优秀女高中生每生每学年2 000元，2009年资助20名，以后逐年递增。在全州8县中小学举办“抗震救灾精神光照千秋”宣讲活动，加大对中小学生爱国主义教育的力度；争取到“12.1爱心基金”项目7.8万元，对78名艾滋病致孤儿童进行救助；实施“春蕾计划”助学活动，选送4名贫困优秀女童到昆明就读“春蕾女童”班。年内，各级妇联组织联合有关部门对脱贫家庭送信息和服务、对低收入及贫困家庭送科技和项目、对有社会裂痕家庭送法律和帮助、对有吸毒人员家庭送教育和健康、对有艾滋病感染者家庭送关爱和援助共59 881户。深化“巾帼示范村”创建活动，大力推广岗村联动结对帮扶模式，推动“岗村联动共建新农村”活动，促进“巾帼文明岗”和机关单位妇委会与“巾帼示范村”有效对接，帮助农村妇女发展生产、丰富生活。年内共创建省、州、县级“新农村建设巾帼示范村”238个，培养示范户6 787户，带动农户13 046户；创建“美德在农家”示范点13个，带动1 379户5 075人；新建省级及以上“巾帼文明岗”2个、县级“巾帼文明岗”20个，创建州、县级“巾帼文化产业”示范项目点6个、“巾帼创新业”示范基地6个，带动人数1 993人；2人获省级“巾帼建功标兵”称号，县级“巾帼建功标兵”83人、“三八红旗手”25名，进一步激励广大妇女敬业奉献、岗位建功。贯彻云南省“双学双比”暨妇女创业就业工作会议精神，帮助农村妇女发展生产、增加收入，改善生活状况。全年共争取巾帼信用贷款、小额信贷、循环金433.8万元，为广大农村和城镇妇女发展生产、创业就业提供资金、信息、技术等帮助，受益家庭75户；争取“母亲沼气”项目资金20万元在西畴和麻栗坡两县实施，建设“母亲沼气”200口，受益人数近千人。做好鼓励创业促进就业“贷免扶补”工作，共发放贷款299万元，扶持61名妇女创业发展，带动300余人就业。州人民政府2009年表彰的10个“文山州就业工作先进集体”和20名“文山州创业明星”中，西畴县妇女联合会荣获“先进集体”荣誉称号，云南深保汽车服务有限责任公司监事王定香、马关县水碓房养鸡场场长刘加归、西畴县传统手工绣厂厂长常禹香等8名妇女荣获创业明星荣誉称号，占总数的40.0%。配合政府做好农村女劳动力输出工作，鼓励进城务工妇女返乡创业，全州共组织输出农村女劳动力29 655人(次)。

【法制宣传】 开展“三八”维权文化宣传周、“6·13”世界环境日、“6·26”国际禁毒日、“12·4”法制宣传日等宣传活动，以广场文化活动、开展咨询服务、播放VCD等多种形式，加强妇女法制宣传教育，妇女群众的法律素质进一步提高，妇女维权的社会环境进一步优化。年内，共开展各类法制宣传200余次，参加人数达4万余人，发放宣传资料3万多份，张贴宣传标语1 000条、挂图156幅，受教育群众22 500人。深入开展领导干部大下访活动和信访接待日活动，为弱势妇女儿童提供法律援助和服务。全年共接待来信来访522件(次)，处理493件，结处率94.4%，做到件件抓落实，事事有回音。开展以“学法律、维权益、创平安、促和谐”为主题的《云南省实施〈妇女权益保障法〉办法》知识竞赛活动，共收到各县各单位答题卡10 350份，产生组织奖5名、一等奖10名、二等奖30名、三等奖60名。

【打击拐卖妇女儿童专项行动】 年内，开展“预防和遏制拐卖妇女儿童”犯罪活动的专题调研，撰写《依托项目建立多部门合作机制开创维权维稳工作新局面》的调研报告。联合公安、交通等6部门开展“云南省2009儿童安全成长行动”，在交通沿线和社区开展反拐卖妇女儿童的系列宣传活动。

【参与社会管理与公共服务】 加强社会工作者队伍和巾帼志愿者队伍建设。目前全州共有志愿者队伍46支615人，年内开展活动55次；有妇女专业协会98个，妇女禁毒防艾组织48个，家庭联谊会2个，妇女帮教小组29个，巾帼文艺宣传队501支。“三八”期间，州妇联与文山书法家协会等几家单位联合，成功举办文山首届妇女书法、摄影、手工制品展，共展出作品210件，丰富广大妇女的精神文化生活；联合州卫生局、州妇幼保健院启动“关爱妇女健康、促进家庭和谐”免费健康体检活动，在全州范围内对已婚育龄妇女近7万人进行体检，对检查出患有妇科疾病的妇女及时给予治疗。争取中国初级卫生保健基金会对部分贫困肿瘤患者给予救助，开展“农村妇女乳腺癌筛查”项目的试点；为全州250名先天性疾病和贫困白内障儿童患者开展免费手术复明救治活动。

【特色家庭创建活动】 开展和谐家庭、平安家庭、美在家庭、廉洁家庭、双合格家庭等特色家庭创建活动。按照《关于州级机关单位贯彻落实2009年反腐倡廉工作任务的分工意见》的要求，将“平安家庭”创建活动与廉政文化进家庭活动结合起来，制定《廉政文化进家庭活动实施方案》，召开联席会议，联合州纪委、州文联、州总工会等有关单位扎实开展以“营造幸福美满家庭、构筑家庭拒腐防线”为主题的“廉政文化进家庭”系列活动，各县妇联也分别结合各自实际，开展社区廉政文艺、“读书思廉”、“访贫思廉”、观看廉政电影、发放廉政短信、倡议书和廉政知识培训等形式多样的“家庭助廉”教育活动，将廉政文化融入文明家庭和和谐家庭创建活动中，加强对广大领导干部家庭成员的廉洁教育，推进家庭廉洁文化建设。以世界环境保护日为契机，继续推进“节能减排家庭社区行动”，开展拒绝白色污染、使用环保布袋等丰富多彩的节能环保宣传和绿色家庭创建活动，引领广大妇女和家庭为生态文明建设做贡献。全州共创建“平安和谐家庭”950户、“学习型家庭”450户、“绿色家庭”30户、“优秀助廉家庭”29户。

【规划实施】 文山州“两规”主要定量指标大部份基本达到预期目标。《妇女发展规划》的34项监测指标中有25项监测指标完成2010年终期规划目标任务，达标率为73.0%；《儿童发展规划》的36项监测指标中有28项监测指标完成2010年终期规划目标任务，超标率达78.0%。

【领导名录】

主　　席　张琼昌（女、傣）

常务副主席　杨恩丽（女）

副 主 席　杨云芬（女、壮）

李自芬（女、彝、~11）

（罗　英）

社会科学

【社科活动】 文山州社科联与文山州句町文化研究会联合举办18期社会主义先进文化讲座。涉及“清代青花瓷鉴赏”、“根艺收藏与鉴定”、“钱币收藏与集邮收藏”、“银器收藏与鉴赏”、“奇石交流与欣赏”、“摄影作品交流”、“《易经》交流”、“文房四宝鉴赏”、“明清时期铜鼓文化鉴赏”、“五彩瓷商鉴析”、“古代茶器鉴赏”、“古代铜器鉴赏”等内容和知识；11月7~8日，特邀台湾国学专家林凯聿在文山文化大厦多功能厅讲授国学专题讲座，并举办《论语》、《道德经》、《孟子》、《大学》、《黄帝内经》、《中庸》、《弟子规》、《佛学》等相关内容专题讲座。

11月14~17日与文山州明德国学促进会在文山会堂举办“文山州首届弘扬优秀传统文化、构建和谐社会”为主题的国学论坛。请中央党校刘余莉教授讲授“中国传统文化与科学发展观”专题；深圳明道国学教育中心刘友刚老师讲授“家和万事兴”专题；马涛老师讲授“中华文化与管理科学”专题；赵哲老师讲授“移风易俗、莫善于乐”专题；深圳芳子美容连锁有限公司总裁刘芳讲授“生为女人”；肖陈颖老师讲授“爱心伴孩子成长”专题；烟台市委党校蔡玉霞老师讲授“百善孝为先”专题；周泳杉老师讲授“新世纪健康饮食”专题；南京中医药大学郭立中教授讲授“传统文化与中医养生”专题；山东电视台《天下父母》栏目导演吕明晰讲授“构建和谐媒体有责”专题。

12月19~22日举办“第二届中华文化与现代人才培养和企业发展论坛”，并在文山技工学校、文山学院、特安呐公司、文山民职校、通用机械公司、西畴县等地设分会场，参加论坛人数3 000多人。与文山州民族美食研究会联合举办“中国文山第五届民族美食节”。开展历时一周的民族美食展示、民族美食高峰论坛、民族美食技能竞赛、民族美食长街宴等活动。与文山州民族民间山歌文化研究会在国庆期间联合举办“第五届中国文山民族民间山歌大赛”。有来自贵州毕节、云南文山、昆明、玉溪、楚雄、曲靖、红河等地的127名选手参赛。经过两天的紧张角逐，评出一等奖4名、二等奖7名、三等奖12名、优秀奖50名。

扶持文山州壮医壮药文化研究会的发展，筹备成立文山州壮医医院；在全州8县开发种植中草药材基地。已在自然条件适宜的广南、富宁、马关、麻栗坡、砚山、丘北等县建立了药材种植基地；正在办理相关手续，对散落在民间的壮族民间医生进行专业执业医师资格培训，努力帮助他们提高技能、完善管理。

【社科调研】 年内，与国家社科院社会政策研究院到麻栗坡、广南等县开展“中国综合农协”的调研；与州政协一起开展“法院清理积案”调研、“药品食品安全”调研、“文山州农民工返乡就业情况”调研；“都龙镇经济社会发展情况”等调研。

【社科专家下基层活动】 社科专家历时6天深入马关县都龙镇、厂矿、农村、部队，对8个村民委的30余个村小组，以及茅坪口岸、都龙边防派出所、铜街矿区、曼家寨矿区、老君山自然保护区等地就新农村建设、生态环境保护、边境贸易、民族文化、军警民共建边疆文化长廊、农村基层组织建设、边境教育等10余个专题进行深入调查研究。

【社会主义先进文化讲坛活动】 年内，州社科联宣讲“树立和落实科学发展观、促进贫困地区经济社会的发展”专题；“树立社会主义核心价值体系”专题；“学习十七届三中全会精神”专题辅导；“党的作风建设”专题；“学习十七届四中全会精神”专题辅导；“廉政文化建设”专题；“改革开放30年的丰功伟绩”专题；“伟大祖国60年的光辉历程”专题；“科学应对国际金融危机”专题；“六个为什么”专题；“迎省运、规范出租车管理”专题、“《紧迫感》读书”专题、《公共危机管理》专题等50多个讲座，听众4 000多人。

【“金点子”评选活动】 配合州委学习实践科学发展观办公室

开展“金点子”评选活动，在学习实践科学发展观活动中收到“金点子”2000多个，评出“金点子”一等奖5个、二等奖15个、三等奖30个，社科联获三等奖“金点子”1个。

【舆论引导工作】 州社科联撰写的《个人形象一面旗、工作热情一团火、谋事布局一盘棋解读》、《边疆民族地区返乡农民工的调查与思考》、《从木林村看破除城乡二元结构》、《60年边疆民族团结花更红》、《祖国，亲爱的母亲》、《纠风工作关注民生》、《领导干部增强审计意识是预防和防止腐败的前哨》、《树立科学审计理念，为全州经济又好又快发展提供有力保证》、《用科学发展指导提案工作》、《做学习型的党员领导干部，是建设马克思主义学习型政党的第一首要责任》、《文山州返乡农民工就业面临的困难与对策》、《腐败现象屡禁不止的动因分析及对策思考》等理论文章及诗歌分别在云南《学术探索》、《云南农村经济》、《云南纪检监察》、《云南通讯》、《云南政协报》、《文山日报》、《文山社科》、《文山内部审计》等报刊上刊登。《以民为本，促进贫困地区返乡农民工就业》、《文山州返乡农民工就业面临的困难与对策》在云南省领导科学决策研究会第十次理论研讨会上分别获二等奖。在“2008年度全省纪检监察优秀调研课题”评选活动中，周维丽撰写的《边疆民族贫困地区纠风治乱组织协调工作的探索与思考》的课题荣获云南省纪检监察优秀调研课题三等奖。

【领导名录】

主　席　周维丽(女)

副主席　王怀文

（周维丽）

科技普及

【州科协六届一次常委会】 2月3日，召开第六届常务委员会第一次全体会议，出席会议的常委14名。会议审议2009年工作报告(草案)，提出修改意见；讨论并通过文山州科协六届二次全委会议议程(草案)以及《关于免去许薇等四位同志第六届委员会委员、常务委员职务的议案》与《关于增补徐联跃等二位同志为文山州科协第六届委员会委员的议案》。

【州科协六届二次全委会】 2月4日，召开第六届委员会第二次全体会议，出席会议的委员47名，不是委员的县科协主席、专职副主席、秘书长和办公室主任，州级各学会的理事长、副理事长和秘书长，以及州科协机关各部室负责人列席会议。会议听取和审议州科协党组书记、主席刘良勇代表州科协第六届常委会所作的工作报告，提出2010年工作思路和目标任务，确定新一年的工作重点。会议对受中国科协、国家财政部表彰的2009年全国科普惠农兴村先进单位和带头人进行代授牌；对州科协命名的州级科普教育基地进行授牌；对2009年度科普工作和学会工作的先进集体与先进个人进行表彰。

全州科学技术奖励会议

【学会和学术工作】 在州级学会中设立优秀学会奖、学术交流奖、优秀学会会员等5个奖项，鼓励学会结合自身实际开展工作。州职业安全健康协会抓好组织建设，成立文山州安全教育培训中心、煤矿安全技术培训中心和技术咨询服务部，逐步承接政府部分职能转移工作。组织和鼓励学会开展学术交流与研讨活动，推荐优秀论文分别参加中国科协和省科协举办的有关学术论文评选，有6篇论文分别被收录在“中西南学会学研究第27届年会暨学会改革与创新论坛”和“第四届云南省科学技术论坛暨农民专业合作组织发展论坛”。搭建科技工作者建言献策和联谊交流的平台，州科协先后举办“学习胡锦涛总书记‘12·15’讲话精神暨2009年科技工作者座谈会”和“文山首届七乡科学发展论坛——丘北辣椒·创新与发展”；州烟草学会承办“首次州级学会秘书长联谊会”、州老科协承办“云南省老科技工作者协会新农村建设与现代农业讨论会”、州畜牧兽医协会承办云南省肉牛产业发展研讨会、州花卉协会成功举办“中国·文山第二届兰花博览会”。

【项目申报和实施】 全年共收集各县报送科普项目54项，州综合上报24项，上级批准实施16项。其中：申报省级科普项目8项，省批准实施5项；上报省级科普惠农兴村项目7项，省批准实施5项；申报全国科普惠农兴村计划项目7项，批准实施4项；争取到中国科协青少年科技中心立项资助的“青少年科学工作室”建设工作，实现文山州在该项目上零的突破；争取省“边疆科普惠民工程”示范点建设项目1项(麻栗坡县猛硐瑶族乡野猪塘村)。

【科普宣传】 成功承办由省科协主办的以“认识地球，保障发展——了解我们的家园深部”为主题的“世界地球日”科普宣传活动。精心组织开展“2009年全国科普日暨七乡科普周活动”，全州参与活动总人数3.8万余人(次)，开展科技咨询、专家义诊共接待群众6 500多人(次)。与省植物学会等8家省级学会共同到文山县干塘子小学、丘北县海尔希望小学开展“科普进校园”活动。加强与新闻媒体的合作，全年在《文山日报》刊出反映基层科协工作和优秀科技工作者、农村科普带头人等先进事迹专版9期27篇，约3.28万字，图片71幅；刊登科普工作典型事例和重点科普活动的消息、通讯以及种植、养殖等农村实用技术资料等共35篇，约3.6万字，图片1幅；与文山电视台合作播出《“世界地球日”专家科技讲座》、《全国科普日暨七乡科普周活动》和《丘北辣椒·创新与发展》等科普活动专题3期约40分钟。

【未成年人科学素质行动】 从第七届文山州青少年科技创新大赛参赛作品中选送128件优秀作品参加第24届云南省青少年科技创新大赛，获一等奖5项、二等奖15项、三等奖33项、优秀科技教师奖1项、优秀组织工作者奖1项。其中3件作品被省选送参加第24届全国青少年科技创新大赛并获两项奖。成功举办第八届大赛，共收到647件参赛作品，参赛人数达2 640人。与州教育局联合组织文山城区8所中小学校的科技兴趣小组师生共328人，到文山学院物理、生化实验室等州级科普教育基地参观学习，培养学生爱科学、学科学、用科学的兴趣，增强学生的动手、动脑能力。

【农民科学素质行动】 扎实抓好以农函大办学为主要载体的新型农民培训，农函大办学取得历史性突破，全年共开办涵盖39个专业的一年制农函大教学班465个，招收学员20 751人。在全州组织开展农村实用人才骨干培训，对获得农职称的人员、农村科普带头人、科普宣传员、部分基层党员干部、农技协会长进行专题培训共2 384人。全年共评定农职称人员1 150人，其中初级1 111人、中级36人、高级3人。做好农村实用人才举荐和队伍建设研究工作，先后编制《文山州农村实用人才队伍建设研究报告》、《文山州2009～2020年农村实用人才队伍建设规划(草案)》上报州人才办，为农村人才成长营造良好氛围。

【城镇劳动人口科学素质行动】 坚持订购《科普挂图》、《科技画廊》各3 000多幅，组织专家编印适宜文山州产业发展需要的《云南丘北辣椒栽培技术》、《核桃栽培与管理技术》等科普系列丛书，6 000余册，分发到社区和乡镇进行张贴、宣传。砚山、富宁等县争取地方党委、政府的支持，在县城和乡镇劳动人口集中区域新建33块科普宣传栏，为宣传、普及科学知识，提高城镇劳动人口科学文化素质提供阵地。

【科普基础工程建设】 中国科协无偿为文山州配置第二辆科普大篷车，为开展科普宣传活动提供支撑条件。努力提升改版后的《文山科普》的办刊质量，加快完善“文山州科普网”建设，新增设网上科技馆。年内，州科协命名云南省林业科学院广南研究站、西畴县国营香坪山林场木兰科及珍稀濒危植物园、文山盘龙山生态农业综合开发有限公司3家单位为文山州科普教育基地，使全州科普教育基地增加到8个，基地类别涵盖农、林、畜、气象、物理、化学及特色农业产业等多个方面。

【领导名录】
主　席　刘良勇
副主席　许　薇(女)
　　　　何欣闻(彝)

(唐　羽)

文学艺术

【队伍建设】 4月上旬，文山州作家协会召开理事会，回顾近期文学创作情况，多数作协会员在全国各地报刊发表作品，获奖作品数量、质量和人(次)不断上升，影响广大的文学爱好者，涌现一批积极创作的青年作者。州作协会议讨论并吸收彭晓燕等12位达到入会条件的新人加入州作家协会。州属各文艺家协(学)会和各县文联进一步“建好阵地、办好窗口、开好栏目、搭好平台”，动员和组织广大文艺家、文艺工作者、爱好者深入基层、深入群众、深入实际，开展采风、创作、发表、展演、出版、研讨活动，力求出作品、出人才，出好作品。

【国家级作品发表】 2月上旬，中国作协主管、中国作家出版集团主办的《民族文学》2009年第2期封面刊载文山瑶族作家李万辉的照片，正文刊载其诗歌(组诗)作品《远山的磨房》。

3月上旬，《中篇小说选刊》2009年第2期，刊载文山州老作家郭明进撰写的文艺评论《小胖子：一个难得的无名英雄》，评论《中篇小说选刊》2008年第六期刊载的中篇小说《大上海的小爱情》中的小胖子。

9月上旬，文山老作家郭明进撰写的评论文章《“余茅同之死”告诉我们什么》，在《中篇小说选刊》2009年第5期发表。

12月上旬，中国作协主管、中国作家出版集团主办的《民族文学》2009年第12期封面，刊载文山壮族作家龙符的照片，正文刊载其散文作品《十分荷叶三分花》。

【新书出版】 3月，云南人民出版社出版发行文山作家张兆阳主编的杂文集《周末闲话》，收录文山作家、新闻工作者及爱好者1990～2005年间撰写发表于《文山报》或《文山日报》、《七都晚刊》上的杂文103篇。

3月，文山州老作家钱胤撰写的回忆录《青春苦旅》，经文山州新闻出版局批准编印成书，该书记录钱胤(书中化名金浩)5到39岁的旅程，以人生经历反映社会形态的一个侧面。

4月中旬，文山作家万国华创作编著的文学集《杂熬菜》，中国文联出版社出版发行，该书收录作者多年以来创作的中、短篇小说、散文、传记文学、纪实(报告)文学和文学评论共25万字。5月，中国文联出版社出版发行文山州女作家杨映雪创作、编著的散文集《收拾过往的时光》，该书收录杨映雪创作的散文作品61件。

7月，人民出版社出版发行文山州政法委、州文联共同编著的《文山政法风采》一书，此书近20万字。

8月上旬，刘德荣创作的诗集《醉兰篇》，由中华诗词出版社出版发行。

8月中旬，高星（高先觉）、红烛（杨桂林）创作纪实文学集《大山之子》由中国文联出版社出版发行。

9月，文山州作协会员、青年军旅诗人、文山军分区司令部参谋胡广胜，创作编著的诗集《边关星月》由作家出版社出版发行。

10月下旬，杨桂林、徐小红编辑的文献资料集《永远生活在作品中——云南麻栗坡地区百年文学艺术文献汇编》一书，由北京赛尚图文制作工作室印制，该书50余万字、图片50幅，是展示麻栗坡县文学艺术活动的历史资料汇编。

11月，人民美术出版社出版发行老作家郭明进创作、编著的杂文集《世间最大的敌人是自己》。

12月，文山州作家协会理事周家鸿创作、编辑的散文集《背后的世界》，由中国文联出版社出版发行，该书近20万字，全书共收集76篇85件散文。

【影视创作】 6月22～24日，揭秘壮族文字发展史的重大发现——文化类纪录片《破译：坡芽密码》在中央电视台10套“探索.发现”栏目播出。《破译：坡芽密码》是一部反映富宁壮族人民生产生活及民风民俗、文字起源的电视纪录片。

10月上旬（国庆节期间），央视播放32集长篇电视连续剧《冷箭》。该剧大部分场景在丘北县国家AAAA级旅游区普者黑景区内拍摄，剧组演职员150余人，在当地选用200多名群众演员参与拍摄。

10月中旬，云南省作家协会会员、文山州作家协会理事王勇创作的电影《阿峨之恋》，入选第18届中国金鸡百花电影节影展。

【戏曲音舞】 2009年6月9日，文山州音乐家协会和文山州文艺理论学会主办，文山学院音乐系、中文系和文山县一中，联合在文山学院学术交流中心会议室举行“文山州歌词创作座谈会暨《梁宇明歌词选》首发式”。

6月中旬，云南省舞蹈家协会、省老干部文化活动中心举办的第三届全省“金秋风采”舞蹈大赛，经过3天的紧张比赛后在昆明落幕。文山州麻栗坡县玉尔贝艺术团表演的《倮寨鼓声》夺得此次比赛的最高奖——彩虹金奖；由麻栗坡县文化馆田茂俊编导，表现瑶族同胞古老原始传统习俗的《瑶山神韵》获一等奖。

8月中旬，文山州民族歌舞剧团举行建团50周年庆典。

9月29日，文山州民族歌舞剧团一行43人，应香港联艺机构有限公司邀请，赴香港参加新中国60周年庆典演出，并与香港市民欢度中秋，整台节目统称为《云岭飞花染香江》。

11月下旬，文山州分别获得云南省第三届青年歌手电视大奖赛原生态金奖和优秀奖的富宁壮族坡芽组合、广南壮族响把组合，入围全国青歌赛云南代表队第二批备选名单，两个组合把优秀的壮族民间音乐元素和不同风格曲调的壮族民歌进行组合演唱。

【书画摄影】 1月上旬，文山州美术家协会副主席张建林创作的油画在云南省民族博物馆展出，共展出由其创作的作品49幅。

1月9日下午，《吴明铣书法篆刻集》首发式在文山州文化大厦3楼报告厅举行。

3月上旬，州文联、州妇联、文山大景房地产公司联合在文山州二中礼堂举办“大景之春·文山州纪念‘三八国际劳动妇女节’99周年妇女书法美术摄影手工作品展”，共展出作品210件，其中：书法作品30件，美术作品70件，摄影作品60件，手工艺作品50件。展出的作品异彩纷呈、琳琅满目，有草书、行书、隶书、楷书、篆书，有国画、油画、宝石画，有山水、风光、人物、花绘等摄影作品，还有各类不同针法的刺绣作品和工艺品。

3月20日，《神州诗书画报》专题展示文山州书法家协会主席夏一峰的肖像、简介和书法作品。

9月上旬，由云南高原国际摄影艺术中心发起，省文联党组书记、主席郑明担任总顾问，云南省摄影家协会原副主席、秘书长张宝源等策划组织的“2009年百名中外摄影家采风团”应邀到文山各地采风，聚焦文山公安消防及丘北、广南风光风情，参加采风活动的有来自美国三藩市华艺摄影学会、新加坡影艺研究会、马来西亚槟影艺协会、台湾中华艺术摄影家学会、台湾嘉义摄影学会、香港中苑摄影学会、台湾高雄市摄影学会两岸交流委员会等海内外摄影家60余人。

9月28日至10月2日，云南省文联在云南省美术馆举办“首届云南省青少年书法大赛”。文山州富宁县一中172班学生岑桦、富宁县睦伦中学徐炳前两位少年的钢笔书法作品及文山州麻栗坡县八布中学骆荣明青年钢笔书法作品入展。全省共有8 733人参加选拔赛，送组委会参评作品有1 534件，入展作品480件，评出一等奖5件、二等奖10件、三等奖20件、优秀组织奖5个。文山州参加选拔赛的作者作品56名件，其中：富宁43件、麻栗坡13件。入省选10件，其中麻栗坡5件、富宁5件。入省展3件，其中富宁县2件、麻栗坡1件。

9月28日至10月3日，文山州庆祝中华人民共和国成立六十周年“林业杯”书画展在文山州二中礼堂展出，共展出书画作品208幅，其中：书法作品171幅、美术作品37幅。

11月中旬，来自美国、香港、台湾、新华社的中外摄影家、记者40余人，走进马关，先后到仁和镇阿峨新寨、马白镇马洒村、县城中山公园等地采风，摄影家和记者被当地景观、民风、民俗吸引，他们用手中的摄像机、照像机记录一个个精彩的瞬间。

【根盆奇石】 8月上旬，文山州根艺盆景家协会部分会员，开拓市场，展七乡神韵，在文山县金石路金玉名园创建文山神韵雕刻艺术品市场。使文山根艺、盆景、奇石有一个对外展示的窗口。

【重要活动】 1月20～23日，州文联民间文艺家协会主席王明富，应邀出席泰国研究所和朱拉隆功大学文学院泰学研究中心在曼谷拉隆功大学举办的“云南文山壮族传统文化研讨会”，王明富在会上提出“建立壮、老、泰民族跨国旅游走廊是改变中国西南边疆地区经济落后面貌的重要举措”的观点和“建立壮、老、泰‘毕侬’友好跨国旅游走廊的建议”，获得与会者的共鸣。

7月上旬，国家主席胡锦涛对意大利进行国事访问。期间，马关县阿峨新寨壮族农民版画被国家外交部定为国礼，以胡锦涛主席的名义赠予意大利国家领导人。壮族农民版画具有浓厚的民族文化内涵和浓郁的民族文化气息，主题鲜明，风格独特，艺术感染力强。作为国礼赠送的版画，将成为展示祖国、云南、文山，乃至马关对外开放形象和经济社会发展的一张名片。

7月下旬，文山州文联民间文艺家协会主席王明富，应邀参加在昆明举行的国际人类学与民族学联合会第十六届大会，这是全球人类学、民族学最高规格的盛会，近100个国家的4 000多名专家学者参会。

【文艺获奖】 文山州民族歌舞团创作演出的大型民族歌舞《踩山舞云》，在参加纪念改革开放30周年云南省“第十届新剧(节)目展演中”中荣获综合一等奖即(金奖)，编导、音乐、灯光、舞美等均获单项奖。

6月，富宁县文联美术协会会员农应龙被中国民族文艺家协会授予“共和国60年功勋文艺家”荣誉称号，其创作的油画作品《母亲》深受好评。

7月17～18日，州公安局两名优秀选手，前往昆明石林县参加云南省公安厅政治部和云南省公安厅国保总队举办的省公安国内安保系统“做忠诚于党的无名英雄”演讲比赛。全省16个州市共34名选手参加比赛，经过紧张激烈的角逐，文山州选手彭莹荣获一等奖。

【领导名录】

主　席　周祖平(彝)
副主席　张邦兴(壮)
　　　　沈　勇(壮、兼)
　　　　韦　波(8～)

（柏天明）

归侨侨务

【帮扶工作】 组织筹备砚山县平远街、稼依2个华侨管理区，参加中国侨联举办的经济日报《新农村》对话活动，宣传华侨管理区用科技、靠科技、促发展的新气象。按州委、州人民政府的要求，克服困难，安排人员和工作经费，配合麻栗坡县侨联，做好重点工程马鹿塘电站库区移民搬迁工作；深入扶贫挂钩点麻栗坡县大石洞村开展春节走访慰问活动，与村“两委”干部一起研究2009年扶贫工作计划。年内，共筹集资金、物资18 600元，为7户“一帮一”农户安排春耕生产资料补助金2 100元，帮助解决茨竹箐温饱示范村人畜饮水项目补助资金2 000元，救助扶贫点14名贫困中学生，获救助金9 800元，州、县侨联干部职工，到扶贫点大石洞小学校与全体师生共庆“六一”节，安排给该校700元的学生伙食补助和价值2 000元的50套新童装，补助大石洞村修整进村道路2 000元，并协助村党支部的党务、村务公开工作；州侨联筹措慰问金16.9万元，组织开展“送温暖”活动，密切了党侨血肉联系。协助省慰问组到砚山县平远、稼依和富宁县金坝3个华侨管理区和文山、麻栗坡，对470户侨胞进行春节慰问，并看望慰问州、县50名侨联干部和华侨管理区部分干部职工；富宁、砚山和3个华侨管理区侨联配合侨办，做好华侨农场改革与发展、落实场员社会保障、危房改造、维护侨益等方面的工作，促进侨界的稳定。

【贯彻第八次全国侨代会精神】 召开第五届三次常委扩大会议，专题传达学习贯彻中国侨联“八代会”精神，进一步提高思想认识，提出文山州侨联工作在完善思路、明确重点、拓展布局、完善机制、创新平台、强化手段等方面的思考意见，促进侨联工作。在第八次全国归侨侨眷代表大会上，富宁县侨联主席、侨办主任黄延林、文山国际经济技术合作有限公司副总经理凌中华、砚山县侨联副主席、侨办副主任滕跃3人，被中华全国归国华侨联合会、国务院侨务办公室授予全国归侨侨眷先进个人称号。州侨联主席黄萍被中华全国归国华侨联合会授予“全国侨联系统先进个人”荣誉称号。

【国庆60周年侨务文化活动】 为活跃侨界文化生活，凝聚侨心，州侨联举办文山州侨界喜迎国庆六十周年文化作品参赛活动。共收到全州侨界人士摄影、刺绣、书法、美术、征文等参赛作品140件，经分类评比，共有35件作品分获一、二、三等奖。在国庆、中秋即将来临之际，举行有160余人参加的以“爱我中华”为主题的文山州侨界迎国庆、中秋座谈会和联谊活动。各县和“侨之家”业余文艺队表演展现侨界精神风貌的文艺节目，抒发侨胞爱国爱乡之情。

【侨情调研】 为提高侨联干部的业务知识，履行参政议政职能，组织全体干部参加州政协举办的实用文书写作培训；州、县侨联组织和侨界人大代表、政协委员，结合学习实践科学发展观活动，开展调查研究，用提案、意见和建议、调查报告的形式，积极反映侨情民意。麻栗坡县侨联的政协委员履行职责，在省政协十届二次全会和县政协八届二次会议上，共提出提案6件，积极参政议政；富宁县侨联深入金坝林场开展林场改制和危房改造工作的调研，撰写《关于金坝华侨林场改革和发展工作情况的调查报告》，为党委、政府和上级侨务部门提供准确、详实的依据。州侨联《关于把侨场纳入新农村建设规划并付诸实施的建议》被评为州政协优秀提案。州侨联撰写上报的散居城乡归侨侨眷情况的调查报告，得到上级领导的重视。按照州委领导的批示，在广泛听取各方意见的基础上，征求州发改委、外侨办、财政、人行、民政、城建、卫生、民委、社保等部门的意见，拟出《文山州关于扶持散居城乡归侨侨眷的意见》，为争取上级支持、为州委、州人民政府决策提供参考依据。编辑出版《文山州侨联"调研创新年"活动成果文集》、《参政议政汇辑》，参加州政协组织的对侨场发展的专题视察活动，积极反映侨界呼声，为全州经济发展社会稳定建言献策。文山州侨联被评为云南省侨联"调研创新"先进集体。

【维护侨益】 州、县侨联干部职工参与"五五"普法学习考试，省委统战部、省侨联、州委组织部的专题培训，宣传贯彻《中华人民共和国归侨侨眷权益保护法》及实施办法，努力提高"科学维权、主动维权、依法护权"的能力，及时为广大归侨侨眷提供政策、法律咨询服务，做好消除释疑，化解矛盾工作。全年共处理来信来访130件、267人，协调处理97件，转有关部门和单位处理33件。来信来访涉及经济纠纷、房屋拆迁补偿、财产纠纷、土地纠纷、工资待遇、医疗保险、养老保险、就业等方面。州侨联协调帮助云南玮珞矿业开发有限公司的民事诉讼，努力维护外来投资者的合法权益。砚山县侨联领导带头接访，切实做到事件不调查清楚不放过，问题不解决不放过，多数群众不满意不放过。保证年内49件115人(次)的来信来访，件件有回音、事事有回复，办结率达100%。麻栗坡县侨联开展送法下乡活动，增强侨胞学法、守法和维权意识，促进信访工作。

【海外联谊】 春节期间向美国、加拿大、日本、澳大利亚和港澳等部分华侨华人、社团以及26个省市的侨联组织，发送贺年卡100份，加强对外联系；依托虹桥中越商务中心，开展以越南为重点的海外联谊工作，为省内外单位和个人牵线搭桥，代办赴越考察496人(次)，其中，帮助浙江新华公司、福建星星公司及时到越南完成商务洽谈事务，组织昭通移动公司、重庆天马水稻种子研究中心考察团赴越南河内、海防、宣广省等地考察。组织香港同胞到文山考察三七产业、到普者黑和坝美观光279人(次)；清明期间，接待来自美国、加拿大、英国、香港、越南华侨华人到州内探亲扫墓21人(次)；争取日本云南联谊协会资金300万日元，援建砚山县两勒"侨心小学"教学楼。为日本产业投资技术促进株式会社，考察文山州民族刺绣、三七产业牵线搭桥，提供服务；富宁、砚山、麻栗坡、丘北、马关等县侨联完成了兑现马来西亚《星洲日报》和"美国妈妈联谊会"救助贫困大中学生265名的工作，并组织开展《星洲日报》再次救助贫困中学生200名申报工作。

【领导名录】
主　席　黄　萍(女)
副主席　徐白玉(苗)
　　　　杨朝山

(熊　明)

残疾人事业

【简　述】 2009年州残联，组织实施助行、助听、助视、启智、精神病防治、社区康复、辅助器具供应等8大康复工程，5 900多名残疾人从中受益；开展特殊教育，在校残疾学生达到2 386人；新安置670名城镇残疾人就业；州扶贫办、财政局、人民银行文山州中心支行共同组织开展《文山州农村残疾人扶贫开发计划(2001～2010年)》检查验收评估工作。全州投入各级各类扶贫资金126.2万元，扶持10 304名残疾人脱贫。州残联会同州地安办分配2009年280户危房改造任务，用州级残疾人就业保障金每户补助1 000元，各县通过整合资金，顺利完成项目建设任务；落实各项社会保障措施，6 681名城镇特困残疾人和124 422名农村特困残疾人得到最低生活保障、集中供养、五保供养、临时救济和定期补助。落实残疾人参加社会保险的规定和优待政策，5 471名城镇残疾职工依法参加社会保险，88 737名农村残疾人参加新型农村合作医疗，5 589名城镇残疾人参加城镇居民医疗保险；以庆祝州残联成立20周年为契机，残疾人事业宣传掀起新高潮，文化体育工作取得优异成绩。

【八大康复项目】 州残疾人辅助器具服务中心实施"长江新里程计划"假肢装配项目，为截肢残疾人装配假肢88例，装配矫形器23例；州残联在砚山县和马关县设立两个培训点，对65名聋儿家长进行培训，为17名聋儿验配助听器；在全州8县启动白内障复明项目，完成白内障复明手术1 666例，配合州卫生局完成"全国百万例贫困白内障复明"项目任务200例。为40名低视力者配用助视器；为27名肢体残疾儿童和6名智障儿童进行康复训练，对14名家长开展了培训；指导文山县精神康复医院开展精防工作，共监护精神病人2 930人，参与社会2 300人，治疗253人，进行康复训练50人；制定下发残疾人社区康复实施办法，在文山、砚山、广南、马关4县开展规范化的社区康复工作，在砚山县和州举办两期培训班，对26名乡镇和社区康复员进行康复知识系统培训。砚山县社区康复工作通过CBM云南项目办、省残联社区康复项目办的检查评估；开展规范化的残疾人辅助器具服务工作，展示6大类50多个品种的辅助器具，免费供应辅助器具1 258件，与台北曹仲植基金会合作，为全州贫困肢残人免费捐赠轮椅420辆。

【扶残助学】 对全州2005～2008年4年扶残助学工作进行总结，为受资助的942名贫困残疾学生和贫困残疾人子女建立助学台账；争取中央彩票公益金助学和"通向明天——交通银行青少年助学"项目136名助学任务，落实9.52万元经费。启动州级彩票公益金助学项目，投入州级经费25.26万元，对212名贫困残疾学生和贫困残疾人子女进行资助。

【三项就业援助服务】 7月5日在广南县召开全州残疾人就业工作会议，对做好残疾人就业工作作出全面部署，州残疾人劳动就业服务中心制定下发按比例安排残疾人就业年审手册，完成对州属和中央及省驻文单位使用残疾人情况年审工作。砚山县按比例安排残疾人就业工作开始启动；针对残疾人在就业方面的特殊需求，各级残联组织开展针对大中专学校残疾学生、农村失地残疾农民和听力语言残疾人等就业困难残疾人的就业服务、就业援助和春风行动3项就业服务系列活动，为324名残疾人提供求职登记服务；新安置670名城镇残疾人就业，其中，在福利企业集中就业465人，按比例安排34人，个体就业171人。扶持12 600多名农村残疾人从事生产劳动和其他形式就业；抓好职业培训工作，对289名城镇残疾人进行职业培训，对2 065名农村残疾人进行实用技术培训；州残联举办全州第五期盲人初级保健按摩师培训班，对41名盲人进行培训。与州厨师协会合作举办全州第一期残疾人中式烹饪技能培训，对29名残疾学员进行培训。与州农校合作举办第二期盲人电脑培训班，对20名盲人进行培训。

【残疾人康复扶贫】 各级残联组织上报一批残疾人扶贫示范基地建设项目。文山县坝心乡黑山羊养殖项目被省批准作为文山州级残疾人扶贫示范基地，广南县润和木业公司作为第一批获准的县级残疾人康复扶贫项目，得到300万元的康复扶贫贴息贷款，财政给予1年计9万元的贷款贴息。

【信访及维权】 各级残联建立领导干部定期接待群众来访、定期下访、矛盾纠纷排查化解工作制度，制定信访突发事件应急预案。在信访工作中，坚持"公开透明、规范有序、方便群众、解决问题"的原则，切实解决好群众的合理诉求，把矛盾化解在基层，共办理残疾人来信来访600多人件(次)，年内未发生越级上访和集体访事件。丘北、富宁等县采取回收车辆、将车主纳入低保、解决子女入学资助等措施，妥善解决文山州依法取缔残疾人三轮车运营后车主的后顾之忧，实现无震荡退出运营；与州交通集团公交公司协调，解决城区部分残疾人办理IC卡免费乘坐公交车的问题；会同州法制办对全州残联系统新调入的15名干部进行行政执法培训，办理行政执法证。4月27～28日举办残疾人维权、办证培训班，邀请州信访局、州政府法制办、州司法局领导和专家授课，对残联系统40名维权干部进行培训；2009年春节组织开展慰问送温暖活动，全州走访慰问贫困残疾人家庭726户，发放慰问金、慰问品折价共计17.9万元，涉及受益残疾人群众2 904人；在换核发第二代残疾人证工作中，各县残联按照规定的程序、标准和要求严格执法，杜绝"人情证"和"关系证"，维护残疾人权益。按照"优质、高效、便民"的要求，工作人员深入残疾人集中的乡村、厂矿和企业流动办证，现场审证，为减轻残疾人家庭的经济负担近80万元，全州共完成核换发和新办残疾证43 000多本。

【残疾人工作调研】 4～8月，组织开展残疾人事业"大调研"活动，设立20个残疾人事业科学发展相关课题，分配给州、县残联执行理事会相关部门和领导，通过调研形成20篇调研报告。

【实施"残疾人工作宣传年"计划】 2009年是州残联成立20周年，州残联确定2009年为"全州残疾人工作宣传年"的目标，举办系列宣传活动：组织记者团深入各县开展集中采访报道，举办庆祝活动网上征文、网上全国残疾人知识竞赛活动。举办全州残联系统新闻宣传骨干培训班。与文山电视台、广播电视报联办残疾人事业宣传专栏和专题节目，组织拍摄残疾人事业电视宣传专题片12部，在《映象文山》栏目和文山新闻栏目播出，引起社会对残疾人工作的广泛关注。组织推荐7幅书法和1幅绘画作品作品上报参加新中国成立60周年全国残疾人书法、绘画大赛。组织开展第十个全国"爱耳日"、第十四个全国"爱眼日"宣传、第十九个"全国助残日"、第十八个"世界精神卫生日"活动。活动中共设咨询点22个，提供咨询服务3 750人，发放宣传资料12 590份，悬挂横幅、标语441条，摆放宣传展板15快，为群众义诊2 250人(次)。

【举办"炬隆杯"文山州首届残疾人艺术汇演】 州残联争取文山炬隆房地产开发有限责任公司等爱心企业的鼎力援助，与文化部门密切协作，组织全州8县和州特殊教育学校组建9个代表队，编创、排练28个节目，参加4月8日"炬隆杯"首届文山州残疾人艺术汇演，并于4月9日晚在文山会堂举行颁奖晚会。晚会以"残健携手，共创和谐"为主题，残疾人与健全演员同台献艺，州民族歌舞团的舞蹈节目与残疾人文艺节目轮番上场，大众艺术与残疾人特殊艺术各领风骚，完美交融。盲人演员的独唱《祝福文山》、葫芦丝独奏《有一个美丽的地方》真情讴歌残疾朋友对家乡的热爱，特教学校聋哑学生用翩翩的舞姿于无声中感悟《梦从这里开始》，小品《心目》表现一个小偷被盲童的"心中之目"感化而幡然醒悟的故事。以汇演的节目为基础，文山州精心打造5个参赛节目参加5月18～23日云南省第六届残疾人艺术汇演比赛，获得了4银1铜的好成绩。

【召开残联成立二十周年庆祝大会】 10月19日上午，中共文山州委、州人民政府在文化大厦召开文山州残联成立二十周年庆祝大会，州及各县党政领导、残疾人和残疾人工作者及社会各界人士代表共180余人欢聚一堂，共同见证自治州残疾人事业20年发展历程，弘扬自强、助残精神。云南省残联向大会发来贺电，共青团文山州委书记马骞林代表州内各群团组织致辞，对大会的召开表示祝贺。大会听取州残联理事长扬峰所作的文山州残疾人事业20年发展成就的报告，表彰全州"十大扶残助贫先进企业"、"十大优秀残疾人工作者"和"十大优秀残疾人自强模范"。文山天成房地产开发公司董事长周文强、砚山县残联副理事长郭绍梅、文山州图书馆中级馆员沈扬分别代表受表彰的企业和个人作发言。州委常委、宣传部长熊荣元和州人民政府副州长李国沛作重要讲话，对残疾人事业发展成就给予充分肯定，对科学规划未来残疾人事业发展提出要求。

【组团参加云南省残运会】 3月开始，筹备组团参加云南省第九届残疾人运动会暨第三届特殊奥林匹克运动会，11月组织代表团参赛，文山州出征省残运会代表团在参加的田径、乒乓球项目比赛中夺得10枚金牌、4枚银牌、12枚铜牌和1个第四名、7个第五名、6个第六名，取得文山州组团参加省残会比赛以来取得的历史最好成绩。州委、州人民政府于11月10日在州残联培训大厅召开座谈会，对获奖运动员及其教练员进行表彰。

【领导名录】

理 事 长　扬　峰(苗)

副理事长　王　勇

　　　　　余慧仙(彝)

（黄志标）

工商业

【参政议政】 通过组织会员开展调研、接访会员和召开座谈会等形式，就全州经济社会发展中的一些难点热点问题，广泛收集会员意见和建议，并通过提案、界别联组会发言等形式，在政协文山州第十届委员会第四次会议上，组织12名会员在界别联组会上进行发言，梳理出55条意见、建议上报州委、州人民政府，得到州委、政府的高度重视，其中《点对点供电试点》、《建立贷款置换资金》等建议得到采纳。提出提案19件，其中有6个提案被确定为州政协的重点提案，占全州重点提案23件的26.0%。为帮助企业应对金融危机，走出困境，州工商联及时通过情况汇报、社情民意反映、简讯等形式，反映企业的困难和问题。同时，通过召开会议或组织会员活动，及时将州委、州人民政府支持企业应对金融危机的各项方针政策落实到企业，使州人民政府关于“促进全州工业经济平稳增长的八条措施”以及“2009年一季度经济运行分析会议精神”能够及时地为企业所了解，使广大非有公企业看到走出危机的希望，树立战胜危机的信心。组织人员对文山州中小企业融资情况、文山州大中专毕业生就业创业工作情况和农行惠农金穗卡发行与使用情况进行调研，提出相应的意见和建议。通过“社情民意反映”，反映雄丰公司对检车市场划分的意见。

【思想政治教育】 通过召开主席扩大会议，传达贯彻“云南省非公有制经济人士思想政治工作暨工商联组织工作会议”和州非公经济会议精神，总结文山州非公有制经济思想政治工作的现状，对做好非公有制经济人士思想政治工作进行部署和安排。在金融危机面前，引导广大的非公企业想办法，找出路，苦练内功，加强管理，与当地党委政府保持一致。在市场疲软、产品滞销、企业亏损的情况下，尽最大努力保生产、保经营，多数企业做到了不减员、不减薪的承诺，少数企业还增加就业岗位、增加员工薪金，为保稳定、保就业作出贡献。更难能可贵的是，在企业应对危机的过程中，民营企业家仍然不忘回馈社会，参与各项社会公益活动，主动向“见义勇为资金”捐款，支持社会主义新农村建设，会员的社会责任意识明显增强。组织全州工商联系统开展有奖征文活动，征集到文章14篇。评出一等奖两篇，二等奖三篇，三等奖三篇。组织参加“云南非公经济人士纪念新中国诞辰六十周年摄影展”，并获得二等奖一项，优秀奖二项。

【服务会员】 举办信用社金融服务理论与实务专题培训，培训人员100余人，并与信用社签订《文山州工商业联合会(商会)与云南省信用联社文山办事处工作联系机制议定书》。举办邮储银行金融服务产品介绍专题培训，培训人员80余人(次)，并与邮储银行建立合作机制，签订合作协议。举办企业转型与升级管理研讨会，参会人员230余人。通过简报、会刊等渠道，向会员宣传国家有关方针政策，发布商务和会务信息，较好地架起党委、政府、商会和企业沟通的桥梁。6月组织执委进行体检，为广大会员建立健康档案。帮助举办云南湛江商会、吴川商会年庆会，云南地板商会吉象地板16周年辉煌大典，巴蜀企业联合协会周年庆典等活动5场(次)。帮助琵琶岛商会、文山酒业商会招聘员工，与文山学院“招就处”协调联系，协调招聘的有关问题。三鑫职业技术学院已招聘文山学院应届毕业生3人。建立会员接访和下访会员制度，为会员协调生产经营中存在的各种困难，制作《文山州工商联会员接访手册》，至10月底止，共接访会员50多人(次)，帮助会员解决行政处罚等相关问题，避免不必要的损失。改进执委活动办法，将州工商联执委分成10个小组开展活动，目前已开展执委活动10次。

【光彩事业】 恒丰集团捐资86.4万元，支持州特殊教育学校实训楼建设；巴蜀企业联合协会成立教育资金，募集资金65.3万元，用于贫困地区的教育扶贫；富宁县工商联副主席、云南富宁郎恒电力开发公司董事长胡加文先生捐助15万

文山州见义勇为献爱心募捐活动动员大会

元人民币支持里达镇里地小学校危房改造；温州商会理事、金玉家居有限公司总经理郑石贤向文山县四小捐赠现金1万元和价值3.6万元的课桌椅200套。温州商会向薄竹镇期路古村委会沙坝村民小组修建农田灌溉工程捐款3千元、向文山县沙坝老年人协会捐资5 000元、向患病的温州商会会员诸

葛月者捐款1.278万元；富宁县安良养牛场场长捐赠5 000元，帮助贫困生黄某完成学业。马关县陈文芳投资470万元创办香港爱恒信国际珠宝有限公司分店—马关爱恒信珠宝店，开发7个就业岗位，吸纳7人就业。全州非公经济人士主动向“见义勇为资金”捐款47.5万元。

【贷免扶补】 全年，州工商联负责帮助70人实现创业；协调帮助71人享受352万元“贷免扶补”专项贷款。

【表彰奖励】 年内，广南县政协副主席、工商联主席张华，被评为“全国工商联系统先进个人”；州工商联副主席、恒丰集团董事长陈登被评为全国扶残助残先进个人和获全国“孝亲敬老之星”荣誉称号；云南大同建筑集团华学生获“云南省第三届中国特色社会主义事业建设者”。

【领导名录】
主席(会长) 李春林
党组书记 王忠祥
专职副主席(副会长) 胡贵森
沈丽娟(女)
田云肖(壮)

（项雷滨）

红十字事业

【简 述】 2009年，加强组织建设，加大宣传力度，抓住重点，服务大局，开拓创新，动员社会各方力量，深入开展救灾、救助、救护工作，努力推进造血干细胞捐献，红十字青少年工作，参与艾滋病防治、假肢康复、无偿献血等工作，大力宣传红十字“人道、博爱、奉献”精神，进一步扩大红十字会的社会影响，全州红十字事业得到发展。

【组织建设】 年内，麻栗坡、马关县红十字会全面理顺管理体制，并且马关县红十字会批复人员编制为9人，是云南省县级红十字会人员编制教多的县，丘北县正在理顺中。发展基层会员组织和红十字志愿工作者。截至年底，全州共发展理事和会员单位195个，基层组织177个，成人会员11 326人，青少年会员27 532人。

【募捐救助工作】 年初，对拉孩村的困难老党员和贫困老人分别进行走访慰问，为他们送去大米、菜油，过冬的衣服、棉被、鞋子等物品和慰问金10 000余元。麻栗坡县红十字会向全县贫困群众送去价值15万元的大米，富宁县红十字会结合春节慰问向困难群众送去价值3万余元的衣物、棉被等物资。全年，全州红十字会系统累计向困难群众发放物资价值25万余元、慰问金12 000多元。州红十字会协同云南省红十字会及时筹措物资向广南县者兔乡那耐村阿歹小组遭受火灾的群众发放救灾物资棉被200床、衣服4包，价值34 520元，帮助受灾群众走出困境，重建家园。

【初级卫生救护培训工作】 年初，州红十字会与州安全监督管理局、州公安局、州交通局等相关部门多次商议，在全州公安民警、高危行业开展初级卫生救护培训的详细方案，确定在全州矿山、交通、危险化学品等行业全面推开。4月，对矿山管理人员、安全监管人员、危险化学品经营从业人员、交通运输驾乘人员等开展初级卫生救护培训16期，共1 015人进行救护知识培训，并经过合格考试后发给救护员证书，普及救护知识4 800余名。为加深管理层人员的印象，真正把救护知识学到手，对文山交通集团参训的134名安全管理骨干进行救护知识实际操作大演练。

【造血干细胞捐献工作】 采取有效措施，广泛动员社会爱心人士踊跃捐献造血干细胞。同时做好来电、来访登记报名和复核工作，电话复核相关信息资料，确保捐献志愿者资料信息完整。9月，配合中国造血干细胞资料库云南省分库的工作人员在文山学院采集血液样本，仅1天时间就有300名志愿者进行血样采集。10月24日，富宁县红十字会通过新闻媒体和网络向社会发出倡议，组织学校红十字会志愿者，在学校、社区、企业、驻富官兵中普遍发放捐献造血干细胞和无偿献血宣传资料，宣传无偿献血及捐献造血干细胞相关知识，通过动员，共有235人参与献血，80名志愿者进行造血干细胞血样采集，截至11月20日，文山州已有900多名志愿者的造血干细胞资料入库。州药监局杨福春副局长为一名白血病患者捐献造血干细胞，是文山州第一个捐献造血干细胞的国家公务员。目前全州已有3人造血干细胞捐献成功，成功率居全省首位。

【宣传工作】 继续围绕“世界急救日”、“世界红十字日”、“世界艾滋病日”等大型纪念宣传活动，在文山日报、文山电视台、文山人民广播电台等媒体上宣传红十字运动的渊源、任务等，让全社会和广大民众了解红十字事业，支持参与红

迎国庆60周年宣传活动

十字会工作；宣传推介“博爱捐助港”活动，启动募捐箱救助计划，启迪人们的爱心善举，动员社会力量参与募捐，力所能及地对需要帮助的贫弱人群提供救助；制作公益广告、宣传专栏（专版），通过州直新闻媒体定期或不定期刊播，保持红十字知识在全民中的持续影响力；开展网络宣传和信息共享工作，修改完善文山州红十字会网站，并及时发布相关募捐救助信息。

【假肢项目回访维修工作】 麻栗坡县红十字会加强假肢维修车间的管理工作，全年共组织60名肢残病人到省假肢康复中心安装假肢，定点或现场维修假肢147人152只假肢，下乡回访肢残病人89人（次）。

【禁毒防艾】 年内，配合州卫生局举办艾滋病防治知识讲座，对社区居民进行艾滋病防治宣传教育培训。配合州计生委健全社区婚前教育、计划生育宣传，有针对性地对已婚育龄居民开展艾滋病预防知识教育，印发计划生育宣传教育和各种生殖健康、艾滋病预防小册子，发放街道、社区、进家庭，使居民方便、快捷地获得所需要的生殖健康和艾滋病预防知识。以世界红十字日、国际禁毒日、世界艾滋病日等活动为契机，通过悬挂布标、发放宣传资料、提供咨询等方式，大力宣传有关法律法规和艾滋病防治知识，广泛开展防治艾滋病宣传教育活动。全年，与相关部门配合共组织开展防治艾滋病知识、预防毒品知识等专题宣传教育活动3次，发放各种宣传资料近12 000多份，悬挂宣传布标3条，接受群众咨询270人（次），受教育群众达310多人（次）。

【领导名录】

常务副会长　唐彰迎（女、瑶）

副　会　长　邱继娥（女）

（黄镇荣）

文山州境内的泉潭有多少

白沙坡温泉，位于文山县攀枝花乡白沙坡村西1.5千米，温泉出水量每秒0.34立方米，水温34℃，现已建为公园，供游人沐浴。

陈家寨温泉，位于文山县坝心乡高笕槽村陈家寨小河沟边，出水量每秒0.000325立方米，水温43℃，含氟，有简易浴池可沐浴。

菖蒲塘温泉，位于文山县小街乡腰店村，在菖蒲塘寨东南百余米的山沟内，出水量每秒0.003立方米，水温52℃，修有简易浴池可沐浴。

热水塘，位于砚山县子马村芦柴冲北方，出水量每秒0.02立方米，水温37℃。

龙郎，位于富宁县谷拉乡多贡村考关寨左方，圆形，直径2米，深莫测，是上九弄地区人民饮用的较大泉塘。

鱼蛇清泉，位于富宁县洞波乡驻地山脚河畔，四方形，泉底多孔喷水，面积30平方米，冬暖夏凉，水中有小黑鱼和小黑蛇，为洞波居民饮水泉。

木美龙潭，位于广南县八宝镇木美村旁，距323国道7千米，距八宝镇15千米，龙潭水面40余亩，深10余米，是八宝河源头。潭底若干泉眼昼夜喷水，长年不息，水色清澈，四周竹木苍翠，古树参天，水清山明。长年保持潭满水溢，是个不受污染的天然水源。

疯龙潭，位于西畴县城东北郊区2.5千米处的公路右侧，潭水清澈，游鱼可数，大雨不溢，大旱不涸。有时天干地晴，泉水由洞中滚滚奔泻而出，水声隆隆，喷高丈余，倾注数十步，忽又吸回，涓滴不留，经两三次始畅流如故，因其变化莫测，故名“疯龙潭”。此潭于1956年重修，上口宽3.5米，下底宽5米，高6米，潭深3.7米。每年均“疯”两三次，据考属导管虹吸现象。

阿科温泉，位于广南县城北40千米的阿科乡公路边，泉水从山脚流出，一孔流热水，水温50℃左右，又一孔相距10米，流冷水。

天保热泉，位于麻栗坡县天保村，泉分两孔，相隔不远，一孔流热水，另一孔流冷水，流到不远处的池塘汇合，为当地群众饮用水。

毛坝子山口温泉，位于文山县老君山，水温46℃。

文山州境内有多少花卉品种

境内花卉资源异常丰富，清代乾隆《开化府志》即有记载：春有茶花、贴梗海棠、春兰、郁李、玉兰、樱桃、绛桃、金雀、牡丹、白茨花、罂粟、棣棠、十姊妹、玉马鞭、玉堂春、玫瑰……夏有海石榴、蜀葵、钱葵、草牡丹、优昙、栀子花、金丝桃、石竹、蕙、萱、扶桑(红、黄二色)、龙爪花、扁竹、荷(红、白、锦三种)……秋有串枝莲、秋海棠、刺柏、鸡冠花(红、白二色)、芙蓉、鱼子兰、芷、兰、蓼、苹、水红花、西番菊、菊。冬有虎头兰、水仙、丁香、冬兰、山樱桃、金钱花、迎春柳、报春花、小桃红、照水梅、绿萼梅、红梅、山茶、茄豆、腊梅、雪兰……植物学家冯国楣于1985年撰写的《云南野生花卉资源》一文中记述：“根据国内外评价，云南最有观赏价值的‘八大名花’，除绿绒蒿外，文山有七种：山茶、杜鹃、报春、木兰、百合、兰花、龙胆花”。

山茶：除野生山茶外，还有人工培植的多种茶花。

杜鹃：木本花卉之王，《云南植物名录》记载，文山有杜鹃花46种，花色有红、紫、蓝、绿、黄、白、粉之别，全州8县均有，成丛成片，生于山野或林缘。1984年在马关县沙戛底水源箐发现一株乔木变色杜鹃，树高18米，胸径58厘米，树龄100年，三月开花，一日三色，上午粉红，中午粉白，下午紫蓝，浓郁芳香，经专家鉴定为“丁香杜鹃”。

报春花：宿根草本花卉，文山州有点地楼、过路黄、珍珠菜三种，分布于邱北、文山、麻栗坡、马关等县。

木兰花：乔木或灌木，花大而芳香，全国有11属，110种，文山州有9属，82种。现引为家种的有白玉兰、紫玉兰、白兰、黄兰等，尚未引为家种的有香如幽兰的云南含笑，树身如团伞的红花木莲、香木莲、观光木莲、滇南木莲、长蕊木兰、拟单性木兰，花期长达7－8个月的香木兰。

百合花：多年生鳞茎草本花卉，全州有较高观赏价值的百合属10余种。

兰花：系兰科植物的总称，州内有57属，167种。较名贵的品种有素馨兰、马关矮种墨兰、大齿兜兰、银拖金边兰。近年来新品种不断发现，如马关玉兰，经全国著名专家定名为‘文山红柱兰’，1990年2月获中国第二届兰花博览会金奖。再如马关县的大佛兰、花蕊似一尊坐佛，栩栩如生，堪称世界珍品。雪素兰，与滇西大雪兰、独占春相似，而且花多，并有丁香花香味，其照片曾刊于1992年《中国兰花》杂志。

龙胆花：为多年生草本野生花卉，有人认为它与杜鹃、报春堪称‘中国三大名花’。全州8县均有分布，计有18种，花色为白、黄、紫、蓝。

除以上7种外，可供观赏的花或叶尚有毛茛科和秋海棠科花卉，以及苏铁、兜铃花、紫槿花、景天花、石竹花、天竺葵、凤仙花、紫薇花、八宝树花、重瓣石榴花、吊钟花、瑞香花、茉莉花、海桐花、八角花、昙花、海爪兰、令箭荷花、尖子木、天香炉、过路黄、木槿花、木芙蓉、地桃花、绣球花、野樱花、十姊妹、野蔷薇、金樱子、腊梅、槐花、黄决明、岩豆花、香蝶花、紫锦、羊蹄甲花、红蛇菰、香椽花、十里香、米兰、四照花、白芷花、紫茎小芹、红脉粗子芹、桃、李、梅、杏花等。

法　　制

责任编辑　陈昌应

文山州见义勇为事业献爱心募捐活动动员大会

政府法制

【立法工作】 根据州人民政府立法规划，2009年要完成《云南省文山壮族苗族自治州水工程管理条例》修订、《云南省文山壮族苗族自治州老君山自然保护区管理条例》起草工作的要求，年初，州法制办主动与修订、起草单位联系，多次深入实际调研，共同研究立法工作，并参与修订、起草两个单行条例草案工作。同时加强与州人大民工委沟通，争取人大对政府立法的支持，多次与州人大的领导一起到省人大进行汇报。8月3日，州人民政府举行《云南省文山壮族苗族自治州水工程管理条例》修订的立法听证会。现两个条例已经州十二届人大常委会第二十四次会议审议通过。

【推行重大决策听证制度】 在推行“阳光政府四项制度”建设中，代政府起草《关于在全州县级以上行政机关推行重大决策听证重要事项公示重点工作通报政务信息查询四项制度的决定》及其实施办法、文山州建设法治政府八项制度中的《重大决策公示制度》、《重大经济政策审批制度》两项制度。根据州人民政府的安排，“阳光政府四项制度”中的重大决策听证制度由政府法制办负责。为使这项工作能在全州顺利推行，受州人民政府的委托，州法制办于5月11日举行行政复议听证会，7月3日举行《文山州医疗机构设置规划(2009—2015年)》听证会，8月3日举行《云南省文山壮族苗族自治州水工程管理条例(修订草案)》听证会。并采取以会代训的形式，邀请8县政府和州政府各行政执法部门法制机构工作人员旁听，对各县各部门进行听证培训。同时，还加强对各县各部门重大决策听证工作的督促、指导，如对州建设局、州公安局、州卫生局、丘北、砚山县等举行听证提出意见和建议。开通政府信息法制网站，及时将听证的相关信息通过省重大决策听证网、文山政务网、法制网等媒体向社会公布，接受广大人民群众的监督。听证会的举行是文山州推行“阳光政府四项制度”的重要实践，在行政机关及社会上产生了积极的影响。

【文件审查把关】 年内，州政府法制办共对州政府及政府办领导批示的60余件文件进行了审查把关。其中有3件属于规范性文件，已上报省政府登记。审查各县各部门报送登记备案的文件9件，均给予登记回执。对上述文件合法性、合理性审查，提出意见建议150余条，其中对部门上报登记的1件规范性文件提出了纠正处理意见。

【行政复议案件】 全年，共收到各类行政复议申请34件，加上年结转的2件，共36件。其中，受理30件，作出不予受理决定的5件，撤回申请1件，已办结26件(维持13件、撤销3件、驳回5件、终止5件)。有4件正在审理中。

【行政执法】 印发《文山州行政执法检查计划》和《2009年依法行政目标任务》，布置全年执法检查的工作任务；对全州推行综合行政执法工作作了督促办理。对州属各部门的重大决策听证、重要事项公示、重点工作通报、政务信息查询四项制度的配套措施、信息是否上网规范等工作进行监督检查。组织文山、砚山、马关3县法制机构负责人到楚雄、普洱、临沧等州市考察学习，开展相对集中行政处罚权、推行行政执法责任制、行政执法案件评查等工作。

【行政执法培训】 按照省政府法制办《关于开展到期行政执法证件审验培训》的通知，州法制办与相关部门共同举办30余期行政执法培训，协助省法制办办理和审验3 000余份行政执法证件。通过培训和考试，参训的行政执法人员及时了解和掌握《突发事件应对法》、《政府信息公开条例》等新法，执法能力和水平有了提高，法律知识和素养得以增强。同时，利用召开听证会时机，以以会代训的方式对立法、规范性文件、行政复议等知识进行了培训。

【行政审批项目清理】 按照省、州人民政府的安排，组织全州行政审批事项清理工作。州属各部门共上报行政审批事项467项(其中行政许可事项307项，非行政许可事项160项)。经审查，取消和调整140项。其中，取消行政许可事项15项，非行政许可项目24项；调整(含下放县级、合并、转日常监管或行政机关事后管理)85项，调整非行政许可项目16项，精简、调整率为30.0%，达到了省上要求的20.0%以上的目标。此结果经2月5日州人民政府常务会议讨论通过，并以州人民政府第4号令进行公布。在7月8日省政府行政审批项目清理专项督查中，省督查组对文山州的清理工作给予了较高的评价。

【法律顾问工作】 年内，州政府法律顾问室在对一些重大复议案件的办理、政府重大决策听证、政府签订的重要合同及其他涉法事务，如州人民政府与省城投签订的治污设施项目合作协议书等，从合法性、合理性方面审查把关，提出法律意见建议50条。州法制办还义务担任县政府及部分州属部门的法律顾问、行风监督员，加强对其依法行政的指导和帮助，充分发挥了政府依法行政、依法决策参谋助手和法律顾问作用。

【法制宣传及信息网络建设】 在全州范围内开展学习宣传贯彻《国务院关于加强市县政府依法行政的决定》，专门召开工作会议，组织州属部门和各县政府领导及法制机构负责人进行培训。利用法制网站和媒体加强对政府法制工作的宣传，逐步推行网上征求立法和规范性文件意见、受理行政复议申请、受理行政执法投诉等。加强信息工作，编写《法制信息》，收集国务院法制办、省政府及其他地区有关法制建设的新闻、信息，丰富、更新外网内容。在法制宣传月、行政复议法宣传日中，组织州属部门上街做好法制宣传工作，为群众答疑解难，普及行政法律法规知识。为各级各部门提供法律法规读本做好服务工作。及时转发省政府法制办征订法律法规书籍的通知，组织各机关和企事业单位征订法律法规书籍。全年，共征订《行政复议办案指南》、《加强市县依法行政读本》等法律书籍250余册。通过对群众解答国家政策和法律知识做好法制宣传工作。通过接待群众来信来访和接听“96128”热线，向群众答疑释难，提供法律咨询。年内共接待群众来访100余起（次），处理来信10件，接听“96128”热线15次。

【领导名录】

主　任　向　云（~3）

　　　　张春林（3~）

（赵仁海）

政　　法

【简　述】 2009年，全州政法机关以坚持党的事业至上、人民利益至上、宪法至上，正确处理改革发展稳定的关系，沉着应对各种风险，推进政法综治维稳工作创新发展，为“保增长、保民生、保稳定”发挥了重要作用，全州社会大局稳定，公众安全感持续上升，政法工作取得显著成绩。

【法律保障服务】 州政法机关坚持以科学发展观为指导，主动服务发展第一要务，忠实履行职责，应对金融危机带来的严重冲击，制定出台宏观经济形势下《关于保增长保民生保稳定的司法应对措施》、《关于在当前宏观经济形势下开展人民法院联系服务企业活动实施方案》、《关于妥善审理破产案件维护经济社会稳定若干问题的讨论纪要》、《文山州检察机关促进经济平稳较快发展的意见》以及《建立宏观经济变化引发案件情况定期分析通报报送制度》等一系列措施，千方百计缓解、化解经济发展困难带来的各种风险，在维护市场经济秩序、强化法律保障服务中，促进了全州经济平稳较快发展。坚持以人为本、执政为民，把保障民生作为维稳工作的重要着力点，推出了一系列便民利民新举措，深入基层一线和困难群体，开展“大走访”等爱民实践活动，在体察社情民意、方便群众、服务群众中增进和谐警民关系。从有利于促进企业生存发展、有利于保障员工生计、有利于维护社会和谐稳定的高度，慎用查封、扣押、冻结、罚款、没收、拘留、逮捕等强制措施，切实做好金融危机下的政法工作，实现法律效果与社会效果的统一。整顿规范市场经济秩序，强化执法办案和法律服务工作，在打击破坏市场经济秩序犯罪中，为国家挽回经济损失1 935万元，法院审理结案诉讼标的达6.94亿元，执行案件结案标的达3.24亿元。

【对敌斗争】 应对一系列政治敏感时点接踵而至、各种重大突发事件时有发生的严峻考验，加强情报信息工作，努力获取深层次、内幕性、预警性情报信息，切实做到敌未动、我先知。加强反渗透、反邪教、反分裂、反恐怖斗争，严密防范各种渗透破坏活动，继续保持邪教防处工作“四无”记录，确保“3·14”、“4·25”、“6·4”等敏感节点安全平稳和边疆民族地区稳定。

【打击刑事犯罪】 深入推进严打整治斗争，从侦查破案、批捕起诉、定罪量刑等各个环节入手，严厉打击暴力犯罪、有组织犯罪、多发性侵财犯罪，以及社会反映强烈的拐卖妇女儿童犯罪、毒品犯罪、涉众型经济犯罪，始终保持对刑事犯罪活动的高压态势。全州共立现行刑事案件3 667起，破2 593起，破案率为70.7%，发案数与上年基本持平，破案绝对数上升6.25%。全面排查整治突出治安问题，组织开展打黑除恶、扫黄打非以及打击“两抢一盗”、农村“偷牛盗马”、破坏“三电”设施违法犯罪、破坏环境资源违法犯罪等10多项专项行动，在专项整治行动中破获各类刑事案件1 586起，占刑事案件总数的48.02%。

【禁毒工作】 深入推进新一轮禁毒人民战争，共破获毒品案件106起，抓获犯罪嫌疑人156人，缴获毒品79.47千克，“南线查缉”行动战果显著。

【信访和矛盾纠纷】 深入开展集中排查化解涉法涉诉重信重访案件专项行动，全面推行领导接待、定期下访工作制度，切实解决信访突出问题，全州共发生越级到省进京上访9件，比上年下降53.0%。敏感节点特别是国庆节期间，全州没有发生群体性事件，实现了到省进京“零上访”的工作目标。深入开展矛盾纠纷大排查、大调处活动，推行人民调解“以奖代补、以件计补”机制，全州共排查调解各类矛盾纠纷1.11万件，调解成功率96.2%，有效发挥人民调解组织的“第一道防线”作用；探索建立司法调解的和解机制，法院调撤民商事案件5 099件，一审调撤率68.65%，高于全省、全国平均水平，司法调解的“最后一道防线”作用得到很好发挥。

召开维稳工作会议

【群体事件处置】 从解决实际问题、确保社会稳定入手，正确把握群体性事件的处置原则、时机和方法，妥善处置了麻栗坡县“2·28”、富宁县“5·22”等一批群体性事件。年内共发生群体性事件28起，与上年同期相比下降34.88%。

【治安防控网络建设】 突出抓好社会治安防控体系建设，一线警力占总警力的比例达88.7%，城市报警与监控系统建设扎实推进，卡口堵控、道路巡防、社区防范、阵地控制、单位自防五大防范网络初步形成，全州治安案件查处率达97.2%。突出抓好基层平安建设，“先进平安县”建设成效明显，各个层面的创建活动扎实有效，特别是农村社会面治安问题得到有效控制，涌现出一大批“无案件村寨”。突出抓好政法综治各项专门工作，特殊人群帮教管理不断加强，社区服刑人员重新犯罪率仅为0.13%，刑释解教人员重新犯罪率仅为0.12%，在校生犯罪仅占全部犯罪人员的0.09%。

【见义勇为表彰】 发展见义勇为事业，努力探索建立“政府扶持与多元募集资金相结合”的见义勇为资金保障机制。组织开展了为见义勇为献爱心募捐活动，共接受社会各界捐款达153.4万元，为加强见义勇为事业创造更加有利的条件。全州共表彰奖励17名见义勇为先进个人。

【司法改革】 积极回应人民群众对司法公正的新期待，深入推进司法体制机制改革，量刑纳入法庭审理改革、检察长列席审判委员会、公安局长列席检察委员会、刑事被害人救助制度、刑事和解制度、涉法涉诉公开听证制度等改革不断深化，进一步解决了影响司法公正的突出问题。尤其是在轻微刑事案件快速办理、刑事和解、未成年人犯罪案件办理等方面进行了有益的探索与实践，达到了预防犯罪、减缓矛盾、促进和谐的社会预期。

【调查研究】 组织对全州影响稳定的热点问题开展调研，为党委、政府决策提供参考，力求从源头和机制上解决涉稳热点问题。年内，州政法委、州综治维稳委对全州政法队伍建设问题、区域性违法犯罪减少的原因、农村盗窃大牲畜犯罪突出问题、人民法院执行难问题、治安防控体系建设、平远地区“平安和谐建设”和全州大中型水利水电工程移民搬迁安置涉稳问题等进行调研，并形成了具有一定深度的调研报告，提出下步工作的建设性意见。除对政法、综治、维稳部门给予关心支持外，对全州重大涉稳问题和政法综治维稳重要工作，州委书记李培、州长黄文武和分管领导亲自过问、亲自研究、亲自深入一线调研，解决综治维稳工作难题，州人大常委会、州政协领导也适时深入基层调研指导政法综治维稳工作，有力地维护了全州社会稳定。

【政法队伍建设】 政法经费保障问题得到有效解决，基层政法机关警力不足、法官检察官断层问题得到初步缓解，履行职责的能力进一步提升。以解决政法队伍中存在的突出问题为抓手，深入开展科学发展观、社会主义法治理念、“人民法官为人民”、“忠于职守、严守纪律”、“中国特色社会主义法律工作者”等主题实践活动，加强纪律作风教育整顿，全州政法队伍违法违纪案件大幅度下降，基本实现“不出大事，少出小事”，政法多项工作均跻身全国、全省先进行列，涌现出州森林公安局、砚山县检察院、砚山县公安消防大队和岳珍姝等一批被国家部委表彰的先进典型。

【领导名录】

书　记　吴俊明

副书记　李俊彪(副州长兼)

　　　　刘树槐

　　　　蔡兴贵(彝)

（蒋子武）

公　　安

【简　述】 2009年，文山州公安机关围绕“保增长、保民生、保稳定”的总要求，深入学习实践科学发展观，发扬连续作战、顽强拼搏、敢打硬仗、敢于胜利的优良作风，积极应对国际金融危机对社会稳定的新挑战，积极回应经济社会发展和人民群众对公安工作的新要求，结合文山社会治安状况和维稳工作实际，严厉打击各类刑事犯罪，严密社会治安管理，圆满完成以建国60周年庆祝活动为重点的各项安全保卫任务，确保了文山社会政治和治安大局稳定。

【队伍建设】 狠抓素质能力建设。以基本法律知识考试、执法办案卷宗考评、信访工作考查“三考”活动为契机，狠抓教育培训工作。全年全州公安机关共举办培训班74期，培训民警12 742人(次)，逐步提升民警的业务素质和执法水平。狠抓纪律作风建设。紧紧抓住队伍容易发生问题的关键环节和部位，加强教育预防，开展警示教育，增强民警特别是领导干部拒腐防变的能力。同时，加大警务督察和警风警纪的督察力度，年内，全州公安警务督察部门开展现场督察活动785次，检查基层单位1 832个，检查民警14 434人(次)、警车1 154辆，提出督察建议57条，预防和制止违反“五条禁令”等违法违纪行为的发生。全年共发生民警违法违纪案件2起3人，比上年分别下降了40.0%和60.0%。狠抓公安文化宣传。正确把握公安宣传舆论导向，切实提高全州公安机关宣传水平。年内，全州公安机关投送稿件被中央级报刊、电台采用124条，中央电视台新闻、专题采用8条，省级报刊、电台采用1 400余条，省级电视台新闻专题采用55条，《警方行动》专题采用9部，《警方视讯》采用38条，云南公安电子政务网采用528篇。并在全省公安机关国庆60周年“交通安全杯”书法美术摄影创作大赛活动中，文山州选送的6幅美术作品、6幅摄影作品分别获得一、二、三等奖和优秀奖，州公安局获得组织奖。在公安部开展的“祝福祖国·誓言无声”公益短信征集活动中，州内民警创作的3条短信分获三等奖和优秀奖。

【立功创模】 全年，全州公安民警系统共有13个集体荣立二等功，33个集体荣立三等功，36个集体被评为先进集体；8名民警荣立二等功，72名民警荣立三等功，501名民警受到嘉奖，206名民警被评为先进个人。通过省公安厅各项业务工作的考核，经侦工作排在全省第一名；信息通信工作由2008年的全省第十名，上升到全省第二名；公安宣传报道工作从2008年的全省第十五名，跃居第四名；监管部门深挖犯罪工作排列全省第五名；旅店业数据工作排列全省第五名；刑侦工作以186.29分的绩效考核成绩，排列全省第六名；国保工作排列全省第六名；公安文秘工作从2008年的全省倒数第二名，跃居顺数第六名；行动技术部门顺利通过公安部技侦“两化”二级标达标验收，并被评为2009年度全省公安技侦情报信息先进集体。

【国庆安保】 为确保国庆60周年安保工作各项措施的落实，州公安局成立以局长挂帅的安全保卫工作领导小组。6月29日，州公安局召开党委会专题研究国庆安保工作。7月7日，州公安局制定下发了安全保卫方案，国保、治安、刑侦、经侦、禁毒、交警、消防等各部门也根据各自的业务工作，制定了若干个子方案。8月21日，州公安局召开局直各部门负责人会议进行动员；8月27日，召开局长办公会就国庆安保中矛盾纠纷排查、机关内部武装值班、反恐防范等工作进行研究；9月1日，召开全州公安局局长、政委会议，对全州公安机关国庆安保工作进行动员；9月15日，召开党委会听取国庆安保工作情况汇报，研究提出加强工作的措施；9月23日，召开局长办公会，专题总结查缺补漏，细化工作；9月27日，召开国庆安保督办会，对各项工作再落实、再细化。各县公安局也成立相应的领导小组，制定切合实际的实施方案，为国庆安全保卫工作提供组织保障。

【刑事侦查】 年内，共立各类现行刑事案件3 667起，破获现案2 593起，现案破案率为70.7%。补立年前案件1 086起，破获年前案件1 204起。全州刑事案件立案总数为4 753起，破案总数为3 798起，综合破案率为79.9%。和上年度相比，现行案件立案数减少1起，比上年下降0.03%，现案破案数增加230起，比上年上升9.7%，现案破案率上升6.3个百分点。

继续推进命案侦防工作。共立八类命案65起，破获64起，现行命案破案率为98.5%，砚山、西畴、麻栗坡、马关、丘北、广南、富宁7个县实现命案全破(其中西畴县连续5年保持命案全破，砚山县、麻栗坡县连续3年保持命案全破)。破获历年命积案9起，其中，破致死3人以上特大命案1起。全州因命案致死68人，抓获命案逃犯72人。同上年相比，全州现行命案发案数下降29起，比上年下降了30.0个百分点；全州现行命案破案率比上年度上升了1.7个百分点。8县现行命案破案率均超过95.0%，全州7个县命案全破，完成预定工作目标。

全州公安机关共以恶势力犯罪界定、打掉了11个犯罪团伙，抓获团伙成员166人，破获各类刑事案件60起。严打严防拐卖妇女儿童犯罪活动，顺利侦查终结并移送起诉公安部督办的“9·13”专案文山片区案件。共抓获涉嫌拐卖人员104人，向检察机关移送起诉70人，打掉拐卖婴儿犯罪团伙10个，破获拐卖婴儿案件200起，查明被拐婴儿去向204名，现场解救婴儿6名。公安部、省公安厅分别发来贺电对文山警方办结部督“9·13”专案文山片区案件表示祝贺，对文山警方的打拐工作给予了高度肯定。全年共立拐卖案件318起(其中涉越案件11起)、破获313起(其中涉越案件11起)，解救被拐卖妇女30名(其中越南籍11名，均已遣返)、婴儿72名(其中越南籍4名、老挝籍1名，均已遣返)，抓获人贩子244名，摧毁拐卖团伙13个。严打严防盗窃、破坏电力设施违法犯罪。全年，共立涉电案件57起(其中破坏电力设备案25起、盗窃变压器案7起、盗窃电缆案25起)，破获45起(其中破坏电力设备案18起、盗窃变压器案2起、盗窃电缆案25起)，破案率为78.9%，共捣毁收购赃物的非法废旧物品收购站点17个。

落实“追逃控逃”工作。年内，共抓获各类在逃人员821人(其中外省、省内外地上网在逃人员144人、外省及省内外地未上网在逃人员9人、公安部A级通缉逃犯1人、省公安厅督捕逃犯1人)。抓获命案在逃人员72人(其中抓获外省、省内外地公安机关上网追逃的命案逃犯6人)。加强刑侦情报信息工作，提升刑侦“信息战”能力和水平。年内，共采集录入刑事案件、违法犯罪人员等各类刑事犯罪信息7.09万条，利用系统信息协破刑事案件278起，协破率7.8%。共发布刑事犯罪预警信息247条、串并分析材料47份、网上协作材料175份、高危人群信息49条、综合分析材料83份、各地犯罪动态材料99份、外省警情2 814条，利用研判信息破获现案387起、破获积案135起、破获系列案件43串、抓获犯罪嫌疑人204名；共采集捺印指纹1.5万份，与去年同期采集的8 434份相比上升了77.0%。提取现场指纹2 904枚，与去年同期提取的1 695枚相比上升了71.0%；利用指纹直接查中各类刑事案件257起，比去年同期的183起增加了74起，查中案件数占破获全部刑事案件数的7.2%，比省厅要求的3.0%的工作目标上升了4.2个百分点。带破各类刑事案件280起，查清尸源7起。

【治安管理】 年内，全州共发现受理治安案件3 299起，受理数比上年下降8.05%，查处治安案件3 207起，查处率97.21%，查处率比上年上升1.95%，查处违法人员3 643人(其中治安处罚1 892人、其他1 751人)，查处违法人员与上年同期比下降4.28%。

开展社会治安整治专项行动。深入贯彻落实省公安厅部署要求，着眼国庆60周年庆祝活动安全保卫工作，按照“保增长、保民生、保稳定”的总要求，紧密依靠单位党群力量，坚决做好重要目标、要害部位和事关国计民生等基础设施防范恐怖袭击的安全保卫工作。各级公安机关组织精干警力，对城市水、电、燃气、热力供应、通信、金融、邮政、大型物资储备、大型商贸中心、广播电台、电视台等州属治安保卫重点单位或要害部位进行安全检查。期间，出动警力400余人(次)，出动车辆60辆(次)，检查重点单位812个，重要部位261余个，发现安全隐患32处，现场督促整改17处，限期整改10处。

开展治爆缉枪专项行动。为确保国庆60周年各项安全保卫工作的顺利进行，年内先后组织开展3次规模较大的专项行动。共组织工作队41个，制作宣传板报40块，发放各种宣传材料4.42万份，全面排查涉爆单位400家，涉枪单位75家。共收缴各类枪支228支，军用枪弹1.96万发，民用枪弹2 032发，炸药1.12万，雷管5.87万枚，工业索类火工品1.26万米，黑火药3千克。

开展重点人群清理整顿专项行动。共排查重点人968人，其中：重点人口408人，肇事肇祸精神病人80人，铤而走险和扬言行凶报复18人，涉黑涉恶、涉枪涉爆嫌疑人员26人，吸毒人员44人，社区矫正对象152人。开展暂住人口、出租房屋清理整顿工作。共出动警车540辆(次)，出动警力2 600人(次)，清理出租房屋1.08万户，清查暂住人口2.77万人，签订治安管理责任书1 200份，对暂住人口、出租房屋信息管理系统进行了全面维护，删除暂住人口系统重复人员信息1 760人。

旅店业治安管理信息系统建设。全州605家旅馆安装了旅馆业信息系统，安装完成率为100%，并通过信息报警抓获28名网上在逃人员。强化治安管理信息资源整合与应用。年内，全州各级公安机关共接收需按时处置反馈预警信息6 624条，出警核实反馈5 238条，核实率99.48%。通过预警平台共抓获在逃人员462人，其中命案在逃人员18人，查获吸毒人员352人。

户政管理服务工作。圆满完成全州2008年度人口统计工作。全州共有总户数898 489户，总人口3 583 873人，其中男性1 868 185人，占总人口的52.13%，女性1 715 688人，占总人口的47.87%。启动户口网上迁移工作。全面启动了州县内和省内跨州市户口网迁工作。共办理网上迁移迁入1.33万人，其中县内迁入8 339人，州内迁移4 438人，省内跨州市迁移555人；共办理网上迁移迁出1.35万人，其中县内迁入8 339人，州内迁移4 438人，省内跨州市迁移705人。做好日常居民身份证管理和达龄办证工作。年内全州共受理第二代居民身份证29.42万份，其中年满16周岁达龄在员申领5.74万份；累计受理制证信息251.9万份，总体换证率达89.47%。做好暂住人口日常管控工作。年内，全州共有暂住人口2.97万人。应办暂住证2.61万人，实办暂住证2.3万份，办证率为88.19%。全州共有租房户1.09万户，核发许可证3 388户；出租房屋合计1.89万间，出租房屋可租住人数3.74万人；与业主签订责任书1.08万份。

继续强化危险物品管理工作。全州8县先后成立8个民用爆炸物品配送服务站，全面完成了民爆物品统一配送服务工作。年内，共收缴工业炸药1.05万千克、工业雷管近5万枚、工业索类火工品1.4万米、仿军用枪1支、短火药枪82支、民用枪756支、军用枪弹2.07万发、手榴弹328枚、炮弹236发、地雷207枚、管制刀具1 079把。共销毁各类枪支299支、手榴弹751枚、炮弹374枚、炮弹引信322枚、地雷34枚、子弹5 935发、火箭筒1具、工业雷管15.13万枚、工业索类火工品6.16万米、工业炸药7 348.6、TNT炸药3.2千克、黑火药20.68克、管制刀具14把。

【禁毒工作】 全州公安机关根据文山州毒品犯罪的特点，因地制宜，采取不同措施，及时调整堵源截流网络布局，加强侦查破案和公开查缉行动，有力打击毒品犯罪，全力遏制毒品来源和境外毒品渗透。年内，共破获毒品案件106起，破案率达100%，缴获毒品83.1千克，摧毁吸毒窝点20个。全州已开展社区戒毒(康复)工作试点30个。现有吸毒人员1 103人，共收戒吸毒人员858人(其中强制隔离戒毒368人，社区戒毒53人，社区康复437人)，超额完成了省厅下达的收戒任务。同时不断加强禁毒宣传教育，提高广大群众的防毒能力，全年共组织开展禁毒宣传活动1 120场(次)，发放各种禁毒宣传资料90万余份，受教育面达316万余人(次)，宣传活动取得了良好的社会效果。

【服务非公经济】 年内，全州公安机关共受理各类经济犯罪案件153起，立案153起，破129起，破案率84.0%，涉案总价值3 776.19万元，挽回经济损失1 630.11万元，抓获犯罪嫌疑人142人，其中抓获网上逃犯17名。其中，经侦支队共受理各类经济犯罪案件22起，立案22起，破14起，破案率64.0%，涉案总价值903.71万元，挽回经济损失213.33万元，抓获犯罪嫌疑人20人。严打涉烟犯罪。年内，共依法立办涉烟案件55起，破案38起，抓获违法犯罪嫌疑人88人，协助办理涉烟行政案件175件，查获假冒卷烟16.36件，非烟1 312.77件，查获非法烟叶、烟丝596.105吨，收缴假冒商标标识3.8万张，涉案总价值1 486.9万元，挽回经济损失1 437.98万元。开展打击假币犯罪“09行动”。根据公安部、省公安厅的部署，文山州、县两级公安机关党委高度重视，积极部署，打防结合，推动“09行动”向纵深发展。专项行动中，全州共立案10起，破案10起，抓获犯罪嫌疑人19人，刑拘17人，监视居住2人，打掉团伙3个，抓获假币犯罪网上逃犯6名(其中协助外地警方抓获网上逃犯2名)。收缴假币149.642万元(破案收缴假币126.17万元，零星收缴假币23.47万元)，银行同期临柜收缴量为57.97万元，公安与银行收缴量之比为2.58：1。行动期间采取多种多样的方式开展反假币宣传活动，全州共抽调人员1.25万人(次)，车辆3 135辆(次)，发放宣传资料16.33万份，发送手机短信80万条。受到省厅表彰奖励1次，受到总队贺电表扬2次，文山经侦信息184期被总队长作重要批示1次。开展打击整治发票犯罪专项行动。全州共抽调公安、税务人员356人(次)，联合税务部门查处发票违法案件12起(其中1起涉及假发票62份)，立刑事案件4起，破3起，抓获犯罪嫌疑人4名，协助永平县公安局经侦大队成功抓获涉嫌非法出售发票罪网上在逃人员1名，向税务部门移交案件线索13起，涉案人员14人，涉案金额273.62万元。专项行动共查获假发票4.16万份、过期发票1本50份、违法出售收款收据519本2.3万份、违法使用"收据"1本50份、"付款证明单"4本200份，收缴财务专用章1枚，完成了省厅分配下达给文山州专项行动发票缴获数量3万份的任务。为此，经侦支队被省厅评为"打击整治发票违法犯罪先进集体"，全州16名民警被评为先进个人。开展打击传销百日联合执法行动。专项行动期间，全州公安、工商部门抽调专门人员358人(次)，对辖区进行调查摸底，共立传销案2起，取缔传销窝点1个，教育遣返人员26人。集中宣传活动中，共发放资料2.14万份，发送手机短信76万条。

【出入境和外国人管理】 年内，共受理审核审批出国(境)1.65万人(次)，比上年增加2 877人(次)。其中：受理审核审批普通护照2 170人(次)，比上年增加245人(次)；受理审核审批、制作中华人民共和国出入境通行证8 803证，比上年增加2 340人(次)；受理审核审批港澳通行证及签注4 873人(次)，比上年减少274人(次)；受理审核内地居民赴港澳定居8人(次)，比上年增加1人(次)；受理审核审批往来台湾地区通行证及签注643人(次)，比上年增加565人(次)。回复州内公民迁往外省申办出国境证件协查函件50份，外省居民迁入州内公民申办了国境证件协查函件60份。

【交通管理】 加强道路交通安全管理工作，全力遏制重特大道路交通的发生。加大对道路交通事故多发地段、危险路段的整治力度，组织开展严重交通违法行为集中整治工作，严厉查处超速行驶、无证驾车、占道行驶、酒后驾车等严重违法违规行为，加强道路交通隐患排查，全力维护校园周边道路交通秩序，确保人民群众生命财产安全。年内，共发生交通事故101起，造成人员死亡118人、人员受伤141人、经济损失110.75万元。比上年，交通事故下降18.55%、死亡人数下降19.18%、受伤人数下降16.57%。

【公安法制】 全年，全州公安法制部门审核刑事案件2 237件2 831人，审核行政案件1 660件2 209人，其中州局法制部门审核刑事案件34件52人，审核行政案件72件116人。提请逮捕犯罪嫌疑人1 333件2 324人，检察院批捕1 261件2 066人，批捕率88.89%；移送起诉1 348件2 351人，检察院起诉1 338件2 333人，起诉率99.23%。审批劳动教养17件32人，少教案件2件3人(盗窃)。劳教案件为：扰乱教学秩序2件2人、寻衅滋事5件14人、盗窃6件8人、聚众斗殴2件4人，其他2件4人。受理行政复议案件4件4人，已结案，结案率、复议维持均为100%。受理群众来信来访345件(次)，其中来信291件(初信230件)，来访54件次(初访36件，集体访4件30余人)。在受理的来信来访中，立案9件，复核8件，督办23件，转办107件，其他方式办理109件。来信来访问题的办理结果：依法受案55件，纠正错案1件，查破案件2件，解决问题12件，反映不实8件，维持原处理12件，其他办理结果232件。

【指挥中心】 全州公安机关充分发挥"110"、"119"、"122"指挥中心"三台合一"接处警系统信息共享、分类处置、快速反应的优势，最大限度地方便群众报警、求助，增强公安机关在快速反应、打击犯罪、服务群众和处理特殊、突发、紧急等重大事件中的能力，促进社会和谐。年内，全州公安机关共接处警5.73万起，救助伤员1 598人、救助群众2 014人。同时以指挥中心为龙头，牢固树立情报信息主导警务理念，建立从所队到县、州三级情报信息运行机制和警务信息平台，畅通采集、研判、使用渠道，全面收集敌情、社情和治安动态信息，共获取情报信息6 472份，整理上报1 431份。

【三项建设】 为加强公安基层基础工作，推进公安队伍正规化建设，提高公安机关战斗力，全州公安机关群策群力，强化措施，不断推动"三项建设"深入开展。加快信息化建设。着力抓好网络硬件建设，逐步完善信息化基础设施；加强信息化知识技能培训，注重信息化推广应用，增强民警现代警务意识，使信息化成果全面转化为现实战斗力，信息化服务实战效果初显。公安四级网络改造工作达到或超过指标要求；共投入资金90万元，对州局信息中心进行扩充、扩容和优化；投入300万元资金建设视频会议系统，全州8县公安局视频会议系统，以及各县局至基层所队152个点，已全部建成并投入使用；投入资金1 830.87万元，完成城市报警与监控系统建设一期工程，共安装使用监控摄像头922个；全州累计发放数字身份证书3 333个，民警数字身份证书拥有率达到了100%。预警平台共布控各类信息1 549条，接收布控预警信息199条。预警信息发布后，全州公安机关反馈抓获在逃人员462名(其中命案在逃18名)，查获吸毒人员351名。省厅信息化自动预警平台向州公安局发布预警情报信息8 281条，其中需按时处置反馈6 331条，已签收6 331条，已反馈6 323条，核实率为99.87%。加大执法规范化建设。采取深化社会主义法治理念教育、规范执法主体、完善执法制度、规范执法行为、强化执法监督等措施，全面推进执法规范化建设。州公安局开展每月评选"推进执法规范化建设工作典型单位"活动，共创建执法示范单位36个；建立执法制度174个，其中县公安局制定165项；开展执法培训考试84次，参加执法培训7 700余人(次)；组织民警参加典型案件庭审旁听48次。州公安局对行政案件笔录制作，提出"四告九问两规范"的要求，规范办案部门行政案件笔录制作，并把检查整改执法问题日常化，随机从8县抽取刑事案件、行政案件进行考核评析，把存在问题及时反馈各县进行整改，进一步提高办案质量。加强执法监督体系建设，建立五级审核及执法责任制，对案件办理实现全程执法监督。加强和谐警民关系建设。持续开展"公安民警大走访"爱民实践活动，采取向群众代表报告工作、举办"警民恳谈"、"警营开放日"等形式多样的警民互动活动，密切警民关系，提高民警做群众工作的能力和水平，公安队伍的战斗力、公信力、亲和力得到提升。在大走访活动期间，公安民警共走访群众3.45万人(次)，走访单位、企业1 227个，走访居(村)委会1 683个，走访家庭2.22万个；共收集各类信息3 598条，征求意见建议1 965条，帮扶困难群众1.56万人，化解矛盾纠纷385件。12月20日，州公安局在富宁县与富宁县公安局共同举办首届“警营开放日”和文化建设现场会议，宣传公安工作，展示公安装备，与现场群众互动，增进警民感情，密切警民关系，促进警察公共关系建设。

【李俊彪会见越南河江省公安厅厅长阮平运】 7月8日上午，副州长、州公安局局长李俊彪在文山会见越南河江省公安厅厅长阮平运一行；下午，与厅长阮平运一行举行“2009年中越警务合作工作”会谈。

【赵云岗到文山调研】 3月8日上午，省公安厅交通警察总队副总队长赵云岗一行到文山调研道路交通安全管理工作，副州长李俊彪陪同。

【赵立功到广南富宁检查工作】 3月28～30日，省公安厅刑侦总队长赵立功到广南县、富宁县检查全省公安队伍教育整顿暨党风廉政建设工作电视电话会议精神贯彻落实情况。副州长李俊彪陪同。

【董晓刚到文山砚山检查国庆安全保卫工作】 9月28日，公安部督察专员董晓刚一行到文山县、砚山县检查国庆安全保卫工作，副州长、州公安局局长李俊彪陪同。

【领导名录】

局　　长　李俊彪
副 局 长　赵云华
　　　　　李行杰
　　　　　赵保钢
　　　　　罗　荣
　　　　　何元昶
　　　　　马贵迎
纪委书记　祝正礼
政治部主任　陈树林

（李有庆）

检　察

【打击刑事犯罪】 2009年，全州检察机关共受理公安机关和自侦部门移送审查逮捕的各类案件1 302件2 423人，比上年上升12.92%和23.56%。经审查，批准和决定逮捕1 153件2 052人，比上年上升12.05%和19.65%；不批准逮捕143件357人，比上年上升34.91%和70.0%。其中：批捕14至不满18岁青少年犯罪嫌疑人227人，占批捕人数的11.06%，与去年同期相比上升了1.44个百分点。决定逮捕贪污贿赂犯罪嫌疑人28件30人，比上年上升64.71%和66.67%；批准逮捕危害公共安全犯罪嫌疑人83件98人，比上年下降18.63%和19.67%；批捕破坏社会主义市场经济秩序犯罪嫌疑人67件98人，比上年上升97.06%和117.78%；批捕侵犯公民人身、民主权利犯罪嫌疑人330件579人，比上年上升30.92%和40.53%；批捕妨害社会管理秩序犯罪嫌疑人156件344人(其中毒品犯罪71件129人，比上年上升31.48%和41.76%)，比上年上升47.17%和60.75%；批捕侵犯财产犯罪嫌疑人490件904人，比上年件数下降5.04%，人数上升0.22%。

共受理各类移送审查起诉案件1 647件2 977人，比上年上升19.52%和27.28%；经审查，向法院提起公诉1 375件2 324人，比上年上升19.67%和25.08%；不起诉38件56人，比上年上升31.03%和24.44%。起诉14至不满18岁青少年被告人250人，占起诉人数的10.76%，与去年同期相比上升了2.36个百分点。决定起诉贪污贿赂犯罪被告人36件39人，比上年上升16.13%和11.43%；起诉渎职侵权被告人14件16人，比上年上升75.0%和77.78%；审查起诉危害公共安全被告人219件229人，比上年件数上升7.88%，人数下降4.58%；起诉破坏社会主义市场经济秩序被告人55件88人，比上年上升111.54%和131.58%；起诉侵犯公民人身、民主权利被告人236件590人，比上年件数下降7.45%，人数上升38.82%；起诉妨害社会管理秩序被告人177件376人(其中毒品犯罪56件110人，比上年上升9.80%和22.22%)，比上年上升40.48%和51.61%；起诉侵犯财产被告人548件986人，比上年上升9.60%和14.25%。

进一步规范宽严相济刑事政策的适用标准和具体方式，对主观恶性不大、犯罪情节轻微的未成年人、初犯、偶犯、过失犯以及因亲友邻里纠纷引发、当事人达成和解的轻微刑事案件，当宽则宽、慎捕慎诉，不批捕357人，不起诉56人。

【控告申诉检察】 共受理申诉、举报、控告信访件571件。受理刑事申诉和刑事赔偿案件22件，依法办结刑事申诉案件20件，刑事赔偿案件1件。集中力量办理省、州政法委和省检察院交办督办的9件重信重访案件，确保全国、全省“两会”以及国庆60周年期间的社会稳定。

【查办和预防职务犯罪】 立案查办各类职务犯罪案件81件83人。其中，立案侦查贪污贿赂、挪用公款等职务犯罪案件63件64人，与上年的46件47人相比，分别上升36.96%和36.17%。立案侦查各类渎职侵权案件18件19人，与上年的13件16人相比，分别上升38.46%和18.75%。通过办案为国家挽回经济损失1395.64万元。其中：立案查办贪污贿赂5万元以上、挪用公款10万元以上大案38件，占立案数的60.32%，立案查办渎职侵权犯罪重大案件7件，占立案数38.89%，查处县处级领导干部1人，科局级领导干部10人。

查办涉及破坏能源资源、生态环境以及贪污、挪用国家支农惠农专项资金等侵害农民群众权益的“涉林、涉农”职务犯罪案件31件；占立案总数的38.27%。立足检察职能，开展职务犯罪预防工作。有针对性地对“普炭”公路等14个重大工程建设项目开展专项监督，加强对招投标及材料采购等重点环节的监督和预防，与承建方开展“共建路地廉政工程活动”。针对重大工程建设中出现的违法占用林地、破坏生态环境等职务犯罪问题开展预防调研，发出《检察建议》16份。结合办案，立项开展职务犯罪预防18件，对发案单位和有关部门法制宣传和警示教育77次，受教育人数达1.35万人。

【立案和侦查活动监督】 重点纠正有案不立、有罪不究、以罚代刑和滥用刑事手段插手民事纠纷，违法立案等突出问题。依法办理立案监督案件98件，其中监督公安机关立案50件，监督检察机关自侦部门立案12件，纠正公安机关不当立案34件。有2件立案监督案件被省检察院评为全省十佳优秀监督案例。对应当逮捕而未提请逮捕的追加逮捕9人，对应当起诉而未移送起诉的决定追诉18人。依法对侦查机关违法侦查行为发出发出《纠正违法通知书》20件(次)。发出《检察建议》纠正149件(次)。

【刑事审判监督】 对人民法院有罪判无罪、量刑畸轻畸重等确有错误的刑事判决，依法提出抗诉15件35人，人民法院改判8件20人，维持原判2件6人，发回重审1件1人，待审3件7人。

【民事审判和行政诉讼监督】 依法对认为确有错误的民事行政裁判提出抗诉6件，提请抗诉25件，提出再审检察建议7件。经再审，法院改判2件。对于不服人民法院正确裁判的，重视做好申诉人的服判息诉工作，办理息诉服判案件18件，维护审判权威和社会稳定。

【刑罚执行监督】 共审查减刑、假释、暂予监外执行案件1 475件。发现并纠正监管单位适用保外就医程序违法3件、呈报减刑不符合法定条件54件、呈报假释条件违法1件、提出纠正意见51次、发出检察建议7件(次)。为切实解决监管活动中存在的问题，与州公安局、文山监狱组成联合检查组，开展“看守所监管执法”、“清查事故隐患、促进安全监管”专项检查活动，对存在的问题、隐患和事故提出检察建议132件(次)。

【法律政策研究】 政策法规研究。起草《公安局长列席检察委员会会议暂行规定》、《关于新闻报道管理规定》、《文山州检察机关促进经济平稳较快发展的意见》、《文山州检察机关公诉案件审查与辩护律师意见交换的暂行规定》、《关于进一步规范检察委员会工作的有关规定》、《限时办结制度》等规章制度。完成重点调研课题、专题调研44个，撰写检察调研文章30余篇。完成38次检委会议题的程序性、实体性审查、会议材料的归档及有关会务服务工作。其中州院研究室10次。审查疑难案件41件，其中州院16件，改变原承办单位处理意见5件。提出检察院内部刊物改版的工作方案，报院党组同意组织实施。协调省科技出版社，组织相关文章和图片，《七乡检察》创刊号顺利出刊。完成2008年的年检察年鉴撰写，召开《检察志》评审会议，《检察志》已交付排版。配合省院做好全省1986～2008年《检察志》文山检察部分的编纂工作；完成“文检精神”的征集，图书馆筹建，“法律格言”制作，“检察机关恢复重建30周年”大型活动宣传及纪念光盘的制作；先后起草领导讲话、校院合作协议及相关的文字材料10余份，完成检察工作报告的征求意见、修改完善等工作任务。

【信息化建设】 两级院“两网”已全部开通并完成扩容。两级院共9个单位全部开通会议视频，对视频会议系统进行扩容升级。9个单位全部建立内部网站、启用办公系统、办案系统、机要通道系统以及统计软件系统，其中8个单位建有法规查询系统(麻栗坡县院没有建立)。9个单位已经启用了审讯系统。全年召开视频会议43次。共开展同步录音录像工作36人(次)。完成12309举报电话系统的安装工作。9个单位均完成行政执法与刑事司法信息共享平台的建设，10月底信息共享平台共流转案件88件，其中发现案件线索15件，监督移送案件线索13件，自侦部门已2件案件线索立案侦查。举办信任体系建设培训班，申报486个加密KEY已经基本完成安装；9个单位安装金山杀毒软件服务器端及所有接入检察专网的终端PC上，并在中心机房部署9台硬件防火墙，配置极为安全可靠的入侵检测(防御)策略；草拟《涉检网络舆情分析制度》；对信息化领导小组及其办公室成员作出调整；对州院、文山、丘北、富宁、麻栗坡县等5个单位对检察专网网站改版升级；7月开通文山州检察院互联网门户网站，马关、富宁两县院随后开通本院互联网门户网站。

【刑事技术】 共受理各类检案165件，其中法医50件(检验鉴定2件，与上年同期的10件相比，下降80.0%，文证审查7件7人，现场勘验1件1人，尸体检验1件1人，参与现场勘察刑事照相3件，提供技术协助36次)，司法会计31件(检验鉴定19件，与上年同期的14件相比，上升35.1%，提供技术协助12次)，文件检验6件(检验鉴定3件，提供技术协助3次)，视听技术36件，同步录音录像22件40人(次)，与去年同期的11件相比，上升11件，上升100%；出具鉴定书19件，与上年同期的19件相比持平，所办检验鉴定案件均为检察系统内的案件，司法会计协助公安机关查办案件1件；将县级院的9名刑事检察技术专业人员统一整合到州院；理顺了鉴定机构，设立文山州人民检察院司法鉴定中心，业务范围包括：法医临床、文件检验和司法会计3个门类专业技术。

【基层院建设】 实行工作目标量化考核，对检察业务工作进行精细化管理。砚山县检察院被最高人民检察院表彰为“全国先进基层检察院”。招录19名大学生充实到基层。基层检察信息化技术和科技含量进一步增强，视频会议系统、多媒体课件、同步录音录像等网络信息化技术得到充分运用，行政执法与刑事司法信息共享平台的功效得到进一步体现，对办公、办案软件和计算机网络进行了更新，机要通道、网络保密安全措施进一步规范和提升。全州检察经费保障标准已全部落实到位，“两房”建设稳定推进，除麻栗坡县院在建外，其他8个院已建成投入使用。争取省院帮助解决“两房”欠债资金700余万元，缓解负债压力。

【机制创新】 在全省率先制定并在全州推行《公安局局长列席检察委员会会议暂行规定》、《文山州检察机关社区矫正法律监督工作办法》；与州中级人民法院、州公安局等相关执法部门联合制定《关于规范逮捕案件复议、复核工作的通知》、《关于预防、纠正超期羁押的实施意见》、《关于文山州检察机关实行自侦案件审查逮捕上提一级办理有关问题的通知》等20多个涉及检察业务的工作机制和制度，加强执法规范化建设。

【接受监督】 把检察工作置于党委的绝对领导之下，及时向党委、人大报告检察工作的重大部署、重要工作事项；自觉接受人大、政协的监督，主动征求人大代表、政协委员、人民监督员对检察工作及学习实践科学发展观活动的意见和建议；办理党委、人大、政协批转、交办的8件案件及其他事项。州院专题向州十二届人大常委会报告《2007年以来全州检察机关开展刑事诉讼监督工作情况》。人民监督员对2件“三类案件”进行监督。

【王田海到文山调研】 5月5日，省检察院检察长王田海一行到文山调研，并在州检察院参加文山州检察工作情况汇报会。副州长李俊彪陪同。

【领导名录】

检察长	周和玉
副检察长	张　军
	倪文英(女、彝)
	江玉昌(壮)
	宋贵华
	熊朝康(苗)
纪检组长	刘光文
政治部主任	周希玲
反贪污贿赂局局长	罗诗云
政治部副主任	杨玉光(苗)
	张　勇
监察处处长	伍云祥
办公室主任	杨　敏
法律政策研究室主任	戴　华
公诉处处长	唐永国
监所检察处处长	黄　凯(彝)
侦查监督处处长	詹龙魁
反贪污贿赂局副局长	刘庆华
	李彦峰
反渎职侵权局局长	付怀悯
控告申诉检察处处长	王少泽
驻文山监狱检察室主任	蔡永林

（戴　华）

审　判

【简　述】 2009年，文山州两级法院围绕“为大局服务”，深入扎实开展学习实践科学观活动、“人民法官为人民”实践活动，充分发挥审判职能作用，惩罚犯罪，化解矛盾，减少纠纷，促进和谐，维护全州社会治安稳定。全州共依法受理各类案件1.41万件(含一审、二审、再审、减刑、假释案件)，比上年增加833件，上升6.26%．审结13 458件，结案率为95.22%．其中州中级法院共受理各类案件2 953件，比上年减少145件，下降4.68%，审结2 885件，结案率为97.7%。

【刑事审判】 在刑事审判中，审判人员认真研究文山边疆少数民族贫困地区刑事犯罪的特点，针对文山特殊的地理位置和经济社会发展现状，依法严罚危害国家安全的犯罪，重点打击严重暴力犯罪、黑恶势力犯罪及有组织的团伙犯罪，始终保持对严重刑事犯罪活动的高压势态，维护国家安全和全州社会稳定，依法严惩贪污、贿赂、渎职等职务犯罪以及商业领域的行贿受贿犯罪。坚持打击与预防并重。不断健全、完善预防和减少犯罪工作机制。一批有影响的大案、要案和犯罪分子受到了严惩。有力地打击了严重刑事犯罪分子的嚣张气焰。全年共受理各类一、二审、再审和减刑假释刑事案件3 079件，比上年增加9件，上升0.29%，审结3 073件，结案率99.81%，其中：州中级法院共受理一、二审、减刑、假释和再审刑事案件1 730件，比上年减少169件，下降8.09%，审结1 730件，结案率100%。在判决发生法律效力的1 153件1 937名人犯中，判处15年以上有期徒刑、无期徒刑、死刑(含死缓)131人；判处5年以上不满15年有期徒刑的380人；判处不满5年以下有期徒刑、缓刑1 365人，其他处理61人。同时注重刑事自诉案件和轻微刑事案件、刑事附带民事案件的调解工作，把减少对抗、化解矛盾、消除积怨作为办案标准，全年，全州法院共办理这类案件292件，共有108件采用调解或撤回起诉结案，刑事附带民事和刑事自诉案件和解结案率达14.13%。

【民商事审判】 在审理民事案件中，办案人员始终按照“能调则调，当判则判，调判结合，案结事了”的十六字方针，认真审判婚姻家庭、债权债务、劳动争议、社会保障以及金融纠纷，知识产权纠纷等案件。有效地维护全州经济社会秩序健康发展。全年共受理各类一、二审和再审民商事案件7 832件，比上年增加452件，上升6.12%。审结7 721件，结案率98.58%。诉讼标的金额4.57亿元。其中州中级法院共受理990件，比上年上升0.1%。审结967件，结案率97.68%。诉讼标的金额3.71亿元。全年共调撤结案5 060件，综合调撤率66.26%，调撤率比上年上升9.15%；全州民商事案件一审调撤4 716件，调撤率为68.65%，二审调撤338件，调撤率45.49%。

在审判中，审判员始终坚持司法的人民性，提高司法为民意识，加强司法救助工作，对经济确有困难、交不起诉讼费的当事人，依照规定分别给予减交、缓交、免交诉讼费131件40.8万元。两级法院全年采用速裁审理共3 330件，平均审限22天，其中州中级法院采用速裁方式审理285件，两级法院巡回办案共3 530件，当庭调解2 339件，为当事人减少诉讼成本169.38万元，其中州中级法院巡回办案233件，当事人减少诉讼成本13.86万元。州中级法院指导各县法院人民调解工作室共调解案件651件，调解双方当事人达成协议436件，调解成功率达66.97%，有力地缓解人民法院人少案多的压力，实现诉讼调解与大调解机制的“无缝对接”，真正做到了“案结事了”，为“保增长、保民竹、保稳定”。

州中级法院民一庭深入丘北巡回审理案件

【行政审判】 在行政审判中，依法行政对行政行为的司法审查权，促进行政机关依法行政。为化解社会矛盾，减少群众，企业等与行政执法部门的冲突，加大案件协调和解力度，以达到和解撤诉。全年共受理涉及山林、土地、城市房屋拆迁、颁证侵权，征地补偿，国家赔偿等一、二审行政案件149件，比上年减少32件，下降17.68%，审结145件，结案率97.32%，其中州中级法院受理各类行政案件共82件，比上年增加10件，上升13.89%．审结82件，结案率100%．全州共协调和解撤诉34件，和解撤诉23.03%．在办案中，注重妥善处理群体性纠纷案件，对与人民群生活密切相关，矛盾容易激化的山林、水利、土地、自然资源、城市拆迁、农民负担等案件，在查明案件事实，分清责任的基础上，加强沟通协调工作，特别是对有可能依法撤销政府具体行政行为的案件，加大与党委、人大、政府、政法委及相关部门和行政相对人的协调和解工作，使这类案件得到协调和化解，达到“官”民和谐，实现政治效果、法律效果的有机统一。

【执行工作】 全年共收各类执行案件3 073件，比上年增加404件，上升15.14%，已执结2 519件，执结标的金额22 255.71万元，执行率81.97%．其中州中级法院共收执行案件151件，比上年增加18件，执结106件，执结率为70.20%。执结标的金额11 980.9万元，同时，两级法院共清理执行积案6 161件，其中，有财产可供执行749件，无财产可供执行5 412件，通过对749件的执行，共执行得款32 412.78万元，另外，全州共到位执行救助款194万元，累计共对333件424人给予执行救助，共支付105.21万元，还协调纳入医保394人，纳入低保230人。有效地破解“执行难”的被动局面。

【全州法院院长会暨纪检监察工作会议】 2月23～24日在州中级法院召开，主要贯彻落实州委七届五次会议、州纪委七届四次全会和全省、全州政法工作会议精神以全国、全省法院院长会议和最高人民法院反腐倡廉建设工作电视电话会议精神，总结2008年工作，部署2009年多项任务。参加会议的有县法院院长、政治部主任、纪检组长、办公室主任、受表彰的先进集体和部分先进个人、部分人民陪审员共50余人。州委常委、州政法委书记吴俊明作重要讲话；州中级法院院长李雪松作《围绕科学发展，践行“三个至上”，全面开创全州法院各项工作新局面》的讲话。会议期间，还签订了2009年度党风廉政建设责任书，并对全州两级法院2008年度荣获州中级法院的先进集体和先进个人进行表彰。

【集中清理执行积案工作现场会】 4月13日在砚山县隆重召开，参加会议的有州人大副主任、州集中清理执行积案工作领导小组副组长张琼昌、刘树槐、李雪松等州县相关领导参加会议。会议由刘树槐主持。自2008年12月至2009年4月9日，全州共执行积案5 442件，结案标的2.72亿元，执结率为88.33%。

【全州刑事审判工作会议】 4月28日在州中级法院召开。会上，院长李雪松强调要从刑事审判工作的重大意义、树立社会主义法治理念、强化三种意识和三种技能以及抓好刑事审判队伍建设4个方面抓好刑事审判工作。会上，副院长王云传达省高院在保山召开的全省中级法院毒品案件审判工作座谈会精神，对毒品案件的7个具体执法问题进行了明确，并就当前应着重抓好的几项工作进行安排部署。

【减刑假释听证会】 5月15日召开，对执行机关文山监狱呈报的2009年第二季度服刑人员减刑、假释案件，选择假释、有立功表现、减刑幅度超过二年以上及有疑问的案件进行公开听证。监狱服刑人员代表近1 000人参加旁听。这次听证会，增强了对服刑人员减刑或假释工作的透明度及公正性，规范了减刑和假释工作程序。特别是选择有限服刑人员协助监管民警抓获脱逃服刑人员，被法院认为立功表现给予减刑案例，给服刑人员上了一堂深刻的法制课，促进了对他们的改造。

【双语法官经验交流座谈会】 7月20日，文山州中级人民法院在富宁县人民法院召开双语法官经验交流座谈会，全州两级法院少数民族双语法官40余人与会人员交流双语法官办理少数民族案件的经验，并对出现的一些新问题进行探讨，这是一次践行“人民法院为人民”主题实践活动的一次座谈会，对于推进双语法官办理少数民族案件具有重要的现实意义。

【全州法院民事审判工作会议】 8月27～28日召开，会议内容主要是贯彻落实全国、全省民事审判工作会议精神。会上，中级法院院长李雪松作《坚持司法的人民性，强化民事审判工作，为全州经济社会平稳较快发展提供有力的司法保障》的讲话，提出5个方面的要求。

【全州法院刑事审判工作会议】 10月22～23日召开。会上，院长李雪松对1～9月全州两级法院的工作作简要回顾，对2009年最后两个月的工作进行安排部署，着重强调广大专员和全体干警要深入学习十七届四中全会作出的《关于加强和改进新形势下党的建设若干重大问题的决定》。文山、丘北、富宁4个法院在会上作交流发言。

【法院工作汇报会】 11月10～13日，云南省高级法院院长许前飞一行6人在州委政法委书记吴俊民等有关领导和州中级人民法院院长李雪松的陪同下，到文山州8个基层法院和部分法庭及州中级法院检查指导工作。州委书记李培、州人大常委会主任付加兴、州政协主席王云凌、州政法委书记吴俊明、州委秘书长李国安、州公安局局长李俊彪和州中级法院党组成员及8县法院院长参加汇报会。

【领导名录】

院　　长　李雪松(拉祜)
副 院 长　冯　毅
　　　　　王云龙
　　　　　黄巧玲(女、壮)
　　　　　王　云
　　　　　娄　芬(女、～8、兼政治部主任)
纪检组长　贺　虎
机关党委专职副书记　黄亚民(壮)

(孙邦兴)

司　法

【简　述】 2009年，司法行政工作围绕中心、服务大局、深入推进社会矛盾化解、社会管理、公证执法为工作重点；加强法律服务、法律保障、法律宣传；加强基层基础建设和队伍建设，努力在“保增长、保民生、保稳定”下功夫；为全州经济发展、社会稳定、巩固边疆，民主团结提供有力的法律服务和法律保障。

【法制宣传月活动】 3月，州依法治州办组织开展全州以“弘扬法治精神，构建和谐文山”为主题的“三月法制宣传月”活动，采取悬挂横幅、发放资料，现场咨询、图片展览、播放录像、出动宣传车、送法下乡等形式，共组织干部职工及广大群众学习法律法规30余部，解答法律咨询5 600人(次)，受教育人数达160余万人。

【领导干部法制讲座】 10月30日，州依法治州办在文山会堂举办文山州第十三期领导干部法制讲座，邀请云南省委党校副校长王国忠教授作民族宗教政策问题及相关法律知识专题讲座，州委常委、州委政法委书记吴俊明主持会议，州属各部门正科实职以上领导干部共650余人参加讲座。

【普法骨干培训】 10月30日，州依法治州办举办2009年度“五五”普法骨干培训，邀请省委党校副校长王国忠教授作《民族宗教政策问题》和州检察院职务犯罪预防处处长王强作《预防职务犯罪》专题讲座，州属各部门及8县司法局分管普法工作的领导共140余人参加培训。

【全民普法考试】 11月7～30日，州依法治州办举办全民普法考试，考试内容主要有《宪法》、《刑法》、《土地管理法》等16部法律法规，全州12万余人参加年度学法考试，合格率达95.0%以上。

【法制宣传日和法制宣传周活动】 12月4～15日，州依法治州办组织全州开展以“加强法制宣传教育，服务经济社会发展”为主题的“12・4”全国法制宣传日暨云南省宪法宣传周活动。全州共出动500余个单位5 000余人，发放各种宣传资料15万余份，宣传挂图300幅，悬挂宣传标语200余条，举办法制讲座20余场，举办法制文艺演出35余场，咨询人数达5万余人，受教育达15余万人。

【依法治州专刊】 州司法局、州依法治州办与文山日报合作，继续办好《依法治州专刊》，全年共出版24期，发行总量达72万份。

【法律知识竞赛】 10月，州司法局、州依法治州办，州国土资源局、州水务局、州安监局、州三七特产局、文山日报等7家单位出资8.5万元。依托《文山日报》，举办全州庆祝新中国成立60周年法律知识竞赛。共4万人参赛，评出获一等奖10名、二等奖20名、三等奖40名、鼓励奖100名。

【普法宣传教育】 全年全州共设置法制宣传咨询点1 500余

个，出动法制宣传车1 300余次，悬挂横幅、张贴标语和宣传画2 700余幅(条)，发放宣传资料103万份，解答法律咨询4.1万余人(次)，演出法制文艺节目260余场(次)，播放影视录像80余部，出动宣传员2.2万余人(次)，宣传法律法规150余部，受教育人数达290万人(次)。

【人民调解工作总结表彰】 2月13日，州人民政府组织召开的全州人民调解工作总结表彰大会在州委礼堂召开。州人大常委会副主任张琼昌、州政协副主席李海柏、州政府副秘书长朱强、州政法委副书记蔡兴贵及州综治办、维稳办、法院、检察院、公安局、司法局有关负责人出席会议。会上，州司法局局长陆维智总结了全州人民调解工作所取得的成绩，州法院副院长王云龙总结法院系统指导人民调解工作。会议表彰在人民调解工作及指导人民调解工作中作出突出成绩的先进集体30个，先进个人53名。会议共有170余人参加。

【司法所长业务知识培训】 7月27日，州司法局在海威尔组织全州基层司法所长业务知识培训，8县司法局分管基层工作的局领导、基层股长、法律援助股长、社区矫正股长，乡(镇)司法所长共140人参加培训。会上，州司法局基层科科长李孝敏、社区矫正科科长梅祖翠、法律援助科科长蒋政南、马关县司法局副局长杨朝亮分别就司法所规范化建设、人民调解、基层法律服务、法律援助、社区矫正和安置帮教相关业务知识作了专题讲解。州司法局副局长刘绍成在培训结束时强调，参训人员在今后工作中不断加强学习，提高个人综合素质，把学习成果转化为实际行动，在拓宽、规范、提高工作质量上下功夫，切实提高全方位、多层次为基层群众和地方经济发展提供优质法律服务和法律保障。

【联防联调工作】 7月16日，云南、广西两省(区)四州(市)行政接边地区矛盾纠纷联调工作协作会议在富宁县城召开。两省(区)司法厅厅长，曲靖市、红河州、文山州和广西百色市人民政府分管副市长、政法委分管领导，司法局长及有关科室负责人共40余人参加会议。云南省司法厅厅长施朝兴在会上讲话，充分肯定文山州推进行政接边地区矛盾纠纷预防化解工作取得的成绩。文山州委常委、州委政法委书记吴俊明代表主办方致欢迎辞；州人民政府副州长李俊彪主持会议；州司法局局长陆维智介绍文山州行政接边地区矛盾纠纷联防联调工作情况。与会四州(市)政府副州(市)长互相签订了协作协议书。

【基层法律服务工作】 全州57家法律服务所245名法律法务工作者，担任法律顾问185家，代理诉讼事务1 480件，代理非诉讼事务404件，调解各类民间纠纷1 355件，解答法律咨询15 747人(次)，办理法律援助案件449件，避免和挽回经济损失达1 841.24余万元。

【社区矫正工作】 全年全州在册社区矫正对象1 241人，其中：被判处管制11人，被宣告缓刑857人，被裁定假释229人，被暂予监外执行99人，被剥夺政治权利45人。全州共组织开展集中教育3 918人(次)；个别谈话教育4 862人(次)；开展心理咨询1 592人(次)；开展公益劳动2 467人(次)；落实低保112人(次)；落实责任田609人；组织技能培训24人；指导就业就学18人(次)。8县司法所强化监督管理，确保社区矫正对象不脱管、不漏管，最大限度地防范和减少矫正对象重新犯罪。

【社区矫正全面启动】 2月12日，州委、州人民政府在马关县委礼堂召开全州社区矫正全面启动会。参加会议人员8县政府分管副县长、政法委书记、公、检、法、司、成员单位领导及相关部门负责人共230余人。州政法委副书记蔡兴贵主持会议，州委常委、州委政法委书记吴俊明在会上强调：政法部门要积极履行工作职责，切实加强社区矫正工作过程中的沟通、协调、衔接、配合，确保矫正对象"收得下，管得住，跑不了"。这次会议标志着全州社区矫正工作全面启动，试点工作结束。

【社区矫正队伍建设】 全州8县102个乡镇都成立社区矫正工作领导小组共110个，成员3 814人。其中：专职14人、司法所人员261人、专职社会工作者1 126人，社会志愿者2 413人。马关、文山、广南、富宁、丘北5县在司法局增设社区矫正股。

【公证处工作】 全州8家公证处18名公证员，全年共受理各类公证事项2 620件，出证2 617件。其中：国内公证2 421件，出证2 418件(终止3件)；涉外公证177件，出证177件；涉港、澳、台22件，出证22件。

【律师事务所改制】 9月，根据《云南省司法厅转发司法部关于合作律师事务所调整工作的指导意见及做好我省合作律师事务所调整转制工作的通知》精神。文山州开展对君山、诚鸽、杨柏王3家合作律师事务所调整转制工作，报请省司法厅批准，君山、杨柏王所由合作所改为普通合伙律师事务所，诚鸽所改为个人所。

【律师事务所党建工作】 11月，州司法局党委批准文山州律师协会党总支，曹红任总支书记，王文武、王琳波任支委，下设君山律师事务所党支部和圆合圆、诚鸽律师事务所联合党支部。

【律师事务所工作】 全州14家律师事务所98名律师，全年共办理各类诉讼案件1 913件，其中：刑事诉讼辩护和代理662件，民事诉讼代理1 209件，行政诉讼代理42件，非诉讼法律事务93件，提供法律援助142件，担任法律顾问161家，参加社会公益社会2 165次，为社会捐款7.2万元。

【司法鉴定】 全州7家司法鉴定机构76名司法鉴定人员，全年共办理司法鉴定事项3 895件，其中：法医临床鉴定3 138件；法医毒物鉴定640件；建筑类鉴定9件，司法会计鉴定3件，其它司法鉴定105件，采信率95.0%。

【方诚司法鉴定所成立】 3月，省司法厅批准成立文山方诚司法鉴定所。业务范围：机动车辆技术鉴定、道路交通事故财产损失评估鉴定，有司法鉴定人11人。

【司法考试】 9月，文山州司法考试人员到红河州考区参加考试，全州报名考生446人，上录取分数线95人，其中：A证14人、B证4人、C证61人、暂缓发证4人(在校生)、不授予法律职业资格证书12人。

【七都公证工作】 全年共受理公证案件1 340件，其中：国内公证案件1 138件，出证1 138件；涉外公证案件182件，出证182件；涉港公证案件15件，出证15件；涉台公证案件5件，出证5件；出证率100%，收取公证费67.67万元。

【法学教育工作】 全年共有在册法学律函自学考试学院2 219人，其中：律师专科学员615人，法律本科1 604人。全年毕业23人(律师专科3人、法律本科20人)，全年新增自考学员18人(律师专科2人，法律本科16人)，全年共有284名学员报考587科(律师专科20人报30科，法律本科264人报考557科)。新增北京理工大学现代远程教育(高起专、专升本学员35人)，其中：春季班12人、秋季班23人。

【法律援助中心工作】 全年共办理法律援助案件12件，其中：刑事案件10件，民事案件2件。接受群众来电来访咨询1 120人(次)开展法律援助宣传、法律咨询6场(次)，解答法律咨询1 200人(次)，发放宣传资料2 500余份。

【法律援助工作】 全州法律援助机构接待“12348”法律服务专线电话咨询8 933次，接待来访13 257人(次)，提供上门服务1 034件，解决纠纷1 630件，与有关部门联动488件，避免和挽回经济损失596.80万元。办理法律援助案件2 360件，其中：刑事案件373件，民事案件1 948件，行政1件，公证法律援助27件，司法鉴定法律援助11件，州法院指定辩护71件，县法院指定辩护187件。

【《文山州司法志》通过评审】 8月28日，举行《文山州司法志》评审会议，邀请州属各有关部门和8县司法局长共50余人参加评审。州司法局副局长沈廷军主持会议。州司法局局长陆维智在会上宣布《文山州司法志》通过评审。副州长李俊彪在会上要求州司法局编委会要借鉴外地和州属有关部门编志的经验，虚心听取评审意见，按照州志办的要求和规定，切实增强责任感，把好志书质量关，进一步做好修改和出版工作，把《文山州司法志》修成良志、佳志。

【选拔民族定向生工作】 根据省司法厅的安排布置，州司法局党委向全州参加2009年高考的壮、苗、瑶、彝4个少数民族考生中，优先选拔14名通晓本主体民族语言的定向生到云南大学、云南民族大学进行培养。

【计财工作】 州司法局党委抓好政法补助专款项目管理工作，全年州司法局和8县司法局购置业务用车12辆、台式电脑41台、笔记本电脑16台、复印机2台、一体机10台、摄像机2台、数码相机54台、打印机3台、车载导航系统1套、扩音设备2套、办公家具496件，维修改造7个基层司法所业务用房。

【监狱管理工作】 12月30日止，文山监狱在押犯2 463人，收押新犯779人，减刑1 362人，假释4人，释放812人，实现“四无”。

【队伍建设】 贯彻落实《文山州司法行政系统2006－2010年干部教育培训规划》，选送处级领导干部和各县司法局长、部门中层干部41人到清华大学、浙江大学、省委党校等高校学习培训，组织干警职工1 000余人参加省厅及州级有关部门组织的各类培训；拟定《文山州司法局党委2009年度党委理论中心组学习意见》，全年共学习4次；抓好业务培训，邀请省律协会领导为全州120余名律师及实习律师和管理干部作律师业务专题讲座；分期分批以州局机关选派年轻干部到基层司法所顶岗，从县司法局选派年轻干部到州局机关跟班学习。抓好队伍建设，提高队伍的业务素质和工作能力。

【王军益到文山调研】 10月14日，司法部副司长王军益一行到文山调研法律援助工作开展情况，副州长、州公安局局长李俊彪陪同。

【荣誉表彰】 9月，州司法局党委书记、局长陆维智，州司法局法律援助科科长蒋政南分别被省司法厅表彰为“云南省司法行政系统‘六十佳’司法行政干警”；12月，州司法局副局长沈廷军被州委、州人民政府表彰为“文山州民族团结进步模范个人”；2月，州司法局副局长刘绍成被州委、州人民政府表彰为“文山州扶贫工作先进个人”。12月，君山律师事务所副主任王林波、杨柏王律师事务所律师李兴荣被省司法厅、省律协评为“云南省优秀律师”；12月，州司法局党委书记、局长陆维智被州委、州人民政府评为林业工作先进个人；12月，州司法局党委委员、政治部主任胡世德被州委、州人民政府评为社会主义新农村建设优秀工作队队长。

【领导名录】

局　　长　陆维智(壮)
副 局 长　沈廷军(壮)
　　　　　刘绍成
纪委书记　曹　红(女)
政治部主任　胡世德

(杜云善)

文山州境内有多少瀑布

三腊瀑布，史称名响泉瀑布，位于广南县八宝镇三腊寨头，距八宝10千米。瀑布连叠三台，总落差90余米，每台宽20余米，气势磅礴，响声如雷，数里之外可闻瀑声，百米之间水沫湿衣，阳光下彩虹飞跨，气象万千。古人有“三腊响水跌如棉，不用弓弹花自舞”、“穿云瀑布垂垂落，破石鸣泉滚滚来”的赞美。古往今来，一直是旅游胜地，1988年云南省人民政府批准八宝为省级风景名胜区，瀑布是其中的一个景点。

六郎洞瀑布，位于丘北县冲头乡小江口村，落差百余米，宽30余米。古为丘北八景之一的“飞廉瀑布”，现已改建为电站。

革雷瀑布，位于丘北县坪寨乡革雷村，落差32米，宽30米。

绝壁飞瀑，位于文山县高笕槽村，海拔1 990米。水从300多米高的石崖倾斜而下，瀑水飞溅，落差200余米。

戈峰瀑布，位于广南县八宝镇戈丰村头，距323国道3.5千米，距八宝镇18.5千米。瀑高24米，宽30米，海拔1 020米，四周山高林密，田园苍翠，鹰翔悬崖，蝶飞树间，宛若世外桃源。

普阳瀑布，位于富宁县普阳村西侧3千米峡谷中，高96米，宽10余米，丰水季节流量10余立方米/秒，枯水季节约0.8立方米/秒。垂直下泻，响声传至5千米外。前人题诗“来自高原是何龙？沿崖飞舞似雪绒。隆声震及千里外，瀑雾不时满谷中”。

龙八瀑布，位于富宁县龙八村北，高约10米，下为8米宽的圆形深泓，浪花在泓面跳动，甚为奇观。前人题诗“崖下穿流龙八河，巨水溅下似盆泼。响声隆隆震天地，泓面满眼浪花波”。

跳水岩瀑布，位于马关县浪桥乡驻地，落差100多米，宽2米左右。

军　事

责任编辑　陈昌应

文山边防支队赴海地执行维和任务的防暴队员

文山军分区

【简　述】 2009年，文山军分区坚持以党的十七大精神为指引，以学习实践科学发展观活动为牵引，贯彻党中央、中央军委和“两级”军区指示精神，围绕学习实践科学发展观、提升军事能力、干部骨干队伍建设和“三个稳定”工作四个重点，坚持强能力，持续抓规范，全面保稳定，创新谋发展，确保年度工作任务圆满完成。

严格贯彻胡锦涛主席“两个下功夫、两个确保”重要批示，坚持把开展学习实践科学发展观活动作为首要政治任务，按照“党员干部受教育、科学发展上水平、履行使命见成效”总体要求，全年分3次深入进行科学发展观教育。

狠抓“三种军事能力”建设，部队军事斗争准备扎实推进。着眼核心军事能力建设和应对多种安全威胁、完成多样化军事任务，及时修订完善各级各类方案，组织分区首长机关应急机动指挥所建设及演习、文山州党政军警民联合指挥部应急行动和军警民联合处置边境突发事件行动演练，加强边防营连会哨课目训练。高标准完成上级赋予的中越陆地边界勘界立碑等各项重大任务。

依法从严治军，部队发展安全有序。围绕“不惹事、不误事、不出事”目标，确立安全稳定工作基础工程、形象工程、保底工程理念，按照“有认识、有思路、有标准、有方法、有对策”的安全工作模式，强化安全训练，夯实安全工作基础，部队未发生事故案件和政治性问题。严格按纲抓建，基层建设质量整体跃升。采取宣讲辅导、骨干先行、知识竞赛等形式，学习新《纲要》，机关按纲指导、基层按纲抓建能力明显提高。围绕现代后勤保障需求，组织推进后勤科学发展集训，研究解决10个制约发展突出问题，经验被省军区转发。开展国防动员潜力调查并充实完善数据库。贯彻成都军区人武部正规化建设经验交流会精神，推广马关县人武部全面建设现场会议成果，落实《文山州县人武部全面建设三年规划》，人武部建设逐步向正规化推进，文山、马关等县人武部完成全面建设并通过验收。

坚持“四个从严”，党委班子和干部队伍建设全面加强。结合“重事业、强素质、树形象”专题教育、学习贯彻民主集中制和军委《进一步加强高中级干部作风建设的意见》，大力加强党的先进性建设和能力建设。

【廉洁征兵工作】 12月1～2日，中央军委纪委、总政治部廉洁征兵检查组到文山州，对征兵工作征集名额分配使用、领导落实责任制、应征青年体检等方面情况进行全面了解和检查，并对文山州征兵工作成绩给予充分肯定。

【中越陆地勘界】 1月9日，中越陆地边界云南段勘界立碑工作，圆满完成庆祝活动在老山主峰举行。外交部副部长李辉、云南省军区副参谋长胡誌刚、云南省外办主任周红以及文山州党政军领导共70余人参加庆祝活动。自2001年12月中越陆地边界勘界立碑工作启动以来，云南省军区5个勘界保障队与地方外办、勘界组密切配合，历时8年，共出动兵力3.92万余人(次)，消耗弹药380余吨，成功实施169个界碑点、157条运碑通道共计342.4万平方米的扫雷作业，完成多个阵地、民兵哨所的平毁等诸项工作。通过军地双方共同努力，截止2008年12月5日，安全、优质完成中越陆地边界云南段勘界立碑任务，竖立界碑499个号570块，勘定边界线710千米，并实现人员零伤亡。

【边民管理】 2008年12月，中越陆地边界勘界立碑工作结束后，分区经过深入调研，在掌握大量数据的基础上，针对部分边民“三非”、“五过”等违规行为和跨界违法犯罪活动，加强对边民的教育管理。边防营连加强与边防派出所、工作站协调，搜集整理防区边境村寨住户的详细资料，建立《边境村寨住户档案》，确保发生涉外事件时能对涉及边民进行快速、精确定位，提高边民教育、管理的普及性、精确性和针对性。制作《边民教育手册》、“边防政策法规宣传单”等资料发放到边民手中。同时，按照“边民教育协调配合机制”的要求，联合驻地边管部门定期开展边防政策法规宣讲活动，提高边民的政策法规意识。协调边境县边管部门制定《边境“四员”管理使用办法》，向“四员”发放“军警民联系卡”，组织签订“爱国固边责任书”，定期组织“四员”培训，发放工作补贴。充分发挥“四员”地处一线、熟悉情况的优势，以边境“四员”带动边民积极参与边境管控。

【应急演练】 7月31日，文山州委、州人民政府和军分区联合组织文山州党、政、军警部队，举行“文山州党政军警民联合指挥部应急行动演练”。演练以文山地区可能发生的洪涝灾害和社会群体性事件为背景，采取“方案牵引、任务推动、联合导调、统一行动”的方法，组建以州委书记为指挥长、州长和军分区司令员为副指挥长、相关单位领导为成员的联合指挥部，组织军分区机关直属队、文山州正处级以上干部军训队、州公安局、边防武警、内卫武警、消防武警、文山县民兵6支行动力量共1 200余人参加演练。联合指挥部按照情况处置、定下决心、组织实施的步骤，指挥所属行动力量完成了快速集结、行军、抢通道路、加固堤坝、转移受灾群众、搭建帐蓬、开挖溢洪道、处置群体性事件等8个内容的演练。演练增强了党政军领导的联合意识和联合能力，达到了检验方案、完善机制、提升能力的目的。

【边境处突演练】 9月17日，分区牵头在麻栗坡地区组织军、警、民处置边境突发事件演练。演练包括处置边境争端、难民涌入、打砸抢烧群体性事件、抢险救灾、打击跨国武装贩毒等5个科目，共500余人参加。文山州党政主要领导及州直机关部分领导和各县县委书记、县长前往观摩。通过演练，进一步提高了军警民联合处置突发事件的能力，表明了文山州党、政、军、警、民团结一致共保“国庆”安全、维护边疆稳定的决心。

【专武干部集训】 8月17～23日，分区举办由全州基层乡（镇）武装部和部分企事业武装部专武干部参加的基层专武干部集训。集训内容按照“民兵工作、武装部规范化建设和完成多样化军事任务”三个单元进行设置，采取领导宣讲、业务辅导、集中学习、现地观摩、分组讨论和交流发言等方法，突出以规范基层民兵工作为牵引，着重掌握职能任务和工作特点，强化职责，提高能力，推动建设。针对集训对象大多数为基层武装部长的实际，听取国家及周边安全形势与安全环境专题报告，探讨新形势下基层人武部的地位作用和使命任务，增强基层武装部长责任主体意识和岗位使命意识。集训紧贴基层人武部的使命任务，坚持学研结合，总结基层专武干部队伍建设经验，全面研究具有边疆地区特色的基层武装部建设的发展路子。通过系统学习和研讨基层武装工作理论、政策、法规和业务等，提高参训人员基本理论素质、政策法规素质和业务知识素质。集训按照军队条令条例要求，统一编班、统一着装、统一操课、统一行动，严格一日生活制度，实行封闭式集训、军事化管理，塑造了专武干部良好的军人形象，筑牢了专武干部爱武装、钻武装和在武装战线上建功立业的思想。

【处置走私事件】 12月，驻富宁边防某部8连在中越边境新立358号界碑地区边民互市点巡逻时，发现两起走私行为，涉及从越南走私锰矿石150吨、铁木菜板600块重约11吨到中方边民互市点。巡逻分队按照有关规定，及时将情况上报，控制走私人员、车辆、物资，展开深入细致的取证工作；同时将情况通报麻栗坡县杨万边境检查站和麻栗坡县天保海关缉私局，于当日在现地将两起走私事件移交麻栗坡县天保海关缉私局处理。巡逻分队严守边防政策法规，处置边境情况及时稳妥，维护了边境秩序和国家利益。

【国防教育工作表彰】 11月底，全国国防教育工作会议在北京召开，会议公布文山州麻栗坡烈士陵园入选首批国家国防教育示范基地，文山州州委书记李培荣获“全国国防教育先进个人”称号，受到中宣部、教育部、总政治部、国家国防教育办公室的表彰。近年来，文山州委、州人民政府始终坚持以爱国教育为核心，以拥军优属为内容，不断加强国防教育工作。把麻栗坡烈士陵园作为开展国防教育的重点、精品和灵魂来打造，建立以政府为主导、驻军为骨干、社会为课堂、学校为基地的“四位一体”国防教育体制，把增强全民国防观念融入到以经济建设为中心的各个领域。在州委李培书记倡导和建议下，全州领导干部学军事、强武装，走进军营帮困解难，提高支持部队建设的自觉性和主动性。分区发挥部队骨干作用，积极探索军地融合式发展路子，在州国防教育工作中，不断开创新局面。

【兴边富民工程】 7月，为促进边疆巩固、民族团结、经济发展、社会进步，努力为建设富裕文明开发和谐文山作出新的贡献，文山州委、州人民政府与驻文部队联合发文，出台《驻文部队参与“兴边富民五大工程”实施意见》。驻文部队主要参与实施“五大工程”建设：积极完成抢险救灾、处突维稳任务为重点的“急难险重工程”。各部队按照任务分工，加强针对性演练，提高部队和民兵预备役人员应急实战能力，确保关键时刻能够靠得住、拉得出、用得上、起作用。参加和支援地方扶贫开发为重点的“暖心爱民工程”。建立挂钩扶贫联系制度，保证1个团级以上单位有1个以上自然村或行政村扶贫点；配合地方有关部门“产业扶贫、科技扶贫”；配合地方有关部门抓好“智力扶贫”，协调资金建设“爱民小学”、“希望小学”；充分发挥部队医疗系统技术优势，帮助地方巩固和完善县、乡、村医疗卫生网络。参加地方农田水利、道路交通为重点的“基础设施建设工程”。组织部队参加农田水利、乡村道路、电网改造等基础设施援建工作。深入开展国防教育、双拥共建和社会主义精神文明创建活动为重点的“文化建设工程”。充分发挥做群众工作的优势，广泛宣传国家富民政策；利用训练基地、连队文化活动室、“青年民兵之家”等阵地，举办农业科技知识、农村致富实用技术培训；军地共建“边疆和谐文化村”，发展基层文化，巩固国防文化，繁荣民族文化，向人民群众广泛宣传和普及国防知识，努力营造全社会关心支持国防建设的良好风气。积极保护盘龙河为重点的“生态建设工程”。参与当地植树造林和对盘龙河的治理；协助地方重点保护天然植物和野生动物，维护好当地生态环境，力争建一批“国防林”、“军民共建林”。

【议军会议】 2月27日，文山州委召开议军会议暨州国动委第六次会议，会议传达省委议军会议及省国动委第六次会议精神，各县县委书记作了党管武装工作述职，会议讲评各县党管武装情况，总结全州国防动员和后备力量建设情况，州委书记、军分区党委第一书记李培作讲话并提出要求。会议要求各级党委政府和领导在处理经济社会建设与国防后备力量建设关系中要做到“三克服三树立”，即：克服单纯强调经济建设，认为国防动员和后备力量建设可有可无的片面认识，树立一手抓经济、一手抓国防、两手都要硬的意识；克服国防动员和后备力量建设与经济建设关联不大、各自发展的模糊思想，树立平战结合、军民融合，国防动员和后备力量建设与经济建设良性互动、协调发展的整体意识；克服边防动员和后备力量建设高投入无产出、地方压力大、工作难开展的畏难情绪，树立再难也不难国防、再穷也不穷武装的大局意识。务必做到“八纳入”，即真正把国防和后备力量建设纳入经济社会总体规划、纳入党政部门工作职责、纳入党政领导任期目标、纳入立法普法计划、纳入财政经费预算，把国防教育纳入全民社会教育体系，把专武干部纳入党政干部管理培养计划，把民兵预备役基层建设纳入基层政权和组织建设体系，做到经济建设与国防后备力量建设统筹规划、统一部署、同步加强。

【军民融合式发展】 8月，文山州委、州人民政府和军分区共同组织文山州正处级干部在军分区进行军训，军训围绕如何实现军民融合式发展进行了探讨，要求各级领导干部要把国防建设视作自己的分内之责，切实在“融合”上做文章，在“互动”上想办法，在“双赢”中出效益，找到共同点，增强互动力，实现军地双赢，从“四个方面”下功夫促进军民融合式发展：必须将国防后备力量建设纳入地方经济社会总体规划，确保推进“融合”的权威性、严肃性。部队要科学谋划后备力量建设，积极协调地方党委、政府高起点定位、高标准实施、高效率融合。坚持以履行使命任务为牵引，围绕新时期应急作战、动员支前、处突维稳和抢险救灾等使命任务，按照军地联合、灵敏高效的要求，构建高度融合的应急指挥机制；按照精干合成、实战管用的要求，建设高效多能的应急力量；按照统筹规划、平战结合的要求，建设功能完备的战场设施；按照军民一体、综合配套的要求，构建优质高效的保障体系。要以社会共同意志为目标，党政军齐努力，军内外齐动手，形成强势推进国防后备力量建设的氛围。要按照部队系统提需求，地方党委抓协调，政府部门抓落实的思路，军地联手解决制约战斗力生成的难题。要抓紧制定配套的地方性政策法规，让国防后备力量建设走进依法建设的轨道。按照平时战时结合、应急应战一体、经济军事兼顾、市场战场双赢的思路，按照真抓实备的要求，努力提高部队和民兵预备役人员遂行各种任务的能力，在促进当地“三个文明”建设中履职尽责，在参加重点工程建设、抢险救灾、维稳反恐等方面有所作为。地方各级党委政府要力所能及地为部队排忧解难，为部队和民兵预备役部队遂行各种任务提供必要的保障。

【文化边防系列活动】 为纪念建国60周年，繁荣民族文化，加强边防文化，发展基层文化，巩固和发展“双拥”成果。文山州委、州人民政府和军分区于5月决定在年内联合开展以“和谐边关、和平边疆”为主题的文化边防系列活动。开展“唱祖国、赞英雄、颂边关”活动。举办“庆祝新中国诞辰60周年”大型合唱晚会；开展“文化下边关进军营”活动，丰富边防军营文化生活，创作一批贴近基层、贴近官兵、贴近边防的优秀作品。举办文化边防论坛。邀请专家、学者和曾在文山参战的老领导进行边防文化学术交流演讲，推动文化边防建设。论坛结束后，对学术成果择优编辑出版和推广。组织“纪念建国60周年中国作家边疆行（文山）”。邀请国内知名作家、军旅作家到文山边防采风，展示文山州经济建设、社会发展、边防巩固、“双拥”等方面取得的成就。开展军民共建“边疆和谐文化村暨边防乡村文化惠民示范村”示范点活动。整合军地双方科技和文化资源，按照“九个一”标准（一个多功能活动室、一块文化活动广场、一支业余文艺队、一套卫星电视接收设备、一个农家书屋、一个乡村特色文化产业、一所军民共建学校、一名军人担任的农村文化辅导员、一个规范的“青年民兵之家”）在边境一线建设一批“边疆和谐文化村暨边防乡村文化惠民示范村”，繁荣独具特色的边防文化，促进边疆和谐稳定。

【军地和谐文化村示范点建设】 9月，文山军分区联合文山州委、州人民政府共同组织开展的“文山州边疆和谐文化村暨边防乡村文化惠民示范村”示范点建设，在富宁县田蓬镇和平村启动。在边防一线有效整合军地双方科技和文化优势资源，充分调动边疆群众的积极性和创造性，建设一批具有边疆民族文化特色的“边疆和谐文化村暨边防乡村文化惠民示范村”，是军分区与文山州委、州人民政府庆祝新中国成立60周年的重要活动，是着力打造以通道文化、边防文化为标志的地域文化名片，发展基层文化、加强边防文化、构建和谐文化、繁荣民族文化的有效途径；是加强军地合作、增进军地交流，巩固和发展“双拥”成果，实现边疆和谐安宁的现实要求；是保障和改善民生，以文化乐民、以文化育民、以文化富民、以文化安民、以文化惠民，实现边疆各民族共同团结进步、共同繁荣发展的重要举措。为进一步增强广大边民文化意识、国防意识、和谐意识，不断满足边民日益增长的精神文化需求，构建和谐文明社会主义新农村作出新的贡献。

【专题教育活动】 2月，根据省军区关于做好狠刹“四种歪风”教育整顿要求，切实从年初把风气搞硬，分区结合部队实际，组织全区党员干部进行为期4天的“刹歪风、树正气”教育活动。活动按照集中动员、分析情况、学习教育、对照检查、制定措施的步骤和查问题、明规定、树典型的方法展开。查找出个别同志存在着党性原则不够强、表率作用不够好、遵章守纪不够严、是非观念不够清等四大类问题。并下重拳对存在问题进行整治，明确规定，凡是赌博、私自开车、擅离岗位、不假外出、搞婚外恋的，一经查实，在严格按照条令条例处分的同时，属于后备干部的取消后备干部资格，属于提升使用的一票否决，切实以严肃的纪律、严明的态度、严厉的措施，下大力矫正不良风气。在加大查处问题力度的同时，宣扬具有代表性的15名先进典型，要求机关和各级领导以典型为榜样，切实树牢服务基层的理念，主动服务，用心服务，优质服务，无偿服务；爱岗敬业，变“看着干、推着干”为“比着干、抢着干”；坚持原则，坚决克服“老好人”思想，在处理热点敏感问题上保证以公开求公正，以公正促公平。

【核心价值观教育活动】 6月，分区在开展主题教育活动中，注重利用驻地红色资源加强对官兵进行传统教育。组织官兵到麻栗坡烈士陵园，追忆烈士丰功伟绩，重温入伍誓词，参观“老山”作战纪念馆和荣誉室，深化学习理解当代革命军人核心价值观内涵。邀请战斗英雄、民兵模范等先进典型走进军营，为官兵书写砺志格言，讲述身边故事，唱响革命歌曲，传扬红色精神，帮助官兵端正价值取向。组织开展演讲比赛，官兵战士轮流登台，谈理想、谈感受，把培育渗透于日常工作，使培育活动向训练场、岗楼哨所延伸，不断深化基层开展“双争”评比和“五小”练兵活动，训练场上随机教育，巡逻执勤路上练机动、练奔袭、出难题科目，多种形式随机教育，官兵核心价值观在潜移默化中养成。

【后勤综合业务集训】 8月12～15日，分区组织由各单位分管后勤的领导、后勤处长、战勤参谋，8县人武部后勤科长，分区后勤部机关干部共45人参加的推进分区后勤科学发展集训。集训传达学习成都军区"09大理"集训和云南省军区"三长"集训精神，观看两级军区训练演练录像课件，特邀国防大学教授就联合战术后勤保障问题进行专题辅导，进行经验交流发言，并针对如何贯彻落实《云南省军区推进后勤科学发展实施意见》进行学习和座谈讨论，分区首长就认清形势、更新观念、重点突破、努力推进分区后勤科学发展作重要指示。通过集训，使参训人员对两级军区集训精神有了进一步认识，明确形势任务、理清发展思路、提高能力素质，成为推进分区后勤科学发展的带头人、管理的明白人、训练的落实人，为推进分区后勤科学发展打下坚实基础。10月26～31日，军分区举办1期历时6天，由边防部队财务股长和财务助理员，人武部后勤科长、管理员，连队司务长和机关内勤人员共90人参加的综合业务培训。培训立足边防特点实际，以现实需求为牵引设置培训内容。紧贴基层特点和日常工作需要，坚持"缺什么补什么、用什么教什么"的原则，根据不同的培训对象设置学习内容，从业务处理、法规制度、职业道德、管理方法和提高自身综合素质等多方面进行培训。在方法上，采取"三个结合"，即：聘请地方专家授课与部队内部抽组授课相结合、理论辅导与实际操作相结合、观摩评比与座谈讨论相结合。聘请文山州农业银行的专家讲授了当前国内经济发展形式和军队公务卡支付使用管理知识，学习了法规制度和基本知识，对账务处理进行实际操作，组织对账目进行了观摩评审，举行座谈讨论，解答人武部在预算管理、经费审核和基层经费管理中的部分疑难问题。通过培训解决了基层财务人员想管不会管、想干不会干的问题，为促进财务规范化建设打下良好的基础。

【后勤管理】 为加强分区后勤建设，年内分区后勤部注重发挥六个作用：注重发挥机关部门的职能作用。做到"三个经常"：经常检查，看规章制度是否得到落实；经常指导，为基层出谋划策，给党委首长当好参谋；经常讲评，营造争先创优的良好氛围。注重发挥基层党委(支部)的"当家"作用。做到标准制度经常看，物资经费经常算，连队账目经常翻，菜地猪圈经常转，食物消耗经常查，后勤人员经常管。注重发挥物管人员的"管家"作用。充分发挥各类物管人员特长，达到人尽其才、才尽其用，协助党委(支部)共同将后勤管好。注重发挥连队战士"爱家"作用。自觉维护设施设备，定期进行维护维修；珍惜既有资源，深入开展节能减排，杜绝铺张浪费。注重发挥经济民主"监管"作用。定期审查账目，每日公布伙食费开支内容，自觉接受群众监督，让官兵吃得明白、看得清楚。注重发挥兄弟连队的"协助"作用。定期组织召开后勤工作经验交流会，共同探讨好的经验和做法，解决实际工作中的困难和问题，推进后勤工作不断往深层次发展。

【创建节约型军营活动】 8月，文山军分区开展"创建节约型军营"活动，采取层层递进，深入动员，充分利用演讲、橱窗、讨论的方式，重点对水、电、油、粮、煤，以及办公用品节约问题作了大力宣传教育。通过军网和信箱等渠道共收集官兵提出的建议和做法467条，经论证采纳了67条。树牢官兵群策群治、文明节俭的良好意识，并采取投资改建、末端指导、科学计划和完善制度等措施。经测算，年内，在水、电、粮油、油料、煤，以及办公用品等消耗性物资上，与上年同期相比，降低总支出的25.0%，折合人民币45万元，其效果明显。为确保长效，分区将此项"活动"专门列入党委议事日程，进一步完善检查、考评、监督、奖惩等有效机制。彻底纠正了官兵铺张浪费、盲目攀比问题，同时也解决了官兵生活、工作管理方面的困难和问题。

【单兵训练】 5月，分区在深入贯彻落实新一代装备保障训练与考核大纲过程中，探索装备系统单兵训练方法路子。通过学习研讨、示范教学和经验交流，探索总结了装备系统单兵专业训练"六步法"。即：计划导训，用计划指导训练开展、调控训练进程、保证训练落实。包括训练形势分析、计划制定、教案编写、考核题库完善、组织试讲试教和训练器材筹措。基础共训，各专业、工种共同基础理论、基本技能集中进行授课或组织训练。个人自训，受训者针对个人实际需求，通过自主学习训练获取知识技能。帮带助训，充分利用军地教学资源，发挥专家和骨干作用，通过专家、骨干辅导、网上教学、热线答疑、示范教学等方式，以老带新、以强带弱，实现互帮互助、共同提高。以工代训，在训练的同时完成保障任务，在完成保障任务过程中巩固训练效果。以考促训，运用考核的方法，检验训练效果，发现训练问题，纠正训练偏差，激发训练热情，促进训练落实。"六步法"实现了传统训练方法与新大纲的有机结合，规范了装备系统单兵专业训练，得到成都军区装备部首长的充分肯定，并作为典型经验在军区装备系统宣传推广。

【新装备使用集训管理】 抓培训，培养"带头人"。换装后，军分区指导边防部队于7月中下旬各举办一批为期10天的装备骨干培训，各营副营长和各连副连长、1名排长、1名班长、1名军械员参加，主要针对新装备的基本性能、操作使用、维护保养等内容进行培训，培养一批新装备使用和管理骨干。抓教育，培养"明白人"。按照省军区河口装备集训精神，组织授装仪式，广泛开展爱装管装教育活动，使爱装管装进入思想、进入工作，提高爱装管装的责任感使命感。抓管理，强化"责任人"。严格落实装备管理责任制，搞好新装备的维护管理，层层负责、级级管理，层层签订责任书，做到每一件武器有人负责，每一个部件有人维护，每一个零件有人管理。抓训练，培养"精通人"。依托培训骨干展开训练，按大纲规定训练标准，使干部战士迅速达到"三熟悉"、

"四会"标准，确保训练效果。抓考核，检验"落实人"。训练结束后，营级以下单位组织对新装备的使用管理情况进行普考，团级以上单位进行抽考，以考促训，使新装备迅速形成战斗力，实现人与武器的最佳结合。

【与驻地学校开展夏令营活动】 5月21～23日，驻富宁边防某部与黑龙江省虎林小学及驻地学校部分师生代表800余人，开展以"走边关路、忆传统史、强爱国情"为主题的红色之旅夏令营活动。活动内容主要有5项：组织师生参观"南疆红领巾辅导站"、连队荣誉室及班排宿舍等营区配套设施建设；开展以集体宣誓、诗歌朗诵、合唱站歌、参观阵地和植纪念树为主要内容的阵地系列文化活动；开展互赠锦旗、互赠礼品、赠送聘书和集体座谈等活动；组织开展升国旗、队列会操、侦察技能表演、巡逻执勤体验等活动；组织师生到富宁县烈士陵园扫墓。通过开展红色之旅夏令营系列活动，加深师生与边防官兵的情谊，拓展校外辅导形式，帮助他们确立与时代发展相适应的爱国观。

（胡广胜）

公安边防

【简　述】 2009年，文山州公安边防支队牢牢把握"平安、和谐、发展"的主题，围绕"保增长、保民生、保稳定"的目标，强势推进大走访，全面深化爱民固边战略，积极稳妥应付各种挑战，圆满完成各项公安边防保卫任务，实现了边境地区和部队内部安全稳定的目标。

【实施"爱民固边"战略】 全年共走访群众6.3万户、22.65万人(次)。发现、化解群体性事件隐患苗头40起、消除40起；排查化解各类矛盾纠纷296起；排除治安隐患152起；协调解决返乡农民工再就业210人(次)。为地方党委政府和公安机关提供预警信息38条、反映群众困难157件，协调政府相关部门为290名低收入人员解决了医保、低保问题，建立扶贫对子40个，联系救助困难儿童63名，为困难群体捐款捐物折合人民币12.8万余元。各单位主动作为，分别在辖区选择21个边境村寨作为爱民固边模范村创建点，全年协调地方党委政府和社会各界共投入资金140万元、支队投入资金10万余元加强爱民固边模范村建设；在辖区举办法制宣传教育120余课时，发放科技、法制宣传材料1万余份，播放法制宣传教育片40场(次)，展出展板、宣传栏30余幅，受教育群众达1.5万余人；为群众引进致富信息79条，协调引进资金10.3万元，实现群众增收5.7万余元。由州委政法委牵头，组成"爱民固边报道采访团"，深入边境一线进行采访，写出支队官兵爱民专题连续报道30余篇，在省、州各媒体上进行专题报道；支队长做客"云南网法治3人谈"节目，与网民专题就爱民固边进行探讨。

【救助贫困儿童】 支队把关爱困难儿童作为群众工作的重点，使关爱困难儿童从简单的送钱送物向精神关爱、心灵关爱等方面深化。同时，协调学校、妇联等部门，共同参与关爱困难儿童活动。目前，支队边境地区的63名困难儿童中，已有43名纳入党委政府救助，有20名确定为边防官兵长期结对帮扶重点。部分基层单位建立"关爱困难儿童基金"，定期组织官兵为困难儿童捐款捐物，并按照结对帮扶的原则，定期到困难儿童家中或学校与困难儿童进行面对面交流，切实掌握困难儿童的生活状况、健康情况和心理状况，帮助困难儿童解决生活、学习中存在的问题和困难。

【建国60周年安保工作】 支队研究制定《文山州公安边防支队建国60周年安全保卫工作方案》、《文山州公安边防支队国庆60周年边境地区安全保卫形势分析评估报告》。派出由7名常委分片负责国庆安保工作，抽调31名机关干部到各基层单位蹲点40天，督导、协助基层单位做好国庆安全保卫工作。派出120名官兵参加公安武警联合武装巡逻；派出执勤组1 410组5 706人(次)，巡逻组387组1 719人(次)，设伏堵卡组183组895人(次)，查验进出边境管理区车辆2.7万辆(次)、人员26.72万人(次)，查获管制刀具45把、火药枪2支。各单位结合辖区实际，共组织处置突发事件演练35次，组织官兵120人(次)参加文山州军警民抢险救灾演练。各单位结合开展"迎国庆、赞辉煌"主题教育活动，向辖区群众、入出境旅客发放建国60年成就宣传单2万余份，极大增强人民群众的民族自信心和自豪感，激发人民群众自觉参与国庆安保工作的积极性和主动性，营造全民参与国庆安保工作的良好氛围。

【边境管理】 支队组织所有边防派出所所长参加全州公安派出所所长业务培训，选派80名民警到公安局、检察院跟班学习。深入开展执法安全清理专项整顿活动，制定《文山州公安边防支队执法安全清理整顿三年规划实施方案》，编制下发《文山州公安边防支队边防行政案件办理工作手册》50套，对16个询问室、2个讯问室、1个拘留审查所等办案场所进行全面清理，共清理执法制度30件，保留27件，修改2件，废止1件，新建7件，建议总队建立执法制度2件。深入开展派出所、侦查队、情报站教育排查整顿活动，业务水平迈上新台阶。全年边境辖区共发生刑事案件68起、破52起，破案率为76.4%，受理治安案件66起、查处63起，查处率为95.4%；破获拐卖儿童案7起，抓获犯罪嫌疑人7名，成功解救被拐妇幼12人，抓获网上在逃人员7名；收缴火药枪9支，清理辖区战时遗留炮弹111枚、手榴弹56枚、军用子弹1 643发、雷管196枚，搜集各类情报信息212条；破获毒品案件10起、抓获犯罪嫌疑人17名、缴获毒品3.65千克。

【边检服务】 严格落实公安部《边防检查服务规范》和《边防检查服务承诺》，以按照"三检合一"模式统一边境检查站、公安检查站和边防工作站执勤模式，加强边境口岸通道执勤设施建设，对边检现场标识标牌、检查室进行改造，开设绿色通道，为出入境车辆和人员提供安全、方便、快捷的通关环境。年内共查验出入境人员2.06万人(次)，查获非法入境越南边民18起110人，教育劝返越南边民1 085人(次)，接收越南遣返我方边民4起11人；检查进出边境管理区人员144.44万人(次)、车辆15.49万台次，办理《中越边境地区出入境通行证》4 890本。

【禁毒人民战争】 研究制定《文山州公安边防支队禁毒工作方案》，加强与州禁毒支队建立情报信息联动机制，实现共享边境情报资源。全面部署开展"天网"行动，发挥站所联动优势，完善"点、线、面"结合的查缉网络，加强对仁和、铁厂、和平等重点地段的公开查缉和设伏堵卡，共派出设伏堵卡组906组5 436人(次)到重点地段实施公开查缉和设伏堵卡，查破毒品案件1起，抓获犯罪嫌疑人1名，缴获毒品海洛因18.6克。同时广泛开展禁毒宣传教育，努力创建"无毒乡镇"和"无毒村寨"，目前12个边境乡镇中有9个无毒乡镇，1 771个无毒村寨。

【思想政治工作】 修订完善《文山边防支队重大任务中政治工作指示》，专门研究制定《文山州公安边防支队建国60周年政治工作保障方案》。开展"学习实践科学发展观、做党的忠诚卫士和人民群众的贴心人"教育等专题教育，打牢了官兵思想基础。完善《文山州公安边防支队经常性思想工作制度》，建立官兵经常性思想工作联系卡1 048份，规范政治教育、重点人管理台账。深入开展"弘扬英烈精神永葆忠诚本色"慰问活动，支队政委进一步庞少才亲自带队赴麻栗坡、丘北、广南3县慰问公安英烈家属，政治处对省外、省内其他州市的烈士亲属进行电话慰问，以邮政汇款的方式送上慰问金，共把22封慰问信、11万元慰问金送(汇)达烈士亲属手中，并主动协调当地党委政府和民政部门，解决部分烈士家属生活困难、子女就业困难等实际问题。

【党风廉政建设】 贯彻落实部局、总队纪检工作会议精神，坚持示范教育与警示教育相结合的方法，不断增强官兵廉政安全意识。坚持纪检联络员工作制度，主动邀请驻地人大、政协、公安机关、过往旅客共68人作为社会各界义务监督员，对部队执法执勤情况进行全程监督，采纳他们的意见和建议75条，有力推动执法执勤工作依法实施、文明开展。坚持廉政建设工作汇报制度，定期检查各级领导干部落实党风廉政建设情况，听取官兵每月反腐倡廉建设专题汇报，及时掌握部队廉政建设动态，严防各类违纪违法事件发生。

【信息化建设】 贯彻落实总队《信息化建设三年规划》总体部署，投资50万余元改造二级网络和机房，在16个派出所中全部开通远程视频会议系统；派出通信技术专业人员深入基层单位进行通信设备的更新与维修。全年，在各类媒体发稿280篇，上报信息350条，尤其是5月20日，中央电视台二套播出的反映支队为民排忧解难专题片《住在火药桶上的日子》，在警内外引起较大反响。

【正规化建设】 全年召开内务建设观摩会，投资155万余元购置床900张、衣柜450组、小凳900个、三抽桌子500张配发基层单位。投资50多万元改造、修缮支队机关及驻文直属单位的营房。突出实战抓好军事训练，3月底完成180名新兵的集训任务；4月聘请友邻单位武警文山支队教员为驻文单位开展以应急棍术、警棍盾牌术和哨兵反袭击为主要内容的专项培训，举办1期以大队警务参谋、有兵单位排班长为主要对象的军事教练员培训；5月抽调47名官兵在轮训大队实施封闭式军事技能和业务技能训练，进一步规范部队内务设置、军事业务素质和边防执法执勤等各项工作。

【后勤综合保障】 按照部局、总队的部署，支队成立清理"小金库"领导小组，修订完善《文山边防支队财务管理暂行规定》、《文山边防支队机关财务管理规定》、《文山边防支队机关报账程序管理规定》，组织所有基层单位开展自查自纠活动，按质按量完成"小金库"清理工作。科学规划营房建设，年内先后完成了麻栗坡大队公寓房、金厂站(所)、八布所综合办公楼工程基建项目和支队机关搬迁征用29亩土地手续办理工作，投资50余万元对机动分队、勤务中队、卫生队、修理所等4家单位营房进行修缮，投资12万元完成都龙站、八布站、猛硐站3个单位安装防雷设施；支队干部经济适用房已于12月初开始动工。及时贯彻落实总队农副业生产生活现场会精神，制定《文山州公安边防支队农副业生产生活量化考核办法》。做好防病治病工作，确保官兵身体健康，完成对181名新兵的身体复检和伤寒、甲肝乙肝疫苗预防接种工作，派出医疗巡回小组深入基层为官兵看病治病，为全支队1 054名官兵及家属注射甲型流感疫苗。争取各方经费支持，共向地方争取经费507万多元，公安业务经费落实达到50.0%，实现支队家底经费稳中有升的目标。

【部队管理】 始终把维护部队内部安全稳定作为促进各项工作健康发展、事关全局的大事来抓。吸取经验教训，狠抓条令条例、《纲要》、《要则》、《公安边防部队内务规定》和各项规章制度的落实。各级牢固树立"安全稳定就是成绩"的思想，层层签订责任状，从官兵的思想认识和防范入手，严格落实安全工作制度，开展安全稳定教育整饬活动，定期召开安防形势分析会和事故预测会，分析查找影响部队安全稳定的苗头和隐患。严格落实计算机和网络管理"四个严禁"、"八条纪律"，对公私计算机、移动存储设备实行登记造册，明确使用范围，完成268台公用电脑、196个移动储存器设置保密措施，严防移动储存硬盘发生泄密事件。通过各级齐抓共管抓安全，全体官兵齐心协力防事故，部队内部安全稳定，支队实现了连续16年无案件的目标。

【突发事件处置】 各级以组织指挥边防勤务和处置突发事件为重点，提高组织指挥和判断决策能力，基层所站队结合担负任务和驻地气候环境等特点，突出抓好处置急、难、险、重任务和实用技能训练，不断提高遂行任务能力。“8·08”事件后，按照上级的指令紧急抽调15余名官兵组成应急分队，迅速开赴中缅边境执行边境防控维稳任务，部队快速反应和协同处突能力得到总队首长的认可和表扬。

【立功创模活动】 年内，支队维护边境稳定、缉枪缉毒、执法执勤、抢险救灾和部队建设等各项工作有了较大发展，实现边境地区和部队内部“双稳定”的目标，先后有1个边境县、2个乡镇、6个单位被云南省政法委、省综治委评为爱民固边先进集体，5名官兵分别被联合国、公安部授予“和平勋章”和“维和勋章”，37名官兵荣立三等功，472名官兵受到公安部边防局、云南边防总队及地方党委、政府的表彰，并涌现出“全国青年文明号”董占公安检查站等一批先进集体。在此次受表彰的509名官兵中，有425人来自基层执勤一线。

（冯育明）

武装警察

【简　述】 2009年，武警文山州支队贯彻落实胡主席重要指示和总部、总队党委扩大会议精神，突出以加强党委（支部）班子能力建设为着力点，以强化干部素质为着眼点，以提升基层建设整体水平为落脚点，坚持紧紧扭住抓班子、强队伍，严管理、正风气，除隐患、保安全不放松，狠抓经常性基础性工作落实，圆满完成以执勤处突为中心的各项任务，部队建设的基础进一步夯实牢固。

牢固树立思想政治建设的首位意识，狠抓经常性思想政治工作落实。围绕“党员干部受教育、科学发展上水平、履行使命见成效”的总要求，强力推进2个批次学习实践活动，先后6次召开专题分析研究会，3次跟进指导。通过深入开展活动，广大党员干部运用科学发展观指导工作、解决问题的能力素质得到增强，基础设施建设、执勤隐患治理等重难点问题取得突破性进展。狠抓制度机制的废、改、立，群众满意度达91.0%。大力开展培育当代革命军人核心价值观主题教育和庆祝建国60周年系列活动，规范营区政治环境建设，广大官兵理想信念进一步坚定。

做好拥政爱民和挂钩扶贫工作，支队被总部表彰为参加和支援西部大开发先进集体。深入学习宣传贯彻《人民武装警察法》，部队依法履行职责使命的意识和能力得到增强。扎实组织新兵训练、基础课目训练、专勤专训、反恐骨干集训和教练员集训，部队遂行多样化任务能力得到提升，总队年终军事训练抽考取得好成绩。深入学习宣传贯彻《人民武装警察法》，部队依法履行职责使命的意识和能力得到增强。抓好机关和基层干部《纲要》集训套训，掀起学《纲要》用《纲要》热潮，进一步提高各级按纲抓建的能力素质。学习贯彻胡主席关于从严治军的一系列重要指示，着眼实现“六个确保”，突出防范重点，

开展“防松治散”教育整顿、安全宣传教育月等活动。坚持党委当家、后勤理财，注重在规范后勤建设，提高保障能力上抓管理、出效益。贯彻党的十七届四中全会和军委6号文件精神，以改进作风为重点，大力加强党委班子建设。落实党委中心组带机关理论学习制度，严密组织“加强党性修养，振奋革命精神”专题教育和第一、二季度网上理论集训，党委班子的理论素养、党性观念和决策水平进一步提高。

反恐演练

【党委一届五次全体（扩大）会议召开】 1月21～22日，文山支队召开党委一届五次全体（扩大）会议，会议主要是传达总部、总队两级党委扩大会议精神，全面分析总结2008年工作，安排部署2009年度工作，表彰2008年度先进集体和个人，机关股以上干部、各大（中）队党委（支部）正、副书记57人参加会议。政委梁岗代表支队党委作工作报告。支队长李林作了重要讲话。会议期间，副政委朱宏高作了纪委工作报告，司政后三部门对口部署了2009年度工作，支队与各单位签订党风廉政建设、安全工作、尊干爱兵和计划生育责任书，组织与会人员到文山县中队进行参观见学。文山州副州长、州公安局长李俊彪出席会议并作讲话。

【教育活动】 2月9～13日，支队组织党委机关和直属队干部集中5天时间参加武警部队支队（团）以上党委机关第一季度理论学习网上集训和“加强党性修养，振奋革命精神”学习教育活动。支队党委高度重视，组织严密，查摆问题彻底，整改措施得力，较好地解决了支队党委机关党性修养、革命精神等方面存在的问题，进一步增强党性意识、使命意识、责任意识、纪律意识和实干意识，收到了良好效果。12月29日上午，文山支队党委机关召开“戒骄防满，保持清醒头脑”教育动员部署会，主任乔庆贞宣读《文山支队党委机关开展“戒骄防满，保持清醒头脑”教育实施方案》，朱宏高副政委作教育动员讲话。4月8日下午，文山支队召开“培育当代革命军人核心价值观，永远做党和人民忠诚卫士”主题教育活动部署动员会。

【团员代表大会】 5月5～6日，文山支队隆重召开第三届团员代表大会，会议对2006年以来团的工作进行回顾总结，对

当前及今后两年共青团工作进行安排部署。会议选举产生支队共青团第三届委员会，表彰先进团组织、优秀团干部和优秀团员。

【军人代表大会】 8月14日，文山支队隆重召开第四次军人代表大会，会议由副支队长彭勇主持，机关、基层53名代表参加会议。会上，政委梁岗代表支队作题为《全心全意依靠官兵抓建设，努力推动部队建设全面安全稳步发展》的工作报告，对下半年重点工作进行安排部署，研究制定支队民主建设的工作目标和措施。

【三级主官新《纲要》培训】 10月10～16日，支队组织党委机关和大(中)队主官参加总部、总队和支队新《纲要》网上培训套训。

【宣讲辅导】 4月22日上午，文山支队邀请文山州委党校哲学系副教授岳琴为全支队官兵作“大力培育当代革命军人核心价值观”的专题辅导。

【建国60周年庆祝活动】 6月30日下午，文山支队在机关礼堂隆重举行纪念建党88周年暨“军歌嘹亮颂祖国”歌咏比赛，驻文部队6支代表队共300余名官兵参加比赛。国庆前夕，文山支队组织参加文山州举办的“爱国歌曲万人唱”歌咏晚会等活动。

【警民共建】 6月24日下午，武警文山支队与文山州供电局举行警民共建活动签字仪式。中共文山州委宣传部副部长普光明，武警文山支队支队长李林、政委梁岗、副政委朱宏高，文山供电局局长杨霖、党委副书记李明磊等出席签字仪式。

【座谈联欢】 7月26日晚上，文山支队100名官兵与特安呐制药集团公司共同举办庆“八一”警民联欢晚会，热烈庆祝建军82周年。7月28日，文山支队召开座谈会庆祝建军82周年。文山州党政领导吴俊明、熊荣元、李俊彪、李海柏、陈晓华及州、县有关部门领导参加座谈会。7月30日晚，文山支队、文山供电局、文山电视台联合举办“庆祝建军82周年警民联欢晚会”，共叙鱼水深情、共庆建军佳节。

【李志刚到武警文山州支队调研】 3月11日上午，省武警总队副总队长李志刚一行到武警文山州支队教导队调研。副州长李俊彪陪同。

【现场会】 8月31日至9月1日，文山州“推进公安监管场所建设暨武警支队基层‘四项设施’建设现场会”在广南县召开。与会代表现场观摩学习武警广南县中队基层“四项设施”建设成果，进一步明确基层“四项设施”建设标准；分析总结文山州监管场所和武警部队基层“四项设施”建设工作情况，明确今后一段时期的努力方向。州委常委、州政法委书记吴俊明，州人民政府副州长、州公安局局长、武警文山支队第一政治委员李俊彪，文山支队政治委员梁岗，广南县四套班子成员，州公安局党委成员及各县公安局局长、政委、分管看守所工作的副局长、看守所所长，武警大(中)队军事主官90余人参加会议。

【扶贫帮困活动】 7月23日上午，支队长李林带领52名官兵参加《文山州为见义勇为事业献爱心募捐活动动员大会》。支队代表参加现场募捐活动，向文山州“见义勇为”事业基金会捐款1.8万元。

10月20日上午，文山支队副政委朱宏高一行4人，到麻栗坡县董干镇开展扶贫帮困活动，向董干村委会捐赠了5万元专项扶贫资金，用于改建董干村进村入户3 000米道路的后期工程，并走访慰问3户特困家庭，送去慰问金和慰问品。

【心理咨询活动】 2月14日，总队心理工作宣讲团成员、总队医院心理咨询科刘群英主任和保山医院心理咨询科杨丽军医生到文山支队开展工作，为支队294名官兵作了心理知识授课辅导和心理咨询。

【先进集体表彰】 9月，文山支队被武警总部表彰为“参加和支援西部大开发”先进集体。12月被武警部队评为“连续13年预防事故案件工作先进单位”和“安全工作先进单位”。

（郑文明）

消防安全

【简　述】 2009年，州消防支队贯彻全国、全省消防工作会议和总队党委扩大会议精神，以“三句话”总要求为指引，以“三项”建设和宣贯新《消防法》为主线，围绕“应急救援、消防监督和推动社会依法履行消防工作职责”三大职能，继续按照“抓管理、促效率，全面提升部队战斗力和保障能力；抓监督、树形象，筑牢消防监督业务基础；抓消防服务职能转变，推动社会依法履行消防工作职责，全面夯实社会消防工作基础”、“稳步推进部队建设、稳步推进消防监督业务工作、稳步推进社会消防工作”、“确保队伍管理高度稳定、确保消防监督行政执法安全、确保社会火灾形势基本稳定”的“三抓三推三确保”的工作思路，牢牢把握转变观念是前提、队伍稳定是根本、政府主导是保障、整合资源是基础、建立机制是关键“五大重点”，全面实施“六大战略”、“十大体系”，倾力推进新一轮发展，消防工作和部队建设继续保持快速发展、全局推进的良好态势。

【组织建设】 按照胡总书记“三句话”总要求，坚持抓好两级党委班子和基层党组织建设，着力提高消防部队党的建设水平，以建强领导核心、建好骨干队伍为突破口，全面提升队伍建设水平，把全州消防部队建设成为作风顽强、英勇善战、人民满意的消防队伍。坚持抓班子、带队伍，抓管理、保稳定，打牢部队正规化建设基础，激发班子建设活力，队伍整体素质和部队战斗力有了显著提高。年内，对8个大队党委班子和9个支部班子进行了调配和充实，把有能力、能干事、会干事、想干事的9名优秀年轻干部提拔任用到了领导岗位，其中有两名年仅28岁的副营职年轻干部分别成长为中队带兵干部和大队领导，并按照"谁的综合能力强谁主持大队工作"的方式，先后让5名年轻干部主持大队工作，大大激发干部的工作热情，全州上下形成能者上、平者让、庸者下的良性竞争激励机制。推动各县消防大队党委书记进入公安局党委班子，支队和全州8个大队党委书记都进入同级党委班子，并有5个大队兼任公安局副局长，推动消防大队对基层派出所消防工作的监督检查和指导力度。

【干部队伍建设】 强化干部培训，提高干部队伍素。以"大教育、大培训"为载体，采取跟班学习、以考代训、交流轮岗锻炼等方式进行培训，建立了全州干部教育培训教员库，提高了授课层次和质量。同时，通过举办战训、政工、后勤、防火、连排职干部培训班，干部普遍轮训率达到80.0%以上，其整体素质有了明显提高。开展"弘扬公安消防精神、忠诚履行职责使命"主题教育、学习贯彻胡锦涛总书记"三句话"总要求集中学习活动和"三个不忘"（即：不忘十年作战文山人民作出的巨大牺牲、不忘文山人民的养育之恩、不忘参与地方经济建设）教育活动，在各项教育学习活动中，支队坚持党委参教议教制度，党委成员、基层政工干部每周利用视频面向基层官兵授课，激发了官兵对党和祖国的热爱与忠诚，增强了责任感与使命感。为转业干部排忧解难，圆满完成了转业干部的安置工作。贯彻落实《云南省公安消防总队从优待警十条措施》，切实将"从优待警"各项措施落到实处。支队推行干部子女奖励制度，帮助解决干部子女入学问题。并在春节、妇女节、八一建军节期间对离退休老干、干部家属进行慰问，大大激发广大官兵工作热情。

【部队安全工作】 全州消防部队牢固树立安全防事故工作"只有起点，没有终点"的理念，在日常管理上抓正规，在安全意识上抓强化，在管理机制上抓精细，在监督手段上抓到位，在责任状奖惩上抓落实，把安全稳定作为评价领导班子工作实绩的一项重要指标，严格落实"一岗双责"，继续层层签定预防事故案件责任状和执行"五条禁令"保证书，严格执行事故案件责任倒查和追究制度，相继开展了作风纪律教育整顿、"五月安全月"、"安全双百日竞赛"和警示教育等活动，加强人员管理推出"七条铁轨"，车辆管理执行"车管打的"，进一步强化了官兵安全发展理念和法纪观念。

【党风廉政建设】 支队落实党风廉政建设责任制，实行"党委统一领导、军政主官齐抓、纪委唱主角、部门各负其责、官兵参与监督、配偶义务监督"的工作机制，将干部及士官的配偶聘请为义务监督员，家属义务监督成为了消防部队新颖的监督体系，作用明显。同时，制定出台《文山州公安消防支队督察工作实施办法》，将重大消防安全火灾隐患举报、派出所消防监督管理、政府消防安全责任制、重大消防安全事故责任倒查等工作纳入了州委、州人民政府、州公安局年度督察工作计划。先后联合督察、暗访37次，下达《督察限期整改通知书》15份，有效杜绝各类事故案件的发生。

【岗位练兵】 按照部消防局和省消防总队关于打造消防铁军的工作部署，针对文山经济发展迅速、灭火救援任务繁重的实际，战略性地提出"立足文山、辐射滇东南、勇争一流"的发展方向和"业务过硬、装备精良、结构合理、敢打必胜"的发展目标，制定了《文山州公安消防部队2009～2011年铁军建设三年规划》，重点突出"三个专业化"建设依托现有消防力量，在全州消防部队建立了9个抢险救援战斗班、10个灭火救援攻坚组和尖刀班，以及1个道路交通事故抢险救援专业队和1个水上抢险救援突击队。文山现有各类消防执勤车34辆，各类器材5 798件套，普通中队和特勤中队器材装备按照《城市消防站建设标准》全部配齐。同时，围绕攻坚任务的实战需要，年内，全州消防部队先后投入1 500多万元购置了1辆防化洗消车、4辆重型水罐车、5辆抢险救援车2辆泡沫车及2辆高喷消防车等14辆特种消防车和一大批特勤攻坚器材装备，特别是抢险救援车全州配备率实现100%。按照"火怎么灭，兵就怎么练"的指导思想，围绕攻坚行动的特点和要求，突出训练、装备、知识的专业化，组织开展高层建筑、地下建筑、交通和建筑物倒塌事故、化学危险品泄漏事故等16项贴近实战的应用操法训练和实战演练，进一步强化队员攻坚克难、定向作战的能力。

先后成功组织1次大型油类火灾扑救演练、1次高速公路危化品泄露演练、2次地下建筑火灾扑救演练、4次高层建筑灭火实战演练，参加了文山州党政军警民联合演练和文山州边境突发事件联合演练，组织战术战法研讨4次，使官兵牢固掌握各类灾害事故处置的基本专业知识，熟悉各类灾害事故的基本战术战法，有效提升官兵的综合业务素质。

【火灾扑救】 截至12月24日，全州消防部队共接警189起，出动194次，出动消防车392辆（次），消防官兵1 826人（次），抢救被困人员131人，疏散人员820人，抢救财产价值3 200.3万元。比上年接警起数上升11.18%，出动次数上升了10.23%，出动车辆数上升14.62%，出动消防官兵数上升12.44%，抢救被困人员数上升3.15%，疏散人员数上升37.35%，抢救财产价值上升56.33%。

【政府消防责任制】 政府消防安全工作目标责任状签订到全州102个乡（镇），156个政府行业主管部门，387个重点单位，852个行政村，层层落实逐级防火安全责任制，重点把握"责任、评价、激励"三个机制，发布消防安全责任制考评办法和考评细则，将消防工作纳入政府、政法委和公安机关的年度工作安排意见；将重大火灾隐患举报查处和政府消防工作责任目标纳入党委、政府和公安机关年度督察内容，实施社会治安综合治理消防安全"一票否决制"；教育、文化、工商、电力、建设等24个行业部门将消防工作纳入年度工作内容并与重点项目同步实施，各级政府、各部门和各单位的消防安全责任更加明确，相互沟通更加顺畅，初步建立起以政府消防工作责任体系为核心、行政主管部门为内圈、消防安全重点单位为外圈的公共消防安全网络，社会消防工作战略正逐步实现良性互动。

【社会化消防】 支队推动政府与各级各部门签订《消防工作目标管理责任书》，把新农村建设消防工作内容纳入到各相关部门的消防安全目标责任书的考核之中，农业、交通、电信、教育、文化、工商、建设、财政、卫生等部门履行职责、协调配合，把消防工作同农村的治山、治水、治林、治土、治脏、治乱、治穷、治愚等结合起来统筹解决，全面实施"五改三治"(路改、水改、房改、灶改、厕改和治脏、治乱、治差)工程，明确消防水源、消防通道、防火分隔、建筑防火等建设标准，对农村电气线路、炉灶、柴草粪及垃圾堆垛等进行改造和规范，推广使用沼气、太阳能等清洁能源，减少致灾因素，真正从根本上解决制约农村消防工作的深层次、根本性问题。据统计，"十一五"以来，州农业局建设"一池三改"3.2万户，州水务局建设小水窖30万口，电力部门对全州农村户外电网进行全面改造。继续深入推动实施社会单位消防安全管理"531"工程，全州各级各部门统一使用5本社会单位消防安全管理基础台账、3本社会单位消防安全管理文本、1本社会单位消防安全管理手册及消防安全标准化管理，单位自主消防安全能力得到了提升，社会单位"安全自查、隐患自除、责任自负"的消防安全管理机制正逐步健全。同时，全力投入州庆、国庆消防安保攻坚战，深化城中村、人员密集场所、高层和地下建筑专项整治行动，共排查公众聚集场所385个、高层建筑67个、地下建筑17个，城中村15个，检查社会单位2 340家，发现火灾隐患2 217条，下发责令改正通知书370份，当场整改1 578条，责令限期改正639条，实施行政处罚34起，罚款33.97万元，"三停"12起，拘留3人，确保火灾形势的基本稳定。

【火灾隐患专项整治】 3月，全州进入火灾隐患整治的高压态势，启动"红盾八号"专项行动、公众聚集场所、高层和地下建筑及城中村消防安全专项整治行动。专项行动联合相关部门，强化对装修材料、安全疏散、灭火设施及重点区域的排查和整治，着力消除火灾隐患，确保消防安全。"五一"期间，结合文山州工作实际，配合新消防法的颁布实施在全州范围内开展了以客运站、公共交通工具和宾馆、酒店、KTV、网吧、游戏室等公众聚集场所为重点排查对象的"零点利剑"行动，进行大规模夜查，消除大批火灾隐患，对排查出的火灾隐患下发责令整改通知书，采取州、县两级挂牌的方式，对4家重大火灾隐患单位实施政府挂牌督办，其中州级挂牌1家，县级挂牌3家，并于9月31日前全部完成隐患整改工作，杜绝重特大火灾事故的发生。在国庆60周年消防安全保卫攻坚战中，全州公安消防机构共投入监督警力570人(次)，检查社会单位2 340家，发现违法行为60起，发现火灾隐患2 217条，当场整改1 578条，下发责令改正通知书370份，责令限期改正639处，拘留3人，实施临时查封3起，实施强制执行2起。确保全州不发生重特大火灾尤其是群死群伤恶性火灾事故，确保全州火灾形势持续平稳和消防部队高度安全稳定，圆满完成各项消防安全保卫任务。

【消防宣传】 支队党委牢固树立"小消防、大社会，小消防、大渗透，小消防、大作为，小消防、大回应"的社会消防工作理念，倡导消防宣传要吃"市场饭"，不断赋予消防宣传工作鲜活的生命力，拓宽宣传领域和渠道，抢占媒体宣传阵地"制高点"，着力打造具有文山边疆民族特色的消防宣传品牌。成立"记者之家"，与国内外40多家媒体建立良好的往来互动关系；开通了文山消防政务网(互联网)；发行《文山消防》杂志；建成文山州社会消防宣传教育馆；由云南法制报邀请云南高原国际摄影艺术中心主办"百名中外记者聚焦文山公安消防暨丘北、广南风光风情摄影采风活动"，来自国内外多家海外摄影实体及100名中外媒体资深摄影艺术家聚焦文山消防。本着"公开、有序、合法、自愿"的市场运作原则，在去年指导社会单位举办20多场大型消防宣传教育活动的基础上，2009年又成功指导云南三鑫集团出资100万元承办了消防宣传形象大使选拔赛和119消防文艺汇演活动，指导中国移动文山分公司承办了"火灾隐患大家找"彩信、短信信息业务以及发布300万条消防宣传信息活动。同时，发动社会单位开发消防烟灰缸、消防笔记本、消防雨伞、消防打火机、消防扑克、消防纸杯等10多个消防文化产品发向社会各单位。此外，支队报请政府将年度消防宣传工作任务量化分解到县级政府和政府行政主管部门和社会单位，从报刊、影视、互联网、广播等层面全方位、多层次传递消防文化，社会自主宣传消防的氛围初步形成，并得到了各级领导和地方群众的一致好评，社会消防宣传工作教育机制日趋完善。

"平安文山·消防在行动"巡回宣传采访

【拥政爱民】 按照"阳光执法、透明执法"的服务理念，大力推行“一次告知、疑难论证、跟踪回访、按时办结、公信回告、舆论监督”24字便民利民措施，及时向办事、咨询人员发放便民利民服务卡片，组织开展“文山消防大走访”爱民实践活动，期间启动7.8万元，走访慰问基层官兵197人，社会单位人员127人，生活困难群众10人，贫困群众、学生11人，社会单位39个，开展困难扶助帮扶对子10个，捐款助学2.16万元，邀请辖区企业、村委会、群众代表召开恳谈会2次。建国60周年大庆和中秋佳节前夕，全州消防部队开展走访慰问活动，纷纷走进退休老干部家庭、走进社会福利院、走进社区困难户，把部队的温暖带进官兵心里，带进群众生活里，用实际行动树立消防部队的良好形象。

（赵仁宝）

人民防空

【简　述】　全州人民防空工作贯彻落实新时期军事战略方针、第五次全国人民防空会议精神和省人防会议精神，做好军事斗争人民防空应急准备，着力抓好人民防空各项工作建设。坚持依法行政，规范执法行为；加大人防宣传力度，提升人民防空意识和人防形象；加强防空警报维护管理，坚持年度试鸣试播制度；坚持战备通信值班训练，严守人防通信通规通纪；加强人防工程建设管理，增强城市综合防护能力；加强人民防空队伍建设，提高人防队伍综合素质。在做好人防各项建设同时，整理编纂出版《文山人民防空志》。

【人防知识宣传教育】　对在校学生普及人民防空知识教育。全州24所学校开展人防知识教育，受教育学生达1.8万人。同时，在国家机关、社会团体、居民中开展人防知识教育。印发宣传资料2.5万份，播放防空宣传教育片3部，印发《文山州城市居民防空防灾手册》2 000本。为营造人民防空建设的良好氛围，加大向广播，电台、报刊投稿力度，8篇稿件分别被《中国人民防空》、《云南人防》、《文山日报》等刊载。全民教育和人防宣传做到网络上有内容，报刊上有文章，电视上有画面，广播上有声音，居民家有手册，大街上有标语，警报年度有试鸣，相关单位有刊物，领导手中有材料。

【通信训练和值班工作】　全年坚持24小时战备值班制度，战备值班电话24小时有人守听，带班领导坚持24小时开机，严格战备值班登记和交接制度。通信值班值勤训练工作中，加强保密观念，严守通规通纪，做好表报登记管理。组织战备通信训练，提高通信人员的业务技术水平和组织指挥能力。7月，组织全州8县人防办公室进行10天的应急准备通信训练工作。

【通信警报维护管理】　坚持年度通信警报试鸣试播制度，按照《文山州人民政府办公室关于确定防空警报试鸣试播日的通知》规定要求组织实施。全州8县9月19日上午9：18分利用防空警报设施与9个广播电视频道试鸣试播防空警报音响信号取得成功。防空警报发放成功率达100%，音响覆盖率达95.0%以上。在发放手段上，全州8县实现无线固定与移动发放自动化。进一步提高全民国防观念，增强人民防空意识，进一步熟悉防空警报信号规定，确保战时防空袭斗争和在平时抢险救灾中最大限度减少人员伤亡，保护人民群众的生命财产安全。

【人防工程建设管理】　在加强对州、县指挥所管理的基础上，人防工程建设、防空地下室易地建设费收缴取得新破，审批地下室数量与往年相比有较大提升。全州8县均依法开展防空地下易地建设费收缴工作。加强对现有人防工程的维护和管理，结合消防安全专项检查工作，对存在安全隐患进行督促整改。加强对州指挥所和马关、文山两县指挥所工程进行维护，保证指挥所安全及内部设施的完好。

【业务培训】　7月，全州共派8人参加省人防办举办的工程监理培训班并取得人防工程监理合格证，进一步提高人防工程质量管理水平；州本级组织8县人防办室进行为期10天的应急通信训练工作。开展通信各科目的系统训练，训练中做到服从命令、听从指挥，严守通规、通纪，严格保密制度，做到快速、准确、保密，安全可靠，达到预期效果。12月选派2人参加全省人民防空通信业务综合培训。主要学习通信基础知识，重点了解卫星通信知识，观摩应急机指挥平台冶炼及战术、技术性能。培训中态度端正，令行禁止，遵守作息时间、操作规程和安全保密制度。参加培训人员通信理论知识得到更新，业务技能得到提高。

【人防执法检查】　贯彻《中华人民共和国人民防空法》和《国务院、中央军委关于进一步推进人民防空事业发展的若干意见》。7月，州人民政府组织相关部门对全州人防行政执法进行了检查。各县都能较好地执行人民防空法和各项制度规定，同时对人防行政执法当中个别存在的问题及时提出了意见和建议，要求限时整改，有力促进人防部门依法依规办事。

【人防志编纂出版】　经多年前期收集资料准备工作，参编人员精心编纂和反复修改，在州保密、档案、州志办以及军事志办等有关部门的协助下，《文山州人民防空志》于10底出版。志书真实、客观、翔实记载文山人民防空建设的史实和成就，是了解文山州人防史的一部工具书。

【领导名录】

主　任　钟正慧(女、~9)

（陶善明）

文山州境内有多少食用菌

州境内菌类资源丰富，除少数毒菌外，供食用的菌类就有50余种，一般生长在各县针叶林、阔叶林、混交林山地。夏季和秋初，鲜菌上市较为上品的有鸡圭纵、摆依帽、木耳、香菌、青头菌、干巴菌、冻菌、鸡油菌、奶浆菌等。境内盛产木耳，有白木耳、黑木耳、皱木耳、地耳等。20世纪50年代，年产量约4万千克，至20世纪80年代，最高年产量达31.5万千克，90年代年产量仍保持10余万千克。

全州食用菌有：亮盖鸡圭纵、粗柄鸡 、鸡圭从菌（摆衣帽）、鸡圭从花、香菌（香菇）、青头菌、冻菌（贝形侧耳）、白参（裂褶菌）、鸡油菌、铜绿菌、干巴菌、茅草菌、淡红丛枝瑚菌（扫把菌）、角拟锁瑚菌（黄扫把菌）、紫丛枝瑚菌（紫扫把菌）、偏白枝瑚菌（白扫把菌）、金黄枝瑚菌（金扫把菌）、邱滇丛枝瑚菌（扫把菌）、红斑扫把菌、云南鸡油菌、紫革耳（八担柴）、小白冻菌（小侧耳）、北风菌（糙皮侧耳）、灰冻菌（灰白侧耳）、红奶浆菌、黄奶浆菌、人头菌、马皮泡、网纹灰泡菌、黑木耳、皱木耳、地耳、白木耳、茭白、灵芝、松毛菌、碓窝菌、茯苓、糙皮侧耳、肺形侧耳、黑牛肝菌、灰褐牛肝菌、双色牛肝菌、茶褐牛肝菌、橙香牛肝菌、美味牛肝菌、黄褐牛肝菌、削脚牛肝菌、见手青、华美牛肝菌、黄癞头等。

基本国策

责任编辑　蹇泓钰

计生宣传活动

人口与计划生育

【农村独生子女奖励政策兑现】 全年全州新办理农业人口“独生子女父母光荣证”1 527户，兑现一次性奖励金77.6万元的。享受国家养老扶助6 238人，兑现养老扶助资金483.72万元；享受农业人口独生子女奖学金的小学生达6 804人，初中生达2 229人，全年兑现独生子女“教育奖学金”201.17万元。享受计划生育家庭特别扶助888人，兑现特别扶助金104.856万元，计划生育家庭“新农合”个人参合资助金180.79万元。全年全州兑现各种计划生育惠民资金867.396万元。

【技术服务】 在全州推行“一卡(证)通”式服务。户籍人口和流动人口只要持有文山州发放的计划生育服务卡(证)，可在州内任何一个计划生育技术服务站(所)免费享受国家规定的计划生育基本项目服务，免费领取所需避孕药具。砚山县出台《砚山县人口和计划生育局计划生育技术服务费用核报管理办法》，规范计划生育技术服务项目费用核报标准、计划生育技术服务基本项目手术处方规范、核报计免费用程序、药具购销及经费管理等工作，并对收费项目、自费药具制定收费标准，全县统一，规范收费。西畴、富宁县新制发服务证，完善服务内容。今年底全州共发出“一卡(证)”52.7万本，发卡率达80.0%以上。全年，全州计划生育技术服务人员走村窜寨，进村入户，为群众免费服务金额达700多万元，免费发放避孕药具金额达100余万元，帮助广大育龄群众落实各种避孕节育措施56 952例。

【宣传教育】 州电视台、文山县计生局与县电视台合办《人口之声》栏目，自3月开始每周二播出宣传中央和省《决定》的专题宣传片。州《意见》出台后，州人口计生委组织编印宣传活页16万份，与州电视台共同制作了宣传光盘，下发8县开展宣传。全年全州共发放人口和计划生育法律法规宣传资料达100多万份。

【创建人口文化大院】 继续在全州开展创建人口文化大院示范村工作。确定砚山、西畴、麻栗坡、马关、丘北5县为新家庭人口文化大院项目县。全年全州创建人口文化大院55个，其中：文山县15个、砚山县3个、西畴县9个、麻栗坡县11个、马关县1个、丘北县12个、广南县2个、富宁县2个。

【创优工作】 年内，创省级优质服务达标单位是麻栗坡县，按照省创建优质服务先进单位的工作目标和指标体系抓落实。麻栗坡县的创建工作通过了州级初评。

【流动人口计划生育管理】 8县成立流动人口计划生育协调领导小组，并利用农民工联席会议制度，建立信息沟通、交流的渠道。年内，文山、马关、丘北等县人口计生部门会同公安、民政、劳动和社会保障、建设、卫生、工商等有关部门对流动人口工作实行综合办公，通报信息，落实责任，实行一站式服务等方式联合开展流动人口管理和服务工作。全州102个乡镇配置113个兼职流动人口管理员，48个社区已配置专(兼)职社区流动人口管理员63名(其中专职29名)。在流动人口集中的地方，创建33个流动人口计划生育协会。对县、乡人员进行流动人口计划生育服务管理工作平台操作培训。马关、西畴、文山、丘北、富宁、砚山6个县对190名县乡人员进行流动人口计划生育服务管理工作平台的操作培训。通过各县组织集中，州级派人讲授的方式，全州培训平台操作员208名。制定下发《文山州流动人口计划生育“一盘棋”工作实施方案》，为80.0%的社区配置流动人口计划生育管理所需的计算机38台。通过PADIS工作平台，各县登记新增流入人口信息共726条；登记新增流出人口信息1 091条；外地提交文山州流出人口应反馈信息是7 705条，已反馈信息6 913条，反馈率为89.72%。提交流入文山州人口中应反馈信息118条，已反馈93条，反馈率达78.81%。全年全州流入人口中有已婚育龄妇女16 946人，已查验婚育证明10 308人，签订流动人口计划生育合同或协议5 105份；流出人口中有已婚育龄妇女67 099人，已办理婚育证明62 004人。全年共为流动人口免费办理各种证件21 056份。“一卡通”式服务推行以来，全州共向已婚育龄群众发放计划生育服务卡49.5万余份，其中流动人口2.9万余份，为流动人口提供免费技术服务3 477例，免费金额为7.4万余元，费提供约80万元的避孕药具，提供咨询服务6 445人(次)。

【基础网络建设】 2008年文山州实施的7个拉动内需项目进展顺利，已竣工7个，投入使用5个，准备验收2个。2009年，人口计生部门扩大内需中央投资乡镇计划生育服务所项目新建及改扩建16个。项目建筑面积为6 350平方米，总投资为672万元，(其中：中央投资400万元，地方配套272万元)。项目全部开工建设。

【信访工作】 对待好群众来信来访，及时做好化解、说服、解答工作。州人口计生委成立信访工作领导小组，制定下发领导干部定期接待群众来访、带案下访和重点约访的“三访”工作实施方案，通过开展“大接访、大下访”活动，进一步规范了信访工作制度。全年全州没有出现一桩群众集体上访事件。全州计生信访统计213件，比上年增加147件，其中咨询类136件，占63.8%。

【出生缺陷一级预防】 继续在文山、广南、马关、西畴4县开展出生缺陷一级预防工作。地方配套资金300多万元，共举办婚孕前培训39 752人(次)，对19 860对夫妻进行孕前检查，为待孕和在孕妇女免费发放叶酸类营养素44 500瓶，妇女服用叶酸类营养素后生育的婴儿中未发现肉眼可见的残疾。

【关爱女孩及打击“两非”工作】 继续打击非医学需要的性别鉴定及非医学需要的人工终止妊娠违法行为。组织成员单位对78家医疗卫生单位、个体诊所B超使用及人工终止妊娠手术进行检查。全州包括111个计划生育服务机构在内均没有“两非”及超范围服务情况发生。

【计生协会工作】 全年，全州已有计划生育协会小组16 753个，会员联系户61 809户，建立“会员之家”894个，流动人口计划生育协会15个，全州计划生育协会会员达415 639人，占总人口的12.05%。

【独生子女两全保险】 全年新参保2 604户，累计参保4 992户。

【领导名录】

主　任　祝正武(~8)

副主任　杨朝华(苗)

　　　　卢兰云(壮、~8)

　　　　杨福丽(女、7~)

（刘先会）

环境监督保护

【水环境质量】 主要河流水质状况：2009年对州内盘龙河、畴阳河、八布河、响水河、西洋江、南利河和谷拉河设11个测点进行监测，按国家《地表水环境质量标准》(GB3838－2002)评价，符合综合水质类别Ⅱ类水质标准的测点有6个，Ⅲ类水质标准的测点有2个，Ⅴ类水质标准的测点1个，＞Ⅴ类水质标准的测点2个，与上年相比，部分测点水质有所恶化。出境河流水质状况：2009年对州内南北河、小白河两条出境河流水质进行监测，其中南北河全年共监测12次，按国家《地表水环境质量标准》(GB3838－2002)评价，水质综合类别为＞Ⅴ类，主要超标指标为砷和氟化物(砷超标率66.7%，最大值超标8.26倍，氟化物超标率75.0%，最大值超标2.8倍)；小白河全年共监测12次，水质综合类别为Ⅱ类，较上年有所好转。湖泊水环境状况：2009年对普者黑和浴仙湖两个湖泊分枯、丰、平水期对其入口、中部、出水口水质进行了采样监测，监测数据按国家《地表水环境质量标准》(GB3838－2002)评价，丘北普者黑全湖水质综合类别为Ⅲ类，砚山浴仙湖全湖水质综合类别为Ⅲ类，砚山浴仙湖水质较上年有所下降。县城饮用水源水质：2009年对文山县城饮用水源点暮底河水质进行监测，全年监测12次，水质综合类别为Ⅱ类，监测结果中所有项目均达标。

【文山县城大气环境质量】 文山县城设2个测点进行大气监测，按国家《环境空气质量标准》(GB3095－1996)进行评价，二氧化氮、二氧化硫日均值达到国家一级标准，可吸入颗粒物日均值达到国家二级标准，文山县城空气环境质量为二级，与上年相比，大气环境质量有所保持，首要污染物仍为可吸入颗粒物。降水酸度监测共获数据315个，全年降水pH平均值7.11，全年降水量544.1毫米，无酸雨出现。

【文山县城声环境质量】 对文山县城功能区噪声进行两次监测，按国家《城市区域环境噪声标准》(GB3096－93)进行评价，1类区域昼间、夜间平均等效声级分别为42.9dB(A)、40.0dB(A)，均达到国家；2类区域昼间、夜间平均等效声级分别为53.1dB(A)、44.6dB(A)，均达到国家；3类区域昼间平均等效声级为64.4dB(A)，达国家标准，夜间平均等效声级为56.4dB(A)，超国家标准1.4dB(A)；4类区域昼间平均等效声级为70.4dB(A)，超国家标准0.4dB(A)，夜间平均等效声级65.6dB(A)，超国家标准10.6dB(A)。与上年相比，所有区域等效声级均有所上升。文山县城超过70dB(A)的干线长度为6.9千米，占交通干线总长度的75.3%。

【环境保护项目建设】 抓住国家扩大内需政策的历史机遇，按照国家、省环保专项资金投向要求，以污染减排工作和“七彩云南文山保护行动”为重点，组织环保项目申报工作。全年共筛选上报国家、省级项目30个，争取资金1 860万元，项目涉及饮用水源保护、区域环境安全保障、环境监管能力建设、农村环境保护、可持续发展等五大方面。利用世界银行贷款文山城市环境建设项目除丘北县供水工程、丘北普者黑湖泊水环境综合治理工程和富宁普厅河流域综合整治工程正在进行施工图设计和报审工作外，其余项目已进入实质性实施阶段。

【建设项目环境管理】 全年，全州共审批建设项目环评955个，环评执行率100%。审批项目总投资达34.98亿元，核定环保投资2.5亿元。其中：州环保局审批建设项目环评90个，审批项目总投资29.57亿元，核定环保投资2.11亿元。批准试生产项目40个，完成项目竣工验收23个，环保“三同时”执行率100%，向省环保厅出具审查意见书17份。做好服务工作，主动加强与国家环保部、省环保厅汇报沟通，促使文山氧化铝厂建设、文山铁路建设、文山特安呐争取国家小债、阿舍冶炼厂、文山州三条还贷二级公路、文山普炭公路等一批重点建设项目的环保手续得到及时审批。

【总量控制】 年内，为全面完成省下达文山州削减化学需氧量50吨，削减二氧化硫50吨的污染减排目标任务。文山州制定2009年度污染减排计划，筛选、确定17个省、州级重点减排项目，与8县人民政府签订《七彩云南保护行动2009年度工作责任制考核责任书》，通过层层签订目标责任书，将减排任务落实到重点地区和重点企业，明确目标，落实各县人民政府和州级有关部门及各重点企业污染减排工作的责任。全年预计削减化学需氧量755吨，削减二氧化硫925吨，超额完成污染物削减目标；省环保厅确定的13个省级污染减排重点项目中，按要求完成11个；责任书要求的广南冠桂糖业有限公司关停酒精生产线和广南县污水处理厂投入运行两个项目，已上报省环保厅做项目变更，其中，广南冠桂糖业有限公司由结构减排变更为工程减排，广南县污水处理厂削减污染物指标用麻栗坡紫金钨业公司响水尾矿库建设工程、云南木利锑业有限责任公司锑矿浮选中水回用工程替代。

【工业污染防治】 以主要污染物排放总量控制和污染减排为重点，以马关都龙片区、麻栗坡南温河片区为主的采选企业和以砚山、文山、麻栗坡为主的冶炼企业及化工等高危企业等重点行业和企业的污染治理和监管力度，强制推广先进成熟的节能减排工艺技术和环保设施建设，严格实施排污许可证制度，对污染严重、资源消耗大的企业强制实行清洁生产审核。年内，完成了云南文冶有色金属有限公司冶炼烟气脱硫设施技改工程、云南木利锑业有限责任公司锑矿浮选中水回用工程等污染治理工程，西畴县新发铜锌冶炼厂和广南县冠桂糖业有限责任公司的强制清洁生产审核工作已完成，待验收。

环境监测技术人员到厂矿企业进行环境监测

【水污染防治】 继续以盘龙河、南北河、小白河等出境河流及南盘江、普者黑湖为重点，开展水污染防治工作，编制《盘龙河流域综合治理总体规划》，积极申报盘龙河流域砷冶炼废渣处置项目；重点流域的环境治理和监管力度得到提高，麻栗坡县紫金钨业有限责任公司总投资2 300万元、总库容706万立方米的东矿段响水尾矿库工程已投入试运行。强化对南北河、小白河的环境监管，随时监督掌握流域内企业的排污动向，巩固治理成果，确保出境河流水质安全。

【普者黑湖泊水环境综合治理】 完成普者黑湖泊水环境综合治理工程初步设计，上报省建设厅待批；普者黑上游水产养殖污染治理工程、普者黑流域农村面源污染控制示范项目已上报省环保厅待批；普者黑湖滨带建设二期工程已动工建设，完成投资60余万元；八道哨畜禽养殖污染治理大型沼气示范工程建设项目于11月全面启动，现已完成工程建设前期征地、进场道路拆迁等，完成投资50余万元；曰者镇青松村农村环境整治项目已完成进村道路、危房拆除、污水处理设施等项工作，完成投资210余万元；不断巩固普者黑景区上游养鱼污染治理成果，并定期进行监督检查，防止出现鱼塘养殖污染反弹。水污染防治工作成效明显，组织完成全州14个县城在用饮用水源地的保护区划定和环境保护规划编制，上报省人民政府待批；组织开展全州8个县城的集中式饮用水水源地环境基础状况调查，摸清全州水污染状况，建立、完善集中式饮用水水源地环境基础信息和环境状况评估体系，并针对性地提出污染防治对策。

【饮用水源地的环境保护】 增加现场监察和监测频次，对县城饮用水源水质的监测由1年1次调整为1月1次；在完成县城饮用水水源地保护区划定及环境保护规划的基础上，逐步开展乡镇饮用水水源地保护区划定及环境保护规划编制工作。年内，已完成8县典型乡镇饮用水水源地基础环境调查及评估工作，把调查评估与推进水源地环境管理相结合，为保护农村饮用水水质安全提供全面准确的水源地基础环境信息。

【建设项目环评审批管理】 把主要污染物排放总量控制指标作为环评审批的前置条件。年内，共对43个州级受理的建设项目的总量指标来源进行严格审核，正确处理好存量与增量的关系，有效地控制污染物排放总量指标，为新建项目提供了环境容量。

【甲型H1N1流感疫情】 制定下发《文山州环境保护局应对甲型H1N1流感疫情医疗废物管理应急预案》，建立健全相关指挥协调机构，明确责任分工，确保医疗废物得到及时、有序、高效、无害化处置，防止疾病二次传播。

【有机污染物更新调查】 对涉及制浆造纸行业、水泥生产行业及遗体火化行业三类重点排放源的16家企业开展更新调查，为全面开展持久性有机污染物的产生源监督管理奠定了基础。组织开展全州环保产业现状调查，为《云南省环保产业发展规划》的编制提供有效基础数据。研究制定实施《文山州开展抗生素药渣等危险废物产生及处置专项检查工作实施方案》。

【污染源普查】 组织开展污染源普查工作，完成全州工业源1 126户，农业源6 738户，生活源3 285户，集中污染治理设施10户的入户普查、质量核查工作，经国家污染源普查办核查，建立污染源普查相关档案初级数据库。

【自然生态保护】 探索依托村民自治为核心的农村环境管理新模式。以马关桐子园苗族村为试点，开展农村环境综合整治示范工作。整合扶贫、环保等部门的资金110万元，通过建立村民自治环境管理制度、成立环保协会、建立专项环保基金机制、实施生态湿地处理系统、建立多元化投入机制等方式，把马关桐子园村建设一个民族文化繁荣、饮用水源合格、污水排放达标、垃圾处理规范、农田地有机质含量逐年上升、生态环境保护完整的少数民族生态示范村。目前，马关桐子园生态示范村建设已竣工，待验收。开展丘北曰者镇青松村、砚山阿猛镇空心山村等环保示范村建设项目。

【绿色创建活动】 在全州4个乡镇、6个村、29所学校、1个社区、4个饭店、34户家庭开展绿色创建活动。参照生态州建设基本条件和20项建设指标要求，对文山州申报生态州建设开展摸底调查，为创建生态州积极创造条件。

【环境违法行为专项行动】 文山州以“两高一资”行业企业、钢铁企业、涉砷行业、饮用水水源保护区后督察、城镇污水处理厂、垃圾填埋场存在环境问题为重点，开展环保专项行动，严厉打击环境违法行为，有效改善区域环境质量。全州共出动环境监察执法人员1 376人（次），检查企业418家（次），查处56家环境违法企业，并下发限期改正通知，对情节较严重的3家企业处以罚款5.18万元。

【环境监察】 为强化重点污染源治理，确保重点监控企业稳定达标排放，促使污染减排项目工程按期完成。全年共出动环境监察执法人员241人(次)，检查企业101家(次)，出动车辆63辆(次)，对4个国控企业、4个省控企业和13个州控企业环保设施运行情况、污染物达标排放情况，减排项目工程进展情况进行现场监察。同时，加强对新、改、扩建设项目环保“三同时”现场监察，查处环境违法行为。共对州审批的28个建设项目开展试生产前现场监督检查，其中对4家未严格执行“环评”和环保“三同时”制度的企业，不准投入试生产，并要求进行整改。全年，共接待来信来访110件，调解污染纠纷58起，处理率100%，结案率97.0%。共查处环境违法企业56家，罚款5.18万元。

【尾矿库环境隐患排查整治】 重点对区域内的尾矿库运行、环保手续审批、突发环境事件应急预案制定等情况开展现场检查。共检查尾矿库84个，其中：正常运行的23个，未经环保竣工验收的17个，未制定突发环境事件应急预案的15个，对存在环境安全隐患的尾矿库，及时下发限期整改通知，并对存在重大环境安全隐患的5个尾矿库建议实施关闭。

【排污收费】 共征收排污费631.894万元，完成省下达排污费征收计划560万元的112.83%、州下达排污费征收计划600万元的105.32%。圆满完成年度排污费征收任务。

【核安全与辐射监管】 开展现场检查，对3家单位共5枚废弃的密封放射源和12瓶醋酸双氧铀进行统一收储，并办理3枚密封源转回厂商的回收报批手续。全年州内未发生辐射安全事故。

【环境监测】 完成文山州境内7条主要支流11个监测断面、丘北普者黑湖、马关南北河、小白河和文山县城饮用水源、环境空气、噪声等环境质量现状监测，根据监测数据进行环境质量评价，编制《文山州环境质量综合月报》、《马关南北河、小白河水质专报》及《文山州饮用水源水质月报》。完成文山城大气自动监测，每天按时完成环境空气日报上报工作。参加危险化学品(液氨)泄漏事故应急救援演练，提高应对危险化学品事故灾难的应急处置能力，并在丘北县“10·19”南盘江雷打滩库区死鱼事件中，全力做好应急调查监测，共为事故处理提供1 464个监测数据。全年完成各类调查监测、政府监督性监测、污染源监督性监测、污染事故及各类调查、各项竣工验收监测、调查、建设项目环境影响评价环境质量现状、排污许可证年检或其它委托性监测工作。编制建设项目环境影响报告表82份，项目内容涉及房地产开发、娱乐服务、教育、水利水电、卫生等10多个行业，总投资规模20.39亿元。共完成技术评估项目90个，编制出具技术评估报告98份，其中报告书28个、报告表70个，涉及项目投资额41.48亿元。

【环保宣传教育】 年内，以“七彩云南文山保护行动”和污染减排为重点，以“6·5”世界环境日为契机，充分利用新闻媒体报道、图片展览、宣传册、召开新闻通报会等形式，面向机关、学校、企业厂矿、农村和社会开展广泛的环境宣传教育活动。共打出宣传横幅30条，展出宣传展版180块，发放环保宣传册约25 000本，印发宣传单32 000余份，现场接受群众咨询108人(次)。

【文山州环保局长会议】 3月27日下午，文山州召开环保局长工作会议，参加会议的有8县环保局长、副局长和州局机关及下属干部职工共50余人。会议传达2009年全国、全省环保工作会议和州委七届五次全会精神，安排布置2008年的环保重点工作和党风廉政建设工作。

【王建华到文山调研】 4月22~23日，省环保厅厅长王建华到文山、砚山、麻栗坡县调研，副州长兰骏陪同。

【领导名录】

局　长　王兴明

副局长　杨建国(回)

　　　　佘成锦

　　　　李丽芳(女、彝)

（李雅文）

国土资源管理

【土地报批和审批工作】 全年共组织上报农用地转用及土地征收报件35个，面积3 525.43亩，其中城镇建设用地批(次)5个，单独选址建设项目用地30个。上报省厅批准各类建设用地涉及规划调整和修改前期项目 54 个，面积35 681.4亩，完成建设项目用地预审 77 件，面积266 417.3亩，保证全州各类扩大内需重点项目顺利落地建设。推进具体项目供地工作，全州共供地 556 宗，面积27 317.4亩，其中以划拨方式供地 369 宗，以招标拍卖挂牌方式出让 187 宗。提供全州廉租房建设用地 495.47 亩，全面满足省下达文山州 50 万平米廉租住房建筑面积的用地需求。

【土地开发整理】 根据省人民政府落实耕地保护责任的有关要求，将耕地保护目标任务分解下达至各县，从州到县一直到村，层层签订责任书，落实耕地保护措施。推进土地开发复垦整理和“三项整治”工作，不断改善耕地耕作条件，提高地力、增加耕地，确保耕地占补平衡；稳妥推进中低产田地改造工作，将中低产田地改造规划与土地整治规划相结合，把中低产田地改造规划纳入土地整治专项规划，有计划、有步骤地组织实施；争取“兴地睦边”和扶持僰人山瑶土地整治重大工程项目实施，努力改善边境地区农村的生产生活条件，维护边疆地区稳定。

土地整理项目区一角

【第二次土地调查和规划编修】 第二次土地调查农村部分调查全部完成，城镇土地调查县级所在地外业调查工作已经结束，验收后即可进行数据建库。全州 35 个一般建制镇调查的招标工作已经完成，合同调查面积57 900亩，13 个镇已完成地籍测量，面积27 824亩，占应完成面积的 48.0%。按省的统一部署，州级土地利用总体规划修编前期专题研究，州县两级土地利用总体规划大纲，州、县、乡三级各类用地空间布局图均已完成并通过省专家组审查。

【基层所规范化建设】 全年累计投入建设资金 544 万元，严格按照“六个一”、“四个室”的标准，为基层国土资源所改善办公基础条件，配置交通工具，完善办公设施，全面完成基层国土资源所规范化建设年度工作任务。

【执法监察】 加强完善国土资源执法监察和依法行政制度建设，实行多部门联合执法、共同责任机制，强化对行政权力的监督制约，不断提高依法行政水平。巩固和完善土地执法监察领导分片包干和动态巡查责任制，及时查处和纠正国土资源违法行为，全年共组织巡查2 637次，发现土地违法行为442 件，制止和纠正 290 件，立案查处土地案件 152 件，查处率 100%。

【信访接待】 全年共接待来信来访 518 件(次)，其中来信320 件，来访198 批。按照属地管理，一级抓一级的原则，全州各级国土资源部门对这些来信来访都进行认真答复、调解和疏导，做到件件有登记，事事有回音，没有因工作不到位造成较大规模的群众集体上访事件。

【实施“阳光政府四项制度”建设】 围绕构建保障和促进科学发展新机制的要求，全州国土资源系统深化行政权力公开透明运行体系建设，开通了一条“96128”国土资源政务信息查询专线，配备专职工作人员，制定统一规范的行为操作细则。连通州局与省厅的国土资源专网，建立视频会议系统。建设州国土资源局政府信息公开网站和执行“阳光政府四项制度”查询平台。根据部署，全州 10 条“12336”国土资源违法行为举报电话已在2009 年7 月底前全面开通。

【各类项目用地审批】 对扩大内需项目用地实行限时办结。州国土资源局专门成立扩大内需项目用地审批领导小组，对资料齐全的项目随到随办，在5 个工作日内上报；提前介入，主动服务，指导做好用地报件的组织上报工作；实行动态管理，坚持项目供地情况月报制，并结合不同项目进展情况提供具有针对性的用地保障服务；实行跟踪问效，对需要完善用地手续的建设项目，采取请办、催办、督办制度，直到全面办结规范用地手续为止。加强部门联系，信息共享。不断加强与发改、交通、经委等部门的沟通联系，掌握项目建设基础资料，在批准开展前期工作阶段，就积极争取参与项目选址等工作，共同促进项目落地建设。

【土地利用总体规划】 对符合土地利用总体规划的单独选址项目，直接办理用地预审，对省级以上重点项目不符合土地利用总体规划的单独选址项目，先组织用地预审，预审报件缺少材料的，采取由业主和相关县出具缺件补充限时承诺书方式组织报件，在5 个工作日内限时上报；可复垦还农的矿山用地，在确保复垦后的耕地面积不减少、质量不降低，复垦后的土地所有权和使用权仍属于原集体的，不在办理农用地转用和土地征收手续，而是按相关程序办理临时用地手续；部分“三农”用地可不办理土地征收手续。在州、县人民政府所在地以外的其他乡镇，符合土地利用总体规划和集镇建设规划的农牧业发展用地，在保持集体土地所有权不变的前提下，不办理土地征收手续，只办理农用地转为建设用地手续；办理临时用地手续先行用地。针对施工周期厂、时间紧的项目，在做好被占地农民和集体补偿安置工作的基础上，按相关法律法规办理临时用地手续，批准用地单位的某些控制性工程、地质勘探等工程先行用地；以土地置换方式折抵用地指标。根据土地利用总体规划、集镇、旅游规划等，将工矿废弃地、空心村、空闲地等原有建设用地整理为耕地后折抵建设占用耕地指标，节约集约用地；先土地登记再完善用地手续。对具体建设项目中确实需要增加用地面积的，原批准面积的超出部分建设用地，可先行使用再上报完善手续；以规划管理与征用管理相结合，缓解建设用地指标压力。在一个项目规划区内，根据土地用途和使用时间，采取先用先报批，后用后报批，景观和绿化用地只征收不报批转用的办法，缓解用地指标紧缺状况；依法补偿，切实维护被征地农民利益。在征地过程中，坚持依法测算和补偿安置，确保被征地农民利益不受损害，生活不受影响。

【法规宣传教育】 广泛深入宣传《违反土地管理规定行为处分办法》将15号令印成单行本，分发到各县政府、各部门和用地大户、矿山企业，努力提高15号令的社会认知度，不断促进依法依规用地；增加新闻宣传手段。继续与媒体合作做好报刊、电视广播等常规新闻宣传。还将年度工作的重点和热点，以主题性宣传方式加强深度报道，满足不同层次的群众对国土资源工作的了解需求。2009年确定矿产资源整合和土地开发整理两个主题，通过政策解读、工作进展和实施效果的深入报道，使社会对国土资源管理工作有更深的了解和支持，与州法制办联合对县、乡国土资源管理干部进行法律法规知识培训。

【落实耕地保护措施】 推进土地开发复垦整理项目的申报、管理和实施，不断促进土地开发复垦整理与中低产田地改造相结合，与烟水工程相结合，与空心村、工矿、砖瓦窑场废弃地整治等"三项整治"相结合，统一规划、统一实施，挖掘新增耕地潜力，实现占补平衡。大力争取"兴地睦边"工程项目实施，努力改善边境生产生活条件，维护边疆稳定。

【建立集体建设用地流转平台】 逐步做到集体建设用地与国有建设用地同台交易，通过统一的有形土地市场、以公开规范的方式转让土地使用权，在符合规划的前提下与国有土地享有平等权益。同时，加强引导、做好宣传，在推进工作的同时，要积极做好国家政策的解读宣传，切实维护农村、农民利益。

【农村宅基地登记发证】 做好农村土地调查州级数据汇总，在各县农村调查统计数据的基础上，完成州级数据入库、图件编制、报告编写工作和调查数据成果发布工作；全面完成县城所在地和一般建制镇调查和建库工作。同时，全面推进全州农村宅基地登记发证工作，积极争取地方政府投入和上级补助，用1年时间完成登记全覆盖。

【领导名录】

局　长　何知平
副局长　李仕标
　　　　朱天德（8～）
　　　　谢荣兵（8～）

（沈建武）

基础建设

责任编辑　蹇泓钰

农村电网工程建设

交通运输

【简　述】 2009年全州共完成交通固定资产投资27.5亿元，比上年增长7.46%；完成地方交通固定资产投资11.6亿元，首次突破10亿元，比上年增长29.79%，占省交通运输厅下达考核任务的116%。全州通车里程22 549.206千米（含未纳入统计9 309.075千米）。按行政等级划分：有国道701.431千米，省道1 611.27千米，县道3 539.74千米，乡道5 639.46千米，村道1 245.225千米，专用公路503.002千米。按技术等级划分：有高速公路303.111千米，二级公路109.81千米，三级公路1 302.016千米，四级公路8 227.667千米，等外公路3 297.53千米。全州货运量1 136吨，比上年增长0.06%，货运周转量152 932万吨千米，比上年增长3.0%；客运量1 163万人，比上年增长18.0%，客运周转量163 282万人千米，比上年增长2.7%。全州102个乡镇全部开通客运车辆，通客车率为100%；940个村委会开通客车621个，通客车率为66.1%。

【航　空】 全年，文山普者黑机场旅客吞吐量56 916人（次），飞行738架（次），货运吞吐量5.9吨。保证了旅客和货物的运送及安全。

【铁　路】 2月28日铁道部鉴定中心对项目可研报告评审，同意在丘北县城南密纳村民委幸福村设置丘北站位，在广南县城南郊2千米的派播村设置广南站位，富宁县将综合比选取直方案和靠城设富宁站方案。在10月22～25日铁道部鉴定中心组织新建云桂铁路初步设计审查会上，专家组认为文山州境内站位方案基本可行。文山州境内靠近县城附近设置

铁道部副部长陆东福视察云桂铁路丘北站站址

站点方案得到正式确定。1月9日以正式文件送达中铁二院工程集团有限责任公司、省铁建办和铁道部鉴定中心。面对文山境内云桂铁路征地拆迁所需的大量资金，文山州争取以省铁路投资公司“统贷统还”为主的方式，做好政府信用贷款准备，实现省、州联动，共同推进新建云桂铁路征地拆迁资金筹集任务，及时向省人民政府提出6.76亿元的资金需求，提出征地拆迁资金贷款计划。12月27日，国家铁道部在昆明举行开工建设动员大会，省委书记白恩培宣布云桂铁路云南段工程开工。

【政府还贷二级公路建设】 6月18日，州人民政府召开全州政府还贷二级公路项目推介暨建设协调会，传达国家、省有关取消政府还贷二级公路建设的政策、文件精神，对文山至麻栗坡至天保（含兴街－西畴）、文山—马关—都龙、珠街—广南—广西西林界3条393.7千米、概算总投资43.4亿元（文天二级公路186.438千米，概算总投资22.28亿元；文都二级公路97.33千米，概算总投资10.13亿元；珠西二级公路109.941千米，概算总投资10.99亿元），涉及全州5个县18个乡镇的政府还贷二级公路项目作推介说明，要求各金融部门积极向上汇报，申请贷款规模，争取资金支持。6月30日至7月4日，省公路局局长吕云锋带领调研组一行13人到文山现场调研文天、文都、珠西3条拟建政府还贷二级公路项目，听取了州委、州人民政府的工作汇报。7月4日，州人民政府与省公路局在文山签订文天、文都政府还贷二级公路合作建设协议。7月27日，州人民政府召开全州政府还贷二级公路建设领导小组第一次会议，成立州人民政府还贷二级公路建设领导小组，州人民政府与州发改委、交通局、文山公路管理总段、国土资源局等14个部门签订相关工作目标责任书。8月3日，州人民政府与省人民政府签订文山州3条二级公路建设工作目标责任书，要求工期时间务必在2011年6月30日前建成并审计锁定债务。8月4日，州人民政府与省公路局在昆明签订珠西二级公路合作建设协议和文天二级公路合作建设补充协议。8月28日，州人民政府召开全州政府还贷二级公路建设征地拆迁动员大会，州人民政府与文山、西畴、麻栗坡、马关、广南县人民政府及州交通局、州国土资源局、州林业局签订工作目标责任书。9月28日，州人民政府、省公路局在广南召开省州合作建设文山二级公路进场动员大会。文天、文都、珠西二级公路建设指挥部组建进驻完毕，共有42个合同段（含县城过境段路基工程21个合同段），要求各施工单位在10月中旬全部进场。12月7日，州人民政府在广南召开全州政府还贷二级公路建设现场推进会，听取文山、西畴、麻栗坡、马关、广南县人民政府还贷二级公路建设工作情况汇报，通报进展情况，分析研究当前存在的困难和问题，明确下步工作目标和要求。12月22日，州人民政府召开文都、文天政府还贷二级公路建设安全保通工作会议，研究修订各县安全保通方案，印发州人民政府关于进一步加强全州政府还贷二级公路安全保通工作的通知。

【重点项目建设】 普炭一级公路。普者黑－炭房一级公路全年累计完成投资6.4亿元，占年计划投资6.14亿元的104.2%，占概算总投资14.7亿元的43.5%。富宁港建设。富宁港一期工程全年完成投资8 638万元，占年计划投资的

108%；累计完成投资11 131万元，占概算总投资18 037.75万元的62.0%。

【“两通”工程建设】 全年争取通畅工程24条640.1千米（含2008年预计划安排的480千米），总投资3.68亿元；通达工程164条1 728.6千米，总投资3.43亿元；第二批扩大内需项目4条93千米，总投资5 153万元。2008年续建项目通畅工程5条150千米，总投资1.04亿元；第四季度扩大内需项目2个3条段26千米，总投资2 930万元。到2009年底通达工程已全部完工；通畅工程累计完成投资2.94亿元，占计划投资的75.26%。另外，全年组织竣（交）工验收通畅工程及财政转移支付项目12个289千米，通达工程156个1 337.8千米，并对丘北县2008年通达工程19条段180.24千米进行质量检测，争取尽快纳入国家管养获取经费。

【项目前期工作】 邀请省人民政府投资项目评审中心到文山评审通过36个1 246.4千米农村公路路面改造工程可行性报告；蒙文砚高速公路通过招标方式进行项目前期的8个工可支持报告，已完成项目建议书评审和通过工可评审；平天高速公路、富宁—田蓬口岸、师宗以且—丘北二级公路项目前期工作取得阶段性成果。

【农村公路管理养护及体制改革】 全年全州检查考评里程8 343.995千米，其中县道2 478.409千米，计划优良路率50.0%，检查优良路率50.8%，比上年上升0.8个百分点；乡道自查优良路率34.2%；村道自查优良路率18.6%。全州102个乡镇农村公路管理所统一更名为交通运输管理所。农村公路管理养护试行“以奖代补”办法，调动县乡村及沿线群众参与农村公路管理养护的积极性。组织开展未纳入统计村道里程专项调查，上报争取纳入国家养护管理里程。加强水毁统计上报和应急抢险保通工作，提高应急处置能力。

【农村客运】 8县按照《文山州人民政府关于加快发展农村客运实施意见》、《文山州农村客运划片经营、客运站场设置及运力投放规划》和与州政府签订的《文山州农村客运“十一五”站点建设责任书》，抓好辖区内农村客运划片经营、客运站点建设、运力投放，统筹发展城乡公交。全年全州新开通农村客运班线66条，投入运力288辆，完成2个中心客运站点建设。

【交通改革】 在城市出租车的管理上，提出坚持“先接管后理顺、先理顺后发展、先稳定后整顿、先清理后规范”的原则，完成城市出租车管理职能移交。在机构改革上，争取运政系统实现参公管理，继续做好机构升格的申报工作，上报州交通运输局机构改革方案，增加细化职能，争取增设部分科室和增加人员编制。在政策机遇上，按照省人民政府逐步有序取消政府还贷二级公路收费的要求，争取文山州人民政府还贷3条二级公路项目的实施，同时对平文、砚文二级公路进行债务审计锁定，从2010年1月起调整降低收费标准。

【路政管理】 全年各级路政机构共上路巡查12 135天（次），办理行政许可40件，查处各类路政案件291起，收回被侵占路产12 688平方米，路政案件查处率为85.1%，路产恢复率为90.7%，公路红线控制率为89.79%。

【治理超限超载】 全州共有9个治超站（点），超限治理范围覆盖平文线、平船线、马兴线、国道323线平远—罗村口段、文都线，全年共检测车辆331 120辆。

【安全生产】 全年全州道路运输安全生产指标均在控制数以内。比上年肇事责任频率7.56次/百车，下降16.28%；死亡责任频率0.48人/百车，下降32.39%；受伤频率0.75人/百车，下降39.02%；经损频率15.8万元/百车，下降21.08%；职工因工千人重伤率和死亡率、火灾事故发生率均为零；水上运输、公路建设、公路养护管理没有安全事故发生。

【运输企业】 全年文山交通运输集团公司共完成营业收入5.38亿元，为计划的119.56%，比上年增长12.96%。其中：运输收入3.77亿元，比上年增长4.39%；销售收入1.23亿元，比上年增长46.09%；其他业务收入3695.87万元，比上年增长27.81%。实现利润560.89万元，比上年增长15.33%，上缴税费2 068.43万元。在岗职工年人均收入达到20 136元，比上年增加882元，增幅为4.6%。

【道路车辆客运市场】 全州共有省际客运班线46条，车辆141辆，营运里程40 195千米，市际客运班线47条，车辆231辆，营运里程10 969千米；县际客运班线111条，车辆587辆，营运里程13 389千米；县内班线178条，车辆1 259辆，营运里程8 974千米。

【打击非法营运】 3月15日至5月20日，组织开展打击“黑车”等非法从事出租汽车经营专项治理活动。全州运政系统共出动执法人员5 855人（次），检查车辆20 564辆（次），查处违章行为662起（其中非法从事出租汽车经营100起、非法从事客货运输经营351起、无从业资格证211起）。

【车辆技术管理】 全州拥有机动车维修业户1 210户，比上年增加4户，其中一类业户4户，比上年减少1户；二类业户78户，比上年增加1户；三类业户878户，比上年增加10户；摩托车维修业户250户，比上年减少6户。全年全州维修部业共完成产值13 588.8万元。其中一类业户完成产值528万元；二类业户完成产值4 492.8万元；三类业户完成产值6 828万元；摩托车维修业户共完成产值1 740万元。营运车辆检测49 981辆（次），其中等级评定技术检测18 879辆（次）；二级维护竣工质量检测31 102辆（次）。

【机动车驾驶员培训及从业资格培训】 全州拥有机动车驾驶培训机构15个，比上年增加4个；教练车529辆，比上年增加94辆；教练员614人，共培训各类机动车驾驶员16 226人；共培训考核合格道路运输从业人员7 378人，比上年增加1 200人。

【国际道路运输车辆管理】 全年中国天保口岸出入境车辆共7 118车(次)。其中：中方客车2 143车(次)，完成旅客运输量17 144人(次)，旅客周转量214.3万人千米。中方货车4 975车(次)，完成货运量149 250吨，货物周转量1 865.6万吨千米。越方客车190车(次)，完成旅客运输量1 520人(次)，旅客周转量19万人千米。越方货车496车(次)，完成货运量14 880吨，货物周转量21.7万吨千米。

【领导名录】
局　长　王占明
副局长　曹　勇
　　　　周世坤
　　　　代光辉(彝、兼总工程师)
文山普者黑机场总经理　李荣豪

(沈　良)

城乡建设

【简　述】 2009年，全州建设系统把解决民生作为重要的工作职责，加大保障性住房建设力度，加强城镇规划建设管理，加快以治污设施项目为重点的城镇基础设施建设，完善城镇功能，城镇环境的改观，建筑房地产业健康发展，城镇化进程明显加快。全年共完成城镇建设投资总额实现66.06亿元，比上年增长23.0%；争取到各类补助资金6.85亿元，是上年同期的5.74倍。

【城乡规划编制和监督实施】 开展州域城镇体系规划和"文砚平"城市群规划编制，规划大纲已组织审查通过。指导完成文山、丘北、西畴县城总体规划的编制、审查和上报工作，指导完成砚山、马关县城市总体规划的修编工作，督促启动麻栗坡、富宁和广南县城市总体规划的修编工作。督促指导各县开展乡镇总体规划修编、专业规划、控制性详细规划、社会主义新农村规划以及重点乡镇和风景名胜区、历史文化名城规划编制工作。完成文山州人民政府交办的《文山州城乡规划建设管理条例》草案的起草，经州第十二届人代会第五次会议修订通过，并上报省人大审查通过颁布实施；上报并由州人民政府发布《文山州城镇规划技术管理规定》；在全州开展《城乡规划法》、《文山州城乡规划建设管理条例》等法律法规的宣传贯彻工作。深入各县开展规划调研检查工作，指导各县开展规划监察工作。

【保障性住房建设】 加快推进保障性住房建设。制订《文山州人民政府关于进一步加快保障性安居工程建设的实施意见》、《文山州城镇廉租住房出售管理办法》、《文山州农民工保障性住房管理办法(暂行)》和《文山州人民政府关于修改补充〈文山州城镇廉租住房管理实施细则〉有关条款的通知》等4个文件。2008年第四季度新开工廉租住房581套29 050平方米，总投资3 480万元。文山州有6个县实施，6个项目已于2008年底至2009年2月全部开工建设，2009年底前已全部竣工，完成投资3 540万元。2009年省下达文山州廉租住房建设任务是10 007套500 000平方米(含农垦系统630套31 500平方米)。实际建设10 210套521 369平方米，总投资预计60 305.1万元。所有项目已于4月前全面开工建设，到2009年底完成投资50 333.5万元，占总投资计划的83.46%，竣工7 077套361 481.8万平方米，占省下达计划的72.3%，超额完成省人民政府确定的2009年12月底完成投资额的60.0%以上，竣工面积不得少于50.0%的目标。

廉租房

【城镇基础设施建设】 以2010年全省运动会在文山召开为契机，抓好以文山县、砚山县和富宁县为重点的重大建设项目，加快文山体育城二期工程、城市道路畅通工程等城镇市政基础设施和公益项目建设。抓好州委、州人民政府办公楼项目的建设和管理工作。2009年，共完成城镇建设投资总额66.06亿元，超额完成与州人民政府签订的66亿元的固定资产投资任务，比上年增长23.0%。其中：市政基础设施完成投资8.29亿元；房地产开发工程完成投资28.89亿元；公共建筑工程完成投资7.64亿元；廉租住房建设完成投资5.03亿元；私人建房完成投资14.48亿元；农村民居地震安全完成投资1.73亿元。

【治污设施项目建设】 省人民政府与州人民政府签订的2008年度4个治污建设项目中，丘北县生活垃圾处理项目已完工并于2008年进入试运营；文山县污水处理厂(二期)及排水管网项目2009年7月30日开工建设，完成投资1 646.4万元；富宁县生活垃圾处理项目2009年8月25日开工建设，完成投资886万元；马关县生活垃圾处理项目2008年12月22日开工建设，完成投资629万元。2009年2月，省、州人民政府签订的《云南省2009年城镇污水生活垃圾处理设施项目建设目标责任书》中明确年内启动的8个项目在2009年内全部开工。其中：广南县城市生活垃圾处理工程9月17日动工建设，完成投资450万元；富宁县城市污水处理厂及配套管网工程9月24日动工建设，完成投资886万元；砚山县排水管网工程11月28日动工建设，完成投资250万元；西畴县城市生活垃圾处理工程12月20日动工建设，完成投资316万元；丘北县城市污水处理厂及配套管网工程12月23日动工建设，完成投资450万元；广南县城市污水处理厂及配套管网工程12月25日动工建设，完成投资165万元；砚山县城市生活垃圾处理工程12月28日动工建设，完成投资100万元；麻栗坡县城市生活垃圾处理工程12月28日动工建设，完成投资60万元。

【小城镇建设】 启动重点中心集镇建设，编制集镇近期建设规划，制定近期工作计划和落实建设项目；启动旅游小镇建设工作，完成《普者黑旅游小镇修建性详细规划》、《八宝旅游小镇总体规划》、《坝美旅游小镇总规修编》、《麻栗坡县天保旅游小镇总体规划(2010－2025)》等规划项目。丘北普者黑国家级风景名胜区总体规划顺利通过国家级审查；抓好农村民居地震安全工程建设。完成投资17 337万元，完成拆除重建2 800户，加固改造6 500户，竣工率100%。；抓好农村危旧房改造工作。向上争取到农村危房改造指标8 930户7 980万元。拟制《文山州2009至2011年农村危房改造工程建设规划》、《文山州2009年农村危房改造工程建设实施方案》并下发各县执行，全面启动了农村危房改造工作，2009年底已完成投资15 020万元，竣工2 900户，其中：拆除重建2 400户，加固改造500户；起草《〈文山州新农村民居建筑设计方案图集〉推广方案》，并上报州人民政府；引导各县抓好州定的各个新农村建设试点村的规划工作。

【城乡建设招商引资】 做好城镇建设项目储备和前期工作，积极向国家和省申报。2009年共争取到各类补助资金68 498万元，是上年同期的5.74倍。其中住房保障(廉租房建设和租赁补贴)30 541万元，农村危房改造补助资金达7 980万元，城镇治污工程补助资金25 877万元，农村民居地震安全工程补助资金4 100万元。全年，全州共争取到廉租住房年度建设指标50万平方米，占全省总量的八分之一，争取中央和省补助资金2.5亿元；争取到农村危房改造指标8 930户，占全省总量的近七分之一，争取资金7 980万元。两项指标在全省16个州市中排名第一。

【投融资平台搭建】 6月30日，州人民政府与省水务产业投资有限公司签订治污项目合作框架协议。省水务产业投资有限公司与州城乡投资开发有限公司组建了州水务产业投资有限公司。11月10日，马关县政府与州水务产业投资有限公司就治污项目投资合作建设举行签字仪式。

【房地产业管理】 修改完善《文山州物业管理实施办法》、《文山州房地产中介机构管理办法》及《文山州住宅室内外装饰装修管理办法》等一系列措施和办法，并广泛征求意见。《文山州物业管理实施办法》举行听证会。召开全州房地产工作座谈会和全州房地产业协会第二届会员代表大会，合理引导房地产投资与消费。整顿规范房地产市场秩序，发展住房二级市场和房屋租赁市场。全年，全州完成房地产开发投资28.89亿元。共有房地产开发投资建设项目103个，商品房施工面积90.85万平方米，其中新开工面积47.06万平方米，竣工面积52.48万平方米。全州实际销售商品房面积83.48万平方米，销售金额15.38亿元。

【整治规范建筑市场秩序】 坚持法定基本建设程序，规范并坚持全州建设工程项目施工许可证申报发证制度和州外建筑业企业入州登记备案制度。对文山州4家监理企业资质换证工作进行初审，开展勘察设计单位资质年检工作。切实做好项目经理资质管理制度向建造师执业资格过渡工作，全州共有243人注册领取二级建造师证、354人领到二级临时建造师证、216人已领到建造员执业资格证及印章。提高建筑企业作业人员业务素质，组织建筑业技术资格、建筑施工特种作业、质量验收规程及等级评定培训。

【建设工程质量和安全生产管理】 转变质量监督方式，将工作重点放到工程巡查和重点部位抽查，加强对参建各方责任主体的质量行为的监督。在全州8县开展建设工程质量安全执法督查工作，重点督查医院、中小学校舍、保障性住房建筑工程。共督查16个在建工程项目，其中公共建筑12项，建筑面积113 130.69平方米，住宅建筑4项，建筑面积40 119.21平方米，针对存在问题，提出初步处理意见，并签发《建设工程安全质量执法督查意见书》8份。

【建筑安全生产工作】 开展建筑施工安全专项整治及安全生产隐患排查治理专项行动；强化塔机和物料提升设备的监督管理；加大对施工现场的安全监管力度；加强企业安全生产许可证动态管理，坚决禁止无证企业从事建筑施工活动；开展了以“关爱生命、安全发展”为主题的6月安全生产月活动；开展安全生产大检查活动，对重点项目、重点部位等进行严格监控，督促监理单位履行安全监理职责；邀请省建筑安全生产专家指导组，对8县在建工程进行为期半个月的建筑施工现场指导和培训。全州建设系统全年未发生安全生产事故，无死亡。

【建设领域节能减排】 开展民用建筑节能工作，大力推广免烧砖、节能灯等节能节材新型材料，大力宣传国家有关建筑节能标准，从设计环节入手，按照民用建筑节能强制性标准对施工图设计文件进行审查，提倡、鼓励使用节能效果好的新技术、新材料、新工艺，对不符合民用建筑节能强制性标准及《建筑节能工程施工验收规范》(GB50411—2007)的，不予竣工验收和投入使用。

【有形建筑市场管理】 贯彻执行招投标法律、法规和省、州整顿规范建筑市场的工作要求，加大招投标工作透明度，促进有形建筑市场健康发展。在加强招投标监管的同时，依法查处违法违规行为。2009 年，全州共完成建设工程交易项目 185 个，比上年增长 2.04 倍，建筑面积742 908.93平方米，交易金额89 287.28万元，通过招投标共节约国有资金 573.2 万元。

【建设领域工程款清欠工作】 加快清理政府投资项目余下工程款和社会投资项目拖欠工程款，完善防止产生新拖欠的长效机制。通过与砚山县清欠办的共同努力，解决了砚山县劳动和社会保障局办公大楼拖欠工程款 204 万元的清欠工作。积极配合劳动和社会保障部门，做好在建工程按时发放农民工工资保障工作，切实保障农民工的合法权益。

【领导名录】
局　长　杨秀德
副局长　张联宏(~9)
　　　　彭　斌
州规划局局长　李庆明

（蒋茂军）

水利水电

【简　述】 2009 年全州共完成水利水电投资132 713万元，占省水利厅下达计划的 106.2%，其中，水利投资完成57 713万元，占计划的 115.4%（水利基建投资完成32 160万元，占计划的 128.6%，小农水投资完成25 553万元，占计划的 102.2%）；水电投资完成83 171万元，占计划的 110.66%，（电源点建设投资57 209万元，电网建设投资25 962万元）；新增有效灌溉面积5.7万亩，占计划的 126.7%；中低产田改造 2.6 万亩，占计划的 433.3%，完成基本农田建设 7.75 万亩，占计划的 101%；解决饮水安全 14.25 万人，占计划的 109.6%；治理水土流失面积 143.96 平方千米，占省下达任务 140 平方千米的 102.83%。新增地方水电装机 17.38 万千瓦，占计划的 104.28%；完成发电量 46 亿千瓦时，占计划的 99.13%。

【重点工程】 “润滇”工程项目文山暮底河水库通过省组织的竣工验收；广南八宝水库全部完工，正进行竣工验收准备；富宁清华洞水库二期工程全部完工，进行试蓄水；马关达号水库输水洞全线贯通；布都河水库、以腻资水库、南油水库开工建设；广南那马、西畴团结等小（1）型水库建设进展顺利。

【项目前期工作】 完成文山州水资源综合规划、全州饮水安全规划、平远、丘北大型灌区建设规划、以及小型病险水库和病险水闸除险加固、中小河流近期治理、中低产田地改造、雨水集蓄利用、节水灌溉规划等。水利发展“十二五”规划编制工作已完成 10 个重大课题研究和规划思路报告的编写上报。筹措了3 000万元的项目前期费，专项用于开展前期工作，第一批1 500万元资金已下拨到项目县。全州踏勘初选 217 件水利项目，确定为“1131”水源工程（即 1 件大型、10 件中型、30 件小（1）型、10 件小（2）型）开展前期工作。德厚大（2）型水库项目建议书已完成，中型水库广南那榔完成项目建议书和水资源论证报告编制，并通过省水利厅的审查，文山锁龙桥水库基本完成项目建议书，其它中型水库均已开展了水文观测、地形测量和地勘等工作。完成砚山阿额、马关马洒、砚山白龙山、丘北扭倮、富宁光辉等一批小型水库可研报告和初设。

【农田水利】 2008 年冬 2009 年春，全州投入农田水利建设资金43 399.45万元，其中水利资金24 499.86万元、以工代赈 817 万元、烟草 9 987.21 万元、国土 3 981.69 万元、扶贫 1 087.69万元、农业综合开发2 168万元、其它资金 840 万元。

云南省山区水利发展与改革示范区文山县黄龙片区中低产田地改造项目暨全州农田水利建设

截至 4 月 25 日，全州累计完成投资43 368万元，占计划的 120%，比上年增长 74.0%，其中中央18 198.19万元，省级 15 219.43 万元，州、县、乡 5 269.51 万元，群众自筹 4 588.79万元，其他投资 1 410.56 万元；投入劳动工日 2 837.28万个，出动机械台（班）4 万个；完成土石方1 778.77万立方米，修复水毁工程3 717处，建设干支渠 254.44 千米，田间渠道 283.7 千米，加高加固堤防 3.17 千米，疏浚河道 10.16 千米，清淤渠道1 501千米，除险加固水库 19 座，建设村镇供水工程 191 处，新建塘坝 6 处，水池、水窖14 188口（眼），新增蓄水能力 197.02 万立方米，新增灌溉面积 5.69 万亩，占计划的 88.0%；改善灌溉面积 20.66 万亩，占计划的 88.0%；新增除涝面积 0.05 万亩，改造中低产田地 6.73 万亩，新增节水灌溉面积 3.66 万亩，年新增节水能力 241.5 万立方米，治理水土流失面积 90.36 平方千米。新增供水受益人口 14.33 万人及 4.43 万头大牲畜，占计划的 100%。

【除险加固】 全州第二批病险水库除险加固工程计划投资9 549.89万元，其中，中央补助4 785万元，省级补助1 479万元，州县自筹3 285.89万元。实际到位资金8 608万元，实际完成投资7 974万元。其中，丰收中型水库除险加固工程总投资2 262万元(中央1 505万元、省补379万元、州县配套378万元)，目前，到位资金1 884万元(中央1 505万元，省级379万元)，工程于2008年11月开工建设，全年完成土石方开挖7.97万立方米，砼0.61万立方米，防渗68 768米，帷幕线长2 242米，防渗工程已完成，完成投资1 250万元。重点小型病险水库除险加固工程完成了洪峰坝、鱼泽坡、回龙、路德、灿可、绿差塘、干龙潭、龙骨山、牡宜、波么、砂坝等11座，工程总投资7 287.89万元。全年累计完成土石方开挖23.96万立方米，砼2.7万立方米，防渗处理40 968.95米，实际完成投资6 724万元。同时，文山暮科格、砚山新民、黑所等10座(1)型和174座小(2)型病险水库完成大坝安全鉴定。其中，已完成32座小(2)型病险水库的初步设计和审查工作。

【抗旱防汛】 年内，全州发生较严重的春旱，全州农作物受旱面积184.09千公顷，受灾面积79.96千公顷，其中成灾71.01千公顷，绝收8.95千公顷；因旱造成25.93万人、9.85万头大牲畜饮水困难，损失粮食9.18万吨，经济作物损失6 180万元。向省汇报争抗旱经费170万元(其中：中央特大抗旱补助费70万元，省级抗旱补助经费100万元)投入抗旱。各级抗旱组织充分利用抗旱设备，深入乡(镇)帮助群众抗旱浇灌，推广“FA”旱地龙。全州投入抗旱人数66.70万人(次)，投入机电井204眼，泵站77处，机动抗旱设备22 040台(套)，运水车4 071辆，抗旱用电13.9万度，抗旱用油118.97吨。抗旱浇灌面积37.58千公顷，临时解决25.93万人、9.85万头大牲畜的饮水困难，挽回粮食3.39万吨，挽回经济损失1 839万元，有效地减轻了干旱造成的损失。

全年全州洪涝灾害受灾人口17.73万人，因灾死亡4人，倒塌房屋230间，农作物受灾17.07千公顷，成灾11.61千公顷，绝收2.27千公顷，减收粮食0.25万吨，损坏水库2座，提防决口4处262米，损坏护岸4处，损坏灌溉设施89处，冲毁塘坝3座，水利设施直接经济损失281万元，乡村公路中断33条次，供电设施中断7次，洪涝经济总损失5 887万元。入汛以来全州各级各部门共投入防汛抢险3 610人(次)，投入防汛抢险经费84万元，消耗编织袋2.19万条，砂石0.05万立方，抗灾用油3.09吨，减淹耕地0.13千公顷，避免粮食减产0.017万吨，减少受灾人口0.48万人，转移群众22人。全州共组织业余抢险队伍8支495人，储备草袋、麻袋、编织袋共18万条、桩木1 551立方、块石2.2万方、砂石1.75万方、冲锋舟1艘，橡皮舟1只、救生衣460件、救生圈270只，价值约400万元。

【国际界河治理】 中央和省从扩大内需中分两批安排文山州3县国际界河治理项目，总投资1 500万元。第一批扩大内需安排国际界河治理总投资750万元，涉及麻栗坡、马关两县的盘龙河、南北河。完成投资750万元，占计划数的100%，新建河堤1 200米。其中，麻栗坡天保国际河流治理完成投资325万元，占计划数的100%，新建河堤270米；马关国际界河治理完成投资425万元，占计划数的100%，新建河堤930米。第二批扩大内需安排国际界河治理总投资750万元，涉及麻栗坡、马关、富宁3县的盘龙河、畲河、南利河。工程已全部完工，完成投资744.19万元，新建河堤1 100米。其中，麻栗坡天保国际河流治理完成投资250万元，新建河堤180米；马关国际界河治理完成投资299.14万元，新建河堤600米；富宁国际界河治理完成投资195万元，新建河堤320米。

【水土保持】 全州共完成水土流失综合治理投入3 553万元，完成水土流失综合治理面积143.96平方千米，占省下达治理任务140平方千米的102.83%，其中：基本农田29.49平方千米，种植经济果木林33.03平方千米、水土保持林25.65平方千米，封禁治理43.31平方千米，植草2.23平方千米，其他措施10.25平方千米。新实施生态修复面积落实治理管护面积39.5平方千米。修建拦沙谷坊48座，小型水利水保工程422件，共完成土石方开挖72.3万立米，组织和发动群众投工投劳87万个。

【监督执法工作】 全州共审查、审批开发建设项目水土保持方案76个，其中上报省厅审批13个，州局审批10个，县局审批53个。组织验收开发建设项目水保设施10个。开展矿山、电站等开发建设项目水土保持监督执法检查300余次，查处水保案件13起，督促建设单位投入水土流失治理3 000多万元，征收水土保持“两费”122.37万元。共清理登记2003年以来各类开发建设项目1 010件，其中已按要求向水行政主管部门编报水土保持方案报告书(表)的有483件，占应编报数的48.0%，未编报审批项目527件，已申请并组织水保设施验收35件。在督查及整改工作中，已下发书面整改通知书295份，提出整改意见187条。8月中旬协调项目编制单位完成了文山—船头、文山—都龙、珠琳—西林三条四段二级公路水保方案的编制上报工作。9月，这三条四段二级公路水保方案已通过了省交通厅和省水利厅组织的审查审批，确保公路项目的开工建设。

【水电建设】 全州共完成地方水电投资83 171万元，占省水利厅下达计划的110.66%，其中，电源点建设投资57 209万元，电网建设投资25 962万元，新增地方水电装机17.98万千瓦，占省水利厅下达计划的123.45%，地方水电年末拥有装机达到115.34万千瓦，拥有110千伏变电站26处136.7万千伏安，线路1 952千米，35千伏变电站82处50.8万千伏安，线路2 557千米，10千伏线路18 745千米，低压线路23 264千米，乡、村、户通电率分别达到100%、100%和99.46%，全年完成发电量46亿千瓦时，占省水利厅下达计划的99.13%。售电量85.44亿千瓦时，售电总收入21.05亿元，上缴税金1.26亿元，实现利润5.7亿元。

【管理改革】 全州农村小型水利工程管理体制改革思路，起草了《文山州人民政府关于农村小型水利工程管理体制改革实施细则》和《文山州农村小型水利工程管理体制改革实施方案》，选取砚山县为省州试点县，并在其它7县各选1个乡镇开展试点工作。9月11日，在砚山召开全州农村小型水利工程管理体制改革暨省州试点县工作启动会议，州县政府领导、水务局的有关领导以及砚山县村民委以上干部共220多人参加会议；11月4日召开全州农村小型水利工程管理体制改革工作推进会议。

【水价改革】 全州小(1)型以上工程全部完成成本测算工作，拟调整的非农供水价格已达到核定供水成本，农业供水价格达到核定供水成本的30.0%以上。同时，加快新水价的实施听证，文山、砚山、麻栗坡、丘北、富宁5县城供水水价先后出台；推进西畴县兴街片区和广南县水价改革试点。

【农村用水户协会】 全州共成立用水户协会516个，其中已挂牌330个，覆盖全州654个村寨，涉及人口278 537人，灌溉面积26 992亩。

【依法行政】 完成《文山州水工程管理条例》的修订，上报省人大待批；规范行政许可审批，对州级水行政主管部门的行政许可和审批事项进行彻底的清理，行政审批事项精简为20项，其中行政许可审批17项，非行政许可审批3项，审批时限为15日，上报州政府审核确定并在州政务网上公布；加强水资源管理保护，严格实施建设项目水资源论证制度，督促取水项目业主编制水资源论证报告书，按程序组织审查审批和上报审查，那榔水库、花坝子界河水电站、新六郎洞地下水发电站3户项目水资源论证初审上报省水利厅，州内组织审查审批了布都河水库、木贵电站等建设项目水资源论证5户；强化取水许可监督管理，完成了与红河州界河取水的工程拉气电站、那么果河电站、法果电站取水许可申请的审查及上报，配合省水利厅组织完成拉气电站取水许可设施验收及取水许可证的发放工作，组织广南、丘北对州内县际界河猴爬岩电站的取水许可现场验收和许可发证工作，协助省水利厅在文山举行全省首次取水许可审批听证会议；水法制宣传教育不断深入，以“世界水日”、“中国水周”宣传活动为契机，围绕“落实科学法制观，节约保护水资源”为主题，以《水法》、《防洪法》、《水土保持法》、《水污染防治法》、《取水许可和水资源费征收管理条例》、《入河排污口管理办法》、《文山州水资源条例》等为重点，采取播放“人、水、法”光碟，以案释法，张贴宣传画、悬挂布标、设置咨询点、出动宣传车等形式多样开展水法制宣传，与州普法办、国土局、文山日报社等单位联合举办了法律法规知识竞赛。

【领导名录】

局　长　陈育良

副局长　吴盛华

张自英(女)

王春俊

金　波(回)

唐大能

王祖鹏(回)

纪委书记　钟云生

(马　平)

文山州境内有哪些矿产

文山州矿产受红河深大断裂和文山、麻栗坡、富宁断裂的控制，沉积环境、地层层序和陆源物质基础等因素的影响，矿产资源丰富，品种较为齐全，遍布各县。有色金属得天独厚，是"云南有色金属王国"的重要组成部分。

全州500余个大中小型矿床和矿点星罗棋布，分散在各县境内，各具特点，均有开发前景。马关县都龙锡矿，是一个大型多金属矿床，有22种有用元素，9种具有工业价值，其中锡矿为大型，锌矿为超大型。砚山县斗南大型锰矿床，矿石质量优良，开采条件较好。广南县木利大型锑矿床，具有易采易选易冶炼等优越条件。全州11类50余种矿产。主要矿产有：

黑色金属：锰、铁、钛、铬；

有色金属：锡、锑、钨(白钨、黑钨)、铅、锌、铜、铝、镍、钴、汞；

稀有金属：铍、锂、铌、钽、锆；

贵重金属：金、银；

分散元素：锗、镓、铟、镉、硒、碲；

放射性元素：铀；

冶金辅助原料：耐火粘土；

化工原料：磷、硫、钾长石、蛇蚊石、砷、重晶石、毒重石、硅石；

建筑材料及其他非金属：石灰石、石棉、石墨、石膏、滑石、膨润土、漂白土、刚玉、天然油石、沸石、大理石、白云石；

特种非金属：水晶、冰洲石、云母；

燃料矿：煤(褐煤、无烟煤)。

1995年，全州有大型矿床14个、中型矿床22个、小型矿床119个、矿点391个。

信息化建设

责任编辑　蹇泓钰

2009 年 6 月 7 日开展高考保障监测工作

电子政务

【简　述】 2009年全州电子政务以构建透明政府、搭建政府与群众沟通桥梁、推动政府信息公开、“阳光政府四项制度”网络发布平台及构建政务信息查询96128专线平台、为政府及政府领导通过视讯会议系统实现会议电子化。

【构建透明政府】 全年通过政府门户网站发布政务活动、行政审批等政务信息19.5万条。文山州人民政府网目前访问人数已达到2 700万人(次)，日均访问量达到4万余人(次)。还通过在全省统一的平台上构建文山州人民政府政府信息公开专网及各级各部门政府信息公开专网748个，公开各类政务信息7万多条。

【“阳光政府四项制度”技术平台建设】 年内完成全州“阳光政府四项制度”网上发布系统的建设及各级各部门工作人员的使用培训，全年共注册管理四项制度用户2 024个，用户密码2 024个，为“阳光政府四项制度”的实施提供坚实的网络平台和技术与培训支持。全年共发布重大决策听证事项46项、重要事项公示1 058项、重点工作通报2 101次、政务信息查询6 684人(次)。主导完成全州政务信息查询96128专线平台建设，全年转接群众查询电话6 505次，转接成率达到93.05%，用户满意率达98.06%。

【建议提案办复】 全年收到群众来信、留言、意见、建议收集2 000多条，办理并在网上发布人民代表建议和政协委员提案共238件，办复率达到100%。

【会议电子化】 年内，州人民政府6楼视讯会议室共召开各类会议110余次，所有会议实现音像全程录制，现场收看、机关局域网内120多台电脑终端同时在线收看，会后查看。由省网管中心统一规划建设的另一视频会议系统全年召开35场(次)，主要是承载《时代知识前沿讲座》。砚山、马关、富宁、麻栗坡、广南及文山县6个县人民政府办公室开通从县到乡镇的视讯系统。

【收发文电子化】 通过内部办公系统，州人民政府办公室机关文件传阅电子化572份，每份文件传阅时间由纸质形态的3个月左右缩短为15天左右；文件制发形成的18个要素可全部实现网上完成，全年利用内部办公系统制发电子文件799个。

【网络信息安全建设】 在省安全厅信息安全测评中心的指导下，对中心机房硬件和软件都进行安全加固：对门户网站的开发工具进行更新、对数据库进行重新架构，购置四台服务器对门户网站、部门网站群、政府办机关办公系统、全州公文交换平台进行双机热备份。每天下午5点进行离线人工备份，以保证数据的安全和完整。

【领导名录】
主　任　万琼芝(女)

（杨建波）

邮　　政

【简　述】 2009年全州邮政工作以发展为主线，以市场为导向，不断进行企业制度创新和运行机制创新，加强企业精细化管理，提升企业核心竞争能力，推进“围绕一中心，强化两个创新，贯彻三个方针”的“123”发展战略，实现文山邮政新的发展和超越。全州邮政业务总收入实现8 616万元；收支差额完成省公司下达的计划；全员劳动生产率达到11万元；全州邮政年度“用户满意度”达到85分以上；全州邮政文明单位创建率达到100%。全州邮政累计完成业务收入7 344.37万元，比上年增长14.48%。

【“大函件”业务】 成功开发以名址库信息为支撑的客户产品推广、市场拓展、售后服务等数据库商函业务；加强全州住房公积金帐单业务的开发、维系和拓展工作；全力拓展贺卡业务，全州共揽收定制型贺卡29.93万枚；全面启动“祖国，我想对你说”第五届少儿书信大赛活动；为丘北普者黑风景区制作“幸运邮天下”门票5万枚；利用《特别文摘》和《农村百事通》广告插页，打造新的邮送广告业务，促进函件业务的跨越式发展。

【包裹业务】 由于受市场价格和干线邮路结算的压力，全年包件业务下降幅度较大，比上年下降32.04%。

【报刊业务】 全年完成报刊破续订流转额84.18万元。重视教材发行业务，圆满完成春季、秋季小学免费教材和初中非免教材的发行征订、仓储、运输、配送等工作，确保学生“课前到书，人手一册”。采取强力措施开展一年一度的报刊大收订工作，收到了实效。

【集邮业务】 年内，在没有开发出州内邮品的情况下，注重其它个性化项目的营销工作，不断遏制集邮业务下滑态势，但此项业务依然下降16.31%。

【邮票销售】 2009年是己丑牛年。1月5日，中国邮政集团公司在全国统一发行《己丑》(牛年)生肖特种邮票。仅两天时间，1 200枚生肖邮票便销售一空。“己丑年”邮票是第3轮生肖系列邮票中的第6套。

【代理代办及信息业务】 扩大与移动公司的合作范围，在继续做好代售卡、代放号、代收话费、以及完善合作营业厅建设的同时，瞄准“三农”大市场，抓住地方政府实施“万村千乡工程”和电信运营商的竞争由城市转向农村的难得机遇，在全州各乡镇网点开展“预交话费送农资”活动。利用邮政现有短信平台资源发展短信业务，全州在网用户达到71 621户。积极启动彩票代销和机票代售业务。

【速递物流业务】 面对激烈的速递业务市场竞争环境，全州邮政在经营方式上从坐商改为行商，实行灵活经营，速递营业前台进入各办证厅，实行“上门揽收＋亲投到户”的经营方式，解决了两个接入端的问题。大力开发和拓展交警、金融、税务、法院、运政等单位的单、证、照业务。

【物流业务】 全州邮政以“服务三农”为主题，着重发展农资分销配送业务，借力借势发展农资业务，进一步落实省公司提出的抓好“重点市场、重点项目、重点客户”的营销战略，发挥邮政“三流合一”的优势，与云南讯畅公司达成配送全州“手机终端”的配送协议。充分利用名址信息库资源优势，启动“龙行天下酒”分销配送业务。开展烟草配送工作。

【代理金融业务】 全州邮政按照“保规模促发展”的原则，采取网点营销、专业营销、全员营销相结合的营销模式，发展代办金融业务，针对邮储业务发展的季节规律，不断扩大余额规模，全州累计净增余额1.4亿元，全年绿卡累计发放6.6万户，代收保费226万元。在各县局紧密配合下，对全州骨干网点进行建设改造，实现新业务的全面推广应用。全年共发放贷款2 636万元，发展商易通用户248户。

【人力资源管理】 盘活企业现有人力资源，优化用工配置。强化依法用工的意识，增强法律意识，树立法制观念。完善企业规章制度、合理建立用工补偿机制，依法打通企业员工进出的通路。切实抓好领导班子建设，建立健全以能力和业绩为导向的评价与使用机制。合理配置人力资源，本着优化管理流程，理顺管理职能，提高管理效能，合理配置人力资源的原则，按照“三定”方案，加快推进管理扁平化，压缩管理层，精简管理人员。加强对员工培训，着力提高员工队伍的整体素质。

【网络运行】 加强对“三网”速递网、物流网、普邮网等网络资源的调整优化，做到优势互补。围绕“三化”改革实施方案，规范和完善生产管理体系。继续完善和优化作业流程、合理安排台席，加快各类邮件的传递速度。围绕网运和邮件容器“四保两提高”竞赛，加强管理和检查。做好文山下沙坝等13个网点联网信息发布系统工程，完成文山螺峰路等13个邮政储蓄网点公民身份核查系统建设、完成广域网的扩容工程、完成电视电话会议系统的改造工程。

【基础管理】 围绕全州基础管理工作中存在的薄弱环节，不断完善和加强基础管理工作，修订新的检查指标，针对全州安保人员、生产人员防毒、识毒能力、消防知识、防暴防抢薄弱的现状，开展培训演练，确保发生突发事件，职工能以最短时间、最小的代价进行妥善处置，把企业和职工损失降到最小。组织好常规检查和配合省公司做好模拟检查，按照“谁检查、谁签字、谁负责”的原则，发现问题督促责任单位和责任人在规定的时限内进行整改。

【优质服务】 主要以提高营业服务质量、投递服务质量为重点，全面落实州局提出的各项服务要求。严格执行邮政新资费标准，避免违规收费行为。充分发挥“11185”综合客户服务功能，严格落实客户投诉、建议、来访处理工作责任制，督促责任单位和责任人及时查验补退。

【电子商务业务培训】 2月20～21日，省公司电子商务局主持工作副局长唐兴一行5人到文山深入调查了解电子商务业务的发展情况，并对全州电子商务管理人员和会计人员20多人进行短信业务、票务业务方面的培训和交流。随着信息技术的飞速发展，催生了以邮政电子商务业务为主要特征的新需求和新的发展机遇。尽管文山邮政电子商务业务发展尚处于起步发展阶段，但是其高成长性、低本高效的特点及潜藏的巨大市场空间，已经成为文山邮政在社会转型期的重要战略抉择，成为文山邮政面向信息化社会培养的新型潜力业务。通过培训，文山邮政力争2009年电子商务业务有较大突破。

【技能培训演练】 2月25日，文山局组织全州各县局的安保人员、网点负责人、州局主管领导及各部门领导、相关管理人员、一线员工共66人参加禁毒、消防、防抢、防暴知识技能培训演练。为加强和提高邮政员工防毒、识毒和消防、防抢、防暴知识技能，充分发挥广大职工在预防邮政安全事故、打击违法犯罪、保护员工人身和企业财产安全，维护企业安全和稳定的作用，州局领导高度重视，组织了这次培训演练，并邀请当地禁毒支队、消防大队、公安局治安大队的领导给邮政员工传授和讲解有关禁毒、消防、防抢、防暴等知识技能，州局主管领导亲临培训演练现场，对这次安防培训、演练及今后的安防工作提出了要求。通过这次演练培训，使员工对禁毒工作学会“善应变、会辨别、能处理”的能力；对火灾事故学会“会报警、会正确使用消防灭火器材、会扑救初期火险、会自我救护”的能力；对网点、金库、押钞护卫发生异常情况学会“会使用报警设备、会应变处理”的能力；对防暴枪的使用学会“会装卸子弹、会使用、会管理”的能力。6月5日晚，文山邮政组织开展职工防抢窃应急能力演练培训，全体营业员、部分管理人员、全州检查人员、金盾保安公司驻邮政中队的全体保安人员参加了演练培训。这次培训演练，通过观看影碟的形式，让员工学习金库、网点相关人员与护卫人员款箱的交接流程；通过实际发生的惊心动魄的案例分析，使员工熟练掌握防抢、自救的处置方法，正确掌握报警设备、监控设施、护卫器械的使用时机，确保一旦发生突发事件，员工能以最短的时间、最小的代价妥善处置，确保企业的财产不受损失和员工的生命安全不受侵害。

【领导名录】
局　长　赵　琼
副局长　吴永彬
　　　　朱　涛(2～)

、(杨丽萍)

电　信

【简　述】 2009年文山州电信实现经营收入2亿多元，完成省公司计划的97.94%；其中：固网收入完成20 530万元，完成计划的96.80%，比上年负增长3.51%；移动业务收入完成进度计划的108.38%，税前利润3 220万元，收入EBITDA率43.05%。

【全业务经营】 全年共发展集团客户200多户，集团客户移动终端合计近万部，移动业务规模效益评估全省第三。完成政企客户重大项目签约17项；完成信息化项目签约36个，其中全州8县"平安城市"监控项目的成功签约，成为云南省唯一通过专网方式组网的州市，促进了"平安文山"建设，同时也为监控业务向单位、小区拓展打下坚实的基础。宽带用户净增1万多户。非话音收入占比达到51.1%，比上年提升12.8%，其中宽带收入提升7.94%；号百信息服务收入占比达到4.67%，提升3.53%；ICT收入完成852万元，占比提升2.43%，89.4%是木本项目收入。"天翼"、商务领航、我的e家品牌深入人心；服务质量有较大提高。114人工接通率、10 000号20秒人工接通率为94.27%，VIP用户接通率96.19%，均超过集团公司90.0%、80.0%的标准。商务领航客户满意度全省排名第三，宽带业务客户满意度全省排名第四，E家客户满意度排名第五。

【支撑保障能力建设】 经过第一期、第一期增补和第二期工程的建设，基站总数达到400多个。网络信号覆盖全州所有乡镇以上、高速路、重点公路和旅游景区，城区覆盖率为98.93%，比2008年10月时提升2.48%，系统接通率为98.48%，提升了2.17%，业务信道掉话率为0.77%，降低了0.19%，重要公路覆盖率为58.52%，提升了13.14%。率先在8个县城及平远、普者黑景区开通3G网络；IP网络建设稳步推进，宽带提质提速见成效。完成IP城域网出口扁平化改造和出口带宽扩容任务，IP城域网核心层由原来的两层结构改为一层结构，核心路由器直接上行至省公司核心网；IP城域网出口带宽由原来的10G扩容为20G；改造7个县分公司的带宽接入设备共7 200个端口，增强网络全业务的支撑能力；完成1.6万线的ADSL端口扩容，端口数达到9.4万线，改造和扩容的端口均可提供8M以上速率；IT支撑能力逐步提高，营销服务支撑有保障。完成商务领航产品调优及全业务套餐的测试和上线工作，强化欠费报损、信息费代收处理和结算管理，加强业务稽核，保证业务数据的准确性。加强"我的e家"产品重点服务保障指标的管控，提高"我的e家"产品维护服务质量。同时，新资源管理系统配置上线，提高对网络资源的管理能力和自动配线配号成功率。通过培训，不断提高运用IT系统的能力，有力地支撑营销服务。健全业务运营流程体系。在全州开展流程穿越活动，对有线宽带新装、E9办理、用户投诉处理等7个流程进行穿越测试，找到各流程中存在的问题，进一步理顺和优化运营流程；完善全业务营销服务体系。优化政企直销渠道，上调163个州级重要客户由州公司直接管理，选拔6名素质高、能力强、业务精的客户经理。拓展社会渠道，建立e家服务店、天翼专卖店、天翼服务站和农村1乡1店、1村1点信息服务站；加强网厅、掌厅、10000号等电子渠道建设，引导和鼓励用户使用电子渠道，提高用户业务办理的便利性；完善面向客户的运维管理体系。VIP客户服务支撑中心成立后，组建客户工程师队伍，加快运维前置，实施"嵌入式"团队管理，协同前端部门对19家VIP客户单位进行走访并对客户端设备进行巡检。

中国电信集团公司副总经理孙康敏一行到文山调研

【服务体系建设】 完善市场营销、技术骨干、行政管理三条职业通道晋升体系，制定员工岗位管理办法。理顺岗位体系，对州公司主管及部分县公司副总实行竞争上岗。开展维护骨干选拔推荐工作，通过考试和考评，推荐上报省级和州级维护骨干24人；建立和完善业务外包管理办法，加强对外包公司装、移机业务的监督和考核，完成对客服中心、物流业务人员的外包工作，减少人员41人，节约人工成本61万元，实现了减员增效；投资成本结构持续优化。加大对重点业务的投入，全年基站投入占总投资的67.4%。转型业务投资占固网投资的32.6%，比上年提升6.0%。

【审计工作】 严格执行内控制度和内控流程，加强对人、财、物的管控。对代办费、电信卡、维护费进行专项审计，对130项工程进行例行审计，审计金额3 320.77万元，审减通信工程费用金额17.5万元。

【业务培训】 年内，有194人(次)参加省公司组织的67期各种技术、业务培训，2 641人(次)参加州公司举办的33期培训，网上大学学习率达95.15%，员工综合业务素质得到提高。

【先进表彰】 9月，中国电信文山分公司市场部主任管明获得人力资源社会保障部、国务院国资委表彰的中央企业劳动模范光荣称号。

【领导名录】

总 经 理　王洪奎

副总经理　赵明洲

　　　　　窦仕奇

　　　　　漆新华

（刘富尧）

移动通信

【简　述】 2009年，全州移动通讯业务实现运营收入5.7亿元，客户规模突破了100万，在网客户通信市场份额达到70.8%。全州共建基站1 200余座，城区覆盖率达到100%，行政村的覆盖率达到100%，经济条件较好的自然村覆盖率已达到85.0%。

【市场经营】 年内，新增客户21余万户。全面启动“信息化村”整村推进工作，建设信息化新农村，开展“136移动富民工程”；扩大客户服务平台，加快营销渠道建设，自营渠道营销能力得到提升，全州共有渠道网点2 000余个，村级服务站800余个。

“136移动富民工程”推进会

【集团客户】 开展集团客户、VIP客户服务工作，加快专线业务发展，推动行业应用解决方案，提高客户满意度，集团客户稳步增长。全州集团客户达4万余户，集团成员达50余万户。

【网络质量】 围绕“质量领先、运行高效、支撑有力”打造精品网络的工作目标。加强资源投入，合理分配资源，提升精细化管理水平；做好网络优化工作。全年全州85.0%的移动基站交由代维公司进行维护，实现集中化、标准化、规范化管理模式，进一步提升网络质量。

【服务质量】 扩大服务平台，继续推进营业厅外包，加强自有渠道建设，扩展渠道网点的服务范围，为客户提供全方位的服务。进一步完善全球通VIP客户分层分级服务体系，实现全球通VIP客户的标准化与差异化服务。

【领导名录】

总 经 理　肖向前

副总经理　唐立志

　　　　　邓　楠

（刘　媛）

联　　通

【行风建设】 文山分公司开展行风建设和行风评议工作。在行评工作中，开展以“心系客户、文明经营、倾情承诺、诚信服务”为主题的系列服务创优活动，公司聘请社会监督员长期对各项服务进行监督，通过行评组、评议员明查暗访，向社会发放问卷调查等形式开展行风评议工作；实行边建设、边整改、边评议的原则，使文山公司行风好转。

【网络建设】 加大州与各县城区为中心的深度覆盖，以重点工程高速公路沿线和经济较发达地区为重点的规划建设，并对原有网络资源进行优化搬迁调整，扩大资源利用率，圆满完成GSM、WCDMA(3G)网络建设任务，为市场的发展奠定基础。公司同时建有通达全州各县乡(镇)的本地传输网，为网络提供良好的通信保障。

公司领导亲临3G网络开通现场

【运行维护管理】 加强对维护人员技能和规章制度的学习及培训，及时收集和分析各专业网络存在的问题，并进行有效的协调处理，增强维护人员的安全责任意识，加快故障的处理速度，促进网络的安全与稳定。

【服务质量】 以客户感知度为重点，重视用户对营业窗口服务质量及网络的投诉。在公司内推行“首问负责制”，不断完善投诉处理流程，严格执行各项投诉监督措施和考核制度，客户满意度有较大提升。在第三季度的全省客服检查工作中，文山分公司获得全省第一名的好成绩，全年度客服质量得到整体提高。切实加强客户维系工作。利用节假日等庆祝活动，对中、高端用户实行维系关怀；通过增加客服热线坐席来提高热线接通率；增加收费网点，切实解决用户交费难的问题。

【荣誉表彰】 在开展文明单位及青年文明号创建活动中。继砚山县、马关县分公司后，2009 年，文山县分公司、麻栗坡县分公司被评为“州级文明单位”；开化中路营业厅被复评为“省级青年文明号”。州公司被命名为第三届“省级文明单位”。

【领导名录】
总 经 理　李海清
副总经理　王风昌
　　　　　张德朝

（王凌云）

无线电管理

【简　述】 2009 年，文山州无线电管理工作围绕构建和谐社会和完善无线电管理法规制度、行政管理、技术监管三个体系建设。全年全州设置、使用各类无线电台站（包括业余台站）4 935 个，比上年增加 1 033 个；农村无线接入系统 450MHZ（致富通）用户 11.83 万户，比上年增加用户 1 万户；蜂窝网移动用户 118.29 万户，比上年增加用户 24.13 万户。管理固定资产1 409万元（其中：办公、监测用房1 332.83平方米，固定监测站 1 个，小型监测站 7 个，移动监测站 1 个）。收缴无线电频率占用费 32·63 万元，征收率达 100%。台站年度审验3 265份，新发无线电电台执照 88 份。实施每天 24 小时无线电信号监测，保障了全州无线电电磁环境的良好状态。

【无线电管理法规制度体系】 充分利用政府信息公开网站、报刊、手机短信等媒体，加强无线电管理法规宣传工作力度，营造无线电管理良好的社会环境。全年全州投入宣传经费 5.5 万元，在阳光政府信息平台上进行 10 项重点工作通报，在管理处信息公开网站上及时更新信息 10 条，共挂出大幅横标36 幅，出黑板报 30 余期，发放宣传资料25 000余份，接受群众咨询近万人（次）；建立健全无线电管理制度和完善各项管理规定，实现管理法制化。制定《文山州无线电管理应急预案实施细则》、《文山州无线电管理处重大决策听证制度实施细则》、《文山州无线电管理处重要事项公示制度实施细则》、《文山州无线电管理处重点工作通报制度实施细则》、《文山州无线电管理处政务信息查询制度实施细则》、《文山州无线电管理处公文审签管理规定》、《文山州无线电管理处涉密计算机及其网络保密管理规定》、《文山州无线电管理处公共信息网络上发布信息保密管理规定》、《文山州无线电管理处涉密计算机维修、更换、报废保密管理规定》、《文山州无线电管理处非涉密计算机及其网络保密管理规定》、《文山州无线电管理处涉密和非涉密移动存储介质的保密管理规定》、《文山州无线电管理执法监督检查办法》。同时，完善财务固定资产管理的规定，为实现无线电管理法制化、规范化提供有力保障。

【专项执法活动】 为贯彻落实工业和信息化部《关于开展清理违法使用对讲机专项行政执法活动的通知》要求，制定了《关于开展清理违法使用对讲机专项行政执法活动实施方案》，成立了文山州清理违法使用对讲机专项行政执法活动领导小组及办公室，采取日常检查与专项检查相结合的方式进行清理，检查重点锁定在小区物业、建筑工地，娱乐场所及宾馆饭店等，同时，抓好无线电管理法律法规的宣传，提高公众对使用对讲机及其它无线设备的法律意识。全年全州共检查对讲机使用单位近 300 家，检查对讲机 804 只，其中：办理设台手续的 584 只，未办理设台手续的 171 只，申请停用 49 只。通过清理整顿，全面了解全州对讲机的设置使用情况，规范对讲机使用审批程序，完善全州对讲机数据库。

【无线电行政管理体系建设】 全面贯彻《云南省无线电频率台站行政许可实施办法》，完善无线电审批流程，健全行政许可档案，加强对行政许可项目的监管。规范台站审批手续，做好新建基站的专家论证。全年，文山州组织召开 2 次专家论证会，对文山州移动分公司、文山州电信分公司新建的 1 217个基站进行评审，共有1 188个基站通过专家评审；做好无线电台操作人员资格考试工作。组织全州设台单位 209 名无线电岗位人员进行操作资格岗位培训，其中 198 名考试合格并取得合格证书；对3 265份无线电台站执照进行年审；完成对三大运营商业务拆分的业务督查工作，办理联通移交电信的 208 座基站、9 座微波站的相关业务手续；做好联通、电信共 893 座新建基站的行政审查前期报告；办理文山监狱使用对讲机的基地台设台手续，并下发电台执照 88 个；同时，按国家新版频率台站数据格式的要求，做好台站数据库的收集、更新工作；开展中越边境无线电广播电视、公众移动通信交叉覆盖调查及测试分析，研究对策措施，加强边境地区渗透和反渗透工作；加强同军队的联系和沟通，协助军分区搞好无线电电磁环境的培训工作，为分区撰写了《复杂电磁环境下做好无线电管理》的讲座课件；完成近18 000字左右的《文山州无线电事业发展规划》(讨论稿)。

【无线电技术监管体系建设】 充分利用固定站、简易监测站、搬移(便携)式监测机等现有设备，每月对常规频段进行监测，统计其频段占用度数据，对该频段中出现的信号进行识别；实施无缝隙监测和信号识别，特别是对机场、森林防火无线电频率进行识别和登记，变无线电被动管理为主动监测，使无线电干扰排除在萌芽状态，维护空中电波秩序，规范无线电市场管理。收集、分析和整理监测数据，做到监测月报及时按质按量顺利完成；做好无线电干扰查处和高考中防作弊无线电监测工作。加强防范和打击非法利用无线电设备在普通高校中作弊等行为，州处按照省州有关文件要求，对任务进行布置。考前组织人员进行监测演练并做好考场周围的电磁环境测试。考试期间，准备大功率宽频带信号发生器，在出现非法信号，一时无法准确定位时，进行同频干扰。经过两天的监测，全国统一高考文山州考点未发现任何异常信号，有效地保障高考工作顺利进行；为做好新中国60周年大庆期间无线电业务的安全保障，有效防范和打击不法分子利用无线电手段进行恐怖活动和恶意破坏，切实维护社会和谐稳定。做好应对突发事件的准备工作，为各项活动成功举行营造良好的电磁环境；做好边境电磁环境监测、通信台站检测、监测网运行维护工作，完成剥隘、田蓬、茅坪小型监测站和歪头山固定监测站的设备安装工作。

【领导名录】
处　长　王泽生

(施爱萍)

广南八宝风景名胜区

位于文山州东南部，与广西百色地区相邻，处于323国道和广富省道交汇处，是云南省通往广西出海的交通要道，属跨省风景名胜区。

八宝是个山明水秀、景色迷人的风景区，又是土地肥沃、物产丰富的鱼米之乡，以奇峰秀水、飞瀑异洞、独特景观及壮乡风情闻名于省内外。1988年5月4日，云南省人民政府批准八宝为全省第一批省级风景名胜区之一。八宝地形平坦，地质结构形成于二叠纪至三叠纪之间，属石灰岩岩溶地层，喀斯特地貌千姿百态，奇峰拔地而起。

八宝风景区属中亚热带高原季风气候，海拔1 132米，年均气温16.5℃，最热月平均气温22.5℃，最冷月平均气温8.2℃，年均降雨量1 056.5毫米，年均日照时数1 865小时，是个气候温和、美丽富饶的风景胜地。风景名胜区景观齐全，个性突出，融山、水、秀、奇、古、洞、瀑为一体，是旅游观光和进行科普、科研、科考的多功能风景名胜区。景区分为八宝、三腊、河也、百乐、汤纳5个片区，43个景点。风景区以山水风光、民族风情为主体，兼有奇特景观、文物古迹，名特产品、风味小吃素享盛名。尤以一河(八宝河)、两瀑(三腊瀑布、戈丰瀑布)、三洞(汤纳、三腊、牙方溶洞)、四奇(奇特的喊泉、奇异的风洞、奇怪的洞鸣、奇山怪石)、五古(古崖画、古人类遗址、古文字、古文物、古桥)为甚。

北南流向的八宝河清澈明静，四时常流，宛如一条玉带横贯景区，集锦绣风光之精萃于沿河两岸。乘船顺河而游，满目风光，美不胜收。两岸奇峰异壑，良田千顷，数十个壮家村寨，依山傍水，掩映在翠竹绿柳之间。饱览如诗似画的河也壮乡景色；观赏“鲤鱼泉”悠游自在的鲤鱼；漫步秀水萦绕的小岛，朝赏晨雾，晚观落霞，欣赏凉风不息的奇异“风洞”；远眺婷婷玉立，形态逼真的“观音石”；目睹泉水呼之则出、吓之则入的神秘“喊泉”；游览气势磅礴、飞流天成的三腊瀑布；饱赏古朴典雅、独具特色的古桥恋歌；观览宏伟壮观、多姿多彩的汤纳溶洞；以及旧石器时期古人类遗址余家岩洞等等，使人感慨万千，流连忘返。

文山州财政局

2009年，文山州财政局在文山州委、州人民政府的领导下，认真做好宏观调控财政收支、财税政策、国有资本金基础等综合经济工作。主要工作职责是贯彻实施国家的财政法律、法规，履行财政预算内外资金的筹集、分配、管理、监督职能。加大资金筹措力度;投入财政支农资金，全面落实惠农直补政策，服务三农;落实工业企业税收返还、电价补贴、到期贷款置换和技改贴息等扶持政策，支持企业生产经营;加大教育投入;积极稳妥地推进预算管理体制改革。加大财政监管力度。局内设置有16个科室，初步建成了一支"政治强、业务精、作风硬、纪律严"的财政干部队伍。

全年完成财政总收入29.3467亿元，比上年决算数增加2.1537亿元，增长7.9%。其中地方财政一般预算收入完成17.2888亿元，比上年决算数增加18500万元，增长12.0%；上划中央“两税”收入完成7.4897亿元，比上年决算数减少2123万元，下降3.0%；上划中央、省企业所得税和个人所得税4.4523亿元，比上年决算数增加5397万元，增长14.0%。同时规范非税收入管理，加强“收支两条线”管理，挖掘非税收入潜力，完成非税收入2.3361亿元。全州一般预算支出89.4231亿元，比上年决算数增加22.7151亿元，增长34.1%。争取中央和省财政转移支付资金35.0283亿元，同比增长24%;投入财政支农资金13.8014亿元，同比增长21.0%；全年教育支出达到20亿元。为促进南宁市经济发展和社会进步，保持社会稳定作出了积极的贡献。

局领导班子深入麻栗坡县大坪镇调研

州政协副主席、州财政局局长陈晓华（左二）陪同省州有关领导到广南县莲城镇坡孟村调研

财政干部歌颂祖国60华诞

文山州消防支队

2009年2月18日，云南省副省长曹建方（左三）深入支队调研

2009年，是新中国成立60周年和新《消防法》正式实施之年。文山州公安消防支队以胡锦涛总书记“努力建设一支‘忠诚可靠、竭诚奉献、服务人民’的公安消防队伍”总要求为指引，以“三项建设”和宣传贯彻新《消防法》为主线，紧紧围绕“应急救援、消防监督和推动社会依法履行消防工作职责”三大职能，按照“三抓三推三确保”的工作思路，全面实施“六大战略”、“十大体系”，消防工作和部队建设继续保持快速发展、全局推进的良好态势。社会消防工作叶茂根固，城市消防综合实力得到进一步的增强，农村火灾防控网络初具规模，“政府统一领导、部门依法监管、单位全面负责、公民积极参与”的社会消防工作格局也日臻完善。

中共文山州委书记李培（左一）与省公安消防总队总队长陈育坤（右二）就加强综合应急救援建设工作交换意见

8月以来，面对严峻的旱情形势，文山州各级消防部队按照党中央、国务院和省委、省政府关于加强抗旱工作的有关部署精神，在州委、州政府的统一领导下，采取有力措施，组织全州消防部队迅速投入到抗旱救灾工作中，以实际行动践行了胡锦涛总书记“三句话”总要求。截止2010年5月底，全州消防部队先后出动警力5420人（次），出动车辆2059台(次)，行程65475公里，覆盖全州8县，为653个村寨运送生活生产用水达21730吨，灌溉农田27232亩，临时解决了29.5万人生活用水困难，帮助解决了7.7万头大牲畜生产饮水问题。同时，为防止因持续干旱引发的山火对村寨的威胁，文山州公安消防部队先后参加森林火灾扑救38次，出动车辆61台，出动人员393人，挽回财产损失6373万元。抗旱期间，全州消防部队累计为受灾群众捐款22万余元。

2009年6月，全省首次消防宣传工作现场会在文山召开

2009年11月21日，广南、砚山和特勤中队官兵成功处置广南珠街大桥由于路面结冰，造成20辆车连环相撞事故

2009年“119消防日”活动，期间举办的文山消防宣传形象大使选拔赛

全州消防部队官兵全力以赴投入抗旱救灾

开展灭火救援技战术训练

全州消防官兵为受旱灾区群众捐款22万余元

实现监督执法从管制型向服务型的转变

加强各种危险情况下的演练

人民防空

2009年，全州人民防空工作以邓小平理论和“三个代表”重要思想为指导，深入学习实践科学发展观，贯彻落实新时期军事战略方针、第五次全国人民防空会议精神和省人防会议精神,积极做好军事斗争人民防空应急准备,着力抓好人民防空各项建设。坚持依法行政，规范执法行为；加大人防宣传力度,提升人民防空意识和人防形象；加强防空警报维护管理,坚持年度试鸣试播制度；坚持战备通信值班训练,严守人防通信通规通纪；加强人防工程建设管理,增强城市综合防护能力；加强人民防空队伍建设,提高人防队伍综合素质。在做好人防各项工作同时，整理编纂出版《文山州人民防空志》，圆满完成年度各项工作任务，人民防空事业得到又好又快发展。

2009年全州人防工作会议

主持工作的副主任刘光辉向扶贫点赠送电脑

人民防空法制宣传

人防知识宣传展览

《文山州人民防空志》评审会

人防办职工参加全民健身运动

文山州政府研究室

2009年，州政府研究室贯彻党的十七大及十七届四中全会和全省、全州决策咨询工作会议精神，牢固树立“政治坚定、学习勤奋，勇于创新、求真务实，甘于清苦、乐于奉献”的作风，按照“围绕中心、加强调研，超前思维、提前谋划，服务决策、当好参谋”的总体要求，紧紧围绕州委州政府“保增长、保民生、保稳定”的中心工作和文山经济社会发展中的重点、难点和热点问题，扎实开展深入细致的决策咨询调研工作，完成一批质量较高的重要文稿和决策咨询意见建议，为全州经济社会平稳较快发展作出了积极贡献。

州人民政府副秘书长、州政府研究室主任李顺福在2009年全省政府系统研究室（发展研究中心）工作会议上作交流发言

一年来，州政府研究室本着参在点上、谋在实处的原则，共完成重要文稿起草10余篇，重大课题研究7项，撰写调研报告7个，向州委、州政府提交各类决策咨询建议20余项。重点完成《文山州参与滇桂合作战略研究》、《文山州区域人才竞争战略研究》、《中越边境经济社会发展和政党建设政策对比问题研究》等重大课题研究，完成《文山州旅游用地情况调研报告》、《广南富宁两县油茶产业发展调研报告》、《百色水利枢纽富宁库区移民政策调研报告》等调研报告，完成《2010年政府工作报告》提纲及初稿、《建立州县税收利益分享机制的实施意见》、《盘活州级行政事业单位非经营性资产转经营性资产及闲置国有资产的意见》、《关于加快推进兴边富民与强边固防建设的实施意见》、《关于加快推进生物产业发展的实施意见》等重要文稿，在服务州委、州政府重大决策中较好地发挥了参谋助手作用，部分决策咨询研究成果得到了转化应用。

副主任罗家祥（右一）在马关县健康农场调研国有农场改革工作

主任李顺福（右一）、副主任罗家祥（左一）在文山壮山实业有限责任公司调研水泥生产线技改工作

全州经济文化中心——文山县开化镇

开化镇位于文山县境中部延伸到东南部，政府驻文山新城区开化北路。全镇国土面积300.17平方公里，城市面积20余平方公里，耕地面积43095亩，分城区、坝区、山区和半山区，坝区面积占全镇面积的30%左右。2003年12月开化、攀枝花两镇合并成立。居住着汉、壮、苗、彝、傣、回、瑶、白、蒙古、傈僳共10个民族，总户数43560户，总人口20余万人。2004年被国家列为全国重点镇之一。辖16个社区，8个村民委员会，112个自然村，318个村（居）民小组。辖区内共有365个省、州、县单位。盘龙河过境南下，水利条件优越，雨量充沛，年均降雨量967.1-1225.1毫米；半山区石灰岩、铝土资源丰富，森林覆盖率为19.2%。主要农作物有水稻、玉米、小麦等，经济作物有甘蔗、烤烟、花生、蔬菜、林果等。湿地松、杉木、石榴、花红李等林果栽培已初见成效。蔬菜产量居全县之首。境内有灰土寨古人类遗址，有旧城、绞花等古迹，有西华山、盘龙河山峡峡谷、白沙坡温泉等著名风景区。

镇党委书记刘兴树作报告

州、县领导视察开化镇新农村建设

2009年，全镇生产总值达46.12亿元。其中：第一产业总值1.86亿元，第二产业总值26.39亿元，第三产业总值17.87亿元，乡镇企业总收入45.2亿元，全社会固定资产投资完成4.2亿元，增17%。乡镇企业总产值45.9亿元。农村经济总收入达2.74亿元。城镇居民可支配收入14078元，农民人均纯收入达4695元。

开化镇党委庆祝建党节表彰大会

开化镇党委学习实践科学发展观动员大会

开化镇2010年村两委换届动员会

开化镇党委党员抗旱救灾特别捐献活动

开化镇人民代表大会

开化镇塘子寨村“两委换届会场

开化镇安全宣传活动

老保黑优质大棚西瓜示范基地

文山县经济发展重镇——古木镇

古木镇位于文山县城东南部，南接马关县大栗树乡，西接平坝镇，东、北接开化镇，镇人民政府驻地古木村距县城15公里，全镇国土面积167.75平方公里。辖9个村委员会，66个自然村，141个村民小组。居住着汉、壮、苗、彝、回、瑶、傣、蒙古等8种民族，2009年底有5850户26282人。其中农业人口25751人。海拔1405米1590米。主产玉米，占粮食总产量的56%。经济作物主要有烤烟、甘蔗、三七、花生、辣椒等;经济林果主要有葡萄、竹子、板栗、桃子、李子、梨、石榴、香艳梨、柿子等。境内森林覆盖率30%，用材林主要有杉树、油松树等。其中以烤烟、甘蔗、三七为主。全镇属典型的喀斯特地貌，大部分地区为山区、半山区。石材资源丰富，石质优良，发展前景广阔。境内有煤、铁、铝土等矿藏。2009年，全镇国民生产总值完成9147万元，增长7.2%。固定资产投资1013万元，增幅为12%，地方财政收入完成215万元，农民人均纯收入2293元，人均增加409元，人均有粮347公斤，全镇经济社会保持稳定持续发展势头。

团结奋进的领导班子

古木镇三七交易市场

特色经济作物—佛手瓜

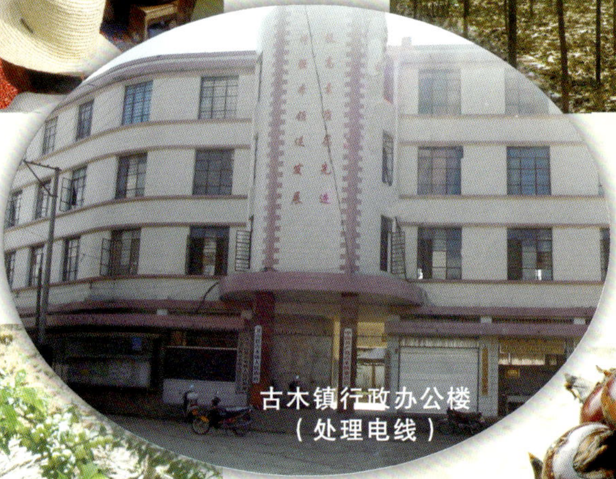

古木镇行政办公楼
（处理电线）

特色经济作物–杏脆李

特色经济作物——沙沟荸荠

文山三七研究院

文山三七研究院（前身文山三七科学技术研究所）成立于1985年3月7日。是我国唯一的三七专业科研机构。内设办公室、栽培研究所、新产品开发研究所、科技信息中心、文化研究所、经济研究所及文山三七质量检测中心。现有在职工作人员30人，其中专业技术人员27人。专业技术人员中，研究员4人、副研究员6人、助理研究员8人、研究实习员9人。2人荣获云南省“先进工作者”称号；1人荣获国务院特殊津贴，2人荣获云南省政府特殊津贴；2人荣获云南省突出贡献中青年专家称号；5人入选云南省技术创新人才培养计划；2人入选文山州学术和技术带头人培养计划。工作人员平均年龄在40岁以下，是一支年轻有为、积极向上、团结务实的三七科技队伍。

文山三七研究院研究方向是对文山州三七等特色生物资源进行保护、开发和利用研究。其职责是开展三七规范栽培技术研究、良种选育、病虫害防治；活性成分分离与质量控制、加工与炮制工艺研究；新产品开发；科技信息收集、加工、传递；三七文化的发掘、宣传、利用研究；三七及相关产业政策及发展战略研究。

文山三七研究院自建立以来，累计承担国家、省、州科技计划项目57项，其中有47项为国内外有较大影响的科学技术成果，荣获国家科技部2006“星火科技先进集体”称号，先后荣获云南省人民政府科技进步二等奖2项、三等奖5项，省星火三等奖2项；云南省人民政府优秀科普作品奖1项；文山州人民政府科学技术奖突出贡献类1项，科技进步类一等奖8项、二等奖10项、三等奖13项；在省级以上刊物发表论文253篇，出版专著6部；申报国家专利18件，获得专利授权4件；研究开发以三七为主要原料的药品、保健品、饮片13个。对提高三七科技的整体水平产生了积极的作用，为促进文山三七产业快速、健康、可持续发展提供了科技支撑。

云南省副省长和段琪到研究院调研

首届文山三七高端论坛

文山三七产业发展座谈会

科技下乡

三七遮阳网推广

科技培训

中国人寿保险公司文山分公司

党委书记、副总经理崔云主持工作

中国人寿保险（集团）公司所属寿险股份公司2003年12月在纽约、香港两地同步上市，成为第一家在境外上市的中国寿险公司和第一家在境外两地同步上市的中国金融企业，并创下当年全球最大融资规模纪录。2003年至2009年，中国人寿连续7年入选全球企业500强，排名一路飙升，7年连续上升了157位，位居第133位。同时连续3年入围世界品牌500强，位居278位，2009年的品牌价值高达824.37亿元，在我国金融品牌中排名第三，也是我国唯一入选的保险品牌。在“2009中国企业500强”的评选中，中国人寿以营业收入3790亿元的排名高居保险业榜首，总资产达到1.56万亿元，可运用资金超过1.2万亿元，是我国资本市场最大的机构投资者。

中国人寿保险股份有限公司以雄厚的实力、专业领先的竞争优势及世界知名的品牌赢得了社会的信赖，始终占据国内保险市场领导者的地位，被誉为中国保险业的“中流砥柱”，与篮坛巨星姚明的签约，寓意着巨人间的携手合作。作为具有广泛国际影响力的我国最大的国有金融保险集团，为国家经济发展、社会稳定作出新的更大贡献。

中国人寿文山分公司是文山州唯一国有的最大寿险企业，现有销售队伍近1000人，业务覆盖全州8县城乡，是州内机构网络最全、服务范围最广、接受客户最多、提供产品最丰富的寿险公司。2009年度，全州系统累计实现股份公司总保费收入1.53亿元，市场占有率达70%。当前，在地方党委、政府的大力支持下，公司正着力开拓农村市场，以“保险先进村”创建为依托，为保险服务“三农”，为建设社会主义新农村作出积极的应有的贡献。

新一届领导班子：总经理助理罗玉美（左）、党委书记崔云（中）、总经理助理杨武（右）

客户服务中心

开展“诚信我为先”主题教育活动

农　业

责任编辑　李春梅

杂交水稻高产示范

种植业

【简　述】 全年完成农作物播种1 025万亩，比上年增加87万亩，增9.3%。其中，粮食播种651.7万亩，比上年增43.2万亩，总产12.35亿千克，比上年增加7 200万千克，增6.2%。经济作物播种286.8万亩，比上年增加44.5万亩。全州种植业产值实现57.13亿元，增加值实现36.02亿元，比上年增加6.78亿元、3.9亿元，增13.5%和12.1%；实现水产品产值1.57亿元，比上年增加2 834万元。种植业和渔业实现总产值58.7亿元，比上年增8.35亿元，增16.2%。

【小春粮油】 全州完成小春粮豆播种面积157.6万亩，占计划162万亩的97.3%，比上年减2.8万亩，总产量11 428.2万千克，比上年实绩增1 354.8万千克，增13.4%；完成小春经作播种面积71.3万亩，其中：油料作物51.0万亩，占计划38.8万亩的131.4%，比上年实绩增16.4万亩，总产量2 589.83万千克，比上年实绩增1 120.79万千克，增76.3%；其它作物完成播种面积49.8万亩，其中：蔬菜完成42.1万亩(其中商品蔬菜15.2万亩)，总产28 664.2万千克，绿肥完成6.0万亩。

【冬农开发】 全州完成冬农开发面积164.0万亩，比上年扩大23.2万亩，增16.5%，其中，粮豆作物面积22.8万亩，比上年增0.5万亩；粮豆产量4 006.3万千克，比上年增1 016.7万千克，增34.0%。其它作物137.3万亩，比上年扩大22.5万亩，增19.6%；冬水田养殖3.8万亩，比上年增0.1万亩，水产品产量140.1万千克，比上年增12.3万千克。小春和冬农作物实现产值16.6亿元，比上年增2亿元，农民人均纯增收69.8元。

【大春生产】 全州大春作物播种面积(含晚秋)完成770.1万亩，占计划的102.8%。其中：粮豆作物完成494.1万亩，产量111 135.5万千克，比上年增51万亩、5 563.6万千克。其中：玉米完成206.8万亩，占计划的103.4%，比上年增9万亩，总产量54 444.8万千克，比上年增2 736.7万千克，增长5.2%；水稻完成93.8万亩，占计划的101%，比上年增0.8万亩，总产量40 421.4万千克，比上年增610.5万千克，增长1.5%。经济作物完成215.5万亩(其中商品蔬菜17.6万亩)，超计划5.3万亩，比上年增21.7万亩。其中：甘蔗完成25.8万亩，占计划的143.3%，比上年增7.5万亩，总产量88 416.95万千克，比上年增22 689.16万千克，增长34.5%；花生完成22.1万亩，占计划的92.1%，比上年增2.4万亩，总产量22 240.4万千克，比上年增2 032.6万千克，增长10.1%；辣椒完成92.4万亩，占计划的102.7%，比上年增10.8万亩，总产量10 142.53万千克，比上年增1 660.35万千克，增长19.6%；烤烟完成35.8万亩，占计划的102.3%，比上年增1.4万亩，总产量5 255.05万千克，比上年增711.65万千克，增长15.7%；商品蔬菜完成17.6万亩，占计划的76.5%，比上年减3.4万亩，总产量11 983.1万千克，比上年减4 028.3万千克，减25.1%；三七完成4.2万亩，占计划的60.0%，比上年减1.7万亩，总产量244.6万千克，比上年减135.1万千克，减35.6%；其它经济作物完成17.6万亩，比上年增1.1万亩。蔬菜完成39.6万亩，占计划的141.5%，比上年增13.5万亩。青饲料及其它作物20.6万亩，占计划的89.2%，比上年减0.2万亩。正季大春播种实现满栽满插，确保粮食安全和农产品的有效供给。

【粮经种植结构调整】 围绕农民增收、粮食安全两个目标，大力培植辣椒、蔬菜、水果、油料、茶叶5个产业。全年完成经济作物种植286.8万亩，比上年增加44.5万亩，粮经比69.4：30.6，经作比重提高2.2个百分点，重点产业面积扩大，效益增加。其中，辣椒全州完成种植92.4万亩，比上年增加10.7万亩，增长12.5%；商品蔬菜完成种植36.6万亩，比上年增加5.37万亩，增17.1%；油料完成种植73.6万亩，比上年增加18万亩，增32.4%。；优质水果完成40万亩，比上年增加1.2万亩，增3.1%；茶叶完成32万亩(采摘面积30万亩)，比上年增加2万亩，增6.7%。

生菜地膜覆盖

【农业产业化】 全州完成基地化生产面积174.2万亩，订单生产面积57.2万亩，涉及优质稻、辣椒、蔬菜等作物，其中订单生产涉及农户186 000户；全年完成“一村一品”建设196个，实施面积182 046亩，分别比上年增47个和17 766亩，其中，辣椒村72个、面积72 720亩，蔬菜村35个、面积27 345亩，水果村26个、面积34 127亩；培育规模以上农业加工流通企业115家，其中国家级和省级重点龙头企业12家，州级重点龙头企业39家；完成出口植物源性食品备案企业11家、备案基地18片、备案面积26.14万亩，有10家企业已获备案证14个，州内出口辣椒生产加工卫生登记企业已全部完成基地备案工作，出口农产品质量安全从源头上有了保证；完成无公害标准示范9.3万亩，比上年增加1.3万亩，辐射带动无公害生产110余万亩，比上年增加10万亩，农业标准化生产快速推进；按照“企业+合作社+农户”的组织形式，加快农村合作经济组织发展，年内新组建农民专业合作经济组织41个，使全州农民专业合作经济组织发展到455个；注重品牌创建工作，有两个园区5个产品获全国农产品加工创业基地和“云南省名牌农产品”称号；加强农业对外开放，组织并参加第五届昆明国际农业博览会、第七届中国国际农产品交易会、云南上海优势农产品推荐招展会、昆明进出口商品交易会和云南省生物产业大会等，签订合作项目9个，协议金额2.4亿元。

【粮食作物高产创建】 全年共完成粮食作物高产创建8个点，16片，169 051.82亩，分布全州7个县46个乡(镇)111个行政村56 162户农户，其中：实施百亩核心示范区8个点，民委16片，2151亩；千亩连片示范区8个点，16片，17 209.53亩。按作物分：完成水稻高产创建示范2个点，4片，39 981.82亩，其中：百亩核心示范区2个点，4片，472.2亩；千亩连片示范区2个点，4片，4 354.83亩。玉米高产创建示范5个点，10片，106 942亩，其中：百亩核心示范区5个点，10片，1 464亩；千亩连片示范区5个点，10片，7 667.46亩；大豆高产创建示范1个点，2片，22 128亩，其中：百亩核心示范区1个点，2片，214.8亩；千亩连片示范区1个点，2片，2 066.6亩。经测产验收，高产创建平均亩产589.8千克，比当地前3年杂交品种亩平均单产增103.73千克，共增产粮食1 753.67万千克，其中：玉米高产创建亩平均单产658.97千克，比当地前3年杂交玉米亩平均单产增产113.7千克，共增产粮食1 216.84万千克，水稻高产创建亩平均单产666.55千克，比当地前3年杂交水稻亩平均单产增125.8千克，共增产粮食502.97万千克，大豆高产创建亩平均单产117.3千克，比当地前3年杂交大豆亩平均单产增产15.3千克，共增产粮食33.86万千克。

【农作物间套种】 全州完成农作物间套种216.4万亩，经测产验收，农作间套种实现产量73 645万千克，产值229 681万元，间套种比净种增加产值25 075万元。间套种作物实现粮食产量14 930万千克，比上年增加粮食产量3 099万千克，其中：主作产量58 715万千克，产值198 338万元，套种作物产量14 930万千克，产值31 343万元。

【灾　情】 年内，文山州先后遭遇冬春干旱、3月低温霜冻、大春稻飞虱暴发流行等重大自然灾害，累计受灾面积491万亩，损失粮食5 300万千克，农业直接经济损失2亿元。面对形势，及时安排部署，采取有效措施，共挽回粮食损失4 000余万千克，挽回经济损失1.8亿元。旱灾：去年11月至2009年2月以来，全州平均降水16.4毫米，比历年同期少48.4毫米，偏少75.0%，造成冬洋芋、冬玉米等农作物出苗不整齐，长势缓慢。旱情涉及全州8县102个乡镇876个村民委53.9万户222.71万人。农作物受灾面积213.2万亩，成灾124.4万亩，绝收19.8万亩。其中，粮食作物受灾132.1万亩，成灾82.0万亩，绝收10.5万亩；经济作物受灾81.1万亩，成灾42.4万亩，绝收9.3万亩。此次旱灾造成产量损失6 099.3万千克，经济损失11 355.2万元。霜冻灾：3月13日夜间至15日，全州受南下冷空气影响，突现强霜冻天气，平均气温下降8～10℃，白天最低气温降至5～8℃，夜间最低气温降至1.6℃，地面最低温度-0.4℃，造成部分农作物受灾严重。造成全州78乡(镇)481个行政村19.9万户农户80.9万人受灾。农作物受灾面积85.5万亩，成灾41.6万亩，绝收10.8万亩，造成经济损失达10 379.3万元。稻飞虱：5月以来，受暴风雨日和适宜温湿度等气候条件影响，水稻稻飞虱大量迁入稻区繁殖危害，全州范围内稻飞虱普遍发生，累计发生面积达125.95万亩，田间最高虫量437 100头/百丛，平均3 719头/百丛，发生程度严重，对水稻生产和粮食安全构成严重威胁。为做好稻飞虱的防治工作，全州农业部门启动农作物重大病虫害应急防治预案稻飞虱防治三级响应，组织科技人员深入田间地头指导和发动群众开展统防统治，截至6月25日，全州各级政府和农业部门共投入专项防治经费131.26万元，发放宣传资料11.3万份，投入科技人员1.82万人(次)，组织培训44.09万人(次)，出动机动喷雾器1.12万台(次)，使稻飞虱大发生态势已基本得到控制，发生面积下降为46.7万亩，达三级防治指标的乡镇由49个下降为29个，全州田间平均虫量由3719头/百丛下降到664头/百丛，最高虫量由437 100头/百丛下降到5 410头/百丛。

农业科技

【自主创新】 全年主持开展科技研究项目12项，其中国家级2项、省级重大科技项目1项、省级一般项目5项、州级8项。由州农科所主持的《云南香型软米杂交水稻育种及产业化开发》项目已列入省农业公益性关键技术研究(农业科技攻关计划项目)计划投资，同时得到国家科技部“863”高科技计划办意向支持；由农科所主持的《高辣素、高红色素加工专用型辣椒新品种引种利用研究》获国家外专局列项支持；由农科所主持的《越南北部丘北辣椒集成技术跨境示范》项目列入省科技厅国际科技合作计划支持；常规优质稻和杂交玉米育种列入省农业产业技术支撑体系的水稻和玉米综合试验站投资支持。

【自主选育】 选育出具有自主知识产权的突破性的文香310A、文香2 051A、文恢821、文富24、文辣2号、文稻10号、文麦10号等新品种(杂交亲本)34个，参加省区市级区试8个，预试12个。自主选育新品种文富7号、文稻8号、文糯1号、文单2号等新品种、新技术成果辐射越南、老挝、缅甸及国内10省市区，面积456万亩，其中州内95万亩。“糯稻新品种文糯1号选育与应用”获省科技进步三等奖；“小麦新品种选育及示范推广成效显著”，项目获州科技进步一等奖，“粳型杂交水稻滇杂36号引种试验示范”课题获州科技进步三等奖和省农业厅、州农业局成果推广三等奖。开展杂交玉米新品种选育取得实质性进展。年内共开展测配种鉴定试验一组，组合47个；新组合试制2个，推荐报请2个组合参加云南省杂交玉米2010年预试。

【对外科研合作】 和云南省农科院、上海市农科院、云南大学、云南农业大学、云南师范大学等16家高校、科研院所开展“云南抗晚疫病马铃薯新品种选育与示范推广”、“云南常规水稻新品种选育”、“云南甘蔗新品种选育及试验示范”和“水稻精确定量栽培技术研究与示范”、“云南优质小麦新品种选育与试验示范”、“生物质能新品种的引进及试验示范”和“食药兼用型薏苡新品种选育及试验示范”等科研项目12项，共选育出突破性优质农作物新品种10个，对外科研合作新技术、新品种示范推广面积89万亩。与云南省农科院合作实施的国际科技合作项目“云南省山区旱地农业可持续发展(引智)项目”现场展示样板进展顺利。

【“两杂”新品种试验】 共组织实施“两杂”新品种试验28组，品种(组合)共551个，品种(组合)比上年多112个。其中：杂交水稻试验13组，品种(组合)227个；杂交玉米试验15组，品种(组合)324个，品种(组合)比上年多125个。州区试符合推荐审定的品种预计20个，企业申请，州种子管理站组织试种的“两杂”新品种17个，通过专家组田间鉴评，允许备案销售的品种16个，杂交玉米种齐单6号由于重感灰斑病，专家组一致认为不允许备案销售。

【杂交玉米新品种试验】 州种子管理站承担省区试1组，品种(组合)13个，折合亩产在772.2～316.7千克之间；省生产试验1组，品种4个，折合亩产在641.4～484.7千克之间；省农科院观察试验1组，品种(组合)13个，折合亩产在747.5～458.4千克之间；多点试验1组，品种(组合)20个，折合亩产在720～315.6千克之间；省冬季青食玉米试验2组，品种(组合)14个(其中：甜玉米试验1组，品种(组合)7个；糯玉米试验1组，品种(组合)7个)。州种子管理站组织，州、县种子管理站承担的全州区域性试验2组，品种(组合)30个，折合亩产在694.3～523.2千克之间，符合推荐审定的品种17个；生产适应性试验2组，品种(组合)22个，折合亩产在593.7～477.0千克之间；州种子管理站组织并承担的州筛选试验1组，品种(组合)65个，折合亩产在781.0～151.5千克之间，抗性较强，丰产性较好的组合11个；观察试验4组，品种(组合)143个，折合亩产在668.8～298.4千克之间。

【杂交水稻新品种试验】 州种子管理站承担国家南方区试5组，品种(组合)62个，折合亩产在794.7～533.5千克之间；承担省区试3组，品种(组合)45个，折合亩产在794.7～533.5千克之间；省预试1组，品种(组合)48个，折合亩产在758.9～510.9千克之间；省生产试验1组，品种17个，折合亩产在798.5～680.5千克之间。州种子管理站组织，州、县种子管理站承担的州区域性试验2组，品种(组合)22个，折合亩产在673.9～449.5千克之间，符合推荐审定的组合4个；生产适应性试验2组，品种21个，折合亩产在629.6～538.5千克之间；筛选试验1组，品种(组合)12个，折合亩产在785.5～593.0千克之间。

【“两杂”新品种示范】 组织杂交玉米新品种示范274亩，品种15个，分布在砚山县平远镇、稼依镇、小龙白村，丘北双龙营等3个乡(镇)公路沿线，全部实现规格化栽培，经实测验收，品种间产量在552.1～705.1千克之间，600千克以上的品种有兴黄单206、兴海201、云瑞6号、云瑞88等4个，品种间加权平均单产608.8千克，比对照兴黄单892亩产570.8千克亩增38千克，增6.7%。组织杂交水稻新品种展示110亩，品种8个，分布在文山县攀枝花、西畴兴街江丘洞、丘北八道哨等乡镇，经实测验收，品种间产量变幅在621.4～668.1千克之间，品种间加权平均单产645.3千克，比对照种中优7号626.4千克亩增18.9千克，增3.0%。

【农业科技成果示范推广】 农业新品种、新技术等农业科技成果在州内示范推广面积184万亩。其中，优质稻新品种(组合)文富7号、文稻4号、文稻8号、文糯1号等示范推广64万亩；高产优质杂交玉米文单1号、文单2号、文三1号、海禾14号、北玉16号等示范推广12万亩；文麦7号、文麦8号、文麦9号以及云麦39、云麦42等优质小麦示范推广24万亩；山区旱地陆稻新品种文陆4号等推广6.6万亩；文豆1号、中品661等大豆新品种示范推广12万亩；辣椒新品种文辣1号及地膜覆盖栽培技术示范推广12万亩；冬种马铃薯和糯玉米沪糯一号、筑糯5号高产栽培技术示范16万亩；高原粳稻滇杂36、楚粳27号、合系41号、滇超2号等示范推广达18.4万亩；优质油菜新品种高产栽培技术示范推广19万亩。

【农业科技措施】 全州杂交水稻推广面积达79.5万亩，比上年增3.3万亩；杂交玉米推广142.4万亩，比上年增14.1万亩；优质粮豆面积197.1万亩，其中，优质水稻50.8万亩，比上年增2.6万亩；优质玉米69.2万亩，比上年增5.6万亩；优质小麦45.3万亩，比上年增0.9万亩；优质杂豆31.8万亩，比上年增1.2万亩；优质油料面积70.9万亩，其中，优质油菜面积34.1万亩，比上年增10.4万亩；优质花生面积16.2万亩，比上年减1.1万亩；优质辣椒面积67.1万亩，比上年增4.4万亩；水稻旱育稀植大田面积72.7万亩，比上年增2.2万亩；水稻间套种面积37.2万亩，比上年增1.2万亩；旱地作物间套种173.4，比上年增73.8万亩；粮食高产创建百亩核心示范种植面积：水稻0.33万亩，玉米0.29万亩，大豆0.03万亩，小麦0.19万亩；千亩连片示范种植面积：水稻0.96万亩，玉米1.52万亩，大豆0.31万亩，小麦

0.32万亩；万亩示范种植面积：水稻7.38万亩，玉米10.72万亩，小麦1.17万亩，大豆2.21万亩；规范化种植面积81.5万亩，比上年增3.0万亩；旱地地膜覆盖栽培推广63.0万亩，比上年增11.9万亩；平衡施肥技术推广353.9万亩，其中测土配方施肥完成283.6万亩；微机指导施肥74.8万亩；病虫草害综合防治技术推广完成569.0万亩；水产养殖面积14.4万亩，其中，名特优水产养殖示范0.3万亩，稻鱼工程示范0.4万亩，池塘精养示范0.3万亩；农机下田作业，分别机耕面积60.7万亩，机耙面积42.0万亩，机播面积2.4万亩。

【农业科技培训】 年内全州共开展科技培训238 910人(次)，其中："绿色证书"培训14 926人，获得"绿色证书"5 337人；农业实用技术培训210 700人(次)；农村劳动力转移培训13 284人，其中引导性培训11 587人、职业技能培训1 697人、农职业技能等级鉴定672人。

农业机械

【简　述】 全州拥有农机管理机构109个，人员110人，农机技术学校1个，人员8人，农机技术推广站9个，人员100人，农机安全监理所(站)9个，人员88人。农机户75 249户84 385人，乡村农机从业人员84 827人。全州农机总动力145 080万瓦特，比上年增长13.68%，平均每亩耕地拥有动力428瓦特；农机总值83 347万元，比上年增长44.39%，农民继续成为农机的投资主体，是农机化发展的主力军。

【农机购置补贴项目】 年内，全州8个县均被列为中央财政农业机械购置补贴项目县，购置农机资金总额2 483.3 891万元，其中：中央财政补助710.939万元，农户投入1 772.4 501万元。购机农户3 308户，购机数量3 479台，其中：耕整地机械1 010台，田间管理机械379台(套)，收获机械2台(套)，收获后处理机械12台(套)，农产品加工机械1 407台，排灌机械53台，畜牧水产养殖机械7台，农用动力机械609台。农机购置补贴项目的实施，大幅度提升农机装备水平，迅速扩大农机作业面积，加快农机化发展进程。

【国家财政资金补贴农机产品质量跟踪调查】 7月，按照《云南省农业厅办公室关于开展2009年国家财政资金补贴农机产品质量跟踪调查的通知》要求，全州8县农机产品质量投诉站对申请购买云南省2009年农机购置补贴产品的农户进行补贴机械的质量、适用性、安全性和售后服务等方面的跟踪调查。结果显示：全年全州农机购置补贴产品质量普遍较好，补贴机具满意度都在90.0%以上，农民对质量很满意的机具主要是手扶拖拉机、组合式碾米机和抽水机。

【农机技术服务】 全州组织农机干部、科技人员1 460人(次)，深入乡村检修各种农机具32 112台(套)。投入农田作业的农业机械总动力46 395.88万瓦特，投入各类农机具61 493台(套)，完成机耕66.58万亩，机收1 170亩。

【拖拉机驾驶人培训】 州、县拖拉机驾驶培训机构增强服务意识，深入乡镇培训拖拉机驾驶人。分别在平远、稼依、树皮、八道哨设临时培训点，就地招生、就地培训、就地考试。此举不仅为机手提供了方便，还节约了费用开支，报名培训者积极踊跃。全州共培训拖拉机驾驶人2 349人。

【农机驾驶人集中教育活动】 全州共出动农机监理人员205人(次)，召开农机驾驶人座谈会76次7 324人，发放宣传资料15 500份，制作宣传挂图32张，制作宣传展板9块，发出安全学习卡2 410张，粘贴宣传标语110条，上宣传课74次。设置拖拉机驾驶人日常化集中教育固定点36个，开展集中教育201次，完成拖拉机驾驶员集中教育13 856人。检查拖拉机驾校10个，发出整改通知书1份，拖拉机驾校集中本校驾驶人学习教育12次148人。

【签订农机安全责任书】 州、县、乡机手层层签订农机安全生产责任书。州农机监理所分别与各县农机监理站签订责任书8份；各县农业局分别与各乡镇农技站、县农机监理站签订责任书98份；各县农机监理站、乡(镇)农技站分别与拖拉机驾驶人签订责任书15 646份。

【农机队伍训练】 4月21～28日，州农机监理所集中20名农机监理执法人员在丘北县进行为期8天的准军事化训练。训练科目包括：站姿、队列、交通指挥手势、执法程序、执法用语五个方面。

【农机安全动态监管】 州、县农机监理部门联合行动，深入到乡村道路开展农机动态执法检查。每次出动检查的监理人员不少于4人，设检查员2人，记录员1人，监督员1人。由于监理人员做到了着装整洁、仪表庄重、持证上岗、语言规范、程序操作，教育为主、处罚为辅，被检查的人员都能主动配合，从未发生辱骂、围攻、抗法等现象。丘北县有23台多年未落户的耕作型拖拉机，在监理人员的说服下主动到县农机监理站办理了落户手续。年内，全州共出动农机监理执法人员205人(次)，查验拖拉机600多台(次)，纠正违章143起。

【农机监理业务大清查专项行动】 6月，按《文山州农机监理业务大清查专项行动方案》的要求，全州共清查档案25 188份(拖拉机技术档案12 470份，驾驶人技术档案12 718份)，清查率达88.0%。查出"问题档案"967份(拖拉机"问题档案"881份、驾驶人"问题档案"86份)，占档案总数的3.8%。州检查组抽查"问题档案"723份(拖拉机档案590份，驾驶人档案133份)，抽查率为75.0%。到6月30日止，全部"问题档案"已整改完毕，整改率为100%。

【农机产品质量投诉】 全年共受理农机产品质量投诉案件16起，为农民挽回经济损失15 100元。其中11起为厂家质量问题，5起为用户使用不当造成，均已得到妥善处理。

渔　业

【养殖与捕捞】 年内，全州渔业养殖面积144 868亩，比上年增920亩，增长0.6%。其中：池坝塘32 759亩，湖泊7 596亩、水库101 181亩、河沟3 332亩。推广稻田养鱼面积78 927亩。水产品总产31 680吨，比上年增加4 905吨，增长18.3%。其中养殖产量28 727吨，比上年增加4 076吨；随着天然水域渔业资源的保护和增殖工作力度的加大，天然水产品捕捞产量稳定增长，达2 953吨。

【科技示范推广】 全州共有稻鱼工程示范4 195亩，完成计划的104.8%，平均单产81千克；冬水田养鱼示范9 848亩，完成计划的98.0%，平均单产32千克；池塘精养高产示范3 131亩，完成计划的104.3%，平均单产563千克；名特优新养殖示范3 060亩，完成计划的122.4%。其中：鱼类养殖2 731亩，产量889.7吨。虾类养殖示范329亩，产量36.612吨。

【大水面养殖开发】 电站库区网箱养殖发展迅速，共计开展网箱养殖174 020.3平方米(260.9亩)，产量6 621吨，围拦养殖400亩。其中：百色水利枢纽工程富宁剥隘库区网箱养殖已发展到37户100 050平方米(150亩)，开展投饵鱼类养殖和滤食性链鳙鱼养殖，网箱养鱼产量达到4 950吨，促进库区养殖产量大幅增长；丘北县在云鹏、雷打滩电站库区，开展网箱养殖47 490平方米(71.2亩)，产量1 410吨；广南县开发板蚌电站库区水面资源，完成网箱养鱼39.85亩，其中投饵性网箱养殖648平方米(0.97亩)，不投饵生态养殖2 592平方米(38.88亩)。完成围拦养鱼400亩，养殖产量302吨。为配合百色水利枢纽工程富宁库区罗非鱼产业化项目的实施，文山州渔业站、富宁县渔业站共同在剥隘库区开展罗非鱼苗种网箱培育试验示范，建成网箱培育苗种基地500多平方米，引进苗种培育80万尾，开展超雄、吉富、佳吉等罗非鱼品系的对比试验。

虹鳟、金鳟鱼流水养殖

【渔业产业化建设】 引进云南新海丰食品有限责任公司在富宁县投资建设罗非鱼深加工厂，并于3月8日顺利促成新海丰食品有限公司与富宁县政府正式签订在富宁投资建设罗非鱼深加工厂项目的合作协议，开展公司注册和土地征用、报批等相关工作。该项目建成投产后，企业可实现年加工罗非鱼6万吨，出口水产品2万吨，实现出口创汇1.2亿美元，可带动剥隘库区网箱养殖罗非鱼400亩，年产罗非鱼4万吨，解决库区周边群众就业2 000余人，实现渔民增收4亿元。

【渔业安全生产】 针对渔业养殖用药、渔用饲料等投入品实施监督检查，发现问题及时整改；各县定期和不定期对水产品流通市场中的干、鲜、冻水产品的质量进行检查，严禁质量不合格的水产品进入市场销售；同时开展养殖生产记录，实行可追溯制度的试点工作，从生产源头和市场上加强对水产品质量的监管力度。

【渔政管理和渔业资源保护】 开展渔业行政执法检查工作，共查处渔政案件33起，没收电鱼机35多台，没收虾笼568个，网具2张，销毁鱼具21件。4月，州渔业站组织全州水产苗种水产经营户培训，共有37户参加培训，并全部办理《水产苗种水产许可证》。全州渔业部门加强天然水域增殖放流工作，筹集资金，向江河、水库增殖放流鱼种303.3万尾。

【渔业应急处置】 10月18日，涉及丘北、弥勒两县境内南盘江流域雷打滩电站库区网箱养殖发生突发性、大面积水污染致鱼死亡事件，涉及12户，647口网箱，死鱼518吨，经济损失逾530万元的全省重大水污染死鱼案件。渔政部门在第一时间报告政府和上级业务部门，及时到现场进行勘验、拍照、取证、做好询问笔录，安抚养殖户，配合相关部门对死鱼事件进行调查、处置，使下游云鹏电站库区近3 000个网箱养殖没有受到二次污染。

【领导名录】
局　　长　李敬星
副 局 长　王本忠(壮)
　　　　　陶　林(苗)
　　　　　谭家灿
　　　　　岑国辛(壮)
纪委书记　何开华(壮)

（杨晓华　布文葵　张剑林　农瑞斌）

2009年文山州农业机械统计表

单位：万元、万瓦特、台、亩、吨

县名	农机总值	农机总动力	拖拉机	拖拉机配套农具	排灌机械	农产品初加工动力机械	机耕面积	其中			机电排灌面积	机收面积	机械初加工粮食数量
								小麦	水稻	玉米			
全州	83 347.45	145 079.45	22 776	10 234	17 238	46 228	787 674	99 969	180 705	301 899	353 732	7 850	1 168 097.28
文山	6 878.91	16 694	2 967	742	4 841	3 472	88 800	17 800	14 000	29 300	84 920	3 100	221 800
砚山	18 923.88	39 360.55	10 423	7 809	5 137	2 683	311 138	39 829	71 253	167 145	55 928	2 000	152 884
西畴	3 727	9 536	431	86	806	9 118	57 066	2 707	24 352	19 665	8 046	2 750	68 654
麻栗坡	3 916.03	10 182.38	489	30	218	1 458	23 700	700	10 000	13 000			83 560
马关	4 620.79	11 308.86	1 165	211	1 471	4 253	17 833	2 714	2 828	3 519	35 600		111 168.28
丘北	12 156.25	17 188.41	3 971	775	971	3 941	182 247	30 669	14 801	37 296	30 744		105 091
广南	28 507	29 559.1	1 804	77	3 419	15 330	59 740	5 550	13 610	28 070	118 900		137 920
富宁	4 585.79	11 226.37	1 518	492	375	5 973	47 150		29 861	3 904	19 594		287 020
州级	31.8	23.78	8	12									

烟　　草

【简　述】 2009年，全州烟草系统实现税利9.1亿元，占省公司下达计划的100%，比上年增加1.9亿元，增长26.8%。其中，实现税金4.13亿元，比上年增加1.09亿元，增长35.88%；实现利润4.98亿元，比上年增加8 340万元，增长20.14%。全州种植烤烟34.5万亩，收购烟叶108万担，实现烟农收入7.9亿元，比上年增加1.49亿元；实现烟叶税1.76亿元，比上年增加3 272万元。全州销售卷烟9.95万箱，完成省公司下达计划的100%，比上年增加2 899箱。其中，销售一、二类卷烟4 961箱，比上年增加992箱，占销售量的4.99%，比上年增加0.88个百分点。

【烟叶工作】 推广应用沙培育苗8万亩，占种烟面积的23.2%，大棚育苗5.8万亩，占移栽面积的16.8%，其中建成自动化育苗大棚31个。投入机耕补贴1 000万元，实施机耕、机耙、机械理墒20万亩，占移栽总面积的58.0%，促进烟农减工增效和烟叶生产整体水平的提升。通过引导土地流转，发展烟叶种植专业户、家庭农场和专业合作社，全州烤烟生产规模化种植水平明显提高。全州1万亩以上连片种植烟地块3片4.5万亩，5 000～10 000亩连片2片1.2万亩，1 000～5 000亩连片17片2.7万亩。同时，推广"高墒、高茎、明水、深栽"实用技术，移栽整体规范化水平明显提高。

【现代烟草农业试范单位建设】 按照省局"坚持长期规划与近期安排相结合、夯实基础与创新机制相结合、试点示范与总结推广相结合"的原则，年内，在总结平远小舍姑成功经验基础上，全州进一步扩大现代烟草农业试点建设范围。围绕"砚山省级现代烟草农业示范县、新烟区开发示范县"建设，重点建设砚山县回龙2.4万亩、小舍姑1.18万亩省级核心示范区，开展丘北普者黑3.2万亩、广南珠琳1.72万亩州级核心示范区建设和文山德厚、西畴兴街、麻栗坡大坪、马关仁和现代烟草农业示范乡镇建设。按照"统筹规划、突出重点、分步实施、整体推进"与"山坝结合、点面结合、新老烟区结合"原则，全州以砚山新烟区整县推进为重点，探索现代烟草农业建设、新烟区开发、烟叶资源配置、特色优质烟叶开发"四位一体"整体发展模式，以5万担为1个单元，与工业企业合作开发特色优质烟叶。全州共承担4个新烟区单元项目，种烟面积8.79万亩，收购烟叶26.36万担。砚山县平远、丘北县普者黑、广南县珠琳和马关县仁和4个基地单元，分别与上海烟草集团、湖北中烟、广东中烟和河南中烟对口衔接。通过与工业企业合作，烟叶资源配置方式改革进一步深入。

云南省新烟区建设与发展工商合作研讨会

【特色烟叶生产基地建设】 根据工业企业骨干品牌需求，扎实推进特需品种、特色品种、区域特色烟叶生产基地建设。全州开发特色烟叶13万亩35万担，其中种植"K326"8.35万亩、"NC297"1.5万亩、"KRK26"9 600亩、"红大"2 800亩。组织实施"文山新烟区烟叶与津巴布韦烟叶比较研究"项目，邀请省局课题组和省烟科院专家指导，在土壤、气候等生态条件与津巴布韦相似的区域，种植津引品种"KRK26"1万亩，田间长势和各种生物性状表现突出。7月24日，由国际烟草专家组成的津巴布韦烤烟品种评审团在实地考察后认为：文山自然环境条件好，肥沃的土壤，充沛的降雨量，特别是栽培管理措施都较津巴布韦好，叶面清秀，烟叶分层落黄非常好，初烤烟叶结构疏松、柔软、富有弹性、闻香突出，是所见过的世界上最好的烟叶，KRK26群体结构和个体形态条件均超过津巴布韦种植的KRK26，文山州非常适合种植KRK26品种。

【灾害防范补偿】 制定合理的基金筹集办法、管理办法、灾害评估标准和补贴办法，充分整合资金、资源建设防灾减灾体系，建立风险保障基金，完善灾害补偿救助机制。全年全州系统按烟农、政府、烟草部门3∶3∶4比例，每担烟叶整合10元灾害风险保障金，共筹集风险保障金基金1 000万元。同时，协调中国农业银行为新烟区基地单元烟农办理“惠农卡”，切实解决烟农生产投入不足的问题，建立完善烟草气象服务及防雹减灾体系，建立烟草病虫害快速反应机制和有效控制机制，切实减轻突发性病虫害对烟叶生产造成的损失。

【卷烟营销】 制定《文山州卷烟农网延伸实施方案》，3月始，全州全面推广“三合一”模式，实施烟站、专卖管理所、卷烟营销网点“三合一”工作，基本实现“两网并举、重心下移、驻点服务、扫除盲区”的农网延伸模式，农网延伸后，全州持证卷烟零售户达到11 207户，占总人口的3.28‰，城区持证户占城区人口数的5.39‰，农网持证户占农村人口数的3.0‰，卷烟零售持证覆盖率实现乡（镇）、农村集市、村民委、边境（界）一线、500人和100户以上村小组6个100%。客户细分。制定《2009年文山州卷烟零售客户细分办法》和《2009年文山州卷烟零售客户服务细则》。品牌培育。制定具体的品牌培育流程和促销管理办法，在引入、培育、维护、退出等各个环节都与工业企业互动，开展品牌培育工作，设置品牌培育宣传栏，实现基本信息、品牌信息、营销信息、需求预测信息的资源共享。全州开展4个工业集团10个品牌的上市和维护工作，全州重点骨干品牌销量达到6.81万箱，比上年增长12.01%。培育省外中低档卷烟市场，平稳完成乙红河的品牌置换，“大丰收”、“甲天下”、“红旗渠”、“金许昌”等低档品牌已经被市场接受。终端形象提升即对零售户实行服务、送货、盈利三个承诺，建设零售终端“6+1”模式，统一亮证经营、统一咨询投诉、统一柜台展示、统一明码标价、统一卷烟陈列摆放顺序、统一零售户服务标准和服务承诺和零售户购销台帐。

【专卖管理】 开展市场清理整顿工作，以农网延伸为重点，坚持重心下移，开展办证上门服务，制定完善《内部专卖管理监督同级监管制度》、《内部专卖管理监督检查制度》，开展同级监管、日常监管工作，加强对烤烟种植、收购合同执行情况，烟叶复烤加工、调拨情况，卷烟出入库和实物扫码情况、物流配送终端到货确认情况的监督，加强烟叶收购秩序协调维护，加强烟叶收购内部专卖监督，加大对烟叶收购违法犯罪活动的打击力度。全州共查处涉烟案件517起，涉案金额2 288万元。查处真品卷烟264万支（比上年增加120万支）、假冒卷烟660万支（比上年增加55万支）、走私卷烟5.6万支、烟叶16 439担（比上年增加9 153担）、烟丝24.7吨、烟梗75吨，刑拘104人（比上年增加53人）、逮捕80人（比上年增加58人）、判处有期徒刑46人（比上年增加28人）。并成功破获1起涉及红河、曲靖、越南等地非法经营烟叶网络案件，查获烟叶1 520担，运输车9辆，涉案标值198万元，刑事拘留14人、逮捕11人。

【云南烟草公司调研组到文山烟叶复烤厂调研】 3月10日上午，云南烟草公司调研组到文山烟叶复烤厂调研该厂搬迁扩建工作，副州长姚堂文陪同。

【何泽华参观回龙新烟区示范区】 8月25日，国家烟草专卖局副局长何泽华一行参观回龙新烟区示范区，州长黄文武、副州长胡荣陪同。

【领导名录】

局长、经理　张树锋
副 局 长　陆永祥（壮）
副 经 理　陆永恒（壮）
　　　　　李安源
纪检组长　陈德志

（邓月中）

畜牧业

【简　述】 2009年全州肉类总产量达35.95万吨，完成年度计划的108.93%，比上年增16.5%；畜牧业产值实现45.65亿元，比上年增17.65%；农民人均畜牧业纯收入达483.53元，比上年增3.1%。

【生　产】 全州年末生猪存栏和肉猪出栏分别达305.54万头和353.22万头，完成年度计划的109.91%和110.38%，比上年增12.32%和17.2%；大牲畜存栏和肉牛出栏分别达138.52万头和41.75万头，完成年度计划的101.85%和109.87%，比上年增3.68%和16.65%；山羊存栏和肉羊出栏分别达35.55万只和29.11万只，完成年度计划的100.13%和102.13%，比上年增2.36%和7.89%；家禽存栏和出栏分别达1 128.32万只和1 384.69万只，完成年度计划的103.52%和100.7%，比上年增6.63%和5.7%。

【科技推广应用】 年内，全州完成牛冻精改良10.3万头，完成年度计划的102.99%，比上年增1.29%；完成猪人工授精29.13万窝，完成年度计划的109.09%，比上年增10.83%；肉食品检疫49.95万头，完成年度计划的99.9%，比上年增

4.0%；农田地种草96 905亩，完成年度计划的102.01%，比上年增1.19%；技术培训61.73万人(次)，完成年度计划的100.72%，比上年增0.76%；扶持重点养殖户64 826户，完成计划的100.51%，比上年增1.2%；推广浓缩饲料33 029吨，完成计划的101.63%，比上年增4.81%；推广青贮饲料23.21万吨，完成计划的100.9%，比上年增4.13%；推广秸秆氨化饲料16.94万吨，完成计划的100.84%，比上年增4.51%。全州猪杂交改良覆盖面达80.0%以上，牛冻精改良面达25.0%，配合饲料普及率达70.0%。

水奶牛养殖场

【项目建设】 争取到各级财政资金3 628.47万元，其中：中央资金3 267.77万元，省级资金360.7万元；州、县1 097.72万元，同时，争取扶贫、财政经费1 000万元。实施动物防疫体系、生猪标准化规模养殖场(小区)建设项目、巩固退耕还林成果后续产业养殖业建设项目、生猪和肉牛良种补贴等项目。

【动物防疫与疫病监测】 全州畜禽两防存栏数分别为猪526.15万头、牛242.31万头、羊68万只、禽1 997.78万羽。全年W病免疫牲畜846.45万头(只)，其中：免疫猪532.87万头，占两防存栏数526.15万头的101.28%，比上年多注射44.96万头，比上年增加9.21%；免疫牛245.48万头，占两防存栏数242.31万头的101.31%，比上年多注射12.09万头，比上年增加5.18%；免疫羊68.09万只，占两防存栏数68万只的100.13%，比上年多注射0.17万只，比上年增加0.25%；全州以边境地区、规模养殖场、交通沿线村寨为重点，开展D病强制免疫注射工作，全年累计免疫禽类1 999.32万羽，占全州家禽存栏数1 997.78万羽的100.08%；注射猪蓝耳病疫苗527.05万头，占全州生猪存栏526.15万头的100.17%。比上年多注射40.93万头，比上年增加8.42%；注射猪瘟疫苗530.22万头，占全州生猪存栏数526.15万头的100.77%。比上年多注射44.88万头，比上年增加9.25%；注射鸡新城疫(Ⅰ、Ⅱ系苗)1 844.6万羽，占全州家禽存栏1 997.78万羽的92.33%；常规防疫情况：累计注射猪肺疫疫苗67.5万头，猪丹毒疫苗3.41万头，副伤寒3.58万头；禽霍乱苗289.1万羽，鸭瘟苗20.13万羽；牛炭疽苗12.6万头，牛出败11.75万头，牛气肿疽9.24万头；羊四联苗2.3万只，气肿疽1.7万只，羊痘1.38万只，羊炭疽苗0.26万只，其他疫苗共注射1.7万只；全州8县有102个乡镇7 732个村小组开展犬防疫注射工作，全年累计注射狂犬苗10.94万只。全年全州共抽检猪血清560份、牛血清160份，检测W病免疫抗体，猪免疫抗体检测合格率为91.43.%，牛免疫抗体检测合格率为98.13%；抽检鸡血清560份，D病免疫抗体检测合格率为91.97%；抽检猪血清560份，猪瘟免疫抗体检测合格率为85.0%；抽检鸡血清560份，鸡新城疫免疫抗体合格率为95.0%。

【法律法规宣传培训】 8、10、11月，分别组织各县执法人员参与州政府法制办举办的行政执法培训班，并办理审验了行政执法证。此外，全州各县广泛开展执法培训和科技培训。全州共举办兽药、饲料和综合行政执法培训班15期600余人(次)。州、县各级以“三月法制宣传月”、“六月安全生产月”和“九月食品安全宣传周”、“12·4”法治宣传日为契机，结合食品安全、重大动物疫病防控等实际工作，以广播、电视、版报、印发资料、宣传车、科技三下乡、专题讲座等多种形式，广泛开展宣传和培训，重点宣传和培训《农产品质量安全法》、《动物防疫法》及高致病性禽流感等防控知识。全州共出动宣传车200辆(次)，出黑板报、墙报250余期，印发《农产品质量安全法》、《畜牧法》、《动物防疫法》、《兽药管理条例》、《饲料和饲料添加剂管理条例》、《食品动物禁用的兽药及其它化合物清单》、如何识别假劣兽药和畜禽传染病防制、禽流感防制等相关知识宣传材料20余万份，广播宣传110次，电视宣传20余次。

【能繁母猪补贴及保险工作】 通过采取“一折通”和“直接发放现金”两种方式发放补贴，按每头100元补助标准和中央、省、县60.0%、30.0%、10.0%的资金承担比例，年内全州共补贴能繁母猪286 772头，兑补资金2 867.72万元，根据相关文件规定，全州能繁母猪保险在保额和保费标准上统一设定为保险金额每头1 000元，保费每头60元。其中，中央财政承担50.0%，省财政承担22.5%，州财政承担2.5%，县财政承担5.0%，养殖户承担20.0%。

【畜产品质量安全监管】 共出动执法人员2 764人(次)，检查兽药经营使用单位3 213个(次)，查获违规单位108个，其中无证经营28户，经营假兽药80户，查办违法案件108起，取缔无证经营28户，无证经营兽药和劣质兽药246.54千克、13 794支瓶，折合金额2.14万元，收缴罚款3.46万元，整治重点区域281个；检查饲料生产经营企业1 866个(次)、规模养殖场户769个(次)，查办违法饲料案件56起，没收劣质饲料19.45吨，涉案金额11.01万元，整治重点区域264个，查出的劣质兽药、饲料全部进行销毁；对定点屠宰场进行猪尿中“瘦肉精”检测1 024份，来克多巴胺检测355份，结果全为阴性。全年抽检兽药 293 个批(次)，合格率为 69.7%；抽检饲料和饲料添加剂 200 个样品，合格率为 80.0%。不合格兽药、饲料全部按规定进行处理。

【领导名录】
局　长　伙安福(蒙古)
副局长　余伍清
　　　　盘贵才(瑶)

(李兴红)

林　　业

【造林绿化】　全州完成营造林36.8 392万亩。其中：完成人工造林22.4 593万亩(退耕还林13.9 065万亩，天保工程 2 万亩，防护林工程 2.6 万亩，石漠化综合治理项目 1.5 万亩，林产业项目 22.45 万亩)，占计划22.4 593万亩的 100%，完成封山育林 14.38 万亩，占计划 14.38 万亩的 100%，完成义务植树 630 万株，占计划 630 万株的 100%。

【林产业】　全州重点发展以八角、花椒、草果、橡胶、茶叶、红豆杉、杉木、旱冬瓜等为主的传统优势产业，尤其是从 2008 年开始以油茶、核桃为重点的两大主导产业的实施，有力带动全州林产业规模化快速发展。年内，全州共实现林业总产值 14.49 亿元，占全州 GDP5.4%，带动 15.9 万人就业，农民从林业上获得收入 425 元，占农民人均纯收入 17.9%。

【集体林权制度改革】　6 月，全州基本完成主体改革，共完成改革确权 14 783 个组、591 151 户、1 264 881 宗地、2 220.43万亩林地，林地确权率 95.0%，确权到户率 92.0%；纠纷调处率 95.1%，协议调处率 92.0%；宗地勘测合格率 86.4%；林权证发证率 93.5%；档案综合合格率 92.0%；集体林均山到户率 51.4%，其中：集体公益林均山到户率 20.6%，集体商品林均山到户率 68.8%。7 月，省级对文山州的集体林权制度主体改革工作进行了检查验收。9 月，根据省检查组提出的反馈意见，对全州深化集体林权制度改革工作进行再部署、再安排，并由州林改领导小组领导带队，组织督查组多次深入县乡进行督促检查，对存在问题进行整改落实，截至 12 月底，全州主体改革林地确权率又提高 1.8 个百分点，达 96.8%；纠纷调处率又提高 1.4 个百分点，达 96.5%；林权证发证率又提高 3 个百分点，达 96.5%；均山到户率又提高 30.9 个百分点，达 82.3%，其中：集体公益林均山到户率提高 64.3 个百分点，达 84.9%；集体商品林均山到户率提高 11.9 个百分点，达 80.7%。通过实施集体林权制度改革，已流转林木林地 42.83 万亩，涉及 48 个乡镇，流转金额达 4075.85 万元。

【木本油料基地建设】　全州计划完成油茶种植 20 万亩，至年底，落实地块 25.57 万亩，完成预整地 18.63 万亩，油茶苗木因木质化程度不够和受干旱影响，完成定植 4.6 万亩；年内全州计划完成核桃种植 80 万亩，至年底，落实规划面积 92.7 万亩，完成预整地打塘面积 50.39 万亩，由于受 3 月中旬的霜冻灾害和干旱影响，完成苗木定植 30 万亩。

【资源林政】　年内，全州共完成非天保工程区商品材采伐量 25.887 万立方米，出材量16.5 936万立方米，分别占省下达计划的 65.0% 和 65.0%；完成天保工程区人工商品林采伐蓄积量 13.301 万立方米，出材量 8.813 万立方米，分别占省下达计划的 96.5% 和 99.6%；完成非商品材采伐量 8.36 万立方米，占限额的 9.8%。全州共受理各类森林案件 1052 起，查处1 008起，查处率为 95.8%。其中，立刑事案件 141 起，破 106 起，破案率为 75.0%；受理林政案件 911 起，查处 894 起，查处率为 98.1%。依法处理违法犯罪人员 1 560 人，其中，抓获犯罪嫌疑人 87 人，林政处罚1 296人，其他处罚 264 人。共收缴木材1 139立方米，罚款 137.32 万元；共审核审批征占用林地 31 起，面积3 027.72万亩，预缴森林植被恢复费847.57 132万元；共审核审批、审验木材经营、加工许可证 512 户，其中：木材经营许可证 38 户，木材加工许可证 443 户，木制品经营许可证 31 户。11 月成功侦破“11·13”特大非法收购、运输珍贵濒危野生动物及制品案，查获 115 只熊掌、30 只活体及 10 只死体穿山甲，1 名犯罪嫌疑人被刑事拘留，另 4 名犯罪嫌疑人在追逃中。

【森林防火】　至 6 月上旬解除森林防火期，全州共发生森林火灾 28 次，其中：一般森林火灾 11 次，较大森林火灾 17 次，占省下达控制指标 93 次的 30.1%；受害森林面积 127.03 公顷，占省下达控制指标 835 公顷的 15.0%；森林受害率 0.15‰，比省下达控制指标 1‰低 0.85 个千分点；森林火灾控制率 4.5 公顷/次，占省下达控制指标 10 公顷/次的 45.0%；森林火灾案件查处率为 100%，高于省考核指标 20 个百分点，扑救森林火灾中未发生人员伤亡事故，取得连续 23 年无重特大森林火灾和人员伤亡事故的好成绩。

【森林病虫防治】　年内，全州发生林业有害生物 30.79 万亩，成灾面积 0.602 万亩，成灾率为 0.39‰；共完成防治面积 29.24 万亩，其中无公害防治面积 27.76 万亩，无公害防治率为 94.95%；共完成种苗产地检疫 2.533 万亩，种苗产地检疫率为 100%；共实施监测面积 1155.5 万亩，年初预测全年发生林业有害生物 32.315 万亩，实际发生 30.79 万亩，测报准确率为 95.3%。

【自然保护区建设】　年内，与野生动植物保护国际及云南省绿色环境发展基金会合作开展华盖木极小种群保护示范项目。

马关古林箐省级自然保护区

【分类经营】 按照“管好公益林、用好补偿金”的总体要求，年内，全面启动省级地方公益林生态效益补偿工作，补偿面积达 650.67 万亩，占全州林业用地 2 735.3 514 万亩的 23.79%，占规划公益林总面积1 013.9万亩的 64.2%，其中：纳入中央财政补偿的国家重点公益林面积 441.5 万亩，年投入补偿基金2 097.125万元；纳入省级财政补偿的省级公益林 209.17 万亩，年投入补偿资金1 045.86万元。

【退耕还林】 年内，组织完成跨年度实施的 5.5 万亩退耕还林项目和3 243口农村能源沼气池建设、1 382眼节柴灶、88台太阳能、0.173 万亩薪炭林，11.89 万亩后续产业发展新增特色经济林，1.8 435万亩补植补造巩固退耕还林成果项目任务。

【农村能源】 全年完成新建沼气池7 006户，占省下达计划 6 307户的 111%，农村改灶9 382户，占省下达计划9 382户的 100%。组织 3 期农村能源用户安全管理使用培训，培训农户 300 余户，组建 56 个农村能源技术服务队，深入偏远贫困山区村寨现场开展技术服务。

【林业规费】 全年投入林业资金26 916.91万元，其中：中央投资20 524.54万元，省级投资5 836.87万元，州级投资555.5 万元。分项目情况是：天然林保护工程2 884.57万元，退耕还林工程14 138.64万元，防护林工程 891 万元，石漠化综合治理工程1 643.82万元，林业有害生物防治 180.48 万元，林改工作经费 68 万元，森林生态效益补偿基金3 267.88万元，贫困林场扶贫资金 130 万元，林业贷款财政贴息资金 10 万元，石油价格补贴 52.67 万元，森林防火 207 万元，森林公安三基工程建设 44.9 万元，野生动物肇事补助 40 万元，野生动物疫源疫病监测 4 万元，野生动植物保护 70 万元，森林植被恢复费返还 406.6 万元，林业产业项目资金1 342万元，林业技术推广经费 16 万元，农村沼气和改灶建设补助 824.95 万元，公益林考核表彰奖励经费 2.5 万元，林业站社会化服务体系建设补助 10 万元，育林基金返还 251.4 万元，州级统筹森林生态效益补偿基金补助县级 59 万元，州级育林基金补助县级 170.5 万元，州级森林植被恢复费补助县级 166 万元，造林绿化责任奖 12 万元，其他 23 万元。全年完成育林基金征收1 019万元，占省厅下达文山州育林基金征收计划 450 万元的 226%，超额完成 569 万元。

【林木种苗】 组织开展白花油茶优树初选和良标识工作，共初选出百花油茶优树9 586株，2008、2009 两年合计初选油茶优树11 980株，超计划完成原定10 000株的任务。同时，在广南油茶研究所的帮助指导下，组织人员对分布在广南、富宁两县的广油 3 号、广油 4 号、广油 9 号、广油 13 号、广油 14 号 5 个经云南省林木品种审定委员会审（认）定通过的油茶品种母树进行标识。共标识良种母树477 112株，其中：广南县 273 000株，富宁204 112株。按照每株采穗母树年可采穗 50 条，每条 4 芽计，全州标识出的良种母树年可采穗2 385.56 万条，合9 542.24万芽。

【领导目录】

局　长　付永刚

副局长　万建亚

　　　　曾玉德

　　　　罗金定（壮）

　　　　张全文

森林公安局长　郑代蛔

森林防火专职副指挥长　李　魁（彝）

（朱民仆）

农　垦

【简　述】 2009 年，文山农垦共有独立核算单位 9 个，有土地总面积142 543亩，已开垦利用70 000亩，占 49.1%；山区不可利用土地72 543亩，占 50.9%。年末，有橡胶种植面积 20 222亩，茶叶面积4 778.6亩，咖啡面积1 500亩，柑桔面积 9 091亩，香蕉及其它水果11 000亩，2 × 4 000千瓦水电站 1 座，5 000千伏安金属硅冶炼厂 1 个，6 300千伏安硅锰冶炼厂 1 个，宾馆酒店 3 家，市场 2 个，入股电站 5 座，折合装机容量近7 000千瓦。

【主产品产量】 全年完成橡胶 916 吨，比上年增加 290.6 吨，比上年增长 44.5%。生产干毛茶 398 吨，比上年减少 265 吨，比上年下降 40.0%。咖啡豆 28 吨，比上年减少 15 吨，比上年下降 35.0%。各种水果19 124吨，比上年增加4 339吨，比上年增长 29.3%。生产金属硅 1074 吨，比上年减少 397 吨，比上年下降 27.0%。发电4 689万度，比上年增长 6.1%；回收电力4 042万度，回收率为 86.2%。生产硅锰合金 5124 吨，比上年增加1 588吨，比上年增长 44.9%。

【经济指标】 全年完成国内生产总值4 175.3万元，完成年计划的92.8%，比上年减少319.7万元，比上年下降7.1%，其中：一产业增加值3 036.6万元，比上年下降4.1%；二产业增加值554.1万元，比上年下降13.0%；三产业增加值584.6万元，比上年下降15.3%。工农业总产值9 405万元(现价)，比上年减少603万元，比上年下降6.0%，其中：工业4 593万元，比上年下降12.7%；农业4 812万元，比上年增长1.3%。全员劳动生产率38 530元，人均国民生产总值53 958元。缴纳税金295余万元。实现经营利润-20万元，与上年盈利32万元相比，利润下降52万元。职工非公经济纯收入1 250万元，比上年下降26.0%。固定资产投资2 009万元，完成年投资计划的135%。年末资产总额2.15亿元。

【农业生产】 年内橡胶生产自然灾害相对较轻，健康、天保二个农场的橡胶寒害后逐步得到恢复。做好橡胶白粉病的防治和割胶技术规程的落实，同时加强对割胶技术的检查和指导，发现问题，及时纠正，加强对林地的管理和肥料投入，按要求施足有机肥和化肥，增加产胶量；石山农场的茶叶由于市场价格持续走低，企业效益下滑，工人收入减少，造成近200名外来劳务工流失，1 500亩茶园荒芜，无人采摘，产量大幅下降；各种水果产量比上年有所增加，但价格与上年基本持平。农业盈利210万元。

【工业生产】 由于上游蓄水调节，健康水电站发电量增长6.1%；天保农场5个入股电站，折合装机近7 000千瓦，有近100万元的投资回报；受全球金融危机的影响，金属硅和硅锰铁价格大幅下滑，每吨比上年下降3 000~4 000元，由于用电价格上涨，生产成本过高，全年工业经营亏损230多万元。

【两房建设】 年内，文山垦区“两房”建设任务1 544户，项目总投资10 458万元，其中：中央预算内补助资金2 105万元，省级配套补助资金861万元，总局配套补助279万元，农场及职工自筹资金约7 200万元。年内安排给文山垦区650套的廉租住房建设任务(其中：天保农场80套、健康农场100套、堂上农场50套、石山农场100套、回龙农场200套、八布农场100套、冶炼厂8套、发展公司12套)，已经开工528套，开工率81.23%，已竣工8套，竣工率1.23%；年内文山垦区危旧房改造任务是894户62 580平方米(其中：天保农场249户、健康农场308户、堂上农场54户、石山农场149户、回龙农场79户、八布农场50户、冶炼厂5户)，已经开工485户，开工率54.25%，已竣工204户，竣工率22.82%。

【双10万项目建设】 集团公司在多方面考察、调研、分析、论证的前提下，提出在文山八布分阶段投资2.5亿元建设年产10万吨木薯淀粉和年出栏10万头商品肉猪项目。项目通过专家论证，组建红山农业开发有限公司。与麻栗坡县人民政府召开3次协调会，就项目建设中的有关问题进一步统一思想、达成共识，争取有关扶持政策；完成3 000米的进厂公路及征地拆迁补偿等工作；在八布、六河、杨万3个乡镇发展木薯种植10 000余亩(其中：原种5 000亩，新栽5 000亩)，保障原料供给，完成项目环境影响评价分析加紧做好厂区及厂房建设，力争明年2月投入生产。

【安全生产】 全年累计开展安全生产检查89次，查出隐患106个，筹措1.445万元资金进行事故隐患整改，共整改隐患106个，隐患整改率达到100%。

【领导名录】

党委书记 陆玉新
局 长 卢洪田(壮)
副 局 长 杨福刚
纪委书记 陆华灿(壮)

(单汝德)

文山州有哪些湖泊

普者黑湖，由大小16个湖泊组成，位于邱北县双龙营乡普者黑村一带，水面近2万平方千米，蓄水量1 300万立方米，平均水深4米，最深处30米。现为省级旅游区。

海子边湖，又称浴仙湖，位于砚山县城西北40千米海子边村旁，开远市至砚山县公路干线由湖边经过，集水面积34.75平方千米，水面3 400亩，湖中有岛屿，四周林木葱郁，有“海滨之乡”的美誉，既可养殖灌溉，又是游览避暑胜地。

老坞海，位于文山县德厚乡湖海村东500米，湖面约3平方千米，平均水深5米，最深处10余米，水面海拔1 400米，淡水。湖内有9座山峰，有“海岛渔家”之称，是文山县胜景之一。

明湖，位于文山县德厚乡明湖村东，水面186亩。湖水明净，可养殖和灌溉。

差黑海，位于砚山县平远镇差黑村南750米，面积3.13平方千米，蓄水2 000万立方米。四面环山，湖水可灌溉农田。

山湖，位于富宁县花甲乡三盘村东侧山脊上，海拔1 300米，面积500亩，椭圆形，水碧绿，最深处20米，湖中有一土山峰，状如竹笋，高60米，峰上遍布花草，为富宁县“山湖独峰”胜境。

莲湖，位于广南县城内，面积约10 000平方米，湖中筑有长堤、拱桥、凉亭，为广南县风景游览胜地。

工　业

责任编辑　李春梅

电网建设

正有序推进。

工业管理

【简　述】 2009年全州工业实现总产值208亿元，增长9.4%，增加值完成71.2亿元，增长16.8%，占全州GDP比重为26.0%，比上年下降1个百分点。规模以上工业累计完成增加值60.8亿元，增长18.7%，增速在全省16个州、市中位居第三位，分别比全国、全省高7.7和7.5个百分点；规模以上工业主营业务收入125.8亿元，比上年增长0.5%；规模以上工业利税总额25亿元、比上年增长10.8%，规模以上工业利润总额15.6亿元，比上年增长24.8%。全州单位GDP能耗下降4.9%，淘汰拆除铁合金矿热电炉6台，装机容量25800kVA，淘汰拆除新街水泥厂2条10万吨产能水泥生产线，全面完成省下达节能降耗目标任务。

【特殊措施】 全力应对金融危机结合实际采取税收返还、电价补贴、置换到期贷款、缓缴社保基金改善企业软环境、治理“三乱”、州县成立恢复工业生产督导组、金融帮扶等8条措施帮助企业度难关，全年累计返还增值税1 446.6万元、电价补贴1 902万元、帮助11户企业置换到期贷款1.08亿元，使用失业保险基金464.9万元补贴72户困难企业稳定就业岗位，全州企业少缴各项社会保险费1 760万元。至年底，全州规模以上停产、半停产企业4户，规模以下停产、半停产企业86户，分别比年初减少45户和212户，规模以上停产、半停产企业已有90.0%以上全面恢复正常生产经营。

【工业投资】 年内，建立重点项目州级领导挂钩督办制，制定出台《文山州新型工业化发展专项资金管理办法》，引导、鼓励企业投资，非电力工业固定资产投资大幅增长。全州共组织实施重点在建、新开工工业项目84个(不含电力类)，完成非电工业固定资产投资56亿元、比上年增长72.8%，超额完成省工信委下达的35亿元责任目标。84个重点工业项目中，富宁5万吨/年高钛渣生产线建设、砚山宏灿公司难选低品位铁矿资源综合利用、麻栗坡紫金钨业公司5 000吨/年APT粉生产线建设、文山金和有色金属冶炼有限公司16 500 KVA铁合金生产线技改扩建、砚山县滇常冶炼厂8万吨/年铁合金节能技改等27个项目已竣工投产；特安呐公司三七综合加工生产线技改、广南壮乡2 000t/d水泥熟料生产线建设项目近期可完工投入试生产；年产80万吨氧化铝厂建设、兴建公司4 000t/d新型干法熟料水泥生产线建设、壮山公司2 500t/d新型干法熟料水泥生产线技改项目、砚山阿舍冶炼厂18万吨/年铁合金节能技改、普阳煤化工公司二期电石项目、华联锌铟公司铜街至曼家寨矿段210万吨/年采矿扩建工程和8 000吨/日选矿扩建工程、马关云铜锌业公司高效提铟产业示范化工程、州煤业公司普阳煤矿五期扩建、富民糖业日处理6 000吨甘蔗糖厂建设等一批重点项目进展顺利；氧化铝配套氯碱项目、文山州复烤厂搬迁扩建2个项目前期工作正有序推进。

【电源点和电网建设】 年内完成黄家坪、小寨、天保、普楼等一批电站建设；加快富宁220千伏输变电工程建设进度，完成220千伏平远鲁都黑变电站建设，投资完成新华、里达、乐利等110千伏变电站，扩建110千伏东山变电站、马塘变电站和羊街变电站。至年底，全州装机总量达到152万千瓦(其中，州县统调装机容量117万千瓦)、增长57.0%；全州500千瓦变电站1座，主变1台，变电容量75万千伏安；220千伏变电站4座，主变7台，变电容量120万千伏安；110千伏变电站29座，主变42台，变电容量153万千伏安。全州共完成自发电量45.3亿千瓦时、增长1.6%；完成购省电量电量19.1亿千瓦时、增长73.6%。全州供电量虽受金融危机和企业开工不足的影响，但仍然达到56.6亿千瓦时，增长23.7%，由于自发电量、购省电量提高，基本缓解了供需矛盾。

【节能降耗】 全州单位GDP能耗下降4.9%，淘汰拆除铁合金矿热电炉6台，装机容量25 800千伏安，淘汰拆除新街水泥厂2条10万吨产能水泥生产线，全面完成省下达目标任务。强化责任考核机制。加强对8县、10个行业主管部门和10户重点耗能企业节能目标责任书完成情况的考核，督促有关县、部门建立健全节能管理和节能监察机构，定期通报节能降耗指标完成情况，确保“不拖不欠”的完成万元GDP能耗降低目标；进一步完善节能降耗统计、检测、考核体系和管理、检查、服务体系等基础性工作，制订《文山州节能降耗统计监测及考核实施方案》、《2009年全州节能降耗工作要点》、《关于进一步加强能源统计工作的意见》、《文山州单位GDP能耗指标公报制度》、《关于进一步加强节油节电工作的实施意见》和《文山州深入开展全民节能行动实施方案的通知》等文件，初步形成全州节能工作的政策文件支撑体系；对重点用能企业启动能源审计，组织普阳煤化工、木利锑业等10户重点用能企业启动能源审计工作；加大淘汰落后产能力度，共争取798.5万元省级淘汰落后产能奖励资金工作经费划拨到上年以来涉及淘汰落后产能的企业，并为有淘汰目标任务的企业分别安排5万元前期拆除经费，同时严格执行铁合金行业市场准入，年内共有富宁花甲锰粉厂等11户铁合金企业17台铁合金矿热电炉取得国家行业准入公告；组织推进清洁生产，组织8县涉及茶叶、机械、造纸、冶金4个领域25户企业开展清洁生产审核工作；全州通过资源综合利用认定的企业8户，综合利用各种二次资源137万吨，享受税收减免1 485万元。

【文山州首个指导工业园区建设规范性文件出台】 年内，《文山州人民政府关于加快工业园区建设的实施意见》及《文山州工业园区建设五年行动计划》出台，这是文山州第一个以州人民政府名义下发的指导工业园区建设的规范性文件，全面系统地明确工业园区优惠、扶持政策。

【工业发展专项资金投入】 共向国家、省争取扶持资金3 183万元。其中，为云南华联锌铟股份有限公司马关县都龙矿区选厂及尾矿库技改项目等11个项目技改贴息资金1 000万元，文山三七产业园区道路延长线建设工程等7个项目新型工业化发展专项资金450万元，丘北达平食品公司、云铜马关有色金属有限责任公司等7户非公有制企业省级流动资金贷款贴息330万元，砚山丰林花生油厂、广南丰汇生态茶业公司等4户非公企业固定资产贷款贴息180万元，会同州发改委为丘北云泰食品有限责任公司等4户中小企业申请国家扩大内需中小企业技改项目资金943万元，三鑫融资担保有限公司国家中小企业融资担保风险补偿扶持资金50万元，丘北永明科技开发有限责任公司年产7 000吨辣椒系列产品生产线扩建等5个项目230万元乡镇企业投资项目扶持资金。

【非公经济】 制定出台《中共文山州委、文山州人民政府关于加快非公有制经济发展的实施意见》，部署全州非公经济的发展方向、思路和目标，同时规定扶持政策、政策保障、制度保障及组织保障。加大协调、指导力度，帮助乡镇企业抓好原料基地建设和提高产品质量，促进农业增效、农民增收。全年全州非公经济完成增加值132.4亿元，比上年增长14.2%；上缴税金9.7亿元，比上年增长6.4%；从业人员13万人，比上年增长12.6%。乡镇企业实现增加值58.7亿元，比上年增长20.9%；工业增加值40.0亿元，比上年增长29.9%；农产品加工业销售产值35.1亿元，比上年增长42.0%。

【盐业监管】 共查处案件68起，办结64起，查获假冒盐产品和其他盐产品36.393吨，上缴财政罚没收入60 788.34元，无1起行政复议案件。全州共组织调供食盐17 263吨，工业盐47吨，全州共计销售食盐18 941.33吨，工业盐491吨，实现销售收入3 320余万元。

电　　力

【简　述】 2009年，文山电力股份有限公司拥有发电厂15座，容量11.105万千瓦；拥有110千伏变电站15座，容量85.30万千伏安，35千伏变电站43座，容量21.27万千伏安；拥有110千伏线路1 623.73千米，35千伏线路1 152.63千米，10千伏线路10 042.97千米。公司荣获“全国精神文明建设工作先进单位”、“全国电力行业QC小组评比一等奖”、“云南省总工会职工医疗互助先进单位”、“全州固定资产投资工作先进单位”、“文山州守合同重信用单位”、“2007～2009年度文山州安全生产先进单位”、“文山州三电工作先进单位”等荣誉称号。

主要经济指标统计表

指标名称	单位	本年完成	上年完成	同比增减(%)
自发电量	万千瓦时	62 869	72 256	-12.99
供电量	万千瓦时	369 293	359 776	2.65
售电量	万千瓦时	352 783	336 068	4.97
售电收入(不含税)	万元	111 635	99 497	12.20
售电平均单价	元/千千瓦时	316.44	296.06	6.88
发电单位成本	元/千千瓦时	111.44	95.15	17.12
购电单位成本	元/千千瓦时	244.06	212.20	15.01
线损率	%	4.5	6.6	下降2.1百分点
综合电压合格率	%	99.53	95.53	4个百分点
电费回收率	%	100	99.4	0.6个百分点
企业总资产	万元	182 809	152 006	20.26
营业收入	万元	114 534	103 124	11.06
实现利润	万元	10 845	17 433	-37.80
上缴税金	万元	15 559	14 307	8.75
全员劳动生产率	万元/人·年	46.75	41.22	13.42

【安全生产】 公司与各单位安全责任人签订安全目标责任书。对123名基建工程外请施工管理人员进行开工前的安全培训教育和考试，安全培训考试达2 109人(次)；开展电力安全进社区、进乡村活动，举办安全生产知识竞赛；实施事故

风险分析与控制，开展风险预控和隐患治理工作。全年投入安措资金325.31万元，安健环共新建和改造110千伏线路4条，35千伏线路30条，110千伏变电站5座，35千伏变电站7座，发电厂3个，安健环共投入155.81万元。

【电网建设】 编制完成文山州城农网2009～2013年110千伏及以下城农网规划工作，做好“十二五”电网规划展望。完成新建、技改、续建项目基本技施设计、项目审批工作，大部分项目已建成投运。10个续建项目完成计划投资16 119万元的100%，16个新建技改项目完成计划投资10 000万元的99.7%，占总投资16 800万元的60.0%。圆满完成收购二期农网改造资产16 398.77万元工作。7月始全面转入并圆满完成云南电网公司下达文山州城农网工程计划7大批(次)，累计投资3.5亿元，涉及文山州8县1镇的城农网工程建设任务。

【生产技术管理】 对38座35千伏变电站、3座发电厂配置41台F576红外测温仪，对1座110千伏变电站加装在线监测仪，对两个分公司分别实施配电GIS和输电GIS。开展110千伏线路零值、低值绝缘子的检测。制定继电保护专项整改活动方案和实施计划，督促各分公司开展继电保护专项整改。全年共安排9个发、供电单位进行检修技改，累计投入资金7 164万元。修编完善10个生产管理标准和规定。

【电力营销】 制定增供扩销保增长工作方案，主动支持政府电价优惠政策刺激用电，大力宣传落实新的丰枯峰谷电价政策，引导用户合理安排生产计划。利用文山特殊地理环境和小水电优势，尽力满足越南和广西用电需求，送广西电量增长129.8%。跟踪上下游行业市场变化，向文山州人民政府建言献策，使高耗能企业在享受电价优惠的同时，获得政府的用电补贴和税收优惠政策，实现全社会用电增长22.38%、新增配电变压器628台、新增用电容量15.8万千伏安的目标。

【节能降耗】 在停止对网内所有中频冶炼炉和单机容量3 600千伏安及以下的铁合金电炉供电的基础上，加强新增计量装置的首检和现场检定、关口计量的定期检定，增设无功补偿，强化配变经济运行，调整电网运行方式，合理平衡电网潮流。加强线损的“四分”管理、指标管理、用电管理、计量管理，严格将线损率控制在可控、在控范围内，努力降低电网损耗，实现电网经济运行。

【管理创新】 推进广南、马关、麻栗坡3县电力公司整合前期工作，修订完善定编定员方案和岗位薪点标准，推行工资总额包干管理办法。实施二次管理年活动，把“全面质量管理体系”和“职业健康管理体系”不断引向深入。开展技术攻关和QC小组群众性全面质量管理活动，共有3个成果获云南省QC成果三、四等奖，其中1个荣获全国电力行业QC小组一等奖。

【制度建设】 健全完善行政管理、安全生产等各类制度、标准、流程，修订完善5个行政管理制度、6个安全管理标准和15个总体(专项)应急预案。制定《劳务派遣制农电工择优实行岗位薪点工资管理办法》。

【法人治理工作】 修改完善《公司章程》，制订《对外投资管理办法》，在董事会层面首次编制并披露《公司2008年度企业社会责任报告》，在董事会专门委员会中成立关联交易决策委员会，制订《关联交易委员会工作细则》，贯彻实施《企业内部控制基本规范》领导小组和工作小组，向董事会提交《2009年上半年内部控制监督检查报告》，增加《中国证券报》为公司信息披露指定媒体，信息披露工作做到及时、公平、真实、准确、完整，公司股票在二级市场走势未出现上交所规定的股价异常波动的情况，公司治理水平得到公众认可。2009年，继续入选“上证公司治理指数”样本股。

【分红派息】 5月，实施2008年度利润分配方案，以2008年末总股本39 877.2万股为基数，用未分配利润每股送红股0.2股，并派发现金红利0.03元(含税)。

【践行“一线工作法”】 修订完善《“一线工作法”实施细则》，完成《公司中层及以上管理人员践行“一线工作法”的初步计划》，将“一线工作法”推行到中层管理人员，加大对基层单位开展“一线工作法”工作的检查、指导力度。公司各级管理人员结合自身实际，深入基层开展工作。全年各级管理人员共完成300余篇调研报告。

【领导名录】
董事长、总经理 杨 斌
常务副总经理 邓亚文
监事会主席 宋云山
副总经理 李建刚
卢新胜(壮)

(黄上途、曾 铮)

电 网

【简 述】 2009年，文山供电局资产规模达到12.77亿元，管辖1个500kV变电站，4个220kV变电站；输电线路共有17条，线路总长为643.052km，变电容量1950MVA，提前113天完成了省公司下达的10亿kw.h全年售电量指标。年内，完成标准大修26项，特修项目共16项，技改三零项目26项，技改项目共18项。

主要经济技术指标统计表

序号	项目	单位	本年完成	上年完成	同期相比(%)	备注
1	供电量	亿千瓦时	19.28	12.01	60.53	
2	售电量	亿千瓦时	19.14	11.68	63.87	
3	售电收入	万元	47 962.69	29 194.31	64.29	
4	售电平均电价	元/千千瓦时	293.17	281.58	4.12	
5	上网电量	亿千瓦时	4.38	9.51	-53.94	
6	供电单位成本	元/千千瓦时	81.35	104.8	-22.38	
7	最高日供电量	万千瓦时	1156	1016.66	13.71	
8	平均日供电量	万千瓦时	528	329	60.49	
9	线损率	%	0.76	2.79%	-2.03	百分点
10	综合电压合格率	%	99.85	99.95%	-0.1	百分点
11	电费回收率	%	100	100	0	百分点
12	设备完好率	%	100	100	0	百分点
13	负荷率	%	77.32	77.14	0.18	百分点
14	全员劳动生产率	万元/人.年	235	173	35.84	

【安全工作】 健全安全生产责任制和逐级沟通机制，层层分解安全生产目标，按照体系化、规范化、指标化要求开展首次安评工作，启动安全生产风险管理体系及生产规范化建设，与5个变电站和调度组签定安全生产目标责任书，继续在全局推行"局领导责任变电站制度，将"一线工作法"化为局领导班子的具体行动。全年共到现场作业安全监督98人(次)；下发"安全监察重点信息传递单"6份(次)；下发"安全隐患整通知书"6份(次)；填报"任务观察表"25份(次)，截止年底连续安全运行188天。

【电网规划建设】 完成2009～2013年文山电网专题规划，启动文山"十二五"电网规划编制工作及220kV老山变、220kV开化变和220kV路德变的可研工作。年内重点建设220千伏普厅输变电工程、220kV马鹿塘送出工程，其中220kV马鹿塘送出工程于2009年12月6日正式投运。农网建设投资共开工建设11个批(次)，项目分布丘北、富宁、西畴、广南、马关、麻栗坡6县，累计完成投资34 942万元，完成计划的100%，一户一表改造完成16013户，新增变电容量1.72万千伏安，新建10千伏、0.4千伏线路共840.8千米。完成文山供电局生产基地规划设计方案、单体设计方案、规划设计报告的编制工作及三通一平工作。

【领导名录】

局　长　杨　霖(白)

副局长　李明磊

　　　　施继延

　　　　段　光

（王海云）

乡镇企业

【简　述】 2009年以来，随着国际金融危机的持续蔓延扩散，文山州乡镇企业发展也受到影响和冲击，主要表现在乡镇企业产品价格全面下行，出口受阻，乡镇企业面临市场萎缩、需求不足、风险加大、经营困难等。通过出台一系列政策措施，乡镇企业经济总量继续扩张，结构有所改善，产品销售势头强劲，效益不断提高，活力明显增强。年内，全州乡镇企业实现增加值587 467万元，比上年增长20.9%；实现工业增加值339 649万元，比上年增长29.9%；实交税金66 174万元，比上年增长15.4%；实现农产品加工业销售产值350 979万元，比上年增长42.0%；开展企村结对21对。

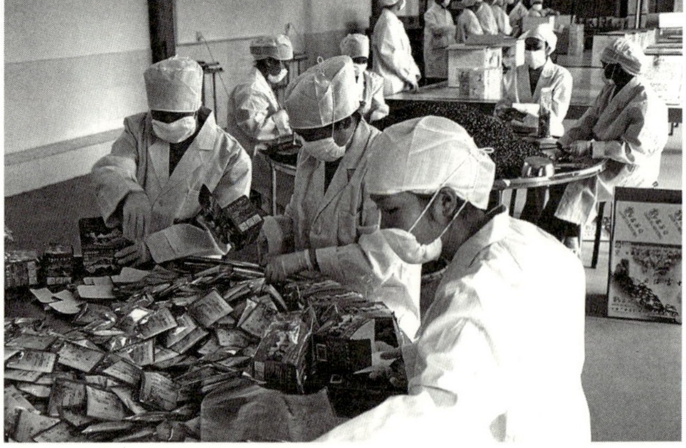

金融危机下，凯鑫茶业公司勇闯市场

除技能鉴定外，均超额完成省下达的责任目标。截止年底，全州共有乡镇企业57 951户，比上年增长7.6%；从业人员236 539人，比上年减少0.6%；实现总产值2 120 899万元，比上年增长16.6%；实现营业收入2 365 870万元，比上年增长16.6%；实现利润总额227 795万元，比上年增长22.6%；完成出口产品交货值38 260万元，比上年下降41.7%；职工劳动报酬192 013万元，比上年增长9.8%。

【乡镇企业园区】 至年底，全州共有乡镇企业园区6个，园区内有企业99户，从业人员7 380人。

【农产品加工业】 至年底，全州乡镇企业农产品加工企业达3 573户，从业人员18 764人(其中规模以上35户、从业人员3 159人)，完成全部农产品加工业销售产值(含个体)350 979万元，完成省下达目标的120%，比上年增长42.0%，完成增加值103 978万元。比上年增长8.4%。

【企村结对】 全年共完成企村结对21对，完成省下达目标的105%，提前完成省十一五期间下达的45对目标任务带动农户10 039户，培训村民22 096人，有706人直接进入企业工作。砚山丰林花生油厂、文山金达利公司在去年获省政府表彰为“企村结对共建新农村”先进企业。

冶　金

【简　述】 受金融危机影响，主要有色、黑色金属产品市场需求持续萎缩，价格持续下跌，加之原、燃、材料价格的大幅上涨，冶金行业遭受前所未有打击。全年，全州冶金行业规模以上企业实现主营业务收入18.4亿元，比上年下降53.5%；利税总额2.1亿元，比上年下降32.3%。

2009年文山州冶金工业企业主要经济指标完成情况

单位：万元

企业名称	工业总产值(现价)	主营业务收入	期末资产合计	期末负债合计	利税总额	利润总额
小计	26 3497	184 653	390 256	253 651	43 035	27 468
华联锌铟公司	131 400	79 208	228 192	168 626	29 095	17 805
斗南锰业公司	78 399	54 385	88 141	54 198	9 335	7 356
木利锑业公司	11 429	12 673	15 249	7 796	3 164	1 658
阿舍冶炼厂	32 135	25 826	29 456	16 940	1 307	919
文冶有色公司	7 093	6 701	21 465	1 802	-560	-825
云铜马关有色金属有限公司	3 041	5 860	7 753	4 289	694	555

2009年文山州冶金工业企业主要产品产量完成情况

产品名称	计算单位	本年实际产量
主要产品产量		
铁矿石原矿	吨	252 623
锰矿石成品矿	吨	110 328
铜金属含量	吨	5 041
铅金属含量	吨	795
锌金属含量	吨	99 358
锡金属含量	吨	3 979.1
锑金属含量	吨	3 025
钨精矿折合量(折三氧化钨65	吨	3 299.6
铁合金	吨	439 773.2
十种有色金属	吨	45 166

续表

产品名称	计算单位	本年实际产量
锌	吨	35 949
锑品	吨	9 171
黄金	千克	1 491
云南文山斗南锰业股份有限公司		
1. 锰原矿量	吨	338 918
其中：锰矿石成品矿	吨	216 861
①精矿	吨	128 073
②人工手选矿	吨	88 788
高碳锰铁(标准量)	标吨	72 441
锰硅合金(标准量)	标吨	35 768
云南华联锌铟股份有限公司		
1. 精矿含锌	吨	72 538
2. 精矿含锡	吨	2 849
3. 精矿含铜	吨	1 590
4. 锡富中矿	吨	373
5. 铁精矿	吨	246 880
6. 硫精矿	吨	94 990
7. 发电量	万度	1 061
云南木利锑业有限公司		
1. 锑白	吨	4 399
2. 精锑	吨	55. 26
3. 发电量	万度	368. 326
云铜马关有色金属有限责任公司		
1. 锌原矿	吨	47 042
2. 锌精矿	吨	1 312
3. 铅精矿	吨	795
4. 锡精矿	吨	134
阿舍冶炼厂		
1. 硅锰	吨	28 706. 315
2. 高锰	吨	1 006. 414
3. 中锰	吨	143. 086
云南文冶有色金属有限公司		
1. 精锑	吨	2 262. 6
2. 锑白(三氧化二锑)	吨	2 277. 6

建　　材

【简　述】 2009年全州纳入统计水泥企业10户：云南壮山实业股份有限公司、云南兴建水泥有限公司、文山新兴水泥有限责任公司、马关兴达水泥有限责任公司、丘北水泥有限公司、广南广固水泥有限责任公司、富宁富港经贸有限责任公司、砚山宏华水泥厂、西畴畴阳建材有限责任公司、云南国资水泥红河有限公司砚山分公司。10户水泥生产企业年生产能力271万吨，实际生产水泥253.2万吨，比上年增长11.34%；销售水泥247.9万吨，比上年增长10.96%；完成工业总产值(现价)7.2578亿元，比上年增长18.62%；实现销售收入7.1133亿元，比上年增长13.49%；工业增加值2.757亿元，比上年增长18.52%；利税总额1.6252亿元，比上年增长23.60%；其中利润总额1.0709亿元，比上年增长50.28%。

【重点技术改造】 全州重点水泥生产线技改在建项目4个：云南兴建水泥有限公司日产4 000吨水泥熟料生产线技改，投资4.4亿元；云南壮山实业股份有限公司日产2 500吨水泥熟料生产线技改，投资2.6亿元；云南壮乡公司日产2 000吨水泥熟料生产线技改，投资1.6亿元；富宁富州水泥厂日产2 000吨水泥熟料生产线技改，投资1.1亿元。在建项目新增水泥产能400万吨。

【机制砖生产】 全州120户制砖企业共生产机制砖(标砖)14.6亿块，比上年上升4.2%，制砖行业实现工业总产值(现价)2.92亿元，比上年增长15.87%。新型墙体材料8.9亿块，占机制砖量的63.5%，比上年增长4.73个百分点。

2009年文山州建材(水泥)工业企业主要经济指标完成情况表

单位：万元

企业名称	工业总产值(当年价)	资产合计	水泥销售量	主营业务收入	利润总额	应交增值税
云南壮山实业股份有限公司	28 938	50 802	91.04	27 358	4 961	1 461
云南兴建水泥有限责任公司	23 248	55 318	82.02	23 555	5 135	2 042
文山新兴水泥有限责任公司	6 874	5 989	25.22	6 912	283	557
马关兴达水泥有限责任公司	518	604	2.12	522	-84	89
丘北水泥有限责任公司	965	1 562	2.88	718	-19	74
广南广固水泥有限责任公司	4 251	2 588	13.30	4 248	83	315
富宁富港经贸有限公司	507	694	1.98	510	-63	43
西畴畴阳建材有限责任公司	1 925	1 299	7.58	1 961	-1	145
砚山宏华水泥厂	2 316	2 027	9.01	2 319	421	215
云南水泥红河有限公司砚山分公司	3 036	1 385	12.82	3 030	-6.2	86

2009年文山州建材(水泥)工业企业主要产品产量完成情况表

单位：人、万吨

企业名称	法人代表	年末职工人数	主要产品	数量
云南壮山实业股份有限公司	武植	607	水泥	91.36
云南兴建水泥有限责任公司	杨朝文	324	水泥	82.57
文山新兴水泥有限责任公司	杨朝文	98	水泥	25.51
马关兴达水泥有限责任公司	李月林	76	水泥	2.09
丘北水泥有限责任公司	张永香	101	水泥	3.27
广南广固水泥有限责任公司	李佳才	105	水泥	13.30
富宁富港经贸责任公司	甘乃良	50	水泥	2.38
西畴畴阳建材有限责任公司	刘世勋	99	水泥	7.74
砚山宏华水泥厂	何国洪	165	水泥	8.98
云南国资水泥红河有限公司砚山分公司	李波文	30	水泥	12.85

煤　　炭

【简　述】 2009年，全州煤炭企业综合生产能力年150万吨，全年原煤产量140.1万吨，比上年下降4.1%，其中，褐煤125.9万吨，比上年下降1.2%；无烟煤13.2万吨，比上年下降18.2%；烟煤1.1万吨，比上年下降60.0%。

【重点技术改造】 年内，主要进行5 407万元文山州煤业公司普阳煤矿150万吨/年扩建项目。完成剥离土石方1 088万立方米；完成土地征用2914亩，支付土地补偿款7 000万元；搬迁坟墓116冢，占需搬迁坟墓213冢的54.4%。完成了新村选址规划，新村建设“三通一平”工程正在建设中。

2009年文山州煤炭工业企业主要产品产量完成情况表

单位：吨

产品名称	本年实际产量
原煤	1 401 337
无烟煤	131 722
烟煤	10 550
一般烟煤	10 550
褐煤	1 259 065

制　　药

【简　述】 2009年，紧紧抓住国家实施西部大开发、中药现代化建设、扩大内需和云南加快“云药”产业发展、实施新型工业化战略的机遇，围绕“基地、加工、科研、市场”四大平台建设，以“三七GAP认证、地理标志产品保护、证明商标注册、三七质量标准、三七产业立法”五大工作为抓手，在“规范种植、企业培育、项目开发、科技创新、产业基础”等工作上实现了重大突破，为三七产可持续发展奠定了坚实的基础。2009年，全州三七产业实现总产值24.02亿元，销售收入34.21亿元，税利6.14亿元，分别比上年增长11.63%、43.87%和53.23%。

【制药主要原料三七种植规范化发展】 文山三七产业的发展，按照“政府推动、龙头带动、农户联动、链条拉动、市场引导、科技支撑、规范种植”的思路，以标准化技术推广为主要错施，推进三七规范种植。全州三七种植实现了从租放种植向标准化、规范化、规模化种植转变，初步形成区域化布局、规范化生产、基地化发展、科技化种植、组织化推进、多元化经营的产业化发展格局，建成国内最大的三七标准化优质原料供给基地。全年，全州共推广三七标准化种植面积达5.6万亩(其中：GAP种植面积5万亩，有机三七种植面积6 000亩)，总产量445.45万千克，三七种植业实现总产值12.50亿元，销售收入11.58亿元，利润1.05亿元，分别比上年增9.10%、19.50%和39.42%。已形成文山、砚山、马关、丘北、广南、麻栗坡、西畴7个县为主的的最适宜区种植格局。全年全州共有60余个乡镇7 000多户农户从事三七种植业。三七种植业已由零星分散种植逐步向懂技术、会管理、有实力的大户和三七种植企业集中。现全州三七种植基地公司已发展到13家，其中，特安呐、金不换、苗乡、和七花4家公司的三七GAP基地先后通过国家食药监局专家组的认证，初步形成“公司+基地+农户”的产业化经营格局。全州三七种植通过种植技术创新和标准化基地建设，实现三七种植技术从优质、无公害种植上升到GAP和有机三七标准化种植，使三七品质和单产得到提高，平均亩产干品达170公斤左右，极大地提高三七种植的经济效益。为积极探索现代农业生产经营模式，州内成立文山三七种植协会和三七专业合作社，分别有3 199人和104户七农加入到协会和合作社，为文山三七产业实现生产经营规模化、规范化、品牌化市场化和国际化奠定良好的基础。

【三七制药产业发展】 文山州三七产业发展重要支撑平台——文山三七药物产业园区自2001年12月正式开工建设以来，累计完成投资8亿元，其中完成基础设施建设投资1.44亿多元，基本完成一区1.12平方千米的开发建设任务。截止年底，进驻园区的共有特安呐三七药品、保健品、仓储、文山三七交易中心、三七加工项目，人羞花化妆品项目、七丹药业、三七创新公司、金三七公司、金达利公司、开化三七庄等7家企业共11个三七系列产品生产性项目。入园企业占全州生产三七加工企业数的53.85%，11个入园投资项目中已有6个竣工投产，为园区发展注入活力和后劲，园区加工业聚集效应开始显现，初步形成了加工业集群式发展的格局。年底，全州共有三七加工加工企业19户，其中在产企业13户，已形成药品、保健品、日用化工品、食品4大类共121个产品。

【三七科研创新】 以三七研究院为载体，重点围绕“资源与育种，标准化栽培、病虫害研究及防治、质量标准与产品开发、重金属和农药残留控制、中药材和科技信息”六大学科，广泛开展三七基础研究和新产品开发。建立三七种植研发体系、三七质量检测体系、三七科研推广体系，形成了三七科技创新平台。开展对外科研合作与交流，先后在上海和香港建立了“中国三七研发中心”和“国际三七研发中心”初步构建了完善的、具有科技创新能力三七科技支撑体系。不断开展三七制药产业关健技术重大科研项目研究攻关，成效显著，截止年底，文山三七研究院共开展科研项目59项，取得科技成果47项，获省州科技进步奖38项，获得专利授权4项。全州三七加工企业已成功开发并投产了以血塞通滴丸、活心素及Rg1和Rb1两个单体成分为代表的三七新药产品，以眠乐胶囊、青清含片、三七菊茶等为代表的10余个保健品、以三七牙膏等为代表的日用化妆品，这一系列产品的成功开发和投产，填补文山州三七系列产品开发的空白，提高三七科研自主创新能力，增强了三七产业的核心竞争力。

【三七产业发展条例颁布实施】 2009年3月27日，经云南省人大常委会审议通过了《云南省文山壮族苗族自治州文山三七产业发展条例》，同时，与之相配套的《〈云南文山壮族苗族自治州文山三七产业发展条例〉实施细则》也一同于7月1日正式颁布实施。《条例》和《细则》的颁布实施，使三七产业发展工作迈入法制化轨道，一系列基础工作的顺利完成，为加快文山州三七产业发展奠定坚实的基础，也为制药业的自主发展提供有力保障。

2009年文山州制药工业重点企业主要经济指标完成情况表

单位：万元

企业名称	工　业 总产值	主营业务 收入	资产 总计	负债 合计	利税 总额	利润 总额
特安呐公司	100841	50298	91333	59926	2470	1242
云南白药集团七花公司	4271	2728	5694	2010	570	205

2009年文山州制药工业重点企业主要产品产量完成情况表

产品名称	单位	本年实际产量
云南特安呐制药有限公司		
中成药	吨	171.09
化学原料药	吨	17.39
云南白药集团文山七花有限责任公司		
中成药总量	吨	46.16
盐酸小檗碱片(0.1g×100×240)	万片	1 073
三七总甙粉	公斤	99
血塞通胶囊(50mg×12×1)	万粒	31.75
血塞通胶囊(50mg×12×2)	万粒	767.66
血塞通胶囊(0.1g×12×1)	万粒	47.02
血塞通胶囊(0.1g×12×2)	万粒	3 136.4
气血康胶囊(0.3g×24)	万粒	416.78

机　　械

【简　述】 2009年末，全州统计范围内机械生产企业有4户：文山通用机械制造有限责任公司、云南汽车车轮厂、马关县农机器厂、文山中大农机制造有限公司。主要产品有破碎机、锤破机、农用拖车、农业泵等。

2009年文山州机械工业重点企业主要经济指标完成情况表

单位：万元

企业名称	工业总 产　值	主营业 务收入	期末资 产合计	期末负 债合计	利　税 总　额	利　润 总　额
文山通用机械制造有限责任公司	6791	6364	8347	6253	317	171

2009年文山州机械工业重点企业主要产品产量完成情况表

产品名称	计算单位	本年实际产量
文山通用机械制造有限责任公司		

续表

产品名称	计算单位	本年实际产量
PE250×400A 颚式破碎机	台	208
PE400×700A 颚式破碎机	台	107
PC700×500A 锤式破碎机	台	118
PC800×600A 锤式破碎机	台	139

化　　工

【简　述】 2009 年全州统计范围内化工生产企业有 7 户，全年实现工业总产值61 873万元，完成销售收入42 196万元，实现利税 842 万元。

2009 年化工行业主要产品产量

项目	单位	2009 年底累计	2008 年底累计
硫酸(折 100%)	吨	111 996	72 872
碳化钙(电石)(折 300 升/千克)	吨	67 384	55 560
黄磷	吨	3 530	3 295
合成氨	吨	16 695	19 184
农用氮、磷、钾化学肥料总计	吨	23 901	18 673
1. 氮肥(折含 N100%)	吨	12 079	12 891
2. 磷肥(折五氧化二磷 100	吨	11 822	5 782

2009 年文山州化工工业重点企业主要经济指标完成情况表

单位：万元

指标 企业名称	工　业 总产值	主营业 务收入	期末资 产合计	期末负 债合计	利税 总额	利润 总额
七户企业小计	25 272	41 278	51 729	38 167	2 106	735
文山化工公司	3 368	3 185	6 951	5 795	-63	-63
广南腾际化工	3 740	2 998	4 909	4 085	33	16
文山金驰砒霜公司	0	232	512	514	-25	-28
文山州驰远化冶公司	8 065	7 162	6 785	8 065	612	237
马关合源矿业公司	6 981	5 408	7 465	5 814	95	95
文山天龙锌业公司	972	2 128	7 573	6 159	-134	-143
云南普阳煤化工有限责任公司	2 146	20 165	17 534	7 735	1 588	621

2009 年文山州化工工业重点企业主要产品产量完成情况表

产品名称	计算单位	本年实际产量
1. 文山化工有限责任公司		

续表

产品名称	计算单位	本年实际产量
合成氨	吨	16 695
折 N100%	吨	12 097
2. 广南腾际化工有限责任公司		
黄磷	吨	3 530
3. 文山州驰远化冶实业有限责任公司		
过磷酸钙	吨	69 556
锌焙砂(尘)	吨	9 137
硫酸	吨	13 315
5. 云南普阳煤化工有限责任公司		
电石	吨	67 384
6. 文山天龙锌业公司		
硫酸	吨	30 553. 33

轻　工

【简　述】 截至年底，全州轻工生产企业共 92 户，其中私营企业 52 户、国营企业 3 户、股份制企业 10 户、有限责任制企业 24 户，港澳台商独资企业 1 户、集体企业 1 户，独资企业 1 户。主要轻工行业有：烟草、制药、茶叶、造纸、制糖、制酒、农副产品加工、特色林产业、畜牧业、燃料乙醇及亚麻产业等。

2008 年文山州轻工工业重点企业主要经济指标完成情况表

单位：万元

企业名称	工　业总产值	主营业务收入	期末资产合计	期末负债合计	利税总额	利润总额
文山克林糖业有限责任公司	8 902	6 353	3 880	2 645	1 042	555
广南桂冠糖业	5 937	5 896	9 962	3 182	467	501

2009 年文山州轻工工业主要产品产量完成情况表

产品名称	计算单位	本年实际产量
复烤烟叶	吨	28 661
精制食用植物油	吨	8 829
成品糖	吨	52 815
配混合饲料	吨	4 572
糖果	吨	33
糕点	吨	3 193
发酵酒精(折 96 度，商品量)	千升	2 728
饮料酒	千升	39 540
白酒(折 65 度，商品量)	千升	38 265

续表

产品名称	计算单位	本年实际产量
葡萄酒	千升	1 275
软饮料	吨	49 895
碳酸饮料	吨	2 826
瓶(罐)装饮用水		47 069
精制茶	吨	846
广南冠桂糖业		
白砂糖	吨	19 823.6
赤砂糖	吨	54.1
文山县克林糖业有限责任公司		
白砂糖	吨	32 991
酒精	吨	2 728

农副产品加工

【简　述】 2009年底，全州农产品加工业达3 573户(含个体工商户)，从业人员18 764人。完成工业产值444 792万元，比上年增长20.7%，完成农产品加工销售产值350 979万元，比上年增长42.0%，实现增加值103 978万元，比上年增长8.4%，上交税金7 852万元，比上年增长19.1%。其中规模以上农产品加工业35户，从业人员3 159人，完成工业产值313 274万元，完成农产品加工销售产值246 090万元，实现增加值56 064万元，上交税金5 493万元。

【加工企业】 全州农产品加工业企业3 573户，其中规模以上企业35户，比2008年的27户增加8户。先后有特安呐、华博、金泰得、丰林、双龙油脂、冯家食品、太阳魂、达平、云泰、津渝辣素等10户企业被公布为省100户重点农产品加工企业。共直接带动6.3万户农户，农民直接经济收入6.84亿元。

非公有制经济

【简　述】 2009年，全州非公有制经济已发展到61 148户，其中：个体工商户57 288户、私营企业3 596户、外资企业76户，农民专业合作社188户，非公企业向国家缴纳税金9.7亿元。

【服务措施】 年内，全州各级工商机关共安置下岗失业人员1 229人；高校毕业生从事个体工商业1 780人，其中：申办个体工商户29人。

【个体工商户】 全年全州共有个体工商户57 288户，全年新开业17 760户，比上年增加5 042户，增长28.38%，从业人员68 277人，比上年减少3 666人，下降5.1%。注册资本(金)171 631万元，比上年增加54 725万元，增长31.88%。其中：农、林、牧、渔业643户，从业人员784人，注册资本8 192万元；采矿业185户，从业人员386人，注册资本4 786万元；制造业3 980户，从业人员5 263人，注册资本16 489万元；建筑业42户，从业人员52人，注册资本102万元；交通运输业182户，从业人员203人，注册资本1 249万元；信息传输、计算机服务和软件业183户，从业人员231人，注册资本962万元；批发零售业37 754户，从业人员42 643人，注册资本95 251万元；住宿和餐饮业7 221户，从业人员9 374人，注册资本20 913万元；租赁和商务服务业226户，从业人员280人，注册资本1 702万元；科学研究、技术服务和地质勘查业2户，从业人员3人，注册资本2万元；居民服务和其他服务业6 070户，从业人员7 858人，注册资本14 367万元；教育7户，从业人员7人，注册资本65万元；卫生、社会保障和社会福利业193户，从业人员356人，注册资本2 181万元；文化、体育和娱乐业579户，从业人员814人，注册资本5 324万元；其他21户，从业人员23人，注册资本39万元。

【私营企业】 全年全州有私营企业3 596户，全年新开业787户，新登记注册的私营企业与去年比上年增加181户，增长29.86%，投资人1 341人，比上年增加121人，增长19.83%，注册资本101 594万元，比上年减少38 479万元，下降27.47%。其中：农、林、牧、渔业212户，从业人员2 624人，注册资本31 867万元；采矿业177户，从业人员7 368人，注册资本73 899万元；制造业481户，从业人员14 083人，注册资本125 767万元；电力、燃气及水的生产和供应业107户，从业人员1 609人，注册资本106 216万元；建筑业112户，从业人员5 966人，注册资本72 444万元；交通运输业117户，从业人员1 193人，注册资本6 758万元；信息传输、计算机服务和软件业163户，从业人员846人，注册资本4 872万元；批发零售业1 527户，从业人员118 952人，注册资本184 843万元；住宿和餐饮业45户，从业人员796人，注册资本3 683万元；金融业23户，从业人员183人，注册资本27 835万元；房地产业218户，从业人员2 726人，注册资本98 017万元；租赁和商务服务业192户，从业人员2 104人，注册资本49 960万元；广告业42户，从业人员344人，注册资本2 906万元；科学研究、技术服务和地质勘查业46户，从业人员826人，注册资本18 134万元；水利、环境和公共设施管理业12户，从业人员132人，注册资本1 273万元；居民服务和其他服务业105户，从业人员959人，注册资本4 676万元；教育14户，从业人员275人，注册资本2 064万元；卫生、社会保障和社会福利业17户，从业人员119人，注册资本1 004万元；文化、体育和娱乐业23户，从业人员149人，注册资本836万元；其他5户，从业人员74人，注册资本170万元。私营企业规模化、集团化趋势明显。全州共有私营企业集团9家，投资100～500万元的企业808户，投资500～1 000万元291户，投资1 000万元～1亿的168户，亿元以上7户。

【外商投资企业】 全州经工商机关登记注册的外商投资企业已达76户，注册资金83 630万元。

【农民专业合作社】 做好农民专业合作社的培育发展、登记管理和服务工作，开展政策咨询，引导农民申办好农民专业合作社经济组织，服务农村改革发展，并严格执行农民专业合作社登记不收费规定。2009年底，经工商部门登记注册的农民专业合作社共计188户，出资总额14 060万元。

【自身能力建设】 按照《股权出资登记管理办法》，依法做好股权出资登记管理宣传工作，支持申请人采取股权出资方式设立企业，缓解企业融资难问题；支持小额贷款公司发展，按照《云南省小额贷款公司管理办法》，对省人民政府分配文山州的2户小额贷款试点公司名额，协助州人民政府做好确认、选择、评审和工商注册登记指导、发照工作。此外，协助州人民政府做好向省人民政府争取8户小额贷款公司试点名额工作；支持指导企业通过股权出质贷款融资，解决企业融资难问题。全州共为12户有限责任公司办理股权出质登记，股权出质数额为19 687万元，担保债权总额为29 375万元；根据国家工商总局《关于在2008年度企业年检中做好帮扶企业工作的通知》精神，对2008年7月1日以后出资期限到期的无违法记录企业，因资金紧张无法按时缴付出资的，依企业申请，允许延长出资期限至2009年年底。全年，全州共有17户企业被允许延长出资期限至2009年年底；67户超过6个月未开业或自行停业连续6个月企业，允许延续至2009年底；利用企业信用监管数据平台，公示2006年5月1日至2009年5月31日期间违法被吊销企业信息。年内，全州工商机关注册登记部门利用企业信用分类联网平台共为有关方面出具企业信用纪录431条；落实《云南省人民政府关于鼓励创业促进就业的若干意见》（省政府2009年1号文件），对个体工商户、个人独资企业、合伙企业的设立登记，注册资金（营运资金）以与其生产规模和经营范围相适应的原则办理登记，不作数额上的限制；申请材料齐备且符合法定形式的，一个工作日内办结。创业人员从事个体工商户登记的，一律免收证照类和登记类费用。全年引导各类企业到农村发展，在农村设立分支机构418户；制定下发《文山州工商系统"绿色通道"制度》，以最快的速度、最短的时限办结企业改制手续；以最快的速度、最短的时限完成企业登记手续。凡属下岗职工再就业、应届大中专毕业生申请个体工商户登记的，工商登记机关在登记服务上给予上述人员享受"注册登记绿色通道"待遇，按有关政策规定给予减免费用并以最快的速度、最短的时限完成注册登记手续；支持和推动公有制企业改制、兼并和重组，对各级政府确定的重大投资项目、重点建设项目，推行服务前移和服务延伸，按照"专人负责、提前介入、主动跟踪、限时办结"的原则，全程提供登记咨询和指导服务；进一步规范和完善注册登记制度，制定下发文山州工商行政管理系统注册登记《服务承诺制度》、《限时办结制度》、《"一审一核"制度》、《一次性告知（说清）制度》、《注册登记窗口工作人员守则》、《招商引资重要项目报告制度》《办事预约制度》、《绿色通道制度》、《注册登记服务工作用语规范》和《注册登记工作内部操作规范》等10多个工作制度。

重点项目建设

【简　述】 全年组织实施重点在建、新开工工业项目84个，明确文山80万吨氧化铝厂建设等19个重点项目具体工作任务及目标。全年全州完成非电工业固定资产投资56亿元，比上年增长72.8%，超额完成省工信委下达的35亿元责任目标。

【10个重点在建项目】 至年底文山80万吨/年氧化铝厂建设项目累计完成投资30.08亿元；华联锌铟公司铜街—曼家寨矿段210万吨/年采矿和8 000吨/日选矿扩建工程已于9月29日开工建设，分别累计完成投资9 559万元和3 906万元；云南壮山实业股份有限公司2 500t/d、广南壮乡公司日产2 000吨和富宁县富州水泥厂日产2 000吨3个新型干法熟料水泥生产线技改项目分别累计完成投资26 200万元、19 565万元、10 095万元；文山州煤业公司普阳煤矿150万吨扩建项目累计完成投资13 267万元；云南特安呐公司三七综合加工生产线建设项目累计完成投资1.21亿元；砚山县阿舍冶炼厂18万吨/年技改项目累计完成投资16 220万元；普阳煤化工有限公司二期电石项目截至12月底累计完成投资8 363万元。

【新开工项目建设】 文山80万吨氧化铝厂配套60万吨电石、

30万吨烧碱、30万吨PVC建设项目已开展征地等项目前期准备工作；马关云铜锌业公司10万吨电锌、60吨铟冶炼项目现已建成投产4台2 500kVA、6台4 000kVA粗锌冶炼电炉、5万吨/年精馏锌系统和10万吨/年锌精矿制酸系统及部份公辅设施、精锌蒸馏系统正在建设，铟系统已完成设计年底累计完成投资40 557.5万元；文山云铜矿冶股份有限公司10万吨/年锌冶炼项目由于资源整合难度大，项目无进展；云南兴建水泥有限公司4 000吨/日新型干法熟料水泥生产线建设项目5月10日开工建设，至年底累计完成投资13 400万元；富民糖业日处理6 000吨甘蔗糖厂建设项目各项前期工作已基本结束，年内累计完成投资9 521万元；文山苗乡三七实业有限公司加工厂搬迁、有机三七系列生产线建设项目已完成征地工作和土地平整，正在进行开工建设准备工作，至年累计完成投资2 500万元。

【重点项目前期工作】 州烟叶复烤厂搬迁扩建项目已完成新厂址初步地质勘探，正开展各项前期工作；富宁氯碱项目已于2009年初由县政府与云天化集团公司签订了富宁氯碱项目战略合作协议，正在开展市场调查、项目可行性研究报告编制等前期工作。

【领导名录】

主　任　郑先进
副书记　许永谦
副主任　沈　碧(壮)
　　　　黄兆鑫
　　　　王维俊
　　　　陈太红

（肖　亮）

文山州境内的植物分布情况

文山州基本属于中山高原地貌区，具有低纬度高原季风气候，自然条件优越，适宜于各种植物生长。全州有森林植物268科923属3 900余种。其中乔木1 470种，灌木841种，藤本400种，草本789种，蕨类349种，食用菌类51种。丰富繁杂的植物种群，吸引了众多专家学者前来考察研究，撰文赞誉，旧志中也多有记载。清代乾隆年间，进士赵耘松到文山地区见到高低千百层的生物种群，曾作《树海歌》誉其盛、赞其奇。民国23年(1934)《广南县农政志》记载："广南地少人稀，天然林遍于天下...... 亘山连岭，或稀或密，天然成林，环县城万里。"民国25年(1936)《马关县志》亦有记载："马关万山重复，地僻人稀，天然林遍于全属。"秦仁昌教授在《云南林业》杂志上撰文称赞："文山森林洋洋无涯，惊为宇宙之奇观"、"苍翠千里，高低千百层。"民国37年(1948)1月至次年8月，冯国楣、杨月波教授由昆明到文山、西畴、麻栗坡、马关等县进行考察后，写出了《滇东南森林初步合作报告》称"马鹿塘、多衣树直到老君山岭，几全为原生老林所覆被。在海拔1 800～2 700米地带全为阔叶树林，尤以常绿阔叶树为最广，其蕴蓄之富，在滇东南各地实不多见。其总面积估计约达五百方市里，合18.75万亩。其各种林木之总株数(胸高直径在15公分以上者)约有525万株，其总材积约131.81万方市尺。"1958年9月，中国科学院昆明植物研究所和云南热带生物资源综合考察队，到文山州进行植物资源综合考察，采集标本1 136号、种子110号、苗木32种，化验分析出芳香油49种、淀粉3种、纤维25种、生物碱6种、单宁7种、油脂5种、橡胶2种。同年12月，文山州农林水利局又组织12人的森林普查队到全州进行野外森林调查。1963年和1975年，国家林业部调查规划第四森林调查大队和云南省森林资源调查管理处，分别对全州进行了较为详细的森林资源调查。1985年，文山州林业勘察设计队组织219人，又进行了一次调查，一致认为文山州植物资源丰富，森林覆盖率为27.2%，但林木分布不均，用材林龄组不够合理。

经济园区建设

责任编辑　蹇泓钰

三七产业园区

三七产业园区

【简　述】 2009年，文山州三七特产局按照发展三七产业的要求，围绕"十一五"规划及年初确定的工作目标和任务，以科学发展观统揽全局，在基地建设、园区开发、科技创新、产业立法、龙头培育、品牌打造、招商引资、对外宣传等方面采取有效措施，实现三七产业平稳较快发展，全州三七产业实现总产值24.02亿元，销售收入34.21亿元，税利6.14亿元，分别比上年增11.63%、43.87%和53.23%。

【规范化种植】 在三七基地平台初步形成的基础上，开展文山州12万亩三七标准化种植基地建设项目续建工作；组织开展三七标准化种植技术推广培训，举办培训班30期，培训5 000人(次)，进一步提高七农规范种植水平。全年全州共推广三七标准化种植面积达5.6万亩(其中：GAP种植面积5万亩，有机三七种植面积6000亩)，占总面积的81.51%，比上年增长4个百分点；推进三七种植组织化建设，探索三七种植专业合作社发展道路。自2006年三七价格大幅下滑后，部份七农相继停止三七种植。到2009年，三七种植业进入3年一个轮回周期的低谷时期，相比2006年，全州仅有6 843户农户10 515人种植三七，分别下降63.84%和58.47%；三七在地面积6.87万亩，下降42.65%；产量445.45万千克，下降50.20%。由于三七种植面积大幅下降，加之2009年初文山州遭遇罕见低温冷冻灾害和持续干旱，三七种植业因灾受损严重，产量和上市量均大幅减少，再加上广东康美药业等企业介入原料收购，导致三七交易价格大幅上扬。全年，全州三七种植业实现总产值12.50亿元，销售收入11.56亿元，利润4.05亿元，比上年增长9.10%、19.50%和39.42%。

【三七加工】 在园区加工平台初步形成的基础上，促进三七加工业稳步发展，开展基础设施和配套项目建设，加大园区项目服务及招商引资工作，园区开发建设取得新进展。2009年，园区完成新投资6 000万余元。其中基础设施建设200万元。累计完成投资8亿元(其中基础设施建设1.44亿元)，满足入园企业生产、生活的需要；共引进生产经营性项目11个，竣工投产6个；新平派出所办公楼、州质监局质检中心等配套项目投入使用，建成配套项目10个。全年，园区实现工业总产值10.17亿元，比上年增长11.15%；工业增加值4.98亿元，比上年增长11.15%；销售收入(含流通)17.98亿元，比上年增长46.17%；占整个产业的52.55%；税利(含流通)1.55亿元，比上年增长48.74%，占整个产业的25.17%；成为全州三七加工业和整个三七产业发展的重大支撑项目。帮助企业抓好GMP和GAP复审再认证工作。2009年，三七加工业实现总产值11.53亿元，比上年增长14.51%；工业增加值5.65亿元，比上年增长14.51%；销售收入7.59亿元，比上年下降3.47%；税利5 056万元，比上年增长19.21%。

【三七流通市场】 年初，三七市场价格不断上扬，平均市场价格上涨到180元/公斤，流通市场繁荣活跃，流通业呈迅猛发展态势。全年三七流通业实现销售收入15.06亿元，税利1.59亿元，比上年增长1.41倍和1.32倍。其中，链接全国各大中药材市场和各大加工企业的交易平台——文山三七国际交易中心实现销售收入11.55亿元，税利1.14亿元，分别占全州整个流通业的76.64%和71.60%。

【科技创新】 按照"科技兴七"的路子，坚持"科研与推广并重"，开展三七基础应用研究及新产品开发，提高三七产业的核心竞争力。完成文山三七研究院组建工作，建立与产业发展和市场经济相适应的新型科研研发体系。组织实施国家、省、州立项批准的科研项目11项，向国家、省、州科技部门申报三七科研项目9项，其中已批准立项1项。

【三七立法】 3月27日《云南省文山壮族苗族自治州文山三七发展条例》经省人大常委会审议通过，7月1日正式颁布实施。《条例》实施过程中，召开了全州《条例》颁布实施座谈会，并将《条例》纳入全州"五五"普法内容；在全州范围内开展悬挂及张贴宣传标语、发放宣传资料、知识竞赛等形式多样的宣传活动，广泛开展《三七条例》宣传贯彻实施工作；组织全州8县50余名执法工作人员开展《条例》执法培训。

【产业发展因素】 利用中国·文山三七等特色药物国际论坛平台，向国内外客商积极推荐三七产业开发合作项目，引进云南白药、天津天士力、广州白云山、云科药业等国内知名企业投资开发三七产业，分别签订了三七产业合作项目协议13个，投资总额达27.59亿元。"文山三七"证明商标已被省政府纳入商标战略的重点工作，驰名商标申报认定材料已通过云南省工商局审核并上报国家工商总局商标局。文山三七申报"药食同源"工作得到省人民政府及省食药监局的高度重视，推动了"药食同源"申报工作的开展。组织全州三七加工企业参加中国昆明大院名校科技成果展示交易会、云南(上海)生物产业合作项目推介洽谈会、"云南省生物产业发展大会"、"第十七届中国昆明进出口商品交易会暨第二届南亚国家商品展"、"第五届泛珠三角区域经贸洽谈会"和"云南(上海)生物产业合作项目推介洽谈会"等招商引资活动，配合云南卫视"旅游新时空"栏目组到文山拍摄"文山三七药食文化"，大力宣传文山三七，提高三七产业的对外知名度和影响力。

【领导名录】

局　长　雷绍武(～4)

副局长　王成标

　　　　宋开贵

胡宗红
吕成顺

（陈　坚）

马塘工业园区

【园区建设】 2009年文山县工业发展管理委员会以建设“云南铝都”为目标，以细致服务为纽带，以克服金融危机、狠抓企恢工作为抓手，强化措施，攻坚克难，促使园区基础设施、项目建设、工业产业结构调整、新型工业化发展成效明显，特别是园区经济稳步回升、企恢工作取得阶段性成果。园区发展呈现出经济总量快速增长、工业结构不断优化、贡献率逐年提高、园区规模不断扩大、园区特色逐步显现、发展环境逐步改善的六大特点。至年底，共引进企业40户，累计完成投资28.87亿元，实现工业总产值48.8亿元、工业增加值34.2亿元、上缴税金3.36亿元、利润5.39亿元、解决就业2 900人。其中，2009年新引进企业3户，完成投资16亿元，实现工业总产值13.8亿元、工业增加值4.5亿元、销售收入12.76亿元、税金1亿元、利润1.4亿元，比上年分别增长9.5%、9.2%、8.4%、1.0%、7.6%、7.4%，经济指标逐季度上升，总体好于预期。产值上5 000万元的有3户，上1亿元的有1户、上2亿元的2户。

【企业恢复生产】 为全力应对金融危机对文山县工业带来的消极影响，年内深入园区，对黑色、有色等冶炼工业企业进行调研，实施现场办公，排查部分企业遇到的困难，解决反映的问题，稳定正常经营，促使部分企业加速发展。在千方百计控制企业停产、半停产扩大化的同时，多措并举积极帮助企业尽快恢复生产。帮助企业分析恢复生产面临的机遇，鼓励企业树立信心，抢抓机遇，变被动为主动，积极寻求发展路子；多次深入园区企业开展调查研究，现场办公帮助企业解决生产经营中的困难和问题，对供电、用地、道路等提出解决办法，为县委、县人民政府决策提供依据，最大限度扶持企业尽快恢复生产；支持和鼓励企业进行技术改造，加快企业技术进步和产业升级步伐，优化产业结构；积极引导规模大、有实力的企业对规模小的企业予以兼并整合，促进企业的良性发展；突出政府的第一推动力作用，加快企业周边环境绿化、道路建设、社会治安综合治理等配套服务，提升园区的吸引力和承载能力；1～4月针对园区冶炼企业居多的实际，在执行工业用电调整价格的基础上，积极协调州电力部门再下调电价0.03元/度，切实帮助企业降低生产成本。县委、县政府在充分调研企业生产经营中存在的困难问题和结合“州八条”优惠措施的基础上，出台《文山县积极应对金融危机促进工业经济平稳增长的实施意见》，从财政奖补政策、解决企业融资困难、加快工业园区基础设施建设和优化发展环境4大方面提出了10条措施，以更大力度应对世界金融危机造成的不利影响，促使企业恢复生产工作取得了阶段性成果。全年，园区内37户投产企业，一季度统计停产20余户，除解化复合肥、文富磷肥厂、信达3户企业和部份采石场因其它原因停产外，其余企业生产正常，企业恢复生产工作取得阶段性成果。

【重点项目建设】 4个项目建设稳步推进。氧化铝项目：重点抓好氧化铝项目综合协调服务工作，高度重视铝企业建设中的热点难点问题，明确各相关部门责任，逐步抓好落实，项目建设取得可喜成绩；完成厂区征地2 565亩、通水、通电、地形图测量、铝厂厂区2万立方生产用水水池的建设及6.5千米输水管道的铺设、完成铝厂赤泥库征地1 645.441亩及赤泥库至磨非新寨6.8千米和甲马石地界至白革龙村2.8千米道路基础工程建设；矿山开发于2009年7月28～29日，分别在红舍克、卖酒坪两矿山举行开工仪式。目前，红舍克矿山场地平整基本完工，卖酒坪矿山场地平整工程完成55.0%；原料系统均化库主体完成，磨矿车间、原矿仓基础施工完成，溶出系统高压隔膜泵房、停留罐施工全部完成，分解系统全部完成，蒸发及热电系统主要厂房进行主体施工，焙烧系统施工氧化铝大仓及焙烧炉基础、大型非标槽体完成85.0%工作量，煤气站工程地质勘察完成80.0%；钢材采供，现已签订物资合同2.3亿元，共采购钢材4.6万吨，约占工程钢材总量的50.0%；签订进口设备及国内制造周期长的大中型设备订购合同6.3亿元，且货已到场，整个项目累计完成投资174 974万元。30万吨烧碱、40万吨PVC一期10万吨烧碱、12万吨PVC综合项目(以下简称氯碱综合项目)。已完成公司工商注册、税务登记等工作，以及项目可研报告、环评报告、职业评价、安全评价、节能专篇等编制工作，项目于3月12日获得省发改委备案，并且被列为全省2009年100个新开工重大项目。项目建设用地预审的承诺书、申请报告、建设用地申请表等材料已上报省国土资源厅。拟选厂址勘察工作已经结束，厂区蓝线图(初稿)绘制完成。续建项目：文山县中泰锰业有限公司3万吨/年电解锰一期工程。于4月下旬投产，完成投资6 500万元；金仪铟业有限公司铟生产线技改项目。完成基础建设，正进行设备安装，累计完成投资3 060万元；文山万达冶炼公司12 500KVA铁合金生产线技改搬迁项目。于7月上旬投产，实际投资2 860万元。年产量达2.1万吨；文山县万兴铸钢厂迁建。完成基础设施建设，正进行设备安装，完成投资365.2万元；金和16 500KVA技改项目，进入试生产，完成投资2 000万元。加快80万吨氧化铝、10万吨烧碱、12万吨PVC氯碱等新建项目建设进度；加强中泰3万吨电解锰、万达12 500KVA铁合金生产线等续建项目的协调服务工作，力促尽快正式投产，产生效益。加快通用机械厂、文山化工厂的“退城入园”步伐，紧盯意向入园项目，力争及早落户园区。同时，视氧化铝和氯碱项目建设进展情况，相机启动40万吨电解铝和氯碱二期等项目前期筹备工作，力促尽快上马，做强做大铝产业。

【产业集群】 随着中泰3万吨电解金属锰等续建项目的竣工投产和氧化铝及氯碱等新上项目的开工建设，马塘工业园区集聚了一批成长性强、科技含量高的企业，产能规模进一步壮大。园区年产品产能达：硅锰合金20万吨、锌5万吨、硫酸5万吨、铁合金10万吨、精锑1万吨、硅1万吨、复合肥10万吨、金属锰6万吨、免烧砖4亿块、混凝土100万立方米、石材100万平方米、水泥250万吨，以及即将形成的氧化铝80万吨、烧碱10万吨、PVC12万吨、石灰30万吨。逐步形成以铝、锑、硅、锰、铁合金为主的冶金产业，以水泥、新型墙材、混凝土搅拌为主的建材产业，以铝工业为主、配套氯碱化工及其将带动其他相关产业形成氯碱化工产业的三大产业集群，产业集中集群集约式发展蓄势待发，现有产品产能将拉动总投资上100亿元、实现工业总产值上100亿元的电解铝、PVC新型材料、铝锰合金、氢氧化铝等下游重大项目的开发建设。

【基础设施建设】 按照"项目建设到哪里，基础设施就跟进到哪里"的基本思路，多次召开专题会议研究部署，多方筹措资金，加大投入力度，加强园区道路、供排水、电力和通信设施建设，优化投资硬环境。水：联系水务部门筹备启动小河尾水库—新开田片区日供水50 000立方复线供水管网工程建设前期工作。已完成方案设计。电：经多次牵头组织相关部门进行选址，促成文山州电力股份有限公司总投资5 000万元，在甲马石片区新建的城北110千伏安变电站正式动工建设，完成投资318万元。同时对城南110千伏安变电站也进行了初选址。路：投资80万元，完成中泰公司、万达冶炼公司7×1 200米进场道路路面硬化工程，5月建成投入使用；投资220万元，完成平文公路至金和公司7.5×2 800米弹石路建设；完成新开田片区金仪公司进厂道路的硬化工程；启动甲马石片区平文公路至氧化铝赤泥库道路前期筹备工作，完成入口处300米道路的硬化工程。

【园区规划】 调整规划后整个园区的规划总面积为68.77平方千米，功能定位为以冶金、特色产品加工、化工、机械加工、建筑建材发展为主，以发展仓储物流、科技研究为辅的综合性工业园区。

【新型工业化】 按照加快推进新型工业化进程的总体要求，从规划调整、技改创新、产业培育、信息化利用、企业管理等方面入手，采取转变园区工业经济发展方式，挖潜改造和引进战略合作伙伴，实施大企业、大集团带动战略，签订节能减排目标责任书等措施，着力发展环循经济。启动建设的新开田冶金、甲马石铝工业、塘子寨建材3个片区的循环经济体系已初步建立。其中：新开田冶金片区天龙公司锌焙砂等冶炼企业产生的副产品硫酸可就地供应文富磷肥厂和中泰3万吨电解金属锰作为生产原料；金和、建国、万达等铁合金企业每年产生的12万吨水淬渣可供应壮山水公司作为生产水泥配料，年可节约成本500万元。塘子寨建材片区壮山公司散装水泥和建材企业碎石就近生产混凝土和新型墙材。甲马石铝工业片区以氧化铝为主，配套石灰、烧碱、PVC、电石的链条式循环经济体系初步形成。

（李天发）

其他园区建设

【平远特色农副产品加工基地】 2009年，经国家农业部确定，砚山县平远为全国第二批农产品加工创业基地。12月4日，举行农产品加工创业基地暨交易市场奠基仪式。园区占地15平方千米，筹建20个特色产品辣椒、粮油、果蔬、畜牧，先后引进和促成文山彝品香食品有限公司、砚山县同和辣椒贸易有限公司、文山中康食品有限公司、砚山县亚泰农副产品加工有限公司等企业落户建设，不断完善产业结构。全年，实现工业总产值1.27亿元，利税总值15.0%。

【丘北辣椒系列产品加工基地】 国家农业部公布的国家农产品加工创业基地中，丘北辣椒系列产品基地榜上有名，获云南省6个基地排名第二。2006年，丘北县正式实施辣椒系列产品基地建设项目，占地面积821公顷，总投资75 325万元，预计到2010年基本形成产业、企业集群发展的格局，增强对周边县(市)经济发展的辐射作用，使丘北成为滇东南重要的农林牧特色农产品加工创业基础，面向东南亚、南亚的进出口农产品加工基地和优势农产品基地，成为生态化、园林化、产业化、信息化的国家级农产品加工创业示范基地。2009年突破农业产值7亿元，辣椒种植实现20万亩，产值突破3亿元。

（蹇泓钰）

文山州有哪些气候特征

文山州地处云贵高原东南部。西北有世界屋脊青藏高原，东北有云贵高原为屏障，南和东南邻近南海和北部湾，西南邻近孟加拉湾，北回归线贯穿全州。夏季主要受孟加拉湾及北部湾暖湿气流影响，冬季主要受偏西及西北部干冷气流影响。全州均属低纬度高原季风气候。分为北热带、南亚热带、中亚热带、北亚热带、南温带、中温带6种气候类型。其中热区面积6 485.38平方千米(北热带面积为388.73平方千米，南亚热带面积6 096.65平方千米)。

雨量充沛，但分布不均。其特征为西南部多，东北和中西部较少；山地多，谷地少；夜雨多，白天少；局部性大雨、暴雨多。干湿季分明，5月至10月为雨季，雨量占全年雨量的82%；11月至次年4月为干季，雨量占年雨量的18%。因此部分地区容易发生干旱或洪涝等灾害。

太阳辐射能丰富，热量资源充足。但受低云和雾雨的影响，太阳辐射受到削弱。境内地形起伏大，高差悬殊，因此在不同地区、不同海拔、不同坡向所接收到的太阳辐射差异较大，热量条件也随之产生差异。

气候温暖湿润，大部分地区冬无严寒，夏无酷暑。干凉和雨热同季，年温差小，日温差大，大陆度不到40%，海洋性气候比较明显，春温高于秋温，无霜期长，霜雪少。全年多为偏东南风。低海拔地区炎热，高海拔地区凉爽。由于海拔高低悬殊，故有“山高一丈，大不一样”和“十里不同天”的立体气候特征。

扶贫开发

责任编辑　陈翠莲

富宁县归朝镇龙门村民委建成的山瑶搬迁安置点

扶贫成效

【简　述】 2009年，全州扶贫开发工作贯彻落实胡锦涛总书记视察云南工作时重要讲话精神和对富宁县瑶族支系山瑶群众扶持发展重要批示精神以及全省红河扶贫开发工作现场会暨社会扶贫表彰会和全州农村工作暨扶贫开发表彰会精神，共投入各类扶贫资金12.55亿元，其中：无偿资金4.97亿元，有偿资金（小额信贷）3.1亿元，群众自筹和以劳折资4.48亿元。解决8.06万贫困人口温饱问题。

政策措施

【表彰先进】 年内，州委下发《关于表彰2008年整村推进扶贫开发社会主义新农村建设“十大扶贫新闻人物”“十大扶贫明星企业”和先进集体及先进个人的决定》，对在2008年度整村推进扶贫开发社会主义新农村建设中作出突出贡献的“十大扶贫新闻人物”、“十大扶贫明星企业”、49个先进集体、8个优秀乡镇、8个优秀派出单位、8个先进示范村、57名先进个人、9名优秀工作队长、98名优秀指导员进行表彰奖励。

【实施方案】 年内，州委办和州人民政府办出台《文山州2009年度整村推进扶贫开发新农村建设实施方案》，明确了指导思想、工作原则、目标任务和建设内容及标准，提出了工作措施和工作步骤。

【修改完善山瑶群众扶贫发展规划】 年内，进一步调查研究，修改完善山瑶群众扶贫发展规划。计划从2010～2014年，用5年时间分两个阶段设定重点帮扶目标：前3年基本完成“六大工程”建设任务，特色增收支柱产业初步形成，消除贫困“死角”，基本解决山瑶群众温饱问题；到2012年实现农民人均纯收入1 500元以上，人均有粮300千克以上；实现山瑶群众有饭吃、有房住、有水喝、有书读、有卫生室看病、有路走、有增收项目的“7有”目标。后2年全面完成安居温饱、产业发展、素质提高、基础设施、民生保障、生态环境保护与建设工程等“六大工程”建设任务，不断巩固和提高“7有”目标质量。按“就近就地扶持发展、纳入小城镇建设安置、县内跨乡易地搬迁”三种扶持方式，分类指导，重点扶持。就近就地扶持发展。对土地资源丰富，水资源充足，产业发展条件优越，具备就地解决温饱条件的21个村519户2 415人，采取整村推进的扶持发展方式，改善生产生活条件和发展空间，大力发展地方特色支柱产业，使其尽快稳定解决温饱并实现脱贫致富；结合小城镇建设安置。将山瑶村寨54个村553户2 506人，通过在小集镇建安居房形式转移安置，纳入城镇低保，有计划组织山瑶劳动力转移培训就业，从事二、三产业，增加山瑶群众的经济收入，稳定解决温饱；县内跨乡易地搬迁。对基本丧失生存条件，难以就地就近解决温饱的756户3 508人，实施县内跨乡易地搬迁。按人均不低于1亩基本农田、2亩经济林地的要求，由州、县负责落实安置用地，办理相关土地权属手续。对集中安置地的基础设施、基本农田、教育卫生、产业发展等，国家和省级行业部门给予相应的项目资金支持。项目总投资41 127.02万元，其中：申请中央和省级补助资金26 458.99万元，地方自筹12 188.4万元，上海援助465万元，群众自筹和以劳折资2 014.63万元。项目实施投入：就地就近扶持发展项目总投资3 212.71万元，纳入小城镇建设易地安置规划总投资11 510.46万元，县内跨乡易地搬迁安置项目总投资26 403.85万元。

扶贫会议

【全州农村工作暨扶贫表彰会议】 2月16日，州委、州人民政府在文山会堂召开全州农村工作暨扶贫开发表彰会议，州委副书记李小平，州委常委、州委秘书长李国安，州人大常委会副主任胡代刚，副州长胡荣，州政协副主席陈莉出席会议，各县及州直和省驻文单位有关负责人参加会议。会议总结2008年农业农村和扶贫开发工作，分析当前形势，研究促进农业稳定发展、农民持续增收的政策措施，部署2009年工作任务，表彰在2008年扶贫开发和新农村建设中涌现出来的先进集体和先进个人。

【全省革命老区扶贫开发工作经验交流会】 9月16～19日，全省革命老区扶贫开发工作经验交流会在文山州富宁县召开。省扶贫办党组书记、主任王智，副主任杨照辉，文山州副州长胡荣，省老促会副会长兼秘书长黄仁跃，省委农办副巡视员庞勇，省科技厅副巡视员吕金妹，富宁县县委副书记、县长王毅等领导出席了会议。省发改委、省民委、省民政厅、省统计局、省民政厅、省农业厅、省水利厅、省林业厅、省广电局、省旅游局、省环保局等11个省直部门，部分重点乡镇的党委书记或乡镇长，州市扶贫办副主任及老区科长，47个老区县扶贫办分管老区工作的副主任，省州市县老促会负责人，省州多家新闻媒体，共计300多人参会。会议总结2008～2009年云南省革命老区扶贫开发建设工作，安排部署下一步工作。

【全省扶贫开发整乡推进试点工作交流会】 11月11日，全省扶贫开发整乡推进试点工作汇报会在文山召开。省委副书记李纪恒出席会议并作重要讲话，省政府副省长孔垂柱主持会议。省扶贫办主任王智汇报全省扶贫开发整乡推进试点工作情况，州委书记李培致辞。省扶贫开发领导小组成员，全省16个州市分管领导和扶贫办主任，20个试点县主要领导和扶贫办主任，试点乡镇主要领导，全州8县主要领导和扶贫办主任，共160多人参加会议。会议强调，扶贫开发整乡推进是统筹城乡发展，破除城乡二元结构的好抓手，要坚定信心、坚定不移地把扶贫开发整乡推进试点作为新时期扶贫开发的重要突破口，切实抓紧抓好抓出成效，为更加扎实、更加有力地推进全省扶贫开发工作探索新路子、积累新经验。会议期间，参会代表参观了文山县追栗街镇塘子边村、松树坪村，和塘子边村肉牛养殖小区现场，并观看了16个州市交流汇报扶贫开发整乡推进试点工作情况专题片。

【全省贫困村互助资金试点工作培训暨工作部署会】 10月13～14日，全省贫困村互助资金试点工作培训暨工作部署会在文山召开，16个州市扶贫办项目科长、财政局农财科长和2007～2009年开展国家和省级试点项目的49县扶贫办主任、财政局农财股长及文山州8县扶贫办主任共160多人参加会议。会议传达全国贫困村互助资金试点经验交流暨培训会议精神，安排部署2009年试点工作及相关业务培训。省扶贫办副主任吴遂到会并作重要讲话，省扶贫办计财处处长屈华曦、外资项目中心副主任吴建忠、省财政厅农业处副处长崔永丽参加会议并作业务培训。文山州副州长官悠房到会致欢迎辞。会上，文山县作交流发言。会议组织参观了文山县沙沟、吉英坡、清水塘等村开展互助资金试点工作情况。

整村推进扶贫开发新农村建设

【简　述】 年内，共启动实施建设1 067个村，其中：完成省级重点村373个，边3县整村推进项目229个，州委农办重点村项目115个，州发改委以工代赈项目97个，州民委35个，上海白玉兰重点村85个，自筹资金建设完成133个。投入资金62 992.6万元，其中：扶贫专项资金27 153.6万元、整合部门资金投入5 806万元、群众自筹和投劳折资30 033万元。完成安居房改造8 052户，建成沼气池1.18万口，建成小水窖1 446口，架设人畜饮水管道313.2千米，村间道路硬化5 785.2千米、209.62万平方米，建设基本农田1.03万亩，经济作物种植7.44万亩，经济林果种植9.80万亩，完成贫困劳动力转移培训及输出0.46万人，完成科技培训143期5.30万人。

砚山县凸斛山新农村新貌

产业扶贫

【简　述】 年内，实施2008年跨年度科技及产业项目10个，投入专项补助资金806万元，完成辣椒和蔬菜冰冻灾后恢复建设项目3个，建成文山县追栗街镇水果基地600亩，砚山县辣椒基地2 000亩，砚山县獭兔规模化扶贫养殖小区1个，麻栗坡县稻田养鱼1 000亩，广南县生猪标准化养殖小区1个，富宁县生猪标准化养殖小区1个，西畴县二元杂母猪养殖示范科技项目1个。筛选11个产业扶贫项目报省，获得专项补助资金800万元。

劳动力转移培训

【简　述】 年内，投入600万元，完成2008年跨年度农村贫困劳动力输出前培训30 676人，占计划的102%，转移输出30 200人。投入190万元，9个示范基地培训学校完成农村劳动力转移培训3 806人，占计划的100.2%，培训合格率达100%；职业技能鉴定持初、中级职业资格证书3 783人，合格率达99.6%；转移就业3 783人，转移就业率为99.6%，就业稳定率达90.0%以上。2009年度转移培训计划正在组织实施，将完成劳动力转移培训3.6625万人，其中：引导性培训2.6万人、雨露计划技能培训0.6625万人。

易地开发扶贫

【简　述】 年内，完成2008年跨年度项目，投入1 500万元转移安置3 000人，项目涉及6个县18个乡镇20个安置点。建成安居房640套46 420平方米，基本农田2 519亩，进村公路19.4千米，道路硬化3.6万平方米，种植经济林果1 978亩，沼气池640口，科技培训78期6 240人(次)。启动实施2009年项目，计划搬迁安置7 340人，投资总额3 670万元，其中：财政扶贫资金1 400万元，地方政府债券资金2 270万元。项目涉及8个县18个乡镇54个安置点。已完成项目总投资1 287.66万元，其中：财政扶贫资金完成637.02万元，地方政府债券资金完成467.99万元，群众自筹182.65万元。建成安居房545套，完成基本农田改造278亩，沟渠800米，输水主管道21.9千米，分管4.1千米，建成211件共5 330立方米水池(窖)，新修进村公路5.1千米，改扩进村路2.6千米，排水沟4188米，村内道路硬化15276平方米，完成10kV输电线路2.5千米，0.4kV输电线路2千米，安装变压器5台，建成沼气池196口，开展科技培训53期，培训4758人(次)，完成科技活动室6所603平方米。

社会帮扶

【中央国家机关挂钩扶贫】 年内，外交部继续安排1名干部到挂钩的麻栗坡县开展蹲点扶贫，共有99人(次)深入村寨调研并指导工作，单位直接投入资金107万元，帮助协调引进资金659.4万元，实施项目34个，举办培训班29期，培训人数2 550人(次)，资助贫困学生718名，援建希望小学2所，卫生室2所，建沼气池24口，帮扶项目受益人数达3.2万余人。最高人民检察院安排1名干部到挂钩的西畴县开展蹲点扶贫，共有14人(次)深入贫困村寨开展调研并确定项目，部门直接投入资金130万元，引进各类资金453.6万元，共上项目4个，举办培训班48期，培训人数4 500人(次)，援建整村推进项目村3个，援建希望小学1所，资助贫困学生68名，建小水窖2 000口，修路8.2千米。

【省级机关企事业单位挂钩扶贫】 年内，新增省冶金集团股份有限公司、省金融办2个省级定点挂钩单位，全年共有20家省级单位定点挂钩扶贫文山州。其中：民航昆明空中交通管理中心、上海浦东发展银行昆明分行挂钩文山县；省供销合作社、中国石油化工股份有限公司云南石油公司挂钩砚山县；省财政厅、省第一人民医院、省冶金集团股份有限公司挂钩西畴县；云南商业集团有限公司、省烟草专卖局挂钩麻栗坡县；省政府国有资产监督管理委员会、省机械工业行业协会挂钩马关县；省监狱管理局、云南师范大学挂钩丘北县；省教育厅、省政府研究室、云南中烟工业公司挂钩广南县；省科技厅、云南财经大学、省有色地质局、省金融办挂钩富宁县。各挂钩部门共安排42人到扶贫点挂职或蹲点开展扶贫和新农村建设指导工作；共有340人到挂钩点开展扶贫调研；挂钩部门直接投入扶贫资金1 237.3万元(其中：捐物折资51.3万元)，帮助协调引进资金137万元，引进项目13项，引进技术12项，引进人才7人；在扶贫点援建希望小学4所，救助贫困学生408名；援建整村推进示范项目21个；建设安居房140户，建设小水窖151口，建设沼气池174口，帮扶建设进村及村内道路49.2千米；帮助组织劳务输出356人；举办各种培训班64期、培训人数7 710人(次)。挂钩单位援建项目涉及8县21个乡(镇)，使2.3万余人受益。

【州级机关企事业单位挂钩扶贫】 年内，文山州州级四套班子领导率先深入挂钩扶贫点开展工作。32名州级领导共挂钩联系8个县27个乡镇32个村委会，到扶贫点调研次数117次181天，在扶贫点召开会议85次，直接投入资金199.4万元，援物折资49.4万元，协调有偿资金356万元，协调无偿资金1 030万元，引进资金42万元，引进技术7项，引进人才2人，援建小康村26个，修路58.68千米；帮扶贫困农户172户，帮扶人数633人，援助资金50.88万元，援物折资14.57万元，解决安居121户，援建小水窖39口，援建沼气池208口，资助贫困学生30名。

年内，136个州级国家机关和企事业单位到挂钩联系的139个贫困行政村开展工作。各单位共下派挂职干部44名，下村到点调研考察人数2 821人(次)，部门直接投入扶贫资金1 705.3万元(其中：资金1 604.4万元，物资100.9万元)，协调引进资金2 200.8万元，引进项目37个，引进技术15项，引进人才14人，举办培训班261期培训16 378人，资助贫困学生1 491人，组织劳务输出10 290人，党员干部扶持贫困户4 590户，接受帮扶人数15 771人，扶持资金89.2万元，援建示范村54个，希望小学6所，建设安居房652户，建设小水窖314口，建设沼气池894口，建设进村及村内道路255.4千米，帮扶项目受益6.9万余人。

【县级机关企事业单位挂钩扶贫】 年内，8县县级挂钩单位763个。下派干部47名，下村考察人数7 137人(次)。部门直接投入扶贫资金2 259.8万元(其中：资金1 735万元，物资524.8万元)，协调引进资金2 991.1万元，引进项目58个，引进技术21项，引进人才9人，举办培训班966期培训人数59 952人(次)，资助贫困学生3 049人，组织劳务输出20 818人，扶持贫困户8 574户，接受帮扶人数3.7万人，援助资金和物资171.5万元，建设安居房439户，建设小水窖592口，建设沼气池2 852口，建设乡村及村级公路383千米，帮扶项目受益人数约为22.4万人。

【其他社会力量扶贫】 年内，其他社会力量积极参与扶贫开发。共有27个单位参与扶贫，下村考察人数64人，投入资金297.1万元，其中资金272.3万元，物资折资24.8万元，引进资金4.5万元，引进项目1个，举办培训班6期培训人数722人(次)，援建示范村1个，资助贫困学生62人，解决安居房217户，建设小水窖300口，修路26.5千米，帮扶项目受益人数约0.6万人。

上海对口帮扶

【简　述】 全年上海援建文山州的对口帮扶协议项目共101个，计划投入帮扶资金4 170万元，其中：新农村建设项目85个，产业发展项目13个，社会事业项目3个。

【新农村建设项目】 年内，建成新农村项目85个。完成危房改造1372间；村容村貌墙体粉涮完成726户；村容村貌庭院美化完成876户；村内道路建设完成138.52千米；沼气池完成1 391口；厨房改造完成2 359间；浴室改造完工1 107间；厩舍改造完工2 481间；厕改完工2 506间；公厕完工54间；架设人畜饮水管道5.3千米；安装入户水管398户；蓄水池完成4口1 010立方米；水窖完成101口；村民活动室完工43个；活动场地完工34块；文化长廊面积完成15 450平方米；垃圾处理池完工11个；科技培训完成159期13 685人(次)；发放科技培训资料7 510份；封山育林完成4 450亩；植树造林完成300亩；节柴改灶完成180户；经济林果完成5 130亩；经济作物完成7 107亩；养牛完成635头；养猪完成12 552头；养羊完成392只；养禽完成16 600只；标志牌完成48块；展板完成44块。

【产业发展项目】 年内，完成产业发展项目13个，项目重点在文山、砚山、西畴、丘北4个县实施。完成优质花生种植2 500亩；韩国朝天椒及小米椒示范种植5 100亩；扶持农家乐10户；种植丘北辣椒1 000亩；种植优质梨和核桃1 100亩；发展桑园150亩；发展优质桑蚕基地400亩，共产茧21吨；完成追栗街镇商品牛示范养殖、核桃油加工项目；完成追栗街天草桔橙种植600亩；完成西畴县莲花塘乡香坪山麻竹加工厂、华祥生态养殖厂和种草养畜3个项目，种植特高黑牧草300亩，发展养殖牛200头，生猪700头；组织马关、西畴、富宁、麻栗坡、砚山等县赴上海、江苏、浙江、广东、四川等有关省市学习考察农家乐、猕猴桃、副食品加工等产业。

【社会事业项目】 年内，完成3个州级实施项目。文山州动物疾病预防控制中心建设项目已竣工投入使用；富宁县田蓬镇中心卫生院标准化建设已完工；麻栗坡县杨万乡中心小学规范化建设正进行主体工程建设，预计2010年春季开学前可完工。

【人力资源开发项目】 年内，双方组织人事部门实施"上海对口支援展望计划"。培训干部10期98人(次)，培训教师、医生、农业科技人才等12期1 253人(次)。文山州93名经营管理人才得到上海有关单位组织的培训；上海派出18名优秀教师在麻栗坡、广南和富宁县开展支教工作，派出5名医生到文山县开展医务工作。为文山输出劳务人员1 521人，举办劳务培训班16期，培训人数1 632人。上海有5名县处级领导到文山挂职，同时文山州有21位干部到上海挂职锻炼。

【双边交流和经济协作】 年内，虹口、松江、闸北、浦东新区等4区党政代表团分别到文山开展调查研究，检查指导工作，签署对口帮扶协议；文山州及8县党政代表团也分别赴上海考察学习，双方互访交流达258人(次)。10月在上海举行的云南(上海)生物产业合作项目推介洽谈会上，文山州与上海实施签约项目7个，签约金额3.96亿元，占本次会议签约总额的33.28%，其中，上海方投资额2.15亿元，占本次会议引进上海资金总额的23.12%。

【协议外项目】 年内，通过上海驻文联络员的积极协调，共争取协议外资金276.3万元，协调项目14个。实施麻栗坡县天保小学、广南县那朵村钱力光彩希望小学、西畴县牛场坝希望小学，修缮完小2所以及购置电脑教育教学设备和资助贫困学生、培训教师、科技人员等项目；完成上海松江区援建的丘北县树皮乡头能育村、腻脚乡飞尺角村2个僰人村整村推进项目。

其　　他

【扶贫资金监管】 年内，扶贫资金的管理，在严格执行"三制度一公开"和"四对应"的基础上，做好项目资金的公开公示，强化了上级监督、部门监督、监察审计监督、群众监督和舆论监督五道防线。

【以县为单位连片开发】 年内，在马关县实施"以县为单位、整合资金、整村推进、连片开发"试点建设，投入财政扶贫专项资金1 000万元，拉动各项资金集中投入，使扶贫开发与试点区域经济发展有机结合，实现连片开发。在砚河公路(砚山—河口)马关县境内的双龙岭—客田47公里一线周边集中连片的区域，以马白镇、仁和镇、木厂镇的12个行政村123个自然村为试点平台，对7 223户30 152人进行全面扶持，按照"完善基础设施、发展基础产业、提升基本素质、落实基本保障、强化基本队伍"的要求，最终实现试点区域农民收入明显增加、基础条件明显改善、农业产业明显发展、农民素质明显提高、农村环境明显变化、村级班子明显加强的目标。累计完成投资11 577.59万元，完成中低产农田地改造7 000亩，通村公路5条12.17千米，村内道路硬化46条10.99万平方米，沟渠2.19千米，架设引水管1.4千米，墙体改造387间40 920平方米，屋顶改造550间4.37万平方米，墙体粉刷7.8万平方米，改造厩舍584间、厨房128间、厕所508间。新增广播电视网络用户190户，改造农村校舍危房3间2 840平方米，建成农村科技文化活动室19间3 160平方米，卫生公厕7间。建设沼气池1 200口，封山育林3 840亩。困难群众享受农村低保3.8万人，参加新型农村合作医疗群众3.3万人。

【整乡推进】 年内，文山县追栗街镇被列为全省20个整乡推进扶贫开发试点，一次性规划投入资金1.1亿元，分两年实施，采取"一挂三帮四整合"的工作措施强势推进。一挂，即州、县委书记亲自挂钩追栗街镇整乡推进试点工作；三帮，即单位帮扶、社会帮扶、村民互帮；四整合，即整合专项投入、部门投入、社会投入、群众投入。全年实施的33个村民小组，共整合投入各类资金5 364.4万元，完成危房改造270户，抗震民居342间，沼气池及改厩、改厨、改厕等四配套1 891户，中低产农田地改造530亩，实施封山育林4 880亩，改造乡村公路2条、村村公路4条，改造学校3所，新建科技活动室20间，培养致富带头人30名，发展新党员56名、入党积极分子17名，开展科技培训94期4 762人(次)，国家强农惠农政策得到较好落实，新型农村合作医疗参合率达92.0%以上，建成了塘子边、松树坪等一批典型示范村。同时，按照全镇群众实现"近期增收有保证、远期增收有潜力"的要求，构建产业发展格局，在全镇所有村寨都发展了三七、烤烟、甘蔗、核桃、柿子、天草桔橙、油茶、山岛、生姜和养殖等产业，全镇户均有增收项目2～3个，人均有经济林果2亩以上。全镇农民人均纯收入2 926元，比项目实施前增加1 000多元，取得了较好的扶贫效果。

【小额信贷】 年内，完成发放小额信贷扶贫贷款3.1亿元。覆盖8.6万户农户，涉及烤烟生产、茶叶生产、三七、养牛等10多个种、养、加扶持项目。

【革命老区开发建设】 年内，争取上级投入专项资金210万元，结合整村推进扶贫开发，实施文山县丫呼寨，砚山县宁安寨，西畴县白瓦房，麻栗坡县大坝，马关县老马店，丘北县雄山，广南县牛滚塘，富宁县甘屯、那花和立坡10个革命老区整村推进扶贫开发新农村示范建设，其中以富宁县谷拉乡甘屯红军村、那花村和丘北县雄山村为重点。甘屯红军村总投入108.9万元，其中国家投入54.9万元，群众自筹和以劳抵资54万元。甘屯红军洞修缮和爱国主义教育基地建设投入整合各部门资金92万元。建成沼气池11口；水窖11口（每口30立方米）；建成安居房11间；完成厩厕改造11户；科技活动室和陈列室已完成硬件建设和室内布展；活动场地897平方米已完成水泥硬化；进村道路完成硬化，村内道路硬化900平方米；红军洞进洞小路完成320米石梯路；完成公厕1个；完成寨门1道。那花村总投入398.28万元，其中：专项资金50万元，部门整合142.5万元，群众自筹和以劳抵资205.7万元。完成村民活动室1个；村内道路硬化5 000平方米；59户安居房已完成一楼支砌52户浇灌49户，完成二楼墙砖支砌7户浇灌4户；卫生厕所完成17间，在建21间、待建23间。雄山村计划投入建设资金863.91万元，其中：老区专项资金100万元，部门整合资金461.09万元，群众自筹和投工献料折资302.82万元。由于干旱缺水，截止年底完成总工程量的80.0%，建设主干道道路硬化1 780米，7 120平方米；完成核桃产业发展1 200亩，种植核桃12 700株；完成杂交包谷种植面积100亩；修缮纪念塔围墙20米；新建厩舍20户；建成教学楼1幢；购优质母猪50头，扶持25户农户养殖业发展；清理维修人畜饮水塘3个；完成种养殖培训2期400人（次）；完成“村村通”广播电视安装236户。

【互助资金】 年内，在文山县试点工作取得成效的基础上，又在西畴、马关二县开展试点工作。至年底，文山县共涉及平坝镇吉英坡、平坝寨，古木镇沙沟，马塘镇白革下寨、卡莫下寨，喜古乡古那冲，德厚镇上卡作，薄竹镇汤得，东山乡板板桥村，追栗街镇丫呼寨，小街镇胡广箐11个村，总户数1 093户。11个试点村共投入财政资金150万元，入互村民950户，入互率达88.0%，吸纳入互资金12.15万元，共收取利息4.5万元，互助资金总量达到了166.7万元；累计发放贷款212.5万元，累计归还借款212.5万元；直接扶持农户626户，直接受益人口2 521人；资金使用率达90.0%，还款率达100%。互助资金主要用于扶持农户发展烤烟、辣椒、荸荠、冬早蔬菜、甘蔗、药材（山苍子）及养牛和养猪等种养殖业。西畴县在西洒镇新寨村，蚌谷乡河湾村，兴街镇杀鸡厂村、新房子村、老黑箐村，莲花塘乡德者一、二组，鸡街乡那柏村，5个乡（镇）8个点作为试点村。8个试点村吸纳农户273户入互，入互资金5.46万元，互助资金总额达到105.46万元，累计发放贷款123户103.48万元，其中种植业49户36.7万元，共种植烤烟350亩，种植桔子52亩，养殖业74户66.78万元，共发展养猪15 100头，养牛120头。第一轮贷款有117户到期，共收回贷款102.7746万元，其中本金97.88万元，占用费4.8946万元，贷款回收率达100%，另有6户，借款5.6万元未到期。马关在马白镇新堡寨、落却、田湾二村，仁和镇白果村，木厂镇水头、腊哈村3个乡镇6个村实施，重点扶持农户发展养殖业和特色种植业。6个试点村共发展入互会员309户，互助资金总额达106.18万元，其中，财政专项资金100万元，群众入互资金6.18万元。已累计发放互助资金98.02万元，占互助资金总额的92.3%。共扶持农户231户，受益人口达到2 377人。

【扶贫安居工程】 年内，投入300万元专项补助资金，每户补助6 000元，在丘北、西畴、马关、富宁4县完成扶贫安居房建设500户，进一步改善了贫困群众的居住条件。

【王智到文山砚山调研】 4月8日，省扶贫办主任王智到文山、砚山县调研整村推进扶贫项目实施情况。州委书记李培、副州长胡荣陪同。9月17～19日，省扶贫办主任王智到文山调研“山瑶”扶贫、兴边富民工程、木本油料基础建设等工作，副州长胡荣陪同。

【领导名录】

主　　任　林坤跃
副 主 任　董晓伟
　　　　　高启刚（～3）
　　　　　龚永斌（挂职、～5）
　　　　　韦炳国（壮、5～）
　　　　　唐金星（挂职、6～）
纪检组长　朱　宇（～2）

（单洪维　杨洪平）

文山州的土壤类型和分布情况

全州有砖红壤、赤红壤、红壤、黄壤、黄棕壤、棕壤、暗棕壤、紫色土、石灰岩土、水稻土10大类自然土壤。其中前7类因受生物、气候、海拔高度影响发育成地带性土壤；后3类因受母岩和人为耕作活动影响发育成非地带性土壤。10大类土壤共分为黄色砖红壤、赤红壤等18个亚类，泥质岩类、结晶岩类、碳酸盐岩类等40个土属(自然土属29个，水稻土属11个)，红土、灰土、黑泥土、酸白泥土等71个土种(旱地土种45个，水稻土种26个)。全州土壤面积3 961.1 588万亩，其中自然土壤3 370.9 503万亩，旱地土壤449.7412万亩，水稻土壤140.4673万亩。其中：

砖红壤面积42.9027万亩，占土壤面积的1.08%，其中耕作土壤11 077亩，占耕地面积的0.19%。此种土壤分布在海拔400米以下的低山河谷及丘陵陡坡地带，马关县古林箐、健康农场和富宁县的剥隘镇、麻栗坡县的天保农场等地区均有分布。

赤红壤是砖红壤与红壤之间的过渡类型土壤，面积371.7903万亩，占土壤面积的9.39%，其中耕作土壤21.6569万亩，占耕地面积的3.67%。此种土壤分布于西畴、麻栗坡、马关、丘北、广南、富宁等县海拔400～1 190米之间的中低山河谷地区。主要分布于富宁县城关、归朝、者桑、板仑、南利河一带；广南县板蚌；麻栗坡县八布、南温河；马关县健康农场等地区。

红壤面积2 428.7 369万亩，占土壤面积的61.32%，其中耕作土壤309.6863万亩，占耕地面积的51.47%。分布于海拔1 000～1 800米之间的中山山地，全州8个县均有分布。西畴、麻栗坡两县分布较少。

黄壤面积218.0572万亩，占土壤面积5.5%，其中耕作土壤27.0297万亩，占耕地面积4.58%。分布于砚山、西畴、麻栗坡、马关、广南等县海拔1 600～1 900米之间的中山坡地地区。

黄棕壤面积42.1821万亩，占土壤面积的1.06%，其中耕作土壤41 440亩，占耕地面积的0.7%。分布于海拔1 800～2 400米之间的中山温凉地区。文山县薄竹山、马关县和麻栗坡县的老君山、马关县古林箐卡上、丘北县羊雄山周围等地区均有分布。

棕壤面积59 882亩，占土壤面积0.15%，耕作土壤很少，分布于海拔2 200～2 600米之间冷湿多雾的中山坡地。主要在文山县的薄竹山、马关县和麻栗坡县的老君山和丘北县的羊雄山等中上部地区。

暗棕壤面积12 118亩，占土壤面积的0.03%，基本没有耕作土壤。主要分布于文山县的薄竹山和麻栗坡、马关县的老君山顶部，海拔在2 500～2 991米之间地势陡峻地区。

紫色土面积22.6764万亩，占土壤面积的0.57%，耕作土壤21 499亩，占耕地面积的0.36%。此种土壤零星分布于海拔1 300～1 700米之间的中山丘陵地带。文山、砚山、西畴、富宁等县均有分布，其中砚山县分布较多，有18.0595万亩，占紫色土面积的79.64%。

石灰岩土面积687.1459万亩，占土壤面积的17.36%，其中耕作土壤面积83.8353万亩，占耕地面积的14.2%。分布在海拔800～2 300米之间的文山县柳井、古木、追栗街、东山；西畴县董马、法斗、西洒；麻栗坡县铁厂、董干、马街；马关县坡脚、山车、夹寒箐；丘北县舍得、腻脚、八道哨、双龙营、温浏；广南县八宝、马街、黑支果、杨柳井等地区。

水稻土面积140.4673万亩，占土壤面积的3.54%，全为稻田耕作面积，占耕地面积的23.8%。海拔在300～2 000米之间的地区均有分布。

经济综合管理

责任编辑　李万辉

2009 年经济普查入户登记

发展与改革

【简　述】 2009年，文山州贯彻落实中央“出手要快、出拳要重、措施要准、工作要实”的要求，从容应对国际金融危机的严峻考验，突出“发展”主线，以科学发展观为指引，用发展的办法解决困难问题，争取在应对挑战中把握机遇，在战胜困难中赢得主动，主要经济指标经历了由下滑到止跌回升再到平稳较快增长的过程，宏观经济朝着预期方向发展，较好地实现州十二届人大第五次会议确定的发展目标。全州地区生产总值完成273.06亿元，增长12.6%。其中第一产业增加值73.14亿元，增长6.8%；第二产业增加值94.01亿元，增长16.8%；第三产业增加值105.91亿元，增长12.7%。全社会固定资产投资完成216亿元，增长30.6%。地方财政一般预算收入完成17.29亿元，增长12.0%。社会消费品零售总额完成118.76亿元，增长23.9%；农村居民家庭人均纯收入为2379元，增长17.4%，城镇居民家庭人均可支配收入为13 200元，增长10.5%；居民消费价格指数100.2%；城镇登记失业率3.5%；单位地区生产总值能耗降低4.9%。

【项目规划编制】 抓好年度计划和重大规划的研究编制。根据中央经济工作会议和全国、全省发展改革工作会议精神，分析国内外发展形势，结合文山实际，合理预测发展目标，科学编制完成《文山州2009年国民经济和社会发展计划(草案)》、《文山州2010年国民经济和社会发展上报计划(草案)》、《文山州2009～2010年固定资产投资计划》、《文山州2009年国家扩大内需项目计划》、《文山州2010年中央预算内投资计划》，同时组织编制完成《文山州盘龙河流域综合治理总体规划》、《2010～2013年农村饮水安全工程县级规划》、《文山州生物质能发展规划》、《文山州农村卫生服务体系二期工程建设与发展规划》、《文山州义务教育阶段初中工程规划》、《义务教育阶段小学工程规划》等一大批规划，抓好宏观经济形势跟踪分析。逐月、逐季，根据不同时期，经济形势发展变化的不同特点，适应各阶段工作的要求，准确开展了经济运行情况分析，撰写出7期有一定份量、有一定深度的经济运行情况分析材料上报，为州委、州人民政府及各级各有关部门准确决策提供参考。

【重大课题研究】 按照科学发展的要求和经济社会发展战略重点，有针对性地组织开展重点规划调查研究，深入基层开展调研。完成《文山通道经济战略研究》、《文山新型冶金化工基地发展的思考》、《文山旅游休闲度假基地发展的思考》、《文山现代物流基地发展的思考》、《文山生物资源基地发展的思考》等一批调研报告，并将成果编辑成册。同时根据国家和省关于开展对“十二五”规划前期研究的要求，文山州正式启动“十二五”规划前期研究工作。围绕国家发改委关于8个领域39个题目广泛开展课题研究的思路，做好研究对接国家10大产业振兴规划、云南省10个产业发展规划，吃透政策，把握动向，结合实际，提出文山州“十二五”规划前期调研的46个重要课题研究工作。

【固定资产投资】 围绕中央扩大内需3个“百分之百”，全省“3个100”，全州20个重大建设项目、20项重要工作和50个在建、50个新开工、50个重点项目前期工作目标，定期、不定期组织召开重点项目工作联席会议、重点项目推进会、扩大内需项目管理会，多次组建检查组深入8县、有关部门和企业开展经济运行和项目建设、固定资产投资检查，深入开展“发改服务进千家”活动，加强对全州重点项目的调研、督促、推进；切实转变观念，改善服务，为项目实施创造良好环境。在全州固定资产投资工作陷入低谷的年初，牵头研究制定了《文山州州级重点项目并联并行审批或核准办法》、《文山州重大投资项目审批核准限时办结规定》、《文山州重大投资项目审批核准通报规定》、《文山州扩大内需工作联席会议制度》、《文山州重点项目资金供需信息交流机制》5个制度报州委、州人民政府批准实施，并与经委、财政、环保、国土、林业、水务、安监、审计等对项目有行业专项审批权限的部门加强沟通联系，推进各项服务制度的实施，优化项目工作环境，推进项目建设。全年完成投资216亿元，比上年增长30.6%。

【资金争取及投入】 全年共争取中央和省批准投资项目补助资金12.8亿元，争取资金总量是上年的2.8倍，其中，中央扩大内需资金7.3亿元，实施农业、工业、交通、水利、教育、卫生、城建、环保等各领域一系列重要发展项目。资金到位时效性提高，项目周期大大缩短，保证项目效益的及时发挥；探索投融资模式，着力解决企业发展、项目建设资金不足问题。州发改委专门召开州级金融部门、8县政府和州城乡投资开发公司、州中小企业担保公司、州水利水电投资公司、州公路投资公司等相关企业、单位参加的金融项目推介会，专题研究项目融资工作。通过筛选，全州发改系统提出融资推介项目50个，总投资1 156.4亿元，其中贷款金额132.8亿元，州城乡开发投资公司切实开展好10亿元投资类企业债券发行工作。同时，加强与国家开发银行云南省分行的沟通衔接，州中医院、砚山县中医院和麻栗坡、广南县医院4家医院迁建项目获省开行列入信用合作项目，获得开行贷款11 000万元；实施好新三年“兴边富民工程”。提前完成“六大工程”30件实事任务，实施建设项目87个，完成投资69 475万元，拟定《文山州新三年“兴边富民工程”奖励暂行办法》、《文山州新三年“兴边富民工程”项目管理暂行办法》，对“兴边富民工程”项目实行月报制度管理，获得省“兴边富民工程”年度考核组的好评；利用外资工作。世界银行贷款文山州城市环保8个项目，投资2.73亿元，已陆续开工建设。麻栗坡天保、富宁田蓬、马关都龙口岸总体发展规划已获省批准。天保边防检查站、联检查验配套设施项目获得国家、省支持。马关县医院利用北欧投资银行贷款引进医疗设备项目已开始启动。州中医院利用奥地利政府贷款引进医疗设备项目正抓紧开展。

【节能技改和自主创新】 砚山斗南锰业公司、兴建公司余热发电节能项目进入发家发改委2009年企业节能技术改造财政奖励项目；文山三七研究院GAP三七工程实验室自主创新平台建设项目、马关云铜锌业真空冶金高效提铟技术产业化示范项目、苗乡三七种子种苗产业化示范工程、锌铟公司难选多金属硫化矿关键技术等一批项目列入国家2009年高技术产业发展项目投资计划。

【价格监管】 贯彻执行国家发改委《价格监测规定》，完善各种重要商品和服务价格监测制度，提高价格监测质量，及时反映市场价格动态，共上报省价格监测数据2 243个，及时开展全州价格运行分析等价格监测材料，编报《文山州价格运行分析报告》、《文山价格信息》，审批文山城区公交车IC卡等收费标准，取消和停止征收行政事业性收费112项。围绕党和政府关注、群众关心、社会反映强烈的价格和收费热点问题，组织开展教育、城建、国土、环保、农机监理等部门的涉农和涉企收费专项检查，全州共查处价格违法案件41件，实施经济制裁155.04万元，退还消费者12.07万元；受理和查处价格举报案件214件，办结率达100%。开展"价格服务进万家"活动，加强节假日市场价格监管，推进全州价格诚信建设，做好价格应急工作，着力维护市场公平竞争秩序。组织开展2009年度"价格诚信单位"活动，并对42家单位进行表彰。

召开"价格诚信单位"表彰会

【收费许可证年审工作】 全州共审验行政事业性收费单位887户，审验率达100%，注销收费许可证15户，审验收费项目161项，年收费金额45 861.84万元（含公路养路费、客货运附加、车辆通行费，不含医疗服务收费），为当年全州财政收入的29.0%。

【各项价格政策实施】 受国际金融危机影响，文山州工业经济严重受创，大部分工业企业停工停产。为创造工业经济发展的良好环境，消除不利影响，深入工矿企业基层调研，充分掌握相关企业基本情况，提出《关于积极应对金融危机，在全州范围内实施优惠电价的实施意见》，并报经州人民政府同意，对相关工业企业实施优惠电价政策，推动工业企业积极恢复生产。年初国家成品油税费改革政策出台后，为保证国家成品油税费改革顺利实施，深入市场和相关企业调查研究，及时传达、贯彻国家和省相关政策规定，保证全州成品油税费改革、价格调整顺利进行。根据砚山、富宁、丘北3县水价成本上升实际和"两污"项目建设需要，及时出台了水价调整和污水处理价格政策，初步完成文山县洁诚公司垃圾处理费成本核算工作，合理调整了民爆产品的运杂费。

【价格认证工作】 以涉案财物价格鉴定为基础，转变职能，改进方法和服务社会。全州共完成各类价格鉴证业务1 237件，鉴证值达4.15亿元，分别比上年下降0.8%和增长28.5%，案件复议率为零。其中，在打击涉烟违法犯罪活动中，完成涉烟案件价格鉴证业务139件，涉案金额1 222.9万元，依法保护企业合法权益、防止国有资产流失。

【各种改革】 坚持统筹协调、搞好综合配套、突出重点推进，企业、农村等重点领域改革不断深化，充满活力、富有效率、更加开放、有利于科学发展的体制机制不断形成，经济发展环境进一步优化。贯彻落实国家、省投资体制改革政策，继续推进投资体制改革，进一步落实项目审批制、核准制和备案制，企业投资主体地位充分发挥，投资结构不断改善。农村综合体制改革和林权制度改革在全州范围内展开，州交通集团、文山七花公司改制工作稳步实施。加大投融资体制改革，州人民政府注资2 000万元，进一步盘活州城乡开发投资公司。圆满完成改革开放30年文山州成就编写工作，并正式出版发行。

【荣誉表彰】 年内，被州政协表彰为文山州政协十届一、二、三次会议办理提案先进单位；被州人民政府表彰为年度固定资产投资工作先进集体；被州委州人民政府评为年度党风廉政建设责任制考核一等奖；获云南省年度兴边富民工程表彰奖励；被州委州人民政府表彰为年度整村推进扶贫开发社会主义新农村建设先进集体；参加文山州庆祝新中国建国60周年法律知识竞赛并获优秀组织奖，获省发改委表彰为云南省庆祝新中国成立60周年行业文艺汇演发展和改革系统专场晚会三等奖；委机关党支部获州直机关工委表彰为优秀基层党组织；委价格认证中心获全省年度先进价格认证中心；张红荣获全国价格监管服务先进个人，余婧荣获全国收费统计工作先进个人。

【领导名录】

主　　任　马　斌(回)

常务副主任　段磊云
副　主　任　程世达(兼文山铁路筹建处处长)
方绍文
罗　湖
王　辉
陆国松(负责上海对口帮扶联络工作、~7)
邵引平(负责上海对口帮扶联络工作、7~)
(张美淑)

统　　计

【普查调查工作】　完成文山州第二次全国经济普查登记阶段工作。顺利完成对5 241个法人单位及5 139个产业活动单位的普查登记工作，开展普查数据审核、录入、汇总、质量抽查、评估、上报、审定工作，严格审核普查资料的真实性、完整性。经上级业务部门数据质量抽查，各项质量控制指标均达到验收方案中规定的标准，顺利通过省级数据质量抽查验收；开展文山州第二次全国农业普查后续工作和全州第二次全国农业普查数据汇总、资料整理及先进集体和先进个人的推荐、评选表彰工作；开展第六次全国人口普查的前期准备工作。贯彻云南省人民政府《关于开展第六次全国人口普查的通知》精神，由政府下发《文山州人民政府关于开展第六次全国人口普查的通知》，安排部署组织机构、人员、办公地点、工作经费等，成立文山州第六次全国人口普查领导小组及办公室，做好第六次人口普查工作经费预算和上报工作；开展专项调查，启动R&D资源清查摸底工作，先后开展并按时完成群众安全感、人口变动和劳动力抽样调查、乡村领导干部公信度调查试点等工作。

【统计方法改革】　正式实施和使用州工业品出厂价格调查体系。为准确反映州工业增加值速度和单位GDP能耗下降率，立足文山实际，2009年正式实施和使用文山州工业品出厂价格调查体系，真实地反映了文山州工业发展情况，满足地方经济发展的需求；开展部门月度指标监测和月度行业增加值测算准备工作。为进一步加强国民经济核算工作，提高国民经济核算数据质量，向州人民政府上报《关于开展部门月度指标监测和月度行业增加值测算的请示》及相应的工作方案，为正式开展部门月度指标监测和行业增加值测算工作奠定基础；完成《文山州非公有制经济统计调查方案》的制定工作。组织有关人员通过深入调研、广泛听取和征求意见，完成《文山州非公有制经济统计调查方案》草拟，并上报州人民政府，待批准后实施；开展能源统计工作。按照州人民政府批准的《文山州单位GDP能耗统计指标体系实施方案》、《文山州单位GDP能耗监测体系实施方案》、《文山州单位GDP能耗考核体系实施方案》要求，切实加强与州经委、发改委等部门的联系和配合，抓好重点行业能耗、尤其是重点能耗企业的能源统计工作，掌握工作动态和情况，加大指导力度，帮助建立健全台帐，做好对全州节能减排统计监测分析和预警预报工作，并对上半年各县单位GDP能耗情况作出通报。

【统计数据质量】　按季度组织召开数据审核评估会，组织专业人员对GDP核算为龙头相关的经济指标进行严格的联合审核评估，把多项相互关联、相互制约的主要指标数据有机地联系起来，实现了GDP等重要数据评估工作制度化、规范化，确保统计数据质量；执行统计数据联审制度。加强与部门间的沟通协作。年内，为准确反映全州2008年规模以上工业能源、投资、人口数据、城镇化率等情况，先后组织州经贸委、州交通局、州公安局、州计生委、州城建局等部门和单位召开数据联审会议，共同对工业能源、固定资产投资、人口数据、城镇化率等指标进行评估和联审，形成部门间数据的衔接、信息共享；提高统计人员素质，举办由全州102个乡(镇)、县级从事农村统计的111名统计人员参加的业务培训会，邀请省统计局农村处副处长、高级统计师王正双亲自授课，通过对统计法律法规知识、国民经济行业划分及新核算知识、统计分析写作及常用统计指标的计算方法、农村社会经济统计、信息化技术和通用报表数据处理软件(SARP3.0)知识进行培训，有力地提高乡镇统计人员综合业务素质，夯实了统计基础，确保源头数据质量；开展统计数据质量检查，促进统计数据质量的提高。按照《关于开展畜禽监测调查、乡(镇)、村基本情况统计工作检查的通知》、《文山州统计局关于开展2009年统计执法检查的通知》，在全州范围内开展了畜禽监测调查、乡(镇)、村基本情况、工业统计和重大项目投资统计等专项检查，通过随机抽样方式到基层、企业、投资项目现场检查，进一步提高质量意识和对基础工作重要性的认识，确保数据质量。

【统计优质服务】　面对新的形势和要求，积极应对、及时调整工作思路，重点对全州经济运行情况进行全程的分析和预测，围绕中央、省、州政府制定的一系列“保增长、保稳定、保民生”措施的落实到位，切实加强对全州宏观经济运行态势和各项改革进程的跟踪分析，搞好对全州经济发展走势的预测，密切关注经济运行中出现的新情况、新问题，及时反映经济运行变动方向和特点，提供及时准确针对性强、参考价值高的统计分析报告，切实为党政领导正确判断形势，准确把握发展趋势，制定政策措施提供了统计依据；加强统计调研分析。针对受全球经济危机的影响、全州经济发展形势严峻、情况复杂的情况，开展专题调研。首先是针对上半年全州工业生产下滑的情况，与州经委联合开展专题分析调研，组成4个联合调研组，深入基层、走进企业，加强调研，分别对全州8县工业运行情况进行调研，并深入21个企业了解生产、销售过程中存在的困难和问题，把州委、州人民政府优惠企业的税收、电价、贷款等政策及时传达贯彻到企业中。通过调研及时发现和解决了工业企业存在的一些困难和问题。其次是开展上半年就业形势分析调研，为准确把握全州的就业状况和就业政策的执行效果等，发出《关于开展全州上半年就业形势分析的通知》，组织各县围绕金融危机对文山州就业的影响是否在减弱？省委、省政府提出的保就业的政策在贯彻落实过程中效果如何等问题开展了调研分析活动，形成《加快全州工业经济发展，积极应对经济危机的调研报告》、《对广南富宁两县工业经济运行情况的调研报告》等调研报告上报州委、政府和上级部门；拓宽服务领域，全方位提供统计服务。除定期编印《文山州国民经济主要主要指标月度手册》、《文山州领导干部经济工作手册》外，还组织撰写和编印《辉煌历程——文山改革开放三十年》、《文山州经济社会发展六十年资料汇编》等，还在《文山日报》上开设“统计之窗”栏目，以图文并茂的方式，全面报道全州统计部门在促进全州经济社会发展方面所取得的业绩，及时报道全州国民经济和社会发展主要指标数据。

【统计法制建设】 强化统计法制意识，加大统计法制宣传力度，依法开展统计工作。制定并下发《文山州统计局2009年统计法制和设计管理工作要点》，明确了全州统计法制工作的重点和方向；学习贯彻实施出台《统计违法违纪行为处分规定》为契机，充分利用法制宣传月，搭建统计法制宣传咨询台，采取播放广播、散发宣传单、法规知识的提问等多种方式进行统计法制的宣传教育。全年共发放统计法制宣传传单5 000余份、统计法规宣传手册600余本，回答群众疑问80余条，为依法统计创造良好的社会氛围；多种方式并举。与州纪委、州监察局、州人事局、州劳动和社会保障局、文山调查队联合转发《关于认真贯彻〈统计违法违纪行为处分规定〉的通知》，通过局党组理论中心组学习、专题学习讨论等形式，深入学习《统计违法违纪行为处分规定》。同时，举办全州统计系统法制培训班，特邀请省监察厅政策研究室、省统计局、州政府法制办领导授课，通过对《行政处罚法》、《行政复议法》、《统计违法违纪行为处分规定》、《依法行政及行政执法和实务》的学习并经考试，全体参加培训人员取得《云南省行政执法证》。

【统计信息化建设】 探索统计信息网络提速延伸工作。推进州、县、乡统计内部网络延伸联结工作。全州8个县、102个乡镇，均完成VPDN网络连接工程，搭建从国家到省、州、县、乡的统计信息交流平台，实现统计内部网络延伸到乡镇的目标，切实改善基层工作条件，进一步减轻了基层统计负担；采取措施，切实加大硬件设备投入力度，借经济普查工作的有力时机，全州所有乡镇加强了硬件建设，增加PC计算机和打印机；增强防范措施，在全局所有计算机上安装数据备份恢复软件，并升级更新了病毒防治软件，确保设备正常运转；做好州统计局实施“阳光政府四项制度”和信息公开制度的查询专线技术处理工作，协助州政府政务信息中心，做好“96128”政府信息查询专线的网络系统维护，为开展统计信息咨询、信息反馈、网上查询服务提供技术等支持，确保统计信息能够全面、及时、准确、真实地向社会公开。加强计算机应用和操作能力的培训和指导，使基层统计人员能尽快掌握和熟练应用。

【举办全国民族自治州统计联合会第十八次年会】 7月22日上午召开。全国政协委员、全国政协经济委员会副主任、国家统计局原局长、中国统计学会会长李德水，国家统计局科研所所长、中国统计学会秘书长李纲，中国统计学会常务副秘书长隋胜利，云南省统计局党组副书记、副局长、云南省统计学会副会长徐力，国家统计局云南调查总队副总队长邓玉萍，州委常委、副州长姚堂文，州政协副主席罗正卿出席会议。会议由州政府秘书长杨选德主持。来自吉林、甘肃、青海、新疆、湖南、湖北、贵州、四川、云南9省22个民族自治州的代表，200余人参加会议。全国民族自治州统计联合会会长、吉林省延边朝鲜族自治州统计局局长金永哲在会上作了第十七次会议以来的工作报告。优秀论文奖获得者代表在会上作工作经验交流发言，会议评选并奖励优秀论文奖获得者，完成了统计学会的换届选举工作。

全国30个少数民族自治州统计联合会第十八次年会

【领导名录】

局　长　张荣江

副局长　黄忠良(壮)

　　　　李　军

　　　　李再富

　　　　张清明

（沈开宏）

审计监督

【简　述】 2009年，文山州审计机关共完成审计及审计调查项目482项。共查出违规行为金额39 099万元，管理不规范行为金额17 129万元，审计决定收缴财政金额1 537万元，应归还原渠道资金1 908万元，应调账处理金额13 375万元。同时，还核减工程投资，为国家节约建设资金16 184万元，减少投资损失。提出审计建议890条，被采纳682条。提交审计专题、综合性报告和信息简报397篇，被批示采用49篇。年内，州局及马关、麻栗坡、文山、丘北4县审计局均申报为省级文明单位。

【财政预算决算审计】 全州组织开展本级财政预算执行、税收征管及政策执行、地税系统财政财务收支、乡镇财政决算审计31项。代政府草拟审计结果报告9个，州、县局均受政府委托向人大常委会作了审计工作报告。通过审计，促进各部门建立具有“严格预算、合理收支、规范操作、严密监督”的财政管理体系，推进部门预算公开和提高资金绩效水平。

【经济责任审计】 年内，根据组织部门委托，对66名领导干部进行任期经济责任审计。重点关注领导干部履行经济决策权、经济管理权、政策执行权、经济监督权和遵守廉政规定情况。

【专项资金审计】 组织开展财政支农专项资金、农村民居地震专项资金、企业职工基本养老保险基金、农村中小学教育危房改造专项资金、国土专项资金及矿产资源补偿费等各类专项资金审计。已完成审计及调查项目101项，审计资金总额130 352万元，重点揭露和查处违规改变项目计划和资金用途、虚列支出等问题9 889万元。

【投资审计】 年内，对245个重点工程竣工决算项目进行审计，审计投资金额256 069万元，审减工程投资16 184万元，核减率为6.32%，审计决定收缴财政104万元，已缴财政70万元。

【行政事业审计】 以规范财政财务收支行为、加强财务管理为目标，选择领导重视和群众关心的问题开展审计。完成审计项目102项。

【中央扩大内需投资审计】 年内，州、县审计机关先后配合省财政厅、审计厅、省发改委、省监察厅、州纪委、监察局、州财政局、发改委对人饮工程、农村公路、义务教育、固定资产投资等93个项目的开工、配套资金、投资完成情况等进行检查。

【企业金融外资审计】 年内，完成农垦集团的绩效审计、砚山县信用联社的授权审计、世界银行贷款项目、国外援助项目的审计工作。

【领导名录】

局　长　余　游(蒙古)

副局长　李建祥

　　　　何淑清

　　　　陆明会(壮)

　　　　李云山

（伍　宾）

工商行政管理

【流通环节食品安全监管】 开展《食品安全法》学习宣传，开展宣传活动24场(次)，悬挂宣传横幅203条，发放宣传手册491本，发放宣传资料9 980份，展出相关假冒伪劣食品35件，接待群众咨询4 000余人(次)；完成“农村食品安全示范店”创建任务。严格按创建条件进行选择、培育和规范，共挂牌197户农村食品安全示范店，超额完成17户；开展食品抽样检测，共检测蔬菜等5大类10个小项357组样品；开展奶制品市场检查等专项执法行动。共检查经营户48 684户(次)，查处制售假冒伪劣食品案348件；加强塑料购物袋监管工作。全州工商系统充分发挥职能，统一思想，提高认识，组织开展查处塑料购物袋禁产、禁售、禁用工作，共出动执法人员4198人(次)、车辆692台辆，检查市场415个(次)、检查商场、超市、宾馆、饭店、个体门店等经营户21 680户(次)，共查办违法经营塑料购物袋案件190件，收缴塑料购物袋共计183.71万个。

食品安全检查

【商品市场信用分类监管】 开展诚信市场创建活动，成立“诚信市场”的创建活动领导机构，制定下发《文山州工商行政管理局开展诚信市场创建活动实施方案》，细化“四个规范”标准和营造“诚实守信、健康繁荣市场环境”的具体内容。重点加强对市场开办单位进行督查，注重巩固和提高诚信市场的创建成果，共认定1A和2A级(县级)诚信市场41个，推荐3A和4A(州级)诚信市场17个。建立商品交易市场信用分类信息收集、评价、披露等制度，有效加强信用分类监管。全州注册登记的53个市场、3 637户经营户已全部纳入信用分类监管。

【开展虚假违法广告专项整治】 年内，以医疗、药品、保健食品、化妆品、美容服务等广告为重点，强化对广告发布环节的监管。加大广告监测、违法广告公告和案件查处力度，扎实有效地推进广告专项整治工作。共出动执法人员1 129人

（次），车辆347（台）次，检查单位3 066个。共检查食品、保健食品、药品等各类广告983条，查处广告违法案件131件，罚款金额19.8万元。收缴违法印刷品广告925份。发出“违法广告纠正通知书”21份、“违法广告停止发布通知书”9份。

【传（直）销监管】 逐步完善打击传销规范直销工作机制，有效遏制传销活动在州内蔓延，切实维护市场经济秩序和社会稳定。打击传销工作由过去的工商、公安机关负责的“部门行动”转化、上升为各级政府负责的“政府行为”，初步形成“政府领导、部门协调、各司其职、综合治理”的工作格局，及时调整充实打击传销工作领导小组。进一步强化部门联动机制，开展打击传销专项整治行动，形成“露头就打、长抓不懈”的高压态势。同时加强打击传销宣传工作，做到“广播上有声音、电视上有图像、网络上有文字、街道上有标语”，营造“远离传销、抵制传销、举报传销、打击传销”的良好社会氛围。全州共出动执法人员1 517人（次），车辆392台次，粘贴宣传画2 310副、宣传标语90条，检查出租房、聚会场所728个，查获“世界通”网络传销案3起，涉案人员近200人，涉案金额300多万元，移送公安部门侦察2起，教育并遣返传销人员103人。

【开展“两烟”打假打私工作】 结合卷烟销售市场的实际情况，将查处无证照经营烟草制品藏匿、运输、生产、销售假冒卷烟、走私烟、回流烟及倒卖卷烟设备、原辅料等行为作为主要工作，对超市，百货日杂店、卷烟专卖店及各乡镇主要集贸市场等区域进行重点检查。共出动执法人员3 652人（次），车辆693台（次），发放宣传资料5 379份。检查经营户6 393户（次），立案查处非法经营卷烟案24件，简易程序查办“两烟”案67件，取缔无证照经营户82户，查缴假冒卷烟69 485包，非渠道卷烟48146包。涉案金额23.86万元，罚款13.76万元。其中，查获为销售伪劣烟叶提供运输工具案件2件，收缴罚款10万元，伪劣烟叶18吨。

【“扫黄打非”专项整治】 坚持依法行政，严格执法，开展打击销售政治性非法出版物、盗版书刊、淫秽色情非法出版物的行为，打击扰乱文化市场秩序的违法行为。年内，全州共出动执法人员6 725人（次），检查出版物市场287个（次），检查印刷复制企业595家（次），检查店挡摊点13 532个，取缔非法店挡摊点10个，查处“黄、非”案件18起，收缴非法出版物134件，收缴盗版出版物1件。

【开展市场专项检查行动】 在建材市场专项检查行动中，全州共出动执法人员911人（次），检查建材市场11个，检查销售建筑材料和室内装饰装修材料的经营户1 464户（次），查处违法案件51件，其中查处假冒伪劣商品案件21件，查处假冒伪劣商品货值3.16万元；在高档名酒市场专项检查行动中，全州共出动执法人员247人（次），出动执法车辆73台（次），检查市场27个，检查各类酒类经营户822户（次），查处无照经营户11户，收缴罚没款88 343元，查获假冒贵州茅台酒75瓶、假冒五粮液11瓶、假冒水井坊5瓶、假冒剑南春29瓶、假冒泸州老窖特曲12瓶、假冒云南红全汁干红葡萄酒92瓶，假冒“红山城”华夏红葡萄酒122瓶；在开展节日市场专项检查中，共出动执法人员5 196人（次），出动车辆1 150台（次），检查市场254个，经营户17 378户。查处案件819件，案值489.62万元，罚款57.24万元，其中简易程序案件649件。查获三无烟花炮竹16 869封（盒、根）；取缔无照经营28户；受理消费者投诉52件，为消费者挽回经济损失7.45万元。

【服务市场建设】 制定下发强化市场准入服务指导工作方案，提出强化市场准入服务指导13条措施，优化登记流程，提高登记工作效率。共指导企业通过股权出质贷款融资，为12户有限责任公司办理股权出质登记，股权出质数额为1.97亿元，担保债权总额为29.38亿元，完成5户小额贷款试点公司的登记发照工作，利用企业信用分类联网平台为有关方面出具企业信用记录431条。年内，全州经工商部门登记注册的市场主体分别为：内资企业2 453户，注册资本68.68亿元；私营企业3 596户，注册资本81.43亿元；农民专业合作社188户，出资总额1.41亿元；个体工商户57 288户，资金数额17.16亿元。

【商标战略推进工作】 贯彻落实《文山州人民政府关于印发文山州推进商标战略工作实施意见的通知》，紧密结合工作实际，全面启动“一所一标”和“一所多标”工作，使全州商标注册申请数量大幅增加，申请注册商标96件，新认定云南省著名商标7件，同时“文山三七”证明商标申报中国驰名商标材料已上报国家工商总局商标局。截止年底，全州注册商标已增至351件、著名商标19件。

【创业就业政策落实】 落实云南省鼓励创业促进就业“贷免扶补”的各项政策措施，全州工商系统建立文山州创业导师库，完成本辖区创业导师数据库检查和制作录入工作，聘请和推荐包括企业界成功人士、畜牧兽医、党政领导干部等不同行业的108位知名人士为创业导师，同时，将创业导师个人特长、创业经验、联系方式等联网公布，供创业人员选择。开展“贷免扶补”工作，共帮扶64名创业人员成功创业，带动172人就业，发放贷款320万元，率先完成州人民政府下达的帮扶60名创业者创业的目标任务。

【“红盾护农”行动】 以整治种子、化肥、农药、农膜为重点，对全州的农资经营户展开拉网式检查，严厉查处违法违章行为，确保农民群众用上放心农资，共出动执法人员5 627人（次），车辆1 670台（次），检查各类农资经营门店（经营户）14 121个户，市场5 390个（次）。查获农资经营案件98件，案值433.90万元，罚款33.17万元。查处假劣化肥12 650千克，过期农药2 610千克。帮助2 129户农资经营户建立“两账两票一卡一书”制度，占总农资经营户的90.25%。推进“经纪活农”工作，按照“先登记、后管理、再规范”的原则，从农村实际出发，凡与促进农村经济发展、农民增收相关的组织和个人，都纳入农村经纪人的登记和管理。年内共纳入2 462户，其中农村经纪人达1 772人，经纪业务量11 859万元。实施“合同帮农”工作，推进订单农业发展，先后指导企业和农户签订涉农合同63 246份，签约金额达17.77亿元，全州共检查各类合同22 850份，合同金额86 194万元，办理抵押合同77份，借贷款金额为111 849万元。实施“权益保农”工作，加大对“家电下乡”的监管工作力度，防范无照经营和冒用“家电下乡指定企业”名义的从事违法经营活动，切实维护广大农村消费者的合法权益。实施“市场助农”，主动配合地方政府，通过招商引资活动，吸引社会资金投向农村市场升级改造，建立联系城乡的市场网络。

【建设“法制工商”】 严格规范行政执法行为，进一步完善立案备案、调查取证、核审、听证、执行、复议、诉讼等制度，全州工商系统在查处经济违法案件中，推行对违法行为人警示与疏导工作，坚持事前预警告诫、事中纠正制止、事后教育规范，开展执法监督13次，进行回访45次，听取101户经营户对工商行政处罚案件的意见和建议，了解他们被处罚后的依法经营情况；进一步普及工商法规知识，全州共开展各种法制学习培训57次，参加人数860人(次)。开展法制宣传60次，发放宣传材料20 500份，普及工商法规取得实效，发放宣传材料2 110份、张贴标语86条、张贴法制宣传图210份；做好行政处罚案件核审和监督指导工作，全州工商系统法制机构共监督检查简易案件2 727件，核审一般程序案件1 699件，受理行政复议案件2件(当事人主动撤回复议申请2件，无行政诉讼)。同时，加强对新的行政处罚文书使用的指导和监督检查工作，把新的程序规定落到实处，规范和提高案卷质量；参与地方立法立规工作，对《文山三七条例实施细则》多处条文提出修改意见并得到了充分采纳，规范三七产业健康发展。

【领导名录】

局　　长　陈　勇
副 局 长　李汝海
　　　　　米正昌
　　　　　屠金亮
　　　　　杨云玲(女、仡佬)
纪检组长　匡中发

（李　剑）

质量技术监督

【质量管理】 继续推进“质量兴县”活动，文山、砚山两县试点工作稳步开展，进一步明确政府、部门、企业工作职责，政府主导、部门协调、企业参与的格局基本形成。加大名牌产品培育和推荐力度，全州共有5家企业、6个产品进入2009年云南名牌年度评价目录，斗南锰铁、兴建水泥等4个产品获得了云南名牌产品称号。加强质量基础管理，继续完善企业质量档案，受理企业工业产品生产许可证取证申请9户，完成年审42家，组织查处涉及国家质检总局9号公告产品类别的生产、销售、使用企业。对全州获得食品安全管理体系、有机产品、无公害农产品、绿色食品、HACCP体系认证的22家企业、26个证书使用情况进行检查，初步建立起食品农产品认证企业档案，麻栗坡八布农场焙炒咖啡获得国家有机产品认证。

【食品安全】 开展食品质量安全专项监督检查，在元旦、春节、州庆、“五一”、国庆等庆典节日期间，重点对粮、油、肉制品、白酒、饮料、儿童食品等28大类食品开展专项监督检查，累计检查获证企业200多家、小作坊500多户，抽取检验样品123个，抽查合格率为80.0%，比上年上升16.7个百分点。开展食品添加剂专项整治，完成全州427户使用食品添加剂生产加工企业登记备案工作，建立和完善食品生产加工企业食品添加剂使用申报和备案制度、企业巡查制度、监督抽查制度、质量安全承诺制度、质量安全预警管理制度等，食品生产加工环节违法添加非食用物质和滥用食品添加剂的问题得到有效遏制，白酒等部分食品质量基准图谱库进一步得到巩固和完善，安全预警和分析处置能力明显增强。按照分级负责、全面到位的要求，做好《食品安全法》的宣贯和培训，全系统共举办《食品安全法》、《实施细则》等食品法规培训21期，培训企业管理人员1 000余人。严格执行食品质量安全市场准入制度，全面落实《文山州食品生产许可证工作管理办法》，与州工商局联合下发《文山州食品生产加工小作坊施行过渡管理办法》，全州共受理食品生产加工企业食品生产许可证申请35家，其中复查换证18户，新增取证15户、15个产品。同时，全州12家白酒获证企业通过了实验室能力验证。

【特种设备安全】 牢固树立“安全生产无小事”的思想，全面贯彻《特种设备安全监察条例》，围绕特种设备安全“三项行动”的总体部署，履行特种设备安全监察职能。在元旦、春节、“两会”、“州庆”、“五一”、国庆等重大节假日期间，全州共组织专项检查32次，出动安全监察人员1 102人(次)、车辆450台(次)，检查安装、使用单位836个，检查特种设备1 674台(件)，其中：锅炉162台、压力容器359台(件)、起重机械316台、电梯305台、厂内机动车辆287台、石油液化气库13个、气瓶213只，游乐设施19台(套)，累计发现隐患162项、125台，下达《特种设备安全监察指令书》116份，查处违法案件89起，取缔“土锅炉”2台。企业“重点监控设备”的作业人员持证率、定期检验率、注册登记率、重大隐患整改率均达到100%。全年新增注册登记特种设备157台，使用注册登记率为95.2%；办理特种设备开工告知204份、340台(次)；举办各类特种设备作业人员考前辅导班18

期，培训辅导特种设备作业人员506人，办理各类特种设备作业人员复审956人。检验在用特种设备1 732台，其中监督检验361台，安装过程监督检验率为100%；定期检验1 106台，定检率为97.0%。全州年内未发生重特大以上特种设备安全事故。

【计量工作】 围绕“关注民生，计量惠民”专项整治行动，开展“四个走进”活动，强制检定计量建档工作得到加强，全州21个项目、8 317台(件)计量器具建立了明细档案，强检计量器具建档率达到100%。专项监督检查成效显著，共抽查辖区内的挂面、大米、面粉等定量包装商品生产企业7家、18个批次；检查加油站183家，检定加油机1 822台；检定出租车计价器805台，受检率为99.5%，检定合格率达100%。完成全州53个烤烟收购站、529台(件)在用计量器具的强制检定工作。农资计量作弊行为得到有效打击，全州共检查粮食储备收储库2家、农资经销门市141个、农资生产企业3家，在用计量器具107台，其中检定计量器具38台，合格37台。检查定量包装的种子、农药、化肥等农资产品169批次。开展医疗计量器具检定工作，共检定医疗计量器具758台、其中CT机10台(件)、多参数监护仪89台(件)、中心供氧吸入器80台(件)、心脑电图机33台(件)、B超机44台(件)、X光机30台(件)。同时，配合省局专家组完成对天保口岸等7台红外线人体表面温度快速筛检仪的登记、校验，检查州内配备单位11家、47台。进口计量器具监督检查初见成效，全州共检查计量器具销售门市103家、制配眼镜店5家、医院10家、农贸市场6个，检查在用计量器具1469台(件)，其中进口计量器具使用单位13家，销售进口计量器具单位11家，进口计量器具131台。富宁、麻栗坡、马关等7个计量检定分站通过社会公正计量标准考核。

【标准化工作】 基础管理进一步完善，完成7家企业、11个企业标准的审核备案和17家企业执行标准年审工作，对全州登记企业产品执行标准情况进行了动态更新。示范项目稳步实施，组织完成农业标准化示范区《八宝贡米综合标准》为地方标准规范项目的材料申报，并对项目实施情况进行督促检查，项目区共培训种植户2 000多人，推广示范面积1 000多亩。地理标志产品保护取得突破，召开地理标志产品推进会议，文山康源三七产业有限责任公司等5家企业首次获得文山三七专用标志登记。标准制修订工作步伐加快，完成原地方标准《三七综合标准》上升为《三七综合标准》和《三七栽培技术》两个推荐性国家标准有关材料上报工作。宣贯培训GB/T22111—2008《地理标志产品普洱茶》国家标准，组织开展地理标志资源调查并筛选上报了丘北辣椒、广南八宝米、文山他皮梨、文山滇南小耳朵猪4个产品。完成全州76家企业标准化工作状况调查，对全州172个食品企业标准进行清理及数据上报，其中继续有效标准171个，注销备案标准1个。对全州7个产烟县、23个烟叶收购站进行专项监督抽查，共抽查烟叶3 200把，合格2 811把，综合合格率87.8%。同时，完成企业条码注册申请9户、企业条码续展20户和办理新增产品的条码胶片30个，代发放条码发票、证书、胶片等材料160余份。为相关单位和企业购买标准151个，查询标准22个。完成组织机构代码业务办理2 134户，其中年度审验1 236户，电子档案扫描完成率为100%。

【重点整治】 突出“五查五保”，全力推进“十项”专项整治行动，全年共出动执法人员2 427人(次)，查办各类违法案件577件，其中食品案件197件、农资案件50件、汽配案件7件、建材案件186件、化妆品案件18件，其他案件119件，货值金额达898.88万元，罚没收入728.66万元。以打击使用非食用物质和超限、超量、超范围作用食品添加剂为重点，对全州18家获证企业进行监督抽查，共白酒抽检样品28个，其中基酒样12个、发酵酒1个、配制酒3个、成品酒样12个，查办不合格案件3件。国庆、中秋“两节”期间，抽取月饼等各类食品样品126个，检查合格率为80.0%。始终坚持农资打假工作的高压态势，全年共出动执法人员380人(次)，检查城区及城乡结合区域农资销售商260户，涉及产品各类30余种；抽取化肥样品256个，检测合格率为81.2%。没收销毁劣质化肥9吨，立案查处50起，为春耕生产顺利进行提供有力的法律保障。深入开展红砖、水泥、钢材生产、经销企业专项执法检查，共检查生产(经销)企业124个，检查产品185批次，对48个生产、经销不合格红砖、钢材的企业进行立案查处。以彩电、冰箱、冰柜、洗衣机等下乡产品为重点，组织执法人员深入8县457处指定“家电下乡”销售网点，查获涉及4个品牌的以旧翻新彩电18台，查处假冒手机110部。加强对全州大中专院校、中小学校、幼儿园在用絮用纤维制品的质量专项检查，查获问题絮用制品420套。

【检验检测】 检测大楼建设工程完成投资1 200万元，已于7月竣工交付。投资180万元建成了功能齐全的P2实验室；

综合技术检测中心揭牌仪式

投资130多万元，新增购置均质器、卡尔．费休水分测定仪、旋转蒸发仪、全自动凯氏定氮仪等检验检测设备，进一步提高理化检验检测速度和检测数据的精确度。检测中心全年共完成各类产（商）品样品检验3 150个，其中食品样品1 335个、化工类样品427个、建材类样品900个、矿产品455个。检定计量器具8 441台（件）。电梯定期检验201台，监督检验106台，限速器校验99台；起重机械定期检验204台，监督检验137台；锅炉定期检验114台，监督检验54台；压力容器年度检查371台，监督检验60台；压力管道在线检验121条、74 015米，安装检验13条；危险化学器包装容器检验57台、8 040.75立方米，常压汽车罐车罐体检测56台、1 101.83立方米；检验厂内机动车辆205辆，安全阀860只，汽车举升机58台。先后派出5批20人（次）到北京、山东、重庆、昆明等地培训学习，有10人获得X射线、超声波、磁粉、渗透、锅炉水处理等相应检测资质，9人获得红外体温计、天平、分光光度计检定资质证书。

【开展“规范管理年”主题活动】 在全州质监系统深入开展“规范管理年”主题活动，促进内部管理的规范化、制度化、信息化建设，5月在全州行风建设现场调研会议上作交流发言。建立和完善《行政执法案件审理办法》、《案件办理程序规范》、《行政执法过错责任追究制度》等监督制约机制，州局聘请13名行政执法监督员，建立“公开审案”专家库，推行三级案审、公开审案和说理式执法文书等监督制度，加强案件查处力度和办案质量。贯彻落实责任政府、阳光政府两个“四项制度”和质监部门10项行政效能监察制度，较好解决了“不作为”、“慢作为”、“乱作为”的问题，年内实施行政问责4名（其中科级干部3名），解除行政处分1名，及时纠正和查处有令不行、有禁不止的行为。在系统内部组织开展治理商业贿赂、“小金库”、国有经营性资产等专项治理行动，推行“三级财政两级管理”，成立州级会计核算中心，加大内部审计和财务监督力度，严格按照制度要求清理和纠正了砚山等县局的财务管理工作，吃拿卡要、盲目攀比和铺张浪费之风得到有效控制。开展“纪律教育月”和赵仕勇等典型案例警示教育活动，举办纪检监察干部培训班，落实领导干部“一岗双责”目标责任制、领导干部实绩评定和公开考察，深化科级干部竞争上岗和重要岗位定期轮岗制度，推进行风建设。年内实施竞争上岗（提拔）2人、轮岗交流8人、挂职锻炼1人、跟班学习7人。

【政务公开】 政务公开力度加大，全系统主动公开的政务信息2 180条，公布查询信息893条，公示2件，通报7件；接到“12365”产品质量投诉举报电话31条，其中：有效投诉24条，受理24件，办结24件，答复31件；接到“96128”查询电话2条，其中答复2件。

【法制宣传】 在“3·15”、“5·20”、安全月、质量月、标准化日、“12·4”法制宣传日等主题宣传活动中，组织开展广场宣传34场（次），统一印发各种宣传资料78 000多份，印制食品安全、特种设备资料手册和宣传画册3 600多本，制作宣传展版（牌）22多块，展示实物130多件，深入社区、学校14次；进一步加强与各新闻媒体的互动协作，重点工作宣传力度加大，媒体监督、群众监督、内部监督的大格局基本形成。全年共在《文山日报》刊载43条，文山电视台新闻播报31次、专题录制11期，走进广播电台“行风热线”2次；信息报送考核办法并纳入年度工作考核，州局累计共编发《质监动态》226期，《质监内参》5期，其中被国家质检总局网站采用5条，省局网站采用109条，被《中国质量报》采用2条，电子政务网站采用16条。

【创建活动】 开展以文明行业、文明窗口为载体的各种精神文明创建活动，在4月全州文明单位复核评审工作中，州局机关的“省级文明单位”和广南、西畴、麻栗坡3个县局的“州级文明单位”顺利通过，丘北县局申报取得了“州级文明单位”。

【领导名录】

局　　长　杨　剑（白、~12）
副 局 长　郭凤琪（12~、主持工作）
　　　　　张　艳（女、~12）
　　　　　白守祥（彝）
　　　　　杨绍荣（彝、12~）
纪检组长　白　诚

（朱荣松）

安全生产监管

【安全生产指标控制】 2009年，全州发生各类安全事故221起，死亡142人，受伤150人，比上年分别下降6.79%、26.76%和26.0%。其中：工矿商贸企业发生各类事故17起死亡20人，受伤9人，比上年分别下降5.88%、4.76%和88.89%；煤矿发生2起顶板事故，死亡2人；道路交通事故101起，死亡118人，受伤141人，比上年分别下降18.55%、19.18%、下降16.57%；火灾发生101起，死亡2人，比上年，事故起数上升12.22%，死亡人数下降75.0%。工矿商贸和道路交通安全事故死亡140人（不含火灾，2009年省政府未下达火灾控制指标），低于省政府下达控制指标46人。其中：工矿商贸行业事故死亡人数低于省政府下达控制指标14人，煤矿事故死亡人数低于省政府下达控制指标1人，道路交通事故死亡人数低于控制指标31人。全州发生5起1次死亡3~9人的较大道路交通事故，比控制指标少2起。工矿商贸企业和煤矿未发生较大以上生产安全事故。全州亿元GDP死亡率为0.5，道路交通万车死亡率为3.5，工矿商贸从业人员十万人死亡率为5.69，煤矿百万吨死亡率为1.43，分别低于省政府下达的控制指标0.2、0.06、5.17和0.33。

【安全生产责任制】 年初，修订完善《2009 年度安全生产责任状》，并在全州安全生产工作会议上由州人民政府与 8 县政府和 21 个州直部门签订。特别是完善了各部门的《安全生产责任状》，做到了结合本部门的职能职责、合理设置安全生产监管目标任务，一个部门单设一份责任状，使安全生产控制指标基本做到分块下达、统一检查考核、分别奖惩，使之更加有针对性，检查考核可操作性更强。此外，州人民政府主要领导与分管领导签订《安全生产责任书》，行文明确了各位领导分管范围的安全生产责任，做到任务量化到岗、责任明确到人。

【“安全生产年”活动】 安全生产执法行动方面：各级各部门和各行业共开展执法行动4 665次，查处无证或证照不全从事建设、生产、经营的 973 起，私采滥挖、超层越界开采、尾矿库违规排放的 38 起，违反建设项目安全设施“三同时”规定的 23 起，重大隐患隐瞒不报或不按规定期限予以整治的 149 起，不按规定进行安全培训或无证上岗的 273 起，拒不执行安全监管监察指令、抗拒安全执法的 35 起，其他非法违法建设、生产、经营的3 210起。安全生产隐患治理行动方面：全州开展隐患排查企业(单位)共10 525户/次，共排查一般隐患10 072项，已整改9 598项，排查重大隐患 223 项，已整改销号 121 项，列入治理计划重大隐患 96 条，累计落实治理资金5 063.1万元。安全生产宣传教育行动方面：以“6 月安全生产月”活动为载体，推动安全生产文化建设。全州共开展宣传教育活动6 490余次，出动安全宣传车 500 余辆，悬挂各类宣传标语 2 万余条，展出宣传专栏1 000余块，开展安全生产知识图片展 320 余次，播放安全警示教育录像 30 余场，发放各种安全生产宣传资料 30 余万份，参与人数 80.23 万人；组织召开新闻发布会(新闻通气会、专题采访)57 次，安全文化示范企业 23 户，诚信企业 104 户，安全社区 11 个，安全生产新闻报道 740 余篇；开展安全标准化创建企业 152 户，达标企业 43 户。

【安全生产教育培训】 组织全州安监干部参加全国注册安全工程师考试，年内有 4 名安监干部通过考试取得全国注册安全工程师资格。到目前为止，全州安监系统共有注册安全工程师 16 人，其中州局 9 人、县局 7 人。还以州县党校和安全教育培训中心为平台，采取下县办班、送教进企业等方式，拓宽培训领域，不断加强对基层各级领导干部和企业从业人员的安全生产教育培训力度。全年共举办各类安全培训班 92 期，培训8 800余人，其中州县安全监管人员 180 余人、企业负责人和安全管理人员2 080余人、特种作业人员1 400余人，从业人员5 300余人。

【重大隐患督办】 年初，制定下发《2009 年度安全生产大检查工作方案》，对全年的安全大检查作安排部署。每逢重大节日和重要庆典活动，特别是国庆 60 周年前夕，各级各部门贯彻落实国务院和省、州政府的统一安排部署，制定安全生产大检查方案，按照政府组织开展大检查、部门抓好专业督查的形式，开展迎国庆 60 周年的安全生产大检查和督查。州县党委、政府和各部门主要领导、分管领导分别带队下基层开展安全生产调研，深入生产一线开展安全生产检查、督查，检查各项安全保卫工作措施的落实情况，督促整改一大批隐患，确保了春节、“两会”、州庆、“五一”、国庆 60 周年期间，全州没有发生 1 次死亡 3 人以上的较大事故。加强对省、州政府挂牌督办重大隐患整改工作的协调和跟踪督查，及时督促整改重大隐患。截至年底，州县政府挂牌督办的重大隐患已全部整改完毕，全州 2008 列为省政府挂牌督办的 6 条重大隐患也于 2009 年 10 月底前全部整改完毕并上报批复销号。

【安全专项整治】 年内，开展煤矿、非煤矿山、尾矿库、危险化学品、道路交通、消防、建筑施工、学校、电力、农机、水利、旅游和特种设备等重点行业和领域的安全专项整治。推进尾矿库专项整治工作。州人民政府组织由州发改委、经委、环保局、国土局、安监局部门组成的 4 个尾矿库专项整治督查验收组，8 月初开始对 8 县组织开展的尾矿库专项整治工作进行督查指导和检查验收。全州列入专项整治的尾矿库共有 68 座，其中危库 5 座、险库 6 座、病库 19 座、正常库 38 座。通过整治，已取得“安全生产许可证”的尾矿库 50 座，已关闭非法和不具备基本安全生产条件的尾矿库 17 座，在建库 1 座。11 月 12 日，省政府尾矿库专项整治第一验收组对文山州尾矿库专项整治工作量化考评综合得分为 93 分，全州尾矿库专项整治工作通过了省级验收。

【应急救援管理】 组织和指导各级各部门、各重点企业制定和完善各类应急预案 556 个，企业与救援队伍签订救援服务协议 70 个。年内成功组织了 1 次因道路交通事故导致危险化学品泄漏的应急处置演练，检验了各级各有关部门的应急响应和协同配合能力，参与和指导了消防、民航部门开展的应急演练。组织举办 1 期应急业务培训和取证培训班，州应急救援队的 18 名队员和全州煤矿企业兼职救护队员共 160 余人参加培训并通过考试考核。加强应急调度值班，及时、准确报送安全生产领域的各类事故信息，参与各类突发事件和生产安全事故的应急救援、处置工作。开展安全生产应急救援物资储备库的修缮和管理工作。目前，省政府下拨的第一、二批共 245 万元的应急救援物资和装备已经到位并得到安全、妥善管理。

【基层基础建设】 制定实施细则，落实专门负责的科室和人员，配备相应的办公设备和设施，将“安全生产许可证”核发情况和重要工作部署及时在省政府重大决策听证网、州政府政务信息网和局机关门户网站上公示、公布。社会各界对“96128”政务查询专线的接听和解答的满意率为 100%。按照“树立典型、重点突破、以点带面”的工作思路，在省安监局明确华联锌铟公司、斗南锰业公司、木利锑业公司等为重点挂钩监管企业的基础上，明确 3 个煤矿、10 个非煤矿山、10

座尾矿库、10户危化品生产经营企业和10户冶炼企业为州安监局重点挂钩监管企业，并要求各县安监局也筛选明确重点挂钩监管企业，建立重点企业由省、州、县挂钩联系，一般矿山和企业由乡镇负责检查监管的体制和机制。年内，在文山和广南县城区的2个加油站推行HAN阻隔防爆技术，为各县城区加油站的安全管理、技术改造和新技术推广应用提供了良好的经验。针对近两年来冶金企业（特别热电炉冶炼企业）安全基础差、生产安全事故频发的实际，加大检查监管力度，并在国家和省相关标准没有出台的前提下，率先创新地制定冶金企业安全标准化考核考评标准和办法，督促指导企业加强安全生产基础管理，开展安全标准化建设。全年共有18户冶金企业通过考评，达到了三级安全标准化企业，全州冶金企业生产安全事故与上年同期相比约下降70.0%。全年共投入50余万元为8县安监局和102个乡（镇）安监站配备《安全检查手册》、《安全生产行政执法手册》等业务书籍共1 200余册，装备8县安监局执法大队和30个重点乡（镇）安监站必要的办公设备和装备；投入10余万元支持扶贫点在建项目、小康示范村建设和麻栗坡马鹿塘电站库区移民搬迁；帮助企业申报安全生产隐患治理项目，共争取中央财政和省政府补助的安全生产隐患治理资金605万元。

【荣誉表彰】 年内，文山州安全生产工作被省人民政府考核为优秀。州安监局被评为全国安全生产先进集体，局长胡正坤和文山县安监局长罗保林、富宁县安监局长李达义、马关县都龙安监站副站长刘祖文4人被评为全国安全生产先进个人，受到国家安全监管总局表彰。州委、州人民政府对2007~2009年度60个安全生产先进集体、200名先进个人进行表彰奖励。

【领导名录】

局　长　胡正坤

副局长　张跃新（彝）

　　　　饶培良

　　　　祝　云

　　　　杨国生

（黄治龙）

粮油购销

【简　述】 至2009年底，全州共购进粮食（原粮，下同）24 297万千克，比上年同期22 638万千克增收1 659万千克，增幅为7.33%。其中：国有粮食企业收购11 150万千克，比上年同期11 270万千克减少120万千克，减幅为1.06%；非国有粮食企业购进13 147万千克，比上年同期11 368万千克增收1 779万千克，增幅15.65%。全州共销售粮食25 191万千克，比上年同期19 586万千克增加5 605万千克，增幅为28.62%。其中：国有粮食企业销售12 373万千克，比上年同期的8 263万千克，增加4 110万千克，增幅为49.74；非国有粮食企业销售12 818万千克，比上年同期11 323增加1 495万千克，增幅为13.2%。粮食库存：到2009年12月底，全州粮食企业库存为14 159万千克，比上年同期减少14 283万千克减少124万千克，减幅为0.87%。其中：国有粮食企业库存12 678万千克，比上年同期减少13 130万千克减少452万千克，减幅为3.44%。非国有粮食企业库存1 481万千克，比上年同期的1 153万千克增加328万千克，增幅为28.45%。盈亏情况：至年底，全州国有粮食企业亏损203万元。其中：全州国有粮食购销企业亏损113万元，其他粮食企业亏损86万元，与上年同期相比增亏88万元。

【粮食清仓查库】 年内，通过县级自查、州级普查和省级抽查，文山州中央储备粮、地方储备粮以及国有粮食企业储存的商品粮数量真实，质量良好，储存安全，粮食企业实际库存与农发行粮食收购资金贷款金额基本对应，政策性补贴资金拨补及时，企业粮食库存管理制度健全。全面完成了粮食清仓查库各项工作任务。

【国有粮食企业改革改制】 国有粮食企业由年初的20户改革重组为17户，人员由2008年底674人分流为现在446人。除西畴县正在改制中外，其余各县改制基本结束。

【健全粮油供应应急保障机制】 建立3个州级应急加工网点和8个应急供应网点。提高粮食部门应急处置权责，增强启动预案的灵敏性和可操作性。

【粮食保管和军粮供应保障】 开展全州粮食质量安全检查。做好军粮财务专项检查工作。开展粮油仓储企业规范化管理活动。严把军供粮油质量关，确保部队官兵吃上“达标粮”。争取国家和省军供网点维修改造资金。

【粮食市场监管】 加强对政策法规的宣传。严格执行粮食收购市场准入制度。加强粮食市场监督检查、依法管理粮食流通市场、规范市场经营行为。

【文山州粮油产品质量监督检验站考核准备工作】 8月，国家、省对文山州粮油产品质量监督检验站进行考核验收，经专家组对州粮油产品质量监督检验站的性质、计量认证、实验与办公用房以及相应的检验仪器设备、专业技术人员、管理水平、发挥的作用和工作业绩、检验能力等进行现场考核。通过评审考核，将由国家粮食局统一命名为云南文山国家粮食质量监测站。

【安全生产和食品安全】 层层建立安全生产责任制，州局与各直属单位、机关各科室；办公室与机关大院的住户等层层签定了安全生产责任书。全年共组织专项检查4次，下发和转发省局和州人民政府有关安全生产的文件12个。通过开展学习教育，建章立制，定期开展安全生产检查，增强粮食职工安全生产意识，消除事故隐患，确保全州粮食系统安全生产。全年全州粮食系统没有发生不安全生产事故。

开展粮食安全宣传活动

【领导名录】
局　长　王永贵
副局长　王丽芬（女）
　　　　赵　谦（彝）

（陆雄廷）

移民开发

【马鹿塘水电站二期工程预期下闸蓄水】　年内，马鹿塘水电站二期工程移民搬迁安置工作围绕电站下闸蓄水目标，开展麻栗坡、马关两县征地移民搬迁安置工作，按时完成淹没线下移民309户2 311人搬迁安置任务，并分别通过县、州、省三级验收，11月10日电站顺利下闸蓄水。

【全州大中型水利水电工程征地移民后期扶持工作】　全年共兑现后扶资金565.95万元，其中文山县15.42万元、砚山县183.4万元、丘北县83.55万元、广南县24.48万元、富宁县233.1万元。争取省移民局2008年度后期扶持项目结余资金380万元，用于富宁、丘北、文山县移民经济发展项目。指导百色水利枢纽富宁库区利用已经调整、开垦和补充的耕地34 542亩大力发展种植业，引导移民群众结合各村组实际，发展网箱养鱼和运输、服务等产业。

【马鹿塘电站二期工程库区稳定工作】　3月6日晚，副州长胡荣在麻栗坡主持召开马鹿塘电站二期工程库区稳定工作会议，州委常委、州委宣传部部长熊荣元，州长助理陈国忠及麻栗坡“2·28”事件维稳工作指导组成员单位负责同志参加会议。3月8日下午，胡荣主持召开马鹿塘电站二期工程库区移民工作紧急协调会议，就麻栗坡县政府提出的马鹿塘电站二期工程库区移民工作存在的困难和问题进行专题研究。州长助理陈国忠参加会议。3月9日下午，胡荣在麻栗坡县政府召开会议研究马鹿塘电站二期工程库区移民工作，州长助理陈国忠参加会议。3月9日下午至10日上午，副州长李俊彪在麻栗坡县协调处理马鹿塘水电站二期工程库区移民稳定工作。3月10日下午，州长助理陈国忠参加麻栗坡县马鹿塘电站二期维稳工作领导小组会议。3月11日，副州长胡荣、李俊彪，州长助理陈国忠陪同州委书记李培到麻栗坡马鹿塘电站二期工程库区调研移民工作；同日晚，李培、胡荣、李俊彪、陈国忠参加麻栗坡县委、县人民政府召开汇报会议，听取关于马鹿塘电站二期工程库区部分移民群众到施工场地阻止施工的情况汇报。3月12日，副州长胡荣、李俊彪，州长助理陈国忠陪同州委书记李培到马鹿塘电站二期工程库区城子上移民安置点调研。3月28日下午，州人民政府召开马鹿塘水电站二期工程移民工作协调会议，副州长胡荣、州长助理陈国忠及州属有关部门负责人、麻栗坡县委、政府主要领导以及设计单位、监理单位、业主负责人参加会议。

移民安置工作协调会

【移民信访工作】　2009年，麻栗坡马鹿塘水电站二期工程，百色水利枢纽富宁库区，云鹏电站丘北库区，马关达号水库等征地移民工作，涉及移民信访、人访、聚众上访等突出事件。全年，办理移民信访案件13件，人访7件60余人（次），“州庆”和“国庆”期间实行每天信访零报告制度，确保“州庆”和“国庆”期间库区社会稳定。

【领导名录】
局　长　简华兴

（农忠臣）

财税　金融　保险

责任编辑　李万辉

帮助群众识别假币

财　　政

【财政形势】 2009年，财政收入持续走低，到一季度末，地方一般预算收入降幅跌破负增长22.0%，连续5个月下降，到6月才恢复到正增长4.5%，但其中的税收收入仍然是负增长1.5%。下半年增幅逐渐提高，年底收入企稳向好的形势得到巩固，全年的财政收入总体上呈现低开徘徊和逐步回升的走势。形势严峻主要表现在三个方面：从上年第四季度开始，国际金融危机给全州实体经济带来了较大的冲击，企业生产经营面临诸多困难，矿冶企业停产半停产，房地产市场持续萧条，出口急剧下降，经济增长乏力，财政增收缺乏强有力的经济基础支撑；财政增收的后劲不足，增长的难度大。全州的工业经济总体上还处于较低的层次，规模小，效益差，市场竞争力低，增收的亮点不多，增长的潜力有限，对财政收入的贡献小；国家宏观调控政策对财政增收带来一定影响。提高行业准入条件、强化节能减排措施、加大淘汰落后产能的力度等对部分企业发展的影响较大。同时，增值税转型改革，提高营业税起征点，停减收部分行政性收费，对收入造成一定的减收。

【财政收支】 全年完成财政总收入29.3467亿元，比上年决算数增加2.1537亿元，增长7.9%。其中地方财政一般预算收入完成17.2888亿元，比上年决算数增加18 500万元，增长12.0%；上划中央“两税”收入完成7.4897亿元，比上年决算数减少2 123万元，下降3.0%；上划中央、省企业所得税和个人所得税4.4523亿元，比上年决算数增加5 397万元，增长14.0%。同时规范非税收入管理，加强“收支两条线”管理，挖掘非税收入潜力，完成非税收入2.3361亿元。全州一般预算支出89.4231亿元，比上年决算数增加22.7151亿元，增长34.1%。

【资金筹措】 抓住国家实施积极财政政策和扩大内需政策的机遇，争取中央及省财政和有关部门的理解、支持、帮助，大幅度增加了对文山州的资金支持力度。争取中央和省财政转移支付资金35.0283亿元，比上年增长24.0%。其中均衡性转移支付资金8.3574亿元，比上年增加1.6638万元，增长25.0%；调整工资转移支付补助9.6907亿元；争取各项建设资金17.8599万元，比上年增长150%。其中国家扩大内需资金8.7102亿元，重点支持公路等重大基础设施建设以及医疗卫生、教育文化、保障性安居工程、农村基础设施建设、自主创新、产业结构调整、节能减排、生态建设等；争取企业扶持资金7 838万元，支持特色优势产业和非公经济发展以及工业园区建设、对外贸易、煤矿安全生产、企业技术改造、淘汰落后产能、解决国有企业所办中小学退休教师待遇等。

【服务三农】 全年投入财政支农资金13.8014亿元，比上年增长21.0%，着力解决农村最薄弱和农民群众最关心、最急需解决的问题，确保重点项目建设。全面落实惠农直补政策。兑现种粮农民补贴、退耕还林补助、农资综合直补、油菜补贴、能繁母猪补贴、森林生态效益补偿、农机具购置补贴等各项补贴资金4.6399亿元，兑付石油价格补助资金690.5万元；扶持发展特色优势产业。争取中央和省投入资金1 910万元，扶持4个县发展生猪或蔬菜产业，支持28个农民专业合作组织发展农业产业化经营；加大对农田水利基础设施建设的支持力度。投入5 444万元，支持山区“五小水利”工程建设、防汛抗旱，中低产田地改造、沼气池建设、农村改灶、饮水安全和村容村貌整治等；支持林业生态环境保护与产业开发。投入资金5 362万元，推进天保工程，巩固退耕还林成果，实施森林生态效益补偿，扶持油茶、核桃、红豆杉、草果等林产业；加大扶贫开发投入。安排扶贫资金2.2907亿元，用于整村推进、产业扶贫、易地搬迁、贫困地区劳动力转移培训、茅草房改造、扶贫贷款贴息和“村民互助”扶贫试点等，加大对边境民族地区、革命老区以及彝族“僰人”支系和瑶族“山瑶”支系的扶持力度；争取省级安排农村集体经济发展资金140万元；争取省财政批复实施农业综合开发项目16个，投入财政资金3 922万元，主要用于优质稻、蔬菜、茶叶、辣椒、马铃薯、水果加工和基地建设；安排农村一事一议财政奖补资金1.0565亿元，完成了2008年批复的2 876个农村一事一议财政奖补项目，受益群众15.17万户66.44万人。全面启动了2009年度的2 779个农村一事一议财政奖补项目。

【落实政策】 落实工业企业税收返还、电价补贴、到期贷款置换和技改贴息等扶持政策，支持企业生产经营，促进一批停产半停产企业恢复生产，为工业经济走出困境、稳步回升发挥积极作用。全年共返还企业地方增值税1 446.6万元、给予企业电价补贴1 585万元；筹措资金加强融资平台建设，帮助企业置换到期贷款。州本级和文山、砚山两县共筹措5 000万元资金注入州城乡开发投资公司，提高公司融资担保能力，

启动家电下乡工作

建立企业到期贷款置换基金，为11户企业置换到期贷款1.08亿元；争取上级技改贴息和新型工业发展等项目资金7 838万元，有力支持了工业结构调整和技术改造；落实家电和汽车

摩托车下乡政策，有效扩大消费需求。简化补贴兑付程序，推动家电和汽车、摩托车下乡工作，全年兑现42 878台家电下乡产品补贴741.9万元，兑现44 515辆汽车摩托车下乡产品补贴4 259.1万元，拉动地方消费增长4.89亿元。

【社会事业】 加大教育投入。全年教育支出达到20亿元，比上年增长22.7%，其中，争取中央、省教育专款5.6亿元，比上年增加8 000多万元。安排义务教育学校公用经费1.88亿元，投入1.097亿元为17万寄宿制贫困生提供生活补助，投入5 100万元为53万名义务教育阶段学生提供免费教科书，投入4 300万元发放2 089名义务教育阶段特岗教师工资，发放中等职业学校学生生活补助3 319万元，投入边境国门学校建设资金3 210万元，投入424万元支持新农村卫生学校建设，投入校舍安全工程建设资金9 000万元；加大社会保障投入。全年争取社会保障专项补助资金10.5797亿元，安排社会保障和就业资金6.0455亿元，其中用于城市低保9 836.1万元、农村低保2.6730亿元、抚恤及退役安置9 773.8万元、就业再就业2 150万元、企业养老保险2 133万元、救灾救济3 060万元、其它资金6 772万元；安排医疗卫生事业专项支出4.4802亿元，其中用于新农合2.3086亿元、社区公共卫生5 169万元、其它医疗资金1.6547亿元。州级筹措安排社会保障配套资金922.07万元；加大对其它各项社会事业的投入。全年用于文化体育与传媒、科技和计划生育等支出达到3.1416亿元，比上年增长77.6%；加大环境保护和生态建设投入。全年环境保护支出达到2.8079亿元，比上年增长68.9%，主要用于污染源防治、农村环境卫生治理、水系安全、三废综合治理、盘龙河流域治理、老君山保护、饮用水源保护以及喀斯特地区环境综合整治等；加大公共安全投入。全年公共安全支出6.06亿元，比上年增长36.0%。

【财政改革】 推进预算管理体制改革。贯彻落实省州人民政府关于乡镇财政预算管理方式改革的有关文件和会议精神，扎实开展工作，有效推进全州乡镇财政预算管理方式改革；巩固国库收付制度改革成果。按照公共财政的要求，在财政国库管理制度，推广使用公务卡改革试点工作中有了新的进展。进一步规范和推进国库集中支付改革。针对国库集中支付改革工作中出现的问题，加强与人民银行、代理银行和预算单位的沟通协调，召开联协会，协商解决问题，进一步理顺关系，规范操作，巩固和扩大改革成果；进一步做好津补贴规范工作和事业单位绩效工资改革工作。做好基础工作，配合人事部门做好义务教育阶段中小学教师绩效工资改革和其他事业单位收入分配制度改革工作；组建非税收入管理局，加大非税收入管理力度。拓宽非税收入增收渠道，加强非税收入管理，非税收入实现了平稳增长；配合相关部门在做好乡镇机构、农村义务教育和县乡财政管理体制改革工作的同时，重点对农村一事一议政策的落实。按照新的形势和任务，履行综合、协调、督促、服务职能，配合有关职能部门，深入推进乡镇机构、农村义务教育和县乡财政管理体制改革。

【财政监管】 采取措施，遏制机构、人员经费过快增长，从严控制安排公务用车购置经费，压缩一般性支出；政府采购监管力度进一步加强。不断完善政府采购制度，进一步规范采购程序，扩大采购范围和采购规模，全年完成预算采购金额3.5498亿元，实际采购金额3.2874亿元，节约资金2 624万元，同时，加强政府采购信息上网发布量，使政府采购的透明度进一步提高；加大对国有资产管理力度。进一步完善国有资产有偿使用收入管理，防止国有资产流失，通过对行政事业单位人员财务管理的培训，提高了财务人员的理财能力，为各单位管好国有资产和绩效评价提供帮助；有重点地开展《会计法》执法检查，组织会计资格和职称考试，在全州全面开展村级会计委托代理服务工作，规范会计行为，维护市场经济秩序。全州逐步实现农村财务“管理科学化、理财民主化、监督制度化、手段现代化”的目标；以财政票据年检为契机，抓好财政票据领用、保管、使用、核销各环节的管理，从源头上管好非税收入，为切实抓好非税收入打下坚实基础。抓监督，确保财政资金安全。组织开展扩大内需资金、国债资金、支农资金、政法专款、社会保障资金、教育专款、粮食风险基金、农业综合开发资金等专项检查和跟踪问效，确保各项资金专款专用，发挥出最大的效益；加强对廉租住房资金、住房公积金、彩票公益金、土地出让金的管理，严格执行政策，维护经济秩序，保证受益者的合法利益。同时，按照财政投资评审和世行贷款项目管理的要求，严格监督好各类世行贷款和财政投资项目的合理使用；抓好服务质量提升。按照“阳光政府四项制度”的要求，开通96128专线，以财政网络为平台，以财政信息宣传为重点，切实加大财政工作的宣传力度，努力提升服务质量；开展精神文明创建活动，做到两手抓，两不误，两促进，精神文明工作再创佳绩，2009年荣获“全国文明单位”称号。

【存在困难】 全州财困民穷的状况改变不大，财政收支矛盾仍然十分突出，建设资金十分紧缺；国际金融危机的影响还没有完全消除，不确定因素仍然较多，全州经济回升的基础不够牢固，财政增收后劲不足，国家税收政策调整以及各项减税让利政策带来的减收因素不少，地方财政收入增长困难。同时，为改善民生，完善社会保障体系、规范收入分配秩序，各项刚性支出不断增加。随着基础设施建设、新农村建设和产业结构调整力度不断加大，各项支出也将大量增加，财政支出压力进一步加剧。

【领导名录】

局　　长　陈晓华(女)
副 局 长　吴昆文(女)
　　　　　杜运坤
　　　　　戴绍林
　　　　　蔡咏刚
纪检组长　何兴荣(~4)
国资委党委副书记　宁　平(女)

总　会　计　师　严炳荣
监　事　会　主　席　李建祥

（肖兢平）

国家税务

【税收收入】　2009 年，全州国税系统共组织税收收入128 517万元，完成计划的 96.59%，比上年减收2 753万元，下降 2.10%，收入降幅从上半年的 15.08% 逐月收窄至 12 月末的 2.10%，收缩了近 13 个百分点，实现了应收尽收。其中：增值税95 316万元，完成计划的 88.03%，比上年减收5 592万元，下降 5.54%；消费税3 603万元，完成计划的2 001.67%，比上年增收3 392万元，增长1 607.58%；企业所得税17 520万元，完成计划的 134.77%，比上年减收1 050万元，下降 5.65%；个人所得税 563 万元，完成计划的112.60%，比上年减收 931 万元，下降 62.32%；车辆购置税11 515万元，完成计划的 103.74%，比上年增收1 428万元，增长 14.16%。

组织州县级地方收入26 618万元（国税口径），完成州政府下达计划32 000万元的 83.18%。其中：增值税23 826万元，比上年减收1 397万元，下降 5.54%；企业所得税2 792万元，比上年减收 93 万元，下降 3.20%。

【依法治税】　贯彻落实国务院《全面推进依法行政实施纲要》、《行政许可法》和“阳光政府四项制度”，充分利用“三月法制宣传月”和“四月税收宣传月”等活动全面推进“五五”普法工作，坚决制止执法不公和违法行政的现象，着力提高全社会依法诚信纳税意识和税法遵从度。规范执法行为，依托税收执法管理信息系统强化执法考核，及时解决执法过错问题，广南县国税局实现连续 42 个月保持税收执法“零过错”。建立健全税收政策执行情况反馈报告制度，强化内部各业务科室的信息传递和协调配合，充分利用日常执法、文件会签、复议听证、重大案件审理、外部监督等工作环节发现问题，将税收政策和管理措施在实际执行中存在的问题全面、及时向上级反馈，有效杜绝了越权审批减免税和擅自更改、调整、变通、不批、少批、多批等违反税法规定的行为。截至年末，全州国税系统纳入综合征管系统管理的36 561户纳税人月平均申报率 99.12%，入库率 100%。

【增值税管理】　以落实增值税转型改革为重点，严格执行各项税收政策，将增值税转型政策及时宣传到全州 43 户重点税源企业，严把固定资产抵扣审核关。全州增值税一般纳税人共申报抵扣固定资产进项税8 566万元，审核转出不予抵扣124 万元；执行资源综合利用和再生资源政策。及时对 1 户水泥立窑生产企业停止退税；对符合退税条件的 2 户资源综合利用企业办理增值税退税1 748万元；对 4 户废旧物资回收经营企业恢复征收增值税 100 万元；对 29 户享受税收优惠政策的社会福利企业办理增值税退税5 014万元；落实金属矿和非金属矿产品税率由 13.0% 恢复为 17.0% 政策，全年增收增值税近2 000万元；强化一般纳税人认定管理。采取提前预警、提前介入和链条延伸三项措施新认定增值税一般纳税人227 户。

【消费税管理】　落实卷烟批发环节按 5.0% 的税率加征一道消费税政策，涉及该政策的文山州烟草公司 6～12 月共申报缴纳消费税3 410万元。截至 12 月，全州共有消费税纳税人320 户，年缴消费税 10 万元以上重点税源企业共 5 户，重点税源企业全年消费税收入3 563万元，占全部消费税收入的98.92%，重点税源企业消费税收入比上年增收3 434万元，增长 26.62 倍。

【企业所得税管理】　大规模组织所得税申报及政策业务培训，全年共举办纳税人及税务人员培训 10 期，参训人员1 800余人。开展新企业所得税法实施各项基础工作。对跨区经营的总、分机构进行核实、清理和规范，试运行汇总纳税企业所得税信息管理系统，强化对跨地区经营总分机构的监督管理，堵塞征管漏洞；分析检查综合征管软件中相关信息数据，及时更正错漏内容，确保所得税管理基础数据准确；组织所得税减免税审批执行情况清理、检查，准确执行好过渡期优惠政策。开展 2008 年度汇算清缴工作。全州共对1 297户企业开展汇算清缴，入库税款 912.75 万元，比上年减少2 300万元；办理退税 683.61 万元，比上年增加 171.39 万元。严格按政策规定做好财产损失税前扣除、减免税审批报批工作。州局共审批财产损失 3 件，批准纳税人扣除财产损失6 121.76万元，不予税前扣除财产损失 5.78 万元；审批10 户企业享受减免企业所得税优惠；审核 1 户财产损失、6 户减免税企业上报省局审批。

【车辆购置税管理】　加强车辆税收一条龙异常发票处理。核查上级清分异常发票 735 份，对 4 户企业进行重点核查，作进项税转出8 490元，查补增值税1 236元，罚款2 300元。执行减征 1.6 升及以下排量乘用车车辆购置税政策。对7 467辆汽车减征 5.0%的车购税2 096万元。全面铺开车辆购置税委托代征工作。在[illegible]县国税局试点成功的基础上，针对车购税委托代征试点中存在的问题，进一步修订完善代征管理办法和制度，并在全州范围内开展车购税委托代征。到年底，全州已有 6 个县 10 个代征点开展了委托代征工作。6～12 月，全州共委托代征摩托车25 570辆，代征车购税 991 万元，办税服务厅业务量减少 20.0%，分流到代征单位的人员超过 2 万多人（次），有效减轻办税服务厅的工作压力。

【出口退税管理】　严格审核审批退（免）税管理。指导企业开展出口业务，及时将应退税款退付企业，缓解企业资金周转压力，促进全州对外贸易发展。引导出口企业开展对外贸易。主动与商务、外汇等部门协调配合，加大政策宣传力度，引导出口企业转换经营理念，调整出口产品结构，三七、辣椒等特色产品对外贸易呈现良好增长态势。全年，全州国税系统共审核审批办理出口货物退(免)税1 200万元，比上年增加20万元，增长11.1%，圆满完成省局下达全年退税指标。防范出口骗税。严把退税审核关，确保出口货物退税款安全、准确、可靠。加强征退税工作衔接。全年共清理下发不予退免税货物出口报关单电子信息79条，出口美元数126万美元，补计销项税额37万元。

【纳税评估】 增值税评估：在文山州自行开发的《文山州增值税纳税评估管理系统》平台的辅助和支撑下，顺利完成重点税源企业的纳税评估工作，完成省局安排的运输发票专项评估以及全州各县自选评估户的纳税评估工作。全年共选取96户增值税一般纳税人开展纳税评估，评估异常户28户，共补缴增值税及转出增值税进项税787.84万元，其中企业自查补缴及转出222.83万元，经税务机关评估补缴及转出565.01万元，经评估涉嫌重大违法移交稽查查处3户。企业所得税评估：全年对53户重点行业、重点企业进行所得税纳税评估，共计补缴入库企业所得税184万元，调减以后年度应弥补亏损额883.3万元。

【税务稽查】 把日常稽查、分类稽查、专项检查与打击发票违法犯罪工作有机地结合起来，加强部门协调配合，建立管、查互动机制，采取“辅导、自查、评估、检查”联动运行的模式，创造性地开展稽查工作。全州共检查纳税户127户，其中有问题111户，查补税款、滞纳金、罚款共计2 948.96万元，刷新了历年查补收入记录。其中：企业自查补税及加收滞纳金2 299.57万元，占查补总额的77.98%；税务机关检查查补税款、滞纳金和罚款649.39万元，占查补总额的22.02%；开展第二轮分级分类稽查。制定全州《2009～2011年第二轮分级分类稽查工作方案》，将9户企业直接列入州局稽查，各县局相应确定了本地区的分类稽查对象。全年全州开展分级分类稽查企业29户，查补收入总额168.27万元，其中税款138.86万元；开展税收专项检查和专项整治工作。确定广南县作为利用“四小票”进行偷、骗税及制售假发票、非法代开发票等税收违法行为的区域开展税收专项整治，共检查企业4户；严厉打击发票违法犯罪活动。由州人民政府牵头，公安、国税等13部门联合成立打击发票违法犯罪活动工作协调小组，以建筑安装、交通运输、餐饮服务、商业零售等行业为重点整治对象，围绕兜售、虚开、购买、使用虚假发票，以及传播发票违法犯罪活动相关信息等环节，实施全过程治理，严厉查处虚假注册公司从税务关机骗购空白发票并非法倒卖或代开发票等违法行为。重拳打击印制、贩卖虚假发票犯罪团伙，严惩了一批典型的、顶风作案的违法犯罪分子。全州共查获非法出售发票违法犯罪案件3起，抓获犯罪嫌疑人2名，缴获印章1枚，假发票共计41 389份；做好涉税违法举报案件查处。全年共受理涉税违法检举案件13件，其中省局转办5件，共查补收入10.51万元。

【信息化建设】 抓好税收征管各软件系统运行维护。全年共向省局技术支持栏目提交需解决的问题121条，及时协调解决了各县应用系统中存在的问题，有效提高了各软件系统的运行质量和应用效率；强化金税工程日常管理。做好金税工程各项数据的采集、上传、清分比对，“四小票”管理系统、车购税一条龙系统的日常监控管理，系统数据的管理维护和备份，防伪税控系统的平稳运行等工作；保障网络安全运行。对各县机房及网络安全运行情况进行专项检查，发现问题及时整改，维护好各系统设备及系统资源，保证了系统的安全稳定运行；网络改建、扩容和远程网络培训教育两个项目的各项工作，配合运营商和设备安装企业做好设备验收、调试连通等相关事宜。

【内部建设】 年内，开展运用软件系统、税收政策业务、中级财务会计、税收管理员、税收法制、纳税评估、统计报表等各类培训30期7 803人(次)。借机构改革之机，在全州范围内就空缺的22个副科级干部岗位开展竞争上岗。通过制定方案、公开报名、资格审查、笔试、面试、考察、局党组票决、公示等竞争上岗程序，选拔出22位副科级干部进入新的工作岗位。全年共有2个县局被省局命名为文明单位，5名干部被评为省局级精神文明建设先进工作者。

【税法宣传与纳税服务】 以落实“阳光政府四项制度”为抓手，围绕“税收·发展·民生”宣传主题，大力开展“税法宣传进矿山、民生演讲进校园、纳税辅导进企业、开通税企QQ直通车、汽车开进您家．税法走入您心”等一系列特色鲜明的税收宣传活动，将新政策、新法律、新法规及时宣传、送达企业，并进行现场解答和辅导，提供上门服务，及时解决征纳双方在实际工作中遇到的各种困难和问题。

走进《行风热线》栏目解答听众咨询

【领导名录】

局　　长　王天达(壮)
副 局 长　丁　勇
　　　　　杨秋琼(女)
纪检组长　沈文斌

(佟万奇)

地方税务

【税费收入】 2009 年，全州共组织入库各项税费收入 22.37 亿元，比上年增收 3.05 亿元，增长 15.81%。其中：地方税收入 16.49 亿元，税收总量突破 16 亿元大关，比上年增收 2.19 亿元、增长 15.32%，完成省局下达年计划的 103.12%。其中：州县级收入 12.81 亿元，完成州政府下达年计划的 100.08%，比上年增收 1.7 亿元、增长 15.34%；省级收入 1.56 亿元，比上年增收 352 万元，增长 2.31%；中央级收入 2.13 亿元，比上年增收4 538万元，增长 27.10%。入库社会保险费收入 5.34 亿元，比上年增收6 142 万元，增长 13.01%，征收率为 103%。同时征收地方教育附加、文化事业建设费、水资源费、旅游宣传促销费、工会经费和建会筹备金等各项规费5 347万元。

【税收征管】 计划考核坚持"从经济到税源，从税源到税收"的理念，加强以经济税源为依据的收入分析，结合地方税源结构、特点、地区税负情况，把握长期税源和短期税源的发展变化趋势，合理分解税收任务，并实行动态监控，确保收入均衡入库；精细监控工作突出重点税源监控，大力实施州、县、分局"三级监控"分级分类税源管理模式，加大重点税源专项监管力度；突出重点行业监控，引入稽查检查机制，对建筑业、房地产业等重点行业实施重点监控，发挥以查促管、以查促收作用；突出重点税种监控，定期监控营业税收入情况，以汇算清缴强化企业所得税监管，通过规范代扣代缴加大个人所得税征管力度，并适时开展专题调研提高各税种的监管实效；基础管理。全州统一规范税费征管纳税服务资料归档管理，制定《文山州地税系统税收征管档案管理办法》，分户建档，集中管理。

【依法治税】 落实各项税收调控政策，继续落实好西部大开发、下岗再就业、支农扶农等税收优惠政策。全年依法减免各项税收9 360万元。全面落实税收专项检查任务，重点对建筑安装业、银行、保险、发电、通信、石油化工等 6 种行业实施检查。加强税警协作，严厉打击制售假发票和非法代开发票行为，整顿和规范地方税收秩序。共检查 203 户纳税户，入库税款、滞纳金、罚款2 518万元。

【信息化建设】 用活数据大集中系统信息资源，树立数据管理新理念，打牢数据应用的业务基础。重点加强县局、分局基层一线的软件学习培训，提高软件操作能力和熟练程度，为数据应用打牢业务基础；探索链条式数据传送机制。按照管理采集、征收审核、综合核查、稽查抽查的思路，建立数据的应用链条，发挥数据信息在税费源监控、纳税评估、税务稽查、税费核算的综合服务作用，提高数据的增值利用水平；加强系统维护提供安全保障。加强地税信息维护队伍建设，广泛借鉴和引进先进经验，提高维护水平；加强制度建设，制定全面可行的软件、硬件、网络安全运行监控方案和应急预案；抓好安全宣传教育，增强网络风险防范意识，提高安全事件应对和防范能力，确保信息系统安全平稳运行。

【税收宣传】 坚持日常宣传和税收宣传月相结合，开展第 18 个税收宣传月活动和"五五"普法宣传，宣传地方税收与地方经济关系、纳税人权利、地税部门治税理念和特色文化等。加强与地方新闻媒体的合作，建立稳定的宣传阵地，开展多层次、宽领域税收宣传。发挥信息网络优势，借助政府信息公开网站、地税门户网站、办税服务厅电子触摸屏查询系统、96128 政务信息查询专线等载体，广泛全面地税推进税收宣传实效。使纳税人的税法遵从度和依法诚信纳税意识不断提高，税收法制环境不断优化。

【阳光地税建设】 全面落实责任政府和阳光政府建设工作，加强登记、督办和问责管理，形成责任和义务相统一的工作机制。结合地税实际，分别制定重大决策听证、重要事项公示、重点工作通报、政务信息查询四项制度的实施办法，以及州局机关各部门工作职责规定，围绕各类政务信息的产生条件、公开范围、发布方式等修改完善具体措施，形成了规范、健全的制度体系。对文山州地方税务局政府信息公开网站的版面及内容全面更新，让纳税人耳目一新，提高了访问率。发挥政务信息查询系统、96128 查询专线的便捷作用，切实提高纳税服务质量，提升地税形象。

【领导名录】

局　　长　吴　钦(～9)
　　　　　段润华(白、9～)
副 局 长　王会成(壮)
　　　　　李代斌
纪检组长　龙选平
总经济师　周庆林(傣)

（姚　磊）

银行监管

【简　述】 2009 年，全年全州银行业总资产与总负债稳步增加，资产质量大为改善，各项存贷款大幅增长，不良贷款实现"双降"目标，银行业经营规模进一步扩大，内部管理和服务水平进一步提高，防范风险能力进一步增强。截至年末，各项存款余额达3 027 743万元，比年初增加625 580万元，增长 26.04%；各项贷款余额 2 320 909 万元，比年初增加 448 934 万元，增长 23.98%；全州银行业不良贷款余额 128 904万元，比年初减少4 196万元，不良贷款占比 5.55%，比年初下降 1.56 个百分点。

【市场准入】 全年备案业务 2 项，共受理审批临时停业、搬迁等机构变更行政许可事项68项，核准高管人员任职资格84人(次)，否决2人(次)。与人民银行一道审核央行票据，实现央行票据全部成功兑付。年内，丘北、西畴、文山县农村信用联社的央行票据成功兑付，到帐资金4 386万元，至此文山8县农村信用社央行票据全部成功兑付。

【现场检查】 开展对农行、中行、建行新增贷款检查，对工行担保贷款检查，对建设银行个人贷款业务检查，对农行大额交易风险排查，开展对4家大型银行2006~2008年现场检查的后续跟踪检查、专项安全检查、大户贷款检查，代表省局对怒江州泸水县、兰坪县农村信用合作联社案防相关工作检查，对麻栗坡县和富宁县农村信用合作联社重点业务检查，对马关信用联社安全专项检查，对邮储银行机构风险公告宣传工作情况检查，对部分邮储银行和农业发展银行机构案件风险排查，对邮储银行文山、广南、富宁、丘北4个支行办理小额信贷业务检查，对农发行贷款"三查"制度执行情况后续跟踪检查，对文山县、砚山县农村信用合作联社信息科技风险专项检查等15个项目的现场检查。全年派出检查组29个，检查工作量3 839个工作日，检查机构81个，提出整改意见179条。

【非现场监管】 新建立对民丰村镇银行的监管台账。为检验台账实施效果，6月召开内部监管分析会，由16位监管员对各自的监管对象进行全面深入的分析和诊断，基本找准被监管对象存在的主要问题和需要重点关注的情况，为进行风险提示和实施现场检查的准确定位奠定了良好基础。不良贷款继续实现"双降"。银监会和省局对不良贷款监管目标定为"双控"，但鉴于文山实际，年初就把文山州银行业不良贷款目标定为"双降"。分局采取多种措施和办法，督促银行业采取行政、经济、法律等多种手段清收、盘活不良资产，确保不良贷款余额和占比的持续下降。至12月末，全州不良贷款余额12.89亿元，比年初减少0.42亿元，占比5.55%，比年初下降1.56个百分点。实现银行业"零案件"。针对文山州银行业连年案件不断，尤其是信用社案件多发的情况，通过农村中小金融机构监管工作会议等不同途径，传达案防工作的具体要求，继续保持案防高压态势。根据省局部署，及时组织开展案件风险排查工作，并抽查农业银行、邮政储蓄银行、农业发展银行等部分机构，对风险隐患进行了摸底排查，及时提出了整改意见。2009年文山辖内银行业实现了零案件。

【法人监管】 召开全州农村中小金融机构监管工作会，提出具体的监管要求，并创新形式，与8县信用社理事长签订目标责任书，对资本充足率、不良贷款率、涉农贷款增幅等5项主要监管指标2009年末的达标计划进行了要求，明确目标和责任。至年末，全州信用社资本充足率为4.87%，比年初增加了3.29个百分点；不良贷款率为10.61%，比年初下降4.65个百分点；涉农贷款增长23.08%，严守风险底线。针对部分信用社存贷款超比例、大额贷款突出、贷款投向不正确、市场定位不清晰等问题，及时下发风险提示及监管建议，努力防范风险。全年发出风险提示4份。至年末，全州农村信用社各项存款余额76.96亿元，比年初增长25.12%；各项贷款余额56.81亿元，比年初增长20.92%；不良贷款6.03亿元，占比10.61%，比年初下降4.65个百分点，存贷比为73.82%，比年初下降2.56个百分点。全州农村信用社存贷款增量分别占到全州增量的34.51%和21.9%；针对11月份存款下降、存贷比超规定的问题，发出风险提示，引起高管层的高度重视，采取多种措施．到年末，存款达2.45亿元，贷款1.41亿元。

【监管文化建设】 通过专题讲座、自学等形式，银监会"四四六"监管理念在分局逐步得以贯彻，并在日常监管工作中得以体现；工作主动性日益增强，监管人员主动深入被监管单位，了解当前发展中遇到的困难和问题，全面分析，并提出监管建议和意见；初步实现监管资源共享。自主开发监管协同工作系统，主要用于内部各部门之间监管信息的发布，建立监管资源的共享平台，避免了数据资料的重复、多头报送，提高监管工作的效率；6月组织开展"爱岗敬业"主题演讲活动，通过身边的人讲述身边的事，以点点滴滴的活生生的事例，树立了楷模和典型。

【领导名录】

局　　长　胡文伟
副 局 长　李波平
　　　　　李红旗
纪委书记　苏　诚

（李俊杰）

人民银行

【简　述】 2009年，全州各项存款余额300.86亿元，比年初增加60.54亿元，比年初增长25.19%；各项贷款余额232.7亿元，比年初增加45.5亿元，增长24.31%。

【货币政策窗口指导】 牵头组织各金融机构和相关经济职能部门，深入全州8县开展调查研究，切实理清金融信贷思路，找准货币政策传导的着力点和金融信贷支持的突破口；定期召开季度金融运行分析会，广泛听取有关部门对金融危机下金融服务需求的意见和建议，并适时调整应对危机的措施办法和手段；针对上半年信贷增长乏力、贷款投入受阻的实际，专门成立调研组深入各行、社开展信贷潜力调研分析，逐行逐社了解其存在困难和问题，引导金融机构改变从紧货币政策下形成的思维定式和操作模式，切实加大信贷投放力度；提出金融支持小区域发展的思路，深入全州8县开展"小区域经济发展及其金融资源配置"专题调研，摸清了全州小区域发展的基本概况，掌握了各个小区域的金融需求状况，州委政府把金融支持小区域发展纳入了全州经济发展战略，为金融支持地方经济发展找到了更为有效的途径。

【信贷投放】 充分发挥信贷指引的导向作用，加大货币政策执行效果的监测分析力度，及时制定下发《关于完善文山州信贷潜力分析工作机制》和《文山州2009年信贷指导意见》，引导辖内各金融机构创新金融服务方式，开发新型金融产品，找准信贷支持的着力点；建立重点金融信贷工作专人联系制度，密切关注邮政储蓄银行存贷比极低、建设银行改善性住房金融服务、农业发展银行支持中小学D级危房改造、国家和省的重点建设项目信贷配套工作，固定专人到邮储银行、建行和农发行进行现场指导和跟踪服务，切实做好窗口指导；探索发展林权、矿产权、农村土地等抵押贷款方式，通过各方共同努力，林权抵押贷款取得重大突破，目前已有5县开办此项业务并发放5 737万元贷款；加大对弱势群体的信贷支持，采取灵活多样的信贷方式满足下岗再就业、大学生创业、助学等关系民生的资金需求。全年共发放下岗失业贷款13 099万元，贷免扶补创业贷款5 935万元，国家助学贷款826万元；转变思路，创造条件，扩大支农再贷款的机构使用范围，进一步拓展支农再贷款的投放领域，使支农再贷款更好地服务"三农"，对民丰村镇银行发放3 000万支农再贷款，有效解决了该行信贷资金不足的问题。

【构筑银政对接新机制】 为应对各种挑战和解决边疆金融滞后问题，配合州人民政府举办了辖内最高规格、最大规模的文山州领导干部金融知识专题培训班，全州各县县长、联系金融工作的副县长、财政、人行、发改委和州属30多个经济职能部门的领导共130多人参加了为期3天的封闭式学习，促进党政领导干部对金融工作的了解与认识，提升领导干部驾驭金融工作的能力；推进全州金融组织创新，力推全州8县成立小额贷款公司、村镇银行、资金互助社等新型金融机构，目前全州已成立并开业经营5家小额贷款公司，年内对中小企业放贷近1亿元，2家资金互助社也在筹备当中，丰富了全州农村金融组织体系，一定程度上改善了对中小企业的金融服务；在全州经济止跌回升、企稳回暖的特殊背景下，向州人民政府领导汇报并积极策划，在昆明召开文山州与省级金融机构座谈会，州委书记、州长参加并向省级各金融机构领导汇报文山经济发展的情况和金融服务需求，争取上级支持和政策倾斜。2009年省级金融机构直接对文山发放项目贷款24.32亿元；配合支持和推动银政互配干部，构筑银政对接新机制，第一批23名互派干部按照州委、州人民政府下发《文山州关于银政双向互派干部挂职锻炼的实施意见》，于10月中旬全部到位，赴各挂职单位正式履职。

【金融宣传】 采取电视访谈、报纸专栏、政府网宣传等多种形式，拓宽宣传覆盖面，广泛开展形式多样的宣传活动，重点宣传人民银行职能、当前金融政策、金融产品、征信、支付结算、反假人民币、反洗钱等涉及民生或与经济社会密切相关的内容，宣传涵盖50多个乡镇，发放各类宣传资料8万余份，受益群众10万余人，完成了金融知识宣传覆盖全州乡镇的目标，金融宣传网络初步形成，广大群众的金融意识逐步增强。

【系统管理】 顺利完成中央银行会计核算电子对账系统、IT运维监控系统、远程培训系统二期工程、新版办公自动化系统等系统的改造、建设和上线工作，4月完成ABS系统V5.1版升级换版，6月1日成功推广上线电子对账系统，12月1日成功上线新版办公自动化系统，并结合中支内控管理需要，完善了信息安全管理及风险防范体系建设，为各项业务工作的有序开展提供了优质高效服务。强化结算纪律，维护辖内结算秩序。及时处理辖内金融机构的反映和投诉，帮助金融机构解决支付结算工作中遇到的各种疑难问题，维护公平竞争环境，保证结算纪律得到严格执行；开展人民币银行结算账户检查工作，规范结算账户的开立、使用，及时发现和纠正各行(社)在银行账户管理方面的违规违纪行为，不断提高银行账户管理水平；开展"贴近百姓贴近民生—全国支票通用"专题宣传，年内通过系统共办理支票影像业务38笔，金额50万元，打破零业务状态，支票影像交换业务实现新突破。

【国库业务改革】 开通绿色资金汇划通道，开办出口退税直接支付业务，减少资金拨付环节，加强柜面监督，完善核算操作流程，加大无记名国债兑付工作力度，推动国库退出同城票据交换试点工作，9月1日在砚山支行试点成功并平稳运行。年内共办理国库业务17万笔、涉及金额114亿元，办理出口退税直接支付业务104笔、金额667万元，受惠企业达22个。

【征信管理】 拓宽征信系统运用领域和个人信息数据查询范围，最大限度为政府、企业、个人提供真实信息，大力推广企业信用信息基础数据库应用。年内，共办理贷款卡年审129户，征集完成887户中小企业信用档案，累计受理个人信用报告查询超过1 400人(次)，查询量居云南省首位，全州208家企业评优评先前接受信用报告审核，其中15家因存在不良记录被取消表彰资格，协助州发改委查出不合条件的待贴息贷款近亿元，较好地发挥了征信系统的职能作用，其社会影响力明显扩张。

【发行基金管理】 做好现金供应、发行基金安全、残损人民币管理，开展人民币业务检查，以中央电视台《购物街》"幸运卡"为载体，加大反假人民币宣传力度，协助公安机关开展打击假币犯罪"09行动"。全年共调运发行基金50车次，办理出入库业务3 540笔，复点残损人民币3.2万捆，开展反假宣传6次，收缴假币159万元，货币金银工作取得新实效。

【非现场监管】 继续加强与司法机关、行政执法机关的合作，建立形式多样的反洗钱协调机制，重点加强业务宣传培训、可疑交易数据上报和案件协查工作，综合运用多种非现场监管方式，进一步拓展监管范围，首次把保险业纳入监管范畴并对2家保险机构开展现场检查。年内与公安机关联合开展宣传3次，举办反洗钱培训5次，对6个机构开展现场检查，协助公安机关破获案件6件，其中：职务侵占、挪用资金案件1件，诈骗案件2件，涉嫌洗钱案件1件，涉毒案件1件，生产销售假冒商品、非法经营案件1件，正在办理案件1件。

【外汇管理】 做好进出口收付汇核销监管和跨境贸易人民币结算试点工作，推动天保口岸与越南的结算通道的尽快恢复，开展个人外汇业务专项检查、外汇业务合规性检查和企业预收预付调查。年内共办理国际收支统计申报业务1 289笔、金额3 528万美元，办理出口收汇核销1 396笔、金额4 039.95万美元，发放核销单1 314份，办理异地付汇备案登记43笔、金额1 839万美元，办理进口付汇到货报审60笔、金额719万美元，办理外商投资企业外汇登记28户，受理年检企业为11户。

【领导名录】
行　　长　蔡永林
副 行 长　王启斌(壮)
　　　　　王立新
纪委书记　沈　琼(女、壮)
工委主任　吴　林

（沈虹利）

农业发展银行

【简　述】 2009年，农发行文山州分行立足文山州情，强化信贷支农，加强基础管理，防控经营风险，推进改革创新，扎实构建和谐，促进业务发展。截至年底，全行各项贷款余额116 513万元，比年初增加13 842万元，增幅13.48%；各项存款余额45 223万元，比年初增加28 660万元，增幅173%；经营效益良好，实现盈余1 918万元，超额完成省分行下达的利润计划；信贷资产质量优良，不良贷款和不良贷款比例双为零；内部管理不断加强，改革发展稳步推进；党建、队伍建设和企业文化建设实现了无“经济案件、刑事案件、重大责任事故、严重违规违纪行为”的“四无”目标。

【信贷支农】 10月始贷款止跌回升，保证各级粮油储备和正常粮油信贷资金供应，支持多渠道收购粮食，非国有粮食企业不断增加，贷款比重和收购份额保持稳定。1～12月，发放粮油贷款15 667万元，支持企业收购粮食14 740万千克；排除金融危机造成的消极因素，好中选优，稳妥拓展商业性贷款业务，优化贷款结构。严格办贷流程，加强内部职能部门协作，搭建银政合作、银企对接项目的平台，各方联动，提高工作效能，支持新农村建设骨干项目，新开办县域城镇建设贷款16 800万元，促进商业性贷款快速发展，贷款范围和种类不断延伸。12月末，商业性贷款余额61 000万元，占贷款总额的67.86%（剔除粮食政策性财务挂帐贷款26 627万元），未出现不良贷款。按照“扶优限劣，优中选优”的原则，做好农业小企业贷款支持工作。全年调查、新增农业小企业贷款项目2个，调查贷款金额700万元，审批发放1个，贷款金额400万元；办理5个农业小企业续贷调查手续，续贷金额1 060万元。12月末，农业小企业贷款本息收回率均达100%，无贷款逾期现象。审慎发放非经营性项目贷款。重点支持符合国家产业政策、有财政资金配套、能够确保还本付息有效益的农业基础设施建设项目。12月末，中长期贷款余额54 290万元，占贷款总额的60.4%，信贷结构不断优化，进一步增强分行的可持续发展能力。

【业务发展】 加强对贷款资金支付的监管，积极营销财政性存款，加强与地方政府沟通协调，千方百计吸收、盯牢、稳住财政性支农资金，增强财政性存款的稳定性，确保存款增量保持在一定水平。12月末，人均日均存款余额为370万元，比上年增加154万元；国际结算业务完成153万美元，超额完成省分行下达任务数的53.0%，在全省国际结算业务中名列前茅；实现中间业务收入25万元。

【风险防范】 开展资产保全工作，落实贷款债权债务。加强与当地党政部门及人民银行、银监局的沟通，打造良好的金融生态环境。在当地党政部门的支持下，有效解决砚山直属库改革改制中资产划转导致的库贷差异问题，化解了信贷风险；加大贷款清收力度。按还款计划清收了5 200万元非经营性贷款，全年累计收回贷款43 380万元；进一步完善贷审委职责，规范贷审委和“贷审办”工作流程，组织落实好贷审委的各项决议，全年累计发放贷款57 223万元，未出现问题贷款；开展客户信用评级和统一授信工作。完成全州61户客户的信用评级审查认定，实际授信户数为59户，内部授信额度为184 849万元。对61户客户进行评级，对存在严重风险隐患的企业实行信贷退出。

【资金管理】 加强计划的科学管理，强化资金配置的调控功能。继续强化资金计划分类管理，优化资金计划配置。及时安排、足额保证政策性粮油收购贷款计划，用好用足各项信贷规模，全年信贷计划执行率为100%；开展资金占置费的监控、计算与分析工作，降低资金成本，加速资金周转。全年资金头寸平均占用水平为1 006万元，较实际核批头寸限额明显下降；确保信贷资金足额及时供应，坚持“小额勤调”，提高资金使用效率。全年共请调资金144笔，金额47 495万元，归还借款51笔，金额26 060万元，下拨和回笼扎差净下拨资金21 435万元，信贷资金运用率达103.77%，比上年提高0.18个百分点。

【财会管理】 强化核算意识，提高经营效益。加强财会基础管理，组织开展财会专项检查和督导，规范财会操作，切实依法合规经营；与工商银行的合作，加快发展网银业务。全年办理员工个人卡67张，网银开户企业2户，开户企业网银账户累计资金往来5 102万元，实现网银业务零的突破；加强综合业务系统、大小额支付系统、反洗钱等系统的操作和演练，确保以综合业务系统为主多种系统并用的系统稳健运行；推广综合柜员制的各项工作，提升柜面服务质量，树立窗口形象；勤俭办行，集体审议审批大额费用开支，减少非业务经营性支出；组织财务收入，加大收息力度，提高经营效益。12月末，财政补贴资金的拨补到位率100%，贷款综合收息率达99.89%，实现各项收入6 214万元，支出4 296万元，收支轧差账面盈利1 918万元，超额完成省分行下达的1 609万元利润计划。

【信息科技建设】 完成会计远程监控系统的安装调试等工作，实现全辖营业场所远程监视、监测等，强化对营业网点柜面业务操作的监控和管理；继续做好各种应用系统的技术支持维护，落实应急预案，不断完善各种信息系统以及管理规章制度；完成全辖防雷设施的年度检测、整改和计算机房的升级改造；完成全州计算机网络、重要设备等的监控建设工作。加强信息安全管理，强化对系统运行的风险监测，及时发现、排查、控制、消除风险隐患，确保系统安全稳定运行。

【企业文化建设】 年内开办健康讲座、摄影知识讲座、建国60周年主题讲座、消防安全讲座、爱国主义教育及民族团结教育活动等相关知识讲座。全年95人(次)参加了上级行和州分行举办的各类培训，员工培训面达到100%。发挥工、青、妇组织的功能，纵深推进企业文化建设。落实职代会制度，基层职代会召开率达到100%，大力推进行务公开、行风评议工作，实施有效民主管理与民主监督。组织参加全省演讲比赛、财会技能比赛、计算机知识竞赛、职工礼仪大赛。

【领导名录】

行　长　景文峰
副行长　程　伟
　　　　付春海
　　　　周　敏

（何建华）

工商银行

【简　述】 年末人民币各项存款总额248 754万元，比年初增加26 314万元，增长12.0%。年末人民币各项贷款总额266 791万元，比年初增加80 409万元，增长43.0%。中间业务收入完成1 055万元。经营效益稳步增长，实现净利润5485万元完成年计划107%，比上年增加3 198万元，增长139%。年末不良贷款余额1 469万元，较年初减少2 731万元，占比为0.55%，较年初下降1.70个百分点，实现了不良贷款余额、占比双下降。小企业贷款、综合消费贷款复牌，潜在风险贷款得到压降。改革创新取得新突破。运行三项改革顺利推进，国际贸易融资实现零的突破，达到430万美元。信用卡、理财产品、电子银行等新兴业务稳步发展，进入同业前列。压缩二线充实一线有了突破。实现安全经营目标。连续21年无安全事故，连续10年无案件。

【存款业务】 对公存款方面，注重做好对市场动态的调查分析和划片分区营销；加强与州县财政、发改委、商务、税务、工商等有关部门的联系，多方捕捉增存信息；加强客户维护，积极寻找新增长点，征求客户意见，了解客户需求，突出重点客户和100万元以上客户服务，大力宣传营销适合客户需要的产品，维护发展客户关系，稳定现有客户，努力发展新客户，不断壮大对公优质客户群，努力争取流失客户回归，增加存款。同时大力做好有关项目建设资金，特别是二级公路建设资金的吸存工作，有效促进对公存款稳定增长。储蓄存款方面，贯彻落实省行个人金融业务工作会议精神，充分把握一季度个人金融业务营销旺季的有利时机，精心组织半年劳动竞赛，通过广泛动员，积极组织推动，全员投入营销；加强渠道建设工作，增加网点人员，增配客户经理，配齐大堂经理；加强各部门的沟通协调配合，坚持公私联动，稳定客户；着力提高中高端客户占比。不断增加中高端客户数，调整客户结构，促进业务的全面协调发展的目的；充分利用信用卡有分期付款，中油卡、美食卡消费价格优惠、电子银行功能强大的优势，以优势产品带动其他个人金融业务产品的联动和组合营销。

【贷款业务】 公司贷款方面，坚持以市场为导向，按照国家产业政策和上级行的信贷政策，在深入开展市场调查的基础上，对符合贷款准入条件、有授信空间的优质客户作为重点，采取领导挂帅、上下联动、主动上门联系营销等措施，不断加大对重点项目贷款的营销力度。特别是在上级行领导的关心和行领导的亲自率队联系营销下，全年先后贷款20 000万元支持云南大唐国际文山水电开发有限公司、贷款28 000万元支持珠街至广南西林界二级公路项目建设、贷款2 893万元支持云南华联锌铟股份有限公司、贷款1 550万元支持云南壮山实业股份有限责任公司、贷款3 100万元支持文山电力股份有限公司、贷款1 200万元支持文山交通集团；针对水泥、冶炼行业发展较快及其产品销售资金回笼的特点，深入开展票据业务市场营销，发展票据贴现业务，票据贴现业务较上年末净增2 234万元；做大贸易融资业务，分别对云南华联锌铟股份有限公司、云南壮山实业股份有限责任公司、云南特安呐制药股份有限公司、云南特安呐三七产业股份有限公司、云南文山州通用机械厂、文山县金仪铟业科技有限责任公司6户企业办理国内贸易融资保理业务9 367万元；主动拓展小企业贷款。面对小企业贷款停牌的被动局面，寻找可以办理的小企业信贷业务品种(贸易融资业务、票据贴现业务)，至年底，小企业贷款任务在全省排位第9名和小企业贷款增量排名第11名；国际业务创历史新高，年内为麻栗坡高深工贸有限公司成功办理两笔进口T/T业务金额2 936万元。个贷业务，坚持从纯按揭贷款和开发贷款客户入手，实施开发贷款拉动战略，加强和巩固与优质房地产企业的合作关系，确保按揭贷款有充足的资源；推动个人汽车消费贷款、个人住房抵押贷款的发展；不断提高对贷款客户的服务水平、工作效率；坚持营销与管理并重，严控风险管理，加大不良贷款的清收压降力度，控制了不良贷款和不良率的反弹。

【不良贷款清收盘活】 针对潜在风险不断释放、不良贷款出现反弹的情况，落实信贷资产风险管理措施，前移风险控制端口，对新增贷款严格坚持标准，落实第一还款来源和担保抵押物，加强信贷作业监督，从源头控制新增贷款风险。落实存量贷款风险分析制度，实施精细化管理，严密进行检测，积极化解潜在风险，努力控制次级类贷款向可疑类贷款、可疑类贷款向损失类贷款的迁徙。加强与州县党委、政府、企业主管部门的联系，采取各种有效手段，制定方案，落实责任人，坚持领导挂帅，加大催收力度，实现“双降”目标。同时压降三鑫集团公司3 450万元、文山地方公路管理总段130万元和文山师范院校90万元的潜在风险贷款，潜在风险贷款压降完成率达80.0%，有效地防范贷风险，资产质量得到明显提高。

【营运三项改革】 成立由行长任组长，主管副行长任副组长、各相关部门经理为成员的运行监管体系改革领导小组；利用运行管理专业会议、运行风险分析会、检查整改情况工作会对相关运行人员、网点主任、营业经理、总会计、运行督导员等进行宣传动员和培训。8月31日转账业务开始集中处理，目前已进入正常轨道，全行业务集中运行效率、网点运行效率、网点压单压票情况、业务处理中心效率、二次受理业务积压情况及业务集中运行质量等各项指标已得到全面提升。12月5日，按照省行的统一安排，分批投产了远程集中授权，目前全辖所有网点全部实现了远程集中授权；完善机制，针对全行运行管理考核权重偏低，网点对柜员考核不到位、管理不到位造成部份风险点违章现象屡禁不止、屡查屡犯的情况，年内制定《运行质量管理考核办法》、《个人违规违单绩效考核办法》，全面构建运营集约化、管理一体化的价值型运行管理体系，进一步提升运行质量，切实防范运行操作风险。四季度运行质量考核从过去的全省排名倒数第二跃到第八名。

【服务工作】 年内，开展“树立现代金融服务理念，打造一流金融服务品牌”主题教育活动，进一步树立品牌与服务是核心竞争力组成部分；加强与《文山日报》的联系合作，从2010年1月1日起，在文山日报第一版面常年逐期刊登“虎年行大运，工行伴您行”的行微、行名的报纸贴花；制作2010年元旦专版，介绍工行电子银行、信用卡、品牌金、法人及个人理财等重点产品并针对对外营业网点部分在年前升格为二级支行情况，公布了营业网点的名称、地址、负责人和联系电话。同时将东风分理处、南苑分理处、文运分理处和花园分理处报批升格为二级支行，提升了服务形象和网点竞争能力；组织员工参加总行、省行举办的各种专业视频培训班，组织员工参加总行省行统一组织的资格考试；稳步推进用人机制改革，实施“员工双向选择进岗”，压缩二线充实营销一线10人。

【内控和操作风险管理】 定期召开内控管理委员会和操作风险管理委员会会议，定期分析和通报。落实各部、室内部控制管理责任，把部门内控管理责任与部门的各工作岗位结合起来，做到职责清晰，并将内控评价指标分解下达到各部、室和中心、支行，签订《内部控制责任书》。同时，加强反洗钱工作和反洗钱知识培训，组织相关人员参加省行培训的同时，与当地人行联系，共举办8次的反洗钱培训，提高了员工对反洗钱工作重要性的认识和操作技能。并与各部门负责人签订《反洗钱工作任期目标责任书》；制定《文山分行反洗钱工作实施细则》，建立文山分行反洗钱部门联系会议规则，促进反洗钱工作的顺利开展。对牡丹卡不良透支进行专项清收，年末控制在总行要求2.2%内达到0.9%。

【领导名录】

行　　长	杨晓宇(纳西、~9)
	高荣超(9~)
副 行 长	肖文林
	李　雄
	黄绍鼎(壮)
纪委书记	刘　洪(~9)
工委主任	乔根旺(白、6~)

(保信檑)

农业银行

【简　述】 以“加快发展，打牢基础，推进转型，批零兼顾，做实‘三农’，严控风险，提升效益”为业务经营指导方针，围绕服务“三农”、提升城市业务竞争力、加快网点转型、完善公司治理结构、强化全面风险管理、提高干部和员工队伍素质等中心工作，加快内部经营机制改革，深入实施经营战略转型，强化风险防范及风险管理建设，积极应对复杂的内外部形势和经济金融危机带来的不利影响，加大资产负债营销力度。截至年末，全行人民币存款余额达918 429万元，较年初净增146 536万元，增长19.03%；各项存款增量和存量分别占四行一社的26.98%和34.02%，分别排第二位和第一位；分别占四大国有股份制商业银行的37.71%和47.59%，均排第一位。全行各项贷款余额突破70亿元，达到759 731万元，较年初净增128 031万元，比上年多增26 644万元。在超额完成省分行下达计划60.04个百分点的同时，确保信贷投放规模控制在省分行的计划内，增量和存量市场份额分别占四行一社的31.22%和34.96%，均排第1位，占四大国有股份制商业银行的41.06%和47.34%，均排第1位。全年累计完成自营不良贷款货币清收本息合计7 959万元，完成省分行下达年度清收计划任务的379%。其中清收本金7 134万元，利息825万元，实现委托不良贷款货币清收本息4 646万元，完成省分行下达年度清收计划任务的119.13%。全年实现中间业务收入3 736万元，比上年多增247万元。在全省农行2009年度“三农”县域业务考评获第一名，全年综合绩效考评荣获全省农行第七名。

【服务三农】 年内，立足县域经济，探索服务“三农”新路径，开展县域业务调研，以优势项目、特色产业为重点，加大中小企业贷款营销力度，努力维护县域系统客户。累计发放涉农贷款250 684万元，占全行贷款累放额的56.3%。全年县域支行单位存款净增69 355万元，实现中间业务收入2 280万元，各项贷款余额428 215万元，其中法人客户贷款250 719万元。支持农村基础设施建设。全年累计投入水电等基础设施方面的贷款达92 860万元；支持农业产业化和中小企业经营。投放贷款48 750万元支持云南特安呐制药股份有限公司、砚山县华博有限公司、丘北达平食品有限责任公司等龙头企业，发展三七、辣椒和养殖等产业。仅通过扶持的辣椒企业，2009年就实现出口创汇3 470万美元。全年累计发放中小企业贷款262 910万元，比上年多放54 166万元。至年末，全行中小企业贷款余额433 202万元，较年初增加47 352万元；推进惠农卡发行和农户个人贷款。全年发放惠农卡81 269张，完成计划的108.4%；授信28 627.5万元，用信22 729万元。

【股改工作】 完成土地、房产换证和房产、土地确权等股改基础工作。对8宗来源权属不明晰的土地，重新进行测绘、评估，在省分行政策支持，通过交纳土地出让金的形式，变为国家作价出资，并取得了土地证。同时按照农行股份制公司挂牌运作要求，与土地、房管部门沟通、联系，顺利完成38宗土地证和76宗房产证的换证工作。完成州分行本部和县支行机关内设机构调整整合和信贷审批体制改革试点工作。在全行设置中级独立审批人7人，配备贷款审查委员会审议人员22人。

【信贷工作】 加大对优质项目、重点企业、农业产业化龙头企业、县域中小企业及“三农”领域的信贷投放力度。重点支持了水泥、冶金、电力、房地产等优势行业，营销了马鹿塘电站二期7亿元贷款，已投放1.91亿元。年末，全行各项贷款余额突破70亿元，达到759 731万元，较年初净增128 031万元，比上年多增26 644万元。增量和存量市场份额分别占四行一社的31.22%和34.96%，均排第一位；占四大国有股份制商业银行的41.06%和47.34%，均排第一位。

【资金组织】 年末，人民币各项存款达918 429万元，较年初净增146 536万元，增长19.03%；比上年多增58 363万元；完成省分行下达年度计划的172.4%。各项存款增量和存量分别占四行一社的26.98%和34.02%，分别排第二位和第一位；分别占四大国有股份制商业银行的37.71%和47.59%，均排第一位。其中：储蓄和对公存款余额分别达462 508万元和455 921万元，分别净增55 978万元和90 558万元，增长13.77%和24.7比上年少增和多增15 730万元和74 093万元，完成省分行下达年度计划的83.55%和351.87%，增量市场份额分别占四行一社的25.59%和26.98%，均排第二位；占四大国有股份制商业银行的43.21%和37.71%，均排第一位；存量市场份额分别占四行一社的32.43%和35.81%，排第二和第一，占四大国有股份制商业银行的53.49%和42.8%，排第二和第一。

【中间业务】 转变经营模式和业务增长方式，提升中间业务主营业务地位，中间业务收入结构呈现多元化格局。全年实现中间业务收入3 736万元，比上年多增247万元，完成省分行下达计划的88.95%。其中：银行卡商户收单业务收入102万元，完成省分行下达计划的72.68%；代理保险业务收入162万元，完成省分行下达计划的74.31%；个人人民币结算业务收入1 237万元，完成省分行下达计划的79.81%；代理销售投资类业务产品收入79万元，完成省分行下达计划的25.48%；电子银行业务收入238万元，完成省分行下达计划的146.01%；投资银行业务收入1 448万元，比上年多增298万元，完成省分行下达计划的165.33%；担保承诺业务收入74万元，完成省分行下达计划的61.67%；其他中间业务收入356万元，完成省分行下达计划的44.56%。

【个人金融业务】 强效营销个人信贷业务。利用“金钥匙好时贷”等个人金融业务品牌，大力发展个人信贷业务，积极营销中高端客户，不断扩大个人贷款规模。全年累计发放个人贷款6 084笔，金额127 310万元，同期多放686笔，金额多增30 644万元，其中个人住房贷款余额达177 535万元，比年初净增12 616万元，占新增各项贷款总额的9.85%、新增个人贷款的18.37%。全年共审查审批了云锡文山体育城等10个住房按揭合作项目，合作金额达到57 620万元。通过营销重点优势行业和个体工商户，个人非住房贷款余额达到109 863万元，比年初净增56 076万元，占新增各项贷款总额的43.80%、新增个人贷款的81.63%；发展银行卡业务。强化客户分类、实施重点营销，依托网点，做好分类营销，提高现有客户以及潜在客户的贷记卡渗透率；创新营销方式、提高营销效率，实施“城区抢份额，县域争第一”的营销策略；发挥营销合力，有效扩大商户收单业务规模。贷记卡累计发行2 485张，完成省分行下达计划的108.04%，实现银行卡业务收入1 326万元，占全行中间业务收入的35.51%；拓展个人中间业务。通过前台柜员、客户经理的大力宣传，开展联动式、捆绑式营销，电子银行业务获得全面发展。全年新增个人网上银行客户4 726户，新增个人电话银行1 241户，新增个人手机银行219户，新增个人短信通4 113户。完成电子银行业务收入238万元，完成计划的146.01%。全年实现代理保险业务收入162万元，完成计划的74.31%。全年实现基金、本利丰等银行类及代理类个人理财产品销售额14 910万元，完成计划的64.83%；个人存款开展“金钥匙春天行动”，加快网点转型和建设，提升整体形象，为个人业务创造优良环境和优质服务。按季通报业务进度，及时分析工作中存在的困难和问题，制定督导改进工作的有效措施，实现个人中高端客户增量571户，完成计划数的1 543.24%；个人中高端客户金融资产占比达到53.0%，超省分行下达计划36个百分点。

【网点建设】 完成全州营业网点信息采集工作，制定改造方案，分批次对全州营业网点进行标准化装修改造，使营业网点达到“网点分类、功能分区、客户分层、业务分流、标准统一”的要求；推进提升网点经营管理转型和服务品质。从组织要求、业务考核、人员管理、条线制度和技能培训等多个方面共同推进和实施网点经营转型。完成全州服务标准化的培训和导师队伍的建设工作。开展文山城区和西畴支行共12个营业网点的服务标准化导入工作。

【队伍建设】 强化人才强行意识，拓展人才进出渠道。全行2009年共接收新招聘大学生8名，改善了队伍的年龄结构和知识结构，促进员工队伍年轻化、专业化、知识化；加强人才库建设，建立健全县级支行7名科级、6名副科后备干部人才库，储备后备人才、专业人才、高学历人才；加快投资、理财、风险、科技等专业领域人才的培养。制定下发《文山分行2009年度培训计划培训计划》，组织相关部门人员参加省分行组织的培训。全年有9位员工获得本科文凭，20余位员工获得大专文凭；组织189名一线个人客户经理、大堂经理、网点负责人，参加岗位资格考试。组织银行从业人员资格认证考试及统计执业资格考试；开展3个系列行员等级的评定工作，出台客户经理、会计人员和行政人员3个系列《行员等级评定办法》，打破过去增加收入，只有职务晋升一条渠道的模式；组织开展“做合格员工，争当业务能手、岗位标兵”竞赛活动，有8名柜员被省分行授予业务能手、8名柜员被授予岗位标兵荣誉称号。先后组织参加省农行举办的“三农业务知识”、“产品创意”、“法律知识”竞赛，其中“法律知识”竞赛取得了第一名的好成绩。2009年州分行及丘北县支行被省人民政府命名为“省级文明单位”，丘北支行被省农行授予“精神文明建设工作先进单位”荣誉称号。

【领导名录】

行　　长　许　琨(～3)
副 行 长　梁　永(主持工作、壮、3～)
　　　　　李千里
　　　　　李　涛(瑶、兼纪委书纪)
　　　　　李绍鸿(彝)
行长助理　戴　晔

（孙　亮）

建设银行

【简　述】 2009年，建行文山州分行贯彻落实国家宏观经济金融政策，在经营管理中坚持灵活审慎的经营方针，注重加强形势分析判断和市场调查研究，准确把握政策动向与市场需求的最佳结合点，抓住发展机遇，推进战略转型，实施专业化经营，优化资源配置，强化考核激励，提振队伍信心，深化服务营销，加大结构调调整，实现了各项业务的协调发展。年末全行一般性存款余额581 588万元，比上年新增107 851万元；各项贷款余额379 490万元，比上年新增61 851万元；实现拨备前利润12 829万元，比上年增长994万元。

【业务发展】 存款业务方面，以推进二代网点转型为契机，着力加大渠道建设，对全行所有营业网点进行了装修改造，改善了对外营业环境，建立了网点配套服务保障机制；对自助设备加大集中管护和考评力度，提高了客户对自助设备的使用效率；对客户经理进行综合服务技能培训，增强了服务客户和拓展市场的能力；着力优化网点服务流程、完善服务功能、提高员工服务水平、增强客户满意度；顺市而为，加大市场拓展，着力拼抢优质客户和优质项目，提高业务市场份额。贷款业务方面，着力加大结构调整，落实总分行提出的“保、进、控、压、退”信贷政策，加大对高风险行业和劣质客户的退出力度；加大实施“民本通达”工程，加大对全州医疗事业和重点建设项目的营销，加大优质小企业的培育和个人购建房贷款投放，实现信贷业务的增长。

【风险防范】 强化对行业性风险的控制，同时加大了对假个贷、信用卡恶意透支、信贷资金入股、违规操作现象以及关联交易等方面的风险把控；强化信贷授权管理、客户信用评级、重点项目评价审批、优质项目储备、不良客户退出、贷款类别变化监控、信贷风险排查和风险提示预警等工作；强化信贷基础管理，制定信贷基础管理工作考核办法，强化贷中贷后平行作业机制，增强激励约束力，为信贷基础管理工作的加强提供机制保障。

【专业化改革】 按照总分行关于“理清责任体系、分层经营、专业专注”的专业化改革要求，大力推进对公业务转型改革、营业网点专业化经营改革和后台集中化改革，从而使对公资产业务全部集中到州分行实行专业化经营，个银业务经营重心下移，突出“以客户为中心”的经营理念；个人贷款中心的工作流程和内控机制得到进一步完善；中后台对单位人民币账户实现集中管理，对文山城区网点自助设备实现集中管护和整点。

【内控管理】 在全行系统深入开展警示教育和员工不良行为

专项排查治理活动，着力整治员工违规操作行为，增强了员工依法合规意识；进一步强化信贷、会计、内控基础管理，规范业务操作流程和员工操作行为；在县支行推行纪检监察特派员派驻制度，加大对基层机构负责人依法合规行为、廉洁从业的监督检查和风险案件防控力度；建立起内外部审计检查发现问题集中整改机制和违规惩戒问责机制，有效促进了对发现问题的整改，为业务健康快速发展提供了安全保障。

业务服务水平晨会

【领导名录】
行　　长　孙绍洪
副 行 长　肖正兵
　　　　　张　锐
纪委书记　李爱娟(女)

(黄　鑫)

中国银行

【简　述】　2009年，中国银行文山州分行客户结构继续改善，市场份额明显上升，不良贷款实现双降。存款业务实现翻番，人民币各项存款较年初增加107 791万元，外币各项存款较年初增加701万美元，人民币各项贷款较年初增加41 490万元，中间业务净收入523.26万元，实现拨备前利润5 235万元，净利润3 552万元。

【业务发展】　全年累计投放贷款96 675万元，累计收回贷款55 185万元，实现净投放41 490万元，部分改善授信业务的行业结构，缓解贷款过度集中的风险。年末贷存比由上年的213.84%下降到106.67%。在全省中行系统人民币存款计划完成率名列第二，在各地州分行中计划完成率名列榜首。外币储蓄各项存款余额计划完成率名列第二，在各地州分行中计划完成率名列榜首。年末不良贷款余额1 962万元，全口径贷款不良率为0.99%。公司不良贷款1 800万元，不良率1.12%；零售不良贷款162万元，不良率为0.45%。比上年下降0.31个百分点。

【企业文化】　年内，以“追求卓越再创辉煌——云南省分行发展战略规划暨企业文化宣讲”为主题的活动为契机，大力开展企业文化建设，先后组织户外踏青减压活动、“五四”篮球友谊赛、参与州团委组织的“庆五四心连心”关爱活动、“与祖国共成长，与中行共奋进”演讲比赛暨爱国歌曲大家唱活动。

【领导名录】
行　　长　梁　明
副 行 长　夏元凌
纪委书记　左经翠(女)

(唐立荣)

农村信用社

【简　述】　2009年，文山州农村信用社围绕省联社的工作部署，突出加快发展的主题，坚持服务“三农”的宗旨，以“合规经营、加强管理、严控风险、提高效益”为重点，切实把工作重心转移到加强管理上来，支持“三农”和地方经济社会建设。年末，各项存款余额769 629万元，比上年净增154 503万元，增长25.12%；各项贷款余额568 104万元，比上年净增98 291万元，增长20.92%，其中：农业贷款余额383 501万元，占贷款总额的67.51%。不良贷款余额比上年末下降11 423万元，降4.65%，占比10.61%。实现利润总额5 139万元，提取拨备41 068万元。

【信贷管理】　加大对“三农”的信贷支持力度。年末，全州农村信用社农业贷款

信用社贷款支持的茶叶基地

余额383，501万元，占各项贷款的67.51%，比年初增加71 913万元；全年累计发放贷款318 234万元，其中：累放农

户贷款170 770万元，累放农业经济组织贷款8 198万元，累放农村工商业贷款40 741万元。重点支持了富宁洞平电站、壮乡水泥公司等一批项目和企业；严格实行咨询前调查和贷后检查制度，办事处全年共受理31笔咨询贷款。

【风险防范】 全州抽调53人组成若干个稽查组，共投入2 400多个工作日对8个县联社开展计算机网络及内部控制稽查、会计决算和财务真实性稽查、信贷管理专项稽核和后续稽核审计等检查项目，发出现场整改通知书302份，提出整改意见300余条。

【案件防控】 为贯彻落实《云南省农村信用社2009～2011年案件防控治理工作实施意见》，10月26日召开案件防控治理工作会议，深入分析案件防控形势任务，提出了"落实防控工作机制，大力推进合规文化建设，完善制度，开展事后监督，加大责任追究力度"等工作要求，并制定下发《主办会计工作职责》、《要害岗位人员年审制度》，要求各联社抓好落实，实现了系统内全年发案率为零的目标。

【创新金融产品】 开办"贷免扶补"创业贷款，到年末，各县联社发放"贷免扶补"创业贷款1 225户，金额6 005万元。省政府在文山召开全省"贷免扶补"创业贷款现场会；办事处与文山州财政局、文山州劳动和社会保障局签订《创业人员小额信贷协议》，共发放州级创业小额贷款637户，累放金额3 178万元；7月20日在文山举办金碧惠农卡首发式，到年末全州累计发行金碧惠农卡13 288张，授信9 172万元，发放贷款6 446万元；结合全州林权制度改革，大胆尝试，推出林权抵押贷款，支持林农和林业企业22户（企业3户、农户19户），共发放贷款2 197万元。

【科技创新】 在原有20台自动取款机（ATM机）基础上增设5台，新增自动存（取）款机1台，新安装POS机46台；开通信贷系统上线业务；建立系统内电子设备的安全巡检制度；加强对机房、内外网络、柜员操作、柜员卡、事后监督、制度执行等方面管理，严控业务网络风险。

【央行票据兑付】 年内继西畴、丘北县联社于二季度兑付央行票据之后，文山县联社于第三季度成功兑付2 386万元央行票据，标志着全州各县联社央行票据兑付工作全面完成，成功兑付央行票据9 386万元。

【"三改"工作】 年初启动的文山县联社的"三项制度"改革于3月末完成，标志着全州农信社"三项制度"改革工作全面结束，取得了阶段性的成果。麻栗坡、丘北等县联社结合实际，重新调整分类社的考核管理评价体系，正向的激励机制逐步完善。

【领导名录】

主　任　桓锦胜
副主任　李建国

（张胜利）

财产保险

【简　述】 2009年，人保财险文山州分公司实现签单保费收入13 120.28万元，完成年计划的103.47%，比上年增长13.93%。实收保费收入13 159万元，净增保费1 681万元，比上年增长14.65%。其中，商业车险保费收入5 757.1万元，交强险4 300.2万元，人身意外伤害险和责任信用险保费共计收入1 382.7万元，家财险保费收入73.2万元，企财险保费收入767.2万元，货运险保费收入24.85万元，建筑工程险保费收入31.49万元，能繁母猪保费收入784.53万元，承保率100%。上缴各种税金89.64万元，支付赔款11 707万元。

【车辆保险】 坚持分类管理，调整优化车险业务结构，实现车险业务的效益化发展，全面优化车险业务，增强盈利能力。全年机动车辆保费收入突破1亿元，实现车险业务签单保费10 057.3万元，比上年增长19.15%；承保机动车124 075辆，比上年增长16.95%。

【非车险】 全年，企财险保费收入767.2万元；家财险保费收入73.2万元，比上年增长150.5%；责任信用险保费收入168.1万元；人身意外伤害险保费收入864.9万元，比上年增长11.0%。

【农业保险】 推进农业保险业务发展，特别是政策性能繁母猪保险和奶牛保险。2008～2009年度，共承保政策性能繁母猪保险243 173头，业务覆盖全州8县，保费收入14 590 380万元。至年底，能繁母猪出险20 510头，已赔付19 963头，共支付赔款18 979 756元，简单赔付率130.08%，承保率100%；承保奶牛100头，其中文山10头，广南90头，其中政府补贴保费2.16万元，养殖户承担1.44万元。

【"两网"建设和"交叉销售"】 在2008年原有建成38个营销服务部、保险咨询点51个基础上，又新增了4个营销服务部、80个保险咨询点、个代营销人员共计276人，呈现出服务功能辐射全州的趋势。实现个代实收保费6 000万元，农村网点保费收入2 000万元，完成年计划176.93%。年内与人保寿险红河支公司互动部联合举办人保财险州分公司寿险险种销售培训，通过组训、互动人员的转培训，深刻理解开展产寿险业务合作、发展产寿险互动业务的重要意义，充分利用公司的客户、网络、人力等优势，把互动业务作为公司业务发展的新增长点，从而实现产寿险交叉业务的迅速扩张。2009年各支公司均有签约，提前完成省分公司下达的交叉销售保费任务的117.28%。

【系统远程集中拆检定损系统正式启用】　全州系统远程集中拆检定损系统正式启用，精心运作好远程集中拆检定损系统，严格管控远程拆检修理厂，加强对前端设备的规范管理和操作，充分发挥远程拆检定损系统的作用，有效控制了超额赔付。

【客户服务工作】　率先在全国开通365天24小时服务专线95518，随时随地为客户提供报案、咨询、投诉、保险卡注册、车辆救援、预约投保和客户回访等多功能、个性化服务，全年95518专线共受理报案30521件。根据省分公司年初制定的客户服务工作要点和实施"效益、速度、服务"领先的市场战略目标的总体要求，全州客户服务工作在通过客户服务规范培训、95 518专线人员培训，配合理赔部门做好理赔大提速活动、实施差异化服务策略等一系列措施后，服务质量得到明显提升。

【领导名录】
副总经理　粟中宁（主持工作）
　　　　　陆　益（壮、兼纪委书记）
　　　　　张　健（兼工会主席）

（杨　雪）

人寿保险

【简　述】　截至2009年底，中国人寿文山分公司系统累计股份公司总保费收入15 335.48万元，比上年下降0.96%，；实现个险首年期交保费1 706.59万元，比上年降27.11%；中介完成首年保费5 037.25万元，综合完成率约55.1%；短期意外险保费累计实现1 253万元，完成计划数的120.09%，健康险保费760.5万元，完成计划数的241.4%；共收取续期保费6 032.05万元，续期率达90.19%。共处理意外险赔款210.3万元，健康险赔款676.3万元，短期险赔款886.6万元。

【保险先进村创建】　2月12日，文山州人民政府下发《关于印发文山州创建中国人寿保险先进村试点工作实施方案》的通知，3月30日召开文山州创建中国人寿保险进村试点工作启动大会。会后，全州8县人民政府相继下发各县《创建中国人寿保险先进村试点工作实施方案》，先后召开各县创建中国人寿保险先进村试点工作启动大会。在农村推进"国寿新简易人身保险"、"国寿美满一生年金保险"、"国寿康宁重大疾病终身保险"、"国寿康宁重大疾病定期保险"、卡折保险"合家欢"等保险产品。截至12月，中国人寿文山分公司系统共挂牌保险先进村建设点200个，已创建达标中国人寿保险先进村20个，共收取保险费500余万元。为全州万户村民提供风险保障服务。全年保险先进村建设点共支付各种赔款金额超过80多万元。

【开拓中高端客户市场】　全州累计共组织召开了中高端客户产说会9场，邀请参会客户近600人，预约保费680万元，回收保费320万元。

【人才培训】　制定《山高人为峰国寿聚英才》、《文山分公司7月增员风暴企划》等增员企划，开通主管晋升快车道，以"基本法"推动组织发展，以组织发展推动人力增长，以人力增长推动业务发展的思路强化队伍建设。全年共举办新人培训班8期，参训学员450人。组织初级主管培训班5期，组织10批42场专场的代理人资格考试，参考人员近300人，通过180人。全司系统共有有效人力800人。

保险宣传活动

【领导名录】
副总经理　崔　云
总经理助理　李志祥（壮）
　　　　　杨　武
　　　　　袁　岚

（傅怀宏）

文山州境内的竹子品种和分布情况

州境竹资源丰富，清代乾隆《开化府志》记载：有香竹、紫竹、人面竹、吊竹、滑竹、苦竹等17种。1990年，西南林学院徐永椿教授主编的《云南树木图志》中记载："文山州竹类有金竹、刚竹、甜竹、刺竹等15属37种。"全州8个县均有分布，总面积2 914公顷。文山县薄竹山、麻栗坡县和马关县的老君山，大面积连片生长薄竹和香竹。麻栗坡县八布、天保和富宁县剥隘、归朝等地，连片生长大刺龙竹。富宁县的金竹、苦竹达数千亩之多。主要竹种有：

藤竹，亦称蛇竹。植株呈藤蔓状生长，不能直立。多生于海拔800至1 100米湿热沟谷或季风常绿阔叶林内，一般竹秆长达30余米，径1～2.5厘米，实心或近实心。马关县小南溪一带生长较多。

薄竹，亦称箫竹。一般高6～8米，径2～3厘米，主要生长于海拔1 500～2 500米的常绿阔叶林区潮湿地段。文山、马关、麻栗坡等县均有薄竹。

沙罗单竹，又称大薄竹。一般高14～18米，最高达24米，径7～9厘米，最粗达16厘米，生于海拔800米以下湿热沟谷地带。文山、西畴、麻栗坡、马关等县均有分布。

棉竹，一般秆高15米，径3～5厘米，分布于海拔1 000米以下的低山地区，马关、西畴、麻栗坡等县较多。

红壳箭竹，亦称大滑竹。一般秆高5～10米，径1～2.5厘米，生于海拔1 200～2 500米之间的常绿阔叶林内，分布在文山、麻栗坡、马关等县。

香竹，又叫竹楼竹、刺竹。一般秆高6～8米，径1.5～2.5厘米，生长在海拔1 700～1 900米的常绿阔叶林中，分布在文山、马关、西畴、麻栗坡等县。

小香竹，又称刺竹。形态似香竹，但植株略小。仍产于文山、马关、西畴、麻栗坡等县。

长节香竹，一般秆高6～8米，径1.5～3厘米，生于海拔1 600～1 800米杂树林中，麻栗坡、西畴等县均有成片生长。

车筒竹，又名刺龙竹。秆直立，一般高10～24米，径10余厘米，多生于海拔1 000米以下的河流沿岸。分布于文山、麻栗坡、马关、富宁等县。

硬斗黄竹，又名吊棉竹。秆直立，一般高5～12米，径3～8厘米，分布在麻栗坡、西畴、广南等县海拔800～1 400米地段。

木竹，又名小刺龙竹。秆直立，一般高6～10米，径4～7厘米，分布在海拔1 200米以下的河流沿岸。

龙竹，秆高一般在20～25米，径10余厘米，生长于海拔1 000米以下地区，全州8县均有分布。

粗穗龙竹，又称大南竹及甜竹。一般秆高10～14米，径10余厘米，生于海拔1 000～1 600米地带，全州均有分布。

金竹，一般秆高8～18米，径4～8厘米，生长于海拔1 200～1 800米之间，全州均有分布。

苦竹，一般秆高8～10米，径2～5厘米，适应性较强，8个县均有分布。

云南方竹，又名铁刺竹。一般秆高8～10米，径2～2.5厘米，呈四方形或近四方形。生长在全州8县海拔1 600～2 200米地区。

旅游贸易

责任编辑　李金杰

云南生物产业发展合作项目签约仪式

商　　务

【简　述】 2009年，全州商务工作发展面对国际金融危机的不利影响，国际市场动荡，需求减少，对外贸易进出口遇到极大的困难，加之国内市场需求不足的严峻形势下，全州商务部门贯彻落实中央和省关于“扩大内需、稳定外需”以及“搞活流通、扩大消费”的方针政策，制定工作思路，采取各种有效工作措施，加快转变商贸经济发展方式，加大发展内贸流通，努力扩大进出口，深入基层、企业、市场、网点、口岸和边境通道，调查研究，加强组织协调，争取各方支持，指导帮助企业克服困难，为企业发展提供便利化服务；加快城乡现代商品流通体系建设发展，坚持运用市场机制，发挥市场配置资源作用，激发市场活力，指导企业充分利用国家现行优惠政策，开拓市场，扩大销售，大力推进“万村千乡市场工程”、“双百市场工程”、“家电下乡”和城乡农(集)贸市场建设，繁荣农村消费市场，促进流通业快速发展；加强市场监管和食品安全，保障居民身体健康，建立长效管理机制；稳定市场供应，切实加强商贸流通建设项目的前期研究，加大储备和项目申报工作，争取国家和省立项给予扶持资金，完善应急预案，增强应急调节能力；应对国际金融危机，贯彻落实国家和省鼓励外贸进出口优惠政策，引导企业调整产品结构，在重点抓好进出口拳头产品的同时，开发新的产品，开展自主品牌建设，合理使用“进出口增量补贴”、“流动资金贷款贴息”等扶持资金，提高企业进出口能力，培育新的进出口贸易增长点；进一步促进与越南相关部门及企业的交往，深化实务合作，依托口岸，活跃边贸市场，促进边贸发展；指导、管理外商投资工作，促进扩大利用外资；继续推进对外经济技术合作发展，鼓励企业“走出去”开拓国际市场，参与区域经济合作，利用越南在经济、技术、资源等方面互补性较强的有利条件开展经济技术合作，编制申报争取国家商务部核准州内具有境外投资、承包工程、劳务合作和设立境外办事处资格企业，促进对外经济发展；大力加强对州内陆地边境口岸协调管理，切实推进口岸建设，加快口岸经济发展；组团参加“昆交会”、南亚国家商品展销会商贸展洽活动，为企业搭建商贸发展平台；加强和改善商务行政执法，强化行业管理，健全规范市场经济秩序活动；大力加强商务执法队伍建设，实施人才强商战略，规范行政执法，提高执法服务水平；加快构建信息化平台，组织商务信息业务培训，提高信息化水平，增强市场信息引导，全州商务经济平稳较快发展。

【国内贸易】 全州社会消费品零售总额118.7亿元，比上年95.86亿元增长23.8%。按销售地域分：县以上消费品零售额65.2亿元，比上年52.86亿元增长23.3%；县以下消费品零售额53.6亿元，比上年42.99亿元增长24.7%。从经济类型看：公有经济14.93亿元，增长27.1%；非公有经济103.83亿元，增长23.4%。从行业看：批发业111 389.3万元，增长11.9%；零售业805 538万元，增长26.5%；住宿业45 710.3万元，增长25.4%；餐饮业186 672万元，增长22.0%；其他行业38 288.2万元，增长17.2%。全年全州共购进成品油31.6万吨，比上年27.89万吨增长13.3%，其中汽油9.95万吨，比上年8.94万吨增长11.3%，柴油21.7万吨，比上年18.95万吨增长14.5%；销售成品油29.4万吨，比上年27.32万吨增长7.6%，其中汽油8.8万吨，比上年8.67万吨增长1.5%，柴油20.5万吨，比上年18.65万吨增长9.9%。

【万村千乡市场工程】 全州新建和改造商品配送中心5个，建设农家店386个，共争取得到上级补助建设资金552.5万元，带动社会投资8 280万元，带动社会就业人数420人。年末，全州共有11户承办企业，实现销售收入2.7亿元，比上年增长24.6%。商品配送中心21个，其中农资配送中心7个，日用品配送中心14个。农家店1147个，其中验收合格971个，使全州农家店乡镇覆盖率达100%，行政村覆盖率达76.5%。

【家电下乡活动】 全年全州通过备案的销售网点467个，乡镇覆盖率95.0%以上，实现销售“家电下乡”产品42 878件，销售额6 140万元，兑现政府补贴741.8万元，补贴兑现率92.6%，使全州4万多农户得到实惠，促进农村消费。

【物流业和农村商品流通市场建设】 年内，砚山、麻栗坡、富宁、马关4个县基本完成全县商业网点发展规划，文山等4个县正在启动组织编制。全州规划发展现代物流中心建设项目4个，其中文山壮华物流中心已进入实施阶段，完成投资8 000万元，富宁、砚山两县和天保口岸物流中心建设项目完成编制规划发展方案上报州、省两级组织专家评审，待批复后进入项目实施。全州建设和规范改造商品市场项目12个，其中乡镇商品市场8个，农产品市场4个，争取得到国家和省级扶持资金500万元，吸引业主投资1.5亿元。

【对外贸易】 全州完成对外贸易进出口总额11 484万美元，比上年12 770万美元下降10.1%。其中，出口额8 373万美元，比上年7 682万美元增长9.0%；进口额3 111万美元，比上年5 088万美元下降38.9%。文山县1 690万美元(出口1 312万美元、进口378万美元)，比上年1 460万美元增长15.8%；麻栗坡县7 698万美元(出口4 965万美元、进口2 733万美元)，比上年8 750万美元下降12.0%；砚山县1 190万美元(出口)，比上年1 504万美元(出口)下降20.9%；丘北县759万美元(出口)，比上年991万美元(出口)下降23.4%；马关县90万美元(出口)，比上年65万美元(出口)增长38.5%；广南县57万美元(出口)，实现零的突破。主要进出口商品：出口电力、辣椒、芭蕉芋淀粉、水果、花卉、机电产品、成套设备及进口橡胶、矿产品、腰果等。与越南、美国、墨西哥、日本、缅甸、澳大利亚、香港、台湾等20多个国家和地区发展对外贸易往来。对越贸易仍然占文山州对外贸易进出口总额的70.0%以上，成为第一大贸易伙伴。进出口企业队伍和经营主体不断壮大。年内有进出口实绩的企业达52户，比上年增加13户，从经营主体看，进出口总额在百万美元以上的企业有18户，比上年增加2户。

【边境贸易】 全州进出口总额269 000万元(进口91 983万元、出口177 017万元)，比上年264 135万元(进口105 669万元、出口158 466万元)增长1.8%。其中，边境小额贸易进出口额101 605万元(进口23 523万元、出口78 082万元)，比上年105 103万元(进口41 038万元、出口64 065万元)下降3.3%；边民互市贸易进出口额167 395万元(进口68 460万元、出口98 935万元)，比上年159 032万元(进口64 631万元、出口94 401万元)增长5.3%。麻栗坡县202 680万元(进口65 760万元、出口136 920万元)，比上年209 029万元下降3%；马关县37 020万元(进口14 924万元、出口22 096万元)，比上年30 010万元增长23.4%；富宁县29 300万元(进口11 299万元、出口18 001万元)，比上年25 096万元增长16.8%。主要进出口商品：进口橡胶、矿产品、木材、茶叶、药材、副食品、针织品、畜禽类、手工艺品等；出口电力、机械设备、车类成套散件、法兰片、芭蕉芋淀粉、各类盆花、家用电器、日用百货、果蔬类、酒类、肉类、畜禽、服装、农工具等。

【对外经济技术合作】 全州境外总投资额1 231万美元，比上年2 015万美元减38.9%。新签境外投资项目4个，投资额665万美元，与越南投资合作开发矿业采选加工。有云南众韬经贸公司、文山华龙矿产公司、富宁县新源公司、文山蓝天矿业集团、文山国际经济技术合作公司5家企业在越南投资开发和工程承包。

【引进利用外资】 全州实际利用外资总金额146.5万美元，比上年144.63万美元增长1.3%。新批准设立外商投资企业1户，比上年减少1户，合同利用外资285.7万美元，比上年157.68万美元增长81.2%。投资者来自香港地区，投资林业种植及其产品开发。

【参加昆交会】 6月，组织州内云南特安呐制药公司、丘北县云泰食品有限责任公司、文山盘龙山有限责任公司、砚山同和辣椒有限责任公司、文山云润国际贸易公司、文山国际经济技术合作有限公司等19家企业参加第17届中国昆明进出口商品交易会、“沿边开放形象展示”和“农特馆产品展”商品展洽和招商引资活动。参展企业产品突出文山特色，主要产品有三七系列产品、辣椒系列产品、木本油料产品、葡萄酒和养身保健醋等138个品种。重点推介60个投资总额211.52亿元的招商引资项目。“昆交会”期间，内外贸成交和签约额达5 100万美元，意向性拟签约客商达41家。主要产品是辣椒、三七系列产品、牛肉出口和外销及橡胶、铅精矿、腰果进口等。其中，丘北县云泰食品有限责任公司的辣椒系列产品正式进入昆明沃尔玛超市销售，并与日本客商签订6000吨500万美元辣椒出口合同；砚山同和辣椒有限责任公司与墨西哥客商签订辣椒系列出口产品加工项目投资780万美元合同；丘北县达平食品有限公司与墨西哥客商签订出口500万美元的辣椒产品供货合同和内销2 000余万元的销售协议；文山盘龙山有限责任公司与上海客商签订7 000万元牛肉加工销售项目；文山齐氏生物三七科技开发有限公司与北京客商签订三七系列产品、加力神、金滇酒贸易项目总额1 100万元。现场签订8个总额投资为54.2亿元的招商项目。在本届“昆交会”上，商品展洽和项目签约成效显著，“农特馆文山展区”被“昆交会”组委会评选为“优秀组织奖”。

【商贸流通建设项目】 全年共争取中央、省扶持全州商务系统各项资金近5 000万元。其中，内贸向省商务厅申报备案项目41个，争取得到省和中央补助资金1 836万元。按文山州加油站行业发展规划布点要求，组织8县编制文山州成品油零售体系“十二五”规划，按权限审批新建加油站5座，搬迁加油站2座，原址改扩建加油站5座，其中上报省商务厅审批新建加油站2座，搬迁加油站3座；指导帮助12户外贸进出口企业争取外经贸区域协调发展促进专用资金、中小企业国际市场开拓资金、省级外贸发展专项资金、保持外贸稳定增长项目资金、实施“走出去”战略发展专项资金等专项资金500多万元。

【口岸建设与管理】 开展文山州口岸建设发展规划专题调研，结合口岸建设实际和发展需要，组织调整修编天保、田蓬、都龙口岸经济区发展总体规划及项目申报，先后通过省级专家评审，其中天保和都龙口岸规划获得批复，建设项目正在启动，争取省补助口岸建设资金1 931万元。全州口岸进出口货值17 890万美元(进口3 314万美元、出口14 576万美元)，比上年下降0.02%。其中，天保口岸12 690万美元，比上年增长9.5%；田蓬口岸1 628万美元，比上年增长49.9%；都龙口岸3 572万美元，比上年下降31.6%。进出口货运量242 829吨(进口97 907吨、出口144 922吨)，比上年增长2.6%。其中，天保口岸118 461吨，比上年下降12.5%；田蓬口岸50 958吨，比上年增长36.4%；都龙口岸73 410吨，比上年增长14.8%。出入境交通工具21 727辆(次)，比上年下降3.9%，其中出境11 366辆(次)，入境10 361辆(次)。天保口岸出入境14 632辆(次)，比上年下降10.5%；田蓬口岸出入境1 640辆(次)，比上年增长9.0%；都龙口岸出入境5 455辆(次)，比上年增长14.7%。出入境人员354 678人(次)，比上年增长2.3%，其中出境180 692人(次)，入境173 986人(次)。天保口岸出入境200 640人(次)，比上年下降6.8%；田蓬口岸出入境80 038人(次)，比上年增长21.3%；都龙口岸出入境74 000人(次)，比上年增长8.2%。进出口关税1 329.9万元，比上年下降48.1%。

天保口岸

【商务行政执法体制建设】 建立商务行政执法体制，健全商务行政执法责任工作；向省商务厅上报行政执法试点方案，争取在文山州规范建立商务执法队伍，推行政务公开。依据行政执法权限，制定文山州商务局行政许可、行政审批事项、职责权限、办事依据、办事结果、管理制度、廉洁自律要求和责任追究情况分别在文山州商务网、文山州商务局阳光政府网站、新闻媒体及公示牌公示。加强阳光政府四项制度建设，开通“96128”政务信息查询专线电话，接听10个专线电话，满意率达100%；协调电信部门开通“12312”商务举报投诉电话，已进入调试阶段。

【行业管理】 年内，州、县商务部门在工商、畜牧、安监、食品卫生等相关部门的支持配合下，依据行政执法权限，全州组织执法人员360人(次)，开展联合执法12次，对城乡市场、加油站、生猪屠宰企业、“家电下乡”网点进行监督检查。通过有效执法途径，全州解决火灾隐患90余处，对病害猪进行无公害化处理1325头，健全规范市场经济秩序活动，提出整改措施意见85条，现场整改56条，下达限期整改通知书85份，责令整改通知书17份。

【商务信息化建设】 1月，州商务局在文山举办有各县局领导、信息发布员、农业种养大户、农业协会、涉农企业信息负责人参加的商务信息培训班，聘请省商务厅及报社的老师进行讲解，系统培训地方商务之窗维护管理、手机报、云商汇、电子商务平台和新闻稿件的采编知识，成效明显。年内全州在地方商务之窗共发布信息1 533条，比上年增长3.3倍。同时开展对党委、政府系统的信息上报工作，以及通过报刊、电台、电视台等新闻媒体进行宣传报导，年内全州商务信息被相关部门采用情况为：省委、省政府9篇，州委61篇，州人民政府32篇，州委组织部1篇，文山日报58篇，七都晚刊34篇。

【领导名录】
局　长　王光海(3～)
副局长　仲云海(主持工作～3)
　　　　李　纲
　　　　陈绍刚
　　　　刘贵红

(王汉章)

旅游业

【简　述】 2009年，全州旅游工作依托自然山水、民族文化和交通区位3大优势，坚持“政府主导、社会参与、企业经营、市场运作”的发展模式，完成年初制定的各项任务，全州共接待海内外游客435.08万人(次)，实现旅游总收入30.4亿元，分别比上年增长11.79%和30.93%。

【全州旅游产业发展大会】 1月10日，州人民政府召开全州旅游产业发展大会，围绕建设旅游休闲度假基地目标，安排部署旅游工作。省旅游局党组书记刘建华，州委副书记、州长黄文武出席会议并作重要讲话，州人大常委会副主任马正新、州政协副主席陈莉出席会议，副州长兰骏主持会议，州级有关部门领导、8县政府主要领导和分管领导、旅游局局长、省州重点旅游企业负责人参加会议。

【“春节”黄金周】 1月26日至2月1日春节黄金周全州共接待旅游者12.26万人(次)，比去年同期增9.0%；旅游收入7109.5万元，比去年同期增长9.0%。游客主要是昆明、红河、玉溪、曲靖等地旅游者自驾车进入丘北普者黑、广南坝美旅游，占两县游客接待量的70.0%。

【旅游策划方案评选会】 2月28日，在昆明饭店召开文山州旅游休闲度假基地总体策划方案评选会，成立由领导组、专家组和监督组组成的评选委员会，邀请省旅游局党组书记刘建华为顾问。领导组由副州长兰骏、州政府副秘书长贾根、州旅游局、州发改委、州规划局和州文联主要领导组成。邀请云南大学工商管理与旅游管理学院院长田里、省旅游局规划处副处长杨许云等9位省内知名的旅游专家、学者组成专家组。州纪委监察局派出两人组成监督组。通过专家组现场打分，确定北京达沃斯巅峰旅游规划设计院荣获一等奖，浙江工商大学旅游规划设计院和上海派尼欧旅游咨询有限公司组成的联合体荣获二等奖，上海同济城市规划设计研究院和北京绿维创景规划设计院分别荣获三等奖。最后决定由北京达沃斯巅峰旅游规划设计院编制文山州旅游休闲度假基地总体策划。

【拓展重庆旅游客源市场】 3月1～5日，文山州邀请由重庆金豪华国际旅行社组织的近50家旅行商到文山考察，重点考察丘北普者黑和广南坝美景区，并于4日下午在文山县政府一楼视频会议室召开文山旅游产品推广会，参会人员有重庆金豪华国际旅行社有限公司、重庆旅行商考察团代表，东航云南分公司代表，州政府副秘书长贾根、州旅游局及丘北、广南县旅游局领导和相关旅游企业，重庆、文山新闻媒体记者等参加会议。会议期间，文山州旅游局与重庆金豪华国际旅行社有限责任公司签订旅游市场推广合作协议，推出重庆—昆明—文山航空旅游线路。

【专项检查】 4月23～24日，州旅游局、州安监局、州质监局3家单位组成联合检查组对文山城区的九龙宾馆等7家旅游星级酒店安全生产工作情况进行抽查。

【参加广西南宁第五届泛珠洽谈会】 6月9～13日，州旅游局参加在广西南宁召开的第五届泛珠洽谈会。并在会上发放宣传资料200余份，并邀请华瑞国际集团(香港)有限公司凌玮总经理一行3人到文山州富宁剥隘镇、广南八宝镇和丘北小白山村进行考察。

【参加首届中国西部旅游产业博览会】 6月19～21日，州人民政府副州长兰骏带队，州旅游局，丘北、广南两县旅游局及演出队共37人组成的代表团参加由国家旅游局和重庆市人民政府在重庆市举行的“首届中国西部旅游产业博览会”。在博览会上，通过发放宣传资料和举行少数民族歌舞表演等形式全面宣传文山旅游线路。

【普者黑花脸节】 8月14日晚，普者黑“花脸节”开幕式暨普者黑国家4A级旅游景区授牌仪式在丘北普者黑举行。“花脸节”从8月14日开幕至9月14日结束，期间，举行“千人跳弦子、万人抹花脸”狂欢活动并申报吉尼斯世界纪录，大型水上田园实景演出《僰乐普者黑》及多台民族歌舞表演将在普者黑景区及丘北县城椒莲广场举行。

花脸节申报吉尼斯世界记录主会场

【导游人员资格考试】 11月7～9日，文山州全国导游人员资格考试笔试和现场模拟考试在文山州财校考点进行。参加笔试考试的有88人，现场模拟考试的有69人。省旅游局巡视组一行3人到考点巡查考务工作。

【参加中国国际旅游交易会】 11月19～22日，2009中国国际旅游交易会在昆明国际会展中心举行。这次国际旅游交易会由国家旅游局、国家民航总局、云南省人民政府共同主办，文山州共购买6个展位。由副州长兰骏率团，州旅游局，丘北、广南、麻栗坡、文山、砚山县旅游局，文山旅行社、云南国际旅行社文山分社等单位共42人参展。在旅游交易会上共发放宣传资料52 800份，接待客商及公众人数约32 000人(次)。文山州参展团在云南展团总结表彰大会上获得优秀组织奖和优秀展台奖两个奖项。

【星级宾馆】 全州有普者黑度假村、瑞和宾馆、文化大厦、普阳酒店、海威尔酒店、文汇大酒店、九龙宾馆等7家三星级宾馆；有兰花宾馆、交通宾馆、丰园宾馆、电力宾馆、三联酒店、普厅宾馆、金财宾馆等7家二星级宾馆。

【旅行社】 全州有文山旅行社、万诚旅行社、交通旅行社、三鑫旅行社、美景旅行社、麻栗坡旅行社、荷花旅行社、砚山旅行社、文山普者黑旅行社、广南奕奕旅行社、云南国际旅行社文山分社等11家旅行社。

【领导名录】

局　长　孙海波(～6)
　　　　杨晓红(女、8～)
副局长　杨耀文
　　　　龙志鸿

(岳卫民)

出入境检验检疫

【简　述】 2009年，贯彻落实全国质检工作会议、云南检验检疫工作会议精神和中共文山州委、州人民政府的工作要求，围绕“一条主线”、提升“三种能力”、着力在“六个有效性上下功夫见实效”工作部署，全力推进“质量和安全年”和防控甲型H1N1流感工作，建立长效工作机制，实施“3＋1”防线，不断提高工作效能和把关服务水平，全年共检验检疫出入境货物1 968批次，货值7 304万美元。其中出境货物1 697批次，货值6 025万美元；入境货物271批次，货值1 279万美元。与去年同期相比：出入境货物批次减少24.83%、货值减少43.7%。主要原因是受国际金融危机和甲型H1N1流感等因素的影响，导致天保口岸出入境货物大幅减少。检出不合格商品1批/2万美元。主要出口商品有：辣椒、干姜、芸豆、咖啡豆、瓜子、蔬菜、水果、鲜切花、三七及其制品、烟梗、锑及锑的氧化物等；进口商品有：腰果、中草药、木材及木制品、化妆品(免税商品)、医疗设备、铅矿石、锰矿石等。共对出入境人员进行检疫查验94 557人(次)(出境22 030人(次)，入境72 527人(次))，与去年比上年增加33.21%；出入境交通工具(汽车)检疫及卫生除害处理7 437辆(次)(出境6 466辆(次)，入境971辆(次)，比上年减少16.65%。签发各类检验检疫证单19 521余份；签发各类原产地证1 160份/金额1 323.62万美元，其中：普惠制原产地证20份/金额20.2万美元，一般原产地证296份/金额902.96万美元，FROME原产地证书844份/金额400.46万美元；电子转单846批次。

【甲型H1N1流感防控】 3月以来，面对甲型H1N1流感疫情来势汹汹的态势，文山出入境检验检疫工作及时进入紧急状态，沉着应对，根据文山州的实际情况采取以口岸和产地为重点、辐射全州边境一线的防控格局，采取"防大疫"措施，成立8人组成的疫情防控领导小组，组织指挥协调防控工作。下设日常办公室和保障工作组，负责人、财、物的保障供应包括人员预备队、应急物资、药物、设备、经费等保障、信息报送、车辆调配等；及时做好宣传咨询工作，采取举办培训班、电子显示屏、发放资料、制作板报等形式进行宣传，通过报检窗口开展咨询服务；启动应急机制，制定文山检验检疫局《甲型H1N1流感防控工作应急预案》、《防控甲型H1N1流感十项措施》、《口岸甲型H1N1流感医学排查流程图》，抽调人员充实口岸一线开展日常防控，实施零报告制度；建立并运行"政府主导、多部门协作配合、全社会共同参与、邻国对口信息通报"的"3+1"防线，确保边境和口岸安全；做好物资准备和口岸一线人员自身防护。口岸备有体温检测设备17台(支)(热成像红外线体温检测仪3台、红外线体表温度快速检测仪1台、红外线额温检测仪8台、耳温检测仪5支)，卫生处理机械10台(电动喷雾器4台、手动喷雾器6台)、备有足量消毒药品和防护用品等应急物资。截止11月30日，共检疫查验入境人员61 775人(次)(越南边民48 088人(次)，中方出境入人员13 687人(次)，入境车辆5 494辆(次)(越南800辆、中方出入境4 694辆)。在入境人员查验中发现发热病人4例，均属越南入境边民，已现场自愿返回。张贴和发放总局、云南局印制甲型H1N1流感宣传资料7 000余份。投入检疫人员63人(次)。

【质量和安全年活动】 广泛宣传培训，增强质量意识。深入进出口食品生产企业开展宣传、培训工作，指导企业生产加工，提高企业控制出口农产品能力，积极应对国际金融危机。组织大型宣传咨询活动1次，接受宣传咨询101人，发放宣传画宣传册等资料276份；辖区开展活动企业34家，企业全员质量教育培训105人；培训企业管理人员34人(次)，培训地方行政管理人员25人(次)。面对国际金融危机、产品出口大幅下滑的严峻形势，严格执行国家有关减免出入境检验检疫收费的政策，切实减轻企业负担，全年为企业实施政策性减免检验检疫费近百万元。积极向外贸企业宣传普惠制和区域性优惠原产地证，及时帮助企业充分利用普惠制和区域性关税优惠待遇政策获得出口产品关税减免，提高企业出口产品的国际竞争力，扩大出口，全年签发各类原产地证1 160份/金额11 323.62万美元，实现100%电子申报和电子签证，帮助文山辖区出口产品特别是农副产品获得国外关税减免近200万美元。开展帮扶行动，先后召开企业座谈会3次，帮扶34家出口生产加工企业38次，有效地促进了企业出口。在丘北县设立检疫熏蒸点，为农产品出口提供更加便利条件。帮助文山企业出口硅微粉1 620吨。

加强认证监管工作，提高服务科学发展的有效性。狠抓基地备案、果园和水果包装厂注册工作，建立健全从种植、加工、生产、包装、出口监管链条，帮扶两家企业10块基地通过基地备案考核。检查22家出口食品生产企业，向10家企业提出38条整改要求。清查出口植物原料食品原料种植基地47个。清查出境水果果园和水果包装厂注册企业2家，注册果园16个，注册水果包装厂2个。建立和完善出口产品生产企业档案36家、食品及农产品生产企业档案22家，化矿金属生产企业档案11家，水果果园和包装厂档案3家。完成进出口企业《云南出口食品农产品企业质量安全承诺书》签订。

开展内部工作质量检查和改进，完善各项工作规范和工作流程。建立责任明确、权责一致的进出口产品安全监管责任制。进一步修改和完善出口化矿金产品检验检疫操作规程、修订和规范检疫熏蒸除害处理工作规章制度。实施出口产品质量稳定企业分类管理，不断改进和完善监管模式。加强实验室建设，提高把关水平。加强实验室内部管理，按照CNAL要求，完善质量管理体系文件；推动实验室规范化建设，积极参加实验室水平测试和能力验证；加强实验室能力建设，增强和扩大检测范围和项目。新增出口辣椒产品检测项目3项(二氧化硫、苏丹红、黄曲霉素B1)和出口水果农残监测工作。

【"3+1"防线建设】 为应对文山边境线长、周边国家疫情复杂的形势，响应云南检验检疫局的号召，实施"口岸卫生检疫、政府主导、多部门协作配合的联防联控、全社会共同参与的边境群防群控、邻国对口信息通报"的"3+1"防线建设工作。做好常态状态、预警状态、紧急状态下的疫情防控工作。州出入境检验检疫局麻栗坡办事处已与麻栗坡县相关部门签订《边境地区疫情疫病联防联控"3+1"防线合作机制》、《突发公共卫生事件及核与辐射恐怖事件处置联络机制》，与越南对口部门建立定期会晤通报机制。云南检验检疫局与文山州政府签订《合作备忘录》，"3+1"防线全面建立。

【贯彻《食品安全法》】 代替《中华人民共和国食品卫生法》的《中华人民共和国食品安全法》于6月1日正式实施，这是社会食品安全工作中的一件大事，关系卫生、工商、质监、食药品、农业、检验检疫等部门职责的履行和公民、法人、企业的食品安全责任。为贯彻落实好该法，组织干部职工学习，领会法律精神，掌握发条内容，规范执法操作；利用网络、宣传栏、组织宣传活动等形式切实开展《食品安全法》宣传活动。出动宣传人员12人(次)，用光碟语音反复宣传《食品安全法》，发放宣传资料266份、咨询51人(次)，为食品安全法的贯彻落实奠定基础。

【"三网合一"】 7月，全省检验检疫系统实施办公自动化、检验检疫内网、检验检疫门户网站"三网合一"。文山局按时顺利完成联网学习培训、调试运行、启动应用等工作，成功实施三网和政府信息公开网的链接，既增大工作透明度，实现资源共享，又方便快捷，提高办事效率。

【领导名录】

局　长　文尚宇

副局长　朱　洪(兼纪检组长)

　　　　张光培(白)

技术中心主任　徐建明

麻栗坡办事处主任　陈光勇

（黄成平）

海　　关

【简　述】 2009年，天保海关办理进出口报关单1 426票，比上年减少27.6%，报关单修改率由2008年的7.8%下降至2009年5.94%，通关监管平均作业时间比上年下降0.88小时；监管进出口货物11.8万吨，比上年减少12.5%，进出口货物总值1.27亿美元，比上年增长9.5%；征收税款1 329.9万元，比上年减少48.1%，其中，办理审价补税29票，缉私补税10起，共补征税款94.81万元；查验出入境旅客行李物品20.3万人(次)，比上年增长4.0%，出入境车辆15 766辆(次)，比上年减少15.5%；监管查验率为22.61%，查获率为1.48%；以提高企业守法和海关执法效能为目标，加大对辖区企业的稽查力度，强化后续管理，对辖区5家企业开展专项稽查；以打击重点涉税商品走私为主线，综合运用刑事与行政执法两种手段，坚持以打促税，保持打私高压态势。全年，缉私部门查办各类案件32起，其中行政案件30起、刑事案件2起，案值1 405.5万元，涉嫌偷逃税49.71万元。抓获犯罪嫌疑人4人，缴获毒品海洛因270克。

【通关监管】 加强业务现场规范建设和业务规范化管理，提高通关监管能力。按照"口岸通道管理规范化、监管场所建设标准化、监管模式统一化"的要求，进一步规范天保口岸边民互市和辖区非设关通道管理，加大对非设关通道非法进出的监控打击力度。同时，做好"异地报关、口岸验放"监管通关模式的推广。以服务进出口企业为导向，加大改革创新力度，制定出台个性化通关服务措施、"送政策上门"、积极为诚信进出口企业申请适用A类管理、"无假日"通关等服务文山州外向型经济发展的6项具体措施，主动服务于地方经济社会发展。坚持把监管工作重点放在改革管理手段和强化服务效能上。加强业务基础建设，以内强素质为基础，不断提高关员的业务技能；坚持落实"5+2"、全天候预约加班等服务措施，为辖区内企业提供通关便利，尽量降低企业通关成本，强化疫病疫情防控工作，缓解金融危机和疫病疫情对地方外向型经济的冲击。规范边民互市贸易的管理，加强对非设关通道的巡查。在边民互市渠道查办首起侵犯知识产权海关保护案件，查扣仿冒世界知名品牌"LV"钱包200个；在马崩、者阴2个通道共查获涉嫌山乌龟走私入境案件5起，查扣山乌龟124.23吨，案值5.83万元。

【税收征管】 以提高征管能力和税收质量为重点，采取措施推进综合治税工作。执行科室联系配合办法，强化各科室的通力协作和联系配合，进一步增强合力；关注大宗重点税源商品、政策调整涉及商品、零税率、高价值、高税差商品，强化价格、归类监控分析工作；进一步规范单证管理，强化运输工具及监管场所的实际监管，努力防范伪报、瞒报、单货不符等监管风险；坚持"以打促税"，严格落实边境巡查制度，加大对涉税案件的查办力度，确保应收尽收。截至11月30日，共征收税款1 258.4万元，完成年度税收计划的100.7%；办理缉私补税10起，补税81.24万元；办理审价补税报关单26份，补征税款11.45余万元，补税金额比去年同期增长127%。

【缉私工作】 围绕服务"综合治税"的中心理念，全面贯彻"以打促税"的要求，探索海关缉私部门与其他业务部门深度融合的工作机制，统筹片区力量，密切内外协作，综合运用刑事与行政执法两种手段，以打击重点涉税商品走私为主线，紧贴业务一线开展缉私工作，保持打私高压态势。根据辖区点多面广，非指定通道多等特点，深入研究反走私工作的规律，完善实时监控、风险分析与情报经营相结合的反走私预警分析机制，始终把握反走私工作的主动权；与驻军某部、麻栗坡县政府、马关县政府、公安局等单位联合签订《边管部门边防情况互通制度》，构建反走私综治格局。共立案查办各类走私违法案件16起，案值1 383.86万元，涉税42.55万元；抓获犯罪嫌疑人4人，缴获毒品海洛因克270克。经检察机关批准执行逮捕犯罪嫌疑人2名，移送审查起诉案件2宗。

【规范企业进出口行为】 以规范进出口行为为重点，以推进风险管理为中心，切实开展稽查各项工作。以提高企业守法和海关执法效能为目标，进一步加强稽查工作的主动性，完善稽查工作机制，加大对辖区企业的稽查力度。对辖区5家企业开展专项稽查，稽查补税12.39万元，向缉私部门移交行政案件4起。推行企业"能上能下"的动态管理模式，为3家符合条件的B类企业上报A类管理申请，对3家A类企业进行严格的资格稽查，完成156家注册企业的信息核查和数据清理工作，依法注销无法取得联系的企业10家，对49家信息失实企业，提请一线业务部门通关布控，并发出限期整改通知，降低一线执法风险。开展报关员记分管理工作，对5名报关员进行记分处罚，有效地降低报关差错率。

【关务保障】 牢固树立科学的理财观，紧紧围绕保障服务、增收节支和规范管理3条主线，整合财力物力资源，降低行政运行成本，完善财装管理制度，想方设法筹措资金、确保财力保障到位。截至11月底，安排使用各项资金813.63万元，各项预算执行率达100%。坚决执行国库集中支付相关管理办法，努力建设节约型海关，在人员经费零增长，公用经费削减5.0%的情况下，积极采取措施增收节支；1～11月，创收近70万元，较上年同期增长25.61%，车辆使用维护费用较上年同期节约2.57%，水电费、招待费较上年同期都有所下降；加大与地方政府的沟通协调，努力推进文山监管点建设工作，6月30日，与麻栗坡县人民政府正式签订资产置换协议，文山办公楼建设项目正式启动；11月18日，举行文山办公楼、生活区建设工程奠基仪式。

【关务公开】 按照海关总署、昆明海关的工作部署，制定关(警)务公开手册，进一步完善制度措施，细化公开内容，在业务现场和非设关通道加大关(警)务公开硬件设施的投入力度，进一步增强执法透明度，提高海关服务意识，改善服务质量。

【外事工作】 8月25～26日，与越南河江省清水口岸海关分局举行会晤。双方在60周年国庆安保、业务数据核对分析、业务人员交流培训、甲型H1N1流感疫情预防等方面交换意见并达成共识，并签署会议纪要。为双方海关加强合作与交流，进一步推动口岸管理、执法互助、打击毒品和濒危动植物种走私打下一定的基础。

【优秀表彰】 2009年9月，天保海关被国务院授予全国民族团结进步模范集体荣誉称号；天保海关学会小组被中国海关学会授予优秀基层学会小组；1人被中国海关学会授予优秀学会工作者。

天保海关"全国民族团结进步模范集体"揭牌仪式

【领导名录】

关　长　包利波

副关长、缉私分局局长　余　凌

副关长　刁　力

　　　　杜永贵

政　委　张信权

缉私分局副局长　黄　宏

纪检监察特派员　王元喜

（赵　围）

招商引资

【简　述】 2009年，面对全球金融危机给全州经济和招商引资工作带来的严峻形势和挑战，招商引资工作坚决贯彻落实中央和各级党委政府出台的扩大内需，促进投资，保增长的政策措施，抓住机遇，攻坚克难，有效遏制引资下滑势头，实现止跌向升、平稳较快增长。全州全年共实施国内合作项目179个(当年签约62个，往年结转117个)，项目总投资318.8亿元，实际到位资金73.85亿元，完成年计划任务68.03亿元的108.55%，比上年增长19.1%。其中：省外项目总投资额130.67亿元，实际到位资金33.35亿元，完成年计划任务30亿元的111.16%，比上年增长24.65%；其他州市项目总投资162.02亿元，实际到位资金30.57亿元；完成年计划任务30.62亿元的99.84%，比上年增长5.25%；州内项目总投资额26.11亿元，实际到位资金9.93亿元，完成年计划任务7.41亿元的133.93%，比上年增长59.9%。新签约利用外资项目2个，新批外商投资企业1家，合同利用外资2 499.1万美元；完成实际利用外资490.5万美元，占省下达年计划任务的245.3%。全州外来投资企业实际到位资金74.18亿元，占全州地区生产总值273.5亿元的27.12%，占全州年固定资产投资218亿元的34.03%；外来投资企业上缴税金6.48亿元，占全州地方财政一般预算收入17.3亿元的37.46%；安置劳动就业48050人。

【多项措施应对金融危机】 根据中央省州出台的一系列应对危机的政策措施，研究制定促进招商引资工作"四抓四促进"的实践活动及措施。州县招商部门利用会展平台，以走出去，请进来，跟踪项目，主动对接洽谈等，开展多形式招商活动，在第17届中国昆明出口商品交易会、第5届泛珠三角区域合作经贸洽谈会、云南省生物产业发展大会、云南上海生物产业项目推介会等重要大型活动中，文山州与国内外投资者签订28个招商引资项目，其中，国内合作项目26个，协议投资总额77.37亿元；利用外资项目2个，合同利用外资2 205万美元。抓协调服务促进外来投资企业发展和群众增收。针对金融危机的影响，很多外来投资企业处于停产半停产、大批就业人员下岗失业的状况。组织调研组深入到企业宣传各级党委政府鼓励支持企业投资，恢复生产的政策和措施，协调各县政府及相关部门帮助企业解决在金融贷款、推进矿产资源整合、企业受灾扶持、用电及电价等方面的困难和问题，促进企业投资和恢复生产，解决下岗工人的就业和收入，促进全州经济恢复性增长。抓热点难点问题的协调解决，促进社会和谐稳定。全年组织相关人员先后走访外来投资企业303户次，收集整理企业反映的困难和问题92件，联系职能部门68个，协调解决企业困难和问题85件，转交转办10件，办结率98.0%，企业满意率88.0%。

【项目工作】 围绕重点优势资源和产业，狠抓招商项目征集和储备工作。并千方百计拓宽招商引资项目开发渠道，积极推出了一批份量重、特色鲜明、引资成功率高的大项目好项目。全年共收集各类项目242个，项目总投资额359.69亿元。储备项目投资范围涵盖文山州8个县，涉及三七、旅游文化、基础设施等重点行业。同时，向省级招商引资项目库推荐项目60个，涉及拟投资金233.15亿元。

【经济协作】 全州招商系统加大招商项目推介和招商引资力度，大胆实施走出去和请进来战略，不断创新招商方式，扩大招商引资成果。先后组团参加云南省生物产业发展大会、第七届东盟华商投资西南项目推介会、第十七届中国昆明进出口商品交易会暨第二届南亚国家商品展、第五届泛珠三角区域经贸洽谈会和云南(上海)生物产业合作项目推介洽谈会等招商引资活动，均取得显著成果，仅十七届昆交会、泛珠洽谈会、生物产业发展大会三会就签约招商引资项目19个，协议投资额达97亿元。在请进来方面，参与组织实施“百名博士云南行文山生物产业项目推介展示”和中国·文山三七等云南特色药物国际论坛等展洽活动，邀请一大批专家学者和国内外客商参加，并重点做好招商引资项目的对接洽谈及签约工作，文山三七等云南特色药物国际论坛期间，推出项目50个，投资总额25.64亿元。与会企业相互交流、对接洽谈，推进了项目合作，促成15个项目在会上签约，项目协议投资、供销合同总额32.21亿元，已签约的15个项目中，涉及三七产业项目13个，项目协议投资总额27.59亿元(科技合作及产品开发项目11个，投资总额26.99亿元；贸易项目2个，总值6 000万元)，涉及农林产业项目2个，项目协议投资总额4.62亿元。投资者有来自台湾、上海、天津、广东、广西、黑龙江及昆明等省区(市)，招商引资取得丰硕成果。同时，加强项目跟踪问效工作，促进项目实施。

中国·文山三七等云南特色药物国际论坛

【后续服务】 深入企业，宣传政策，抓好企业的协调服务工作。受全球金融危机的严重影响，多数外来投资企业纷纷停产和半停产，工人失业下岗，引资和全州经济在2009年1~3月显负增长态势。为战胜金融危机，中央和各级党委政府提出“保民生、保增长、保稳定”的战略目标，相继出台帮助企业恢复生产，保持经济平稳增长，扼止经济下滑势头的扶持优惠政策。为及时把政策宣传到外来投资企业中，帮助企业树立信心，投资生产，州招商局除用招商简报、外企会刊、信息、招商网站等大力宣传外，组织干部职工深入企业，宣传政策，使广大企业坚定信心，纷纷恢复生产，使全州经济和招商引资从4月开始恢复增长。及时了解和掌握企业的困难问题，极尽全力做好协调服务工作。做好企业台账管理，加强信息建档工作。做好企业信息建档工作是企业的基础。为进一步完善全州外来投资企业信息建档工作，全面掌握全州外来投资企业情况，州招商局始终把企业信息工作作为一项经常性工作来抓，做到新增1户登记1户，并将重点外来投资企业录入招商网。2009年底止，全州共登记外来投资企业793户，其中：外资企业11户；国内州外来文投资企业782户。落实“阳光政府四项制度”。为有效提高服务水平和工作效率，使政务服务中心窗口真正成为能办事，能服务，有效率的服务型窗口，州招商局切实抓好州投资服务中心管理工作。并严格按照开展“阳光政府四项制度”的要求，对各窗口部门需进入中心公开查询的相关事项作了明确的安排，进一步规范了中心的管理和服务工作。通过规范管理，使中心窗口服务质量和服务水平得到不断的提高，深受外来投资企业好评。

【人才引进】 州、县招商部门围绕地区发展战略和重点产业，结合全州招商引资工作实际，不断创新招商引资方式，改进工作方法，按照“招商先招才，引资先引智”的思路，坚持引资和引才、引智相结合，继续把引进人才与劳动就业纳入全州招商引资质量综合考核评价内容，充分发挥外引内联的职能优势，动员和鼓励外来投资企业实施“人才智力引进工程”，大力引进优秀企业管理、技术型人才，在全州招商干部职工和外来投资企业的共同努力下，人才引进及培训工作取得良好成效。年内，全州共举办企业经营管理人才培训班20期，培训人数达467人；选送学习培训252人(省外培训32人、省内培训83人、州内培训137人)；派出州外挂职锻炼或跟班学习2人；召开企业家座谈会6次189人。党政人才派出外地挂职锻炼4人；下派基层挂职锻炼2批2人；专业技术人才到基层开展服务1批1人。全州外来投资企业依托148个项目引进各类人才305人，其中：从省外引进企业管理及专业技术人才93人，从省内引进其他州市医疗技术人才142人，引进州内到其他地方的教育、卫生人才62人。邀请州外3位专家学者来文讲学培训，培训人数19人。目前全州招商系统及外来投资企业共有各类人才3 978人，增长9.3%，其中：党政人才92人，专业技术人才2 035人，企业经营管理人才1 715人，职业技能人才136人。

【领导名录】

局　长　龚祖庆

副局长　苏　荣

　　　　昌　丽(女)

　　　　汤瑜泳

　　　　郑　伟

(阳　永)

供销合作

【简　述】 2009年，全州供销系统实施“乡村流通工程”，推进供销社“二次创业”，不断提高为“三农”服务的水平和能力。通过深化改革，全系统保留各级供销社84个，社有企业及社涉企业97个，产业活动单位1 507个；从业人员2 346人，离休人员58人，退休人员1 772人；发展专业合作社、综合服务社、农产品协会153个，累计发展1 044个。配送中心建设6个，乡村市场建设5个，引进合作项目8个，培训农产品经纪人等2 657人；化肥销售158 977吨，库存29 146吨；经营总额完成75 052万元，实现利润807万元；争取总社、省供销社补助资金387万元，州县“二次创业”启动资金359万元。年内，全州1～12月，系统商品购进总额48 649万元，比上年增加24.0%；商品销售总额52 746万元，比上年增加24%；实现利润807万元(其中：社有资产65万元，非社有资产742万元)，完成省、州计划数550万元的146.7%。全州供销系统共引进合作项目8个。

【乡村流通工程建设】 根据《中共文山州委文山州人民政府关于加快改革促进供销合作社“二次创业”的意见》要求，从2009年起州级财政安排“乡村流通工程”建设启动资金100万元，农资储备贴息30万元，农产品经纪人培训10万元，共140万元。州供销社对州级2009年“乡村流通工程”建设资金进行了详细分解，以《文山州供销合作社关于对2009年“乡村流通工程”建设专项资金使用安排意见的请示》报经州人民政府审批，资金已下拨至各县用于“乡村流通工程”项目建设。全州8县制定《实施意见》，有6个县在意见中明确每年预算安排“乡村流通工程”建设资金。全年，全州供销系统共争取到中华全国供销合作总社、省供销社项目补助资金387万元，州县“二次创业”启动资金359万元。

【全州供销改革发展工作会议】 4月13日，州委、州人民政府召开全州供销改革发展工作会议，8个县县委副书记或副县长、县供销社主任、州属26个部门领导参加了会议。会议全面传达了省委副书记李纪恒、副省长孔垂柱、省供销社主任和润培重要讲话精神。同时，州人民政府分管领导安排部署了2009年的工作任务，并与各县人民政府签订《2009年“乡村流通工程”建设目标考核责任书》。

【供销社“二次创业”】 年内，州委、州人民政府积极做好自查工作，州委办公室、州人民政府办公室先后下发《关于对深化改革推进供销合作社“二次创业”工作进行督查的通知》和《关于对供销合作社改革发展工作落实情况进行检查的通知》，组织由州委办、州委督查室、州政府办、州政府督办科、州商务局、州扶贫办、州劳动和社会保障局、州供销社等单位组成联合检查组，对8县和州级有关部门就全州供销社“二次创业”、供销改革发展工作落实情况进行全面自查。为推进供销社“二次创业”，加快“乡村流通工程”建设步伐，州供销社组成检查指导组于9月4～12日深入8县对“乡村流通工程”建设工作进行督促指导，对丘北县供销社采取统一部署、区别对待，实物扶持、统一字样，树立招牌、广告效应和砚山县供销社贯彻执行“新农村建设到哪里，‘两社一会’就发展到哪里”的要求，把18个“两社一会”全部安排在县四套班子主要领导和县委常委挂钩的示范村，做到了“一个突出、二大投入”的做法给予充分肯定，对部分县工作进度慢、项目建设质量不高、项目资金管理和使用等提出了意见建议。

【各县开展“五个一”工作】 即召开1次供销工作会议。为贯彻省、州供销工作会议精神，9月，8县由县委县人民政府组织召开了供销工作会议，对全县供销工作进行了安排布置；出台一个贯彻省委14号、州委20号文件的实施意见，8县县委、县人民政府出台关于加快供销合作社改革，实现“二次创业”的实施意见，明确了扶持政策和落实措施。制定一个《乡村流通工程建设规划》，8县已编制完“乡村流通工程”建设规划，部分县还委托有资质的部门进行可行性研究，正按照规划紧张有序地实施“乡村流通工程”建设；建立“乡村流通工程”联席会议制度，8县成立由县委副书记或分管副县长为组长，县属有关部门为成员的供销社“二次创业”工作领导小组，建立政府联席会议制度，为研究解决供销改革与发展中一系列问题形成了长效机制；设立一个“乡村流通工程”建设试点。州确定丘北县为全省“乡村流通工程”试点县，除省上给予资金扶持外，州供销社拨付5万元用于项目建设。丘北县供销社重点打造双龙营乡级超市、腻脚乡鹏程蔬菜产销专业合作社、平寨综合农贸市场、普者黑综合服务社。其它7县确定“乡村流通工程”项目示范点，文山县以县农资公司农药配送中心、县农资公司化肥配送中心为示范点，下步将突出以再生资源市场建设和乐竜活畜交易市场建设为重点的项目示范；砚山以县农资配送中心、平远廉租房为示范点；西畴县以新马街乡油菜专业合作社、新马街乡蔬菜专业合作社、新马街乡甘蔗种植协会为示范点；马关县确定县农资配送中心、夹寒箐综合农贸市场、八寨蔬菜生产加工基地为示范点；广南县确定农资公司空山农资配送中心、杨柳井供销公司西洋集贸市场、八宝供销公司中转日用品配送中心为示范点；富宁县确定剥隘镇常弄村“甘蔗专业合作社”为示范点；麻栗坡县确定兴农供销有限公司美好牧业饲料专业合作社、铁厂街腊肉协会、竜林综合服务社、太坪综合服务社、瓦渣综合服务社为示范点。

【经营总额】 1~12月，全州供销系统通过商品销售、餐饮业、社办农业、社办工业、服务业、仓储运输业、资产经营和其它经营等，共完成经营总额75 052万元，比上年增长23.3%，完成省、州计划数60 000万元的125.1%。

【化肥购销存】 供销企业大力推进农资连锁、配送经营和“农资放心店”、便利店等基层网络终端服务。1~12月，全州供销系统共购进化肥98934吨，比上年下降15.7%；共销售化肥158 977吨，比上年下降4.1%，完成省、州计划数150 000吨的106%；期末库存29 146吨，比上年增加28.9%。

【两社一会”发展】 全系统把发展“两社一会”纳入新农村建设，并结合“乡村流通工程”建设、“万村千乡市场工程”建设，对发展“两社一会”进行选点选址，在对已发展的专业合作社、综合服务社、农产品协会进行完善的基础上，今年1~12月，新发展“两社一会”153个：其中专业合作社65个，综合服务社78个(含村级超市53个)，协会10个，完成了省计划数105个的145.7%，州计划数144个的106.3%。到12月底，全州累计发展“两社一会”1 044个。

【教育培训】 全州供销系统把实用型人才、职业技能作为“乡村流通工程”培训的重要内容，年内共完成人员培训2 657人，完成省、州计划数2 300人的116%。

【配送中心建设】 年末，共建成6个配送中心，其中：广南县惠尔玛特连锁超市配送中心规模大且覆盖面广，已在莲城、珠琳、珠街、黑支果、南屏、底圩等乡(镇)建成21个连锁农家店，年实现商品销售收入1 200万元，安置就业92人，为全县提供的商品种类达13 000个，有效地改善农村市场环境，受到当地政府和广大农民群众的好评和欢迎。广南县农资物流配送中心，已在南屏、黑支果、空山、珠街、五昧、篆角等乡(镇)建成6个农资直营店，56个规模不同的村级加盟连锁店，年销售各种化肥1.7万吨，实现商品销售收入超过2 500万元。

【乡村市场建设】 年底，全州供销系统共完成乡村市场建设5个，占省、州计划数的100%。在建成的市场中，文山县德厚乐竜活畜交易市场一期工程(交易区)占地66亩，年交易生猪20余万头，交易额近3亿元，产品主要销往广东、广西、海南、湖南、江西等省、区和昆明、广州、深圳、上海等大中城市。

【办公楼搬迁】 9月26日，文山州供销合作社新办公楼搬迁至文山县卧龙新城区40米大街七花桥头，办公楼占地4亩，总建筑面积5 222平方米，工程于2006年6月26日开工，2008年8月竣工。办公楼分主楼和副楼，主楼内设办公室、档案资料室、大小会议室、多媒体会议室、活动室等；副楼建有经营门面，也可用作大型商场、餐饮、住宿、办公等。工程概算投资965万元，由文山永信建筑公司设计，文山县恩财建筑公司施工，文山县博大建设公司监理。

【安全维稳】 全州供销部门在生产经营过程中狠抓安全目标管理，开展系统财产统保，始终贯彻落实“预防为主，安全第一”的安全工作方针，最大限度地确保全系统的安全生产和安全经营。1~12月，共发生各类安全事故5起，比上年增加1起，无重特大事故发生。由于供销企业解除劳动合同职工在医疗保险、住房补贴、丧葬和抚恤、女职工退休年龄、退休后的管理等问题得不到完全解决或不能与国有企业职工享受同等待遇，州社机关共有180多人(次)来访了解情况，但没有越级访和群体性访的现象。

【段继红到文山砚山丘北调研】 8月19~20日，省供销社副主任段继红到文山、砚山、丘北调研，副州长官悠房、州长助理陈国忠陪同。

【领导名录】

主　任　杨成荣(~6)
　　　　郑德义(7~)
副主任　黄贵方(瑶)
　　　　吴志标

(张继敏)

盐业购销

【简　述】 截至2009底，全州共购进食盐22 031.075吨，销售18 763.765吨；购进工业盐427吨，销售491.10吨。实现销售收入3 314.6万余元、利润280.6万余元。圆满完成公司总部下达的各项指标。

【执法培训】 全州组织盐政执法人员培训122人(次)。进一步学习《食盐专营办法》、《盐业管理条例》、《食盐加碘消除碘缺乏危害条例》、《云南省盐业管理条例》、《食品安全法》、《食品安全法实施条例》、《盐业行政执法办法》、《行政诉讼法》、《行政处罚法》、《行政赔偿法》、《行政许可法》等一系列法律法规。

【盐政宣传】 利用电视台、报刊、宣传栏等宣传工具，宣传国家有关盐业管理的法律法规，宣传非食用盐、非碘盐和不合格盐给人民群众身体健康带来的危害。利用3月法制宣传月、5月防治碘缺乏病日、6月安全宣传月、12月全国法制宣传周及集市贸易日开展食盐知识宣传，把宣传目标和重点放到农村集市及偏远村寨，结合“走千家、进万村、进万店”活动，使广大消费者了解假盐的危害。突出“全社会共同参与，持续消除碘缺乏病”的主题。全年，全州共组织53次宣传，出动人员327人(次)，发放宣传资料62 540余份。

【盐政管理】 全州共计出动盐政执法人员1 162人(次)、车辆342台(次)，共查处盐业违法案件68起，假盐共计36.39吨。案件办结64起，办结率94.4%，上缴财政罚没收入60 788.34元。加强对州食盐批发企业的监管，监督指导食盐批发企业自查自纠。进一步规范和动态掌握州内“食盐批发许可证”网点情况，年初完成对州内“食盐批发许可证”、“食盐转(代)批发许可证”的清理、登记、初审、上报工作。同时进行全州“零售许可证”换发工作，截至12月底全州共换发“零售许可证”4 150份。通过证件的换发，动态撑握了州内“食盐批发许可证”、“食盐转(代)批发许可证”“食盐零售许可证”持证人员和网点分布情况。杜绝无证经营、持证不守法经营的行为发生。

【领导名录】
经　理　翟　勇

（李　培）

物　　资

【简　述】 2009年，州物资公司坚持“以安全为保障，以销售为龙头，以效益为中心，以企业团结和谐为动力”的经营方针。在云南包装厂文山分厂(以下称文山炸药厂)全年停产，整个集团公司销售萎缩、费用上升、效益下滑的情况下，抓紧抓好乳化炸药生产线安全技术改造、爆炸物品库房扩容改造建设工作；很抓增收节支和安全生产。主要经济指标完成情况商品销售收入9 620万元，比上年减少3 344万元，下降25.8%；上交税金468万元，比上年减少61万元，下降11.5%；实现利润297万元，比上年减少231万元，下降43.7%；炸药销售量10 020吨，比上年减少606吨，下降5.7%；雷管销售量925万枚，比上年减少4万枚，下降0.43%；导爆索销售量17万米，比上年减少11万米，下降39.2%；塑料导爆管销售量52万米，比上年减少46万米，下降88.4%。

【经营管理】 年内，国家工业信息部对列入技术改造的企业不再下达生产计划，文山炸药厂于2009年1月1日停产，104位员工全部下岗。为保持职工队伍稳定，维护社会稳定，集团公司全力做好下岗员工思想工作，在新建生产线投产前，对下岗员工每人每月发800元待岗工资，面对销售下滑、费用上升、亏损严重的经营困境，集团公司董事会及领导班子及时调整经营思路，制定扭亏增盈的措施和办法，狠抓房地产开发和闲置资产盘活工作，全年实现税利765万元。

【安全生产】 集团公司全年召开各企业领导干部安全会4次；召开全体员工安全会2次；开展安全生产巡回检查19次。各企业共召开安全生产学习会和分析会126次；共开展消防、通讯、人员组织保障演练40次；严格执行安全检查制度，开展安全生产月查、周查、日查工作。全年投入安全资金96万元，其中雷管库改造及隐患整改投入76万元、购置安全设备设施投入12万元、安全教育培训及奖励资金8万元。“安全月”活动中，组织各企业领导和安全员观看《如何应对突发火灾》、《爆炸事故典型案例剖析》等光碟片，开展警示教育；组织全体员工开展《中华人民共和国消防法》及消防知识学习考试，参考人数达140人，占应考人数的100%。通过一系列的安全教育培训和各种演练活动，确保安全生产。连年被文山州、县安监局评为安全生产“先进单位”。

【技术改造】 年内，集团公司投资近3 100万元，完成旧库记拆除新建乳化炸药生产线安全技术改造项目。全年累积完成技术改造投资2 100万元。

【行业整合】 公司根据国家工业信息部对民爆器材流通企业整合的要求，坚持不侵占县级企业利益、支持县级企业发展的整合原则，在控股成立砚山、丘北、广南、富宁民爆器材专营有限公司的基础上，与马关、西畴、麻栗坡民爆企业多次反复协商达成《整合协议》后，又控股成立马关、西畴、麻栗坡民爆爆器材专营有限公司，全面完成全州民爆流通企业整合工作。公司作为全州物资系统的母公司，经工商管理部门核准更名为：文山州劲达物资集团有限责任公司。同时，按照国家工业信息部对民爆器材生产企业整合的要求，根据《云南省国防科工办与文山州人民政府关于支持“文山炸药厂整合”的协议》、《云南包装厂与文山州劲达物资实业总公司关于劲达物资实业总公司所属文山炸药厂的整合协议》，与云南包装厂共同出资组建云南达力化工有限责任公司，合作建设乳化炸药生产线。对文山炸药厂进行终止清算，并办理工商注销登记。

【领导名录】
董事长兼总经理　王跃祥
副　总　经　理　陈兴明

（杨寿华）

薄竹山风景区

位于文山城西77千米，最高峰为双乳峰，海拔2 991米，为州境第一高峰。全景区22座山岭，21条壑谷，7条溪流，两个泉潭，在76平方千米的广柔范围内，林木茂盛，其中不乏千年古树，珍贵名木。特别是全球已属罕见的长蕊木兰，最为珍品；其次高山玉兰、红花木莲、香木莲、滇南木莲、苦梓含笑、香梓含笑、亮叶含笑等，亦属稀珍树种；间杂于林中的奇花异卉，灿若云锦；50余种兰花，四时不谢，虽严寒料峭，仍有独俏寒兰、沉香虎头兰、碧玉虎头兰等争相怒放；还有各种杜鹃花，从春至秋，盛开不败，致满山遍林，灿烂生辉。其主要景观有：

高山林海 在薄竹山顶，双乳峰之间，乱云飞渡，雾霭缭绕，故又有“飞云峰”之美称。伫立山顶，劲风拂面，“高处不胜寒”，举目四顾，满眼一片碧绿，林海涛声，忽远忽近，百鸟争鸣，婉转悦耳，令人陶醉。如逢秋高气爽，山上枫叶红于二月花，点缀在绿色海洋里，万绿丛中一点红，更增情趣。

顶峰观霞 中秋节后，天青云淡，晴朗明静，游人于晨曦初放之时，登临峰顶，静观日出，山前山后，有如两重天。山前风暖气清，天边彩霞横现，一轮红日，喷薄而出，冉冉上升，放射出万缕柔和金光，海拔2 000米以下，云海茫茫，如雪如棉，较高山峰插入云海之中。是时，远方天际，五光十色的彩霞，拱托着红彤彤的朝阳，头顶上天空湛蓝，脚底下白云霭霭，近处翁翠绿岭，人在画图中。峰巅之后，景物迥异，凉风习习，暗云浮动，深谷寂籁，林木声簌，又别是一番意境。

如霞岭 位于薄竹山北面，沿三家箐的崇山峻岭，遍山遍野长满大叶杜鹃。每至春夏，山花怒放，红焰如火，烂漫似霞，故名“如霞岭”。山上白杜鹃、黄杜鹃、山茶、兰花和不知名的野花，满山遍野，千姿百态，花色如锦，香气袭人，宛如花的世界。

珍珠坡 位于薄竹山北20余千米的摆衣寨，十二台坡一带，属原始森林边沿地段，满坡皆是大杨梅树，素有“珍珠坡”之称。每年农历7、8月，杨梅果实累累，白绿透红，琳琅满目，有如串串珍珠，镌于枝头。

绝壁飞瀑 位于青山环抱的高枧槽村后的化乙山，海拔2 684米，山阳面有一滑石板大坡，雨水季节，泉水从滑石板坡上飞溅而下200余米，形成巨大的飞瀑，声震谷底，气势恢宏，这种壮丽奇观，实不多见。

教育科技

责任编辑　陈昌应

召开“三生教育”工作推进会

教　育

【简　述】 2009 年，全州共有各级各类学校3 525所，在校生664 471人，其中：高等学校 2 所，在校生5 064人；中等职业学校 30 所，在校生33 672 人；普通中学 159 所，在校生201 180人（其中：高中37 356 人，初中163 824 人）；小学3 197所（含1 525个教学点），在校生367 997人；特殊教育学校 1 所，在校生 267 人；幼儿园 136 所，在园（班）幼儿53 718人。全州有教职工43 340人，其中专任教师38 416人。小学毛入学率 105.95%，入学率 99.64%；初中阶段毛入学率 101.38%，入学率 83.7%；高中阶段毛入学率 43.8%，幼儿入园（班）率 38.79%；小学辍学率 0.78%，初中辍学率3.03%。全年全州按照“坚持改革不停步，完善体制增活力，夯实‘两基’稳基础，调整结构求突破，建设队伍强素质，强化管理提质量，科学发展上水平”的教育改革发展思路，深化教育改革，推进工作创新，全年教育工作成绩显著。教育经费投入显著增加，教育保障政策全面落实。中小学校舍安全工程完成排查鉴定和规划编制，超额完成省政府和州政府下达的年度排危任务；中小学校布局调整步伐加快，扩大内需建设进展迅速，办学条件明显改善。“两基”得到巩固提高，广南县通过“普实”验收。职业教育发展加快，“下乡办学，工学结合”办学模式成效突出，中职招生首次超过普通高中，高中阶段在校生普职比达 1∶0.9。州职教园区建设取得新进展，州卫校、州技校搬迁建设步伐加快。文山师专成功升格为本科院校，民办三鑫职业技术学院一期工程建成招生。教育改革进一步深化，素质教育积极推进，教育教学质量显著提高，高考上线率达 76.7%，比上年提升 16 个百分点。

【召开全州教育工作会议】 2 月 24 日，州人民政府召开全州教育工作会议。副州长张秀兰在会上指出，2009 年全州教育工作按照以邓小平理论和“三个代表”重要思想为指导，以办人民满意的教育为目标，以促进基础教育均衡发展为关键，打牢九年义务教育的基础；以切实减轻中小学生负担为切入点，深入实施素质教育，全面提高教育质量；以大力发展职业教育为重点，优化教育结构；以学前教育和特殊教育为关注点，推动各级各类教育协调发展的总体要求开展，同时深化教育改革，加强教师队伍建设，加强学校管理，加强教育督导，加强教育行风建设和党风建设，全力维护教育稳定。会上，州人民政府与各县政府签订了教育目标责任书。

【召开庆祝教师节暨表彰大会】 9 月 10 日，州委、州人民政府召开庆祝 2009 年教师节暨教育工作表彰大会。大会表彰了 20 个教育工作先进集体、100 名优秀教师、20 名优秀校长、30 名优秀教育工作者，并向受表彰的先进集体优秀个人代表进行了颁奖。州长黄文武在出席大会上并发表了讲话，他充分肯定全州广大教师和教育工作者在教育战线上所做出的业绩，提出今后一个时期内教育工作的主要任务，并希望广大教师学习领会党和国家领导人提出的师德要求，将其作为自己的行为准则，把握好学生心灵、做爱心型教师；把握时代脉搏、做现代型教师；把握教育规律，做创新型教师。

【国家实施中小学校舍安全工程】 5 月 8 日，国务院召开全国中小学校舍安全工程会议，启动工程实施。中小学校舍安全工程目标是：在全国中小学开展抗震加固、提高综合防灾能力建设，使学校校舍达到重点设防类抗震设防标准，并符合对山体滑坡、崩塌、泥石流、地面塌陷和洪水、台风、火灾、雷击等灾害的防灾避险安全要求。从 2009 年开始，用 3 三年时间，对地震重点监视防御区、七度以上地震高烈度区、洪涝灾害易发地区、山体滑坡和泥石流等地质灾害易发地区的各级各类城乡中小学校存在安全隐患的校舍进行抗震加固、迁移避险，提高综合防灾能力。其他地区，按抗震加固、综合防灾的要求，集中重建整体出现险情的 D 级危房、改造加固局部出现险情的 C 级校舍，消除安全隐患。

【全州中小学校舍安全工程】 7 月 28 日召开会议启动中小学校舍安全工程，9 月底完成所有校舍排查鉴定，共完成3 671所学校13 294个单体建筑 345.97 万平方米校舍的排查鉴定，排查鉴定出 A 级校舍 119.61 万平方米，B 级校舍 40.07 万平方米，C 级校舍 22.26 万平方米，D 级校舍 164.03 万平方米，88 所学校存在自然和地质灾害隐患。根据排查鉴定结果，编制了全州中小学校舍安全工程建设总体规划，并按规划逐步实施校舍重建和加固改造。

全州中小学校舍安全工程建设现场推进会

【整体排除 D 级危房工程】 在省补资金比例下调、地方财政困难的情况下，全州通过调整财政支出、银行贷款、社会捐集资、企业垫资等多种形式筹措危房改造资金，自整体排除中小学 D 级危房工程启动以来，共投入资金39 779万元（其中：中央和省补助19 558万元，州县财政支出4 804万元，社会捐资 340 万元，施工企业垫资15 077万元），排除中小学 D 级危房 41 万平方米，开工建设面积 45 万平方米，竣工面积 25 万平方米，超额完成全州 25 万平方米的排危任务，超额完成省政府下达全州2009年确保开工35万平方米，竣工12.4万平方米的建设任务。

【中小学布局调整】 按照省政府近期“三集中”(高中、初中向县城集中，初中向乡镇政府所在地集中，小学向村委会所在地集中)和远期“两集中”(中学向县城集中、小学向乡镇集中)中小学布局调整要求，以及“加速做大城区，积极巩固坝区，优化边远山区，稳定边境地区”的布局思路，综合考虑经济社会发展、人口变化、地域特点、教育发展水平等因素，编制了全州中小学布局调整规划。规划到2012年撤并学校1 905所(中学16所，小学1 889所)，撤并率达53.47%，基本完成区域布局调整阶段性任务；到2029年，撤并学校2 515所(中学34所，小学2 481所)，撤并率达70.58%，并根据城镇化发展趋势，扩建现有城区中小学校，新建31所城区中小学校，使全州校均规模基本达到中学1000人以上，小学600人以上。全州以丘北县为试点，加大调整力度，并配备好保卫、医务、后勤等人员，完善寄宿制学校管理，调整效益凸显。

【新农村卫生新校园建设】 继马关、砚山、丘北县后，2009年广南、富宁两县又新增为新农村卫生新校园建设工程试点县，项目学校34所。各项目县结合当地实际，因地制宜地进行了校园“厕所改造+食堂改灶+养殖+沼气+种植”、“厕所改造+食堂改灶+养殖+沼气+污水净化处理+蔬菜种植基地”、“小水窖建设+净化处理”、“生活垃圾分类处理”等生态循环经济模式的探索，使循环经济的理念渗入校园，推动了农村生态校园的建设，实现了资源的循环利用，改善了校园环境、卫生和生活条件，为勤工俭学工作的深入开展提供了条件。至此，该项工程试点已覆盖全州8县中的5县，项目学校97校，受益师生近3万人。

【边境“国门学校”建设启动】 为全面改善边境学校办学条件，提升边境地区办学水平，增强边民的民族自豪感及守土固边的自觉性，维护边疆稳定和安宁，文山州于2008年编制了《文山州边境沿线“国门学校”标准化校园建设项目规划》，计划建设边境沿线6所“国门中学”和91所“国门小学”，投入19 463万元资金，排除D级危房1.7万平方米，改扩建校舍116 258平方米，建设计算机教室17间，实施“班班通”项目546套，全部建成标准化学校。州委、政府将“国门学校”建设项目作为2009年重点建设项目积极与中央、省有关部门进行项目对接，申请建设资金。3月，从规划中遴选了20所边境国门学校作为2009年建设备选项目上报。文山州马关县都龙镇中学，麻栗坡县天保镇口岸学校、猛硐乡民族小学，富宁县木央中学、田蓬镇第一中心学校被批准实施第一批“国门学校”建设项目，省下达建设项目资金2 889万元，建设面积24 911平方米。

【教师廉租房建设启动】 州人民政府决定在省下达的扩大内需廉租房建设资金中实施乡镇低收入教师廉房建设，批准全州建设1 758套乡镇教师廉租房，共87 900平方米。其中：文山县80套，砚山县136套，西畴县473套，麻栗坡县174套，马关县192套，丘北县393套，广南县260套，富宁县50套，建设地点全部位于各县乡镇政府所在地。住房建设坚持标准适度、经济适用的原则，单套面积原则控制在50平方米以内。建成后按“政府统筹、产权公有、有偿周转使用”的原则管理，住房产权一律归学校所有，限于教师周转使用，不得出售、转卖和对外租赁。

【初中教育评价制度改革启动】 从2009年秋季入学的七年级(初一)学生开始，全面实行初中学生学业水平考试和综合素质评价为基础的高中阶段学校招生制度改革。初中学生学业水平考试分为考试和考查两种形式，初中学业水平考试用等级制与标准分报告成绩，分为四个等次，即A：优秀(≥90分)、B：良好(≥70分且<90分)、C：及格(≥60分且<70分)、D：不及格。初中学生综合素质评价指标包含基本素质评价指标和个性发展评价指标两个部分。学校成立学生综合素质评价工作委员会，建立相应的工作机构，在充分尊重学生自我评价，并在同学互评和学生成长记录的基础上，经集体讨论，给予学生客观、公正的评价。

【创建“无文盲乡镇”工作】 全年全州举办304个扫盲班，参加学习人数3 037人，共扫除青壮年文盲、半文盲1 420人，创建“无文盲乡(镇)”24个，自2008年以来累计创建“无文盲乡(镇)”43个。

【中小学校预算财务管理】 进一步加强义务教育保障经费管理，明确州、县财政及教育行政部门和学校职责，确保义务教育经费及时足额投入。中小学校财务制度进一步完善，学校预算外收入全额缴入财政专户，严格实行“收支两条线”；严格遵守国家收费管理的有关规定，严格收费项目、范围和标准，取消义务教育阶段学生择校费；严格执行国家规定的开支范围及标准和物资采购程序；建立健全民主理财制度，大额资金使用由校领导集体讨论决定；建立健全学校财务管理内部控制制度和教育系统内部审计制度，坚持开展校长离任审计。全年省州共下达学校公用经费18 866.72万元，寄宿制困难学生生活补助12 298.53万元(220 286名中小学生获补助)，全部合规使用，未发现重大违纪违规行为。

【广南县实现“普及中小学实验”教学】 广南县中小学实验教学普及工作顺利通过省验收，成为全州第7个“普实”县。2009年，全县共投入资金1 100万元，建设和改造实验室385个，实验准备室403个，添置实验桌凳4 421桌，新购标准仪器柜3 356个，添置实验仪器和药品520万元，全县中小学实验教学开出率达90.0%以上。

【中等职业学校实行招生六统筹】 为加强和改进招生工作，

规范招生秩序，扩大中等职业教育规模，全州中等职业学校招生实行六统筹：即统筹办学资源，整合职业教育办学资源，形成一体化职业教育网络；统筹招生计划，每年由州教育局下达全州职业教育招生计划，将任务分解到县、乡镇、学校；统筹招生宣传，每年6月和12月，由州教育局统一组织到县和乡镇进行巡回招生宣传，统一印制宣传资料；统筹填报志愿，做好志愿填报的指导工作；统筹招生时间，每年3月30日、9月30日前各县、校报招生数，实行全年招生，两次报备；统筹录取注册，实行春、秋两季招生和考试录取与注册入学相结合的招生办法。

【中等职业学校招生首次超过普通高中招生】 随着国家对中等职业教育政策支持力度不断加大，文山州采取广泛宣传国家优惠政策、鼓励发展民办职业教育、扩大合作办学、实行开放办学、探索“下乡办学、工学结合”办学模式等多种办法扩大职业教育规模，今年中等职业教育招生数大幅增加。全州中职学校招生18 977人，超过任务数（14 000人）4 977人，中等职业学校招生首次超过普通高中招生。

【文山师专升为本科学院】 4月，文山师专被教育部批准升格为本科院校，更名为“文山学院”，2009年学院设4个本科专业正式招生。熊荣元任文山学院党委书记，郝南明任院长。

【云南三鑫职业技术学院招生】 由云南三鑫集团主办的云南三鑫职业技术学院完成一期工程建设。2009年获准招生专业为汽车技术服务与营销、汽车检测与维修技术、酒店管理、物流管理、计算机应用技术等专业，共招生140人。该学院是云南省第一所设在州市的民办高等职业技术学院。

【特设岗位教师大幅增加】 全年，全州争取到952个“义务教育阶段教师特设岗位计划”教师名额，实际招聘913人，比2008年增加招聘225人。2006年国家实施“义务教育阶段教师特设岗位计划”以来，全州共招聘“特岗教师”2 722人，2006年招聘的“特岗教师”已完成3年合同期，大部分按双方自愿原则转入地方编制。自2008年起，云南省实行中等职业学校特聘教师计划，全州每年获得50个招聘名额。

【代课教师全部退出讲台】 砚山、丘北、广南3县在事业单位教师招聘中倾斜部分指标，对具备任职资格条件的在职代课教师进行考试招聘，考试未通过和不具备任职资格条件的一律清退，给予一定的经济补助，并作适当安排。从此，全州各级各类学校不再聘请代课教师。

【教师培训】 全州教师培训力度加大，培训内容、形式更加丰富，渠道更加多样、人数有所增加。组织中小学教师履职晋级培训，参训教师达15 281人（次）；加大骨干校长、教师及班主任培养力度，选送了117名中小学校长、2 644名骨干教师到昆明、上海、北京参加培训，开展第二期中小学班主任远程教育培训，共培训2 177名班主任。组织中小学教师参加“全国中小学教师教育技术能力建设计划”培训，州县两级共完成5 009名项目骨干教师培训，培训范围覆盖所有项目点，同时举办两期400名镇中心学校教务主任及远程教育管理员骨干培训。

【全州新增10所州级文明学校】 根据《文山州文明学校评选、命名、管理办法》（文教发〔2006〕24号）的规定和要求，经各校申报，各县教育局推荐，州教育局审定，共评出10所学校为2009年州级文明学校，具体学校为：文山州农业学校，文山县开化镇咪洒小学、老回龙镇中心小学，西畴县职业高级中学、蚌谷乡中心小学，麻栗坡县麻栗镇盘龙中学、马街乡坝子小学，马关县大栗树乡中学、大栗树乡和平村中心小学，广南县八宝镇幼儿园。

【新一批“三好学校”“优秀学生干部”“先进班集体”受表彰】 经学校、县级逐级按规定程序申报推荐，州级审查，教育局、团州委决定，授予赵海凡等172名“三好学生”称号，授予李开凯等60名“优秀学生干部”称号，授予文山县第一中学高三年级（16）班等30个“先进班集体”称号。

【中小学开设书法课】 7月，云南省教育厅发出通知，要求全省在义务教育阶段的四年级、七年级及高一年级的美术课程开设书法课。小学四年级在1～3年级写字课的基础上，重点学习毛笔书法；七年级初步了解楷书、行书、隶书和篆书的风格特点，对不同风格和流派的经典书法作品进行简要赏析；高一年级以高中美术课程标准为指导，结合中国书法史对历史上的名家名作进行进一步学习赏析和临习。

【中小学学科竞赛被禁止】 按照省教育厅统一安排，从2009年11月1日起，禁止各地开展中小学所有学科竞赛活动。各级教育行政部门、教育科研及培训机构、教育学会及其分支机构、各级各类学校，不得举办或协办中小学生参加的“奥赛”和其他所有学科竞赛活动；任何单位和个人，不得为“奥赛”和其他学科竞赛活动提供学校、教育学会、教育科研及培训机构、教育部门管辖的青少年宫、青少年活动中心等公共教育资源；在职教师不得举办或参与举办各类“奥赛”和其他学科竞赛活动，不得在校外有偿兼职、兼课。从2010年起，全省统一取消大中小学校招生中的“奥赛”和其他学科竞赛、青少年科技创新大赛成绩加分政策。各级各类学校招生不得与学生参加“奥赛”和其他学科竞赛、青少年科技创新大赛取得的成绩挂钩；义务教育阶段学校不得举办任何形式的与入学挂钩的学科测试和考试；取消初级中等阶段获得中学生学科奥林匹克竞赛照顾加分项目。

【中等职业学校探索“下乡办学”模式】 2008年以来，文山州创新“下乡办学，工学结合”办学模式，由中等职业学校结合农村实际设置专业，利用农闲时节召集农村群众集中学习，农忙时节把办学点分设在乡镇和村民委，深入田间、农户家中有针对性地开展巡回教学，着力培养一批懂技术、能管理、会经营的新型农民。截至2009年底，全州共有5所中等职业学校以“下乡办学，工学结合”办学模式招生8 247人。该办学模式得到省政府领导的批示肯定。

【“平安校园”创建活动启动】 12月，由文山州综治维稳委学校及周边治安综合治理工作领导小组牵头，州教育局、综治办、公安局、财政局、司法局、卫生局、文化局、新闻出版局、工商行政管理局、政府电子政务管理中心、建设局、环境保护局、团州委等单位启动了全州“平安校园”创建活动。“平安校园”由学校自行申报，通过逐级考核，由州综治维稳委学校及周边治安综合治理工作领导小组考核认定、命名表彰，并遴选推荐申报省级认定。“平安校园”创建活动纳入争创“先进平安县”的考核内容。州、县教育局把创建“平安校园”作为审批辖区内学校获文明学校等其他荣誉称号或各种等级学校的必要条件之一，列为校长任期目标，实行动态管理、责任追究制度和一票否决制度。

【学校及周边突出治安环境治理】 年初，全州开展了一次学校及周边突出治安问题及矛盾纠纷的排查及整治行动，对各学校及幼儿园食堂、小卖部、学校周边餐饮业、副食店、网吧、电子游戏室等开展全面排查整治。全州共检查学校（含幼儿园）2 034所，查出学校周边违规经营网吧29个，无证照摊点428个，违规经营场所13个，共检查食品从业人员2 150人，持健康培训合格证上岗1 896人，无健康证培训合格证上岗496人。同时，有关工作制度和力量得到加强，公安部门在重点学校设置了驻校警务室，交警部门在一些中小学幼儿园门前设立了交通警示标识、减速带，在学校放学时间部署警力帮助学校维持道路交通秩序；乡镇以上学校基本建立了治安联防制度，与片区内公安派出所及有关单位密切联系，共同防范和打击罪犯；加强了学校灯火管制和刀具管制，普遍实行校园24小时值班和巡查制度；建立了学校食品卫生定期检查制度。

【“四项示范”创建活动】 全州教育系统开展规范教育收费示范县、廉洁文化进校园示范校、内部审计示范乡镇和校务公开示范校等“四项示范”建设取得初步成效，推进了党风廉政建设和政风行风建设。砚山、西畴县被省治理教育乱收费联席会议认定为全省“规范教育收费示范县”，全州规范教育收费示范县达3个。以砚山县为创建校务公开示范县试点，校务公开工作格式规范、内容全面、年内无校务工作方面的举报。以文山县老回龙中心校为内部审计示范试点学校，从组建内审机构、建立内审制度、培训审计业务、开展教育内部审计工作等各个环节加强指导，推动全州教育内部审计工作。以文山职业技术学校为创建廉洁文化进校园示范校试点，力争年内每县创建一至二所廉洁文化进校园示范校。以西畴县和广南县一小为廉洁文化进校园为示范点，创新活动形式、活动载体，丰富活动内容。11月29日，州教育局、州政府纠风办在砚山县联合召开了“四项示范”建设现场推进会，将“四项示范”向全州推进。

【“阳光系统”建设】 年内，为加强教育系统党风廉政建设和政风行风建设，州教育局以“阳光政府四项制度”建设为契机，全面推进“阳光系统”建设。以“阳光政府四项制度”为抓手，打造“阳光政务”，制定了重大决策听证、重要事项公示、重点工作通报、政务信息查询制度的实施细则和制定年度工作计划，开通96128政务查询专线电话，并将此项工作纳入机关行政监察范围。以规范学校财务管理和校务公开为抓手，打造“阳光校务”，加强学校财务管理，严格遵守国家收费管理的有关规定，取消义务教育阶段学生择校费，坚持开展治理教育乱收费工作；严格学校支出管理，严格执行国家规定的开支范围及标准。以招生“六公开”和诚信高考为抓手打造“阳光招生”，执行招生政策公开、高校招生资格及考生资格公开、招生计划公开、录取信息公开、考生咨询以及申诉渠道和重大违规事件及处理结果公开的“六公开”政策，推进诚信高考。

【学校甲型H1N1流感防控】 针对甲型H1N1流感流行趋势，全州教育系统实行甲型H1N1流感工作“六到位”，加强工作领导，建立工作机构，落实工作责任，强化晨午检、消杀、信息报告、物资储备、宣传教育等工作措施，制定了甲型H1N1流感防控应急预案，提高应急处置能力。甲型H1N1流感得到有效防控，全州未发生大规模甲型H1N1流感暴发疫情。

【“三生教育”】 根据省教育厅关于开展“三生教育”的实施意见和文山州实施“三生教育”的步骤，文山州从9月新学年开始，在全州各级各类学校全面开展“三生教育”。“三生教育”的目的是让学生从小学会认知生命、珍爱生命、尊重生命，提高适应能力、生存能力、生活能力和创造能力，引导孩子从小热爱生活、奋斗生活、幸福生活。继文山县教育局、州民族职业技术学校、州实验小学、文山县二中四所试点校后，州内的其它学校也相继开展“三生教育”，使“三生教育”真正进校园、进课堂、进学生头脑；坚持“三生教育”与学校教育、家庭教育、社会教育相结合，营造良好校园文化环境，形成良好家庭氛围，促进社会和谐发展。

【减轻学生负担工作】 云南省按照中央、国务院等部委关于减轻中小学生负担的精神，从2009年春季学期起，切实减轻学生学业、经济和精神负担，在全省范围内一律取消义务教育阶段学生学业成绩评定百分制，统一实行等级加鼓励性评语的学业成绩评价制度。除初三、高三年级可在校内进行教学活动外，禁止中小学校及教师在双休日、法定节假日、寒暑假组织学生开展任何形式的教学活动。严格控制中小学课外作业量，严禁教师“拖堂”侵占学生课间休息、锻炼和活动时间，严禁学校及教师挤占初、高中毕业年级的体育课时和其他体育锻炼时间，严禁各地及中小学校赶超和拖延教学进度、随意增加教学内容、随意提高教学难度和要求；取消任何形式、任何区域的小学毕业统测，严禁任何学校组织任何形式的初中招生考试。将减轻中小学生负担工作作为教育行政部门年度教育目标考核的一项重要内容，逐级单独签订目标责任书。文山州按照要求，聘请了州直有关单位领导5人为“减负”工作特聘监察员，州直中小学校长67人为“减负”工作特派监察员。

【全州第三届中小学艺术展演活动】 为全面贯彻教育方针，促进学生德智体美全面发展，展示学校艺术教育成果，推动学校艺术教育的改革与发展，举办第三届中小学艺术展演活动，活动的主题为“阳光下成长”，评选项目为艺术表演节目类、艺术作品类；展演期间同时举行云南省第三届中小学教育论文报告会暨校长论坛。活动从2009年5月开始至10月结束，分三个阶段进行，共收到优秀中小学生艺术作品200多幅、艺术表演节目60多个和艺术教育论文近400篇，评出艺术表演获奖节目器乐9个，声乐13个，舞蹈14个，校园剧12个；艺术作品、摄影、书法获奖共95件；音乐教育科学论文获奖60篇，美术教育论文49篇，校长论文15篇。

【“送教下乡”远程项目活动】 年内，州“农远”项目应用送教下乡工作组赴马关、富宁、西畴、麻栗坡四县开展了送教下乡活动。远程教育项目“送教下乡”活动主要是为全州中小学“送技术、送资源、送课例”，指导远程教育三种模式的教学应用，推进全州远程教育应用与研究。活动以现代远程教育环境下课堂教学应用为主导，技术支持为突破，通过远程教育三种模式的整合课例展示观摩、点评交流和应用方法探讨研究，对教师在应用过程中存在的疑难和困惑进行现场解答，对管理使用、资源下载、操作技能等方面给予指导。通过活动，使广大教师能充分运用现代远程教育，并涌现了一批应用方面的教学和技术骨干。

【省部教师受国家级表彰情况】 年内，马关县夹寒箐镇尖山中心学校杨永维被人力资源社会保障部和教育部表彰为全国模范教师、被教育部表彰为优秀德育课教师。州实验小学余世春、丘北县新店乡小江口小学李子光、麻栗坡县下金厂乡外头坪小学被教育部表彰为全国优秀教师。麻栗坡县天保镇帐篷小学被人力资源社会保障部和教育部表彰为教育系统先进集体。广南县一中玉炳图、文山县一初阳燕萍、文山州一中张胜芳、麻栗坡县猛硐乡响水小学、文山州卫校郭丹云、马关县蓝天高级中学李现奎获云南教育功勋奖。

【省教育厅专家组对云南三鑫文山职业技术学院评审】 2月21日，省教育厅专家组对云南三鑫文山职业技术学院评审，副州长张秀兰陪同。

【领导名录】

局　　长　刘锦超
副 局 长　章建祥
　　　　　黄福光(壮)
　　　　　朱　花(女)
纪委书记　陈国光

（侬朝成）

科　　技

【简　述】 2009年，全州科技工作按照“自主创新、重点跨越、支撑发展、引领未来”的科技工作方针，以改革和创新发展为动力，以建设创新型云南行动计划和贯彻落实国家知识产权战略为目标，以提高科技创新能力和产业竞争优势为重点，以推进科技成果转化为目的，狠抓各项工作的落实。全年共组织申报国家、上海市科委和省科技计划项目75项，现已立项并拨付扶持资金的项目36项，获得项目经费支持3 142万元。做好州级科技计划和科普计划工作，安排州科技计划项目30项，经费80万元；科普项目4项，经费20万元。通过项目的辐射带动，加快科技成向现实生产力果转步伐，科技进步和创新为全州经济社会发展提供动力和支撑。依靠科技积极应对金融危机，开展厅州会商（州科技厅与州委、人民政府科技工作会商会议），成功筹备举办了中国文山三七等云南特色药物国际论坛，农业科技进展顺利，工业科技加快发展，科技普及和科技培训成效显著，知识产权工作稳步提高，科技人才培养管理工作扎实推进，全面完成全年科技工作目标任务。

【落实创新行动计划】 州人民政府成立以州长为组长的领导小组，全面贯彻落实建设创新型云南行动计划。结合全州科技工作实际，围绕州委、州人民政府提出的六大战略目标、四大基地建设，重点从全州贯彻落实建设创新型云南行动计划的指导思想、目标任务、实施内容（八大重点产业技术创新、四大基础能力建设）、保障措施等方面草拟《中共文山州委、州人民政府关于贯彻落实建设创新型云南行动计划的实施意见》，报州委、州人民政府审批通过，并于2009年10月10日印发各县、各部门贯彻落实。为全面实施国家知识产权战略，提升知识产权创造、运用、保护和管理能力，推进贯彻落实建设创新型云南行动计划，促进经济发展方式的转变，结合全省的实施意见和文山州实际，研究并草拟《文山州人民政府关于贯彻落实国家知识产权战略的实施意见》，报州人民政府审批通过。同时围绕2月20日在全省科技工作会议上州人民政府同省人民政府签订的目标责任书，将任务进行分解落实，并在3月26日召开的全州科学技术奖励会议上，州人民政府分别同州科技局和8县人民政府签订了《文山州贯彻落实建设创新型云南行动计划2009年度目标责任书》，确保工作落到实处。

【会商制度】 州人民政府同省科技厅经过多次沟通和协商，以重点科技工作和重大科技项目为载体，实现省科技厅同州委、政府面对面共同协商区域经济社会发展的重大科技需求工作思路的有效对接，形成上下协调配合的工作运行机制，进一步促进区域优势特色产业的发展，并于2009年4月24日首次在文山召开厅州科技工作会商会议。会上提出了文山油茶产业关键技术研究及示范、砚山阿社冶炼厂年产18万吨锰铁合金技术集成示范与产业化等8项重点项目，并请省科技厅给予立项扶持。省科技厅高度重视，对厅州科技工作达成了共识，同意整合科技资源、优化配置，加大对文山州的科技扶持和投入。目前，7个会商重点项目获得省科技补助资金1 595万元。

【举办三七药物国际论坛】 按照全省建设创新型云南行动计划的要求，积极挖掘全省的生物资源，做强做大生物产业。经过半年多的精心策划和组织，由云南省科技厅、省食品药品监督管理局、省工信委、文山州人民政府和中药全球化联盟共同主办的中国文山三七等云南特色药物国际论坛，于12月17～18日在文山成功举办。论坛以文山三七等云南特色药物产业“创新、发展与国际化”为主题，秉持“合作、共赢、发展”的宗旨，共有来自国内外科技界、企业界、经济界的知名专家、学者和企业家、云南省二十个“云药之乡”的嘉宾、十多家国内主要新闻机构的记者共430多人参加论坛。论坛共收到论文63篇，海内外23位主讲嘉宾作了交流与探讨。共有全省117户企业和有关科研单位参加商品展示，参展人员400余人，展位133个，参展产品有500种以上。文山州人民政府与天津天士力集团签订的《关于合作开发文山三七产业的框架协议》、与云南省城市建设投资有限公司签订《关于三七产业合作项目的框架协议》等15个招商引资项目进行签约，项目协议投资总额32.21亿元，其中涉及三七产业开发的项目达12个，投资总额近28亿元。

【考核与合作】 组织参加国家科技部科技进步县考核和大院名校科技成果展示等工作。2009年10月16～19日，组织三七、生物资源、矿业机电等行业的15家科研院所和企业组成的三个展区10个展位参加由省人民政府主办，省科技厅承办的首届中国昆明大院名校科技成果展示会，文山州展示的三七、辣椒系列产品、花生油、白花茶油、茶叶等产品深受消费者欢迎，成为展示会的亮点。同时围绕生物、矿冶、机械制造等领域产业化过程的重大科技需求开展技术合作，初步搭建起大院名校与文山州企业、产业科技创新和产学研合作交流平台，有效整合和推进科技创新成果资源转移和聚集，促进科技成果转化，形成文山州与大院名校“全方位、宽领域、多层次、多形式”的科技合作良好工作格局，交易会上签订的“电炉非稳定烟气低温余热发电关键技术研究及产业化示范”、“含易浮脉石难选锌锡铟多金属矿综合回收技术研究及产业化攻关”等7个项目合作协议，协议金额到达2.08亿元，为解决全州产业发展中的重大技术难题，提高自主创新能力，促进传统产业的持续发展发挥重要桥梁和纽带作用。同时组织参与国家科技部2007～2008年度州、县科技进步考核工作，丘北县和文山县顺利通过国家科技部科技进步县考核，其中，丘北县获得国家科技部科技进步县考核先进县的表彰奖励。

【粮食作物品种选引及示范推广】 推进农业新技术开发应用，组织实施重大农业技术攻关和技术推广工作，提升农产品市场竞争力和农业综合生产能力。主要开展的优质高产多抗杂交水稻、杂交玉米、优质小麦、优质杂豆等粮食作物新品种选育、高产配套栽培技术、产品开发研究试验示范推广等成效显著，促进全州粮食安全生产。自主选育、引进新品种、新技术水稻新品种文富7号、文稻8号等，玉米新品种文单2号、文三1号等，小麦新品种文麦9号、云麦42等，油菜新品种花油6号等，以及辣椒地膜覆盖栽培技术、免耕马铃薯栽培技术等在州内示范推广面积184万亩。选育出具有自主知识产权的突破性的文香310A、文香2 051A等新品种(杂交亲本)34个，参加省区市级区试8个，预试12个。自主选育新品种文富7号、文稻8号等新品种、新技术成果辐射越南、老挝、缅甸等国家及国内10省市区，面积456万亩，其中州内95万亩。按照省委、省政府“百亿斤粮食增产计划”的总体部署，组织开展粮食作物高产创建活动，重点做好马关县万亩玉米和富宁县万亩水稻高产创建等示范基地建设，项目实施成效显著，顺利通过省级验收，起到了很好的科技示范推广作用，促进了农民的增产增收。“糯稻新品种文糯1号选育与应用”获省科技进步三等奖；“小麦新品种选育及示范推广成效显著”项目获州科技进步一等奖。

【三七技术开发及集成示范】 以举办中国文山三七等特色药物国际论坛为契机，扩大三七产业在国内外的知名度，为三七产业的发展注入活力、增强后劲。正在组织实施的“三七连作障碍消减技术研究及示范”、“三七新品种选育研究”、“三七地上部分资源综合开发利用研究”和“三七标准提取物及有效部位群生产工艺关键技术研究”等重点科技项目进展顺利，进行三七种质资源圃的扩建，建立品种、土壤的定位监测点，开展土壤微生物和酶活性监测与修复研究、三七土壤自毒物质分离鉴定与消减技术研究、三七的系统选育及繁育和三七杂交技术等研究。按照国家《保健食品管理方法》、《新资源食品管理方法》及《新资源食品研制报告指导原则》完成了三七茎叶、三七花新资源食品及保健食品部分生产工艺相关技术研究，对三七食品质量标准和安全性进行评价研究，开展三七花、三七粉安全毒理学评价，按国产保健食品批文申报要求申报三七叶苷软胶囊保健食品批文，对三七叶苷软胶囊改善睡眠保健功能进行申报资料整理，并上报云南省食品药品监督管理局保健食品审评中心。《三七产业发展关键技术开发及集成示范》荣获州科学技术进步类一等奖、《三七重金属、农药控制技术及质量检测体系建设》荣获州科学技术进步类二等奖。

【木本油料品种引选及推广】 以核桃、油茶等木本油料产业培育为重点，加大新技术的示范推广和产业集成工作，重点抓好核桃、油茶等木本油料产业良种良法配套技术攻关和高产示范种植。开展广油3号、4号、9号、13号和14号的油茶良种标记工作，标记出油茶采条母树25万株，开展油茶良种的复选工作，采集标本127份，引进广西、湖南油茶品种20个，引进中国林科院亚热带林业研究所油茶优良品种50个，为油茶良种选育准备了丰富的物质材料。建成1个1 000平方米温室，将年培育品种苗木20万株，解决油茶品种试验苗。完成30亩油茶采穗基地建设，向省林木品种审定委员会申报了300亩省级油茶采穗基地认定，打造500亩林粮间种高产油茶示范基地，并选定100亩作为油茶良种选育基地，为油茶产业发展选育出新的油茶良种。开发“云岭白花”山茶油品牌新品种3个，对3个旧品种进行了升级，设计开发出白花茶油外观系列包装产品5个并申请获得外观专利权。

【辣椒产业标准化示范推广】 开展辣椒新品种选育、高产配套栽培技术研究、产品开发研究及示范推广工作，辣椒产业标准化得到迅速发展。先后选育出高产、抗病、适应性强的云干椒1号、2号、3号等3个优良干椒组合以及云椒2号鲜椒组合，并已开始在省内外大面积示范推广，主要以丘北辣椒地膜覆盖栽培技术为主的千亩辣椒高产示范样板，进一步提高辣椒的产量和质量水平，种植生产辣椒已经成为全州广大农民的重要经济来源。由农科所主持的“越南北部丘北辣椒集成技术跨境示范”项目列入省科技厅国际科技合作计划，将进一步推进辣椒的大面积产业化发展。

【企业技术创新】 按照州委、州人民政府提出“工业强州”战略目标，大力开展企业技术创新工作，加快企业自主创新建设步伐，提高企业发展后劲，增强市场竞争力。围绕贯彻落实建设创新型云南行动计划，积极开展工作，切实加强以企业为主体的技术创新能力建设。2009年组织云南文山斗南锰业股份有限公司、云南特安呐制药股份有限公司、云南金泰得三七有限责任公司3家企业开展高新技术企业创建活动，并得到省级技术资格认定。同时，组织培育云南文山斗南锰业股份有限公司、文山通用机械制造有限责任公司、丘北县云泰食品有限公司和丘北太阳魂酒业有限公司4家企业为创新型试点企业，其中，云南文山斗南锰业股份有限公司被认定为创新型试点企业。云南华联公司承担的《含易浮脉石难选锌锡铜铟多金属矿综合回收技术研究》项目，强化技术攻关，积极开展技术升级和产品创新，优化铜、锌、锡、硫浮选工艺，使锡回收率达42.68%，提高6.89%，实现绿色选矿和清洁生产，使当地生态环境得到明显改善，社会效益显著，预计年增加经济效益数亿元。云南文山斗南锰业股份有限公司承担的《纯低温余热发电研究应用技术》项目，充分利用现有余热回收和低压余热发电技术，降低冶炼能耗，提高能源利用率，实现能源梯级利用，减少废热对大气的污染，改善环境，增加企业自发电量。

【民营科技】 州科技局切实把扶持发展民营科技企业作为重点工作来抓，加快科技与经济的紧密结合，积极引导企业向组织网络化、功能社会化、服务产业化的方向发展，鼓励企业开展技术创新，开发新产品，增强参与市场竞争能力。重点组织实施丘北县《优质猪肉精深加工项目》、《辣椒素和辣椒红色素提取工艺关键技术研究及产业化示范项目》、《血塞通滴丸新药高新技术产业化项目》等科技项目。年内全州民营科技企业156户，新增企业4户，实现产值5.92元，利税0.96亿元，解决2 586人社会就业。

【知识产权】 贯彻落实《国家知识产权战略纲要》和《云南省人民政府关于贯彻落实国家知识产权战略的实施意见》，及时组织传达文件精神，组织学习领会并落实，全州专利申请质量、数量得到大幅提升，专利对支柱产业、重点产业的支撑作用明显显现。强化专利行政执法，知识产权试点示范工作有序推进，将知识产权优势转化为经济优势，自主知识产权成为企业应对金融危机和抵御各种风险的重要法宝。全年，全州完成专利申请180件，比上年增长38.5%。其中，发明专利申请21件，占总申请量的11.7%；实用新型专利申请22件，占总申请量的12.2%；外观专利申请137件，占总申请量的76.1%。三七专利申请56件，占总申请量的31.0%。全年有108件上年度专利申请获州级专利申请资助，资助金额4.63万元。通过工作的开展，有效的调动专利申请人的积极性，促进具有自主知识产权核心技术的创新开发。

知识产权试点示范企业保持快速发展势头，在经受金融危机影响的2009年，云南特安呐制药股份有限公司、云南人羞花化妆品有限公司、云南金不换(集团)有限公司、文山华博贸易有限责任公司四家省级知识产权试点示范企业共申请专利27件，比上年增长286%，专利技术产品实现销售额1.03亿元，比上年增长52.98%。

大力开展知识产权宣传普及工作，组织知识产权专项执法行动，利用“全国保护知识产权宣传周”、“科技活动周”等有利时机，开展形式多样的专利法律法规宣传活动，并于4月26日在文山学院举办了“文山州第二届知识产权知识竞赛”，来自州内有关科研机构、大中专院校和企业的8支代表队参加竞赛。在2009年的知识产权宣传活动中，全州共悬挂知识产权宣传标语150余条，发宣传资料4万余份，展板展示128块，2.6万余人参加了宣传活动。结合全国开展的“‘雷雨’、‘天网’知识产权专项执法行动”，协调有关部门，开展知识产权行政专项执法行动，共收缴、销毁走私、盗版音像制品4786碟、非法书报刊838册，调处1起专利侵权纠纷案件。经积极申报争取，文山县被确定为全国首批实施知识产权强县工程县，成为全国实施该工程的124个县(市、区)全省仅有的4个县中的1个。2009年，文山县的专利申请达85件，比上年增长28.78%。

【科普宣传和科技培训】 全州科技管理部门坚持以服务科学发展，服务大局，服务民生为目标，以增强农民科技意识，提高技术素质为主题，突出服务“三农”，采取各种有效措施，广泛深入开展科普宣传和培训工作。文山州气象局和西畴县香坪林场木兰科及珍稀濒危植物园通过省级认定，成为文山州首次得到省级科学普及教育基地授牌的单位。组织完成2008年度科普工作统计，建立全州科普工作统计数据库。完成“文山科技信息网”的升级改版，加强了信息发布功能，提高在线办事能力，推进交流互动，增强了网站安全和自防御功能。加入全国科技信息服务网，由国家科技部信息中心授牌，成立了文山首家全国科技信息服务网—云南科技信息服务节点。在“科技下乡”、“科技活动周”、边疆解“五难”(学科技难)、“保护知识产权宣传周”等活动中，共组织科技和技术人员3 120余人(次)，深入农村第一线开展科技宣传和培训工作，展出科技展板2 520余块，发放科技宣传资料58万余份，为群众进行技术咨询服务37万人(次)，开展各类农村适用技术培训8 164期，培训干部群众36.74万人(次)。边疆解“五难”(学科技难)示范区主要劳动力人均掌握了2门以上实用技术，每户拥有1名科技明白人。通过广泛开展科普宣传和培训，培养了一批懂技术、会管理的农村新型技术人才。

【科技创新人才培养】 切实加强科技人才队伍建设，加强中青年学术技术创新人才培养，加快科技人才队伍建设步伐，为科技发展提供充足的人才保证和强有力智力支持。按照《文山州中青年学术和技术带头人选拔培养管理办法》规定，加强中青年学术和技术带头人及后备人选的培养管理工作，兑现培养经费16万余元。同时，按照培养方向对中青年学术和技术带头人及后备人选安排项目、参加学位教育、业务培训、专业岗位培训等，使他们更新了知识，拓宽了视野，丰富了阅历，学术和技术水平得到不断提高，在各自的专业岗位上发挥了学术技术带头人作用。在2007年度、2008年度科学技术奖获奖项目中，有近一半是学术技术带头人及后备人选主持或参与完成的，有力地推动了人才培养工作，进一步加快了科技人才队伍建设。在继续抓好省级技术创新人才崔秀明、陈昱君等7人培养管理工作的同时，组织全州符合条件的科技人员申报技术创新人才工作，推荐州农科所所长、高级农艺师李存龙作为省级技术创新人才培养对象，并于5月评为省技术创新人才。年内，全州共有省级技术创新人才8人，其中2人出站。按照省科技厅申报省级创新人才团队建设要求，积极推荐文山三七研究院申报“文山三七研究创新人才团队”，现正待批。同时，开展中青年学术技术创新人才资源开发数据库建设工作，初步建成了文山州科技人才数据库，库存高科技人才333名，对培养选拔各领域学科带头人、组织学术攻关和有关发展项目的论证等方面，取到积极的推动作用。以企业为建设服务平台，加快科技人才引进体制和机制创新，开展高端科技人才的引进工作。2009年10月，成功引进了中国药科大学博士、上海中医药大学中药研究所所长、教授王峥涛，对加快文山三七产业的发展及新产品的开发将起到积极的推动和促进作用。

【科技扶贫】 实施边疆解“五难”(学科技难)惠民工程，参与“蕨人”、“山瑶”和边疆和谐文化村寨整村推进项目建设，推动农村经济社会较快发展。组织了3个边境县(富宁、麻栗坡、马关)的13个乡(镇)133个村实施农村解“五难”(学科技难)惠民工程，加快“六个一”建设目标步伐。同时整合科技资源，参与与“蕨人”、“山瑶”和边疆和谐文化村寨整村推进项目建设。为边境县共选派科技特派员13名，选培村级科技辅导员133名，开展实用技术培训1 210期6.6万人(次)，发放农村实用技术资料、手册(书籍)7.67万份，展出科技展板784块，建设科技宣传栏18块，新建村级科技活动室116个，完成科技活动室配套158个，配套桌椅3 825套，办农函大教学班142个，招收学员5 899名，开展各类技术咨询服务5.67万人(次)，建设农村专业技术协会12个，建立和培育一批科技示范基地和科技示范户，发展科技示范户600户，完成核桃、烤烟、油茶等农作物高产示范种植7 083亩，带动面上推广7.57万亩。通过发展特色产业，实施“短、平、快”项目，项目区农户人均收入比上年有显著提高。麻栗坡县实现农民人均有粮292千克、纯收入1 873元，比上年分别增长4.3%和16.3%，富宁县农民人均有粮360千克、纯收入2 025元，比上年分别增长13.5%和15.1%，马关县农民人均有粮346千克，纯收入2 495元，比上年分别增长4.1%和15.0%。

【科技奖励】 组织开展科技成果的评价评审奖励工作，促进科技成果向现实生产力转化。2009年，共组织评价科技成果52项，其中：农业项目21项(包括农业13项，林业4项，三七4项)；工业项目8项，教育项目2项，医药卫生项目21项。经州科学技术奖励委员会评审，评定出2008年度文山州科学技术奖科技进步类获奖项目35项，其中：一等奖5项、二等奖10项、三等奖20项；评出文山州农科所、文山州情

科技人才表彰

报所和砚山县科技局等5个单位荣获科普贡献奖；评出陈昱君、李云等5人荣获创新人才奖；评出州三七研究崔秀明、陈昱君、王朝梁和三七特产局雷绍武等12人获科普创作奖。评出的获奖项目具有自主创新性强、技术水平较高、经济社

会效益显著等特点，有力地促进了文山州科学技术进步，对全州科技成果的转化起到积极的推动和引导作用。同时按照国家科技部及省科技厅的要求，规范成果管理，开展科技成果登记入库工作，对全州科技成果转化起到了积极的作用。

【领导名录】
局　长　周世洪
副局长　何明祥(党组书记)
　　　　盘天发(瑶)
　　　　顾世民

(张永明)

防震减灾

【简　述】 2009年，全州的防震减灾工作全面贯彻落实《防震减灾法》、2009年全省地震局长会议精神和省政府关于全面加强预防和处置地震灾害能力建设的十项重大措施。建立健全监测预报、震灾预防和紧急救援三大工作体系，使全州的防震减灾综合防御能力迈上新的台阶。年内，在云南省2009年度地震监测质量评比中，测震获优秀奖。信息网络获州、市组优秀奖。被滇东地震预报协作区评为2009年度滇东地震预报协作区工作先进单位。

【地震活动】 年内，文山州地震活动处于相对平静的状态，与2008年度相比，地震频度有所减弱，地震强度相当。全年，文山州内共发生地震203次，其中1.0～1.9级地震150次，2.0～2.9级地震51次，3.0～3.9级地震2次，无4.0级以上地震发生，最大地震为2月11日01时20分21.7秒发生在丘北县城西北42公里处的3.9级地震(北纬24°20′，东经103°55′)，地震没有造成人民生命财产损失。

【监测预报】 切实加强富宁、麻栗坡、文山数字地震监测台的管理，测震台网工作都严格要求按照操作标准进行，确保测震仪器设备可靠运行，不断提高观测质量，充分发挥数字地震台站的监测效能，为震情跟踪、地震趋势判定和快速响应提供基础保障。

州地震局加强对传输系统的维护工作，严格要求值班人员及时上传各种观测数据、统计报表和图件。8月20日，州局信息节点与云南台网省内的EQIM系统建立连接成功，实现了与省遥测台网速报信息共享。

按照《云南省地震局年度震情跟踪工作方案》和《云南省地震局震情跟踪工作责任书》的要求，制定了《文山州2009年度震情跟踪工作方案》，成立以局长为组长的2009年度文山州震情跟踪工作领导小组及办公室，杜绝了震情跟踪工作中不及时、不到位的现象；加强震情分析会商，1～12月共向省局、州委州人民政府上报《震情反映》月报12期、《地震监测动态》4期，并上报了年中、年度地震趋势研究报告；2009年2月11日，丘北县发生3.5级地震后，州局立即调查落实灾情，并将调查结果形成《2007年至今丘北小震群发震情况》向州委、州政府作了汇报，为政府决策提供了重要依据。

对破坏性地震作出有减灾实效的预报。州地震局在《震情反映》第9、10、11期中作出判定：在未来3个月，大理—保山—盈江一带将发生5～6级地震。11月2日，大理宾川发生了5.0级地震，预测较为准确。

【震灾预防】 为加快文山还贷二级公路建设步伐，州地震局于7月27日与州人民政府签订了《文山州政府还贷二级公路建设责任书》，要求完成文山—麻栗坡—天保等3条4段二级公路的地震安全性评价报告编制、报批并获准许可工作。州局高度重视，经多方协调，州交通局决定委托云南省地震工程研究院进行地震安全性评价研究报告的编制工作，并于11月份完成地震安全性评价报批工作。

2月，按照州地安办统一安排，州地震局对广南、富宁等两个县2008年实施的农村民居地震安全工程建设情况进行了验收。在2009年工程项目实施中，配合建设、农办、残联等部门从规划选址、质量安全、抗震设防等环节严格把关。另外，向各县地震局分发了相关宣传资料1万余份，要求分发给全州农村民居地震安全工程建设户。

8月，按照州人民政府安排，州地震局会同州建设局、州教育局组成文山州人民政府督查组，对文山县秉烈、马塘等乡镇以及文山州一中、文山卫校等中小学校舍安全工程工作进行督查，并对检查中发现的问题提出了意见和建议。

【应急救援】 根据《中华人民共和国突发事件应对法》、《文山州突发公共事件总体应急预案》和《文山州地震应急预案》的有关规定，州地震局对地震应急体系建设工作进行了自查评估，针对存在的问题制定了相应的措施。另外，按省地震局要求，将文山州地震应急预案信息数据录入了云南省地震应急预案管理信息系统，对地震应急预案施行规范和动态管理。

5月12日，州地震局对文山民族职业学校举行的纪念汶川地震一周年暨首次疏散逃生演习活动进行了指导。对学校的应急预案、逃生路线、疏散场地等提出了要求和建议，向学校提供了《地震知识100问》、《防震避震常识》宣传资料600余册，使演练活动取得了圆满成功。

【社会动员】 4月15日，州地震局到广南县五珠乡检查指导农村民居地震安全工程的开展情况和地震知识宣传、群测群防、扶贫等工作。

以首个“防灾减灾”日活动为契机，向各县地震局发放了宣传资料共3万余册，扩大宣传面；5月10日，组织全局职工在文山城区开展地震科普知识宣传活动，共发出宣传资料2 000多份，展出图片40余张，接受群众咨询800余人(次)。

5月12日，向州建设局、州发改委、州体育中学等单位发出了《地震知识100问》手册、《防震避震常识》手册等宣传资料3000余份；9月，对文山州聋哑学校师生进行了防震避震知识培训，提高特殊儿童科学应对地震灾害的能力。

【项目实施】 自2007年省地震局启动县级地震业务用房立项申报工作以来，州地震局就十分重视此项工作，成立了文山州地震局县级地震机构业务用房建设项目领导小组，加强对此项工作的领导。目前，广南县地震局业务用房项目已竣工，于2009年7月6日通过当地建设有关部门的验收，现已投入使用。富宁、丘北、麻栗坡、西畴等4个县地震局业务用房已进入施工阶段，砚山、马关等2个县正在开展施工前期准备工作。

年内，在云南省2009年度地震监测质量评比中，测震获优秀奖。信息网络获州、市组优秀奖。被滇东地震预报协作区评为2009年度滇东地震预报协作区工作先进单位。

【领导名录】

局　长　王旭东(壮)

（李洪文）

气象服务

【气候概况及评价】 2009年，文山州各县年降雨量分别为：文山684.7毫米，砚山705.5毫米，西畴974.2毫米，麻栗坡875.3毫米、马关734.5毫米，，丘北731.8毫米，广南760.8毫米，富宁763.0毫米。全州均为负距平，其中马关偏少比例最高(-45.6%)，丘北次之。年降雨量最多的是西畴，最少的是文山。与历年年平均雨量(1005.1~1351.0毫米)相比，全年全州8县年雨量(684.7~974.2毫米)为历年最少，其中文山、西畴、马关、丘北、广南、富宁均创年雨量历史最少值。与2008年相比，各县均明显减少，减少量依次为文山456.5毫米，砚山424.4毫米，西畴516.0毫米，马关671.4毫米，麻栗坡430.7毫米，丘北610.3毫米，广南306.9毫米，富宁494.9毫米。年内全州共出现大雨(日雨量25.0~49.9毫米)51站次，比2008年少39站次，暴雨(日雨量≥50.0毫米)10站次，比2008年少15站次，大暴雨(日雨量≥100.0毫米)0站次，与2008年持平。

各县年平均气温分别为：文山19.4℃、砚山16.9℃、西畴16.5℃、麻栗坡18.4℃、马关17.8℃、丘北17.5℃、广南17.9℃、富宁20.7℃。全州8县平均气温为18.1℃，与历年同期平均(17.2℃)相比偏高0.9℃，为有气象记录以来仅次于1998年(18.2℃)的次高年各县日照时数为：文山2 207.5小时，砚山1 900.2小时，西畴1 668.6小时，麻栗坡1 730.9小时，马关1 727.4小时，丘北1 847.5小时，广南1 155.2小时，富宁1 536.6小时，与历年平均(1 412.9~1 993.2小时)相比，文山、西畴偏多(235.7~255.7小时)，砚山、麻栗坡略多，马关、丘北、富宁偏少，广南最少(-496.1小时)。

从总体上看，2009年属特暖欠水年，年内温、雨、光时空分布不均匀，各类气象灾害均较常年偏轻，但由于少雨造成蓄水困难，给今冬明春的旱灾爆发埋下隐患。大春作物在栽播关键期降雨情况较好，全州范围内大春播种顺利。2009年是对农业生产利大于弊的中等偏上年景。

【气象预报服务】 2009年，文山州气象台共发布《天气周报》46期，《森林火险等级预报》151期，《气象情况反映》7期，《专题天气预报》90期，《州庆专题服务材料》17期，应急服务《专题天气预报》1期，预警信号5期，《月气候评价》12期，《年气候评价》1期，为全州森林防火工作会议提供专题材料1期，制作《农气旬报》36期，《农气月报》12期，《文山州农业干旱综合监测报告》36期，《病虫害发生发展情况》2期，《当前文山旱情分析》2期，《文山州2009年大春作物产量预报》1期。向全州各地党委政府领导提供决策气象服务材料136次，外部门引用15次，政府领导批示5次，地方政府领导表扬3次。准确预报了3月低温冷害、5月晴热高温、雨季开始期、汛期大雨、11月低温冷冻天气等灾害性、关键性、转折性天气预报。实现了森林火险等级预报、地质灾害气象预报预警和农作物病虫害气象条件等级预报业务化、常规化。

2009年9月11日，省电视台在文山县开化镇塘子寨村委会清水塘村举行“精彩云南辉煌60年”电视直播活动。州气象台对9月9~13日期间，文山县晴雨概率、日照、气温条件等方面的历史气候背景进行分析，以三小时滚动服务的方式向组委会报送天气预报直至活动结束，天气演变实况与预报完全吻合，气象保障服务获得成功。

【人工影响天气】 年初，州内冬春干旱严重，人工增雨作业比往年提前一个月实施，年内各县气象局分别在4个流动作业点和10个固定点实施人工增雨抗旱作业114点次，发射火箭弹330枚、高炮弹82发。每次作业后，都能普降小到中雨以上，受益农田20多万亩，受益林区5多万公倾，初步效益估算300多万元。5月下旬进入雨季后，人工防雹工作进入战备状态，从5月28日起至9月10日止，在15个人工增雨防雹固定作业点上共作业77次，发射高炮弹1 012发，保护烤烟8万多亩。

【气象现代化建设与服务】 州气象局根据《云南省乡村气象信息员队伍建设实施方案》要求，组织制定下发了文山州“实施乡村气象信息员队伍建设和开展农村气象信息覆盖面调查的通知”，明确了2009年全州800名的乡村气象信息员队伍建设目标，经过州、县局的共同努力，年内全州乡村气象信息员已发展达到894名，超额完成指标。继续加强与媒体和有关部门的合作，通过8个电视频道、12套气象节目，2个专业网站、1个电台、2家报纸及电子显示屏371块(其中安装在乡(镇)88块，行政村98块，自然村150块，其他地点35块)等渠道及时发布各类气象信息，扩大信息覆盖面。手机气象短信用户数由年初的2.4万户发展到19.4万户(其中收费用户8.2万户，免费体验11.2万户)。完成州气象台、雷达站向文山普者黑机场传输气象资料的通信系统建设工作，实现雷达资料、MICAPS资料自动传输。增加乡镇自动气象站7个，文山州气象区域自动站共有93个，全州乡镇覆盖率达91.0%。

丘北县舍得乡第一座风能发电测风塔

【社会管理与防雷减灾】 独立设置政策法规科，配备专职人员3人。办理行政审批20件，举办了全州气象部行政执法暨防雷管理培训班。年内完成全州烟草系统共63家单位、文山县境内23家加油站、1家烟花爆竹仓库、2家供汽库(站)、2家炸药库(厂)、马塘工业园区、42家单位和厂矿企业的防雷安全检测工作。完成云南文山普者黑机场改扩建防雷设施安装工程，完成砚山电石厂、文山州交警支队夹马石机动车驾驶训练、科目考试场雷电防护工程。完成麻栗坡政府写字楼、包装厂部分防雷安装工程。

【科研与科普宣传】 年内，完成科技论文10篇：分别为《全球变暖背景下的文山州气温变化分析》、《文山州寒潮的气候特征分析》、《文山全州性强降水过程的气候特征》、《一次飑线过程的雷达产品特征分析》、《08年一次混合性强降水过程的雷达产品特征分析》、《夏季一次短时强降雨的多谱勒雷达回波分析》、《一次对流性天气引发强降水成因分析》、《春季一次典型强对流单体降雹雷达产品特征分析》，并发表于云南地理环境研究刊物上。8月26日文山州气象局被云南省科技厅命名为第七批15家省级科普教育基地之一(文山州被命名的单位仅有两家)。年内接待800余名在校中、小学生及近百名喜爱气象的党政、社会团体人员对雷达及气象知识方面进行参观。11月举办了滇黔桂三省区七州市气象协作区学术交流会。

【精神文明建设】 年内，州气象局荣获文山州党风廉政建设责任制考核一等奖，受到州委、州人民政府表彰；获全国精神文明建设工作先进单位称号，被云南省文明办评为"全省未成年人思想道德建设工作先进集体"。

【领导名录】

局　　长　汪　德

副 局 长　曹世武

　　　　　杨松福

纪检组长　张　琳(女)

(武丽芳)

文山州的气候特征

文山州地处云贵高原东南部。西北有世界屋脊青藏高原，东北有云贵高原为屏障，南和东南邻近南海和北部湾，西南邻近孟加拉湾，北回归线贯穿全州。夏季主要受孟加拉湾及北部湾暖湿气流影响，冬季主要受偏西及西北部干冷气流影响。全州均属低纬度高原季风气候。分为北热带、南亚热带、中亚热带、北亚热带、南温带、中温带6种气候类型。其中热区面积6 485.38平方千米（北热带面积为388.73平方千米，南亚热带面积6 096.65平方千米）。

雨量充沛，但分布不均。其特征为西南部多，东北和中西部较少；山地多，谷地少；夜雨多，白天少；局部性大雨、暴雨多。干湿季分明，5月至10月为雨季，雨量占全年雨量的82%；11月至次年4月为干季，雨量占年雨量的18%。因此部分地区容易发生干旱或洪涝等灾害。

太阳辐射能丰富，热量资源充足。但受低云和雾雨的影响，太阳辐射受到削弱。境内地形起伏大，高差悬殊，因此在不同地区、不同海拔、不同坡向所接收到的太阳辐射差异较大，热量条件也随之产生差异。

气候温暖湿润，大部分地区冬无严寒，夏无酷暑。干凉和雨热同季，年温差小，日温差大，大陆度不到40%，海洋性气候比较明显，春温高于秋温，无霜期长，霜雪少。全年多为偏东南风。低海拔地区炎热，高海拔地区凉爽。由于海拔高低悬殊，故有“山高一丈，大不一样”和“十里不同天”的立体气候特征。

文化 卫生 体育

责任编辑　陈翠莲

云南省第十三届运动会武术预赛

文化事业

【文化基础设施建设】 2009年，全州共争取到省级“两馆一队一站”建设资金870万元，其中“边三县”9个文化馆、图书馆、文工队建设维修资金270万元，富宁县投资1 200多万元的富宁县文化活动中心于9月竣工投入使用。20个乡镇综合文化站建设资金600万元；州民族博物馆建设工作正申请办理土地征用手续和土地使用证；开展县乡两级文化信息资源共享工程建设工作，富宁、丘北、广南3县完成县级支中心及25个乡镇基层服务点的设备安装并对外开放。

【艺术创作及成果】 成功举办全州第三届青年歌手电视大赛，并选送6名歌手参加全省第三届青年歌手电视大赛，原生态组合的《坡芽情歌》夺得金奖，实现文山州在全省歌手电视大赛上零的突破；铜鼓编钟《壮乡礼乐》参加云南省第六届全省民族民间歌舞乐展演，获得“评委会奖”(与金牌并列)；创作并辅导州委组织部的花灯小戏《二试升官郎》参加全省“烟草”杯行(企)业文艺汇演荣获创作一等奖、表演三等奖，优秀组织奖；曲艺《立军令状的村支书》获表演二等奖、优秀组织奖；创作辅导州财政局的舞蹈《跳堂鼓》参加全省行(企)业文艺汇演获优秀表演奖；创作辅导州国土局参加全省“红歌演唱”会获三等奖，名列全省第四；辅导州商务局的舞蹈《花山乐》参加全省行(企)业文艺汇演获一等奖；辅导州发改委的舞蹈《欢乐苗山庆国庆》参加全省行(企)业文艺汇演获三等奖；西畴县组队代表全州参加云南省首届“大家乐”广场舞蹈比赛，荣获一银、两铜的好成绩；马关县组队代表全州参加首届云南省少数民族酒歌大赛荣获最佳歌曲、最佳歌手、最佳形象、最佳创意和优秀歌手奖共5个奖项，奖项名列全省第三位；辅导的州老年金秋艺术团《山傣老来俏》参加全国2010年春晚节目的录制演出，获金山茶奖；广南县、麻栗坡县分别辅导的老年艺术团节目也参加了2010年春晚节目的录制；马关县毕海强创作的版画《节日》参加全国第十一届美术作品展，荣获铜奖，这也是云南省参加比赛获得的唯一奖项。

【群众性文化活动】 成功组织文山州首届“炬隆杯”残疾人艺术汇演；配合州委、政府组织策划文山州十大道德模范颁奖晚会；与州委宣传部、州文明办成功举办文山州“讲文明、树新风、改陋习”第三届小品大赛；州直各单位、各县开展建党88周年庆祝活动和广场文化活动，推出多套具有文山州各县民族特色的广场舞蹈，深受群众喜爱；广南县举办壮族花街节暨大型手巾舞展演活动；州文化馆抓住全省文化馆长会议在文山召开的难得机遇，与各地州市文化馆交流讨论，进一步明确搞好下一步群众文化工作的努力方向；在建国60周年到来之际，组织举办爱国歌曲“万人唱”活动，活动开展为期8天，来自州属50余家单位和部门近3 000余人为广大群众演唱了脍炙人口的革命歌曲；组织《颂歌献祖国》的庆祝新中国成立60周年大型歌咏晚会和“民族团结花盛开，七乡儿女颂祖国”的民族巡演和少数民族服饰展演，此项活动还上了央视早间新闻的报道，反映文山边疆稳定、民族团结的和谐社会；开展“和谐边关、和平边疆”文化边防建设系列活动。各县文化系统开展农村文艺节目展演，马关县用半年的时间开展庆祝建党88周年暨建国60周年文化活动周系列文化活动；西畴县举办“畴阳河畔颂歌扬”大型歌咏比赛；麻栗坡县组织开展“祖国在我心中—庆祝建国60周年文艺晚会”；富宁县组织壮剧团上昆为2009年云南省“两会”少数民族代表委员联谊会进行文艺演出，参加“2009年田林·广西北路壮剧文化艺术节开幕式晚会”演出，丘北举办万人“花脸节”，申报吉尼斯纪录成功等等。全年全州共译制苗语、壮语、瑶语故事片8部，科教片66部，放映电影10 165场，观众达272万人(次)，送电影下乡4 868场，观众25.6万人(次)；送戏下乡248场次，编排节目20余个，观众10.8万人(次)；送图书下乡153次，接待读者近5万人(次)，赠送科技图书5万余册，发放科普知识资料3.5万余份。

云南省“三下乡”活动在文山马关县开展

【文物博物及非物质文化遗产保护】 加大对第三次全国文物普查的力度，加快第二批省级非物质文化遗产名录申报的进度。完成州21个申报项目材料，并按时向云南省非物质文化遗产保护中心上报。通过省级专家委员会的评审评定，最终，申报的“坡芽情歌”、“棒棒灯”、“彝族弦子舞”等16个项目列入省第二批非物质文化遗产名录，同时，开展文山州9个国家级第三批非物质文化遗产项目的申报工作。在第三次全国文物普查第二阶段的工作中，共普查登录地面不可移动文物437项，其中新发现213项，复查224项，消失文物94项。基本查清全州地上不可移动文物的家底，在全省率先提前半年圆满完成第二阶段的工作任务。

【电影译制与放映】 2009年，共译制苗语故事片《心动岁月》、《集结号》等4部，壮语电影故事片《缉毒警》、《腾越伤魂》等4部，分别用苗语、壮语和瑶语译制了科普教育片《保健与优生》、《毒品，致命的诱惑》等22部，共66个拷贝。全年共译制故事片8部、科教片66部。10月，在省民族语电影译制中心的帮助下，争取到1套价值10多万元的数字电影译制设备，并在文山成功举办云南省民族语电影译制技术第一期培训班，来自全省6个州市的民族语电影配音、译制演员参加培训，学习新的非线性影视编辑和录音软件，基本掌握了数字录音技术。

【文化市场管理】 开展"扫黄"、"打非"、网吧接纳未成年人、校园周边文化环境、盗版教辅教材、印刷企业等集中行动或专项整治工作。保持高压态势，进一步扩大整治互联网低俗之风专项行动的成果；加大整治监管力度，坚决取缔黑网吧、严禁网吧违规接纳未成年人；召开全州网络文化市场计算机监管平台培训会议，来自全州各县分管文化市场工作的副局长、市场股长、稽查队长等共计40余人参加培训，为更好地开展净化社会环境工作提供技术保障；加强综合治理，营造良好校园周边环境。年内，全州共出动文化市场稽查人员12 679人(次)，出动车次166辆(次)，检查文化市场经营户5 568户(次)；发放宣传材料600余份；警告27户(次)；罚款近27万元；责令停业整顿42户；吊销"网络文化许可证"1户；取缔歌舞娱乐场所1户；收缴非法出版物6 112册、盗版音像制品14 279件，其中低俗音像制品527片(盒)；没收销毁非法财物68件、具有赌博性质电子游戏机99台、电脑版70块。

【对外文化交流】 做好文山州民族博物园的前期筹建工作，搭建平台，创新机制，推进文化产业商品产业化进程；在广南县坝美景区展演壮族传统沙戏，吸引游客增加旅游收入；逐步发展马关版画、广南银饰、西畴刺绣、文山苗族服饰等传统产业；为促进内地与香港两地的文化艺术交流，配合香港举办的欢度国庆60周年及中秋佳节的文化活动，州民族歌舞剧团一行43人于国庆期间赴香港，参加由香港特区政府主办、国家文化部支持的《同乐今宵》—2009中秋彩灯会的演出；打造具有广南地方民族特色的作品代表州、县参加云南省文化产业推介会演出和重庆旅交会演出并获得好评。

【州民族歌舞剧团举办建团50周年团庆】 8月，文山州民族歌舞剧团举办建团50周年庆祝活动，活动邀请省文化厅、各兄弟州市及州内各界人士600余人参加庆祝活动，期间举办庆祝联欢晚会、与离退休老同志举办了茶话座谈会，演出州民族歌舞剧团创作的大型民族歌舞剧目《鼓舞七乡》。

【州图书馆举办建馆30周年馆庆活动】 8月，文山州图书馆举办建馆30周年庆祝活动，进行公共图书馆业务培训班和第四届业务知识竞赛，全州8县图书馆近100人参加为期10天的知识培训及竞赛，内容主要是图书文献分类、编目、装订及古籍、地方文献资源建设等方面的业务培训。重点培训图书馆自动化管理、中国机读目录格式(CNMARC)方面的知识。8月19日晚，在新建成的文山州图书馆业务大楼，举办赛业务竞赛颁奖典礼暨文山州图书馆建馆30周年庆祝晚会。

【全省文化馆长会议在文山召开】 12月，云南省各州市文化馆长会议在文山召开，来自省文化厅、省文化馆、16个州市及部分县级文化馆长共90余人参加会议，会议对全省过去一年的文化馆工作做了总结回顾，统一安排部署2010年的工作，与会代表还就如何搞好新时期的文化馆工作进行交流讨论。

【领导名录】

局　　长　陈亚非
党委副书记、纪委书记　潘文光(壮)
副 局 长　陆仕兴(壮、兼州新闻出版局局长)
　　　　　沈　勇(壮、兼州新闻出版局副局长)

(张雪飞)

广播电视

【新闻宣传】 2009年，全州广播电视新闻宣传工作以新中国成立60周年为契机，按照州委、政府的总体要求和部署，结合实际，始终坚持新闻宣传工作"三贴近"和新闻宣传工作服务于全州工作大局的原则，切实转变工作作风，强化学习，狠抓新闻队伍建设，不断提高新闻节目质量，扎实推进新闻宣传工作，使广电宣传工作在促进全州改革、发展、稳定中发挥了积极作用。年内，围绕开展的深入学习实践科学发展观活动，开展集中宣传报道工作，引导各部门、各单位注重实践特色，解决突出问题，推动体制机制创新；围绕州委七届五次全会的部署和要求，大力宣传各级党委、政府抓机遇、保增长、调结构、促改革、惠民生的重大举措，充分报道各级各部门发挥优势、应对挑战、落实科学发展观的新进展、新成效，努力营造以科学发展观统领经济社会发展全局的浓厚氛围。同时，围绕就业、就学、就医、社会保障等关系民生的问题，做好社会热点的舆论引导，积极化解矛盾、理顺情绪，促进问题的解决，为促进全州社会和谐发展营造了良好的舆论环境；掀起庆祝新中国成立60周年的宣传热潮。按照上级部门的要求文山人民广播台、文山电视台、各县广播电视台围绕庆祝新中国成立60周年，开设专栏专题，深入宣传新中国成立60年来的光辉历程、伟大成就和成功经验，大力宣传各地各部门庆祝活动的开展情况，充分展示全州经济发展、文化繁荣、社会进步、边疆稳定、边境安宁的大好形势，积极营造了健康向上的主流舆论，增强全州各族人民加快经济社会发展的信心和决心，激发全州干部群众爱党爱国爱乡热情。

截至年底，文山人民广播电台共播出稿件7 924件，文山电视台播出消息3 624条，制作播出专题类节目80期。文山人民广播电台被省级采用稿件773件，文山电视台被省级采用新闻消息488条。从上稿的情况看，无论是数量还是质量都有了提高。与2008年相比，创优工作取得突破性进展。全州广播电视系统共有89件作品获省级以上奖，其中国家级4件，省级一等奖8件，文山电视台的《前沿访谈》荣获全省

"十佳"栏目奖。

【实施"村村通"工程】 3月工程实施以来，州县广电局均成立领导小组，制定工程建设方案，层层分解任务，明确责任，制定措施，狠抓落实，大力推进工程建设。采购设备数量115 527套，第一批已到位98 147套，于6月11日提前19天完成了第一批设备的安装、调试任务，共安装3 667个村98 147套直播卫星设备，受益群众98 147户、30万人，使老百姓能收听收看到40多套广播电视节目。

村村通工程建设

【无线覆盖工程】 年内，组织完成农村中央广播电视节目无线覆盖工程托管资金分项、300W以下发射系统分项和设备的检查验收等，对整体竣工验收做了覆盖评估等前期准备工作；实施农村省级广播电视节目无线覆盖工程。省级节目无线覆盖工程涉及马关县大丫口等8个边境无线覆盖点，总投资264万元，4月已完成建设任务，开始播出，边境一线的群众能收听云南一套调频广播节目，收看云南一套电视节目。

【西新工程建设】 文山州民族语言译制中心设备项目。4月，文山人民广播电台、文山电视台民语译制设备全部到位，并安装调试结束投入使用；文山电视调频台两台10KW电视发射机项目。国家投入236万元，9月完成项目建设，进入试播阶段，用于转播云南电视台一套、文山电视台一套节目；富宁县田蓬广播电视发射台项目。于7月完成富宁县田蓬广播电视发射台1台300W电视发射机和部分附属设施建设任务，进入试播阶段，转播文山电视台一套节目，国家投入21万元。

【"村村通"维护管理】 马关、富宁县广播电视局探索"村村通"维护管理机制，努力争取本县党委政府的支持，使本县党委政府将广播电视村村通运行维修维护经费纳入地方财政预算支出，每年划拨专项经费，聘请农村广播电视"村村通"维修维护协管员。此维护管理体系正在全州推广运行，为村村通长期通、永久通打下了坚实的基础。截至年底，全州广播电视人口综合覆盖率分别达到90.52%和91.3%，比上年分别增长1.5%和1.78%。

【安全工作】 州广电局按照国家广电总局、省广电局的统一安排和部署，精心组织，周密部署，扎实工作，全力抓好制度和措施的落实，圆满完成了建国60周年重保期广播电视安全播出任务。及时调整和充实了领导小组成员，加强对安全播出工作的领导；对安全播出应急预案进行了修订和完善，进一步细化责任，明确了处置突发事件的具体程序和方法；切实加强技术培训和应急演练，做好安全播出硬件系统建设与维护；四是严格执行安全播出值班制度，实行零报告制度。

【行业管理】 联合州综治办、公安局、工商局等相关部门和单位开展非法销售、安装和使用卫星地面接收设施专项整治行动，对农村卫星接收设施进行了全面系统的统计和依法管理；贯彻落实进一步加强抵制广播电视低俗之风的整改措施，开展整治互联网低俗视听节目工作；加强广播电视医疗和药品广告监管工作，进一步净化荧屏。组织学习《广播电视播出机构违规处理办法》，建立长效机制，切实加强对广播电视播出机构及其频道频率的监管，强化全州广播电视行风建设，净化社会文化环境，切实把抵制低俗之风工作引向深入。

【领导名录】

局　　长　李维金(苗)
党委书记　刘卫平
副 局 长　杨兴忠
　　　　　杨　倩(女)
纪委书记　沈红艳(女、壮)

(李佑登)

报　　业

【宣传报道】 开展应对金融危机宣传报道。宣传贯彻党中央、国务院和省州党委、政府有关扩内需、保增长、保民生、保稳定精神，发挥各版各刊优势，相互协调配合，做好新闻宣传工作。《七都晚刊》、《七乡经济》、《七乡新农村》、《七乡周末》与正报配合，选择不同角度，切实加强新闻策划，选派编辑记者深入基层一线采访，利用大量版面，充分报道全州各地各部门应对金融危机的措施，为全州应对金融危机树立信心、凝聚力量；突出重点抓好中心工作宣传报道。围绕州委、州人民政府提出的"六大战略"和"四大基地"建设思路和全年经济社会发展目标，加强策划、认真组织，大力宣传州委、州人民政府和各县各部门的发展目标、工作思路、方法措施等，促进各级各部门工作目标的落实，努力营造良好的干事创业氛围；全力以赴做好深入学习实践科学发展观活动宣传报道。全州深入学习实践科学发展观动员大会召开后，报社党委高度重视，抓好宣传策划，深入一线采访，精心编辑组织版面，并由领导带队，抽调得力记者深入各县和州属有关部门采访，大篇幅、大容量、全方位宣传报道全州学习实践活动开展情况及取得的显著成效。先后在日报一版开设"科学发展和谐文山——文山州深入学习实践科学发展观"、"科学发展在文山系列报道"、"'践行三个一'先进典型"等专栏，推出一批新闻精品。精心安排，做好全州各地贯彻落实全会精神，加强和改进新形势下党的建设相关宣传报道工作，特别是加强了与州纪委监察局的联系，推出了一批有分量的稿件，为推动全州深入学习贯彻十七届四中全会精神营造良好舆论氛围；创新形式认真抓好特色宣传报道。年初"两会"召开后，日报编辑部精心组织策划，除在一版刊发"两会"要闻外，还在日报二、三版推出10余个"两会"专题专版，刊发大量新闻稿件。同时，在一版开设专栏，集中宣传报道了各县及州属有关部门贯彻实施"十一五"规划，创造性地做好各项工作的情况，形成宣传强势，为全州贯彻落实"两会"精神营造良好舆论氛围，开展喜迎新中国成立60周年宣传报道。为营造热烈、喜庆氛围，迎接新中国成立60周年，6月始提出"展示自治州经济社会发展成就，喜迎新中国60华诞"系列报道方案，同时与州革命老区促进会联系，举办"革命老区征文"活动。9月初开始在一版开设"喜迎新中国60华诞"专栏，推出一系列展示全州60年来经济社会发展成就的重头稿件；在二版开设"共和国的足迹"、"革命老区征文"栏目，大容量、多角度刊发相关稿件，为国庆60周年的到来营造了良好氛围。国庆期间，又多版面、大篇幅转发新华社播发的国庆新闻。推进报纸创新改版做好宣传报道。

开展"责任媒体宣誓"活动

组织人员到州外报社进行考察，学习先进的办报经验，推进报纸改版做好宣传工作，推出新改版的《文山日报》和《七都晚刊》。通过对报纸版面资源、新闻资源的整合，在改进会议报道和领导人活动报道方面进行了积极探索，调整版式和栏目设置，使报纸显得更为美观大方，报纸的指导性、贴近性、可读性和服务性得到进一步增强，扩大日报的影响力和受众面；加强新媒体新闻宣传报道。结合报纸新闻宣传工作的特点，对日报新闻网进行了改版，在网站首页增设"图片新闻"、"重点报道"等栏目，使日报新闻网的点击率明显增加，点击量达到55万次。同时，加强《文山手机报》的管理和编辑工作，进一步拓展了党报在意识形态领域和社会公众中的感染力和影响力；推行目标量化责任管理进一步量化目标，落实责任，严格考核，规范监管，建立多干多得、奖优罚劣的工作运行模式，有效调动全体员工做好党报新闻宣传工作的积极性和主动性。同时，针对新闻宣传工作中出现的问题，建立完善日报编辑部新闻采访及稿件编审规范，增强编辑记者的工作纪律性，树立党报记者良好形象，全面提升办报水平。

【报业经营】 围绕市场搞经营，围绕发展搞创收，在经营理念上开拓创新。主动与三鑫集团协调合作，推行广告代理制，探索市场经济条件下广告经营新思路，巩固和扩展广告市场，降低报业经营风险，保证报社经济效益；加强与各县各部门各单位联系，做好协办联办工作。各专刊在办好报纸的同时，充分利用版面资源，发挥"品牌"优势，加大合作力度，开展创收。在经营工作中，树立品牌和服务意识，努力做活版面、做强经营，以此提高《文山日报》的社会效益和经济效益。《七都晚刊》开辟新市场，自主经营，自负盈亏，提升报纸品牌影响力和经济收入的双赢局面。加强与移动和联通公司合作，办好《文山手机报》，逐步形成报社新的经济增长点；推进印刷厂的改革。加强对印刷厂改革工作组织领导，采取有力措施破解印刷厂发展难题，目前印刷厂改革工作进展顺利，改革效果初步显现，职工思想稳定，生产经营步入正常，且取得一定的经营效益。

【领导名录】

党委书记、社长	赵庭江(壮)
总编辑	袁兴国
党委副书记	张兆阳(兼纪委书记)
副总编辑	廖云华(~3)
	周味鸿(壮、3 ~)
副社长	姚齐贤

(曾凡刚)

档案管理

【"八项工程"建设】 2009年，全州档案系统实施"八项工程"建设进入扫尾阶段，州和各县加快对重点难点单位的监督指导。各县档案局对村委会档案建设工程进行重点突击，其中文山、砚山、丘北、广南县均在年底基本完成村委会档案建设工程，其他各县已验收大部分村委会的档案工作。至年底，全州9个综合档案馆已全部达星级标准，其中二星级2个、三星级5个、四星级2个；党政机关档案室建设工程完成685个，完成率为93.0%；乡(镇)机关档案室建设工程完成101个，完成率99.0%；企事业单位档案室建设工程完成324个，完成率68.0%；村民委(社区)档案室建设工程完成

512 个，完成率 46.0%。同时，全州已有15 157户建立了家庭档案。

【档案信息化建设】 继续开展馆藏档案录入南天档案管理系统工作，州县档案馆共录入目录1 168 154条，其中州档案馆录入馆藏65 个全宗档案目录589 392条并刻录光盘保存，各县档案馆录入目录57 876条。文山档案信息网公布文字稿件95 篇，图片 33 张，内容涉及法律法规、工作动态、档案政务、通知公告等。此外，州档案馆为方便群众查阅利用档案，对利用率较高的159 份现行公开文件进行全文扫描；同时党和国家领导人在文山视察工作形成的照片 56 张作为馆藏重要照片档案。

【业务培训】 全年共举办档案业务培训班 3 期，培训学员 240 名。3 月，州档案局组织州局及文山、丘北县档案局业务人员 23 名，在有关专家的指导下，前往丘北县马者龙村学习石刻档案拓印技术，并印下明正德 14 年(1 519)形成的《新刻地藏碑记》等一批拓片。9 月，州档案局举办档案专业基础知识及档案管理软件应用培训班，培训全州 145 名专(兼)职档案人员，培训内容为公文与文书档案管理、专门档案管理、档案信息开发利用、档案管理现代化及档案管理软件实际操作、电子文件归档。此外，州县档案局还根据全州林权制度改革和社会主义新农村建设、重点项目建设等项目进程举办3 期林改档案、社会主义新农村建设档案和重点项目建设档案工作的培训。除办好辖区内培训外，州档案局还派出州县5 名局长到上海市档案局学习发达地区先进管理经验。

【职称评聘】 在全州 9 个综合档案馆均实行参公管理的情况下，州档案局及职改办继续开展档案专业中级职称的推荐和初级职称的评审工作，全年向省档案专业中评委推荐馆员 2 名并通过评审，州档案专业初评委评审通过助理馆员 8 名。

【学会工作】 3 月初，州档案局和州档案学会组织州县 9 个档案局和综合档案馆工作人员近 100 人在广南县举办了 1 次全系统的知识竞赛、篮球、拔河、歌舞比赛和书画、摄影、根雕展活动，展示和发现了会员的各种特长和业务专长。8 月，根据省档案学会的安排，州档案学会组织会员撰写理论文章参加全省档案学术交流活动，共推荐论文 16 篇，并有 1 篇在省学会举办的论文交流中参加交流发言。会议期间，评出了获奖论文，文山州档案学会推荐的论文有 1 篇获二等奖、1 篇获三等奖。州县会员向《云南档案》等报刊投稿 10 余篇，刊载 3 篇。

【业务指导】 州县档案局采取分片包干和协同指导方式对州、县、乡(镇)、村(办)机关、企事业单位及组织共 870 余个立档单位的档案工作开展业务指导，使其业务更趋完善，管理更有效。同时，州县档案局加强对辖区内重点建设项目档案工作的业务指导。州档案局对普阳煤矿四期扩建工程、富宁港工程建设、普者黑机场建设等重点建设项目档案工作进行业务指导，为其各类档案整理编目制定科学的方案，保证了其档案的完整和整理规范，州档案局被州人民政府授予文山州普者黑机场建设“先进集体”。

【基础设施建设】 抓住国家对中西部地区县级综合档案馆建设投入的机遇，州档案局组织 8 县局(馆)编报 8 个档案馆项目建设规划，分别选定和确认了新的档案馆址。最终西畴县档案馆新馆建设被列入第一批建设试点县。

【领导名录】

局(馆)长　蔡仲兰(女)

(陈志文)

方志事业

【机构改革】 按照有关文件精神，2007 年 12 月州地方志办公室被批准列为参照公务员法管理单位。2008 年 8 月完成职责编制方案并经州编委审批，确定为参照公务员法管理的正处级事业单位，内设秘书科、方志科、年鉴科、指导室 4 个职能科室，编制 15 人。7 月，4 个科室负责人竞争上岗；12 月，对照有关要求，核定专业技术人员和管理人员过渡身份，并顺利完成公务员登记工作。

【理论研讨】 以《文山史志》刊物为平台，重视地方志基础理论研究和州情研究，为州、县志编修奠定了理论基础。为庆祝建国 60 周年，州地方志学会在《文山史志》开办庆祝建国 60 周年专刊，以散文、诗歌、摄影、书画等多种文体歌颂祖国；建立理论学习研究的激励机制，推动理论工作，全年，全州地方志队伍有 12 人在《中国地方志》、《年鉴信息与研究》、《云南史志》、《福建史志》等省级以上专业刊物发表理论文章 20 篇；4 月，派出 3 人参加上海市组织开展的西部对口支援地区地方志编纂培训班学习；开展横向交流学习，与德宏、红河、玉溪等州市开展地方志工作交流活动，就地方志机构建设、地方志外宣工作、地情资料网站建设、续志工作等方面进行了广泛交流和探讨；利用文山州地方志门户网站，不断更新和丰富网站内容，在网站上传文章 179 篇，点击3 302人(次)，已初步搭建起地方志信息交流平台。通过努力，基本形成了“以刊物网络为平台，以业务骨干为主体，以志鉴理论研究为重点”的地方志基础理论研究新格局。

【志书编修】 至年底，全州共出版部门(专业)志 180 部(其中州级 36 部)、乡镇志 5 部、其他地情书籍 20 部，续志 1 部；续修的 2 部部门志已进入内审阶段。全年评审验收州属部门志 8 部。各县志办结合实际抓好部门志、专业志、乡镇志以及地情资料的编纂。

【年鉴工作】 9 月，《文山州年鉴》(2009)出版发行，同时完成《中国民族年鉴》、《云南年鉴》和《云南小康年鉴》文山州部分的编辑任务；砚山、西畴、麻栗坡、马关、丘北、广南、富宁县均按工作方案完成年鉴出版发行工作，西畴、富宁县还制作光盘版发行；文山州公安局启动《文山州公安年鉴》编辑。

【《文山州志》续修】 《文山州志》按照《文山州州、县两级志书续修工作规划》、《文山州2006－2010年地方志工作规划》、《文山州2006－2010年地方志编纂方案》有计划分步骤进行，将编纂任务细化分解；制定《〈文山州壮族苗族自治州志〉(1996－2010)编纂工作手册》、《〈文山州壮族苗族自治州志·人物〉(1996－2010)编写意见》，《编纂工作激励办法》、《编纂任务总表》作为指导志书编辑的工作指南，为全面开展编纂工作奠定坚实基础，做好准备。10月，组织业务人员对州志续修篇目进行反复修改和完善，同时要求编纂人员严格按照《地方志书质量规定》，将时间、任务、质量落实到人，加快修志工作进度。

【文山州地方志工作推进会】 12月17日，文山州人民政府召开全州地方志工作推进会。8县分管地方志工作的领导、州属及省驻文单位100多家部门分管修志工作的领导，州、县地方志办公室正、副主任共140余人参加会议。会上，州人民政府对在2008年度地方志工作和第二轮修志工作中取得优异成绩的12个先进单位进行了表彰奖励。

地方志工作推进会议

【领导名录】
主　任　龚金科(～12)
副主任　冉向阳

(农玎玲)

医疗卫生

【简　述】 2009年，全州共有公立医疗机构165个，床位5 060张，有各类卫生服务人员6 380人(专业技术人员5 319人，占83.36%)，其中本科学历486人占7.89%，专科1 050人占17.03%，中专3 290人占53.37%，高中及以下1 118人占18.14%。专业技术人员中有正高职18人占0.35%，副高职126人占2.42%，中职1 395人占26.76%，初职3 395人(医师1 786人、医士1 609人)占65.13%。每千人口拥有病床和卫技人员分别为1.49张和1.56人。有村卫生室926个，乡村医生2 695人。有其它社会办医疗机构269个，从业人员596人。

【基础设施建设】 抓住国家实施扩大内需的发展机遇，争取国家和省的投入，加快卫生基础设施建设。健全工作机制，切实加强对卫生基础设施建设的领导；创新工作思路，努力提高卫生基础设施建设项目规划编制水平；加强协调联系，营造项目实施的良好氛围；强化项目监管，确保项目工程进度和质量。通过采取有效措施，全州卫生基础设施建设取得显著成效，自2008年四季度以来，共争取国家卫生基础设施建设资金18 053万元(是2008年2 210万元的8.2倍)。实施卫生基础设施建设项目31个，其中县级医院5个(砚山、广南、麻栗坡、富宁、文山)，占全省55个的9.1%；州市级重点中医院1个(州中医院)；乡镇卫生院25个(文山县马塘、砚山县阿猛等)。为24个中心乡镇卫生院配置了救护车，为93个乡镇卫生院配置了基本医疗设备；实施了7个社区卫生服务中心(站)和边三县96个村卫生室业务用房建设任务。截至12月底，扩大内需项目全部开工建设，有16个项目竣工投入使用，累计完成投资13 351万元。

文山县急救中心

【疾病预防控制】 实施国家扩大免疫规划项目和加强AFP病

例监测。7苗接种率以县为单位达90.0%以上，开展麻疹强化免疫69 261人(次)、乙肝疫苗补种69 972人(次)、乙脑疫苗接种14 414人(次)。全州12种常见疫苗针对传染病得到有效预防，全年麻疹报告发病2例，比2008年下降了99.27%；乙脑发病数比2008年下降了12.24%。各县做好AFP主动监测和漏报调查工作，2009年全州共报告AFP病例6例。

全面落实鼠疫、霍乱、结核、麻风等重点疾病的预防控制措施。按照重点地区重点预防，重点疾病重点防治，重点人群重点保护的防治策略，以鼠疫、霍乱、结核、麻风及甲型H1N1流感等疾病为重点，强化疫情监测和网络直报工作，狠抓各项防控措施的落实，各种疾病得到有效控制。全州无甲类传染病例报告，全年共报告乙、丙类传染病25种9 520例，发病率271.05/10万，其中乙类17种7 251例，发病率211.42/10万；丙类8种2 269例，发病率66.16/10万。新发现麻风病人91人，规范性治疗251例，对361例畸残患者实施了康复矫治手术。

开展甲型H1N1流感防治工作。加强防控工作的领导，成立了领导机构和工作机构，制定下发《文山州甲型H1N1流感防控工作方案》、《文山州甲型H1N1流感应急处置预案》和《学校甲型H1N1流感防控工作方案》，采取有效措施开展形式多样的宣传教育活动，切实做好疫苗接种工作，规范处置疫情，有效遏制了疫情蔓延。截至12月31日，全州共接种甲型H1N1流感疫苗106 000人份，报告甲型H1N1流感确诊病例145例，治愈134例，正在治疗11例，其中治愈重症2例。

【处置突发公共卫生事件】 加强卫生应急能力建设，建立健全疾病预防控制机构、卫生监督机构和医疗机构协同应急机制，制定完善18个公共卫生事件专项应急处置预案，严格执行卫生应急和救治机构值班制度，进一步提升重大疾病控制能力，有效降低了各类突发事件的危害。全年全州共报告和处置各类突发公共卫生事件24起，及时报告和规范处置率均达到100%，救治发病(中毒)人员285人，发病数比上年同期下降56.12%；加强病原微生物实验室安全管理工作。实行州级对州直医疗卫生单位和各县的二级病原微生物实验室进行备案，各县对辖区内的一、二级病原微生物实验室进行备案制度，切实加强管理，全州未发生病原微生物外泄事故。

【爱国卫生运动】 在强化健康教育，增强社会卫生观念，提高群众自我保健能力的基础上，以社会主义新农村、小康村建设和卫生县城、卫生乡镇、卫生村创建工作以及"亿万农民健康促进行动"为载体，加强环境美化和综合整治工作，加大农村改水、改厕工作力度，开展春秋两季预防性灭鼠，有效防止了各类疾病的发生。全年新增改水受益人口2.68万人，改水累计受益率达85.82%，新增无害化卫生厕所8305户，农村卫生厕所普及率达49.27%。

【实施"降消"项目和开展预防艾滋病母婴传播工作】 以提高住院分娩率为核心、以降低孕产妇死亡率和婴儿死亡率为重点，在降消项目和新农合报销政策的支持下，2009年农村产妇基本实现免费住院分娩，全年共使用"降消"项目和新农合救助资金1 975.04万元，救助农村孕产妇48 359人；通过参与式健康教育住院分娩的孕产妇为3 260人，占受教孕产妇的35.21%；抢救危急孕产妇480人，抢救成功475人，成功率为98.96%。全年全州住院分娩率达78.43%，比上年提高12.46个百分点，实现连续3年以10.0%以上的速度增长；孕产妇死亡率为49.31/十万，比上年下降16.69个十万分点；婴儿死亡率为13.85‰，比上年下降5.25个千分点。

【艾滋病防治】 将艾滋病防治工作经费列入财政预算，2009年共安排艾滋病防治专项经费123.2万元。增加防艾工作人员，使州县防艾办工作人员达到30人，州县疾控中心专业人员达到73人，队伍建设得到加强；全年共开展艾滋病防治知识宣传教育活动3 933次，发放宣传资料120万余份，接受宣传教育400多万人(次)。文山州艾滋病防治知识知晓率为：城镇居民95.0%、农村居民89.0%、农民工81.0%、学生99.0%、校外青少年83.0%、教师100%、领导干部100%。在州、县医疗保健皮防机构和乡镇卫生院建立自愿咨询检测室，进一步加大监测检测力度，切实做好疫情管理。全年共检测各类人群115 708人，其中孕产妇检测58 080人，婚姻登记人群检测31 967人。艾滋病疫情上报率100%，对新发现的艾滋病感染者及病人告知率98.8%，累计报告的感染者及病人随访率91.3%、CD4检测率72.4%、配偶检测率83.0%。对CD4细胞低于350的感染者或病人及时进行转诊转介和相关服务，符合抗病毒治疗的艾滋病病人成功转介率100%。

加强对摆放安全套情况的督导和管理，提高安全套摆放率。全年，全州14家星级宾馆、986家普通宾馆和旅社、156家娱乐场所已全部摆放了安全套，摆放率为100%，安装安全套自动售套机29台，共免费发放安全套150万余只。同时，定期对327家、1 617名娱乐场所目标人群开展防治宣传教育，干预覆盖率分别达100%和93.3%。

新建3个美沙酮治疗拓展服药点，全州5个美沙酮维持治疗门诊参与维持治疗的人数累计1 151人，正在治疗742人；引入新农合支持美沙酮维持治疗工作机制，给予治疗人员报销40~50%的服药费用。男男性行为干预取得突破，在调研的基础上，州皮防所和文山、马关、西畴、麻栗坡、砚山、丘北开展了男男性行为人群行为干预，干预覆盖154人。落实"四免一关怀"政策，艾滋病临床治疗、母婴阻断和关怀救助工作进展顺利。

全年，全州累计抗病毒治疗807例，在治658例，累计中医中药治疗艾滋病458例，在治309例；各级医疗保健机构落实预防艾滋病母婴传播措施，对检出的阳性孕产妇实施母婴阻断措施；建立县级疾控中心发放救助经费，民政部门管理的关怀救助机制。全年，全州各县对城镇及农村艾滋病困难家庭1 251人进行了关怀救助，发放救助资金225.28万元，将受艾滋病影响的儿童少年185人全部纳入"两免一补"

范围。

【新型农村合作医疗】 完善新型农村合作医疗制度，不断提高群众的受益面。各级党委政府高度重视，切实加大宣传力度，加强对农村贫困户、五保户和独生子女户的资助力度，强化资金监管，不断完善补偿政策，逐步提高了群众的受益面和受益水平。全年共有282.74万群众参加新农合，参合率达91.49%，比上年提高了2.44个百分点；筹资总额达28 872.34万元，比上年增加4 521.98万元；参合群众平均受益率和资金补偿率分别达137.94%和57.15%，分别比上年提高17.97个百分点和7.28个百分点；资金使用率达115.37%，比上年同期上升39.71个百分点。

【农村卫生队伍培养】 采取"送出去、请进来"、举办专题培训班等形式，加大卫生技术人员培训力度。年内，州、县共开展手足口病防治、乡镇卫生院长管理能力、乡镇卫生院中医人员、艾滋病项目管理、乡村医生中医知识等培训28期1 600人(次)，全州在岗培训城市社区卫生服务人员47人。组织开展"万名医师支援农村卫生工程"和城市二级以上医疗卫生机构对口支援乡镇卫生院工作，全州安排143名业务骨干到基层卫生单位进行业务指导，提高基层医疗技术服务水平。

【乡村卫生服务管理】 为加强乡村卫生一体化管理工作，州级制定出台《关于加强乡村卫生服务一体化管理工作的实施意见》，各县结合实际，成立乡村卫生服务一体化管理工作领导小组，制定了各项规章制度，进一步规范乡村卫生服务管理。全州116个乡镇卫生院均对辖区内村卫生室(全州共926个)的行政、业务、人员、财务和药品实施"五统一"管理，一体化管理率达100%。

【中医药事业】 坚持"中西医并重"的卫生工作方针，大力扶持中医药事业发展。州中医医院充分发挥中医特色和优势，实施培养名医、创建名科、建设名院的"三名"战略，加强重点中医专科专病建设和中医技术带头人培养，以开展"中医中药中国行"活动为契机，大力宣传、推广中医药适用技术，积极与北京广安门医院等名院开展中医医疗技术交流与科研项目合作，努力推动全州中医药事业健康发展。各级中医药机构充分发挥中医药在农村卫生、社区卫生和新型农村合作医疗服务中的重要作用，加强中医药治疗艾滋病、各类慢性病和预防各类传染病工作。

【卫生执法监督】 重点抓好卫生行政许可审核、发放工作，严厉打击非法行医、非法医疗广告等违法行为，抓好全州食品卫生、公共场所卫生、职业与放射卫生和医疗机构监督、传染病防治监督等工作，切实做好重大节日、重大活动期间食品安全保障工作，组织对中小学食品卫生和传染病防治工作进行专项检查，对全州食品卫生和住宿业实施量化分级管理，县以上餐饮经营单位量化分级管理率达100%。全年，全州共查处各类卫生违法行为82起，其中食品卫生违法案件56起，医疗卫生违法案件24起，传染病防治违法案件2起。全州无行政复议和行政诉讼案件发生，较好地维护了卫生行政执法的形象。同时，加强采供血机构的血液安全监督检查，强化血源管理，推进无偿献血工作，全年无偿献血13 553人(次)，献血总量38.48万毫升，自愿无偿献血率达100%。

【人才队伍建设】 制定上报《文山州卫生人才队伍建设规划(2009—2015年)》；继续开展继续医学教育。安排到省和省外进修59人，聘请上级专家讲座8次，开展滇沪合作和对口支援培训380人；继续实行州级培训到乡(镇)卫生院业务骨干，县级培训到乡村医生的办法，加大对各级医务人员的培训，州、县共组织各类培训班266期次17 479人(次)；组织学历教育考试1 996人；开展"万名医师支援农村卫生工程"和"城市二级以上医疗卫生机构对口支援乡镇卫生院"活动，省州共安排159名业务骨干到下级单位做好"帮、传、带"工作，有效提高了基层医疗技术服务水平；引进、招聘卫技人才，充实医疗卫生技术力量，全年全州共引进紧缺人才41人，新招聘大中专毕业卫生技术人才316人。

【医改工作】 按照中央和省的部署，州、县人民政府成立深化医药卫生体制改革工作领导小组，州人民政府及时印发了《文山州医药卫生体制五项重点改革2009年主要任务和工作目标计划的通知》。起草《文山州深化医药卫生体制改革的实施意见》和《文山州医药卫生体制改革3年实施方案(2009—2011年)》，现已经政府常务会讨论，待州委常委会审定。同时，按照省卫生厅《关于确定遴选基本药物配送商的通知》要求，按公平、公正、公开和择优的原则，遴选了16家药品经营企业作为2010年文山州医疗卫生单位药品配送企业，各县也确定了药品配送商，全州医药卫生体制改革工作稳步推进。

【行业作风建设】 全州卫生系统坚持"谁主管，谁负责"和"管行业必须管行风"的"一岗双责"原则，在全州卫生系统推行行业作风建设目标管理责任制，加大行风建设力度；建立了政风行风建设各负其责、齐抓共管的长效机制，与州直各医疗卫生单位签订行业作风建设责任书，把行业作风建设工作同业务工作同部署、同落实、同检查、同考核；健全责任追究制度；在全州卫生系统开展文山州首届"十佳健康卫士"评选表彰活动，评出了马爱波、谭嫣等10名文山州"首届十佳健康卫士"，州委、州人民政府召开表彰大会进行了表彰，通过文山日报、州广播电台、州电视台作了广泛宣传报道，并组织"十佳健康卫士"到全州8县进行演讲，树立了当代白衣天使的新形象；通过走进《七乡观察——政风行风热线》节目，与广大人民群众进行交流沟通，营造卫生事业发展的良好氛围；通过加强政风行风建设，全州各级医疗卫生机构内部管理得到加强，非法执业和不规范收费现象明显减少，医生开方用药进一步规范，服务质量明显提高。在州、县卫生行政部门和17个二级以上医疗卫生机构、127个基层站所、卫生院开展了民主评议政风行风活动，满意度均达到85.0%以上。

【领导名录】
局　　长　王仕福
副 局 长　吴树文
　　　　　罗　勇(7～)
　　　　　杨福丽(～7)
纪委书记　吴家发(6～)
　　　　　桂家良(女、～6)

（陈　敏）

食品药品监管

【食品安全监管】 学习宣传贯彻《食品安全法》，在系统内部组织考试，筹备召开全州学习贯彻《食品安全法》电视电话会议。对外广泛宣传《食品安全法》，录制《食品安全法》录音光碟120份，印制《食品安全法》单行本1万册、《食品安全法宣传手册》4万册、《食品安全法》全文宣传展版4 000张发放到各县、各相关单位和食品生产经营企业；组织开展群众性集中宣传活动，发放宣传单10万份。同时深入学习贯彻《食品安全法实施条例》等配套法规。开展为期4个月的打击违法添加非食用物质和滥用食品添加剂专项行动，启动为期2年的食品安全专项整治活动。砚山第二批省级食品安全示范县创建通过州食安委办公室验收。发布了3期食物中毒预警公告，全州共发生家庭性食物中毒11起，中毒99人，死亡11人。

《食品安全法》实施

【药品和医疗器械受理认证】 对药品认证工作提出7项严格规定，共受理审批新办零售"药品经营许可证"67家，办理药品零售企业变更142家，清理注销药品零售企业6家；共审批新办"医疗器械经营企业许可证"96家。配合省局开展GMP、GSP现场检查认证工作，对3家GMP到期企业、1家新办生产企业进行GMP认证，对2家新开办药品批发企业、8家GSP到期批发企业进行了GSP认证，对90家新开办零售企业进行认证检查。

【药品和医疗器械市场稽查】 开展盐酸芬氟拉明原料药及其制剂、双黄连注射液、香丹注射液、糖脂宁胶囊以及麻醉、精神药品、甲型H1N1流感防控药品等一系列专项检查工作，严厉打击制售假劣药品、不合格医疗器械等违法行为。安装广告监测仪，对辖区药械广告进行不间断监测。联合电视媒体部门加强对违法药械电视广告的日常监管，共出动执法车辆14台(次)，执法人员231人(次)，对319家药品批发、零售企业进行违法广告专项检查。共立案查处药械违法案件313件，收缴罚没款121万余元。

【三项监测】 把药品抽验检验作为市场监管的重要基础，"三项监测"网络不断健全，报告质量不断提升。全年共检验药品1 552件，接到药品不良反应报告408例，医疗器械不良事件报告8例。

【支持药业发展】 落实"扩内需、保增长"的要求，支持配合推进医药卫生体制改革。针对全州医用氧生产企业在生产经营中申报2年多未取得批准文号，而全州医用氧供应又不能中断的实际问题，向省局争取支持，帮助尽快获得批准文号，同时帮助督促企业尽快完善软硬件设施建设，向省局申报医用氧GMP认证，既保证企业规范生产，又保证医疗机构正常使用。帮助一些药品批发连锁企业解决因受金融危机影响，资金链中断而无法为零售连锁经营企业供货的实际问题。

【科研成果】 不断加强课题研究，《中药配方颗粒现状、存在问题》、《蔓生百部总生物碱的含量测定》、《硫酸锌合剂微生物限度检查法》和《关于〈中国药典〉2005年版中药材杂质检查项的商榷》等课题研究成果分别在《中国科学论坛》、《中国中医药咨讯》、《中国药师》和《中国民族民间医药》等重要刊物上发表。

【领导名录】
局　　长　张仁茂
副 局 长　彭志超
　　　　　杨福春
　　　　　董学才(～5)
纪检组长　罗正旭

（李代林　张婷婷）

体育事业

【简　述】 2009年，文山州体育局继续深入贯彻落实《州委州政府关于进一步加强和改进新时期体育工作的实施意见》，扎实抓好省第十三届运动会的承办和备战训练工作，各项承办和备战工作有序展开；深入学习贯彻落实《全民健身条例》，围绕"全民健身全民共享"的主题和开展"全民健身日"

系列活动，全民健身活动继2008年奥运年之后，在全州再掀热潮；2010年省运会比赛场馆正在抓紧建设；体育彩票销售取得新业绩，全州体育事业取得长足发展。

【全州体育局长会议】 3月13日，州体育局在富宁召开全州体育局长会议。会议回顾总结2008年全州体育工作，安排部署2009年工作任务。会议提出，加快承办省第十三届运动会场馆设施建设；全力以赴抓好省运会备战训练；继续完善全民健身服务体系，大力宣传、周密筹划、精心组织“全民健身日”活动；继续实施好“农民体育健身工程”和“一场一室工程”；继续保持体育彩票销售的安全运行和持续增长，在体育旅游业上有所突破，努力实现文山体育事业的又好又快发展。

【省第十三届运动会承办工作】 2009年是文山州承办云南省第十三届运动会的关键之年。主要完成的任务有9项：州委、州人民政府多次召开常委会和常务会议，听取州体育局和各有关部门的工作汇报，专题研究省运会筹备事宜，对各项筹备工作作出安排部署；出台《文山州承办云南省第十三届运动会工作方案》，成立以州委副书记、州长黄文武为主任的筹备委员会，设立6处1室开展工作；对承办工作进行全面动员，启动倒计时；8月18日，州委、州人民政府召开文山州承办省第十三届运动会动员大会，动员号召全民参与，全力以赴，扎扎实实做好各项筹备工作；确定省运会比赛项目比赛地点(场馆)和开幕式、闭幕式时间。经省政府批准，省运会开幕式定于2010年8月18日在文山盘龙体育场举行，闭幕式定于2010年8月26日在州民族体育馆举行；省运会比赛场馆建设进度加快。维修改造场馆已完成改造方案，现正在抓紧落实维修改造前的各项准备工作；完成省运会比赛器材购置；承办省运会部分项目的预赛暨年度比赛，提高竞赛组织水平。7月底至8月中旬，分别在文山和富宁承办举重、射箭、体操等8个项目的省运会预赛暨2010年的年度比赛。进一步检验了新建体育场馆的设施功能，锻炼赛事组织能力。八是加大裁判员培训力度，着力提高执裁水平；组织观摩全运会，学习提高办赛能力。10月中旬派员赴山东观摩学习第十一届全国运动会的赛事组织工作。通过观摩学习，积累了赛事组织经验。

【省第十三届运动会备战工作】 主要完成7项工作：对备战进行全面动员，确保参赛目标的实现；全力抓好备战训练，遵循科学的训练规律，积极强化体能和技能训练，训练质量和运动成绩稳步提高。通过年度比赛和省运会预赛检阅，州级运动队优势项目继续保持，弱势项目有新提高；参加年度比赛暨省运会预赛，检验训练成果。先后组队参加田径、举重等14个项目的年度比赛暨省运会预赛，在2月参加武术和摔跤两个项目年度比赛中分获5枚金牌，继续保持较高水平。在7、8月年度比赛暨省运会预赛中，参加田径、体操等8个项目的比赛，共获40枚金牌、24枚银牌、24枚铜牌以及2个团体第一和1个团体第二的好成绩。通过参加全省年度比赛和省运会预赛，达到了锻炼队伍，积累比赛经验和了解其他州市备战情况的基本目的；加强对各州市备战训练情况分析，通过客观分析各州市竞技体育的重点项目、突出选手近3年来的参赛情况和了解掌握各州市运动员参加国内外比赛获取奖牌情况，找到了文山州与各州市间存在的差距，促进了备战训练的针对性；落实备战经费，提供训练保障；继续抓业余训练，保持竞技体育的可持续发展；抓好技术等级审批，壮大运动员和裁判员队伍。年内，州体育局注重对申报技术等级运动员、裁判员的指导，严格审验申报材料，及时颁发等级证书。全年共批授二级运动员28名，批授二级裁判员28名，三级裁判员77名。

2009年度云南省摔跤比赛，文山队获佳绩

【开展全民健身活动】 2009年，全州体育系统充分利用和延伸北京奥运会对推动全民健身的综合和持久效应，围绕“全民健身全民共享”的主题和开展“全民健身日”系列活动，全民健身活动继2008年奥运年之后，在全州范围再掀热潮。上半年，全州体育系统坚持“集中与分散相结合”的原则，广泛组织开展主题鲜明、突出创新、以人为本、科学文明、方便群众参与、具有地方特色的全民健身活动。1～6月全州相继组织举办元旦、春节、“五一”等系列健身活动，营造了体育健身科学化、生活化氛围和强化“天天有健身、月月有活动、季季有赛事、年年有高潮”的良好局面；精心策划组织，大力营造全国第一个8月8日“全民健身日”氛围。全州体育系统紧紧围绕“我运动、我健康、我快乐”主题，精心组织系列活动。活动当天，全州相继举行健步走、民族健身操、登高、摩托车竞技、柔力球、太极剑、跆拳道、武术等形式多样的体育健身活动展演，吸引30万余人参加活动。据统计，全州全年经常参加体育锻炼人数占全州7～70岁人口总数的39.3%，达115万人。

【学习贯彻《全民健身条例》】 8月30日，国务院颁布《全民健身条例》，这是我国第一部系统、全面的全民健身条例。《条例》的颁布实施，对促进全民健身活动的开展，保障公民健身权益，提高广大人民群众身体素质，具有十分重要的意义。《条例》颁布后，州体育局及时以不同的形式组织学习宣传贯彻。

【筹备州第八届民运会竞赛组织工作】 制定竞赛总规程和各单项竞赛规则，指导各参赛单位做好赛前集训，选拔、培训裁判员和比赛器材的购置。为顺利举办文山州第八届民运会省第九届民运会作准备。

【参加全省残疾人运动会】 11月，文山州残疾人体育代表团参加在昆明举行的云南省第九届残疾人运动会暨第三届特殊奥林匹克运动会，共获10枚金牌、4枚银牌和12枚铜牌的可喜成绩，较上届省残运会取得的5枚金牌和2枚银牌相比，成绩有大幅度提高。

【加强社会体育指导员队伍建设】 全年培训306名社会体育指导员，其中二级社会体育指导员290名、三级社会体育指导员16名。目前，全州拥有社会体育指导员1 270人，每万人社会体育指导员达3.6名，社会体育指导员已成为组织指导城乡群众体育活动的骨干力量。

【加强对体育社团的建设与指导】 坚持把提升体育协会工作组织、服务水平，拓展组织、服务职能作为完善社会化体育组织网络的重要内容来抓，不断提升体协服务功能，收到较好成效。

【加强民族传统体育训练点和社区指导站的建设与管理】 加强对文山学院、文山州二中、麻栗坡县董干中学三所学校5个少数民族传统体育训练点的管理和帮助，提高了民族传统体育的训练水平。砚山在县职中设置县级少数民族传统体育项目训练点，开展吹枪、射弩、双拐、板鞋等民族传统体育项目的训练。社区体育建成文山城北桥社区和永通社区两个社区体育指导站，社区体育正朝着生活化、规范化和科学化方向发展。此外，州一中、砚山县二小、马关县城西小学三所学校确定为州青少年校园足球活动试点单位。

【州一中等三所学校被列为云南省培养后备人才传统学校】 7月，经省教育厅、省体育局批准，州一中被列为篮球项目传统学校，文山县一中被列为田径项目传统学校，文山县二小被列为武术项目传统学校。

【举行全州体育系统职工运动会】 3月14～15日，文山州体育系统第五届职工运动会在富宁举行。本届运动会共设气排球、钓鱼和双抠3个项目。全州8县体育局，州体育职业学校，州民族体育馆(含州老体协办、体彩分中心、州游泳池)和州局机关共11支代表队参加比赛。

【体育场地设施建设】 2009年，承担省运会比赛的综合训练馆、游泳馆和网球馆建设工程正在抓紧建设，富宁天成体育馆已竣工交付使用，砚山墨山体育馆年底可竣工。此外，麻栗坡标准看台灯光球场、广南网球场已建成使用。州体职校二期工程建设进展顺利，教学综合楼、女生宿舍、食堂、田径场等项目工程正在实施。州民族体育馆和州一中、文山县一中田径场将启动维修改造。丘北、广南两县实施国家“农民体育健身工程”达42个村，经过积极争取的马关、富宁两县20个村也得到实施。“一场一室”工程完成20个乡镇的配置，农村体育基础设施得到进一步改善。

【体育彩票销售】 全州全年体育彩票销售总额7 239万元，比上年增长495万元。其中：电脑体育彩票销售4 900万元，即开型体育彩票销售2 339万元。

【游泳池划转文山县】 11月17日，州人民政府批复同意将州游泳池无偿划转文山县。26日，州编办批复同意撤销文山州游泳池。州游泳池12名在职人员随人带编划转文山县管理。

【文山体育代表团出访越南河江省】 11月20～22日，文山体育代表团出访越南河江省，参加河江省第六届体育运动会。出访期间，双方就文山河江两州省加强体育合作交换意见。

【荣誉称号】 3月，国家体育总局、中央文明办授予广南县莲城镇小南街莲湖社区“全国第六批城市体育先进社区”称号。4月，云南省体育局、省老年体协授予文山县老体协、马关县交通局老体协和文山城区门球协会“云南省老年人体育工作先进集体”称号，授予高发春、苟相元等12人“云南省老年人体育工作先进个人”称号。9月，国家体育总局授予文山州体育局、西畴县兴街镇人民政府和文山通用机械制造厂有限责任公司“全国群众体育先进单位”称号；同时授予赵信民、王德波、陈思霖和苟相元“全国群众体育先进个人”称号。11月，云南省教育厅、省体育局、团省委授予州实验小学、州民职校、州财校、州卫校，文山县一中、城北小学，砚山县一小、西畴县一中、逸夫中学，麻栗坡县城区一小、董干中学，马关县民族中学、城东小学，丘北县一中、锦屏中学，广南县一中、民职中，富宁县民族中学、民职中19所学校“云南省第二届亿万学生‘阳光体育与祖国同行’冬季长跑优秀组织单位奖”称号。12月，中共云南省委、省人民政府授予文山州体育局“省级文明单位”称号。12月，国家体育总局授予富宁县体育局“2009年全国全民健身活动优秀组织奖”称号；授予砚山县体育局“2009年全国全民健身活动先进单位”称号。

【领导名录】

局　长　赵信民

副局长　代高鹏(壮)

　　　　胡应明

　　　　马建民

(张仁翊)

文山州境内有哪些矿产种类

文山州矿产受红河深大断裂和文山、麻栗坡、富宁断裂的控制，沉积环境、地层层序和陆源物质基础等因素的影响，矿产资源丰富，品种较为齐全，遍布各县。有色金属得天独厚，是“云南有色金属王国”的重要组成部分。

全州500余个大中小型矿床和矿点星罗棋布，分散在各县境内，各具特点，均有开发前景。马关县都龙锡矿，是一个大型多金属矿床，有22种有用元素，9种具有工业价值，其中锡矿为大型，锌矿为超大型。砚山县斗南大型锰矿床，矿石质量优良，开采条件较好。广南县木利大型锑矿床，具有易采易选易冶炼等优越条件。全州11类50余种矿产，占全国132种矿产的38%。主要矿产有：

黑色金属：锰、铁、钛、铬；

有色金属：锡、锑、钨(白钨、黑钨)、铅、锌、铜、铝、镍、钴、汞；

稀有金属：铍、锂、铌、钽、锆；

贵重金属：金、银；

分散元素：锗、镓、铟、镉、硒、碲；

放射性元素：铀；

冶金辅助原料：耐火粘土；

化工原料：磷、硫、钾长石、蛇蚊石、砷、重晶石、毒重石、硅石；

建筑材料及其他非金属：石灰石、石棉、石墨、石膏、滑石、膨润土、漂白土、刚玉、天然油石、沸石、大理石、白云石；

特种非金属：水晶、冰洲石、云母；

燃料矿：煤(褐煤、无烟煤)。

社会生活

责任编辑　农应忠

平远地区民族团结创建示范区“同心苑”廉租住房建设项目竣工剪彩

民族工作

【全州民族宗教工作会】 3月5日，州人民政府召开全州民族宗教工作会议。会议总结全州2008年民族宗教工作取得的成绩和经验，分析当前民族宗教工作面临的困难和问题，部署2009年的民族宗教工作任务。州委常委、常务副州长徐爱民出席会议并讲话，州人大常委会副主任马正新、州政协巡视员杨国顺出席会议，州民族宗教工作领导小组成员单位负责人、各县政府分管民族宗教工作的副县长、县民宗局长等参加了会议。会上表彰2008年度对全州民族团结稳定、宗教和谐作出贡献的各县民宗局，表彰2008年度民族、宗教系统信息工作先进集体和个人，与各县民宗局签订"2009年度民族团结目标管理责任书和宗教工作目标管理责任书"。年终，对各县贯彻落实"责任书"情况进行考核考评。

【民族政策贯彻执行情况督查】 8月10日起，由州民族工作领导小组办公室牵头，组成督查组分别对文山县和砚山县一些重点行业和窗口服务单位贯彻落实党和国家民族政策方面的情况进行专项督促检查，重点督查各行政执法机关在履行发放许可证书、开展执法检查、实施行政处罚以及采取强制措施等职责中，是否存在歧视少数民族群众，影响民族关系的言行；企业在招收员工时是否有歧视少数民族的行为；在生产经营中是否存在生产经营含有歧视、侮辱少数民族产品的现象；出行、就医、就学和宾馆、酒店、商店是否存在拒绝少数民族的现象。

【平远地区民族团结进步示范区创建活动推进会召开】 12月26日，州委、州人民政府在砚山县平远镇召开平远地区民族团结进步示范区创建活动推进会。会议主题是以平远地区民族团结进步示范区创建活动为龙头，动员全州各族干部群众积极行动起来，在全州范围内掀起开展民族团结进步示范创建活动热潮，努力开创全州民族团结进步工作新局面。省委统战部副部长杨光海、省民委副主任马春到会指导。州人大主任付加兴、州政协主席王云凌、州政法委书记吴俊明、州人大副主任马正新、副州长张秀兰等领导和全州8县县委书记、县长以及相关部门负责人出席和参会。会议由州委常委、常务副州长徐爱民主持。州委书记李培在讲话中要求各级各部门高举民族团结进步旗帜，围绕各民族"共同团结奋斗，共同繁荣发展"的民族工作主题，牢固树立"三个离不开"的思想，以"民族团结、宗教和谐、社会稳定、经济发展"为核心，以实施"宣传教育、基层组织建设、平安创建、基础设施建设、民生改善、产业发展"六大工程为主线，以开展"手拉手，兄弟情，心连心，鱼水情，肩并肩，爱国情"三大活动为载体，深入持久地开展民族团结进步创建活动，为全面建设小康社会、构建和谐文山营造良好的社会氛围。会上，州委、州人民政府还授予砚山县平远镇、稼依镇、阿舍乡，文山县红甸回族乡、秉烈彝族乡、德厚镇和麻栗坡县天保镇为"民族团结进步示范创建乡(镇)"。

【文山州民族团结进步模范集体和个人受省表彰】 9月11日，云南省民族工作会暨第六次民族团结进步表彰大会在昆明召开。大会表彰113个"民族团结进步模范集体"和87位"民族团结进步模范个人"。其中：中共文山州委、州人民政府，文山州扶贫开发领导小组办公室，中共马关县委、县人民政府，丘北县民宗局，广南县民宗局，砚山县平远镇党委、政府6个模范集体和黄文武、徐爱民、杨林、邵丽华4名模范个人受到省委、省政府表彰。

【文山州委和3名个人荣获全国民族团结进步模范奖】 9月29日上午，国务院第五次全国民族团结进步表彰会在北京召开。中共文山州委被表彰为全国"民族团结进步"模范集体；州委书记李培，州委常委、州委宣传部部长熊荣元，州民委主任陆庆怀被表彰为全国"民族团结进步模范个人"。李培、陆庆怀作为文山州模范个人代表赴京出席表彰大会，并应邀参加国庆观礼等系列活动。在京期间，李培还出席了中共中央统战部、国家民委联合召开的全国民族团结进步创建活动经验交流会。

受表彰的个人，李培(左二)、陆庆怀(右一)

【全州民族工作会暨第五次民族团结进步表彰大会】 12月27日在文山召开。会上，州人民政府授予砚山县平远镇田心村委会等60个集体单位为"全州民族团结进步模范集体"荣誉称号，授予张明美等100位"全州民族团结进步模范个人"荣誉称号。

【少数民族干部培训】 州委组织部、州民委、州委党校联合分别于3月1～13日、10月13～24日在州委党校举办全州第八、九期少数民族干部培训班。集中培训县、乡及各级各部门壮、苗、彝、回、傣、布依、蒙古8个少数民族160名(每期80名)科级少数民族干部及部分在基层政法系统工作的少数民族干警。培训内容包括马克思主义宗教理论与党的宗教政策、农村群体性事件的预防与处置、农村常用法律知识及社会矛盾纠纷调处等专题。

【省联合调研组到文山调研】 4月15～18日，以省民委主任王承才为组长，省扶贫办副主任欧志明和省民委副主任李国林为副组长，省教育厅、民政厅、建设厅、交通厅、水利厅等部门领导组成的调研组，在州委常委、常务副州长徐爱民及州、县相关部门领导的陪同下，先后深入到富宁县洞波乡安达村委会安者村，归朝镇龙绍村委会龙井村、龙桑村和龙门村委会干呼村等瑶族支系“山瑶”聚居村寨和丘北县官寨乡下洋洞村、大坡脚村等彝族支系“僰人”聚居村寨对扶持发展工作情况进行实地调研。调研组通过实地走访、座谈和听取州、县领导对“僰人”、“山瑶”扶持发展工作情况汇报后，对群众贫困原因和历史背景进行了分析，并就如何做好扶持发展工作提出意见和建议。

【王承才到文山调研民族工作】 国庆节前夕，省民委主任王承才一行在州民委主任陆庆怀陪同下，深入到丘北县舍得、八道哨等乡（镇）对彝族支系“僰人”生产生活情况等进行调研。通过深入实地与群众座谈、了解和听取相关部门领导汇报后，王承才对进一步做好彝族支系“僰人”扶持发展工作提出要求。

【扶持僰人山瑶脱贫发展工作】 2008年9月，自启动扶持丘北县彝族“僰人”和富宁县瑶族“山瑶”脱贫发展工作以来，多部门协作、多渠道投入、多措施并举、多层次推进、多方力量参与、合力帮扶“僰人”和“山瑶”脱贫发展。至2009年底，共实施扶持“僰人”33个村组，累计完成项目总投资5 356万元；共扶持投入“山瑶”脱贫发展资金7 164.36万元。通过扶持发展，僰人和山瑶群众的生产生活条件得到改善。

【省调研组到富宁县对瑶族支系山瑶扶持发展工作进行调研】 12月5～8日，省扶贫办副主任欧志明、纪检组长杨斌，省发改委特派员杜绍林，省民委经建处处长徐畅江等领导组成的省政府“山瑶”扶持发展调研组，在文山州政府秘书长杨选德、富宁县委书记罗家祥等领导的陪同下，赴富宁县对瑶族支系“山瑶”村寨生产生活、扶持发展等情况进行专题调研和指导。

【“民族团结示范村”建设项目实施】 2008年度，用民族专项资金安排内5县“民族团结示范村”8项254万元进行综合建设。建设项目涉及8个乡（镇）8个村小组，受益群众470户2 171人。

【彝族支系“僰人”实施村寨公路通达工程】 2月底止，文山州丘北县共完成总投资377.26万元，完成官寨、树皮、舍得、双龙营、腻脚、曰者6个“僰人”聚居乡（镇）9个“僰人”村寨16条、长68千米、宽4.5米、总建设面积为31.5万平方米的通达工程。

【民族专项资金申报和下达】 2009年度，按照民族专项资金主要安排“兴边富民示范村”、“民族团结示范村”创建以来拾遗补缺的原则进行申报。年内，安排文山州民族专项资金建设项目79个2 092万元，其中中央和省级少数民族发展资金54项1 820万元（含兴边富民示范村项目资金1 350万元〈即富宁800万元、马关300万元、麻栗坡250万元〉）、省级民族机动金25项272万元。此外安排项目管理资金29万元；电脑农业专家系统推广经费44万元。

【民族地区企业发展贷款财政贴息工作】 年内，申报文山县兴彩民族工艺织布厂和云南知味园食品有限责任公司、广南县民族银饰工艺厂和云南云岭山茶油有限公司、砚山县文山华博贸易有限责任公司、麻栗坡县利群竹笋厂6家企业发展贷款财政贴息的请示项目。经审核，批准补助共31万元。

【电脑农业技术开发及推广应用】 2009年文山、富宁、西畴3县共推广专家系统10个（相同系统不重计数），有33个乡（镇）242个行政村参与实施，受益农户9.7余万户、32.62万人。共推广种植面积40.79万亩，新增总产量1 139.41万千克，新增总产值2 013.15万元，增加总收入1 600.30万元，农民节约总成本449.58万元，增收节支总额2 049.88万元。

【文山州建州50周年纪念活动和马关县首届民族民间艺术节获2008年度云南“十大民族团结盛会”殊荣】 1月16日，由云南省民委、《今日民族》杂志社主办的2008年云南“十大民族团结盛会”和“十大民族狂欢节”在昆明评选。经专家评审团对全省16个州、市申报的80多项节庆活动进行严格的筛选和审定，文山州的“文山壮族苗族自治州建州50周年纪念活动”和“马关县首届民族民间艺术节”均获得2008年度云南“十大民族团结盛会”称号。

【王明富出席在泰国举办的“云南文山壮族传统文化讲座”】 1月20～23日，文山州民委古籍办编辑王明富应邀出席泰国研究所和朱拉隆功大学文学院泰学研究中心在曼谷朱拉隆功大学玛哈朱拉隆功大楼联合举办的“云南文山壮族传统文化讲座”。与会100余位专家、教授及学者听取王明富介绍交流后，对云南文山壮、傣等民族各支系的传统文化蕴藏丰富感到惊讶，同时王明富提出“建立壮、老、泰民族跨国旅游是改变中国西南边疆地区经济落后面貌重要举措的观点”和“建立壮、老、泰‘毕侬’友好跨国旅游走廊”的建议。

【《跳箩筐》节目参加农业部春晚和省“两会”联谊会演出】 《跳箩筐》是文山州少数民族体育优秀表演项目，应中央电视台邀请，由文山州民委文教科负责人带领26名演员到北京参加2009年农业部春节联欢晚会——《亿万农民的笑声》节目录制，于1月25日18时05分在CCTY—7套节目首播，CCTY—1、3套节目安排重播。2月8日晚，出席云南省第十一届人大二次会议和政协云南省第十届二次会议的少数民族代表、委员500余人在昆明莲云宾馆举行联谊晚会。云南省歌舞团、省杂技团和代表、委员们共同表演了精彩的文艺节目。文山州优秀民族传统体育表演项目《跳箩筐》也参加晚会演出，是除省级两家演出单位（云南省歌舞团、省杂技团）外唯一一家受到邀请的州、市级演出单位。

【广南发现"文字之芽"——八宝歌书】 8月10～13日，清华大学赵丽明教授在州民委有关领导的陪同下，深入到马关、麻栗坡、广南等县考察民族文化。在广南县考察中国壮族坡芽歌书传承情况时，发现八宝镇弄驴村小组壮族仍在传承古老的图画文字（是村民王国富用一种特殊符号记录壮族诗歌）——八宝歌书。王国富还现场为考察组画出牛、马、犁、房屋、桌子、筷子、姑娘在稻田、伙子扛猎枪、河流有鱼11个图案，同时他用八宝壮族歌唱出相关的11首歌。通过专家鉴定，王国富记录诗歌的手法和符号，与2006年7月29日中央民族大学黄建明教授到富宁县博隘镇坡芽村鉴定的"坡芽歌书"是同一类型图画文字（在上世纪70年代该村还有几本类似"坡芽歌书"的歌本，后来全村遭火灾，歌书全被焚毁，至今村里的人还能画和演唱70年代记录的歌书）。八宝歌书也是"文字之芽"，它的发现对研究文字起源提供了不可多得的珍贵史料。

【参与推荐各级各类学校招生录取工作】 年内，中央民族大学附中、河北大厂高级实验中学、云南师范大学附中、云南民族中学、云南农业大学、云南民族中专等各级各类学校在文山州进行招生工作。州民委、州教育局密切协作、广泛宣传，全州共有36名考生到州民委报名。经州民委、州教育局共同商定、推荐，并按照择优录取、公开、公平、公正原则，有11名考生被相关学校录取就读。

【古朝文出席在越南举办的"东南亚语言学协会第十九届语言研讨会"】 5月27～28日，文山州民委民研所古朝文应"东南亚语言学协会第十九届语言研讨会组委会"的邀请，赴越南国立大学社会科学和人文学院参加研讨会。古朝文与英国学者AndyCastro共同撰写的论文《文山苗语音素的创新》在会上作了交流。来自世界20多个国家120多名语言学专家、学者不分国度、不分民族，从人类语言学、语音学入手，对东南亚各民族的语言学发展史和各民族之间以及同一民族之间的各支系的语言比较进行研讨、交流。

【文山州举办首届民族服饰巡演】 为展示新中国成立60年来全州各族群众美好生活。国庆期间，州委、州人民政府举办《民族团结花盛开——七乡儿女颂祖国》首届民族服饰巡游展演和舞台表演。此次民族服饰巡演是州委宣传部、州文化局、州社科联和州总工会等部门承办，以文山县为依托、各个民族学会（协）会为单位协办。国庆当天，首届民族服饰巡演在文山城休闲广场举行简短启动仪式后，11种民族（1 000多名）服饰巡演的各个方块队身着盛装、载歌载舞，依次从休闲广场出发，沿着东风路、民贸大楼、新城路、移动花园、公安大厦、七花广场进行巡游，并在七花广场进行民族服饰表演。展演内容分为巡游展演和舞台表演，服装包括生活装（含儿童装、青年装、中年装、老年装）和节日盛装两大类。参加巡演各方队均注重各自民族服饰的原创性、地域性和审美性，紧扣各民族的生产生活，突出民族、时代和地方特色，做到艺术性与观赏性的统一。展演展示了全州各民族丰富多彩、绚丽多姿的民族原生态服饰文化。

【文山少数民族传统服饰在京参展】 11月12～22日，由中国文学艺术界联合会、中国民间文艺家协会、民族文化宫共同举办的"缤纷中国——中国民族民间服饰文化暨中国民间文化遗产抢救工程成果展"在北京民族文化宫开展。此次展览囊括了全国56个民族最有代表性的服饰作品。文山州壮、苗、瑶等民族传统服饰被选入参展。并选派文山州民委古籍办王明富（壮族）和苗学会陶开烟（苗族）带11套民族服饰、5块壮锦上京参展。中国著名民族服饰学家岐从文并签约将文山各民族服饰图片编入《中华民族民间染织绣图案纹样品》出版。期间，清华大学还特邀王明富到校举办学术讲座，就壮族服饰、壮锦上"莱瓦"（美术）、"莱师"（图画文字）的起源和发展、以图文并茂的方式作了剖析介绍，引起师生们极大兴趣并留下深刻印象。

【云南省第三届苗族医药学术研讨会在文山召开】 12月13日在文山召开。部分专家学者就云南苗族医药研究开发应用、苗药独特的破血疗法等问题进行了研究和交流。

【领导名录】

主　任　陆庆怀（壮）
副主任　王万荣（苗）
　　　　周　明（彝）

（陆绍团）

宗教事务

【宗教团体和宗教活动场所财产清理】 1～3月，州委统战部和州宗教局对全州48个宗教活动场所和州伊斯兰教协会、州佛教协会、天主教昆明教区文山堂点的财产进行清理审查。检查结果：各宗教团体和宗教活动场所都基本能按照《宗教事务条例》的规定管理资产，财务账目清楚。

【33所清真寺获准举办经文学校（班）】 3月19日，州宗教局批准同意文山县开化镇文山清真寺、红甸乡八家寨清真寺、马塘镇黄龙坝清真寺，砚山县平远镇田心清真寺、茂龙清真寺、校园路清真寺、平远清真寺、松山清真寺、车白泥清真寺、稼依镇辣椒城清真寺、小石桥清真寺、中寨清真寺、江那镇砚山城区清真寺、阿猛镇迷发清真寺、茂地冲清真寺，丘北县锦屏镇丘北城区清真寺、旧城清真寺、新城清真寺、

河外清真寺、曰者镇松云里清真寺、新寨清真寺，广南县珠琳镇珠琳清真寺举办伊斯兰教经文学校；同意文山县秉烈乡雾路老寨清真寺、雾路新寨清真寺、红甸乡母鲁白清真寺，砚山县平远镇三家村清真寺、新庄清真寺、稼依镇成达清真寺、阿猛镇迷发新村清真寺、阿蒙清真寺，丘北县锦屏镇北屏清真寺、小马头清真寺，广南县莲城镇莲城清真寺举办伊斯兰教经文班。

【宗教活动场所爱国主义和法制宣传教育】 分五个阶段进行。第一阶段对全州49个宗教活动场所(固定处所)的管理人员、教职人员，民主管理情况进行摸底调查。第二阶段对宗教团体常务理事、49个宗教活动场所(固定处所)的管理人员、教职人员进行宣传教育。其间，共举宗教工作干部、宗教代表人士培训班10期，培训县、乡、村干部750人(次)，宗教代表人士500人(次)，宣讲团人员到文山、砚山、丘北3县培训班上作了巡回宣讲。第三阶段指导全州49个宗教活动场所(固定处所)建立健全了各项民主管理制度。第四阶段进行总结验收。各县的宣传教育活动均按照省、州要求完成。第五阶段迎接省上的检查和验收。

【创建"和谐寺观教堂"活动】 年内始进行。其目标是在5年内，使全州多数宗教活动场所达到或基本达到爱国爱教、知法守法、团结稳定、活动有序、教风端正、管理规范、安全整洁、服务社会的创建标准。范围是州内依照《宗教事务条例》的有关规定设立和登记的寺院、宫观、清真寺、教堂和其他固定宗教活动处所。

【许可设立宗教活动固定处所】 7月18日，州宗教事务局依法许可广南县八宝镇八宝观音寺为佛教活动固定处所。

【伊斯兰教工作联席会议】 9月25日，州委宗教工作领导小组在文山召开全州伊斯兰教工作联席会议。州委常委、州政府常务副州长、州委宗教工作领导小组副组长徐爱民，州政协副主席、州委宗教工作领导小组副组长黄昌礼出席会议。州委统战部、州宗教事务局、州公安局、文山国家安全局、州教育局和文山、砚山、丘北、广南县委统战部、县民宗局的领导参加会议。议程为各县汇报伊斯兰教工作情况；讨论分析研究伊斯兰教工作中存在的问题。

【黄毅到文山调研】 10月28～29日，省委常委、省委统战部部长黄毅到文山调研。

【参加省古兰经诵读比赛】 6月6～7日，文山州选送马碧远、马本鹅、马平伟、李香4人参加云南省伊斯兰教协会第八届《古兰经》诵读比赛，马平伟获三等奖。

【卧尔兹演讲比赛】 5月25日，文山州伊斯兰教协会第五届卧尔兹演讲比赛在丘北县曰者镇松云里清真寺举行。参赛选手21名，砚山县平远镇商贸街清真寺马莉娟获一等奖，稼依镇辣椒城清真寺马雪娥获二等奖，丘北县锦屏镇新城清真寺马能湘获三等奖。

【教务指导委员会议】 7月30日，文山州伊斯兰教协会在文山召开教务指导委员会第五次(扩大)会议。会议议程为学习中国伊斯兰教协会会长陈广元大阿訇撰写的《穆斯林坚决反对暴力维护和平》和《决不轻信恶言维护民族团结》两篇卧尔兹；学习省、州关于开展创建"和谐寺观教堂"活动的文件，启动创建"和谐清真寺"活动；统一2009年入斋时间和开斋时间。

【朝觐】 全年，全州共有460名穆斯林群众申请报名朝觐。经县民宗局提出意见，州宗教局审核上报省伊协、省宗教局批准，204名参加云南省2009年度朝觐团赴沙特麦加朝觐。11月9日，全州204名朝觐人员离开文山前往沙特，完成功课后于12月19日顺利返回文山。

【国家宗教局赠予文山寿佛寺大藏经】 7月14日，国家宗教局赠予文山寿佛寺乾隆版大藏经1部。

捐赠经书

【中华人民共和国六十华诞祈福暨佛像开光法会】 9月21日在文山寿佛寺举行。省宗教局副局长陆永耀、省佛教协会副会长淳法大和尚出席法会仪式。

【领导名录】
局　长　侬美发(壮)
副局长　马应聪(回)

(王正洪)

民　政

【救灾救济】 年初以来，全州8县先后遭受旱灾、霜冻灾、冰雹灾、风灾等自然灾害，涉及102个乡镇947个行政村(社区)，248.9万人受灾，因灾造成31人死亡，房屋损坏22 011间，倒塌1 125间，紧急转移安置2 834人。11月10日下午，广南县者兔乡那耐村委会阿歹村小组发生整村民房特大火灾，烧毁民房95户295间，受灾441人。全州全年因灾造成直接经济损失5.71亿元。元旦春节期间，民政部门共发放食用油308桶、优质大米6 160千克、慰问金392 400元，折合资金16万余元；春夏荒期间，全州有缺粮户34 996户147 277人，缺粮798.75万千克，中央及省下拨自然灾害补助资金1 400万元，州县财政投入525.5万元，发放衣被56 422件(床)，以解决困难群众的生活问题。

【社会救助】 生活救助方面，2009年元旦、春节期间为城乡低保对象、农村五保对象发放一次性生活补贴3 783.32万元；为城市低保对象50 521人发放元旦春节慰问金252.61万元；慰问难民27户20 500元。城市居民最低生活保障方面，全州共纳入城市低保对象32 383户55 646人，累计支出保障金9 204.89万元。将沙甸事件孤老伤残人员定补标准在原基础上每人每月提高80元，共发放补助经费39.6万元。农村最低生活保障方面，全州共纳入农村低保对象356 380人，累计支出保障金22 620.62万元。根据云南省民政厅、云南省财政厅《关于做好沿边定居群众补助工作的通知》精神，对沿边(距离边境线1 000米以内)定居的群众给予适当补助，将省级下拨州的补助资金810万元按每户1 000元的标准发放。城乡医疗救助方面，全年省级共补助城市医疗救助资金690万元，累计救助城市困难群众67 644人(次)，累计支出救助金870.86万元(其中资助参保63 000人，医疗救助4 644人)。全年省级补助农村医疗救助资金4 279万元，累计救助农村困难群众707 524人(次)，累计支出救助金2 653万元(其中：资助参加新农合697 234人，医疗救助10 290人)。五保供养敬老院建设方面，1月起，农村五保供养省级补助标准提高为每人每月80元，全州共有农村五保对象15 559户15 953人，其中集中供养972户972人，分散供养14 587户14 981人，共支出资金1 676.9866万元。年内建成文山县马塘、广南县莲城两个中心敬老院和富宁县木央、田蓬两个乡级敬老院，完成工程投入1 100万元，增加集中供养床位500个。落实20世纪60年代精简退职职工待遇634人，每人每月增加60元，全年补助资金120.28万元。城乡临时救助方面，根据《民政部关于进一步建立健全临时救助制度的通知》精神，拟定《文山州城乡困难群众临时救助制度》，省下达全州城市临时救助补助资金112万元，累计救助困难群众3 546人(次)，支出资金116.05万元；省下达农村临时救助补助资金1 749万元，累计救助困难群众79 190人(次)，支出资金1 760万元。

【优抚安置政策落实】 年内共有重点优抚对象32 631人，成建制配属部队作战支前民兵及援越援老筑路民工36 091人，共发放优待抚恤补助经费7 579.95万元。全州共接收2008年冬季退役士兵819人，享受城镇安置政策的退役士兵292人，通过"双考"安置等办法推荐74名到私营企业就业外(自谋职业后推荐就业)，岗位安置193名，自谋职业安置25名。全州移交政府安置的军队离退休干部(含退休士官)139人，无军籍职工103人。省厅下达州军休人员经费1 107万元，军休服务管理机构经费95.1万元，由地方财政承担的军休经费已全部按规定做到了及时足额拨付。

【基层政权和社区建设】 完成全州47个社区换届选举工作和14个农村社区试点工作，新型社区管理模式初步建立。落实基层干部待遇方面，按照《关于适当提高村干部岗位补贴标准的通知》、《关于适当提高农村原大队部分离职半脱产干部定期生活补助标准的通知》和《关于认真做好在任村(社区)干部岗位补贴情况统计工作的通知》等政策精神，兑现全州2 936名在任村委会(社区居委会)党组织书记、副书记，村委会(社区居委会)主任、副主任、文书和临近国境线武装干事2009年岗位补贴1 765万元；发放2008年度3 039名老乡干生活补助共424.9万元；发放2008年度47名建国前入党的城镇无工作老党员和农村老党员生活补助金4.23万元。年内建成5个社区服务中心、社区服务站，争取到省投入资金630万元。

【社会事务】 年内，举办全州婚姻登记规范化建设管理培训班1期；办理结婚20 092对，离婚1 622对，涉外婚姻15对，年出具婚姻登记记录证明4 000余份。全年共火化遗体1 257具，火化率比上年增长9.2%。全州共有各类社会组织475个(州属158个、县级317个)，其中社会团体310个，民办非企业单位82个，农村专业经济协会83个。完成了全州第二轮县级行政区域4条214.816千米界线联检工作。共筹集到2008年度福利彩票公益金943万元资助社会福利、社区建设、公益事业、残疾人事业等社会公益服务基础设施建设项目30个；福利彩票销售额首次突破亿元大关，达到1.0006亿元(其中电脑彩票8 113万元，即开型彩票1 893万元)，完成省下达任务8 500万元的118%，比上年增长54.0%，创造了历史新高。

【老龄工作】 为41 410名百岁老人和80～99周岁无职业、无固定收入的高龄老人发放长寿补助和保健补助1 335.9万元；办理"云南省老年人优待证"46 377本，老年人免费乘公交车、进公园、公厕和就医减免普通挂号费等优待政策全面落实。为帮助贫困老年人解决生活难、就医难和住房难问题，筹资380多万元，开展"为五老解两难"、助医活动、"爱心护理"工程活动、"感恩社会、关注贫困"等活动。

【民政综合服务】 各类民政专项资金到位71 251.905万元，比上年增长197.9%。其中：民政公共服务基础设施项目立项建设补助资金类为州级救灾仓库建设500万元，敬老院建设710万元、烈士陵园维修补助1 680万元、社区建设和重点村公开栏建设补助资金635万元、福彩公益公益金等项目1 065万元，共计4 590万元。社会救助类为城市低保经费

10 876.87万元、农村低保经费24 062万元、城市医疗补助1 184.96万元、农村医疗补助5 792.72万元、城市临时救助金112万元、农村临时救助金1 749万元、春夏冬令及自然灾害补助资金2 500万元、“沙甸事件”部分孤残困人员生活补助39.6万元、五保供养补助金1 665.50万元、难民生活补助经费63万元、城乡困难群众一次性生活补贴经费3 798.94万元、沿边定居群众补助经费810万元、20世纪60年代精简退职职工生活补助金120.29万元、2010年节慰问补助资金1 781.89万元、老年人、高龄老人、农村特困老年人各项补助经费380万元，共计549 366.76万元。民政直接救助救济和保障对象总量达到125.5万人，主要包括：城乡低保对象41.2万人，城乡医疗救助资助参保参合对象54.21万人，救助受灾群众16万人，及各类优抚对象、老年人补助对象、五保和孤残老人儿童和因战伤残亡救助对象等。

【王树芬在文山调研】 2月20日上午，省民政厅厅长王树芬在文山调研，副州长李国沛陪同。4月18日，省民政厅厅长王树芬到文山县调研民政工作，副州长李国沛陪同。

【领导名录】

局　长　唐建军(4～)

副局长　陆永福(壮、～12)

　　　　李明福(瑶)

　　　　王继兴(壮)

　　　　朱　敏(女、4～)

老龄办专职副主任　黄永辉(壮)

（黎福禄）

消费者权益保护

【“消费与发展”年主题活动】 州、县消费者组织紧紧围绕“消费与发展”年主题大张旗鼓地宣传《消费者权益保护法》、《农产品质量安全法》《欺诈消费者行为处罚办法》、《产品质量法》、《禁止传销条例》、《直销管理条例》、《反不正竞争执法》、《云南省消费者权益保护条例》以及食品安全知识等一系列保护消费者权益的法律法规。3月15日，全州利用县城街天把上一年度在开展市场检查中查获的各种假冒伪劣商品当众展出曝光，并开展咨询服务和现场受理消费者投诉。各县还邀请县政府的有关领导到现场作重要讲话，并联合有线电视台等新闻媒体对活动开展情况进行宣传报道。全州在开展纪念“3·15”国际消费者权益日宣传咨询服务和执法活动中，参加活动的党政领导137人；开展宣传咨询服务113次；现场受理并调解消费者投诉31件，为消费者挽回经济损失1.77万元，提供咨询服务6.35万人(次)，发放宣传材料80 800余份，召开座谈会38次，制作宣传板87块，制作电视专题节目12期，制作广播专题节目9期，张帖标语786幅，协调由移动公司发布有关消费知识短信10 000条，展示并销毁假劣商品337个品种，标值206.37万元。

【监督检查】 年内，组织执法人员对辖区市场进行一次彻底的清理检查。重点检查食品、药品、农资、公共事业和其它与消费者密切相关的商品和服务，并对损害消费者合法权益的违法违章行为进行查处。全系统共出动执法人员1 544人(次)，车辆313辆(次)，检查各类市场245个，检查经营户7 313户，查获各种假冒伪劣、超期变质食品4 559瓶(包、袋、盒)，查获各类违法违章案件42件，收缴罚没款0.65万元。

蔬菜类食品检测

【食品安全快速检测】 依托食品安全快速检测车，对全州8县的食品进行抽样检测。全年共检测蔬菜、调味品、肉、油、酒等五大类10个小项357组样品，其中合格270组样品、不合格84组样品，合格率为75.63%。样品来自市场8个、超市10个、个体工商户25户。检测发现：酒类市场仍需进一步加强规范化管理，在散酒市场上的散酒普遍存在乱标酒精度数，低度酒冒充高度酒问题；超市中销售的原汁葡萄酒和蜂蜜存在以假乱真，以次充好的现象；桶装食用猪油质量良莠不齐，大部分桶装食用猪油过氧化值偏高于国家标准值。针对以上问题，消费者协会以县为单位及时发布消费警示、以指导消费，同时建议各县工商机关加强对以上食品的监管力度，不定期地对以上食品进行抽样检查。

【婴幼儿奶粉赔偿】 分别于1月4～7日、1月16～22日、4月9日分3批进行。全州先后实发患儿数342人，发放赔偿金74万元。其中有9名患儿因信息登记不全，发布公告后仍未联系上和无法查找下落未能兑现赔偿金

【“一会两站”建设】 2009年，全州需新建消协分会38个，“两站”93个。至年底已建立消协分会102个，占应建数的100%，建立两站1 033个，占应建数1 093的94.5%。

【受理消费者投诉】 年内，全州共受理各类消费者投诉案件1 399件，解决1 395件，解决率99.7%，为消费者挽回经济损失313.1万元，接待咨询、来访群众24 682人(次)，收到

表扬信8件。

劳动和社会保障

【就业和再就业】 年内，州委、州人民政府采取努力开发就业岗位、加大就业扶持资金投入、组织劳务输出、拓宽大中专毕业生就业渠道、建立创业基地、加强职业技术培训等办法和措施以缓解全球金融危机造成的就业压力。就业岗位开发方面，实施木本油料基地建设和新农村建设。就业扶持资金投入方面，对困难企业实施“5缓4降3补贴2协商”政策和使用失业保险基金稳定岗位政策，使用失业保险基金645.44万元稳定就业岗位5 484个，完成目标任务3 000个的183%；为有创业愿望的人员发放小额担保贷款2 700笔11 328万元，完成目标任务6 000万元的189%；发放“贷免扶补”贷款1 233人6 040万元，完成目标任务5 150万元的117%；支付就业再就支业资金4 287万元(其中发放社保补贴1 336万元、岗位补贴980万元、培训补贴1 113万元、职业介绍补贴28万元、小额担保贷款贴息820万元、其他10万元)惠及劳动者33 972人(次)。组织劳务输出方面，加强沟通协调，进一步畅通输出渠道，鼓励农村劳动力自发外出务工，全年实现劳动力转移就业18.6万人(其中有组织输出3.32万人)，超额完成10万人的任务。拓宽大中专毕业生就业渠道方面，在做好公务员招考、事业单位招聘、选聘高校毕业生到村任职、大学生志愿服务西部计划、农村教师特岗计划、三支一扶计划等工作的基础上，引导和鼓励大中专毕业生到企业就业和自主创业、灵活就业。落实大中专毕业生自主创业、灵活就业的税费减免和费用补贴政策，在公共就业服务机构设立大中专毕业生就业指导窗口，引导毕业生进一步转变择业观念。筹划建立了一批大中专毕业生见习基地，引导未就业大中专毕业生到见习基地实现就业。建立创业基地方面，建立一批创业基地，征集并创建了创业项目库，组建了226人的创业指导师，为劳动者提供创业服务，全年扶持3 933人实现创业并带动13 299人实现就业。职业技术培训方面，组织开展创业培训3 868人，完成目标任务3 500人的111%。全年全州开发就业岗位15 049个，完成任务7 000个的215%；开发公益性岗位1 047个，用于安置“4050”人员、零就业家庭、就业困难人员就业，实现零就业家庭动态清零；城镇新增就业11 895人，完成目标任务5 500人的216%；城镇下岗失业人员再就业3 150人，完成任务2 000人的157%；就业困难人员再就业2 309人，完成目标任务2 000人的115%；城镇登记失业率3.48%，控制在4.6%以内。

【社会保障体系建设】 启动实施城镇居民基本医疗保险工作，出台被征地农民养老保障实施办法和一系列拉动内需的社会保障政策。扩大社会保险覆盖，出台了一系列拉动内需的社会保障政策，失业保险缴费费率在原来单位2.0%、个人1.0%的基础上分别下调50.0%，工伤保险综合缴费费率由上年的1.12%下调到0.81%，生育保险缴费比例由上年的1.0%下调到0.7%。1月1日起，为14 778名退休人员每月人均调整增加养老金116元，全年增支2 057万元，企业退休人员平均养老金水平已从2004年的537元提高到982元；为1 537名失业人员人月均增加失业待遇55元；生育、工伤、医疗待遇也有不同程度的提高。年末，全州参加各项社会保险的人数已达511 539人(次)，其中养老保险77 641人，职工医疗保险168 515人，城镇居民医疗保险110 015人，失业保险70 415人，工伤保险49 630人，生育保险35 323人，分别完成任务75 500人、169 000人、110 000人、68 500人、49 300人、35 000人的103%、99.7%、100%、103%、101%、101%。社会保险基金管理，配合地税部门加强社会保险费用的征收，全年共征收各项社会保险基金46 246万元，其中基本养老金21 000万元，职工医疗保险待遇21 500万元，失业保险金1 093万元，工伤保险金620元，生育保险金333万元，城镇居民医疗保险金1 700万元。发放各项社会保险金39 237万元，其中基本养老金18 175万元，职工医疗保险待遇18 500万元，失业保险金820万元，工伤保险金458元，生育保险金284万元，城镇居民医疗保险待遇1 000万元，未出现拖欠现象。为确保基金的安全完整，开展社会保险基金专项治理，对8县基金基础管理进行现场督促检查，建立和完善相关管理制度，基金征缴、支付、管理工作不断规范，做到了足额征缴、依法审核、及时拨付、专款专用，无挤占、挪用等违法违规现象发生。

【劳动关系】 进一步理顺和规范劳资双方的劳动关系，努力提高劳动合同签订率。年内，全州累计签订劳动合同83 588人(次)，比上年增加12 406人(次)，净增签订劳动合同6 842份。接待来信来访2 821件次，其中来信264件、来访2 557件次。发生劳动争议案件151件，比上年减少了5件。其中采取受案调解88件，已成功调解处理75件，调解成功率达85.23%；立案处理63件，结案63件，结案率100%。

【职业技能培训】 全年开展各类职业技能培训15 576人，颁发初级以上“职业资格证书”15 396人，完成任务15 000人的100.3%。其中高级技师1人、技师191人、高级工506人、中级工4 112人、初级工10 586人。

【劳动保障执法监察】 继续完善建设领域农民工工资保障金制度，积极探索非建设领域农民工工资保障金制度。全年收取198个工程项目农民工工资保障金1 403.28万元，实现了农民工工资保障全覆盖。受案处理拖欠农民工工资案件383件，涉及农民工8 824余人，追讨农民工工资2 943.63万元。开展清理非法职业中介专项检查，取缔非法职介机构17户，清理没收非法张贴招用工信息资料1 000余份，责令改正3件，责令退赔求职费用7.39万元。对5 175户用人单位执行劳动保障法律法规的情况进行审查，涉及劳动者12.523万人，审查出不合格单位430户，占年审数的8.3%。下达《劳动保障监察整改指令书》216份，补签劳动合同7 168份，纠正用人单位劳动保障违规规章271件，清退抵押金2.54万元，实施行政处罚56件，处罚金额11.77万元。

【“金保”工程建设】 全年投入148万元完成全州城镇居民基本医疗保险信息系统工程建设，中心平台稳定性和安全性有了明显提升。共有251家“两定”医疗机构、劳动保障经办机构实现与劳动保障业务专网接连，劳动保障城域网覆盖率达100%。

【领导名录】

局　　长　桂发清
党组副书记　黄玉松(壮)
副 局 长　高寿品(白、~6)
　　　　　李　文
　　　　　李代铭(6~)

（王星满）

信访工作

【简　述】 2009年，全州共受理群众来信来访27 945件(批)次，比上年上升17.0%。其中：来信12 678件，比上年上升29.0%；来访14 170批37 786人(次)，比上年分别上升5.0%和6.0%；电子邮件593件，比上年上升66.0%；电话504件，比上年上升139.0%。来访中，集体访1 097批18 342人(次)，比上年分别下降6.0%和5.0%。

【网上信访】 年内，州信访局共承办网上信访件263件，办结253件，办结率为96.2%；“书记州长信箱”共收到公众意见建议78条，办结76条，办结率为97.4%。

【领导接访】 制定《文山州贯彻落实〈云南省领导干部定期接待群众来访工作制度〉的实施意见》。年内，全州共实行领导接待日2 089天，领导接访6 594人(次)，接待来访群众3 171批10 936人(次)，现场解决2 188件，转交有权处理机关处理954件。

【领导下访】 制定《文山州贯彻落实〈云南省党政领导干部定期下访工作制度〉的实施意见》。国庆节前夕，州委联席会议筛选22件重点信访案件，分别由州委书记、州长、州人大主任、州政协主席以及各州委常委、副州长带案下访。年内，全州党政领导带案下访1 524人(次)，协调处理信访问题1 356件，已办理结案857件，转交有权处理机关办理499件。

【信访督办】 全州共办结信访案件2.57万件，办结率达91.8%。州信访局共收到中联办、省联办、省信访局交办件152件，已全部办结上报；自立重点信访问题41件，已全部办结。州委联席会议先后于6月、8月组织开展两次维稳信访工作督导检查，对重点案件进行督查督办，及时协调解决了一批疑难复杂信访问题。

【领导名录】

局　长　周　兵
副局长　张荣卫(5~)
　　　　李云清(4~)

（冯德亮）

各县概览

责任编辑　农应忠

文山县追栗街镇塘子边新农村全貌

文山县

【行政区划　人口】 县辖8镇7乡，121个行政村，16个社区，233个居民小组，1 379个村民小组。县城开化镇为州府驻地。全县国土面积2 972平方千米。2009年末全县总人口45.49万人，比上年末增加0.39万人。其中农业人口34.08万人，非农业人口11.41万人。少数民族人口244 674人。全县人口出生率12.09‰，死亡率5.62‰，人口自然增长率6.47‰。

【气候特点】 年平均气温19.4℃。比上年偏高1.1℃，与历年平均值比较偏高1.4℃。月平均气温最高月出现在7、8月(23.9℃)，最低月出现在1月(10.2℃)。年日极端最高气温33.9℃(7月19日)，日极端最低气温3.3℃(11月21日)。年总降水量684.7毫米。年总雨日117天。月降水量最多月出现在6月(158.4毫米)，最少月出现在2月(0.4毫米)。总日照时数2 207.5小时，年日照百分率50.0%。汛期(6～8月)降水量384.7毫米。

【天气灾害】 干旱。1月起文山县仍然干旱少雨，旱情日趋严重，农作物受灾呈扩大蔓延趋势。据不完全统计，受灾涉及15个乡镇730个村小组47 618户农户。受旱面积22 333.3公顷，成灾4 253.3公顷，绝收120公顷。其中：小麦受灾9 866.7公顷，成灾1 633.3公顷，绝收26.7公顷；蚕豆受灾866.7公顷，成灾133.3公顷，绝收6.7公顷；豌豆受灾2 440公顷，成灾586.7公顷，绝收13.3公顷；油料作物受灾3 726.7公顷，成灾1 020公顷，绝收66.7公顷；蔬菜受灾2 666.7公顷，成灾600公顷；其它作物受灾2 766.7公顷，成灾280公顷，绝收6.7公顷。预计损失粮食产量385万千克、油料60万千克，造成经济损失780万元。10月起文山县旱情严重，全县15个乡镇137个村委会1 046个自然村71 550户群众32.2万人不同程度受灾。据统计，全县因干旱尚未耕种的地块共有20 000公顷；在地作物(包括尚未收获的大春作物)因旱受灾6 613.3公顷，成灾2 240公顷，绝收(未出苗或枯死)600.7公顷，共造成直接经济损失1 500万元。其中红甸、秉烈、德厚、马塘、古木、追栗街等6个乡镇旱情较为严重，追栗街镇166.7公顷晚秋大豆全部绝收，红甸乡333.3公顷山药产量严重受损，马塘镇已播种的小麦、马芽花等200公顷作物因干旱不出苗。

霜冻。文山县3月13～14日，受冷空气影响，连续两天全县大范围出现霜冻，致使部分农作物受灾严重。此次霜冻造成13个乡(镇)67个村委会521个自然村21 987户农户受灾。农作物受灾5 745.2公顷，成灾2 893.7公顷，绝收435.7公顷(小春作物受灾3 449.5公顷，成灾1 760.5公顷，绝收236.1公顷；其中：小麦受灾1 596.7公顷，成灾718公顷，绝收53.8公顷；豌豆受灾993.1公顷，成灾501.1公顷，绝收130.4公顷，蚕豆受灾179.9公顷，成灾84.7公顷，绝收27.8公顷，油菜受灾497.1公顷，成灾324.2公顷，绝收10.8公顷，马牙花受灾182.7公顷，成灾132.5公顷，绝收13.3公顷)；冬农作物受灾2 295.7公顷，成灾1 133.3公顷，绝收199.6公顷(冬大豆受灾68.9公顷，成灾20.5公顷；冬玉米受灾129.7公顷，成灾61.7公顷，绝收6.1公顷；冬马铃薯受灾1 028.4公顷，成灾610.1公顷，绝收178.2公顷；冬早蔬菜受灾713.7公顷，成灾333.6公顷，绝收15.3公顷；冬早西瓜受灾272.2公顷，成灾100.3公顷；其他作物受灾82.9公顷，成灾7.1公顷；大春秧苗受灾20.9公顷，其中辣椒秧苗受灾9.5公顷，水稻秧苗受灾11.5公顷；经济林果受灾476.9公顷，主要涉及核桃苗、樱桃、梨、花椒、柿子等。同时，2008年未砍榨的甘蔗受灾117.3公顷。受灾最为严重是平坝、新街、小街等乡镇；受灾最为严重的作物是冬早瓜豆、西瓜、冬马铃薯、冬玉米以及冷凉地区成熟较晚的部份小春作物。

冰雹洪灾。6月22日下午4时，小街镇突降大雨夹着冰雹，致使农作物受灾极为严重。大雨夹冰雹持续时间有20分钟，受灾最为严重的是麻栗寨村、朵白库两个村委会，共12个自然村，345户农户，1 565人受灾。共造成农作物受灾253.3公顷，成灾面积170.7公顷，绝收38.7公顷，经济损失28.75万元。其中：玉米受灾153.3公顷，成灾113.3公顷，绝收10公顷，经济损失7.2万元；稻谷受灾43.3公顷，成灾20公顷，绝收3.3公顷，经济损失4.5万元；荞子受灾26.7公顷，成灾20公顷，绝收3.3公顷，经济损失6.9万元；药材(山岛)受灾13.3公顷，成灾3.3公顷；生姜受灾6.7公顷，成灾4.7公顷，绝收3.3公顷，经济损失10万元；半夏受灾6.7公顷，成灾3.3公顷；大豆受灾3.3公顷，成灾2.7公顷，绝收0.7公顷，经济损失0.15万元。6月25日中午12时左右，红甸乡突降大雨，并夹着冰雹和大风，降雨时间大约3个小时，降雹时间约10余分钟，农作物受灾极为严重。农作物共受灾88.2公顷，成灾44.2公顷，绝收14.2公顷，经济损失20万元。其中：玉米受灾57.3公顷，成灾26.7公顷，绝收10公顷；辣椒受灾30公顷，成灾16.7公顷，绝收3.3公顷；烤烟受灾0.9公顷，成灾0.9公顷，绝收0.9公顷。灾情涉及茂克村委会的上、下路得两个村，玉米、烤烟等农作物受损极为严重。

【经济综述】 全县生产总值(GDP)完成84.2亿元，比上年增长14.8%。其中：第一产业实现增加值9.7亿元，增长5.7%；第二产业实现增加值38.8亿元，增长18.5%；第三产业实现增加值35.7亿元，增长13.5%。三次产业结构由上年的12.0：45.6：42.4调整为11.5：46.1：42.4。全年农业总产值实现15.2亿元，比上年增长5.6%。实现工业总产值67.1亿元，比上年现价增长14.2%。全社会固定资产投资完成60亿元，比上年增长38.2%。全县社会消费品零售总额达37.3亿元，比上年增长23.0%。全年居民消费价格总指数(CPI)为100.2，比上年上涨0.2%，商品零售价格指数为

99.8%，比上年下降0.2%。全县进出口总额1 690万美元，比上年增长15.8%。其中进口完成1 312万美元，增长35.8%；出口完成378万美元，下降23.5%。全年接待游客127.47万人(次)，比上年增长6.1%。全县实现旅游业总收入99 658.83万元，比上年增长10.5%。

【农　业】　加大“三农”投入力度，落实各项支农惠农政策，兑现惠农资金3 502万元，发放支农小额贷款5 390万元，安排财政支农资金3.79亿元。实现农业总产值15.2亿元，增长5.6%。稳定粮食种植面积，合理调整种植结构，强化农业科技措施的落实，粮食生产喜获丰收，粮食总产量达148 629吨，，增长7.7%。三七、烤烟、甘蔗、辣椒等优势农特产业不断发展壮大，三七种植业总产值达4.5亿元，七农增收1亿元；收购烟叶14.5万担，烟农收入突破亿元达1.12亿元，建立烟叶生产风险防范机制，937户受灾烟农获补助42万元；甘蔗入榨18.9万吨，蔗农户均收入6 685元，增收476元；辣椒产值达2.4亿元。重大动物疫病防治、畜产品安全检测、商品猪禽基地建设等工作扎实有效，投入2 211万元扶持规模养殖，畜禽存出栏明显增长，完成畜牧业产值6亿元，农民人均畜牧业纯收入646元。林业产业化发展步伐加快，农村集体林权制度改革成效明显，14.5万亩核桃通过州级验收，落实新植核桃地块10万亩、油茶1.2万亩。做好退耕还林和石漠化综合治理工作，砚文公路文山段绿化工程顺利实施。强化资源林政管理，查处一批破坏森林和野生动植物资源的违法犯罪案件。落实防火责任，严格火源管理，全年未发生重特大森林火灾。《云南省文山壮族苗族自治州老君山自然保护区管理条例》已经州人大审议通过，老君山自然保护区综合治理第二个十年规划工作稳步实施。

【工　业】　深入实施工业强县战略，贯彻落实促进工业经济增长的政策措施，克服国际金融危机对工业企业的不利影响，及时制定出台税收奖励、专项资金扶持、主营产品补贴、电价补贴等扶持工业经济发展的10条措施，解决企业生产中的用水、用电、用地、融资等困难和问题，兑现奖励、补贴资金473万元，帮助企业度过难关，促进停产企业恢复生产。积极引导企业加快技术改造和产业升级步伐，优化产业结构，铁合金、有色金属、水泥建材等主导产业稳步发展，工业经济保持平稳增长，实现工业总产值67.1亿元，增长14.2%；工业增加值完成31亿元，增长23.0%。加大工业项目建设力度，续建和新建14个工业项目。年产80万吨氧化铝项目建设顺利推进，氧化铝配套项目60万吨电石、30万吨烧碱、30万吨PVC前期工作取得突破性进展；年产3万吨电解锰一期、12 500千伏安和16 500千伏安铁合金生产线技改项目建成投产。日产2 500吨水泥熟料生产线、年产20万吨石灰、三七初加工中心、三七产品生产线、锢生产线技改及云荷纸业公司、铸钢厂搬迁等一批在建项目稳步推进。州复烤厂、化工公司、通用机械制造公司退城入园搬迁前期工作有序开展。马塘工业园区效益逐步显现，完成工业总产值13.8亿元；三七产业园区初具规模，完成工业总产值9亿元，年产值50亿元以上。非公经济平稳较快发展，从业人员5.34万人，实现增加值41.2亿元，上缴税金3亿元。

【财政金融】　全县财政总收入完成9.33亿元，比上年增长23.8%。其中地方一般预算收入完成5.36亿元，增长21.8%。其中：增值税完成0.74亿元，增长6.8%；营业税完成2.13亿元，增长14.9%；企业所得税完成0.13亿元，下降0.6%；上划中央两税累计完成2.57亿元，增长23.1%；上划中央、省所得税(84.0%)完成1.4亿元，增长33.3%。

全县财政总支出完成12.47亿元，比上年增长28.5%。年末全县金融机构各项存款余额121.52亿元，比年初增加29.29亿元，增长31.76%。各项贷款余额111.91亿元，比年初增加23.35亿元，增长26.36%。

【基础设施建设】　全年各种运输方式完成货运量297万吨，比上年减18.0%；货物周转量14 275万吨千米，比上年减70.0%；旅客周转量77 689万人千米，比上年增长16.0%；客运量363万人，比上年增长2.5%；境内公路里程2 518.514千米，比上年增长1.4%。年末全县汽车保有量达98 874辆(包括三轮汽车和低速货车803辆)，比上年增长17.6%。其中：营运车12 059辆，增长6.8%；非营运车86 815辆，增长19.2%。汽车38 871辆，增长15.9%，其中：载客车23 998辆，增长18.7%；载货车14 070辆，增长11.7%。

氧化铝和省运会场馆等117个重点建设项目取得突破性进展。落实招商引资优惠政策，兑现奖励补贴资金3 750万元。突出抓好市政设施、公路、水利、农产品加工、房地产等重点项目招商引资工作，实施招商引资项目21个，协议投资额86.7亿元，实际到位资金16.8亿元。深化投融资体制改革，加强政府融资平台建设，县投资开发有限公司总资产达14.7亿元，融资4.5亿元；组建城市建设投资有限公司，投融资渠道进一步拓宽。加强与省州对接，争取扩大内需中央投资项目43个，专项资金补助1.6亿元。在扩大内需政策的推动下，充分发挥项目投资的拉动作用，发展基础进一步夯实。文山—都龙、文山—天保二级公路文山县境段工程建设全面快速推进。花庄—小石桥、古木—平坝、底泥—下寨、小街—和平公路建成通车，秉烈—炭房公路建设稳步推进。启动122千米通达工程和250千米乡村公路新改建工程。蒙自经文山至砚山高速公路前期工作有序开展。布都河水库、以腻资水库开工建设，德厚水库、锁龙桥水库前期工作取得新进展。强化病险水库安全运行管理，26座水库病险鉴定及初设工作全面完成，老回龙病险水库通过省级评审，山后水库、洪峰坝水库等一批小型水库除险加固工程顺利实施。完成“五小”水利工程1 656件，改造中低产田地4万亩，新增灌溉面积1.4万亩，改善灌溉面积2.6万亩，解决1.7万农村人口饮水安全问题。抓好烟水工程、新型烤房等烟叶生产配套设施建设，建成德厚以诺片区2 000亩现代烟草农业核心示范区和1.8万亩优质烟叶生产基地，启动黄龙片区2.34万亩中低产田地改造项目。投资4 476万元的182个农村“一事一议”财政奖补建设项目顺利通过省级验收。实施德厚河整治，乐西坝子防洪安全标准提高到10年一遇。甲马石110千伏输变电站和二河沟一级电站小水电代燃料项目开工建设，城区电网改造有序推进，131个农村电网改造项目顺利完成。

【信息化建设】 全县邮政业务总量9 348.44万元，增长11.95%。年末全县固定电话用户7万户，其中住宅电话5.6万户，其中城市电话用户4.1万户，乡村电话用户1.5万户。移动电话30.49万户。全县广播、电视人口覆盖率分别达到96.0%和92.0%。有线电视用户65 742户，有线电视入户率62.0%。

【城乡建设】 坚持统筹城乡发展，加大城镇基础设施建设力度，城镇发展步伐进一步加快，功能逐步完善，人居环境不断优化，城镇化水平明显提高，城镇化率达49.0%。文山城市总体规划第三轮修编成果已报州人民政府审查，城市总体规划纲要、人口和用地规模专题报告通过省建设厅评审。完成城南、城北片区控制性详细规划，道路交通、消防、给排水、绿地景观等专业规划编制前期工作顺利推进。启动14个小城镇规划编制工作。城乡规划执法力度进一步加强，审议规划建设项目59项，查处违法违规建筑247件。组织实施城市开发建设项目102个，省运会游泳馆、网球馆、综合训练馆主体工程完工，正进行设备安装调试，盘龙体育场跑道、草坪等项目进展顺利。完成卧龙路、卧龙二桥、城南客运站片区路网、盘龙河清淤、建禾桥段河堤修复、双桥花园提质改造工程。卧龙大桥、环西路二、三期、普阳路延长线、普阳路连接卧龙路、阳光外滩连接金色水车道路桥梁、排水管网、天然气管网工程等项目正在抓紧实施。人工湖、市民广场和州行政中心周边9条道路及4座桥梁等项目前期工作扎实开展。房地产业稳步发展，东风路、南桥客运站片区等旧城改造项目有序推进。投资439万元实施小城镇道路、供水、环卫等基础设施建设，小城镇基础设施不断完善。健全城市管理长效机制，集中治理占道经营、交通混乱、环境脏乱差等突出问题，重点整治生猪交易市场和下沙坝、河滨等农贸市场，规范城市户外广告设置，加快城市美化亮化绿化建设，实施西华路背街小巷路灯安装等工程，城区市容市貌、环境卫生、交通秩序明显好转。

【扶贫开发】 投资6 157万元，组织实施78个整村推进扶贫开发社会主义新农村建设，建成进村道路14.6千米，硬化村内道路86千米，完成四配套建设2 689户。追栗街整乡推进扶贫开发试点工作成效显著，成为全省成功典范。15个省级重点村建设和11个贫困村发展互助资金试点工作稳步推进，产业扶持、易地扶贫开发等各项工作有序开展。

【教育科技】 全县幼儿园数29所，幼儿入园率75.56%，在园幼儿12 760人，比上年增长13.95%。教职工875人，增长12.32%。小学校数251所，在校学生46 454人，比上年减0.5%，小学专任教师2 644人，比上年减0.38%。学龄儿童净入学率99.95%，学龄儿童毛入学率105.59%，小学在校学生辍学率0.08%，小学毕业生升学率达100%。普通中学校数27所，普通中学在校学生33 051人，比上年增长2.5%。其中：初中22 953人，增长3.44%；普通中学专任教师2 040人，比上年增长0.25%（其中初中1 363人，增长1.49%）。中职学校数12所，在校学生17 645人，中职学校专任教师669人。初中学龄人口净入学率90.33%，初中阶段学龄人口毛入学率达到了104.23%，初中在校学生年辍学率0.61%，初中阶段学生升学率76.75%。全县人口平均受教育年限为6.98年。全县扫除青壮年文盲37人，青壮年文盲率控制在0.15%。2009年共获中央、省的教育专项资金7 802.89万元，其中13.8万人（次）中小学生享受国家免费教科书640.58万元，1.75万名中小学生得到寄宿制生活补助金1 176.98万元。

全县实施国家科技计划项目2项，省级科技计划项目6项，州级科技计划项目1项，新批准高新技术企业1个，申请专利74项。全年全县共投入科技项目资金194万元，比上年增长31.3%。截至年底，专利申请量467件，授权书113件。

【文化卫生体育】 全县各种艺术表演团体406个，其中专业表演团体1个。文化馆1个，公共图书馆1个，公共图书馆藏书量4万余册，订阅各类报纸33种，各类期刊200余种。全县卫生机构25个，其中医院、卫生院15个，社区卫生服务中心（站）5个，妇幼保健院（所、站）1个，专科疾病防治院（所、部）2个，疾病预防控制中心（防疫站）1个，卫生监督所（中心）1个。

文山县医院大楼

卫生机构床位数1 348张，其中医院床位数1 010张，卫生院床位数338张。专业卫生技术人员1 030人，其中执业医师及执业助理医师495人。村卫生所130个，卫生员306人。全年乙、丙类法定报告传染病发病人数1 608例，比上年增长22.28%。报告传染病发病率356.52/10万，报告死亡19例，死亡率4.21/10万。农村卫生厕所普及率69.41%。新型农村合作医疗参合农民达32.6万人，参合率为95.71%，比上年提高2.79个百分点。新型农村合作医疗基金累计支出总额3571.4万元，累积受益61.7万人(次)。

年末全县共有体育场馆3个，全县共有优秀体育运动员210人。

【人民生活】 全年城镇居民人均可支配收入为14 015元，比上年增长10.0%；城镇居民人均消费性支出8 790元，比上年增长7.8%。全县在职职工年平均工资26 534元，比上年增长8.0%。农民人均纯收入达到2 945元，比上年增长18.9%。

全县就业人员6.51万人，比上年末增加0.13万人，增长2.0%。其中农村就业人员1.3万人，增加0.2万人，增长18.2%；城镇新增就业人数1 468人，增加237人，增长16.1%。年末全县城镇实有登记失业人数1 894人，城镇登记失业率3.15%。

全县参加城镇基本养老保险人数10 522人，比上年增加1 170人，其中在职职工7 962人，离退休人员1 637人。参加农村养老保险的人数为5 980人，比上年增加4人。全县参加基本医疗保险人数为371 917人，参加城镇基本医疗保险的人数45 731人，增加28 526人。其中参加城镇职工基本医疗保险人数17 892人，参加城镇居民基本医疗保险人数27 839人，参加城镇医疗保险农民工527人。全县参加失业保险人数4 717人，救助失业人员1 222人。参加工伤保险人数4 049人，增加1 086人，其中参加工伤保险农民工2 495人，增加1 077人。参加生育保险人数2 314人，增加467人。

全县享受城市最低生活保障居民为7 157人，比上年增加1 805人；享受农村最低生活保障农民18 220人，比上年增加2 020人。年末全县各类收养性社会福利单位床位78张，收养各类人员78人。城镇建立各种社区服务设施16个，社区服务中心16个。

【领导名录】

县委书记　黎家松(壮)
副书记　李　洁(女、瑶)
　　冯在跃
常委　何跃祥(壮)
　　朱　敏(女、~6)
　　杨兴忠(~2)
　　马绍明(苗)
　　周廷喜
　　冯永仁
　　李源陵(女、~8)
　　朱世新
　　张永林(8~)
　　李建达(4~)
　　杜　勇(8~)
人大常委会主任　何海波
副主任　陈　柱
　　王家安
　　段　勇
　　崔文涛
县长　李　洁(女、瑶)
常务副县长　周廷喜
副县长　朱世新
　　李源陵(女、~8)
　　马贵迎
　　杨晓红(女、白、~8)
　　李成明(白)
　　谭家文
　　王　静
　　周卫明(壮、8~)
政协主席　柏应明(彝)
副主席　黄　利(女、苗)
　　王永康
　　何锦涛
　　曾茂云
纪委书记　马绍明(苗)

(王　文)

砚山县

【行政区划　人口】 砚山县辖8个乡(镇)和平远、稼依2个华侨管理区，93个行政村，7个社区，1 016个自然村，1 241个村民小组。年末总人口463 649人，其中，少数民族人口298 722人，占64.4%；乡村人口428 402人(农业人口422 467人)，非农业人口41 182人；人口出生率10.97‰，人口自然增长率6.88‰。人口密度每平方千米121人。

【气候特点】 2009年平均气温16.9℃，比历年平均值(16.1℃)略高0.8℃，属偏高年份。气温变化：1月、11月偏低，4月、5月、6月正常，其余月份偏高0.6~5.1℃。全年总降雨量705.5毫米，比历年平均值(1 008毫米)偏少302.5毫米。降雨量分布：3、5月正常，6月偏多，其余月份均属偏少到特少。总日照时数1 900小时，比历年平均值偏少34.9小时，属正常年份。月平均最高气温21.5℃，最低气温7.7℃，日极端最高气温30.6℃，日极端气温最低0.7℃，无霜期日数233天。全年总体气候特点为高温少雨，光照充足，干旱、低温霜冻、冰雹、局部暴雨和大风灾害严重。

【天气灾害】 2008年12月至2009年2月，县境内出现长时间的少雨干旱，小春作物受灾346 822亩，成灾90.0%。3月13日夜至14日凌晨，出现低温霜冻天气，全县小春冬早农作物受灾面积25 796亩，成灾19 720亩，绝收812亩。其中：小麦受灾3 740亩，成灾3 740亩；冬玉米受灾1 098亩，成灾434亩；大豆受灾67亩，成灾67亩；豌豆受灾1 600亩，成灾1 400亩；马铃薯受灾4 988亩，成灾3 226亩，绝收165亩；葡萄受灾1 500亩，成灾1 400亩；辣椒受灾2 562亩，成灾2 425亩，绝收200亩，辣椒苗受灾800亩，成灾677亩，绝收27亩；西瓜受灾4 288亩，成灾3 758亩，绝收400亩；蔬菜受灾5 123亩，成灾2 563亩，绝收20亩；水稻育秧受灾30亩，成灾30亩，造成直接经济损失768万元。3月25日，由于受南支槽影响，全县有7个乡镇14个村民委148个村小组6 448户19 323人受灾，共造成农作物受灾6 235亩，绝收2 491亩，经济林果受灾128 150棵，绝收12 815棵（主要为晚密梨）。房屋倒损928户2 810间，共造成农业经济损失2 928.44万元。

【经济综述】 年内全县实现地区生产总值43.5亿元，比上年增长13.5%。一、二、三产业分别实现地区增加值9.3亿元、18.4亿元和15.8亿元，分别比上年增长6.0%、18.9%和11.9%，一、二、三产业的比重分别为21.38：42.20：36.42。按常住人口计算，人均GDP 9 498元，增13.8%。全年非公有制经济创造增加值234 759万元，占GDP的比重54.0%。财政总收入2.37亿元，增15.0%。全年财政总支出9.59亿元，增24.0%；全年接待国内外游客20.71万人（次），实现旅游业收入12 697.98万元，比上年分别增长22.0%和273.0%。全年全社会固定资产投资完成34.28亿元，比上年增长30.1%。其中城镇投资24.46亿元，增42.9%；农村非农投资6.72亿元，增35.3%；城乡私人投资1.99亿元，增长74.0%；房地产投资1.11亿元，降11.8%。实现建筑业增加值4.17亿元，增16.0%。全年全县完成工业投资10.91亿元，增20.8%；交通投资5.74亿元，增17.8%；教育投资0.99亿元，增9.4%；卫生投资0.86亿元，增74.3%；水利投资1.31亿元，增13.8%。乡镇企业总收入49.22亿元，总产值41.35亿元，分别增16.7%和16.6%。全年全社会实现消费品零售总额14.95亿元，增18.2%。其中县级零售额8.74亿元，增16.9%；乡镇零售6.21亿元，增20.1%。按行业：批发业9 490万元，降26.2%；零售业11.46亿元，增24.6%；住宿业869万元，增0.9%；餐饮业173亿元，增18.3%；其他行业7 321万元，增16.7%。

【农　业】 全年实现农业总产值14.66亿元，增长14.9%。农作物播种153.4万亩，增8.8%0其中：粮豆作物87.8万亩，增4.77万亩。粮食总产19 515.7万千克，增6.2%。其中：包谷1亿千克，增5.7%；稻谷6 647.7万千克，增3.2%。经济作物种植62.8万亩，增8.67%。年末生猪存栏30.21万头，出栏33.45万头，分别增长4.4%、10.5%；大牲畜存栏13.95万头，出栏4.99万头，分别增长3.2%、8.7%；羊存栏66 737只，增3.2%；家禽存栏1 224 322只，增11.0%。肥猪出栏334 477头，增10.49%；肉牛出栏51 754头，增12.78%；羊出栏61 121只，增15.89%；家禽出栏194.93万只，增3.48%。肉类总产量3.91万吨，增长11.8%。禽蛋产量49.99万千克，增77.5%。扎实推进现代烟草农业暨新烟区开发示范县创建工作，平远小舍姑、回龙现代烟草农业开发成效显著，全县烤烟产业发展实现层次提升，烟农收入突破2亿元。农民人均纯收入2 305元，增156元，增5.3%；农民人均现金支出2 099元；农民人均产粮397千克，增15.1%。实现畜牧业现价总产值5.09亿元，增9.8%。农业总产值14.67亿元，增14.9%；种植业产值9.58万元，增17.4%。其中：蔬菜产量12 978.3万千克，产值0.95亿元；辣椒产量3 159.8万千克，产值3.19亿元；花生产量607.3万千克，产值2 429万元；烤烟产量1 371.1万千克，产值1.99亿元；三七产量66万千克，产值4 620万元。粮经种植比达57.3：42.7，经作比重比上年提高0.8个百分点。小春总产量1 779.4万元，大春总产量18 034.7万元。“两杂”良种推广44.32万亩，其中杂交水稻15.18万亩，杂交玉米29.14万亩，均占全县水稻、玉米种植面积的96.0%以上。水产品产量5 216吨，增12.5%。完成名特优水产品养殖面积308亩，单产132千克；池塘精养高产示范749亩，单产280千克。全年发展“一村一品”示范村42个，涉及种植面积2.96万亩，其中辣椒村26个，蔬菜村10个，水果村1个，花生村3个，优质稻村2个。年内，三七产业产值首次突破2亿元大关。年末，三七在地面积1.22万亩。全年实现三七流通销售1.2万千克，收入229.3万元。全县开展各种科技培训13 395万人（次）。年末全县农业机械总动力4.22亿瓦特，增7.2%。其中：大中小型拖拉机10 423台，增8.7%；农用排灌机械5137台，增1.0%。农田有效灌溉面积28.3万亩，增2.5%。

平远回龙现代烟草农业核心示范区

全年完成造林17.29万亩（人工造林7.78万亩，种核桃6.32万亩，油茶3.19万亩），实施石漠化治理工程0.8万亩，防护林工程2万亩，治理水土流失面积3万亩。中幼林抚育0.4万亩，封山育林1.25万亩，农村义务植树83.74万株。森林覆盖率26.0%。组织开展地方公益林区划界定39.36万亩；林改配套改革完成林地林木流转101宗4.91万亩；办理林权抵押贷款登记11户，抵押贷款1 461万元；全年发生森林火情52起，一般性林政案件83起；全年采伐林木1.82万立方米。发放退耕还林补贴1 210.06万元。

【工　业】 全年实现工业现价总产值45.14亿元，按现价计算增17.0%。按经济类型：国有企业产值10.33亿元，增6.5%；集体企业产值238万元，增20.8%；其他企业产值34.8亿元，增20.6%（其中外商及港奥台企业产值1 034万元，降79.4%）。实现工业增加值14亿元，增19.1%。其中规模以上工业完成增加值9.7亿元，增36.3%。年销售收入500万元以上独立核算工业企业产值27.52亿元；规模以下企业17.62亿元，分别占全部工业总产值的60.96%和39.042%。轻工业产值14.03亿元，重工业产值31.11亿元，比上年分别增58.5%和4.71%。年内工业经济效益下滑，规模以上的29户企业实现产品销售收入26.3亿元，降7.2%；实现利润总额3.37亿元，降11.1%。企业亏损总额达2 704万元。

主要工业产品产量：供电量18.39亿度，增长29.4%；发电量1 004万度，下降21.6%；原煤11.75万吨，增33.1%；水泥104.6万吨，增15.1%；页岩砖44 009万块，增26.5%；锰矿石成品11.03万吨，降59.3%；铁合金（基准量）23.34万吨，增20.3%；电石6.7万吨，增20.5%，自来水供应171.1万吨，增2.3%；磷肥（折纯量）11 821吨，增104.4%；锑188吨，下降81.5%；食用植物油8 829吨，增8.2%；电石（碳化钙）6.73万吨，增21.3%。

【财政金融保险】 全年完成地方财政收入23 688万元，增15.0%。全年地方财政一般预算支出95 932万元（其中上解支出5 500万元），增24.0%。年末全县金融机构各项存款余额30.62亿元，增11.9%。其中城乡居民储蓄存款余额18.49万元，增9.8%。各项贷款余额20.39亿元，增16.3%。全县保险费收入4 304万元，其中人寿保险费2 071万元，财产保险费2 233万元。人保赔付335万元，赔付率39.0%；财保赔付2 092万元，赔付率94.03%。

【基础设施建设】 全年投资1.39亿元，建成各类水利工程3 701件，丰收、红舍克等6件中小型病险水库除险加固项目顺利推进。投入8 602万元建设农村公路网307.12千米。投资3 500万元进一步完善和推进农村电网改造。投资4 210万元实施旧城改造，城乡人居环境日趋优化。2009年全县境内有各种等级公路2 858.86千米。按行政等级划分：国道249.56千米（包括323线137.47千米，高速公路112.09千米），省道103千米，农村公路2 486.4千米（县道248.11千米，乡道670.59千米，村道1 567.7千米），专用公路19.9千米。按技术等级划分：高速公路112.09千米，二级公路39千米，三级公路217千米，四级公路运输941.76千米，等外公路1 549.01千米。全县100个行政村（含7个社区）全部通车，其中行政村公路的等级化率81.0%，路面硬化率28.0%。全县1 016个自然村有256个通等级公路，通达率25.25%；有662个村通简易公路，通车率65.29%；有96个不通公路，不通率9.46%。全县县道优良路率52.3%，乡道优良路率32.5%，村道优良路率22.6%。续建和新建稼依、八嘎、者腊3个农村客运站。全县有机动车33 683辆，其中汽车3 619辆，客车531辆（班线客车264辆、农村客车264辆、公交车26辆），其他车辆29 533辆。全年货运周转量93 309万吨千米，旅客周转量20 265万人千米。全年，全县水利工程总投资1.14亿元，其中中央和省到位资金0.98亿元，群众自筹0.16亿元。截止10月31日，全县累计动工各类水利工程3 086件，完工2 735件，占动工数的88.63%。其中小水窖1 785件，小水池601件，水土保持工程70件，引水工程1件，其它工程15件。新增灌溉面积0.52万亩，改善灌溉面积5.45万亩，治理水土流失面积17.82平方千米，解决、改善1.95万人和1.24万头大牲畜饮水困难。平远大型灌区续建项目、路德小流域治理项目、山区"五小"水利项目和烟区水源工程顺利实施，在平远回龙现代农业烟草示范区投资1 039万元，完成70千米机耕道路建设，全年完成"五小"水利工程2 634件，投资2 838万元。全年投入3 067万元加强农村基础设施建设，建设264个村小组村内道路217条；人畜饮水和小型农田水利项目25个；新建科技活动室、场项目35个，受益村民21 590户95 625人。

【信息化建设】 年内，邮政业务总收入900万元，比上年增11.0%。邮政业务总量1 029万元，增4.0%。通讯业务收入7 979万元（电信、移动、联通），增16.4%。全县有固定电话2.4万部，宽带用户7 910户，小灵通用户6 528户，公用电话用户300户。致富通放号累计1.87万户。全县广播电视人口覆盖率96.5%。

【城乡建设】 城区面积7.6平方千米，规划区面积10.03平方千米，城镇绿化覆盖面293.3万平方千米，城区人均居住面积54.72平方米，城市人均公共绿地面积26.66平方米。年内进一步完善城市总体规划，城区道路网络体系基本形成。县城房地产开发及小区建设扎实推进。建成城区商住楼4.76万平方米，完成投资0.8亿元。全县小城镇建设扎实推进。

【扶贫开发】 年内实施整村推进新农村建设81个，其中省重点扶持56个，上海对口帮扶9个，州、县自筹16个，总投资6 074.22万元，其中省投资840万元，上海对口帮扶330万元，州、县自筹160万元，部门整合1 641.06万元，群众自筹和以劳抵资3 103.16万元，项目覆盖11个乡（镇）38个村民委（社区）81个村小组。有68个村建项目已全部完工，完成小水窖建设100口，沼气池1 234口，厩舍改造和卫生厕所建设1 370间，危房改造980间，节能改灶709座。实施易地开发项目3个（沙子塘、安岱丫口、马鞍山），涉及87户436人，总投资327.86万元，其中省投资118万元，地方债券资金100万元，群众自筹和以劳抵资109.86万元。截止11月30日，已完成安居房建设40间3 200平方米，架设10千伏输电线路2千米，新建沼气池20口，建科技活动室1间80平方米，开展各类科技培训4期1 200人（次）。实施产业化扶贫项目4个，其中省财政扶持2个投资106万元，上海对口帮扶2个投资80万元，企业及群众自筹195万元。全年发放生产性补贴资金5 532万元，发放小额支农信贷资金7 956万元，覆盖11个乡(镇)157个村民委1 232个村小组，21 510户农户得到扶持。其中种植业1 880万元，养殖业1 406万元，加工业1 263万元，其他行业3 407万元。全年社会帮扶共有86个定点单位分别到11个乡(镇)86个村寨帮扶，累计投入资金280.7万元，援助物资折合人民币60.7万元，引进资金564万元。其中党员挂钩帮扶1 593人，1 536户，7 345人，援助资金16.9万元。全年划拨县级支农专项资金2 024万元。截止11月底，全县共向外地输出农村剩余劳动力10 211人，其中有组织输出4 367人、帮带输出5 844人。

【教育科技】 全县有各级各类学校287所，其中完全中学3所，普通初级中学14所，九年一贯制学校2所，职业高级中学1所，职业初级中学1所，老师进修学校1所，小学248所(完全小学166所，初小82所)。另有小学教学点153个(其中一师一校教学点89个)，幼儿园17所。有各级各类学校在校生92 930人，其中普通高中107个班5 495人，职业高中(含职业中专)766人，普通初中390个班24 769人，职业初中1 319人，小学51 615人。幼儿园(学前班)在园班幼儿8 966人。学龄儿童入学率94.3%，小学升学率97.0%，辍学率0.4%。初中入学率82.6%，升学率67.6%，辍学率2.4%。高中辍学率10.3%。全县有教职工5 229人，其中专任教师5 078人，占教职工总数的97.1%。专任教师中，普通高中专任教师395人，学历合格率95.7%；普通初中专任教师1 315人，学历合格率94.9%；职业高中专任教师69人，学历合格率100%；职业初中专任教师88人，学历达标率96.6%；小学专任教师3 280人，学历合格率98.5%；幼儿园(学前班)专任教师187人，学历达标率98.51%。全年收编校点58个，小学由上年的459个下降到401所。建成光盘播放系统240个，卫星接收系统211个，计算机教室35个，多媒体教室77个，多媒体报告厅38个，电子备课教室5个。全县各学校分布计算机1 376台，建功立业有校园网8个，基本构建了现代教育平台。全年排查A级危房117幢12.18平方米；B级房屋62幢60 659平方米；C级房屋6幢1 604平方米；D级房屋子604幢290 486平方米；排除D级危房55 173平方米，改扩建和重建74所中小学校舍87 924平方米。维摩乡示范性成技校创建和维摩、八嘎、盘龙3个无盲乡(镇)的创建工作顺利通过州教育局验收。全面落实“两免一补”政策，全年为77 076名义务教育阶段的中小学生减免教材费767.96万元，为义务教育阶段寄宿制中小学生发放生活补助费1 350.46万元，为460名学生办理生源地助学贷款259.49万元。全县参加普通高考考生1 607人，上线1 195人，上线率74.36%，比上年提高6个百分点。全县中考生3243名，600分以上的有267人。全年全县119名中学生被评为“三好学生”，其中省级9名，州级16名；30个教学班被评为“先进班集体”，其中省级1个班，州级2上班；在全省第一轮学校督导评估中，获省级优秀甲等、乙等、丙等学校各1所；获州级优秀乙等学校1所，优秀丙等学校2所。全县教育督导评估工作于6月通过省人民政府教育督导团的评估，基本达到“云南省教育工作先进县”的标准。

年内组织斗南锰业公司申报的国家级高新技术企业通过认定，成为文山州首家“国家级高新技术企业”，被省科技厅等4部门命名为“云南省创新型试点企业”。全年专利申请17项，其中13项获专利受理通知书；组织三七产业专利申报28项，占全县专利申请总数的60.0%；年内取得了地理标志产品保护和证明商标——“砚山三七”，使其作为国家标准实施；全年申报州级科技进步奖5项，其中“20万亩辣椒间套种示范”、“平远镇小舍姑现代烟草农业基地建设示范”、“砂料预防白蚁危害水库大坝技术示范”获州科技进步二等奖；“砚山县小粒花生油工艺技术开发”获州科技进步三等奖。

【文化卫生体育】 年内全县有各种艺术表演团体1个，文化站12个，公共图书馆1个，藏书量4万册；乡镇广播站12个，广播人口覆盖率均达97.71%，比上年增长0.04个百分点。有广播电视地面卫星接收站173座。电视人口覆盖率达96.5%，增长0.02个百分点。全县有国家医疗卫生单位20个、社区卫生服务站4个、乡(镇)合管办11个，专业技术人员905人，其中：高级职称25人，中级职称175人，初级及未定职人员585人。全县每千人口拥有卫生技术人员1.69人。设有93个村卫生所，有乡村医生330人。全年实际开放病床799张，每千人口拥有病床1.76张。全县国家办医疗单位住院总人数45 873人(次)，门诊人(次)560 935人(次)。治愈率24.95%，下降50.12%；好转率15.58%，下降49.13%；病死率0.05%，下降81.7%；病床使用率77.18%，增19.94%。2009年度全县有391 295人参加新型农村合作医疗(其中民政救助对象18 532人)，占全县总人口的56.0%，参合率比上年提高3.94个百分点。全县参加合作医疗的乡(镇)及行政村覆盖率100%。全年参合人口有71.2万人(次)享受到新农合医药补偿，减免补偿新农合基金4 668.18万元，占新农合可使用资金的99.53%。参合农民受益率达181.98%，比上年提高12.91个百分点。拒付定点医疗机构不合理的新农合补助资金44.59万元。

【人民生活】 全年农民人均纯收入2 510元，增16.8%；城镇居民人均可支配收入13 187元，增13.0%。农民人均现金支出2 099元，增1.9%。全县城镇职工基本养老保险参保11 410人，征缴各项社会保险基金7 913万元，支出9 015万元。其中：养老保险基金3 733万元，支出5 343万元；工伤保险616万元，支出565万元；生育保险133万元，支出122万元；失业保险199万元，支出396万元。对2 375名(企业)离退休人员和1 925名机关事业单位离退休人员进行了养老金资格认证。城镇居民基本医疗保险10 595人，征缴医疗保险基金3 232万元，支出2 589万元。其中农民工参保4 315人。失业保险参保职工9 092人，工伤保险参保人员8 036人，生育保险参保4 809人。全县4 300名离退休人员(含企业2375人)参加离退休费社会统筹。全年新增就业岗位1211个，实现在就业223人，发放社会保险补贴742人168万元。年末城镇登记失业人数669人，失业率4.0%。全年全县在岗职工18 504人，职工工资总额43 068万元，增12.3%；在岗职工年平均工资23 800元，比上年增加2 977元，增14.3%。有国有单位职工13 898人。年内，有3 052名城乡贫困人口纳入最低生活保障，发放各类补助资金3 650万元。全年社会保障和就业支出14 846万元，增52.8%，使全县27 881名低保人口（农村19 958名，城镇7 923名）的最低生活得到了有效保障。全年输出富余劳动力1.5万余人，实现务工收入9 180万元。累计投入资金1.13亿元，全面落实1 908套廉租房建设和1 070户农村危房改造、1 850户农村民居地震安全工程建设，发放住房租赁补贴334.35万元。全年及时足额兑付各项惠民补贴资金5 942万元。其中：农资综合补贴2 942万元，受益农民41万人；退耕还林补贴1 210万元；农机具补贴200万元，涉及农户418户；良种补贴712万元，36.7万人受益；石油补贴124万元；水库移民后补资金207万元，6 562人受益；家电下乡补贴134万元6 232台（件）；汽车、摩托车下乡补贴611万元6 908辆。截止10月28日，省财政下拨移民后扶资金955.96万元和县财政拨付18.83万元已全部兑现到位。兑现独生子女一次性奖金10.75万元，落实独子父母养老生活补助567人40.82万元，发放独生子女奖学金1 238人26.49万元，落实符合农村计划生育家庭参加新农合个人缴费全额资助11 972人23.95万元。全年下拨救灾资金834万元，安排救济粮16万千克，帮助灾民和贫困户28万人（次）渡过难关。支出城市医疗救助232人58.6万元，农村医疗救助19 687人101.93万元；清欠农民工工资105.24万元；为县内460名学生办理生源地助学贷款259.49万元。

【领导名录】

县委书记　马志山（回）
副书记　李云龙（彝）
　　李　红（女）
常委　侯自明
　　万玉梁（苗）
　　袁泽江（彝）
　　胡大权（～5）
　　胡国仙（女）
　　宋小川
　　蒋秀全
　　陈永明（苗）
　　邓良成（6～）
人大常委会主任　赵砚生
副主任　代金安（壮）
　　侯金发（苗）
　　杨莲芬（女）
　　马传猛
县长　李云龙（彝）
常务副县长　胡大权（～5）
　　陈永明（苗、7～）
副县长　邓良成
　　杨生宏
　　陶艳红（女、苗）
　　田瑞文
　　胡易明（～10）
　　王树忠（彝、7～）
政协主席　陈光祥
副主席　马耀增（回）
　　卢仕海（壮）
　　代忠昌
　　黑绍琼（女、彝）
纪委书记　万玉梁（苗）

（高保元）

西畴县

【行政区划　人口】　2009年末全县辖7乡2镇72个行政村，总人口25.26万人，少数民族人口4.74万人，妇女人口12.2万人。人口出生率12‰，死亡率6.27‰，自然增长率6‰。

【气候特点】　雨量：2009年总降雨量为974.2毫米，比历年平均值偏多303.7毫米，比上年偏少516.4毫米，属偏少年份。主要分布为：2月、4月、10～12月降水特少，3月特多，1月、7～9月偏少，6月偏多，5月正常。

气温：2009年年平均气温16.5℃，比历年平均值偏低0.5℃，比上年偏高1.0℃，属偏高年份。主要分布为：1月特低，2～3月、10月特高，5月、11月偏低，8～9月、12月偏高，4月、6～7月正常。

日照：2009年日照总时数1668.4小时，比历年平均值偏多232.7小时，比上年偏多145小时，属偏多年份。主要分布为：1月偏少；2月、8～9月、11月偏多；3～7月、10月、12月正常。

【天气灾害】　干旱：2月以来，西畴县降雨偏少，气温特高，持续的高温少雨造成旱灾。至2月25日止，全县有6个乡47个村委会741个村民小组69 281人受灾。受灾面积2 142.7公顷，成灾1 057.7公顷，绝收342.7公顷，因灾减产粮食295万千克，造成7 300人大牲畜3 100头（匹）大牲畜饮水困难，农业直接经济损失633.8万元。

霜冻：3月14日凌晨至15日凌晨，由于受地面较强冷锋南移和500hpa上冷平流共同影响，县境气温剧降，突发严重霜冻灾害，共造成经济损失1 646.6万元。春夏收农作物、经济林木受灾9乡（镇）35个村民委688个村民小组42 263户160 603人，受灾面积4 581公顷，成灾2 712公顷，绝收1 002公顷，因灾减产粮食604万千克。

风雹灾害：3月25日16时19时，受砚山境内生成的局地对流云团东移影响，县境北部西洒、鸡街、董马、法斗4乡(镇)和蚌谷长箐一带普降中到大雨，局部暴雨，并伴有冰雹产生，农作物受灾2 929亩、成灾1 941亩、绝收734亩，因灾减产粮食13.9万千克。因灾损坏民房54户66间，山体滑坡威胁9户37人，转移安置37人，造成经济损失45万元，其中农业直接经济损失40.2万元。6月12日17时30分左右，受较强西南暖湿气流与中低层切变南压影响，西畴县西洒、新马街、法斗、兴街、柏林等5乡(镇)普降大雨夹杂冰雹，致使部分农作物受灾，民房受损，造成经济损失200.6万元。灾情涉及5个乡(镇)26个村委会339个村民小组，受灾人口14 957人。

暴雨洪涝：6月26～27日，受中低层切变南压影响，县境连降大雨，西洒、莲花塘、董马、法斗、蚌谷、鸡街等6个乡(镇)23个村委会304个村民小组22 901人受灾。因灾减产粮食175万千克，造成直接经济损失250.4万元，其中农业直接经济损失245.7万元。

【经济综述】 全年全县完成地区生产总值11.9亿元，增长9.2%。其中：第一产业4.5亿元，增长6.8%；第二产业1.4亿元，增长23.9%；第三产业6亿元，增长7.8%。工农业总产值完成122 556万元，增长6.0%。其中：工业总产值49 000万元，增长4.2%；农业总产值73 556万元，增长6.8%。完成财政总收入8 291万元，增长25.2%，其中：地方财政一般预算收入5 080万元，增长44.8%。一般预算支出64 955万元，增长31.7%。

【农　业】 全年实现粮食总产8 994万千克，增产472万千克，增长5.5%。完成烤烟种植1.9万亩，收购烟叶5.7万担，实现烟农收入4 071万元，完成烟叶税895.6万元。集体林权制度主体改革基本完成，森林采伐管理改革试点工作稳步推进，逐步构建了可持续经营的林业新体系。完成5万亩核桃打塘任务，定植核桃2万亩，全县经济林果总面积达18.67万亩，实现林业产值3 139万元，增长4.7%。加大畜牧业扶持力度，共发放小额信贷资金8 613万元扶持畜牧业发展，年末生猪出栏31万头，增长7.0%；大牲畜出栏2.7万头，增长6.7%；家禽出栏180万羽，增长5.3%。实现畜牧业产值40 881万元，增长5.9%。劳务输出渠道进一步拓宽，全县外出务工人员达4.6万人，实现劳务收入2亿元。切实加大对“三农”的扶持力度，共发放种粮补贴、农资增支综合直补、农机具购置补贴等各项资金4 422.6万元，落实好家电、汽车、摩托车、农机具下乡等促进消费政策，全年累计销售下乡商品6 300件，总金额4 900万元，补贴金额444万元。

【工　业】 落实省、州对重点行业和重点企业实施的税收返还、电价补贴、社保基金缓缴等政策措施，帮助企业度难关，2008年下半年停业的6户重点冶炼企业全部恢复生产。铝土矿开发顺利启动，已完成矿区土地征用，洗选厂及配套公共设施建设稳步推进。落实产业政策，加快新型技术推广运用，福鑫铸造厂完成设备安装调试，免烧砖、页岩砖等新型节能材料广泛应用。全年实现工业总产值4.9亿元，增长4.2%；工业增加值8 387万元，增长9.6%。招商引资取得新进展，共实施各类经济合作项目19个，合同投资总额3.9亿元，实际到位资金1.7亿元，分别增长93.1%、11.8%。

【财政金融保险】 全年完成地方财政一般预算收入5 080万元，完成年初预算的131.6%，增长44.8%。切实巩固“乡财县管”成果，推进财政管理体制改革，完成国库统一集中支付制度、乡镇财政预算管理方式改革。1 585个村民小组实现会计委托代理服务。启动实施8个省级贫困村村级发展互助资金试点工作，投入205万元实施扶贫到户贷款贴息。落实增收节支各项措施，严格预算管理，优化支出结构，加大对重要基础设施、重点民生项目、社会保障等方面投入，完成财政一般预算支出64 955万元，完成预算调整的99.6%，增长31.7%，实现了财政收支平衡。

年末金融机构各项存款余额157 619万元，比年初增长19.7%，各项贷款余额98 002万元，比年初增长58.7%，净增贷款36 251万元。完成保费收入2 770万元，保险赔付1 209万元。

【基础设施建设】 全年组织实施各类项目52个，开展重点项目前期工作56个，完成固定资产投资45 000万元，增长41.4%。文山—天保西畴段(含兴街—西洒)二级公路全面开工建设，县城—法斗、西畴—砚山、法斗—董马等一批重点公路项目建成投入使用，完成“通达工程”建设148.3千米、“通畅工程”建设60.6千米、战恢项目15.9千米；开工建设2009年度“通达工程”225.8千米，完成2009年度43.1千米“通畅工程”的招投标工作，筹资879.3万元支持和鼓励农村群众自建弹石路60.05千米、水泥路191.18千米，全年累计新建和改造公路744.93千米，初步形成了干线公路与乡镇道路相协调的路网结构，群众运输、出行条件明显改善。年末公路通车总里程2 189.482千米，全年完成班线客运量35万人(次)，客运周转量10.98万人千米；货运量87万吨，货运周转量5 980万吨千米。7乡2镇，72个行政村已有66个通了客车，通车率92.0%。

完成柏林小型农村水利改革试点工作。田冲水库建成试蓄水，团结水库建设进展顺利，江东、老胖箐病险水库除险加固完工投入使用。完成2009年第二批、第三批农村饮水安全工程新马街三岔河土地开发、农业综合开发清河片区水利工程、龙坪片区小型农田水利工程等一批农田水利基础建设，兴街镇供水管网改造投入使用，筹资873万元支持群众建设山区节水小水窖7 758件。全年建成各类水利工程8 134件，治理水土流失面积13.3平方千米，改造中低产田地1万亩，新增和改善灌溉面积2.34万亩，解决了35 449人、15 023头大牲畜的饮水困难和安全问题。

新马街海子电站投入试运行，完成鸡街35千伏变电站技改增容，争取上级投入5 220万元，实施220个村民小组8 137户一户一表改造工程，全县累计改造43 967户，改造率达72.1%。

【信息化建设】 全年实现邮政业务收入547万元，完成年计划100.02%。邮政储蓄余额达到14 404万元，净增1 494万元，实现储汇收入261万元。全县固定电话用户数已达10 663部、致富通用户数达13 148部、小灵通用户数达4 973户、宽带用户数达4 788户、中国电信移动用户4 011户、公用电话用户数达1 054户，境内致富通信号覆盖率达97.0%以上，实现县至乡级以上公路沿线网络信号覆盖，率先在西畴县城及兴街开通了3G网络。启动实施500户广播电视“村村通”工程和2 500户数字电视整体平移。

【城乡建设】 县城总体规划调整上报审批，兴街总体规划修编及其它专业性规划编制工作稳步推进。兴街中心小城镇二期开发土地征用报批完成，实施县城、兴街等乡镇部分老街道改造，县城垃圾处理厂完成招投标，县城污水处理厂前期工作进展顺利。

【扶贫开发】 投入专项资金1 455万元，完成83个整村推进新农村建设任务。筹资549万元支持183个村实施村容村貌整治，完成100户扶贫安居工程和317个村民小组公益事业一事一议财政奖补项目建设，完成115户511人易地搬迁，累计新增解决1.3万贫困人口的温饱问题。

2008～2009年，省批准实施115户511人的易地搬迁任务，项目总投资555.45万元，其中财政专项资金255.5万元，分布在3个乡(镇)4个村委会4个村民小组。规划项目全部完工，搬迁户已全部迁入新居。完成项目总投资560.8万元，其中补助资金255.5万元，群众自筹和投工投劳折价305.3万元，新建安居房115间，沼气池115口，开展科技培训15期1 500人(次)。2009～2010年省批准实施的165户580人易地搬迁任务已下达到各项目乡(镇)，已组织实施。同时，投入专项补助资金60万元，建设扶贫安居工程100户。

新农村新风貌

组织输出劳务5 016人，培训民工5 250人，带动1.7万余人自发外出务工，全县外出务工人员达4.6万人，创造劳务收入近2亿元。

【教育科技】 全县有各类学校246所，在校学生4.254万人。学龄儿童入学率99.8%，高考上线率71.96%。加快推进教育基础设施建设，县职中实训楼等一批教育重点项目投入使用，县二中搬迁，县一中、县一小综合楼改造等项目建设进展顺利，累计投入资金8 257万元，完成中小学校D级危房改造3.8万平方米，新建校舍75 225平方米。落实“两免一补”政策，健全完善教育激励和贫困学生奖励补助机制，312名优秀贫困学生获得“爱心圆梦”助学奖励83.83万元。推进教育综合改革，完成县城区学校校(园)长和部分缺岗教师招聘，“两基”工作各项指标基本达到国家规定。

引进农作物新品种、新技术8项，实施农业科技示范项目7项，评定科技成果奖5项，举办科技示范样板1.3万亩，推广各类增产增收科技措施157万亩(次)。开展各类科技培训936期59 875人(次)，评定农村实用技术人才技术职称124人，4项科技计划项目获国家和省级立项扶持。推进事业单位人事制度改革，加大各类急需和实用人才引进，人才队伍整体素质进一步提高。

【文化卫生体育】 全年有各种艺术表演团体104个(专业性1个，农村业余性103个)，有文化馆1个，公共图书馆1个。广播、电视覆盖率分别达91.3%和92.5%。新建乡镇文化站2个、农村文化活动室80间，开展拉孩片区繁荣农村文化试点项目建设。启动实施500户广播电视“村村通”工程和2 500户数字电视整体平移。

有卫生机构97个，病床415张，每千人有病床1.9张；有卫生专业技术人员405人，其中高级职称6人，中级职称81人，初级职称223人，未定职95人。全县设村卫生室69个，有乡村医生226人(女乡医129人)，其中乡村主治医师1人，乡村医师23人，乡村医士54人，卫生员148人。新型农村合作医疗工作扎实推进，补偿参合群众医疗费用2 489.1万元，惠及群众33.7万人(次)

【人民生活】 完成全社会固定资产投资53 380万元，增长48.0%。城镇居民人均可支配收入12 166元，增长9.3%；农民人均纯收入2 063元，增长17.9%；农民人均产粮396千克，增长5.3%。完成社会消费品零售总额42 034万元，增长20.8%。城镇登记失业率控制在4.0%以内，人口自然增长率控制在6.0‰以内，万元地区生产总值综合能耗下降3.02%。

发放“贷免扶补”创业贷款和小额担保贷款1 063万元，扶持235人创业，带动就业220余人。开发公益性岗位168个，安排就业困难人员147人。新开发就业岗位856个，城镇新增就业826人，城镇登记失业率控制在4.0%以内。新增城镇居民基本医疗保险参保人员5 117人，新增各类保险参险人员6 947人，特殊困难群体基本实现应保尽保。严格落实优抚政策，加大困难救助力度，16 394名受灾困难群众得到及时救助。1 050套52 500平方米廉租住房建设进展顺利，发放廉租住房补贴1 819户262万元，重建和改造农村民居地震安居房1 000户，改造农村危房1 060户。

严格环境评价制度，从源头上控制污染物排放，引导企业加快节能降耗技术改造，九股水、鑫泰锌业、润熔、东鑫等冶炼企业节能技术改造进展顺利，淘汰落后产能铁合金3 600KVA、水泥熟料20万吨，减排二氧化硫50吨、化学需氧量10吨，万元地区生产总值综合能耗下降3.02%。

【领导名录】

县委书记　马忠俊(苗)
副书记　杨秀文(壮)
　　陈　凌(～3)
　　李　永(彝、6～)
　　刘诗映(最高人民检察院下派)
常委　胡天和(壮)
　　杨安凤(女)
　　高　鉴(彝)
　　徐顺勇(彝)
　　杨玉波(女)
　　熊清明(～5)
　　边富斌(5～)
　　尚元超(6～)
　　冯世福(8～)
人大常委会主任　陆永明(壮、1～)
副主任　李任育(壮)
　　祝正松
　　骆玉彪
　　王俊文(女)
县长　杨秀文(壮)
常务副县长　杨安凤(女)
副县长　徐顺勇(彝)
　　韦　超
　　王祖锐
　　胡国贵(1～)
　　牟洪操(1～)
政协主席　王　俊(壮)
副主席　李廷洪
　　余　永(壮)
　　贾万文(彝、兼)
　　陶英(女、苗、兼)
纪委书记　胡天和(壮)

(*唐明磊*)

麻栗坡县

【行政区划　人口】　麻栗坡县辖4镇7乡，93个行政村，3个社区，15个居民小组，1 920个自然村。全县总人口276 611人。其中非农业人口23 416人，少数民族人口111 863人。人口出生率12.50‰，人口死亡率6.10‰，人口自然增长率6.40‰。

【气候特征】　2009年平均气温18.4℃，月平均最高气温为23.4℃，月最低气温15.5℃，年日极端最高气温39.4℃，日极端最低气温2.2℃，年日照时数1 730.5小时，年降水量875.3毫米，无霜期365天。

【天气灾害】　全年各类自然灾害造成直接经济损失4 669万元，其中农业直接经济损失3 298万元。全年农作物受灾面积183 767亩，下降4.6%。其中成灾67 175亩，下降11.2%。

灾情涉及全县11个乡镇93个村民委员会1 542个村民小组，受灾人口达20.46万人。

【经济综述】　麻栗坡县GDP达206 680万元，比上年增长12.1%。分产业看，第一产业实现增加值57 995万元，比上年增长6.0%；第二产业实现增加值82 927万元，比上年增长16.2%；第三产业实现增加值65 758万元，比上年增长12.0%。第一产业增加值占地区生产总值的比重为28.1%，下降0.5个百分点；第二产业增加值比重为40.1%，下降0.4个百分点；第三产业增加值比重为31.8%，上升0.9个百分点。全县人均GDP达7 482元，比上年增加564元，增长11.8%。非公有制经济增加值占全县生产总值的比重达50.2%，比上年提高0.7个百分点。城镇人口达6.54万人，城镇化率为23.63%，比上年提高1.87个百分点。下岗失业人员实现再就业206人。开发城镇一般性就业岗位981个，公益性岗位就业人员81个。城镇新增就业人数948人。城镇登记失业率为3.89%。

国民经济和社会发展中存在的主要困难和问题：金融危机的影响还在持续，在短期内经济持续向好的基础还不牢固，经济发展不确定因素多，保增长、促发展的压力大；农村交通、水利等基础设施滞后，抵御自然灾害能力差；经济基础薄弱，经济总量小，产业结构单一，增收渠道不多，实现城乡居民增收困难大；重大项目发展不平衡，项目融资十分困难，影响和制约了经济稳步发展；移民搬迁、资源整合、文—天二级公路改造等热点、难点问题较多，维稳工作压力依然存在。

【农　业】　粮食总产量达9 578.1万千克，增长5.2%。全年实现农业总产值92 228万元，增长7%。农业科技推广工作进一步加强。全年完成“两杂”良种推广面积195 662亩，比上年增长7.6%，其中：杂交玉米推广130 181亩，增长11.9%；杂交水稻推广65 481亩，下降0.1%。完成水稻旱育稀植

65 137亩，增长1.4%；水稻、玉米规范化种植94 977亩，增长6.3%；旱地覆膜栽培28 125亩，增长19.6%；优质粮油品种推广147 707亩，增长17.5%；农作物优化种植241 165亩，增长1.7倍。全年完成农作物总播种面积910 380亩，比上年增长5.1%。其中：粮豆播种面积602 012亩，增长4.9%；经济作物面积113 831亩，增长13.1%；其他农作物播种面积194 537亩，增长1.3%。粮经比例为6.6∶3.4。完成畜牧业产值47 164万元，占农业总产值的比重达51.1%。

全年，完成人工造林面积100 484亩，比上年增长1倍，其中：经济林93 230亩，增1.1倍；防护林3 670亩；薪炭林3 584亩。育苗146亩，其中当年新植146亩。

全县水产品产量达412吨。

年末，全县农田有效灌溉面积达121 105亩，增长2.5%，其中当年新增灌溉面积5 010亩。年末，全县农业机械总动力10 182万瓦特，增长16.7%。拥有各型拖拉机489台，比上年增加150台。全年，农村用电量3 062万度，增长5.4%。2009年末已解决饮水困难人口20.04万人，其中当年新增1.74万人。

【工　业】 全年，完成工业总产值163 037万元，比上年增长8.4%。其中规模以上工业企业完成产值123 749万元，下降2.6%；规模以下工业完成产值39 288万元，增长32.5%。从经济类型看：集体企业完成产值48万元，增长7.1%；股份合作企业完成产值201万元，增长11.1%；股份制企业完成产值122 205万元，增长1.9%；其他经济类型企业完成产值40 583万元，增长34.2%。分轻重工业看：重工业实现产值156 243万元，增长7.6%；轻工业实现产值6 794万元，增长29.1%。钨矿资源整合工作进入扫尾阶段。全年完成矿业产值23 946万元，增长2.1倍。由于受国际金融危机影响矿产品价格回落及降雨量减少等因素影响，电力、冶炼业产值下滑。全年完成电力产值30 293万元，冶炼产值28 570万元，比上年分别下降21.6%、28.6%。完成合成橡胶产值57 158万元，增长4.2%。

【财政金融保险】 全县完成财政总收入24 749万元，比上年下降1.0%。完成地方财政一般预算收入13 600万元，增长11.6%，其中：增值税1 832万元，下降19.8%；营业税5 065万元，增长18.3%；企业所得税338万元，增长32%；个人所得税711万元，下降3.5%。地方财政一般预算支出87 424万元，增长45.0%。

年末，全县金融机构各项存款余额达258 220万元，比上年末增长17.4%。其中：企业存款41 268万元，比上年末下降7.1%；储蓄存款148 349万元，比上年末增长8.6%。全县金融机构各项贷款余额178 841万元，比上年末增长29.0%，其中短期贷款38 158万元，比上年末增长10.7%；中长期贷款140 682万元，比上年末增长35.0%。年内全县保险费收入3 090万元，比上年增长20.8%；支付赔款1 148万元，比上年增长50.5%。

【信息化建设】 完成公路建设投资13 487万元。年末全县公路通车里程2 851千米，比上年末增加15千米。按行政等级划分：省道53千米，县道有728.4千米，乡道390千米，村道1 501千米。按技术等级划分：二级公路1.4千米，三级公路14.2千米，四级公路1 202.4千米，等外公路1 633.17千米。全县等级公路密度由2008年末的每百平方千米48.78千米增长到50.85千米，增长4.2%。除猛硐乡外，其余10个乡(镇)都实现了县乡公路路面硬化。全县通等级公路的村(居)民委员会91个，比上年增加10个，年末乡(镇)至村(居)民委员会公路通达率为94.8%。全年完成客运量96.68万人，增长19.7%；货运量307.6万吨，增长11.3%；旅客周转量11 601.6万人千米，增长20.0%；货运周转量18 456万吨千米，增长11.3%。

全年规划建设水利工程1 300件，总投资3 000万元，实际建成1 305件，完成投资3 759.18万元和群众投工投劳450万个，占目标任务的100.3%和125.3%；规划新增有效灌溉面积0.41万亩，实际新增0.501万亩，占目标任务的122%；规划改善灌溉面积0.68万亩，实际完成0.638万亩，完成93.8%；规划新增节水灌溉面积0.28万亩，实际完成0.416万亩，占目标任务的148.5%；规划治理水土流失13平方千米，实际治理13.1平方千米，完成100.7%；规划投资750万元，解决1.5万人饮水安全问题，实际完成778.18万元，解决1.5414万人饮水安全问题，分别占目标的103.7%和102.7%。年底，全县累计建成各类水利工程47 334件，水利有效灌溉面积10.4477万亩，水利有效灌溉率为36.7%。

【基础设施建设】 交通运输、仓储和邮政业实现增加值6 644万元，比上年增长7.9%。全年实现邮政通信业务收入6 908万元，比上年增长19.6%。邮路总长644千米，农村投递线路总长1 257千米。全年完成函件10.83万件，报刊期发数12.32万份。年内新增固定电话、致富通、小灵通及移动电话用户2 0847户，年末达到119 820户。电话普及率达到43部/百人，比上年增加7部。年末互联网用户数达6 062户，比上年增加1 203户。年内全县接待国内外游客80.5万人(次)，增长6.5%；实现旅游综合收入65 892万元，增长33.9%。全县有广播电视发射台4座，广播电视人口覆盖率95.0%，有线电视用户13 870万，有线电视入户率19.0%。

【城乡建设】 县城区面积2.3平方千米，人口3.7万人，全县城镇化水平达23.63%。全县城镇面积达6.5平方千米，城镇人均住房面积达25.87平方米，绿化覆盖率达22.0%，人均占有公共绿地面积达3.3平方米．小城镇建成面积4.4平方米。年内完成县城中心体育馆、麻师花园小区、华宇莱溪小区、天保旅游小镇总体规划、国家级天保口岸经济区总体发展规划编制工作。同时，严格执行《县城总体规划》、《县城控制性详细规划》和各乡镇及天保口岸《总体规划》，规范“一书两证”管理，严把规划选址、用地和工程审批关，加强规划批后管理，保证规划得到有效执行。办理建设工程规划许可证216份，建设用地规划许可证181份，建设项目选址意见书159份，土地面积837 861.63平方米，建筑面积193 480.2平方米。县城连续11年被评为"省乙级文明卫生城市"，享有"最整洁的边陲城市"美誉。

新改造的麻栗坡沿河片区

【扶贫开发】 共投入各类扶贫资金28 500万元，实现道路交通、公田水利、教育卫生等132个项目，20万人受益。投入5 220万元完成整村推进社会主义新农村127个，使172个村小组5 613户2.4万人受益。投入农村公益事业建设"一事一议"财政奖补资金630万元，建成项目390个，5.2万人受益。开展"小额信贷富万家"行动，着力扶持发展特色产业，共发放贷款2 500万元，强化农业科技培训，开展农村实用技术培训1 939期9.3万元人(次)，开办农函大116个班，培训学员3 480名。全年累计实现劳务经济总收入43 100万元。

【教育科技】 全县有各级各类学校263所，其中教师进修学校1所，完全中学3所，职业高级中学1所，初级中学12所，完小124所，教学点113个(含一师一校60个)，幼儿园9所(含私立幼儿园5所)。各级各类学校招生12 951人，在校生45 950人，毕业班学生9 434人。其中完全中学和普通中学招生5 140人，在校生14 125人，毕业班学生4 223人；职业高级中学招生376人，在校生1 802人，毕业班学生825人；小学招生4 086人，在校生26 167人，毕业班学生4 386人；幼儿园招生3 349人，在校生3 856人。学龄儿童净入学率99.86%，初中学龄人口毛入学率98.71%，3~6周岁幼儿入园(班)率46.34%。普通高考上线率81.77%，比上年上升16.82个百分点。全县人口人均受教育年限达6.72年，比上年提高0.3年。全县共有教职工4 143人，其中专任教师3 905人。

科技工作全年共组织实施5个科技计划项目。即：《草果高产种植试验示范》、《优质茶叶新品种—紫鹃引进种植示范》、《网箱养鱼示范》、《核桃新品种引进示范》和《养鸡示范》。2009年共评出2008年度麻栗坡县科学技术奖励项目9项，其中科技进步类7项。向州科学技术奖评审委员评申报的《小粒咖啡新品种卡蒂姆引种示范》获科技进步类三等奖。专利申报完成7件。全年举办以种植、养殖为主的农村实用技术培训1 939期92 838人(次)；举办农函大教学班116个，培训学员3 480名。

【文化卫生】 全县拥有公共图书馆1个，藏书4.2万册，艺术表演团体1个，文化馆1个，口岸文化中心站1个，乡镇文化广播电视站11个，边境广播电视转播台3座，船头边境广播电视站1个。

全县有医疗机构21个(不含诊所)，其中县医院1个，乡镇卫生院13个，疾病预防控制中心1个，保健院1个。卫生机构共有病床795张，专业卫生技术人员574人，其中执业医师及执业助理医师378人。全县每千人拥有卫生技术人员2.1人。有村卫生所93个，卫生员229人。农村卫生厕所普及率达到67.62%。年内全县参加新型农村合作医疗的农业人口237 078人，农业人口参合率达94.17%，比上年提高3.77个百分点；参加新农合农民受益资金达2 679万元，比上年增长58.3%。

【人民生活】 全县实现农村经济总收入82 439万元，增长13.5%。农民人均纯收入2 205元，增长17.3%。城镇居民人均可支配收入11 241元，增长18.2%。全县单位从业人员工资总额28 253万元，增长12.2%，其中：国有单位23 612万元，增长12.7%。在岗职工年平均工资22 738元，增长9.5%(国有单位22 951元，增长9.5%；集体单位17 197元，下降1.1%；其他单位18 874元，增长7.5%)。

年内启动城镇居民基本医疗保险工作。全县参加基本医疗保险人数达19 120人，比上年增加6 210人，其中参加城镇职工基本医疗保险13 067人，参加城镇居民基本医疗保险6 053人。参加失业保险的职工2 565人，比上年减少30人。参加城镇基本养老保险人数4 834人，比上年增加955人，其中参保职工4 153人，企业离退休人员681人。至年末，全县新型农村社会养老保险覆盖率达12.0%。

社会救助和低保工作年内按时足额兑现2 362户2 495名五保对象供养金300万元。投入城乡困难群众大病医疗救助经费575万元，救助城乡困难群众130 358人。投入救灾救济资金146万元；安排春荒救助口粮12.02万千克，救助困难缺粮群众1 124户4 008人。2009年累计投入低保资金4 766万元，解决了2 848户6 308名城镇居民和25 159户59 690名农村特困群众的最低生活保障问题。

【环境和安全生产】 全年全县工业废水排放达标率98.45%，比上年下降1.12个百分点；工业废气处理率83.13%，比上年提高6.01个百分点；工业固体废物综合利用率30.79%，比上年提高2.46个百分点。

【领导名录】

县委书记　彭　辉(回)

副 书 记　彭正兴

　　　　　胡大权

常　　委　陈　辉(女)
张传德
李　俊
张荣卫(~4)
苟开波(4 ~)
杨　金
韦元光
时　洪
周云鸿
彭启众(~11、外交部下派)
张晓宏(12 ~ 、外交部下派)
人大常委会主任　冉忠平
副 主 任　王国海
艾金明(苗)
吴兴明
陆天梅(女、壮)
县　　长　彭正兴(1 ~)
常务副县长　张传德
副 县 长　韦元光
戴　忠
和进东
王荣聪(苗)
邓丽男(女)
彭启众(~11)
张晓宏(12 ~)
政协主席　项廷超(苗)
副 主 席　李红梅(女)
胡　明
王嘉国
盘文玉(瑶)
纪委书记　陈　辉(女)

(刘　艳)

马关县

【行政区划　人口】　马关县辖4乡9镇，有120个行政村、4个社区、1 992个村民小组。2009年，全县总人口89 612户36.7万人。其中：农业人口32.7万人，占89.3%；少数民族18.03万人，占49.1%。人口密度每平方千米137人，人口自然增长率6.8‰。

【气候特点】　全年总日照时数1 727.7小时，比上年偏多159.6小时，比历年平均值偏少51.0小时。全年平均气温17.8℃，比上年偏低1.0℃，比历年平均值偏低0.8℃；年极端最高气温为32.1℃(7月19日)，年极端最低气温为1.0℃(1月17日)。全年降雨量734.5毫米，比上年偏少671.3毫米，比历年平均值偏少617.6毫米；年内一日最大降雨量为35.0毫米(5月15日)。

【自然灾害】　年内，县境先后发生干旱、冰雹、霜冻、风雹、泥石流及山体滑坡等自然灾害。灾情涉及全县13个乡(镇)，120个村委会和4个社区，1 866个村民小组63 926户255 705人。农作物受灾面积27 174.6公顷，其中成灾面积15 669.4公顷，绝收面积1 435.3公顷。灾害造成直接经济损失共计6 935余万元，其中，农业经济损失共计6 627.3余万元。

【经济综述】　全年完成生产总值28.67亿元，比上年增长7.90%。其中：第一产业实现增加值7.39亿元，比上年增长7.0%，拉动GDP增长1.57个百分点；第二产业实现增加值11.84亿元，增长5.70%，拉动GDP增长2.79个百分点；第三产业实现增加值9.44亿元，增长12.30%，拉动GDP增长3.54个百分点。三次产业结构由上年的25.4∶45.1∶29.5调整为25.76∶41.31∶32.93。全年完成固定资产投资19.55亿元，比上年增25.26%。全社会消费品零售总额121 894万元，比上年增20.57%。其中：公有经济完成15 393万元，比上年降8.51%；非公经济完成106 501万元，比上年增26.38%。边贸进出口总额37 020万元，比上年增23.36%。其中：进口14 924万元，比上年增6.30%；出口22 096万元，比上年增38.36%。

【农　业】　全年，实现农业总产值达12.33亿元，比上年增长13.31%，实现增加值73 850万元，比上年增7.0%，拉动GDP增长1.57个百分点。农作物播种面积121.4万亩，比上年增3.8%。其中：粮豆作物86.2万亩，比上年增4.4%；经济作物22.7万亩，比上年增3.2%。实现粮食总产量13 810.8万千克，比上年增6.1%。农民人均有粮359千克，比上年增4千克，增1.0%；农民人均纯收入2 588元，比上年增486元，增23.0%。

全年，实现草果在地面积达9.3万亩，投产5.6万亩，产量80万千克，实现销售收入2 080万元；实现三七在地面积0.67万亩，采挖0.25万亩，产量32.6万千克，实现销售收入9 979.7亿元；实现八角种植面积10.2万亩，投产3.5万亩，产量112万千克，实现销售收入1 340万元；实现塘房枯在地面积0.87万亩，投产0.6万亩，实现产量26万千克、销售收入105万元；实现香蕉在地面积6.5万亩，投产5.6万亩，实现产量7 203万千克、销售收入7 203万元；实现茶叶在地面积1.9万亩，实现产量5.4万千克、销售收入81万元，茶农鲜叶收入突破64.8万元；花椒在地面积0.41万亩；商品蔬菜种植面积5.3万亩，实现产量2 655.5万千克。年内，良种补贴面积达50.8万亩，落实补贴资金588.1万元，涉及1 915个村民小组，惠及7.4万户农户；落实农资增支综合补贴资金3 013.78万元，惠及7.4万户种粮农户；兑现农机购置补贴80万元，涉及大型拖拉机及配套机具、茶叶机械和微型耕机3种类型；油菜种植补贴兑现涉及补贴面积5.38万亩，补贴资金53.8万元。

全县林业总产值24 382万元。其中第一产业19 608万元，第二产业3 474万元，第三产业1 300万元，农民人均林业收入637元。全年完成核桃种植8.3万亩，油茶种植1万亩，更新造林3 655亩，补植补造云南红豆杉2 071亩，抚育面积9 987亩，义务植树147余万株，封山育林项目建设1.5万亩，兑现退耕还资金706.992万元。

全县生猪存栏35.03万头，比上年增2.12%；出栏肉猪41.1万头，比上年增6.75%。大牲畜存栏11.45万头(匹)，比上年增2.58%；出栏肉畜1.76万头(匹)，比上年增22.55%。山羊存栏4 500只，比上年增20.16%；出栏肉羊3 701只，比上年增19.54%。家禽存栏137.24万只，比上年增4.25%；出栏肉禽165.16万只，比上年增5.48%。肉类总产量3.6万吨，比上年增10.43%；禽蛋产量1 487.8吨，比上年降18.06%。全县实现畜牧业总产值5.09亿元，比上年增15.76%，占农业总产值的41.38%。实现农民人均畜牧业纯收入635元，比上年增4.1%，占农民人均纯收入的24.54%。

全年完成养殖面积6 265亩，比上年增0.08%。实现水产品产量1 905吨，比上年增17.7%。

【工　业】 实施“工业强县”战略，加快矿电结合步伐，坚持以市场为导向，加大资源整合力度，促进资源的合理开发与利用，矿产资源规模化开发和集约化经管程度不断提高，但因价格下滑导致工业产值锐减。全年实现工业产值299 638万元，比上年降10.93%，实现可比价工业增加值122 084万元，比上年增1.82%，推动GDP增0.8个百分点。完成锌精矿97 144吨，比上年增0.54%；锡精矿3 768吨，比上年减20.96%；发电量98 321万度，比上年增19.79%；铜精矿4 887吨，比上年增4.67%；原煤40 509吨，比上年减37.4%。

【财政金融】 全年完成财政总收入38 223万元，增长1.0%，其中地方财政一般预算收入完成19 666万元，增长9.46%。全年地方财政总支出96 401万元，增长36.40%。年末各项存款余额达292 091万元，比年初增22.49%。城乡居民储蓄存款190 734万元，比年初增12.67%；人均存款5 201无，比上年增11.87%。年末各项贷款余额228 245万元，比年初增12.03%。

【基础设施建设】 文山—都龙二级公路开工建设；董亮—南捞、八寨—底泥、都龙—金厂通畅工程全面推进，通乡公路油路率达76.9%；完成农村公路通达工程26条234千米，通村等级公路率达55.7%；完成通自然村公路41条160千米，全县已有1 489个自然村通公路，自然村通公路率达96.6%；新建成乡镇客运站3个。达号水库工程建设有序推进，灿可、绿差塘水库除险加固工程全面完工；花坝子二级电站、鱼塘暗河电站建成投产发电，全县电力装机总容量达25.3万千瓦；田头110千伏变电站项目建设进展顺利；完成农村“一户一表”改造工程8 344户。年产10万吨锌60吨铟冶炼技改项目一期工程、年产5万吨燃料乙醇技改项目一期工程、年产20万吨过磷酸钙技改项目建成投产，210万吨/年采矿、8 000吨/日选矿两个省级重点项目开工建设，年产7.2万吨锰铁合金冶炼技改项目一期工程、年产60万吨水泥粉磨站项目一期工程进展顺利。全年累计实施各类项目125个，完成固定资产投资20.04亿元，比上年增28.5%。其中，争取扩大内需项目21个，争取扩大内需资金8 188万元。

【信息化建设】 全年全县邮政业务总量745.72万元，年底固定电话机总数30 980部，移动电话用户13.10万户，电话普及率44部/百人。互联网用户6 638万户。广播、电视人口覆盖率分别达98.0%和94.0%。

【城乡建设】 城镇建成区面积达12.18平方千米，其中县城5.36平方千米；城镇绿化面积31.39万平方米，其中县城30.9万平方米。城镇街道面积增加到49.3万平方米，其中县城31万平方米；城镇市政道路增加到36.6千米，其中县城20.8千米。城镇居住人口9.12万人，其中县城4万人。县城日供水能力8 000立方米，居民用水普及率100%。县城人均住房面积34.59平方米。县城绿化率、道路亮化率分别为35.0%、95.0%。全县城镇化水平26.4%。

【扶贫开发】 年内全县共投入扶贫资金29 026.04万元，其中财政扶贫资金8 802.87万元，信贷扶贫资金525万元，群众自筹和投劳折资10 868.35万元。年内共建成99个整村推进项目，实施2个易地搬迁项目，转移安置农户107户500人。解决5.9262万贫困人口、3.9502万低收入人口的温饱问题和5 648人、2 513头(匹)大牲畜饮水困难问题。

马关坡脚镇社会主义新农村—— 龙岭冲

【教育科技】 全县共有各级各类学校287所，其中教师进修学校1所，职业高级中学1所，普通中学22所，小学254所，幼儿园9所。在校学生53 641人，其中普高学生2 774人，职高学生3 409人，初中学生12 330人，小学生29 159人，在园(班)幼儿5 969人。有教职工4 074人，在职在编3 585人。全县3～6周岁幼儿入园(班)率为50.7%，小学适龄儿童入学率为99.77%，初中阶段在校生毛入学率为97.39%。年内，创建无盲乡镇3个，分别是坡脚镇、木厂镇、大栗树乡。全县共有1 197名考生报名参加高考(普高1 101人，三校生96人)其中：普高上线770人，比上年增119人，上线率70.0%，较上年提高11.29个百分点；三校生上线27人，上线率28.13%，较上年提高2.72个百分点。

科技工作组织云南华联锌铟股份公司、马关大洋焊接器材公司及马关云铜锌业有限公司分别向省厅申报了《含易浮脉石难选锌锡铜铟多金属矿综合回收技术研究》、《利用工业废渣生产自动埋弧焊剂技术开发》及《30吨/年4N精铟产业化技术开发》3个项目；县科技局向省厅申报了《马白、南捞、坡脚、大栗树四乡镇边疆解学科技难惠民工程》及《马关县玉米高产创建示范活动》2个科技富民强县计划项目，并获得省厅立项支持。其中，云南华联锌铟股份公司、马关云铜锌业有限公司分别向省厅申报的《含易浮脉石难选锌锡铜铟多金属矿综合回收技术研究》及《30吨/年4N精铟产业化技术开发》项目分别获300万元资金支持。申报县级科技计划项目41个，立项22个，安排资金27.13万元。在建科技项目实施乡镇为马白、南捞、坡脚、大栗树4个乡镇，共投入资金72万元。

【文化卫生体育】 全县有县级专业艺术表演团体2个，全年开展各种节日文艺活动1 159余场次。有县级图书馆1个，馆藏图书47 664册。

全县共有乡级以上医疗卫生单位21个，其中县级有县医院、县中医院、县疾控中心、县妇幼保健院和县皮肤病防治站5个单位。乡镇有15个卫生院和马白预防保健所。卫生系统共有人员676人，其中卫生技术人员588人。全县国家医疗卫生机构共诊治病人45.51万人(次)。全年，全县应参合农民人数为297 060人(其中民政代缴14 093人，农民自筹276 774人)，参合率达91.49%，比上年升0.85个百分点。

【人民生活】 城镇居民人均可支配收入达13 346元，农民人均纯入2 588元。年末城乡居民储蓄余额190 734万元、城镇居民人均消费支出8 314元，全县职工年平均工资25 917元；商品零售价格指数0.998%，城镇居民消费价格指数0.993%。城镇年末登记失业人数380人，城镇登记失业率为4.6%；参加企业养老保险8 215人、城镇职工基本医疗保险18 079人、城镇居民医疗保险15 166人。全年新审批城镇低保对象324户362。截至年底，全县有城镇低保对象5 863人，年累计发放低保金916万元；农村低保对象70 650人，全年累计发放农村低保金4 314.6万元。新增转移农村劳动力转移就业15 098人，其中有组织输出3 991人，自发输出5 268人，帮带输出5 839人，实现劳务收入8 152.92万元。

【领导名录】

县委书记　兰朝明(彝)
副书记　李献文
　谢瑞彪
常委　陈子品
　黄顺昌
　单志友
　蒋生华
　吴广明
　付坤林
　熊廷韦(女、壮)
　蔡　远
人大常委会主任　马朝洪(苗)
副主任　袁崇恩
　蔡治林
　熊天武(苗)
　肖世兰(女)
县长　李献文
常务副县长　陈子品
副县长　黄顺昌
　张基武
　章　杰
　杨恩情(女)
　冯光焰
　柳顺华(~11)
政协主席　沈章华(壮)
副主席　李　飞(苗)
　邓小兵
　段顺松
　侯发道(女、彝)

(资荣华)

丘北县

【行政区划　人口】 丘北县辖3镇9乡、99个行政村(社区)、1 264个村民小组，全县国土面积4 997平方千米，其中山区面积1 668平方千米，占总面积的33.38%。总人口465 135人。其中：非农人口31 068人、占总人口的6.68%；少数民族人口291 519人，占总人口的62.67%。人口密度每平方米93.1；人口自然增长率6.7‰。

【气候特点】 年平均气温17.5℃，最高气温5月10日达32.1℃，最低气温11月19日0.5℃。年总日照1 847小时。年总降水量731.8毫米。月降水量最多出为6月，降水量256.1毫米；最少为2月，降水量0.9毫米。汛期为5月15日至10月17日。全年无霜期233天。全年作物受灾面积38 842.9公顷，造成直接经济损失5 873.3万元。

【经济综述】 全县完成国民生产总值221 045万元，增长12.0%。其中：第一产业98 038万元，增长7.4%；第二产业37 546万元，增长18.3%；第三产业85 461万元，增长14.2%。“一、二、三”次产业比例仍为44∶17∶39。全县农业总产值165 300万元，增长幅度15.5%；粮食总产量18万吨，增长6.0%；工业总产值102 185万元，增长20.1%；全社会固定资产投资额143 301万元，增长49.0%；全社会消费品零售总额75 233万元，增长率23.1%；自营外贸出口总额75万元；招商引资8 800万元，增长5.2%。

【农　业】 全年种植粮食作物78.4万亩，粮食产量18万吨，比上年增1万吨，人均有粮387千克。多渠道进行土地整理，整合烟水工程等项目资金8 100万元，普者黑水沟坝新烟区建设完成4万亩基本烟田的配套设施，启动丘北县现代烟草农业马者龙项目区建设；建立烤烟生产自然灾害风险救助机制，推行家庭农场种植模式，扶持烟叶种植专业大户，经济作物万亩，其中烤烟7.9万亩、收购烟叶22万担，实现烟农收入水平16 695万元，烟叶税收3 673万元；实施万亩生物多样性规范化种植示范项目，种植辣椒30万亩增长14.8%，产量37 550吨，增长32.8%，实现产值45 000万元。

全县农村林权制度改革完成。完成天保公益林建设7万亩，森林资源管护面积295万亩。特色林产业完成核桃整地15万亩，定植9万亩；油茶整地3万亩，定植0.6万亩；种植红豆杉2万亩。

实现畜牧业总产值65 116万元，增长17.2%。肉类总产量7万吨；大牲畜存栏19万头(匹)；生猪存栏43万头、出栏48万头；家禽存栏只，水产品总产量6 030吨，实现产值7 100万元。

兑现农业生产资料综合补贴、良种补贴、农机具补贴、退耕还林补贴、能繁母猪补贴、家电下乡补贴等各种补贴6 154万元。

【工　业】 全县工业总产值102 185万元，实现工业增加值25 006万元，增长10.3%。工业园区建设步伐加快，园区道路、供排水等配套设施不断完善；60万吨水泥磨粉站、筑辰石材、富亿木业、广发饲料等项目建成投产；与云南冶金集团文山铝业公司签订《铝土矿资源整合、勘探、开发协议》，开工建设三鑫集团电解锰项目；猴爬岩电站、110千伏乐利变电站建成投入运行；实施农网完善工程，新建和改造10千伏线路421千米、0.4千伏线路273千米、配电变压器239台、一户一表1610户，供电量增长8.0%。

【财税金融保险】 财政总收入19 297万元，增长26.1%。其中地方财政一般预算收入13 168万元，增长34.2%，升至全州第4位；地方财政一般预算支出96 098万元，增长31.0%。城镇居民人均可支配收入12 737万元，增长12.1%。年末金融机构各项存款205 034万元，增长30.9%；各项贷款134 283万元，比年初增长29.0%；保险费收入1 291万元，支付赔款1 056.4万元。

【基础设施建设】 配合开展云桂铁路前期工作和进行云桂铁路普者黑火车站建设、普碳一级公路建设、景区快速通道建设，完成"畅通工程"30千米、"通达工程"294千米。城乡运力资源不断优化，行政村通客车率达96.0%。全县公路里程达2 401千米。修建各类水利工程6 261件，改造中低产田6万亩，解决了3.1万人、6 700头大牲畜的饮水困难。

【旅游业】 配合进行《文山州旅游休闲度假基地总体策划》、《普者黑旅游休闲度假基地总体规划及部分区域控制性详细规划》编制工作。《普者黑国家级风景名胜区总体规划》通过国家相关部委联合审查。开发大湾子—丁家石桥—落水洞两条水上旅游线路、普者黑景区观光线路、银苑桥—雄狮卧波夜景线、大型山水田园实景演出—僰乐普者黑等旅游项目。全年共接待游客103万人(次)，增长14.4%，实现旅游综合收入35 200万元，增长14.8%。

丘北普者黑风景区的"情人莲"

【信息化建设】 实现乡村基础信息上网，发布和"乡乡有网络，村村有网页"。全县邮政总量739.53万元，固定电话31 553部、移动电话136 269部，电话普及率36.1%；互联网用户增长10.61%；建成电视天气预报系统，安装52块气象灾害电子预报显示屏。

【新农村建设】 组织实施59个省级重点扶持村、8个上海援建"白玉兰"扶贫重点村、24个僰人发展扶持村，4个易地扶贫搬迁村和雄山革命老区试点村项目；新建和改造房屋2 041所，建成沼汽池4 173个，小水窖6 145口；发放产业扶贫小额信贷资金3 353万元，实施山综合开发腻脚试点乡建设；投入农村"一事一议"财政奖补资金1 131万元。年内开发转移农村劳动力15 000人。

【教育科技】 落实国家"两免一补"政策，免除6 238名学生学费3 072万元，免除6 051名学生教科书费20万元，22 319名学生享受国家贫困家庭寄宿生生活补助费1 482万元。农村教育综合改革试点和校舍安全工程稳步推进，排除D级危房面积7万平方米，改扩建校舍10万平方米。全县共有各类学校666所，其中高级中学2所、初级中学18所、小学432

所、幼儿园14所，专任教师4 809人，在校学生98 742人。学龄儿童入学率99.7%，初中毛入学率96.7%，高中毛入学率41.8%。举办丘北辣椒创新与发展论坛。开展农村实用技术和劳动技能培训1 040期8.2万人(次)，当年丘北县被评为全国科技进步先进县。

【文　化】 实施5个乡(镇)综合文化站和7个农家书屋建设项目。加大以"僰人"为主的民族文化整理，壮族火草被和瑶族蓝靛制作列入"云南省第二批非物质文化遗产名录"。全县有艺术表演团体1个、文化馆1个、文化站12个、图书馆1个，图书馆藏书49 813册；实施广播电视"村村通"工程，全县有广播站13个、电视台1个、有线电视用户23 600户，有线电视入户率91.5%，广播电视覆盖率分别达到90.0%和91.5%。

【卫生体育】 全县共有医疗卫生机构20个，病床726张，每千人有病床1.6张。有专业卫生技术人员720人(执业医师287人、助理医师133人)，每千人有医师0.9名。新型农村合作医疗参合人数362 325人，参合率83.91%。补偿总金额4 460万元，资金使用率达123%，比上年提高48.7%。完成曰者、清水江、腻脚中心卫生院建设，配套了12个乡(镇)及清水江卫生院、41个村卫生室医疗设备。县医院整体搬迁工作有序开展。兑现"奖优免补"等资金151万元。

【人民生活】 发放小额担保贷款750万元，"贷免扶补"贷款1 022万元，扶持328人成功创业；发放城市、农村低保金额3 231万元。兑付大中型水库移民后期扶持资金143万元。全县城镇居民人均可支配收入12 737元，增长12.1%；年末，城镇居民人均消费性支出7 102元，城镇居民平均住房面积为57.5平方米，农村人口平均住房面积27.95平方米；全县职工年平均工资22 184元、农民人均纯收入2 208元。实施了城镇居民基本医疗保险，参保人数9 550人，发放城市、农村低保金3 231万元。

【领导名录】

县委书记　余　波(壮)
副书记　李华富
　　　　陆　勇(壮)
常　委　赵廷跃
　　　　吴桂友
　　　　王　毅(女)
　　　　罗涌铭
　　　　朱法飞
　　　　龚　卿
　　　　黄国洲
　　　　农光怀(壮)
人大常委会主任　朱建春
副主任　王丽波(女)
　　　　黄安恒
　　　　吴家任
　　　　马文华(苗)
县　长　李华富(兼)
常务副县长　王　毅(女)
副县长　龚　卿
　　　　白光福
　　　　李　春
　　　　张　帅(壮)
政协主席　戚守存
副主席　黄家和
　　　　尹少云
　　　　杨海华(彝)
　　　　陈　利(女)

(杨绍平)

广南县

【行政区划　人口】 2009年，全县辖7个镇、11个乡、167个行政村、7个社区。年末总人口774 660人(其中农业人口729 407人，少数民族人口477 805人，妇女人口368 348人，分别占总人口的94.16%、61.68%、47.55%)。人口出生率10.6‰，死亡率5.5‰，人口自然增长率6.67‰，计划生育率95.16%，优先节育率81.13%。

【气候特点】 平均气温17.9℃，比上年偏高1.1℃，比历年偏高1.2℃。最热月7月(平均23.3℃)，最冷月1月(平均8.0℃)，日极端最高气温33.8℃(6月19日)，最低气温为0.8℃(1月10日)。初霜期11月23日，无霜期255天。总降水量760.8毫米，比上年偏少307.3毫米，比历年偏少281.3毫米，突破1953年建站以来历史最少768.9毫米记录(1987年)。月降水量最多6月(244.3毫米)，最少2月(0.8毫米)。总日照时数1 239.7小时，比上年略多28.5小时，比历年偏少411.5小时。

【天气灾害】 3月13日，受寒潮天气影响，全县出现低温冷冻天气，日最低气温由14.6℃下降到1.1℃，海拔较高的珠街、五珠等乡(镇)最低气温下降到-3℃。14日凌晨，大部分乡(镇)出现严重霜冻。4月15日22时32分，受中低层切变强对流(飑线)天气影响，出现雷雨、大风、冰雹灾害天气，降雨量34.4毫米，最大风速29.4米/秒(11级)，突破1953年8月以来历史最高(24米/秒)记录。6月9～10日，降暴雨；6月22～23、26～27、30日，降大雨。9月20日19～20时，者兔乡斗月村委会遭受风雹袭击，最大冰雹直径20毫米。各种自然灾害造成农作物受灾24 101.8公顷，成灾10 774.7公顷，绝收2 179.1公顷，受灾65.75万人(次)，受伤10人，死亡5人，紧急转移安置受灾人员320人，大牲畜死亡96头，家禽死亡4 010只，民房倒塌95户202间，损坏

2 031户3 484间，8.6万人和3.8万头(匹)大牲畜饮水困难，直接经济损失15 370.4万元，其中农业经济损失8 366.37万元。全年拨付发放慰问金和救灾救济资金257万元，救济群众11.2万人，发放棉被3 200床、衣服37 200件(条)、救灾帐篷156顶；安排救济粮食85万千克，折合粮款168.3万元；民房保险赔偿款17.48万元。

【经济综述】 全县生产总值35.01亿元(其中：第一产业增加值15.3亿元，增长7.0%；第二产业增加值7.16亿元，增长20.7%；第三产业增加值12.55亿元，增长12.2%)，三次产业比重由上年的45∶20∶35调整为44∶21∶35。农村经济总收入19.54亿元。全年接待国内外游客44.2万人(次)(其中国内43.9万人(次)、海外0.3万人(次))，完成旅游业综合收入2.4亿元。全社会固定资产投资完成34.6亿元，增长28.0%；社会消费品零售总额18.3亿元，增长35.4%；城镇居民人均可支配收入12 283元，增长12.0%。引进项目16个，协议引资16.7亿元，实际到位资金5.04亿元，比上年增长27.2%。

【农　业】 种植优质稻11.34万亩，优质蔬菜3.12万亩，优质辣椒11.11万亩，优质油菜18.35万亩，茶叶28.81万亩，甘蔗5.08万亩，药材3 071.5亩(其中三七2 830亩，半夏135亩，石斛106.5亩)。农作物总播种面积227.29万亩(其中：粮豆作物153.54万亩，经济作物49.8万亩，其它作物23.95万亩)，比上年增长21.1%。粮食总产量25 890万千克，比上年增长6.5%；农民人均有粮325千克，比上年增长3.2%；粮食商品量10 260万千克，比上年增长11.5%。获全国产粮大县奖，奖金507万元。兑现种粮农民农资综合补贴、良种补贴资金5 232.26万元，落实国家农机具补贴资金50.13万元。种植烤烟61 000亩，收购烟叶18万担，均价14.86元/千克，比上年增长3.8%。烟农收入13 375.09万元，比上年增长16.7%；上缴烟叶税2 942.5万元，比上年增长16.7%。新植油茶8万亩，低产林改造5万亩，新植核桃6.4万亩，建成油茶中心苗圃520亩、优质核桃苗圃基地300亩，完成各类苗木培育2687万株，其中油茶2 057万株，核桃630万株。完成上年度第一批扩大内需中央投资项目天保工程公益林建设7万亩，天保工程公益林2.8万亩，人工造林6 980亩，封山育林29 101亩，义务植树140万株。集体林权制度主体改革工作进展顺利，3月，经州级检查组检查验收，各项考核指标达到省州要求，定为合格等次。全县农业总产值233 283万元，其中畜牧业产值92 779万元，比上年增长3.54%。人均畜牧业产值1 197.67元，比上年增长27.62%。肉类总产量73 123吨，比上年增长28.04%。生猪存栏774 377头，比上年增长33.65%；肥猪出栏817 410头，比上年增长43.1%。牛存栏342 249头，比上年增长7.53%；肉牛出栏112 358头，比上年增长16.51%。羊存栏24 743只，比上年增长2.29%；出栏17 935只，比上年增长15.24%。大牲畜存栏364 669头，比上年增长7.63%。家禽存栏2 329 156只，比上年增长15.94%；出栏2 522 469只，比上年增长8.6%。全县水产品总产量825吨，比上年增长1.7%；渔业总产值1 105万元，比上年增长1.8%。

蔬菜生产基地

【工　业】 全县工业总产值156 338万元(其中规模以上84 328万元，规模以下72 010万元)，比上年增长6.59%。重点工业建设：工业项目投资32 272万元。其中：云南壮乡水泥股份有限公司2 000吨/日熟料新型干法水泥生产线建设项目，总投资18 500万元，12月机械设备安装结束；腾际化工技改项目，新建矿热电容量2万千伏安，年产黄磷1万吨，项目总投资1 800万元，完成投资1 500万元，完成厂房主体工程及部分设备安装；博晟1 000吨/日铅锌多金属选厂及矿山探矿工程项目，总投资6 500万元，项目建设结束；云南木利锑业有限公司资源综合技改项目，总投资4 400万元，完成全部投资；宏顺硅厂年产1.8万吨金属硅生产线项目，总投资4 200万元，完成投资4 400万元，6月试生产；江南铁合金有限公司技改项目，总投资1 200万元，完成投资1 200万元，5月投入生产；红石岩石材有限公司石材加工项目，总投资800万元，完成投资550万元，4月开工建设，建成初级产品生产线，已进行试生产。工业园区建设：按照"一园三区四片"组团式空间布局，即以县城工业区为中心，八宝工业区和珠琳工业区为两翼的空间布局形式，分为莲城重工业区、轻工业区、八宝工业区、珠琳工业区，总规划用地面积1 018.56公倾，规划期为2008～2025年。广南县工业园区规划，2009年通过州级评审。修通莲城轻工业区、重工业区三级油路，并架通轻工业区自来水管网。八宝工业区、珠琳工业区土地利用，实施有效控制。通过招商引资，广南宏顺硅业有限公司等11户企业落户工业园区。全县乡镇企业完成现价总产值193 549万元，上交税金3 322万元，总收入208 680万元，比上年分别增长14.3%、27.8%、14.3%。

【财政金融保险】 全县完成财政总收入22 212万元，比上年增收1 687万元，增长8.2%，其中地方一般预算收入13 460万元，比上年增收1 460万元，增长12.2%。财政总支出

130 889万元，比上年增支34 469万元，增长35.7%。其中地方一般预算支出125 977万元（含专款支出56 163万元），比上年增支32 813万元，增长35.2%。金融机构各项存款余额343 677万元，比上年增加81 731万元，增长31.20%；各项贷款余额197 318万元，比上年增加30 540万元，增长18.31%。保险费收入3 007.3万元（其中：人保财险收入1 617.3万元，比上年增长22.8%；人寿保险收入1 390万元，比上年增长3.6%），支付赔款1 415万元（其中：人保财险1 205万元，人寿保险赔付支出210万元）。

【基础设施建设】 全县公路通车里程4 330.756千米，按行政等级划分：国道234.143千米，省道206.625千米，县道571.66千米，乡道1 037.336千米，村道2 149.085千米，专用公路131.907千米；按公路等级分：高速公路103.143千米，三级公路350.806千米，四级公路1 267.88千米，等外公路2 608.927千米。客运量48.18万人（次），客运周转量8 889.45万人千米，货运量197.14万吨，货运周转量254 544.2万吨千米。全年完成各类水利工程4 971件，新增灌溉面积7 210亩，改善灌溉面积50 200亩，改造中低产田地10 432亩，治理水土流失面积19平方千米，解决3.57万人、1.3万头大牲畜饮水困难。农业部门依托退耕还林基本口粮田建设、石漠化治理、粮食综合示范区建设等项目，完成基本农田建设2万亩，建设高稳农田0.6万亩，改造中低产田0.6万亩，新增灌溉面积0.4万亩，改善灌溉面积1.6万亩。全县累计建成发电厂17座，总装机容量18.6万千瓦，变电容量232 700万千伏安，110千伏输电线路227千米，35千伏输电线路529.83千米，10千伏输电线路4 177千米。

【信息化建设】 邮政：加大邮储账单、邮资封、中邮专送广告等函件新业务营销力度，完成业务收入1 010.62万元。电信：业务收入2 453.53万元。净增移动手机4 292户，累计5 363户，ADSL净增1 372户，来电显示净增2 878户，发展七彩铃音5 281户，致富通净增3 583户。完成CDMA基站41个及高速路全程21个基站增补工作，并将县城7个CDMA无线基站升级为EVDO站。完成县局和13个电信机房C3/C4传输扩容改造工程及4个点波分传输设备安装调测。新扩ADSL用户线1 024线，县城新增LAN用户31户。移动：完成基站建设59个，乡（镇）通信覆盖率100%，县、乡（镇）交通道路通信覆盖89%，行政村通信覆盖率96.8%，国道和高速公路通信覆盖率100%。净增用户37 800户，放号突破15万户，业务收入7 200万元。联通：完成G网机站建设30个，机站总数85个，全年发展G网用户8 000多户，完成业务收入590万元，在网用户14 280户。广播电视：新建"村村通"21座，累计建成887座，完成罗汉山中央、省级无线广播电视发射台建设，光纤杆路达1 110千米，有线电视用户2.8万户，有线电视入网率14.0%，完成数字电视转换11 557户，全县广播电视人口覆盖率90.0%。

【城乡建设】 全县城镇人口15.3万人（县城6.6万人），城镇化水平19.6%，城镇建成区面积13.2平方千米（其中县城6.5平方千米），城镇绿地面积306.6万平方米（其中县城73.6万平方米），城镇建成区绿地率25.5%（其中县城11.87%），绿化覆盖率30.0%（其中县城12.66%）。全年完成城镇固定资产投资3.67亿元（其中利用社会资金投入2.6亿元），拉动其他产业投入3.1亿元。小城镇建设：完成八宝旅游小镇规划、珠琳镇烂泥箐民族团结示范村、清水塘规划及坝美旅游小镇规划前期工作。主要建设工程：公益性项目，县城污水处理厂及截污干管工程总投资3 772万元；县城垃圾处理厂，国家发改委下达中央投资1 500万元，省预算600万元，年末完成投资620万元。社会服务性项目，廉租住房完成494套24 700平方米；南秀西路全长1 700米，宽32米，年末完成投资3 300万元。商业开发项目，县民族体育文化中心规划用地471.7亩，项目总投资3 000万元，年末实际完成投资2 200万元。

【扶贫开发】 全年累计投入各类扶贫资金14 793.04万元（其中无偿3 885.80万元，有偿7 890万元，群众自筹3 017.24万元），完成146个新农村建设整村推进项目，解决3.91万人温饱和3.21万人、0.8025万头大牲畜饮水困难问题。向外转移农村劳动力46 426人（其中省外36 802人，县外4 758人，县内4 866人），实现劳务收入3.2亿元。实现新增劳务经济收入2.91亿元。新增转移农村劳动力13 253人。

【教育科技】 全县有各级各类学校（园）575所（其中进修学校1所、高中5所、初中24所、小学474所、幼儿园51所），教职工7 759人，在校学生133 871人（其中高中8 914人，初中39 326人，小学85 631人），在园幼儿5 274人。3～6周岁入园（班）率30.17%，适龄儿童入学率99.65%，初中阶段入学率97.63%，高中阶段入学率38.56%。参加高考1 596人，上线1 237人，上线率77.51%，比上年提高14.06个百分点。免交学杂费和使用免费教科书学生125 086名，公用经费专项资金到位4 340.74万元（其中寄宿制贫困生补助资金2 184.26万元，享受学生人数达32 634人）。

实施省级科技计划项目2项，省级投入经费113万元，县级投入科学技术经费152.42万元。申报州级项目17项，批准立项6项，争取扶持资金458万元。科技成果获奖项目：《早熟梨"云岭早香"品种选育示范》项目荣获云南省2008年度科技成果三等奖；《广油3号等5个油茶品种选育》、《源升牌绿色产品深加工》项目分别荣获文山州2008年度科技成果一等奖、三等奖。科技对国民经济、农业和工业增长的贡献率分别达到39.0%、46.0%、45.0%，比上年分别增长1、1、0.5个百分点。

【文化卫生体育】 艺术表演团体：广南县有专业演出团体广南县民族歌舞团1支，演员39人，全年演出36场（次）；业余文艺队245支，演员5 000余人。文化馆：组织、指导各种主题群众业余文艺演出58场(次)，参加演出活动人数达3 000余人(次)，吸引观众6万人(次)。充实和完善国家级非物质文化遗产项目《文山壮族彝族铜鼓舞》相关资料收集工作，完成《壮族传统银饰工艺》、《彝族叟人舞蹈—穰剋》、《弄娅歪》、《广南壮族传统刺绣工艺》4个非物质文化遗产项目申报工作，其中《壮族传统银饰工艺》、《弄娅歪》两个项目被列入省级非物质文化遗产保护名录，完成省级非物质文化遗产专题博物馆、民俗博物馆坝美镇普南村委会普迁村沙戏传习所(原为古戏楼)和那洒镇贵马村铜鼓手巾舞传习所申报工作，挖掘整理民族民间传统文化，组织原生态“响把组合”代表文山州参加全省青歌赛，取得优秀歌手奖，并成为省备战CCTV青年歌手电视大奖赛原生态备选组合。做好《壮乡礼乐》提升打造，深入5个乡镇12个自然村收录民间山歌12首。公共图书馆：在抓好馆内阵地服务同时，采取设立图书流通点、建农家书屋、送书下乡、建全国文化信息资源共享工程基层服务点等形式，不断拓展和延伸图书馆服务功能。文化下乡活动：开展“送戏”、“送书”、“送电影”等文化下乡活动，全年送书下乡12次，图书2 000余册(次)，吸引观众6 000余人(次)；送戏下乡演出23场(次)，吸引观众约33 000人(次)；送电影下乡860场(次)，吸引观众约30万人(次)。

送书到坝美村

全县有医疗卫生机构47家(其中非营利性医疗卫生机构28家，社会办医疗机构18家，私营医院1家)，卫生机构床位数966张(其中医院床位数为473张，卫生院床位数493张)，病床使用率69.0%。全县卫生系统有干部职工976人，其中卫生专业技术人员882人(高级职称27人，中级198人，初级450人，未定职207人；执业医师233人，执业助理医师126人)。基层服务网络建设：启动村卫生室一体化管理31个，全县一体化管理村卫生室达77个；按行政区域，将7个社区卫生服务职能划归城区相关医疗卫生单位进行管理。新型农村合作医疗：5月，被列为全州唯一新型农村合作医疗付费(支付方式)改革试点县，补偿比例乡级由65.0%提高至75.0%，县级定点医疗机构由50.0%提高至60.0%，州级定点医疗机构由55%下调至40.0%。全年补偿参合群众74.28万人(次)，补偿资金7 069.73万元(含门诊包干868.60万元、住院床日资金1 035.34万元)，门诊次均费用35.27元，住院次均费用983.97元，基金使用率103.63%。完成家庭健康档案68.22万人，免费体检20.74万人。基础设施：争取到中央扩大内需卫生建设项目7个，乡镇卫生院设备配置项目20个，到位资金3 927万元。爱国卫生：经省爱卫委会复查考核，广南县连续三届14年保持灭鼠先进县城和三年保持乙级卫生县城荣誉。全县新增公厕64座，沼气、畜厩、厕所三配套户厕2 232座，累计卫生厕所5 895户，卫生厕所普及率36.71%，全县粪便无害化处理率14.66%。

年内，广南县籍运动员龙伟参加全国第十一届全运会，获男子跳马第八名；陆如飞参加全运会武术预赛，获太极拳第五名；农定圣参加全省年度比赛，获器械第一名、长拳第一名；陆成俊参加全省年度比赛，获器械第二名、太极拳第三名；韦虎玉参加全省年度比赛，获全能第一名、山羊第一名、吊环第一名、单杠第一名、自由体操第二名、双杠第二名、蹦床第二名。县体育局荣获全国全民健身活动优秀组织奖。

【人民生活】 全县城镇居民人均可支配收入12 283元，人均消费性支出7 910元。年末，城乡居民储蓄余额175 498万元，比上年增加24 580万元，增长16.29%。城镇居民平均住房面积21.62平方米、农村人口平均住房面积16.10平方米，职工年平均工资23 717元，农民人均纯收入2 200元。城镇新增就业岗位1 528个，其中开发公益性岗位103人；城镇新增就业人数1 409人，下岗失业人员实现再就业285人。帮助就业困难人员再就业226人；稳定困难企业就业岗位992人(个)；城镇登记失业人数543人，登记失业率3.12%，控制在目标任务以内。养老保险：参保209户8 371人(其中在职职工6 719人)，新增参保491人。

【领导名录】

县委书记　任　安
副 书 记　张如黎(壮)
　　　　　陈世祥
常　　委　刀建英(女、傣)
　　　　　李贵洪
　　　　　毕　波(彝)
　　　　　张芳明
　　　　　刘东云
　　　　　吴家发(~7)
　　　　　宋子宁
　　　　　余国平
　　　　　任　明(10~)
人大常委会主任　王荣昌(壮)
副 主 任　李红虹(女)
　　　　　张　斌

县　　长　张如黎(壮)
常务副县长　吴家发(～7)
　　　　　　宋子宁(7～)
副 县 长　杨　凯
　　　　　　任　明
　　　　　　娄爱华(女)
　　　　　　许有胜
　　　　　　王成林(9～)
政协主席　赵世翔(彝)
副 主 席　袁　昕
　　　　　　张　华(女)
　　　　　　陆连波(壮)
　　　　　　钟　强(～7)
纪委书记　刀建英(女、傣)

(靳锡祥)

富宁县

【行政区划　人口】 全县辖7乡6镇145个行政村2 568个村小组，总户数88 487户，人口40.17万人。其中乡村人口30.19万人，少数民族人口30.59万人，妇女人口19.30万人。人口出生率12.93‰，死亡率7.64‰，自然增长率5.29‰。

【气候特点】 年平均气温为20.7℃，属偏高年份，月平均最高气温出现在8月，为26.2℃，最低气温出现在1月，为10.7℃。年内日极端最高气温出现在4月23日，为37.1℃，日极端最低气温出现在1月10日，为2.5℃。全年总日照时数为1 536.7小时，月日照时数最多出现在8月，为163.2小时，最少出现在10月，为97小时。年总降雨量为763毫米，为有气象资料以来最少年份。年霜期为107天，霜日数4天，无霜期为258天。

【天气灾害】 冬春连旱：冬季(2008年12月至2009年2月)3个月来总降雨量仅有13.1毫米，特别是2月仅有零星小雨，出现两次连续无降雨时段，全县护林防火和小春作物生长发育造成极大的影响；春季(2009年3～5月)3个月总降雨量为117.4毫米，导致新华、里达等10个乡镇91个村委会118个村小组2.94万户10.66万人受灾，农作物受旱面积3 792.24公顷，成灾2 604.4公顷，绝收739.2公顷，使4.12万人3.63万头(匹)大牲畜饮水困难，造成经济损失383.6万元。霜冻灾害：3月13日受北方强冷空气南下影响，出现辐射晚霜冻灾害，板仑、里达等4个乡(镇)46个村委会534个村小组1.23万户4.02万人受灾，农作物受灾面积1.44万亩，成灾9 872亩，绝收6 827亩，造成经济损失232.3万元。冰雹灾害：4月15日晚23时至4月16日02时受南支槽天气系统影响，出现短时雷雨大风冰雹灾情，新华、那能11等个乡镇75个村委会376个村小组2 086户8 970人受灾。造成民房倒损110户308间，损失瓦片202万片，电视转播设备损坏55台，农作物受灾693亩，成灾213亩，经济林果受灾25亩，造成经济损失150万元。暴雨灾情：6月25～26日，受第四号热带风暴“浪卡”和西南季风外围云系共同影响，造成大部分乡镇普降大雨局部暴雨天气，花甲、阿用等11个乡镇88个村委会402个村小组9 350户3.81万人受灾，农作物受灾2.23万亩，成灾1.8万亩，绝收1.22万亩，造成粮食减产255.6万千克。此外，还造成房屋倒损、乡村公路损毁、道路塌方等。此次灾害共造成经济损失1 432万元。

【经济综述】 全县实现地区生产总值30.45亿元，按可比价格计算，比上年增长10.5%，增幅高于全国平均水平(8.7)1.8个百分点，低于全省平均水平(12.1)1.6个百分点，低于全州平均水平(12.6)2.1个百分点。其中第一产业增加值8.41亿元，增长6.8%，拉动GDP增长1.9个百分点；第二产业增加值10.2亿元，增长10.6%，拉动GDP增长3.5个百分点；第三产业增加值11.84亿元，增长13.1%，拉动GDP增长5.1个百分点。三次产业结构由上年的27.7：33.7：36.6调整为27.6：33.5：38.9，三次产业发展结构依次为3：2：1。全年接待海内外游客2.32万人，实现旅游总收入3.31亿元。完成固定资产投资总额28.71亿元，比上年增长30.5%。其中城镇完成投资21.42亿元，比上年增长35.9%；房地产完成投资9637万元，比上年下降72.3%；农村非农户完成投资3.78亿元，比上年增长5.7倍；农村私人完成投资2.55亿元，比上年增长15.6%。实现社会消费品零售总额16.67亿元，比上年增长24.2%。其中城镇市场实现零售额8.25亿元，比上年增长23.8%；农村市场实现零售额8.42亿元，比上年增长24.7%。全县实现边境贸易进出口总额2.93亿元，比上年增长16.8%。其中进口总额1.13亿元，比上年增长8.2%；出口总额1.80亿元，比上年增长22.8%。

【农　业】 全县农业总产值13亿元，按现价计算比上年增长13.2%。其中农业产值6.2亿元，比上年增长9.7%；林业总产值1.42亿元，比上年增长23.3%；牧业总产值4.91亿元，比上年增长12.2%；渔业总产值3 028万元，比上年增长91.3%；农业服务业总产值1 684万元，比上年增长11.0%。2009年全县农作物播种面积106.79万亩，比上年增加10.82万亩，增长11.3%。其中粮豆作物播种面积66.55万亩，比上年增加3.61万亩，增长5.7%；经济作物面积25.14万亩，比上年增加7.52万亩，增长42.7%。粮经比例由去年的7.61：2.39调整为7.03：2.97。全年粮食总产量12 856.2万千克，比上年增长5.5%。其中夏收粮豆总产量675.4万千克，比上年增加70.4万千克，增长11.6%；秋粮总产量12 180.8万千克，比上年增加599.5万千克，增长5.2%。实现人均有粮345千克，粮食总产量和人均有粮分别增长5.5%和4.5%。水果、瓜菜、水产品等主要农产品均获得较好收成。甘蔗总产量39.64万吨，比上年增加24.53万吨，增长1.6倍；油料总产量3837吨，比上年增加413吨；蔬菜总产量81 676吨，比上年增加3 434吨；水果总产量5 792吨，比上年增加81吨；水产品产量3 362吨1 583吨，比上年增加1 779吨，增长1.1倍。全县发展了17.5万亩油茶、14.1万亩甘蔗、7.5万亩核桃和18.69万亩速生丰产林。年内，完成村级一事一议财政奖补项目投资2 381.68万元，建设554个村小组村内道路318条289千米，人畜饮水项目220个，卫生设施9个，文化体育设施项目7个，受益村民12 191户53 693人；采取"一折通"方式发放各种惠民补贴，共兑付综合补贴2 138.3万元，受益农户7.59万户，受益农民36.5万人；兑付退耕还林政策补助资金1 326万元，森林生态效益补偿资金296.7万元，涉及6 011户；兑付良种补贴资金518.6万元，受益农户75 865户，受益农民36.2万余人；兑现石油价格补贴86.83万元，惠及渔业、林业、城市公交、农村道路客运、出租车等行业；兑现大中型水库移民后期扶持个人补贴130余万元，受益农民9 996人；兑付家电下乡财政补贴61.5万元，涉及产品3 728台（件），兑付汽车摩托车下乡财政补贴资金261.4万元3 266辆。深化集体林权制度改革，出台了《富宁县林权抵押贷款实施方案》，发放林权抵押贷款3笔133万元。年末实现生猪存栏366 670头，比上年增加19 318头，增长5.6%；出栏肉猪331 371头，比上年增加44 574头，增长15.5%；大牲畜存栏274 725头，比上年增加1 022头(匹)，增长0.4%；出栏肉牛82 949头，比上年增加8 163头，增长10.9%。年末家禽存栏1 569 247只，比上年增加28 100只，增长1.8%。实现肉类总产量33 870吨，比上年增加3 834吨，增长12.8%。其中：猪肉产量22 864吨，比上年增加2 832吨，增长14.1%；牛肉产量7 739吨，比上年增加775吨，增长11.1%。

【工　业】 全县完成现价工业总产值18.7亿元，比上年增长15.2%。从轻重工业看，轻工业完成产值3.83亿元，增长17.3%；重工业完成产值14.87亿元，增长14.7%。从规模工业看，规模以上工业完成产值8.39亿元，比上年增长11.3%；现工业增加值4.18亿元，比上年增长3.1%；规模以下工业完成产值10.30亿元，比上年增长18.6%。从全县10家规模以上工业生产效益看，实现主营业务收入6.65亿元，比上年增长4.0%；利润总额2.1亿元，比上年增长18.4%；实现利税总额2.73亿元，比上年增长13.6%。全年发电量完成3.81亿度，比上年下降24.8%；原煤完成121万吨，增长0.8%；水泥完成4.91万吨，增长51.5%；铁矿石原矿完成16.73万吨，增长31.7%；黄金完成233千克，下降53.9%；硅锰合金完成2.56万吨，增长68.7%；红砖完成1.74亿块，增长51.2%；血塞通片完成1.22亿片，增长30.0%；三七总皂完成2.63万千克，增长32.8%；人造板完成1.42万立方米，增长20.0%。

【财政金融保险】 全县完成财政总收入2.7亿元，比上年增长14.2%。完成地方一般预算收入1.5亿元，比上年增长12.1%，增速高于全县生产总值(GDP)增速1.6个百分点。其中增值税完成2 929万元，比上年增长7.5%；营业税完成7 207万元，比上年增长21.3%，企业所得税完成371万元，比上年增长59.9%。财政总支出10.93亿元，比上年增长44.3%。地方财政一般预算支出10.76亿元，比上增长43.9%。金融机构各项存款余额24.65亿元，比上年增长24.2%，其中企业存款余额为3.07亿元，比上年增长28.1%；储蓄存款余额为12.87亿元，比上年增长12.6%。金融机构各项贷款余额15.83亿元，比上年增长16.6%。中短期农业贷款余额2.56亿元，比上年增长34.4%；私营企业及个体贷款余额6 132万元，比上年增长6.8倍。新增信贷资金2.25亿元，比上年增加8 935万元，增长65.6%。全年保险费收入2 172万元，理赔1 601万元。其中人寿保险费收入1 100万元，理赔544万元；财产保险费收入1 072万元，理赔1 057万元。

【基础设施建设】 完成富宁港一期工程建设投资8 000万元；完成投资8 200万元，建成富宁—力追等31条394千米通达工程和小河口—谷拉、富宁—各甫2条56千米通畅工程；新修村村公路55条230千米，新开通农村客运班线13条，村(居)委会通班车率达57.2%，村小组通路率提高到87.0%。公路密度由上年的每百平方千米59.5千米提高到70千米。年末公路通路里程3 800千米。客货运输业保持稳定增长，货运周转量1.15亿吨千米，增长2.7%；旅客周转量9.40亿人千米，增长3.3%。投入资金5 228万元，实施了306个村小组的农村电网改造工程，全县户表覆盖率达92.6%，自然村通电率达98.0%，新解决4.9万人群众用电难问题。全年建成水利工程4 351件，总投资1.32亿元，新增有效灌溉面积0.41万亩，治理水土流失面积19.03平方千米，解决农村人畜饮水1.56万人。投资1 851.5万元，实施中低产田改造1.89万亩；投资118万元，改造高稳产农田5 000亩。

富砚高速公路一段

【信息化建设】 全年邮电通信业务收入9 100万元，比上年增长17.2%。报刊杂志期发行量1.50万份。城乡年末电话用户达3.93万部，比上年增加504部。其中小灵通3 092部，比上年减少2 564部；固定电话1.49万部，比上年增加350部；致富通2.14万户，比上年增加2 718户。电话普及率每百户达到44.5部。年末移动电话用户达13.43万部，比上年增加2.26万部，增长20.2%。移动电话普及率每百人达到33部，比上年增加5部，增长17.8%。互联网用户7 314户，比上年增加1 238户，增长20.4%。全年富宁电视台共播放新闻4 194条，其中被云南电视台采用55条，被文山州电视台采用394条，制作专题78部。全县13个乡（镇）已通电视光缆，架设有线电视光缆总长298千米，比上年增加42千米。全县有线电视入网用户达1.45万户，地面卫星接收站1 859个，比上年增加1 100个，广播、电视人口覆盖率分别为87.5%和92.5%。城区有线数字电视用户7 604户，城区数字电视用户覆盖率达95.0%。

【城乡建设】 全县城区面积6平方千米，城市人口4万人，城市化水平为15.0%，城镇绿化覆盖率24.0%，人均绿地面积9.7平方米，人均住宅建筑面积39.95平方米。对城市街沿街的商铺实行门前三包，实施18小时不间断清扫保洁制度，垃圾做到日产日清，环境卫生进入市场化运作。

【扶贫开发】 全年争取扶贫资金6 580万元，建成84个整村推进和2个易地搬迁安置项目，改善了5 950户2.6万人的生产生活条件。整合各部门及社会捐赠投入“山瑶”地区资金5 031万元，实施归朝龙门等27个整村推进和洞波安者等17个易地搬迁项目。完成改造龙门等涉及山瑶子女就读校舍10所，面积5 462平方米。在县一小开办山瑶小学班，招录五年级山瑶学生50人。修订“山瑶”扶持发展总体规划和完成涉及“山瑶”扶持发展6个乡镇的整乡推进规划编制，通过了州级评审。将全县1 828户8 429人山瑶群众纳入农村最低生活保障体系，已发放农村低保、五保户补助资金235万元。年内全县输出劳动力5 600人，向上级争取贫困地区劳务输出培训经费130万元，其中县劳动就业局组织培训输出2 500人，县农业局组织培训输出2 500人，县职业中学培训输出600人。新增转移农村劳动力5 600人，农村富余劳动力实现转移就业总量达7.8万余人，劳务收入超过3.2亿元。

【教育科技】 全年筹集教育资金9 661.38万元，其中县财政安排2 231万元，新建校舍面积8.12万平方米，排除农村中小学D级危房6.39万平方米。免除义务教育阶段学生教科书费和学杂费，80.0%的学生享受生活补助。安排资金76万元对185名优秀教师和98名优秀学生进行表彰奖励。全县各类学校在校学生7.30万人，比上年增加933人，增长4.8%。在校学生中，普通中学在校学生2.08万人，增长1.3%，其中初中在校学生数1.76万人，比上年增加652人，增长3.8%；职业中学在校学生1 062人，比上年减少162人，下降13.2%；小学在校学生4.50万人，比上年增加836人，增长1.9%。普通小学学龄儿童净入学率98.3%，比上年提高0.2个百分点；初中学龄人口毛入学率97.5%，比上年下降0.25个百分点；高中毕业生升学率80.53%（含三校生），比上年提高19.9个百分点。高考上线率为81.94%，居全州8县第一。全县在职教职工人数4 534人，比上年增长15.3%，其中专任教师3 982人，增长10.3%。全年实施科技试验示范和推广项目19项，开展科技培训1 326期6.63万人（次）。实施科技试验示范和推广项目6项，开展科技培训1 465期7.35万人（次）。

【文化卫生体育】 全年共为群众演出150场，观众达15.29万人（次）；送电影下乡放映1 740场（含广场电影放映），观众达40.95万人（次）。民族文化中心建成投入使用，里达、者桑等5个乡镇文化站全部完工；顺利举办《颂祖国60华诞，赞富宁和谐发展—富宁县庆祝新中国成立六十周年百首爱国歌曲合唱比赛》与“和谐富宁60”摄影艺术作品展。年末全县有卫生机构20个，有病床481张，比上年增加67张，其中医院床位数280张，比上年增加67张，平均每千人口拥有病床1.19张；有专业卫生技术人员516人，比上年增加10人，其中执业医师及执业助理医师201人；参加新型农村合作医疗的人数33.17万人，比上年增加5 500人，农民参合覆盖率达89.94%，累计报销合作医疗费4 522万元，受益群众达26.3万余人（次），比上年增加4.57万人（次）。2月，县体育局被国家体育总局命名为云南省文山州富宁县阳光青少年体育俱乐部。年内，天成体育馆建成投入使用。

【人民生活】 按农村居民人均纯收入低于1 067元贫困标准测算，全县农村贫困人口为13.83万人，比上年减少2.5万人。其中按农村居民人均纯收入低于786元以下标准测算，全县绝对贫困人口为8.18万人，占全县人口总数的20.4%，解决温饱人口1万人，比上年增加2 100人。按农村居民人均纯收入786～1067元标准测算，全县年末低收入人口为5.65万人，占全县人口总数的14.1%，巩固温饱人口1.5万人，比上年增加4 300人。全县农民人均纯收入2 337元，比上年增加314元，增长15.5%。其中工资性收入986元，比上年增长20.8%；家庭经营纯收入1 206元，比上年增长12.7%；财产性纯收入21元，比上年下降43.5%；转移性纯收入124元，比上年增长24.4%；人均生活消费支出2 210元，比上年增长23.7%。城镇居民人均家庭人均总收入1.29万元，比上年增长11.8%；城镇居民人均可支配收入1.23万元，比上年增长10.8%。在城镇居民家庭人均总收入中工薪性收入1.02万元，增长14.1%；经营净收入1 243元，增长37.2%；财产性收入569元，下降16.5%；转移性收入858元，下降13.4%。城镇居民家庭人均总支出1.10万元，比上年增长8.5%；人均消费支出7 899元，比上年增长8.3%。在岗职工年平均工资2.60万元，比上年增长8.6%，其中企业单位在岗职工年平均工资1.87万元，比上年增长13.4%。城乡居民年末人均储蓄存款3 206元，比上年增长11.4%。年末全县参加养老保险职工人数5 741人，比上年增加506人。参加医疗保险职工人数1.61万人，比上年增加1 331人；参加失业保险职工人数7 578人，比上年减少185人。全县城镇登记失业人数521人，比上年减少695人，城镇登记失业率为3.1%，发放各种创业贷款1 719万元。全县共有敬老院6个，收养人数118人。全年民政部门安排城镇居民最低生活保障金1 184万元，比上年增加166.8万元。救助低保户3 276户，比上年减少199户；领取人数6 987人，比上年增加219人。全年发放救灾物资222.7万元，救济5 000户，救济人数2.15万人。发放医疗救助金570.4万元，救助特困人数16.6万人。发放各类救济和保障资金8 000多万元，救助特困人员10万余人(次)。

【领导名录】

县委书记　罗家祥(壮)
副书记　王　毅
　郑德义(~9
　刘廷贵(彝、9 ~)
常委　刘光祥(~7)
　赵　伟(7 ~)
　张永林(~8)
　马正良(苗、8 ~)
　韦思亮(壮)
　杨秀祥
　谭金花(壮)
　韦胜辉(壮)
　刘庚武(~3)
　向　华(3 ~)
人大常委会主任　郭跃进
副主任　邓炳亮(瑶)
　马二双(女)
　熊朝文(苗)
　王汉业(壮)
县长　王　毅
常务副县长　刘廷贵(彝、 ~9)
　杨秀祥(9 ~)
副县长　韦思亮(壮、9 ~)
　李艳红(女、壮)
　邵卫民
　李　灏
　张泉龙(壮)
政协主席　李广生(瑶)
副主席　朱自友(壮)
　谢明福
　罗祥宁(壮)
　龙　会(女)
纪委书记　刘光祥(~7)
　赵　伟(7 ~)

(黄志高)

文山州各县概况表

类目 县别	国土面积(平方千米)	政区		人口			生产总值(亿元)	固定资产投资(亿元)	财政收入(亿元)		财政支出(亿元)	社会消费品零售总额(亿元)	农民人均纯收入(元)	城镇居民人均可支配收入(元)
		乡镇(个)	村(居)委会、社区(个)	总人口(万人)	农业人口(万人)	少数民族人口(万人)			总收入	地方财政收入				
全州	31 456	102	947	345.40	310.7088	195.7632	273.06	216.4815	29.35	17.29	89.4231	118.7598	2 379	13 113
文山	2 972	15	137	45.49	34.08	24.47	84.2	60	9.33	5.36	12.47	37.3	2 945	14 015
砚山	3 822	10	100	46.35	42.24	29.87	43.5	34.28		2.37	9.59	14.95	2 510	13 187
西畴	1 506	9	72	25.26		4.74	11.9	5.34	0.83	0.51	6.5	4.2	2 063	12 166
麻栗坡	2 334	11	96	27.66	23.42	11.19	20.67		2.47	1.36	8.74		2 205	11 241
马关	2 676	13	124	36.7	32.7	18.03	28.67	19.55	3.82	1.97	9.64	12.19	2 588	13 346
丘北	4 997	12	99	46.51	43.41	29.15	22.1	14.33	1.93	1.32	9.61	7.52	2 208	12 737
广南		18	174	77.47	72.94	47.79	35.01	36.4	2.21	1.35	13.09	18.3	2 200	12 270
富宁	5 352	13	145	40.17	30.19	30.59	30.45	28.71	2.7	1.5	10.93	16.67	2 337	12 300

文山州境内有多少水塘

弯塘子，位于文山县马塘乡干塘子村东北，面积50亩，形如月牙，属季节性水塘。

闹鱼塘，位于文山县马塘乡卡莫村东南，雨季水面约60亩，旱季水面约30亩，水深约10米，可养殖和灌溉。

双胞塘，位于文山县老回龙乡驻地东北4千米，分上下两塘，上塘面积2亩余，可灌溉，下塘面积约20亩。

水安塘，位于富宁县木央乡木贵村东3千米处，长方形，面积6 000平方米，深10米。

龙荫塘，位于麻栗坡县马街乡石龙村东北，长100米，宽50米，长年积水塘。

大坑，位于麻栗坡县董干镇马坤村南方，长55米，宽45米，深20米。

者阴水塘，位于麻栗坡县杨万乡长田村南方，长75米，平均宽33.5米，水深1米余。距国境线仅114米。

三角塘，位于麻栗坡县牛滚塘村西，长200米，宽120米，呈三角形状。

人　物

责任编辑　陈翠莲

受州委、州人民政府表彰的模范代表和州有关部门领导出席文山州第五次民族团结进步表彰大会

先进个人

李　培　男，汉族，中共文山州委书记。他到文山任职以来，一直情系国防和军队建设，在推动全州经济社会发展的同时，十分注重加强国防动员力量建设。他强调："不重视国防动员建设的党委是工作不全面的党委，不重视国防动员建设的政府是履职不到位的政府，不重视国防动员建设的领导是政治上不成熟的领导。"在工作中做到了有关国防动员建设的政策法规必学，重要文件必读，重大活动必到。他坚持把国防动员建设摆在党委、政府的重要议事日程，通过州(县)委常委会、书记和州(县)长办公会、议军会等形式，研究解决国防动员建设中的重大问题。近年来，全州在财力十分紧张的情况下仍投入5 000多万元，用于县级人武部搬迁和改建、乡镇武装部规范化建设及民兵预备役防空作战体系一体化建设等。全州八个县人武部建设实现了"四区合一"，102 个乡镇武装部均达到规范化建设标准，分区机关和马关县人武部被省政府、省军区评为人武部全面建设试点工作先进单位。在他的领导下，州委、州人民政府、文山军分区制定实施了《关于加快推进兴边富民与强边固防建设的实施意见》，统筹推进经济建设和国防建设。他千方百计做好复转军人和军属就业安置工作，近年来，全州共安排 105 名随军家属就业，接收安置军转干部 236 人、退役士兵 911 人，同时，还把全州现役人武部干部纳入地方医保体系。这些举措的实施，有效激发了人武干部、专武干部和民兵做好国防动员工作的积极性。2009 年 7 月，他被成都军区国动委评为"2009 年度西南国防动员建设十佳书记"。2009 年 11 月，他被中央宣传部、国家教育部、解放军总政治部、国家国防教育办公室评为"全民国防教育先进个人"。

到文山任职以来，他坚持以科学发展观统领工作全局，牢牢把握各民族共同团结奋斗、共同繁荣发展的主题，以自己对党、对人民、对民族团结进步事业的无限忠诚和赤诚热爱之心，为加快边疆民族地区经济社会发展，促进和谐文山建设作出了突出贡献。在到文山赴任不足半年的时间里，他的足迹遍布了全州各县特别是边境一线村寨，通过深入调查研究，他把民族团结进步工作与全局工作一并谋划、一并安排、一并部署，建立长效工作机制，有力地促进了民族团结进步工作的深入开展。他在工作中始终坚持把加快发展作为解决民族地区和民族工作中存在的困难和问题的根本，提出了实施"六大战略"，建设"四大基地"，发展大通道经济的发展思路，积极向上争取项目、资金和政策支持，全州交通、水利、电力、城镇等基础设施明显改善，经济发展后劲不断增强；大力推进资源整合，走新型工业化路子，建设云南重要的铝工业中心和有色金属基地；提出并组织实施 500 万亩木本油料基地建设(油茶 300 万亩、核桃 200 万亩)，建立各族群众持续增收的产业支撑；组织实施新三年"兴边富民工程"、边疆解"五难"惠民工程、整村推进扶贫开发暨社会主义新农村建设，推动了全州经济社会又好又快发展。在各族群众中大力开展马克思主义民族理论、党的民族政策和民族区域自治制度的宣传教育，打牢各族人民共同团结奋斗的思想基础，努力营造团结稳定的社会环境。把对少数民族干部的培养选拔和管理使用作为一件管根本、管长远的大事来抓，组织制定了有利于少数民族干部脱颖而出的一系列政策措施，拓宽少数民族干部培养的初始渠道，切实加大少数民族干部教育培训的力度，促进了少数民族干部和人才队伍的发展壮大，为加快边疆民族地区经济社会发展提供了有力的人才保障。他把倾听群众呼声，关心群众疾苦，为群众办实事、办好事，为群众谋利益作为工作的一贯准则，积极推动全州整体排除农村中小学 D 级危房，着力解决城乡低收入群众住房困难问题，重点对富宁县瑶族支系"山瑶"和丘北县彝族支系"僰人"贫困群众进行了特殊扶持，加大对少数民族村寨的重点扶持，有效带动了全州整村推进社会主义新农村建设，全州农村面貌发生了翻天覆地的巨大变化。他是不说空话、不摆架子、不图虚名的"实干书记"。2009 年 9 月，他被评为"全国民族团结进步模范个人"。

陆庆怀　男，壮族，广南县人，大学文化，现任文山州民族事务委员会党组书记、主任。

陆庆怀 2003 年初到州民委工作后，学习领会党的民族政策和民族法律法规。带头宣传党的民族政策和民族法律法规，带头贯彻落实党的民族政策，带头检查党和国家民族政策的贯彻落实情况。他注重将党的民族真正落到实处，在每年一次对各县各部门贯彻落实党的民族政策、"民族团结目标管理责任制"情况检查，他都亲自带队，平时搞调研他也把贯彻党的民族政策情况作为调研内容，对在检查中发现的问题及时纠正。

为深入贯彻落实《中华人民共和国民族区域自治法》和《云南省文山壮族苗族自治州自治条例》，根据州人民政府的安排部署，陆庆怀精心组织起草制定了《文山州人民政府贯彻〈云南省文山壮族苗族自治州自治条例〉实施办法》。经文山州第十二届人大常委会第十三次会议审议通过，《实施办法》已于 2008 年 4 月 1 日颁布施行。

他开展对民族地区矛盾纠纷排查调处工作，几年来没有一起因民族问题引发的群体性事件和群体上访事件。在他的带领下，州民委作为自治州民族事务管理部门职能作用得到了全面有效的发挥，在各族群众中影响日益扩大。

陆庆怀将群众的冷暖时刻牵挂于心，经常深入民族聚居地区、边远民族村寨、农户了解社情民情。2003 年以来，州民委先后对回族聚居地区协调民族关系、文山州民族地区"三通"情况、民族贫困地区、边境群众生产生活情况、少数民族文化教育、少数民族干部和人才、文山州移民地区少数民族群众生产生活状况等 37 个专题进行了调研，有的调研成果引起上级党委、政府和民族工作部门的重视，如"僰人""山瑶"的调研报告呈报后，省委书记白恩培对丘北彝族支系"僰人"作出了"研究扶持办法，加大扶持力度"的重要批示。

之后，两个支系均得到整体扶持。为扎实推进“兴边富民行动”，2005年以来，在他的带领下，州民委想办法、多渠道争取上级投入资金1 650万元，拉动资金4 800多万元，组织实施了94个项目，其中建设“兴边富民行动”示范村28个，“兴边富民行动”整村推进9个，他到民委工作近7年来，文山州最边远的地方，最贫困的村寨，最难走的路他都到过，州内少数民族贫困地方都留下了他的足迹。

由于工作成绩突出，陆庆怀2009年被国务院授予第五次“全国民族团结进步模范个人”荣誉称号。

赵信民　男，汉族，大学文化，广南县人，1956年3月11日生，1971年11月参加工作，1984年6月加入中国共产党，现任文山州体育局党组书记、局长。

赵信民自2001年6月担任州体育局局长以来，始终注重狠抓全州群众体育工作。在工作中，该同志贯彻落实《中华人民共和国体育法》、《全民健身条例》等法律法规，以实践科学发展观为统领，紧紧围绕群众体育“组织、活动、场地”三个环节，以开展全民健身活动为抓手，以加强体育设施建设为重点，以满足群众日益增长的健身需求为目的，以增强人民体质为根本任务，全州群众体育事业呈现出良好的发展态势，截至2009年底，全州群体干部、国民体质监测人员和社会体育指导员共有三支队伍1 500余人；独具特色的民族体育工作健康发展。全州全年经常参加体育锻炼人数占全州7～70岁人口总数的39.3%，达115万人；2005年和2009年，文山州体育局先后被国家体育总局授予“全国全民健身周活动优秀组织奖”和“全国群众体育先进单位”称号。2009年9月10日，赵信民被国家体育总局授予“全国群众体育先进个人”称号。

文官政　男，西畴县人，中共党员，大学学历，1986年7月参加工作。现任文山州委党史研究室宣传教育科科长。

文官政于2000年调入党史部门工作。从事党史工作多年来，他始终把搞好党史“资政育人”服务作为自己追求的工作目标，致力于做好党史资料的征集、整理、编纂、研究和党史的宣传教育工作。10年来，先后参与本单位编纂《发展中的江东水库水利》、《革命老区西畴》、《文山州禁毒斗争》、《中国共产党文山州历史（第一卷）》、《中共文山州党史大事记》、《中共文山州历次代表大会文件汇编》、《中共文山州委执政纪要》等7部书籍。参与云南省委党史研究室、文山州委宣传部编纂了《云南改革开放30年的历史经验》、《中共云南省委执政纪要》（2007年）（2008年）、《开放文山》4部书籍。并按照省委党史研究室安排的课题，撰写了《文山革命老区经济社会发展状况》等调研材料，充分发挥了党史部门理论创新的推动作用，党委决策的资政作用，凝聚人心的教育作用。在做好党史资料征编研究的同时，他注重运用党史研究成果进一步做好党史宣传教育工作，用党的伟大成就激励人，用党的优良传统教育人，用党的成功经验启迪人，用党的历史教训警示人。在每年“七一”建党节和毛泽东诞辰110周年、邓小平诞辰100周年以及纪念红军长征胜利70周年、抗日战争胜利60周年、中国改革开放30周年等重大纪念活动中，他配合有关部门向广大党员、干部、群众、青少年宣传党史地方史，做好地方党史书籍的发行工作。撰写了党史论文3篇和4篇专题研究文章在《云南日报》、《文山日报》、《云南党史研究》、《文山史志》、《文山社科》等报刊上发表，其中2篇论文分获文山州社科论文一、二等奖。由于成绩突出，2009年2月他被中央党史研究室表彰为“全国党史部门先进工作者”。

周仕美　女，汉，1963年10月出生，党员，专科学历，中学高级教师，现在富宁县民族中学任教。

1980年7月高中毕业后，分配到一师一校的龙哩小学任教。一年后，因工作需要分别调到新华镇那瓦小学、谷拉中学、富宁县第三中学任教。1999年8月调到富宁县民族中学任教至今。特别是1983年8月担任中学英语教学工作以来，所教的10届初中毕业班，中考英语平均分有8届名列全县第一，两届名列第二；她所辅导的学生参加各级英语竞赛也先后取得令人欣喜的成绩：1997年4月，初二年级学生参加全州英语竞赛，有两名学生获得州级一等奖，她获得辅导教师奖；2001年参加“全国中学生英语能力竞赛”，学生廖淑珍荣获初三年级组二等奖，王伟和韦慧芬两名学生获三等奖，她获得国家级辅导奖；2009年参加文山州第六届暨云南省2009年“希望之星”（文山赛区）青少年英语口语大赛，有4名学生获得一等奖（全州获一等奖共8人），获二等奖4人，获三等奖1人，她获得“优秀指导教师奖”。在完成教学工作的同时，她勤于实践，善于总结，积极撰写教育论文。2003年撰写《浅谈如何培养初中生学习英语的兴趣》的论文，荣获省教科院举行的2003年教育教学论文、案例、教学设计竞赛二等奖；2004年撰写《多媒体技术在英语教学中的应用》的论文，获得“全国中小学英语教育教学优秀科研成果二等奖”；2003年被县教育局推荐参加第三届文山州运用现代教育技术课堂教学大奖赛中，获得全州第一名；2009年被云南省委、省人民政府表彰为优秀教师。

周本泽　男，汉族，1966年3月15日生，1987年8月参加工作，中学高级教师，现在富宁县一中任教。参加工作以来，先后担任过班主任、工会主席、年级主任等职。为提高自己的教学能力，他钻研业务，积极从事教育教学研究，善于把理论和实践相结合，形成了自己的教学风格。截至目前，已担任了6届高中毕业班的语文教学工作，所带的班级会考合格率均在98.0%以上，高考平均分均名列全县第一，先后有6人（次）语文高考成绩破校记录。他担任年级主任以来，在高考中，取得了建校以来的最好成绩，2005届一本上线36人，名列全县第一名；2008届一本上线42人，名列全州第三名。在教育教学过程中，积极从事教育教学科研。他先后在《语文周报》、《文山教育》、《含笑花》、《云南大学报》等报刊杂志上发表了《接受美学关照下的语文教学》、《走出语文教学的误区》等教育教学理论文章，文学评论及散文、诗歌等作品，有诗作入选多种诗集，他撰写的论文《尊重文本特征 弘扬学生主体精神》、《新课程标准下的语文教学的思考》在省、州语文教学优秀论文评选中分别获省二等奖和州三等奖。2005～2009年他还承担了国家教育部的"高中学生家庭心理健康教育"的课题科研任务，任课题组组长，2003～2006年被中央广播电视大学和云南广播电视大学富宁工作站聘为授课教师，担任《大学语文》、《美育与美学》等课程的教学任务。2009年被云南省委、省人民政府表彰为优秀教师。

吴洪有　男，汉族，党员，大专文化，1962年10月生，现任富宁县委组织部副部长、县人事局局长。

根据军转安置政策的改革变化，吴洪有从实际出发，不断推进军转安置工作开展，制定了《富宁县自主择业军转干部管理服务工作实施方案》、《富宁县自主择业军转干部管理办法》等多项工作制度，成立管理服务中心，建立自主择业和企业军转干部个人资料档案室和联系制度，将自主择业军转干部的基本医疗保险、大病补充医疗保险经费列入县财政预算，享受公务员医疗补贴待遇，每年为军转干部办理好个人缴费，对住房补贴、独生子女费等经费问题，按照相关政策给予落实和兑现。根据自主择业军转干部均为中共党员的实际，成立了富宁县自主择业军转干部党支部，建立了教育管理工作制度，年底按统一标准进行考核，并对年度表现优秀的党员进行表彰奖励；将退役士兵纳入乡镇武装助理公务员招录计划。2007年富宁县企业军转维稳解困工作被评为全州二等奖；2008年富宁县人事局被省军转办推荐参加全国自主择业军转干部管理服务工作经验交流会。2009年被云南省委、省人民政府表彰为"先进军转工作者"。

庞世由　男，汉族，1961年10月生，中共党员，大学文化，1979年11月入伍，2003年3月从西畴县人武部转业到富宁自主择业。于当年5月创办了富州红砖厂，2005年2月在富宁县城开了一家海鲜酒店和娱乐场所，2006年1月创办富宁源宝矿业有限公司，2006年7月在广西那坡县创办年产4 000万块的特大型红砖厂，2008年创办富宁瓦窑页岩砖厂。经过几年艰辛努力，企业和公司发展为多元化的经营模式，为国家纳税上百万元，吸纳近200名社会人员就业，年总产值达2 500万元。由于工作成绩突出，2009年被云南省委、省人民政府表彰为"模范军队转业干部"。

马　军　男，壮，1979年12月出生，现在富宁县扶贫开发办工作。2009年他被抽派到谷拉乡甘屯试点村开展新农村建设工作。驻村期间没有住处，他带领其他工作队员把帐篷搭在红军洞里，体验当年红军战士在艰苦卓绝、筚路蓝缕环境里的艰辛，克服着常人难以想象的困难，开始了甘屯村的新农村建设。他要求驻村工作队员对项目建设试点村的安居房、水、电、路、沼气、厩舍改造、成技校（陈列室）等项目建设进度，采取"工程建设倒记时牌"，并制定了《工程建设进度表》和《工作实施细则》等具体措施方案，做到挂钩到户、责任到人、亲自指导和参与建设。为全省革命老区扶贫开发建设经验交流会在富宁召开奠定了基础和提供了很好的参观点，赢得各级领导的很高评价。积极指导、督促当地政府实施好革命老区625户安居房改造工程，在保证质量的前提下确保了工程进度，该项目于11月底全部竣工。同时，合理使用本村乡土人才，充分发挥"家乡人办家里事"的优势，将资源、设备加以整合，减少支出，稳步推进各项工程建设。2009年被云南省委、省人民政府表彰为"云南省第三批新农村建设工作队优秀个人"。

李　勤　男，壮族，1966年10月出生，中学一级教师，本科学历。现在富宁县第一中学任教。

工作以来，他服从领导分工，从不拈轻怕重，挑肥拣瘦，任劳任怨，常年担任初三毕业班的化学教学工作，在他的不懈努力，中考化学平均分稳居全县前2名。特别是2008年富宁县的化学学科开始与全省新课改接轨，这一年的课改教学工作中，他积极参与新课改的教学研究工作，不断地摸索课改的教学规律，大胆采用新的教学方法——目标跟踪教学法和分组学习法。根据新教材，编写出目标讲义印发给学生，让学生按每一个课题的目标进行课前预习，课上讨论、探究，课后跟踪练习巩固。经过一年的新课改教学，他所教的两个实验班122人，中考平均分达88.1分，90分以上有76人，优秀率（90分以上）达62.3%，平均分居全州全县第一；参加云南省初三化学竞赛中，先后有14人获省级一等奖，2人获省级二等奖，17人获州级一等奖，14人获州级二等奖，5人获州级三等奖，总体成绩稳步上升；所写的论文《化学实验中应大力推广微型实验》获州三等奖。2007年全省初中教学课堂设计评选中，他撰写的《对人体吸入空气和呼出的气体探究》获州三等奖。2009年被云南省委、省人民政府表彰为优秀教师。

黄延林　男，壮，党员，中专学历，1963年5月出生，现任富宁县侨联主席。

多年来，他履行职责，把党和政府对侨胞的翔落实到行动中，办了大量的实事好事，共慰问贫困侨胞80余户，送去慰问金6万余元；接待来信来访68人（次），帮助解决54件（次），做到件件有答复，事事有回音；制定落实金坝华侨林场改革方案。引导华侨林场加快"三融八"步伐，解决了华侨林场历史遗留问题，促进侨场适龄劳动力就业，健全民生保障体系，加快金坝林场危房改造，新建安居房340户；积极争取海外资金援建两所学校共35万元，支助贫困学生100个，每生补助700元，共发放资金16万元；为侨胞解决实际问题26件（次）。由于工作成绩突出，2009年3月，被中国侨联、国务院侨办表彰为"全国归侨侨眷先进个人"。

张　华　女，1957年6月生，汉族，河南省济源人，1974年8月参加工作，大专学历。1996年8月，根据组织安排和工作需要，张华被调到广南县工商联工作以来，认真学习、宣传和贯彻党和国家有关发展非公有制经济的方针与政策，坚持"团结、教育、引导、帮助"的工作方针，以做好非公经济代表人士的思想政治工作为己任，热爱工商联工作，做到干一行、爱一行、钻一行，积极探索思想政治工作的新途径、新方法，寓思想教育和引导于各项服务之中，当非公经济人士遇到困难时帮助他们，当权益受侵害时维护他们，当受到挫折时鼓励和引导他们，当取得成绩和荣誉时褒奖和鞭策他们，在交流联谊中影响和激励他们。成为非公经济人士的知心朋友和"贴心人"。积极参政议政、建言献策。她发挥非公经济人士政协委员作用，调动他们参政议政积极性，几年来共提提案61件(其中：团体提案4件、个人和联名提案57件)，这些提案都得到有关部门的重视和办理，推动了广南经济社会发展。积极推动和引导非公经济人士参与光彩事业，回馈社会。据不完全统计，几年来通过组织开展各种献爱心活动，动员和引导非公企业参与新农村建设投入资金累计1.2亿元，组织非公经济人士为社会公益事业(捐资助学、建校、修路、及各种节庆等活动)、抗灾赈灾(洪涝、冰雹、地震等自然灾害)捐款捐物累计金额650多万元。2009年3月受到全国工商联的表彰，被评为"全国工商联系统先进个人"。

陈　登　男，广东省吴川市黄坡镇山嘴村人。33年前，陈登到文山创业，创办了以房地产开发为主的文山恒丰集团公司，任恒丰集团董事长、总经理、党支部书记，被选为文山州政协常委、广东省吴川市政协常委、云南省工商联合会执委、文山州工商联合会副会长、云南省广东商会常务副会长等。

多年来，文山恒丰集团积极开展扶残助残工作，为残疾人事业奉献了一片爱心。2009年为特殊教育学校捐资86.4万元，资助残疾人特教事业；捐资2万余元，购买55辆轮椅捐赠给永通社区的残疾人；资助30万元作为助残促进会的启动基金，用自己的实际行动带动社会各界爱心人士、爱心企业为助残促进会筹集助残基金。由于陈登对扶残助残工作做出了巨大的贡献，2009年7月，他作为"全国扶残助残先进个人"的代表走进人民大会堂，受到国务院残疾人工作委员会的表彰，受到胡锦涛、温家宝、李长春、习近平、李克强等党和国家领导人亲切接见。

管　明　男，出生在富宁县，1988年到富宁县邮电局任报务员，2004～2007年，被州公司党组任命为广南县分公司总经理、党总支书记。现任州公司市场部主任。

2004年以后，上任的管明，经过分析公司的经营状况，深入基层，实地调研和探索。找到了严重制约公司经营发展的问题。他完善了考核机制，奖罚分明，从根本上改变了员工计划经济时代"没有功劳也有苦劳"等等的旧观念、旧思想，逐步培养起员工勇于创新、敢于拼搏，敢于竞争的工作精神。广南分公司连续几年，业绩排名全州前列。2005～2007年3年平均增长率达13.2%，2007年县分公司获得了州级文明单位称号。

2008年，管明因工作需要由广南分公司总经理调任州公司市场部主任。他加强管理、细化经营，以独到的创新思维，为全州收入、发展取得好的业绩作出了贡献。2008年上半年文山分公司每个月均保持四个第一：总体收入增长率全省排名第一，计划进度排名第一，主营业务收入增长率排名第一，主营计划进度排名第一。大部分重点业务发展高于全省平均水平。服务质量改变了以往落后局面，跃居全省排名第三。2009年9月，管明被国资委、人力资源社会保障部授予"中央企业劳动模范"光荣称号。

名　　录

文山州全国人大代表名单

黄文武(壮族)中共文山州委副书记、州人民政府州长
张秀兰(苗族、女)州人民政府副州长
李云龙(彝族)中共砚山县委副书记、县人民政府县长

文山州全国政协委员名单

卢京(壮族)文山州人大副主任、州医院副院长

2009年高级职称名单

姓名	单位	任职资格
龙加旺	文山州歌舞剧团	主任舞台技师
黄玲玲	文山州歌舞剧团	二级演员
刘文亮	文山县歌舞团	二级演员
杨光林	富宁县教师进修学校	高级讲师
代云山	文山州农业学校	高级讲师
韦宗艳	文山州农业学校	高级讲师
徐仁蔚	文山州农业学校	高级讲师
姚忠会	文山州农业学校	高级讲师

续表

姓名	单位	任职资格
朱良芳	文山州农业学校	高级讲师
农庆云	文山卫生学校	高级讲师
赵培新	文山卫生学校	高级讲师
赵云涛	文山卫生学校	高级讲师
曹井玲	文山州财贸学校	高级讲师
陈慧敏	文山州财贸学校	高级讲师
李如惠	文山州财贸学校	高级讲师
农炳华	文山州财贸学校	高级讲师
卜　梅	文山州民族职业技术学校	高级讲师
李兰翠	文山州民族职业技术学校	高级讲师
王建松	文山州民族职业技术学校	高级讲师
李魏巍	文山州职成教培中心	高级讲师
刘朝荣	文山州职成教培中心	高级讲师
宋　坚	文山州职成教培中心	高级讲师
王学梅	文山州职成教培中心	高级讲师
韦志德	文山州职成教培中心	高级讲师
杨　玫	文山州职成教培中心	高级讲师
祝　红	文山州职成教培中心	高级讲师
代成周	富宁县剥隘中心学校	中学高级教师
岑祯元	富宁县第三中学	中学高级教师
池福钧	富宁县第一中学	中学高级教师
段岢明	富宁县第一中学	中学高级教师
冯治新	富宁县第一中学	中学高级教师
黄海春	富宁县第一中学	中学高级教师
梁海游	富宁县第一中学	中学高级教师
蒙艳华	富宁县第一中学	中学高级教师
谭志杰	富宁县第一中学	中学高级教师
陶爱玉	富宁县第一中学	中学高级教师
吴建华	富宁县第一中学	中学高级教师
徐升富	富宁县第一中学	中学高级教师
杨　帆	富宁县第一中学	中学高级教师
梁玉标	富宁县归朝镇中心学校	中学高级教师
潘永林	富宁县归朝镇中心学校	中学高级教师
梁永国	富宁县教研室	中学高级教师
黄绍川	富宁县民族中学	中学高级教师
蒋万洪	富宁县民族中学	中学高级教师
谭秀萍	富宁县民族中学	中学高级教师

续表

姓名	单位	任职资格
王秀红	富宁县民族中学	中学高级教师
韦荣良	富宁县民族中学	中学高级教师
吴胜忠	富宁县民族中学	中学高级教师
解　蓉	富宁县中职校	中学高级教师
李超文	富宁县中职校	中学高级教师
何锦文	广南县八宝中心学校	中学高级教师
陆贵强	广南县第二中学	中学高级教师
王金光	广南县第二中学	中学高级教师
王毓英	广南县第二中学	中学高级教师
刘先文	广南县第三中学	中学高级教师
罗　斌	广南县第三中学	中学高级教师
农　德	广南县第三中学	中学高级教师
文福相	广南县第三中学	中学高级教师
白红波	广南县第一中学	中学高级教师
李仕祥	广南县第一中学	中学高级教师
陆胜功	广南县第一中学	中学高级教师
农正生	广南县第一中学	中学高级教师
韦仕发	广南县第一中学	中学高级教师
韦延礼	广南县第一中学	中学高级教师
严发友	广南县第一中学	中学高级教师
张美艳	广南县第一中学	中学高级教师
李铁波	广南县黑支果中心学校	中学高级教师
朱辅成	广南县黑支果中心学校	中学高级教师
姜　梅	广南县教研室	中学高级教师
李景伟	广南县旧莫中心党校	中学高级教师
蒋　煌	广南县莲城中心学校	中学高级教师
陈爱春	广南县民族职业高中	中学高级教师
陆荣辉	广南县民族职业高中	中学高级教师
朱福坤	广南县南屏中心学校	中学高级教师
周德忠	广南县曙光中心学校	中学高级教师
王正宽	广南县五珠中心学校	中学高级教师
李权文	广南县者太中心学校	中学高级教师
李定文	广南县珠街中心学校	中学高级教师
刘文生	广南县珠街中心学校	中学高级教师
李元佳	麻栗坡县大坪中学	中学高级教师
杨丽萍	麻栗坡县大坪中学	中学高级教师
王贵友	麻栗坡县第二中学	中学高级教师

续表

姓名	单位	任职资格
王祥明	麻栗坡县第二中学	中学高级教师
陈兴琼	麻栗坡县大坪中学(董干中学)	中学高级教师
黄弋卜	麻栗坡县第一中学	中学高级教师
万道姝	麻栗坡县第一中学	中学高级教师
谢婵秋	麻栗坡县第一中学	中学高级教师
胥仁美	麻栗坡县第一中学	中学高级教师
杨福菲	麻栗坡县第一中学	中学高级教师
李树国	麻栗坡县豆豉店中学	中学高级教师
何林凡	麻栗坡县民族职业高级中学	中学高级教师
龙仕芬	麻栗坡县民族职业高级中学	中学高级教师
沈顺荣	麻栗坡县民族职业高级中学	中学高级教师
张传启	麻栗坡县民族职业高级中学	中学高级教师
李　祥	麻栗坡县民族中学	中学高级教师
吴太雄	麻栗坡县民族中学	中学高级教师
曾泽武	麻栗坡县民族中学	中学高级教师
张　浩	麻栗坡县民族中学	中学高级教师
张　鹏	麻栗坡县民族中学	中学高级教师
许少兰	麻栗坡县县盘龙中学	中学高级教师
邵　云	麻栗坡县铁厂中学	中学高级教师
姚绍廷	麻栗坡县铁厂中学	中学高级教师
陆安祥	麻栗坡县新寨中学	中学高级教师
李　坤	马关县八寨镇中心学校	中学高级教师
郭洪立	马关县大栗树乡中心学校	中学高级教师
廖代洪	马关县大栗树乡中心学校	中学高级教师
陈华凤	马关县第一中学	中学高级教师
张建波	马关县第一中学	中学高级教师
李顺强	马关县马白镇花枝格中学	中学高级教师
张孝能	马关县马白镇花枝格中学	中学高级教师
山国荣	马关县篾厂乡中心学校	中学高级教师
姜太光	马关县木厂乡中心学校	中学高级教师
王正祥	马关县仁和镇中心学校	中学高级教师
杨贵发	马关县仁和镇中心学校	中学高级教师
张春明	马关县小坝子镇中心学校	中学高级教师
陶茂文	文山州青少年宫	中学高级教师
罗　杰	丘北县第一中学	中学高级教师
王　莉	丘北县第一中学	中学高级教师
袁　伟	丘北县第一中学	中学高级教师

续表

姓名	单位	任职资格
陈立恩	丘北县第一中学	中学高级教师
孙加信	丘北县第一中学	中学高级教师
王汉祥	丘北县第一中学	中学高级教师
吴忠兰	丘北县第一中学	中学高级教师
范菊丽	丘北县八道哨中学	中学高级教师
施金奎	丘北县八道哨中学	中学高级教师
肖中元	丘北县八道哨中学	中学高级教师
杨永甲	丘北县八道哨中学	中学高级教师
张映国	丘北县八道哨中学	中学高级教师
李寿华	丘北县第一中学	中学高级教师
李俊明	丘北县教研室	中学高级教师
樊则勇	丘北县锦屏镇中学	中学高级教师
付　妍	丘北县锦屏镇中学	中学高级教师
李树荣	丘北县锦屏镇中学	中学高级教师
苗绍军	丘北县锦屏镇中学	中学高级教师
唐尔才	丘北县锦屏镇中学	中学高级教师
杨俊荣	丘北县锦屏镇中学	中学高级教师
杨映林	丘北县锦屏镇中学	中学高级教师
何丽仙	丘北县民族中学	中学高级教师
李取林	丘北县民族中学	中学高级教师
李云丽	丘北县民族中学	中学高级教师
刘世平	丘北县民族中学	中学高级教师
彭世春	丘北县民族中学	中学高级教师
钱彩芬	丘北县民族中学	中学高级教师
钱光浦	丘北县民族中学	中学高级教师
唐春华	丘北县民族中学	中学高级教师
杨光政	丘北县民族中学	中学高级教师
赵文华	丘北县民族中学	中学高级教师
范宏忠	丘北县腻脚乡中学	中学高级教师
刘素华	丘北县腻脚乡中学	中学高级教师
李国华	丘北县平寨乡中学	中学高级教师
张绍恩	丘北县平寨乡中学	中学高级教师
代书成	丘北县树皮乡中学	中学高级教师
简荣英	丘北县树皮乡中学	中学高级教师
李发建	丘北县树皮乡中学	中学高级教师
赵良海	丘北县树皮乡中学	中学高级教师
李立远	丘北县双龙营二中	中学高级教师

续表

姓名	单位	任职资格
李奎萍	丘北县双龙营一中	中学高级教师
杨友云	丘北县双龙营一中	中学高级教师
钱府宏	丘北县天星乡中学	中学高级教师
向超焕	丘北县天星乡中学	中学高级教师
张　雷	丘北县温浏乡中学	中学高级教师
张立忠	丘北县温浏乡中学	中学高级教师
范永高	丘北县新店乡中学	中学高级教师
罗正刚	丘北县新店乡中学	中学高级教师
赵建芝	丘北县曰者镇中学	中学高级教师
李永贵	丘北县职业中学	中学高级教师
刘凤英	丘北县职业中学	中学高级教师
刘金翠	丘北县职业中学	中学高级教师
彭　策	丘北县职业中学	中学高级教师
王崇云	丘北县职业中学	中学高级教师
张琼竹	丘北县职业中学	中学高级教师
李树斌	文山县坝心中心学校	中学高级教师
梁世康	文山县德厚中心学校	中学高级教师
王绍斌	文山县德厚中心学校	中学高级教师
林辅蓉	文山县第二中学	中学高级教师
刘玉云	文山县第二中学	中学高级教师
王忠维	文山县第二中学	中学高级教师
陈江文	文山县第三中学	中学高级教师
雷作培	文山县第三中学	中学高级教师
李惠兰	文山县第三中学	中学高级教师
唐光琴	文山县第三中学	中学高级教师
袁加妮	文山县第三中学	中学高级教师
高建祥	文山县第四中学	中学高级教师
李　梅	文山县第四中学	中学高级教师
张琼珍	文山县第四中学	中学高级教师
何天勇	文山县第一初级中学	中学高级教师
魏　方	文山县第一初级中学	中学高级教师
邓传新	文山县第一中学	中学高级教师
段加光	文山县第一中学	中学高级教师
蒋　静	文山县第一中学	中学高级教师
李春艳	文山县第一中学	中学高级教师
骆　敏	文山县第一中学	中学高级教师
赵云莹	文山县第一中学	中学高级教师

续表

姓名	单位	任职资格
周祥平	文山县第一中学	中学高级教师
李道光	文山县古木中心学校	中学高级教师
罗邦灿	文山县柳井中心学校	中学高级教师
田国萍	文山县马塘中心学校	中学高级教师
杨　玲	文山县马塘中心学校	中学高级教师
苏永明	文山县喜古中心学校	中学高级教师
熊开亮	文山县小街中心学校	中学高级教师
董继刚	文山县职业高级中学	中学高级教师
高文梅	文山县职业高级中学	中学高级教师
黄安权	文山县职业高级中学	中学高级教师
刘　云	文山县职业高级中学	中学高级教师
吴丽红	文山县职业高级中学	中学高级教师
杨　华	文山县职业高级中学	中学高级教师
杨启萍	文山县职业高级中学	中学高级教师
卓秉川	文山县职业高级中学	中学高级教师
雷昌云	西畴县蚌谷中学	中学高级教师
鲜光洪	西畴县蚌谷中学	中学高级教师
陈天道	西畴县二中	中学高级教师
高　燕	西畴县二中	中学高级教师
黄　进	西畴县二中	中学高级教师
吴贤斌	西畴县二中	中学高级教师
吴世海	西畴县法斗中学	中学高级教师
骆远亮	西畴县鸡街中学	中学高级教师
向怀祥	西畴县鸡街中学	中学高级教师
郑洲勇	西畴县鸡街中学	中学高级教师
柏朝莲	西畴县教研室	中学高级教师
依天丽	西畴县教研室	中学高级教师
黄　亭	西畴县青少年校外活动中心	中学高级教师
戴宗文	西畴县新马街中学	中学高级教师
吴　婷	西畴县新马街中学	中学高级教师
胡志文	西畴县兴街中学	中学高级教师
姚发坤	西畴县兴街中学	中学高级教师
李秀波	西畴县一中	中学高级教师
施家宁	西畴县一中	中学高级教师
祝正宽	西畴县一中	中学高级教师
杨　明	西畴县逸夫中学	中学高级教师
钟亚玲	西畴县逸夫中学	中学高级教师

续表

姓名	单位	任职资格
舒顺勇	西畴县职业中学	中学高级教师
付开庆	砚山县阿基中学	中学高级教师
李汝奎	砚山县阿基中学	中学高级教师
赵成基	砚山县八嘎农职中	中学高级教师
沈成邦	砚山县蚌峨中学	中学高级教师
张学芬	砚山县蚌峨中学	中学高级教师
彭永权	砚山县二中	中学高级教师
杨保堂	砚山县二中	中学高级教师
赵廷继	砚山县二中	中学高级教师
姜发昌	砚山县稼依中学	中学高级教师
罗永清	砚山县稼依中学	中学高级教师
代永斌	砚山县江那中学	中学高级教师
何少华	砚山县江那中学	中学高级教师
刘文华	砚山县教育局教研室	中学高级教师
杨乐祥	砚山县教育局教研室	中学高级教师
何立英	砚山县民族职业高级中学	中学高级教师
李家祥	砚山县民族职业高级中学	中学高级教师
王　勇	砚山县民族职业高级中学	中学高级教师
余本勇	砚山县民族职业高级中学	中学高级教师
贺爱萍	砚山县民簇中学	中学高级教师
林　瑾	砚山县民簇中学	中学高级教师
王子琼	砚山县民簇中学	中学高级教师
包月英	砚山县平远三中	中学高级教师
依　力	砚山县平远田心民族学校	中学高级教师
黄　强	砚山县平远一中	中学高级教师
蒋培庆	砚山县平远一中	中学高级教师
纳　俊	砚山县平远一中	中学高级教师
周顺发	砚山县平远一中	中学高级教师
权光品	砚山县维摩二中	中学高级教师
周凌灿	砚山县维摩二中	中学高级教师
陈树洪	砚山县维摩一中	中学高级教师
林德荣	砚山县一中	中学高级教师
林丽美	砚山县一中	中学高级教师
任治福	砚山县一中	中学高级教师
王　勤	砚山县一中	中学高级教师
喻政衡	砚山县一中	中学高级教师
张永华	砚山县一中	中学高级教师

续表

姓名	单位	任职资格
蔡四勇	文山州一中	中学高级教师
李　祯	文山州一中	中学高级教师
陆丽华	文山州一中	中学高级教师
陆永铭	文山州一中	中学高级教师
尚卫激	文山州一中	中学高级教师
田金骅	文山州一中	中学高级教师
张成辉	文山州一中	中学高级教师
张顺发	文山州一中	中学高级教师
周家明	文山三七研究院	副研究员
王　勇	文山三七研究院	副研究员
余　波	文山州博物馆	副研究员
陆　玲	广南县妇幼保健院	副主任护师
高国艳	广南县人民医院	副主任护师
骆　玲	广南县人民医院	副主任护师
陈凤卿	麻栗坡县人民医院	副主任护师
陆荣华	麻栗坡县人民医院	副主任护师
何　丽	文山县人民医院	副主任护师
杨远莉	文山县人民医院	副主任护师
刘光婵	文山州妇幼保健院	副主任护师
朱光丽	文山州人民医院	副主任护师
梅　英	文山州人民医院	副主任护师
王凤琼	砚山县妇幼保健院	副主任护师
王　英	砚山县人民医院	副主任护师
马传丽	砚山县人民医院	副主任护师
钟琼华	砚山县中医院	副主任护师
田茂英	文山州中医院	副主任护师
何永英	文山州中医院	副主任护师
易冬梅	富宁县人民医院	副主任护师
饶顺兰	富宁县人民医院	副主任护师
李文娟	富宁县人民医院	副主任技师
王建海	广南县人民医院	副主任医师
李　鹏	广南县人民医院	副主任医师
何云萍	广南县中医院	副主任医师
陈国凯	广南县中医院	副主任医师
吴清平	麻栗坡县人民医院	副主任医师
蔡勤萍	麻栗坡县人民医院	副主任医师
刘红梅	马关县人民医院	副主任医师

续表

姓名	单位	任职资格
陆克茂	马关县人民医院	副主任医师
李继高	马关县人民医院	副主任医师
姚建玲	丘北县妇幼保健院	副主任医师
李文龙	丘北县中医院	副主任医师
杨卫群	文山县人民医院	副主任医师
杨　明	文山县人民医院	副主任医师
吴成福	文山县人民医院	副主任医师
张　青	文山州人民医院	副主任医师
江　华	文山州人民医院	副主任医师
赵　璧	文山州人民医院	副主任医师
李念念	文山州人民医院	副主任医师
程超儒	砚山县第二人民医院	副主任医师
张道惠	砚山县人民医院	副主任医师
王应东	文山州中医院	副主任医师
李茂玲	文山州中医院	副主任医师
杜刚林	文山州中医院	副主任医师
朱绍珍	文山州中医院	副主任医师
赵鹏英	文山州中医院	副主任医师
赵正吉	西畴县人民医院	副主任医师
张兴友	富宁县人民医院	副主任医师
黎绍辉	富宁县人民医院	副主任医师
马增荣	富宁县人民医院	副主任医师
郭　斌	文山县人民医院	主任医师
张遵斌	文山州疾病预防控制中心	主任医师
陆显祯	文山县人民医院	主任医师
李晓丹	文山县人民医院	主任医师
陈　怡	文山州中医院	主任医师
李　玲	文山州中医院	主任医师
黄　梅	文山人民广播电台	主任编辑
王红兴	文山人民广播电台	主任编辑
钱荣光	文山州城乡规划设计院	高级工程师
陈红艳	文山州城乡规划设计院	高级工程师
王真吉	文山宏建建设工程有限责任公司	高级工程师
叶兵	文山州环境监测站	高级工程师
刘永国	文山州林业科学研究所	高级工程师
周庆	丘北县林业局世行办	高级工程师
何　云	文山州水利电力勘察设计院	高级工程师

续表

姓名	单位	任职资格
周建兴	文山州水利电力勘察设计院	高级工程师
张传国	文山州水利电力勘察设计院	高级工程师
陈会发	文山州水利电力勘察设计院	高级工程师
朱禄庆	文山州马关县水利电力勘测设计队	高级工程师
肖武敏	文山州西畴县水利电力勘测设计队	高级工程师
陈明翠	文山州农科所	高级农艺师
黄忠兰	文山州农科所	高级农艺师
胡廷菊	文山州农科所	高级农艺师
赵家凤	文山州农科所	高级农艺师
谭珍兰	文山州农科所	高级农艺师
杨华才	文山州农科所	高级农艺师
龙自昌	文山州农科所	高级农艺师
赵清芬	文山州农科所	高级农艺师
农丕忠	文山州农科所	高级农艺师
李广云	文山州农科所	高级农艺师
李宏宇	文山州经济作物工作站	高级农艺师
何绍德	文山州种子管理站	高级农艺师
黎桂英	文山州渔业工作站	高级农艺师
段勉鹏	文山州渔业工作站	高级农艺师
林朝仲	文山州农技推广中心	高级农艺师
王炳祥	文山州土肥站	高级农艺师
林绍明	砚山县植保站	高级农艺师
高兴蓉	砚山县农环站	高级农艺师
王建丽	砚山县经作站	高级农艺师
高　莹	砚山县农技中心	高级农艺师
周其超	砚山县农广校	高级农艺师
牟秀祥	西畴县农技推广中心	高级农艺师
朱成跃	西畴县农技推广中心	高级农艺师
张朝霄	西畴县种子管理工作站	高级农艺师
朱家葵	西畴县种子管理工作站	高级农艺师
符家辉	西畴县土壤肥料工作站	高级农艺师
聂兴祥	西畴县土壤肥料工作站	高级农艺师
王代友	西畴县渔业工作站	高级农艺师
宋志云	西畴县蚌谷乡农技站	高级农艺师
池代辉	麻栗坡县农技推广中心	高级农艺师
姚远洲	麻栗坡县种子站	高级农艺师
李成发	马关县植保植检站	高级农艺师

续表

姓名	单位	任职资格
彭仕刚	马关县植保植检站	高级农艺师
江全尧	马关县农业广播电视学校	高级农艺师
郑志良	马关县草果研究所	高级农艺师
何明友	马关县马白农业技术推广站	高级农艺师
杨洪福	丘北县渔业工作站	高级农艺师
王党才	丘北县种子管理站	高级农艺师
何　坤	丘北县经济作物工作站	高级农艺师
丁燕英	丘北县土壤肥料工作站	高级农艺师
刁　燕	丘北县种子管理站	高级农艺师
赵　江	丘北县植保植检站	高级农艺师
李绍先	丘北县农广校	高级农艺师
王有智	广南县农业技术推广中心	高级农艺师
焦　兰	广南县农业技术推广中心	高级农艺师
陆开和	广南县种子管理站	高级农艺师
何玉星	广南县莲城镇农技站	高级农艺师
张邦明	广南县八宝镇农技站	高级农艺师
陆国文	广南县五珠乡农技站	高级农艺师
王显红	广南县坝美镇农技站	高级农艺师
熊天美	富宁县农技中心	高级农艺师
赵国爱	富宁县种子管理站	高级农艺师
佟显松	富宁县经作站	高级农艺师
高定朝	富宁县经作站	高级农艺师
曹凤英	富宁县新华镇农技站	高级农艺师
杨　芬	文山州农科所	高级农艺师
杨应辉	文山州农经站	高级经济师
邹志云	文山州农经站	高级经济师
胡厚发	广南县会计事务管理局	高级经济师
王　瑛	文山州文化馆	研究馆员
何顺柏	富宁县动物疫病预防控制中心	高级兽医师
李家华	马关县动物疫病预防控制中心	高级兽医师
张宗德	马关县马白镇畜牧兽医工作站	高级兽医师
周家学	麻栗坡县畜牧技术推广站	高级畜牧师
左律川	文山县动物疫病预防控制中心	高级兽医师
黄金芬	文山县动物疫病预防控制中心	高级兽医师
刘文兴	文山县畜牧技术推广工作站	高级畜牧师
吴正荣	广南县动物疫病预防控制中心	高级兽医师
李树芝	丘北县畜牧技术推广工作站	高级畜牧师
王素芸	丘北县动物疫病预防控制中心	高级兽医师
普跃进	丘北县动物疫病预防控制中心	高级兽医师
李曾福	丘北县动物卫生监督所	高级兽医师

续表

姓名	单位	任职资格
王云兴	文山州动物卫生监督所	高级兽医师
卢保山	砚山县动物卫生监督所	高级兽医师
唐英民	砚山县动物疫病预防控制中心	高级兽医师
杨永全	砚山县稼依镇畜牧兽医工作站	高级兽医师
郭敬祥	文山电视调频骨干转播台	高级工程师
张志敏	文山州技工学校	高级实习指导教师
唐兴科	文山州技工学校	高级实习指导教师
杨联文	文山州委党校	副教授
段雪梅	文山州委党校	副教授
熊平祥	文山日报	主任编辑
王　勇	文山州广电局	主任编辑
胡　鹏	文山电视台	主任记者
李绍峰	文山富宁县广电局	主任记者
张　艳	文山人民广播电台	主任编辑
唐　静	文山人民广播电台	主任编辑

2009年文山州“省贴”人员名单

单位	姓名	学历	职称	推荐方式	获奖情况
文山日报社	袁兴国	大学	高级编辑	组织推荐	2006年10月，被中国报业协会少数民族地区报业研究会授予“全国少数民族地区有突出贡献的新闻工作者”荣誉称号。采编、审定的新闻作品共有30多篇(组)在全国、全省评选中获奖；撰写15篇新闻论文参加了全国、全省性交流研讨，有6篇获奖，7篇收编入书或公开发表；直接主持和参与撰写了50多篇(组)社论和评论员文章在报纸上发表。连续6年被考评定为优秀，在报社多次被评为优秀共产党员和先进工作者。
广南县种子管理站	董加金	大专	高级农艺师	组织推荐	2001年获云南省人民政府科学技术三等奖2项；2002年获文山州科学技术进步二等奖及三等奖各1项；2003年，获得云南省农业厅科技推广三等奖；2004年获文山州人民政府科学技术进步二等奖；2005年农业部评为“全国农业技术推广先进工作者”；2006年获文山州科学技术进步一等奖及三等奖各1项；2007年获云南省人民政府科学技术三等奖.

云南省第三届拔尖乡土人才文山州获奖人员名单

姓名	单位
高华强	西畴县绿飞畜牧有限公司
李秀龙	马关县南捞乡塘房村委会
何　猛	砚山县润辉农产品工贸公司
付荣华	丘北县曰者镇打磨山村委会山林村
农光乐	田蓬郎恒街12号(田蓬镇安良村委会达卡牛龙山养殖场)
张　严	文山县盘龙生态农业综合开发有限公司
陈显德	麻栗坡县八布佳林咖啡公司

附　　录

责任编辑　李万辉

文山马塘工业园区

文山壮族苗族自治州
2009年国民经济和社会发展统计公报

文山州统计局

2009年是我州新世纪以来国民经济发展"最困难"的一年。在各级出台的经济政策刺激下，我州国民经济下滑趋势得到有效遏制，经济运行逐步度过最艰难时期，呈现增长速度稳步回升、增长动力逐步走强、增长态势持续向好的格局，微观层面活力有所增强，企业生产经营活动逐步恢复正常，市场销售情况明显好转，重点企业盈利水平有所回升，整体经济呈现持续回暖的发展势头。

一、综　合

国民经济快速增长。初步核算，2009年文山州生产总值273.06亿元，比上年增长12.6%。其中：第一产业增加值73.14亿元，增长6.8%；第二产业增加值94.01亿元，增长16.8%。其中：工业增加值68.71亿元，增长16.6%。建筑业增加值25.30亿元，增长17.4%；第三产业增加值105.91亿元，增长12.7%。全年非公有制经济创造增加值132.36亿元，占全州生产总值的比重为48.5%，比上年提高1.1个百分点。按常住人口计算，全州人均生产总值7 933元，比上年增加782元，增长12.4%。

市场物价低位运行。全年居民消费价格指数100.2%、商品零售价格指数100.2%、农业生产资料价格指数98.2%。

劳动就业基本稳定。2009年全州开发就业岗位1.5万个，城镇新增就业1.4万人，"零就业"家庭实现动态清零，转移农村劳动力就业18.4万人，城镇登记失业率为3.48%。年末全州单位从业人员13.96万人，增长1.8%，其中：在岗职工13.19万人，增长1.1%。

二、农　业

农业和农村经济稳步发展。全年实现现价农业总产值1 116 290万元，增长7.7%。粮食产量稳步增加，大部分农产品产量保持不同程度增长。

主要农产品产量及其增长速度

2009年比上年增减%

(一)粮食总产量1 235 290吨 +2.4%

其中：夏收产量123 935吨 +15.3%

秋收产量1 111 355吨 +5.3%

稻谷416 401吨 +1.3%

包谷544 448吨 +5.1%

(二)主要经济作物产量

油料48 797吨 +38.1%

三七2 442吨 -35.7%

辣椒101 425吨 +19.6%

烤烟52 551吨 +15.7%

甘蔗884 170吨 +34.5%

蔬菜639 953吨 +14.2%

畜牧业、渔业全面丰收。全年畜牧业现价总产值456 453万元，增长11.6%。肉类总产量359 481吨，增16.5%。其中：猪肉产量291 797吨，增17.0%。全年水产品总产量18 364吨，增21.0%。

植树造林取得新进展。全年完成造林面积103.34万亩，其中：用材林5.93万亩，经济林73.14万亩，防护林3.48万亩。各项生态工程稳步推进，加强农村能源建设，狠抓森林资源管护等造林绿化工作，遏制了生态的恶化，有效保护了生态环境，全州森林覆盖率达到39.70%。

农业生产条件继续改善。全州有效灌溉面积达156.51万亩，增长3.0%。农机总动力136 224万瓦特，增长6.7%。德厚大型水库项目建议书已报国家水利部预审，暮底河水库竣工验收，在建的水源工程及病险水库除险加固、大型灌区续建、国际界河治理工程顺利推进，新开工建设布都河、以腻资等4座水库，建成"五小水利"工程2.28万件，新解决14.25万农村人口饮水安全问题。250 万亩中低产田地改造规划(2009～2020 年)获省人民政府批准实施，本年完成35 万亩改造任务。

三、工业和建筑业

全州工业经济有效化解了外部市场需求减弱、生产资料价格急剧波动等多重困难，在经历年初低位运行、艰难爬坡的过程后，企业生产经营活动逐步趋于正常，各项经济指标呈现稳步回升态势。完成工业总产值2 079 308万元，比上年增长 9.4%。

从轻重工业看：轻工业完成产值627 785万元，增长 26.2%；重工业完成产值1 451 523万元，增长 3.4%。

按经济类型分：国有企业产值247 760万元，增长 50.6%；集体企业产值2 072万元，下降 26.8%；股份合作企业产值5 136万元，下降 75.2%；股份制企业产值1 076 125万元，增长 3.9%；外商、港澳台商及其它投资企业产值748 215万元，增长 10.5%。

按规模大小划分：规模以上工业企业完成产值1 460 226万元，增长 7.9%；规模以下工业企业完成产值619 082万元，增长 13.1%。

全年规模以上工业增加值608 064万元，增长 18.7%。节能减排力度不断加大，淘汰5 000千伏安以下铁合金电炉 6 台和落后水泥产能 20 万吨，单位地区生产总值能耗下降 5.3%。

主要工业产品产量及其增长速度

2009 年比上年增减%

原煤 140 万吨 -4.8%

发电量 48.9 亿千瓦小时 -10.3%

食糖 5.3 万吨 +28.5%

白酒38 265千升 -2.0%

水泥 253 万吨 +11.4%

砖146 788万块 +4.8%

复烤烟叶28 661吨 +15.6%

机制纸 3052 吨 -10.8%

农用化肥折纯23 901吨 +28.0%

铁矿石原矿量 25.3 万吨 +76.8%

铜选矿含铜量5 041吨 +1.5%

锌选矿含锌量 9.9 万吨 -12.5%

锡选矿含锡量3 979吨 -16.8%

锑 9171 吨 -26.4%

黄金1 490千克 -7.6%

全年规模以上工业企业实现主营业务收入1 355 485万元，增长 6.9%；利润总额212 143万元，增长 2.7%。

建筑业生产持续发展。全州建筑业增加值253 016万元，增 17.4%。

四、固定资产投资

固定资产投资快速增长。全年全社会固定资产投资完成2 164 815万元，增长 30.6%。其中：城镇投资1 526 944万元，增 30.9%；农村非农户投资311 549万元，增 2.1 倍；房地产开发投资223 840万元，下降 28.7%；农村私人投资102 482万元，增 31.7%。

五、国内贸易

消费品市场平稳发展。全州社会消费品零售额达1 187 598万元，比上年增长 23.9%。

分城乡看：城镇消费品零售额651 992万元，增长 23.3%；农村消费品零售额535 606万元，增长 24.6%。

分经济类型看：公有经济149 260万元，增长 27.1%；非公有经济1 038 338万元，增长 23.4%。

分行业看：批发零售贸易业916 927万元，增长 24.5%；住餐业232 383万元，增长 22.7%；其他行业38 288万元，增长 17.2%。

六、对外经济

对外贸易降幅持续收窄，招商引资取得新突破。完成外贸进出口总额11 484美元，下降 10.1%，降幅较年初收窄 46.5 个百分点。其中进口3 111万美元，下降 38.9%；出口8 373美元，增长 9.0%。

经济社会技术合作进一步扩大。全年签订国内合作项目 179 个，总投资 314.9 亿元，实际到位资金 73.85 亿元，增长 19.1%，实际利用外资 520 万美元、增长 4.0%。

七、交通运输、邮电通信和旅游业

交通运输业又有新发展。2009 年底全州公路通车里程达13 240千米，比上年增长 2.9%。公路通车里程的增加，扩大了运输能力。全年货运周转量158 028万吨千米，增长3.1%。旅客周转量363 954万人千米，增长2.8%。

邮电通信发展迅速，服务水平和质量进一步提高。全年邮电通信业务总量41 300万元，增长10.8%。全州城乡固定电话用户33.7万户，移动、联通和电信通信用户139.3万户。城镇居民每百人拥有手机68.2部(城镇居民住户调查数)。

旅游业健康发展。全年接待国内外游客435.08万人(次)，增长11.8%。旅游总收入303 998万元，增长30.9%。

八、财政、金融和保险业

加大财政税收征收和税源培植力度，逐步扭转了财政收入下滑势头。全年实现财政总收入293 467万元，增长7.9%。完成地方财政收入172 888万元，增长12.0%。财政支出894 231万元，增长34.1%。

金融运行平稳。年末全州金融机构各项存款余额为3 024 566万元，比上年末增长26.5%。其中：城乡居民储蓄存款余额1 625 113万元，比上年末增长18.0%。各项贷款余额2 317 973万元，比上年末增长24.1%。

社会保险事业进一步加强。全州保险费收入47 666万元，增长26.5%。其中：人寿险保费收入24 786万元，增长31.5%；财产险保费收入22 880万元，增长21.5%。保险赔款达到18 590万元，较好地发挥了保险业的社会保障和经济补偿作用。

九、科技、教育、文化和卫生体育

科技工作取得新进展，企业自主创新能力进一步增强。全年共组织评价科技成果52项，其中：农业科技成果21项、工业科技成果8项、教育科技成果2项，医药卫生科技成果21项。在获奖的35项科技进步奖中：一等奖5项、二等奖10项、三等奖20项。全年专利申请155件，增长19.2%。

教育事业稳步健康发展。全州有普通高等学校2所，在校生5 064人，专任教师301人；普通中等专业学校5所，在校生12 059人，专任教师471人；普通中学159所，在校生203 753人，专任教师12 957人；小学1 672所，在校生367 997人，专任教师21 962人；职业高中16所，在校生20 331人，专任教师803人。学龄儿童入学率94.88%，初中入学率83.70%。

文化、广播电视事业日益繁荣。全州有各种艺术表演团体9个，文化馆(站)104个，公共图书馆9个，藏书量56.9万册；出版《文山日报》(包括晚刊、周末)1 223万份。出版杂志1.8万份。广播电视各项工作稳步推进。年末建成广播电视卫星收转站235 848座，广播电视综合覆盖率分别达90.52%和91.30%。

医疗卫生条件不断得到改善。年末全州卫生机构377个(含诊所、卫生所及医务室)，其中：医院22个，卫生院112个。年末卫生机构共有病床7 363张。卫生技术人员7 497人，其中：执业医师2 263人，执业助理医师755人。

全民健身运动广泛开展，竞技体育运动成绩不断提高。全州经常参加体育锻炼人口达115万人，占全州7~70岁人口总数的。我州先后组队参加田径、举重等14个项目的年度比赛暨省运会预赛。参加武术和摔跤两个项目年度比赛中，分获5枚金牌。省运会预赛中，我州参加田径、体操等14个项目的比赛，共获40枚金牌、24枚银牌、24枚铜牌以及2个团体第一和1个团体第二的好成绩。

十、人口、人民生活、社会保障和环境保护

控制人口增长取得成效。年末全州常住总人口为345.40万人。全州户籍总人口3 455 800人。其中：男性1 801 378人，农业人口3 107 088人，少数民族人口1 957 632人，城镇人口932 600人。人口出生率为13.00‰，死亡率为6.30‰，人口自然增长率为6.70‰。

城乡居民收入继续增加。全年全州城镇居民人均可支配收入13 113元，增长9.8%；农民人均纯收入2 379元，增长17.4%。在岗职工年平均工资24 811元，比上年增加2 194元，增长9.7%。

社会保障事业取得新进展。启动实施了城镇居民基本医疗保险和被征地农民养老保险工作，全州参加各项社会保险人数达51.1万人(次)，比上年增长37.0%；全年争取民政救助保障资金7.1亿元，比上年增长1.9倍，城乡低保、医疗救助、临时救助对象大幅度增加，新增城镇居民最低生活保障5 000人、农村最低生活保障69 780人，救助保障总量达到125.5万人，比上年增长55.3%；保障性住房建设力度加大，开工建设廉租住房52万平方米、农村民居地震安全工程9 300户、农村危房改造8 930户，可解决3万多城镇人口住房困难问题，改善4万多农村人口居住条件。

环境保护建设力度加大。全州工业废水排放达标率96.7%；工业固体废物综合利用率60.9%；城镇生活污水集中处理率29.0%，比去年下降2个百分点；全年环保污染治理投资总额达3 756万元。

注释：1. 地区生产总值、各产业增加值、农业总产值绝对数按现行价格计算，增长速度按可比价格计算；工业总产值增幅按现价计算；

2. 本公报部分数据为初步统计数，正式数据以《2009年文山州统计年鉴》为准。

云南省文山壮族苗族自治州文山三七发展条例实施细则

第一条 根据《云南省文山壮族苗族自治州文山三七发展条例》(以下简称《条例》),制定本实施细则。

第二条 凡在本行政区域内从事三七种植、加工、交易、科研、管理、中介服务等活动的单位或者个人,应当遵守本实施细则。

第三条 《条例》所称的三七种植技术是指按照国家标准GB/T19086-2008《地理标志产品文山三七》中规定的栽培技术。《条例》所称的三七初加工产品是指按照国家标准GB/T19086-2008《地理标志产品文山三七》加工所得的三七植株各部位的干燥品、饮片及提取物。

第四条 州、县人民政府依法保护已获得国家批准的三七地理标志产品标识、三七证明商标等知识产权,并用以规范三七生产经营活动,提高三七品质,创立三七品牌。

第五条 州、县三七特产局、发展和改革委、财政局、经委、农业局、科技局、食品药品监督局、质量技术监督局、工商局等部门按照各自的职责,做好三七发展相关的管理服务工作。

(一)三七特产局负责三七行业管理、指导和服务等工作;

(二)发展和改革委负责三七产业发展规划、项目立项报批和服务等工作;

(三)财政局负责三七产业发展专项资金的安排和监督等工作;

(四)经委负责指导、协调和服务三七加工企业开展技术创新等工作;

(五)农业局负责三七农用生产资料的监管和服务等工作;

(六)科技局负责三七科学技术研究和成果转化的指导、协调和服务等工作;

(七)食品药品监督局负责三七产品质量监管等工作;

(八)质量技术监督局负责三七地理标志产品保护专用标志的管理和三七国家标准执行情况的监督检查等工作;

(九)工商局负责三七流通环节规范经营和三七证明商标使用的监管等工作。

第六条 州、县人民政府自2010年起设立三七产业发展专项资金,每年将专项资金列入本级财政年度预算,并随着财政状况改善逐年增加投入。

第七条 州、县三七特产局负责制定三七产业发展专项资金管理使用办法,加强对专项资金的使用管理,并接受同级财政部门的监督检查。

第八条 州、县广播、电视、报刊、网络等媒体和相关企业,应当积极开展三七公益性宣传。

第九条 州、县人民政府鼓励和支持单位或者个人开展三七文化研究、科技交流等活动。

鼓励和支持三七种植、加工、流通企业开展企业形象、产品广告宣传以及招商引资项目推介活动。

第十条 凡在本行政区域内按照国家标准GB/T19086-2008《地理标志产品文山三七》建立三七种植标准化基地的,种植面积达50亩(含50亩)以上的个人和300亩(含300亩)以上的单位,可以给予一定的资金扶持。

第十一条 州、县人民政府依法保护三七种质资源,建立三七种质资源库,设立三七种质资源保护区或三七种质资源保护地。

境外科研单位或个人考察三七种质资源的,应当提前7个工作日向州三七特产局提出申请,获准后方可进行考察。

第十二条 未经三七特产局批准,任何单位或个人不得采集、经营野生三七种质资源。

第十三条 州、县人民政府鼓励三七流通企业按照国家《药品经营质量管理规范》(GSP)开展经营活动。

第十四条 凡经工商局登记注册从事三七交易的三七种植、加工、流通企业和个体工商户,必须向州质量技术监督局和州三七特产局申请使用三七地理标志产品保护标识和三七证明商标。

第十五条 州、县三七特产局定期或者不定期对进入三七市场交易的三七初加工产品进行抽检,检测结果向社会公告。

第十六条 腐烂和霉变三七,利用非三七充当三七,不符合质量标准的劣质三七不得上市交易。

对病害三七和假冒伪劣三七的认定,由州级具备资质的法定检测机构检测认定。

第十七条 州人民政府积极改善三七产业园区投资环境,制定三七产业园区开发和入园企业发展优惠政策,吸引三七产业关联企业入园投资,促进三七产业园区发展壮大。

第十八条 州人民政府加强三七科研机构和队伍的建设,鼓励和支持科研机构积极开展对外交流与合作,促进三七科学技术研究及科技成果的推广应用。

第十九条 州、县人民政府鼓励和支持三七生产经营者依法成立三七协会、学会或者三七专业合作社等组织。

第二十条 州、县人民政府可根据工作需要适时组织召开三七产业工作会议,对在三七种植、加工、流通、科研、宣传、中介服务和管理工作中做出突出贡献的单位或者个人给予表彰奖励。

第二十一条州、县三七特产局、食品药品监督局、质量技术监督局、工商局、农业局、公安局等部门按照各自职责，依法查处三七生产经营活动中的违法行为。

第二十二条　本实施细则由州人民政府负责解释。

第二十三条　本实施细则自2009年7月1日起施行。

文山州境内有多少草类、藤类和蕨类

州内有草场毛面积1 222.39万亩（含疏林、灌木林之间草场），占全省1亿亩草场资源的10%。分为6大类型，一类是草丛类草场，有252.3万亩；二类是疏林类草场，有145.74万亩；三类是灌丛类草场，有76.98万亩；四类是灌木林类草场，有19.13万亩；五类是林间草场，有413.32万亩；六类是林隙闲地类草场，有314.92万亩。草类群落结构有禾本科牧草占55%，豆科牧草占28%，其他莎草科、菊科、百合科等仅占17%。

牧草种类常见的有：马塘、雀稗、狗芽根、狗尾草、莠竹、筒轴茅、竹叶茎草、画眉草、野花生、膝曲莠竹、虎尾草、大黍、花园草、细柄草、牛筋草、车前草、鬼针草、管草、假地兰、牡蒿、三棱草、金发草、美丽金茅、石针芒、莎草、野古草、白茅、绿杆草等200多种。

药用草类有：青鱼胆、大叶一支箭、白花蛇舌草、茵陈、桔梗、沙参、白芨、紫苏、防风、柴胡、升麻、丹参、黄连、黄芩、龙胆草、白头翁、紫草、山草果、败降、灵香草、木贼、天冬、麦冬、芸香草、马蹄香、重楼、挖耳草、鹅耳长、百合、续断、香附、希签草、益母草、土三七、土当归、郁金、莪术、黄姜、小姜草、藿香、荆芥、薄荷、灯盏草、五瓣草、臭牡丹、夏枯草、牛膝、金钱草等百余种。

优势品种有禾本科的光柄芒、类芦、扭黄茅、白茅、蜈蚣草、竹节草、香茅、野古草、金茅、黄背草、管草和豆科的苦刺、山蚂蝗、千斤拔、抗子梢、胡枝子、羊蹄甲、葛藤、野苜蓿、铁扫帚以及其他科的少量草种。

州内有丰富的藤类和蕨类。藤类大部分可作药用，一部分可编织用具，蕨类亦可入药或菜食用，全州8县均有分布。藤类品种有广藤、筋藤、良藤、黄藤、大血藤、大筋藤、白藤条、红藤条、毒毛藤、葛藤、吹风藤、小血藤、首乌藤、白藤、构藤、山药藤、野茉莉藤、百部藤、毒浆藤、金银花藤、青白叶藤、双勾藤、奶果藤、攀岩藤、无根藤、地板藤等数十种。蕨类有马蹄蕨、毛蕨、铁线蕨、石缝蕨、箐蕨等种。

文山州人民政府关于加快工业园区建设的实施意见

各县人民政府，州直各委、办、局：

为加快我州工业园区建设步伐，推进新型工业化进程，带动全州工业经济跨越式发展，根据《云南省人民政府关于加快工业园区建设的意见》(云政发〔2009〕79号)，结合我州实际，特制定如下实施意见：

一、打造新型工业化核心区

(一)创新工业发展方式，打造新型工业化核心区。加快工业园区建设有利于高效配置资源，集中治理污染，以最小投入实现最大产出；有利于调整优化产业布局，促进产业集约化、规模化、专业化发展；有利于共享公共产品和服务，实现公共资源使用效率最大化；有利于创新投融资体制机制，打造招商引资平台。然而我州工业园区建设起步晚，数量少、规模小、发展慢，规划滞后，布局分散，投入不足，招商引资方式陈旧，投融资渠道单一，开发模式创新不够，产业特色不突出。因此，全州上下要全面贯彻落实科学发展观，加快推进工业园区的建设，打造新型工业化核心区，创新工业发展方式，增强责任感和紧迫感，强化措施、狠抓落实，实现我州工业园区建设的大发展、大突破。

二、工业园区建设的总体思路、发展目标

(二)总体思路：以科学发展观为指导，加快推进新型工业化进程，打造工业核心区，促进集聚发展，扩大对外开放，改善投资环境，承接产业转移；突出园区特色，强化规划指导，优化产业布局，明确功能定位，突出资源优势，提升品牌效应；重点培育特色产业和新型冶金化工产业，发展循环经济，加大招商引资、土地储备、基础设施建设力度；打造绿色生态园区，营造良好发展环境，推动工业园区又好又快发展。

(三)发展目标：到2013年，全州规划建设9个工业园区。重点建设好2个省级工业园区，即：文山三七药物产业园区、文山马塘工业园区；加快推进县级工业园区建设，即：马关工业园区、丘北工业园区、富宁工业园区、砚山生物资源加工区、麻栗坡天保工业园区、广南工业园区和西畴兴街工业园区。到2012年，两个省级园区工业总产值达到200亿元，其中：马塘工业园区150亿元、三七药物产业园区50亿元；到2013年全州工业园区总产值达到400亿元，占全州工业总产值的50%以上，其中：文山马塘工业园区180亿元(马塘冶金工业片区90亿元、江那平远片区90亿元)，文山三七药物产业园区60亿元，马关工业园区80亿元，其他工业园区80亿元；力争培育主营业务收入超190亿元的园区1个，超80亿元的1个，超30~50亿元的3个左右，10亿元以上的4个。

三、创新开发方式，优化园区产业结构和功能布局

(四)加大两个省级园区的建设力度。一是文山马塘工业园区。围绕“文—砚—平”三角经济区的发展目标，打造培育重点产业发展平台，使文山马塘工业园区形成“一园三片、八个功能区”，总体规划面积56.13平方千米，其中文山马塘冶金工业片区41.13平方千米(包括马塘夹马石—新开田新型冶金化工区、塘子寨建材工业区、马蝗塘物流运输区)，砚山江那、平远片区15平方千米(包括三星坝冶金工业区、三星坝建材工业区、布标物流中心区、铳卡乙炔化工区、平远阿舍冶金工业区)。二是文山三七药物产业园区。以三七资源为依托，以科技为支撑，以市场为导向，着力培育壮大三七加工企业，打造文山三七药物产业品牌，将三七药物产业园区建成国际型的“云药”产业——文山三七药物加工基地，由现在的1.12平方千米扩大到5~7平方千米。

(五)加快县级工业园区的建设。马关工业园区规划总面积14.23平方千米，分为达号、花枝格二个片区，以冶金、生物资源深加工为主，建材、化工为辅；丘北工业园区规划总面积8.21平方千米，设制酒旅游产品、生物资源、冶金化工建材三个功能区；实施好砚山生物资源加工区，抓紧做好广南、富宁、麻栗坡、西畴工业园区的规划前期工作，使县级工业园区建成规划布局相对集中、联动开发、产业集群的特色产业园区。

(六)建设绿色生态园区。要全面推行清洁生产，大力发展循环经济，促进园区产业改造升级、资源综合利用、企业与环境协调发展；加快应用先进适用技术和工艺，改造提升园区内冶金、化工、建材、造纸等生产工艺，提高资源综合利用率，实现固体废弃物和污染物达标排放；加快园区内环保基础设施建设，搞好园区企业废水、废气、废物集中处置，控制噪声污染，加快园区环境绿化，加强入园项目的节能审查、环境影响评价工作，实行节能减排一票否决。

四、创新投资方式，打破瓶颈制约

(七)加大政策扶持力度。一是各级各部门多渠道筹集资金重点用于支持工业园区发展；二是园区规划范围内征收的各种税收属州、县所得部分，以2008年为基数，增量部分在5年内由州、县政府全额划拨给园区管委会，专项用于园区基础设施建设；三是整合全州资源，建立利益共享机制，资源税按属地缴纳，入园企业因整合资源异地加工产生的地方税收按照州级30%、项目所在地40%，余下部分按提供资源数量的比例分成。

(八)加大基础设施建设力度。按照“谁投资、谁受益”的原则，采用政府投资、社会集资、业主带资、招商引资等多渠道、多元化的投资方式加快工业园区基础设施建设。工业园区总体规划要与城镇建设总体规划、土地利用总体规划及相关规划相衔接。具备条件的工业园区要成立投资开发公司，承担园区投融资平台和开发建设工作，以投资开发公司为主体，多渠道筹集园区建设资金，参与土地收储和土地一级开发，投资园区基础设施建设。采取多渠道吸引社会投资，支持各类投资主体采取参股、控股、独资、收购、出租、转让和BOT、TOT、BT等多种方式，积极参与基础设施项目建设。鼓励以园招商、以商建园，支持以大企业、大集团和战略投资者为主体开发建设“园中园”，并享有与园区管委会同等的支持政策，扎实推进基础设施建设。

（九）实行土地优惠政策，保障园区发展用地。将工业园区用地纳入全州土地利用总体规划，其年度用地计划实行单列，全州新增用地计划优先保障工业园区重大项目。建立工业园区土地收储制度，充分利用闲置厂区、荒山荒坡开发建设工业园区。工业园区要提高土地利用效率，入园项目土地闲置超过规定年限的，依法收回土地使用权。为降低企业用地成本，自2009年起，入园企业投资强度（不含土地价款）达到150万元/亩以上、从业人员200人以上项目，按州、县级所得土地出让金50%的比例奖励或补助企业；投资强度（不含土地价款）达到80万元/亩以上、从业人员100人以上项目，按州、县级所得土地出让金30%的比例奖励或补助企业。耕地开垦费按本地区最低标准收取；免收州县级征地管理费和征地不可预见费；按土地开发成本价转让土地使用权给入园投资者。

（十）严格准入条件，加大招商引资力度。入园项目必须符合国家、省的产业政策及环境准入条件，必须符合园区功能定位及安全要求，具备准入条件的项目优先入园建设。各工业园区要围绕特色优势资源加工制造型、生产要素低成本型、主导产业和龙头企业配套型产业，大力开展招商引资，通过组团招商、驻点招商、媒体招商、会展招商、代理招商、上门招商、以商招商等多种形式，提高招商实效。

（十一）创建融资平台，拓宽投资融资渠道。抓紧组建文山马塘工业园区和文山三七产业园区投融资开发公司，积极构建入园企业投融资担保体系，着力解决入园企业融资难问题。鼓励金融机构创新金融产品，进行基础设施项目收益权质押贷款等服务试点。加强银银合作，对于投资大、建设期长的基础设施项目，可通过“银团贷款”、“联合贷款”等方式提供金融支持；鼓励园区内有条件的企业在境内外上市融资。探索建立面向园区内企业的小额贷款公司，积极探索发行园区企业集合债券和建立创业投资引导基金。鼓励发展风险投资、创业投资，吸引国内外投资机构、私募投资基金进入园区。

（十二）制定切实可行的优惠政策。对在城镇规划区内的工业园区，入园项目给予免收50%的城市基础设施配套费、房产办证登记费、定额编制管理费、人防设施费。除享受省州优惠政策外，各工业园区可根据具体情况另行制定入园企业投资优惠政策并上报州人民政府批准执行。加大对道路运输超载、超限的协调力度，对园区内有条件的企业在我州境内的二级公路收费实行包交政策，以降低企业运输成本。

五、创新管理服务，赋予园区更大的自主权

（十三）创新管理体制，加强组织建设。各工业园区要成立工业园区管理委员会。两个省级工业园区由州人民政府分管领导任管委会主任，文山马塘工业园区管委会设在州经委，文山、砚山两县分别设立片区管委会；文山三七药物产业园区管委会设在州三七特产局。各县级工业园区由相关县成立园区管委会负责管理，县政府分管领导任管委会主任，办公室设在县级工业主管部门。

（十四）激活体制机制，提高服务质量。积极鼓励有条件的省级园区申报国家级园区，实绩突出的县级特色园区可申报为省级重点培育的工业园区。各工业园区管委会要实行园区政务公开，全面落实行政问责制等四项制度，鼓励推行重点项目领导联系制和跟踪服务责任制，为园区发展营造良好的效率环境、服务环境和工作环境。各园区管委会对园区内企业实行“一站式、一条龙”服务。州县各有关部门要进一步优化服务环境，做到“工作职责公开、工作程序公开、办事制度公开、收费标准公开”，简化办事手续，提高办事效率。

（十五）实行简政放权，提高工作效率。州内的省级工业园区严格执行云政发〔2009〕79号文件将省级权限内工业项目审批管理权限下放省级工业园区的政策，需报省级主管部门备案的，由州内省级工业园区直接报省级主管部门备案。除国家限制类及州属企业投资项目外，将州级权限内工业项目审批管理权限下放州内省级工业园区，需报省州级主管部门备案的，由州内省级工业园区直接报州级主管部门备案。工业园区管委会承担项目审批主体责任。州级有关部门应加强对州内省级工业园区项目审批的监督和指导，并承担监督责任。

（十六）强化考评奖惩，实施动态管理。州内省级工业园区当年完成企业项目投资10亿元以上的，县级工业园区当年完成企业项目投资5亿元以上的，年底由州人民政府分别一次性给予10万元、5万元的奖励。由州级工业主管部门对州内各工业园区进行综合考核评价，对工作成绩突出、主导产业发展快、节能减排成效显著的优秀工业园区予以表彰和奖励；对发展缓慢、招商引资效果差的园区进行调整，不再列入支持范围。

（十七）加强人才培养引进。高度重视工业园区人才培养和引进，积极吸引高科技人才、企业经营管理人才、国际经贸人才、园区开发建设管理人才和公共管理服务人才参与园区建设开发。鼓励引入各类高等院校到工业园区办学，为园区提供人才需求；鼓励园区内企业开展多形式的员工教育培训。重点培养园区专业管理队伍、企业家队伍、专业技术人才队伍“三支队伍”。

六、创新领导与协调体制

（十八）强化领导与协调。建立文山州工业园区建设联席会议制度，由州人民政府分管领导定期召集州级有关部门协调解决全州工业园区发展中遇到的重大问题。联席会议的日常工作由州级工业主管部门负责。州级各有关部门和各县人民政府要根据本实施意见尽快制定贯彻落实本意见的实施方案或意见，形成合力，共同推进工业园区又好又快发展。

二〇〇九年九月三十日

文山州境内的断河有哪些

断河主要以山谷为河道，两端受阻或流入洞穴暗河。一般分布于西南岩溶高原地区，长度较短，部分断河分季节性，雨季水发而流，冬季或久旱不雨则枯。富宁县木洪断河西至木文，东至大山，长3千米；木央断河北至木寨，南至张家水库，长7.5千米；小木寨断河北至孔家弯，南至河坎，长3.5千米；木匠断河北至大山村，南流入三岔河，长2.7千米；睦伦断河西至睦伦，东至牛滚塘，长4.8千米；大湾断河东至大湾，西至木忙沟，长7.5千米；黄腊弯断河南至理地，北流入叭恩洞穴，长4.8千米；马大塘断河北起马大塘，东至石家洞，长3千米；木桑断河东至木桑，西至锑山，长5.2千米；旧寨断河南起安集，北至龙门洞穴，长4.3千米；龙平断河西至上龙平，东至出水洞，长2.8千米。

索　引

说　明

一、本索引采用主题分析法编制。索引范围包括全书各部类条目(特载、附录、大事记、图片除外)。

二、本索引按主题词首字汉语拼音音序(同音词按音调)排列，若首字拼音相同时按第二字音序排列，以此类推，首字为阿拉伯数字或英文字母者，作“非音序”集中排列在本索引末。

三、索引款目由主题词加修饰词或说明词组成，并采取主题词在前，修饰说明词在后的方式，修饰、说明词是对主题内容的限定，以逗号或括号同丰题词相区别。索引款目后的阿拉伯数字表示主题内容所在页码；a、b、c 字母表示在该页码的栏别(从左至右)。

四、同一主题的不同内容采取“附见”或“参见”形式，在主题词下空二格的款目为“附见”，索引款目两个以上页码的为该主题的“参见”。

五、部类、分目名称直接用作索引款目时用黑体字标引。

A

B

G

H

K

M

N

R

S

T

X

Y